BRINGING UP GIRLS

| 养 | 育 | 女 | 孩 |



# 女孩，你要保护好自己

杨光 —— 编著

民主与建设出版社
·北京·

图书在版编目（C I P）数据

养育女孩．5，女孩，你要保护好自己 / 杨光编著．-- 北京：民主与建设出版社，2021.4

ISBN 978-7-5139-3445-9

Ⅰ．①养… Ⅱ．①杨… Ⅲ．①女性－家庭教育 Ⅳ．① G78

中国版本图书馆 CIP 数据核字 (2021) 第 053790 号

女孩，你要保护好自己

NV HAI，NI YAO BAO HU HAO ZI JI


编　　著　杨光
责任编辑　刘树民
封面设计　旭日传媒
出版发行　民主与建设出版社有限责任公司
电　　话　（010）59417747 59419778
社　　址　北京市海淀区西三环中路 10 号望海楼 E 座 7 层
邮　　编　100142
印　　刷　三河市德利印刷有限公司
版　　次　2021 年 4 月第 1 版
印　　次　2021 年 4 月第 1 次印刷
开　　本　880 毫米 ×1230 毫米　1/32
印　　张　6
字　　数　134 千字
书　　号　ISBN 978-7-5139-3445-9
定　　价　168.00 元（全 5 册）

注：如有印、装质量问题，请与出版社联系。

PREFACE

# 前言

女孩有着阳光般的笑脸，就像含苞待放的花蕾；女孩有着远大的理想，拥有着精彩的人生前程；女孩还有着丰富细腻的感情，对未来怀有美好的期待……但由于女孩身心还未发育成熟，或者是社会阅历比较少、经验不足，所以就容易轻信他人，从而让自己在不知不觉中遭遇意外状况。

每个女孩都是父母的掌上明珠，但养育女孩确实让父母操心：校园欺凌、坐黑车失联、见网友被骗、相信陌生人被拐卖、送孕妇回家遇害……每一件事情，每一个字眼都是那么的触目惊心。可以说，女孩的成长史就是父母的担心史。

女孩在人生最灿烂的年龄，由于社会阅历少、思想单纯、防范意识薄弱、缺乏安全常识，给坏人提供了可乘之机。所以，从小培养女孩的安全意识，教给女孩自我保护技巧，同时自尊自爱不被甜言蜜语和小恩小惠所迷惑，才能远离危险和伤害。

女孩，你要学会保护自己，做就做个自尊自爱、内心强大的、聪慧勇敢的女孩子。因为对于女孩子而言最好的防卫武器就是自己，只有自己强大了才能更好地防御各种危险。

女孩除了要保护好自己，还要记住，无论任何时候，爸爸妈妈都是世界上最爱你的人，发生再大的事情爸爸妈妈都会陪伴在你的身边，做你最大的保护神。

本书是父母送给女孩的“安全手册”！学会保护自己，让自己身心健康地成长，不仅是每个女孩的责任，也是每个女孩的义务。做好这件事，不仅是为了自己，也是为了爱我们的父母、亲人。

最后，衷心希望天下的女孩都能保护好自己。任何时候都能笑对阳光，拥有幸福的人生。

CONTENTS

# 目录

## 1 女儿一生平安，父母才能心安



## 2 校园生活，要防范这些危险

## 3 初入社会历练，保护自己不受侵犯



## 4 很多意外，其实可以避免



## 5 女孩别太单纯，警惕一切陌生人

## 8 网络太虚幻，小心上当受骗



## 9 生命如此美妙，保护自己最重要

# 1 女儿一生平安，父母才能心安

女孩并不是你预想的那样美好，它随时可能会给你带来伤害。所以无论什么时候你都要切记：你的平安健康比什么都重要。所以，女孩要时刻提高警惕，识破谎言，有效地保护自己。

## 1 女儿的平安，父母最大的心愿

每一个女孩都是父母的掌上明珠。看着这个被父母捧在手心里的小公主，相信每一位爸爸妈妈都会毫不吝惜地把自己最浓的爱奉献给她，呵护她健康成长。女儿的幸福平安，就是父母一生最大的心愿。来自外界的任何一点伤害，都会成为父母生命中不能承受的锥心之痛。

孩子很单纯善良，可能还不知道这个世界也有不光彩的一面。女孩在你微笑着对待这个世界的时候，还是要擦亮你的双眼，从而有效防范危险和伤害。

2018 年的 11 月底，广东湛江有一位大婶不慎骑车摔倒，一个十来岁的小女孩立刻上前将她扶起。不料这位大婶却一把抓住小女孩，诬陷小女孩撞倒了自己，非要小女孩赔钱。这种情况下，小女孩委屈地快要哭了，幸好有一位路过的老伯目睹了整个事件的经过，立即跑过去为小女孩做证，小女孩才得以解脱。

看到上面的这个案例，令人非常的震惊，女孩非常的心地善良，她不能理解为何一个主动搀扶老人的小女孩反被诬陷。女孩，你要知道，真实的世界永远没有那么多合理的答案。你只需要记住，这个世界除了美好和光明也有危险和阴暗。

在平静的生活中，你意想不到的一只只邪恶的魔爪会伸向这些天真烂漫、毫无自我保护意识的女孩身上。

12岁的女孩小英有一天突然胃疼，便跟着爸爸妈妈一起去医院看病。诊断结果出来，小英怀孕了！小英的父母犹如遭遇晴天霹雳，简直不敢相信平时聪明伶俐、乖巧懂事的女儿竟然怀孕了！关键是，女儿才仅仅12岁呀！追问之下，小英终于说了实话。原来，2019年9月底的一天，上完晚自习后，班主任曹某借口帮小英“补课”，把小英骗至自己的宿舍，随后在宿舍里对小英进行了性侵。事后，曹某还威胁小英，叫她不要把这件事告诉父母，否则就把她全家杀掉。出于恐惧，小英最终选择了沉默。

小英选择隐忍，或许是害怕坏人的报复，但她不知道，她的沉默恰恰助长了坏人的嚣张气焰，纵容坏人更加肆无忌惮地伤害自己或者其他无辜的女孩。

多么令人悲哀和可惜呀！女孩，你要知道，真实的世界永远没有那么多合理的答案，邪恶行为的发生从来都不需要任何理由和解释。你只需要记住，这个世界除了美好和光明，也有危险和阴暗。

女孩，你知道吗？在父母心目中，你的平安健康比任何事情都重要。可是，现实生活中有那么多意想不到的危险，爸爸妈妈并不能时刻都陪伴在你的身边保护你。当有坏人想诱骗你出去玩耍时，当有陌生人给你食物和饮料时，当有不熟悉的邻居或其他人想让你去他家里帮忙时，你该怎么办呢？这时候，你一定要提高警惕，识破其谎言，有效地保护好自己。

每一个父母都希望自己的女儿是善良的小公主，但善良的前提是，你必须擦亮双眼，看清善恶。也就是说，你的善良必须带有一点儿锋芒，希望你像一朵带刺的玫瑰，安全而美丽地绽放。

## 安 | 全 | 忠 | 告

1. 要善良待人，也要警惕坏人

   在善良的同时要保持警惕，不要让坏人利用你的善良做出伤害你的事情。

2. 安全远比金钱更重要

   关键的时候，如果能用全部的财物换取你的安全，那就毫不犹豫地交出去，始终要把生命、安全放在第一位。

3. 不去偏僻的场所

   任何人一旦提出需要你去陌生场所、偏僻角落，或者是汽车里等一些密闭的空间做一些事情时，你都要坚定地拒绝。

## 2 天下最爱你的人是你的父母

在你成长的道路上，爸爸妈妈竭尽全力地爱护你、陪伴你，让你做世界上最幸福的小公主。但生活难免会遇到各种风风雨雨，无论发生再大的事情父母都会陪在你的身边，永远不离不弃。

也许女孩认为爸爸妈妈不理解我们，我们说的话他们总是不认可，好像也听不懂，而他们的话我们又不想听。但是，当我们真的离开父母身边的时候，才会真切地发现，在这个世界上能无条件对我们好的人，也许只有爸爸妈妈了。

这是一个真实的故事，一个年仅11岁的女孩不小心打碎了家里的一个花瓶，她害怕被严厉的父母责骂，便惊恐地从家里仓皇逃出，最后不幸被人贩子拐卖到了很远的地方。而她的父母则带着深深的愧疚和懊悔痛苦了很多年。如果时光可以倒流，如果他的父母能够早点儿让孩子知道，“宝贝，我们爱你，今后无论发生再大的事情，我们都会陪在你身边”，那么，那个不小心打碎了花瓶的孩子就不会有这样的遭遇。

现实生活中因为害怕被父母责骂而做出荒唐举动的孩子比比皆是，现在我们就来看看下面这个案例吧。

在2014年的宁波市，一个突然而至的电话让贾先生慌了神。是老师打给贾先生的，因为他10岁的女儿玲玲早上没有去学校上学。贾先生越想越慌，于是夫妻俩兵分两路，一边报警一边沿路寻找孩子。民警勘查了村子周边和学校门口的监控，都没有发现玲玲的身影。因此，民警判断，孩子应该还在村子里，劝贾先生先回家看看。果不其然，不出半小时，贾先生就带着玲玲来到了派出所。“我一到家，看到孩子就在家里。孩子说，她上学路上被人绑架了！”事关重大，民警赶紧问玲玲怎么回事，可她说话吞吞吐吐，根本弄不明白自己怎么被绑架了。

民警单独询问了玲玲半天才得知真相：原来玲玲喜欢读小说，她从学校借了本小说 。可是在家里，父母不让她看，只允许她看学习类的书。眼看就要还书了，书还没看完，玲玲只好跑到超市旁的空地来“用功”，结果错过了上学时间。她怕被父母责罚，干脆撒谎说自己被绑架了。玲玲爸爸听完，突然举起手就准备打女儿一个巴掌，这时被民警及时制止了。

这件事，表面上看是玲玲不听话，还撒谎，其实从深层次来看，还是因为玲玲在父母这里没有得到足够的安全感。当她犯了错误之后，第一时间想的不是弥补过失，而是编造更大的谎言来逃避父母的惩罚，足见玲玲父母平时对她的教育方式有多么简单粗暴。希望玲玲的爸爸妈妈会反思自己的教育方式，多给玲玲预留一些读课外书的时间。

女孩，当真正进入社会的时候你就会发现，世界上那个充满爱的地方，永远是家。

这些你在青春期时躲避的人，也许正是你日后最难忘的回忆。当你长大了，再想听听他们的教诲，也许他们会说：“你已经长大了，做得也不错，我们没什么好说的了！”他们对你的种种“挑剔”和“指责”，只是希望你在成长的时候能少走一些弯路，让你少吃些苦头。希望女孩都可以体会到这些长辈的良苦用心。

女孩，和最亲的人亲密相处的时光就是那么几年，好好地去聆听他们的话，这样才不会留下遗憾。至于逃课、出家的想法，能扔多远就扔多远吧！

女孩，假如有一天，你在学校受到了同学的排挤，在外面被坏人欺负了，也不要害怕，父母会紧紧抓着你的手，陪你面对旁人的冷眼和嘲笑。只要你的世界里还有爸爸妈妈这两束光在照耀着你，你就要好好地珍爱生命，顽强地生活下去。

## 安｜全｜忠｜告

**1** 犯了错，千万不要想着逃避

人非圣贤孰能无过？撒谎只会让你的错误越犯越大，而一味逃避则只会让问题变得越来越糟糕。再严厉的父母内心都是爱你的，并不会因为你偶尔犯的小错误就不再爱你。

**2** 遇到再大的困难，都不要破罐破摔

如果你有一天遇到了难以承受的困难，一定不要破罐破摔，自暴自弃，而应该努力想办法解决困难。遇到多大的困难，父母都是你最大的依靠。

**3** 遇到再难堪的事情，都不能放弃生命

如果有一天你遇到了极为难堪的事情，纵使整个世界都在嘲笑你、轻视你，你也要相信，爸爸妈妈永远都是站在人群里为你鼓掌的观众。

## 3 与父母吵架，万万不可赌气离家出走

如“山”的压力让女孩感觉没办法呼吸，只想逃开。她们觉得只有离开才是解决问题的办法，却没有想到，在羽翼未丰满的时候离开熟悉的环境，非但不能解决问题，还有可能制造出很多严重问题。

现在的女孩子与父母发生点争执，动不动就离家出走，赌气离家出走不仅容易给自己带来危险，还会让父母非常的担心，非常的伤心。

2020 年的 12 月 5 日，安徽有一个 17 岁的小姑娘因为考试成绩被父亲说了几句，于是就离家出走，来到了河边，走进了冰冷的河水里，有看到的路人报警了，警察的劝说没有让小女孩回到岸边，突然一个前扑，她进入了深水里，警察和路人纷纷去救，女孩被打捞上来，人已经没了，多么的令人心痛，他的爸妈是多么的伤心呀。

“冲动是魔鬼”，这个小姑娘没有考虑后果，就想一走了之，让父母伤心，后悔，最终付出了自己的生命，多么惨痛的教训呀。

有些女孩在离家出走之后被人贩子拐卖到了偏僻的山沟，很难再与父母相见；有些女孩在离家出走之后，跟着坏人坑蒙拐骗，走上了犯罪的道路；有些小女孩在离家出走之后，被居心不良的坏人骗走性侵，身心都遭受了很大的伤害。所以女孩，你千万要记得，任何情况下都不能

离家出走，以免让自己落入坏人手里。

2019年8月，河南省一县城的一位学生家长到派出所报警称，其刚满11岁的女儿遭人强奸。

案情重大，值班民警立即向所领导汇报。经走访调查，民警在县城周边抓获犯罪嫌疑人。

经审讯，43岁的犯罪嫌疑人钟某某，在街道上看到了因和家长吵架赌气而离家出走的女孩，于是甜言蜜语骗取孩子信任后，便带女孩回到自己的租住处。当晚，钟某某采取恐吓、威胁，拍摄女孩的不雅照等手段，对女孩实施了性侵。

11岁的女孩仅仅因为跟家人吵架赌气，便离家出走，结果被陌生男子带走，遭受了性侵害。如果小女孩在与家人发生冲突后，能待在家里稍微冷静一下，没有贸然外出，那么就不会有这样的遭遇。女孩，如果你因为离家出走而遭受了这样的侵害，那么爸爸妈妈将永远生活在懊悔之中，无法原谅自己。

生活中，每时每刻都在发生这样的事情，有的孩子因为父母批评了自己几句，就选择离家出走；有的孩子因为不想去学校读书，就偷偷离家出走。他们不知道外面的世界有多么凶险，只因为一时冲动，就离开了那个原本可以保护自己的家。这样因一时之气让你后悔终生。面对压力，舒缓心情才是最好的解决办法，离家出走只能使你暂时逃避问题，等你回家之后，它们依然会没完没了地困扰你。所以，离家出走并不是解决问题的好办法。

家才是最温馨的港湾，无论女孩遇到什么事情，都应该在家里解决。外面的世界复杂而危险，一旦独自出去，有可能会用自己的生命安全去冒险。如果有一天你在冲动之下迈开了离家出走的步伐，请多想想爱护和牵挂你的爸爸妈妈，希望你能及时折返回家，家的大门会永远为你敞开着。

## 安 | 全 | 忠 | 告

1. 关上房门，自己冷静一会儿

   每个人都有冲动的时候，如果有一天你和爸爸妈妈发生争吵，觉得委屈难过的话，可以把自己关在卧室里面，好好冷静一会。

2. 切莫听信“好友”的召唤离家出走

   因一个女孩的召唤，收拾行李和她一起出走，只会让你们的处境更加危险，此时你不是在帮她，而是在害她，也害了自己。

3. 想要出去走走的话，不妨和父母结伴旅游

   如果有一天你想出去走走、看看外面的世界的想法，千万不要像电影里演的那样，说走就走，可以和父母商量下，进行一次愉快的家庭旅游。

4. 压力大的时候，可以约同学吃饭、聊天

   女孩如果你在学习和生活中感受到了巨大的压力，你不妨约几个要好的朋友一起吃吃饭，聊聊天，将自己心里的压力好好排解一下。

## 4 生命如此脆弱，女孩要提高安全意识

世界是复杂的，既有阳光美好的一面，也有黑暗残酷的一面，如果我们没有掌握自我保护的意识，就会面临很多不可预知的危险。女孩由于缺乏社会经验，再加上自身的弱势，很容易成为受害者。我们经常在各种媒体上看到女生被侵害的新闻，比如打车失去联系，被网友欺骗，误坐黑车遭遇性侵等。每每看到这样的新闻，人们除了愤怒和惋惜，更多的应该是反思。

俗话说：“害人之心不可有，防人之心不可无。”生命是脆弱的，世界并没有我们想象得那么完美，随时可能给我们带来伤害。无论何时何地，女孩都应该具有一定的安全意识，学会保护自己，以应对随时随地可能出现的伤害。

电影《素媛》是一部韩国片。主人公素媛是一个乖巧懂事的韩国女孩，生活在一个普通家庭里面。爸爸是一位普通工人，妈妈开了一家小卖部。有一天下着雨，素媛去学校的路上碰到了一个醉酒的中年男子，她好心为这个男子打伞，却没想到这是她噩梦的开始。这名中年男子不仅性侵了素媛，而且在性侵过程中还残忍地伤害了素媛的身体，素媛的脸部、胸部都受到重击，肛门、大肠也遭到严重损伤。被警察发现时，素媛血肉模糊，其伤害程度简直让人不敢直视，后来她只能挂着尿袋，靠人工

肛门生活。她的心灵也遭受了严重的创伤，即使接受心理治疗，也注定将终身生活在这件事的巨大阴影里。素媛的一生被毁了。

所以，女孩你要拥有强大的自我保护意识，遇到危险时能够不慌不乱，或向警察叔叔求助。如果你在生活中能时刻保持清醒的头脑，拥有强烈的自我保护意识，那么就不会给任何坏人以可乘之机。

作为女孩，要时刻记住，这个世界不光是美好的，有些时候，你投之以善良，得到的却可能是伤害。所以，女孩一定要培养自我保护的安全意识，避免像“素媛案”那样的危险发生。关于安全意识的培养，以下几点一定要谨记。

**1. 帮助别人要量力而行**

任何时候帮助别人都要量力而行，千万不要因为帮助别人而把自己置于危险的境地。假如你看到有小孩掉进了湖里，这时候你贸然下水，结果不仅不能救出小孩，还有可能会搭上自己的性命。所以，在我们自己能力不足的时候，要做的不是去冒险，而是及时寻求更有能力的大人或者警察的帮助。

**2. 不要贪图别人的小恩小惠**

当你贪图了别人给你的小恩小惠之后，就难免会受到别人的胁迫。举个简单的例子，如果你吃了同学给你的糖果，下次她让你帮她考试作弊，你要不要帮助她？天上没有掉馅饼的事情，尤其是陌生人给你的小恩小惠，一定要坚决拒绝。

**3. 养成预见后果的习惯**

当你做出每一个决定之前，首先要问问自己：“这样做有危险吗？”“遇到危险我能解决吗？”如果答案是可能有危险，那么就放弃这样的决定，换个较为安全的办法试试看。很多危险在刚开始的时候其实并不可怕，就是因为我们没有察觉到危险，所以才会酿成无法挽回的后果。

**4. 安全远比金钱更重要**

如果你遭遇抢劫，这时候千万不要犹豫，把身上所有值钱的东西统统交给对方以换取安全。因为再多的财物，都不如你的人身安全重要。记住，任何时候都要把自身的安全放在第一位，保护好自己比任何事情都重要。

总之，女孩平时要多注意观察生活，一旦拥有了强烈的自我保护意识，你就可以随机应变，避免更多危险和伤害。

## 安 | 全 | 忠 | 告

1 有安全意识，学会识别坏人

坏人往往非常善于伪装，任何一个坏人，脸上都不会刻着“坏人”两个字，也不全是看上去凶巴巴的“坏叔叔”。有的时候，慈眉善目的老奶奶、美丽温柔的年轻阿姨，都有可能是向你伸出魔爪的“坏人”。

1 有防范意识，不随便答应他人

所以对于任何陌生人的搭讪和求助，都要保持警惕，不要随便答应别人的任何请求，因为你不知道接下来对方会对你做出什么样的事情来。有的时候，甚至熟识的邻居或亲戚想要带你去某个地方，你也要保持警惕。

## 5 女孩可以柔弱，但决不能软弱

女孩子被暴打的视频和新闻经常出现在我们的眼前，因为天生女孩柔弱，有人问："女孩学习一些格斗术是否会在这种情况下保护自己？"在一些格斗群里，也有群友在探讨，是否会格斗技术的女孩就能逃过一劫，甚至还能反击？我们不排除这种可能，我们也相信有很多女生真的会认认真真地学习一些格斗技术，来增强对自己的保护。除此之外，网上也有大量店铺贩卖电击枪、防狼喷雾等用具，也能够让女性在关键时刻保护自己。

前段时间，有一条令人触目惊心的监控视频在全网传播得沸沸扬扬。视频显示，一名男子当街暴打一名瘦弱的女孩。从监控视频里我们能看到，这名男子先用拳打倒了姑娘，随后又疯狂用拳暴打 19 次，用脚踢 10 次，几乎全部对准了女孩的面部。

之后，男子居然还把女孩拖出了视频监控区域。女孩之后发生了什么？她还活着吗？

即使没有生命危险，她的头部和脸部被重击那么多次，她会不会被毁容、会不会留下后遗症？这些问题都牵挂着网友们的心。

作为一名女生，掌握一门格斗技术或者手拿防狼器具，的确能够让自己避免一些不法侵害。但是，这样真的就够了吗？

小丽是个柔柔弱弱的姑娘，她与前男友已经分手一个月了，然而前男友依然死缠烂打不依不饶，求她和自己复合，甚至到了近乎执念的程度。

于是小丽就借住到了闺蜜王云家里避避风头。但是不知她的前男友是怎么找到王云家地址的，第二天小丽的手机上就收到了前男友拍的王云家小区门口的照片，并且要求当晚和小丽再见一面。小丽非常害怕，希望王云陪同她彻底拒绝前男友复合的要求。

在小丽看来，王云虽然也是女生，但她身高1米76，体重140斤，还打过泰拳和拳击比赛，也许真的是可以保护自己的。可是王云的脑海里还是闪过了一百种可能性：如果他身上带着刀呢？如果他真的钻了牛角尖，遭到拒绝后非要拼个你死我活呢……

有太多不可预料的因素都让王云感到害怕，最后通过协商，两个女孩找了一个人多的商场和小丽的前男友见了面，说清楚后两人立刻快步走向人群，拉黑了小丽前男友的所有联系方式，并且第一时间向王云所住小区的保安提供了这名男性的体貌特征，防止他再来纠缠。

这两个女孩的做法值得鼓励。毕竟，街头不是擂台，危险分子也不是陪练伙伴，哪怕自己比对面的男性还要高大强壮、格斗技术更好，但如果对方带着工具和一种鱼死网破的心态，那即使女子是格斗高手也可能招致伤害。所以，硬碰硬并不是最好的解决之道，避免危险的最好方式就是把危险的因素消灭在萌芽状态。

## 安|全|忠|告

相较于男孩，女孩无疑是较为弱势的群体。无论如何，我们都不希望发生一些不好的事情。面对坏人的侵害，我们必须想办法对付他们。提前做好预防，才能更好地保护自己。

我们无法控制别人的心理，那些随时可能发生的危险也会让我们感到害怕。只有提高警觉性和洞察力，采取自救或其他方式，才能给自己一个安全保障，避免受到伤害！

## 6 做一枝带刺的玫瑰，善良也要露点锋芒

提起玫瑰，很多人脑海里浮现出来的词语一定都是美好的吧，比如“娇艳欲滴”“芳香四溢”等。可是，在玫瑰艳丽的外表下，还隐藏着许多尖利无比的小刺，所以我们也称玫瑰为“带刺的玫瑰”。希望每个女孩都能成长为一株美丽而又带着小刺的玫瑰花，在带给世人美丽的同时，也能够很好地保护自己。

关于“带刺的玫瑰”，有一个美丽的传说。

据说，玫瑰原来并没有刺，由于她特有的美丽和风姿，引来了很多的采摘者。随着玫瑰越来越红，她也傲骄了。

直到有一天，她的好朋友——刺，实在看不下去了，她严肃地批评了玫瑰，指出她不仅不应该感到骄傲，甚至还应该感到惭愧。玫瑰感到不解，于是问刺：“为什么啊？”

刺很诚恳地对玫瑰说：“美丽的花朵是很珍贵的，应该属于勇敢的采摘者。而现在呢，任何人都可以随便得到你，你不应该感到惭愧吗？”

听刺这样一说，玫瑰的脸红了。

刺接着说，“我来保护你吧，我给你带上一些小刺。这样，能够得到你的一定是不怕刺扎的勇敢的人了。”

后来，玫瑰带上了刺，变成了带刺的玫瑰。她不仅特别美丽，而且

个性独特，成为花中的佼佼者。

看完这个美丽的传说。女孩应该在变成公主的过程中，懂得保护自己，守护好自己的这份美丽。外面的世界对你而言，太过于迷茫和危险，每个女孩都要记得下面这两个案例，时刻树立起自我保护的意识。

2016年10月，12岁的小女孩每周末补课，有北京某小学一名男老师在家一对一补课，女孩的父母忙于工作，家里没有别的人，就这样这名男老师在女孩的家里，3个月的时间里强奸女孩9次，直到女孩的父母查看监控时才发现。

读完这个案例让人震惊，希望每一个女孩都要时刻保持警惕，多长一些安全的“小刺”，以免自己受到来自外界的伤害。

**1. 学会正确面对陌生人**

《小白兔与大灰狼》的故事，相信很多女孩从小就听爸爸妈妈讲过吧？不要轻易地相信陌生人的话，比如他提出要带你去找爸爸妈妈，带你去买你最爱吃的棒棒糖，想让你帮忙指一段去哪里的路……诸如此类的话语，你一定要竖起你身上的小刺，学会辨别身边的“大灰狼”。

**2. 与异性保持一定的距离**

男孩和女孩之间应该保持一定的距离，不要超越朋友之间的界限，以免受到不必要的伤害。女孩子上厕所、洗澡、换衣服的时候，应该跟男孩分开，这是最基本的性别界限。等你长大一点儿，生理成熟之后，更应该与异性保持一定的身体界限，比如任何情况下都不可以与异性朋友在一个房间里长时间共处，哪怕你们只是单纯地在交流作业；再比如，在与异性同学一起聚餐时，尽量不要喝酒，更不可以在你喝醉酒的时候让异性同学送你回家。

**3. 有一颗自尊自爱的心**

俗话说："男孩要穷养，女孩要富养。""富养"不应该指物质层面的供养，更应该强调精神层面的浇灌，因为一个有着丰富人生阅历的女孩，才能在诱惑面前保持一份理智和自尊，不会爱慕虚荣、贪小便宜。

## 安 | 全 | 忠 | 告

女孩应该尽可能多地见识一下世界上美丽的风景，多学习一些关于生命和信仰的人生哲理，从而丰富自己的精神世界和视野。这样在长大后，就不会因为别人的一句甜言蜜语而迷失了自我，更不会因为虚幻的物质享受而淡忘了幸福原本的样子。

女孩最应该长出的三根"刺"，就是正确与陌生人相处的方法、与异性相处的行为界限和抵制诱惑的自尊自爱。有了这三根"刺"的保护，相信每一个女孩最终都会成长为一株美丽而又高贵的"带刺的玫瑰"。

## 7 培养应急应变能力，面对危险不慌乱

应急，即应对紧急情况；应变，是对突发事件的一种应对。从这样两个定义来看，除了前面提到的安全意识，我们还要掌握在紧急情况下处理各种突发事件的能力。

一天下午放学后，芸芸和好朋友萱萱一起背着书包结伴回家。走到半路一处僻静的街道，忽然被三个少年围住。三个少年向她们要钱，如果不给钱就陪他们玩玩。

芸芸和萱萱都吓坏了，连忙摇头说“没有”“不行”，其他话都说不出来。三个少年上来拉扯萱萱的书包，还拽了拽芸芸的头发，芸芸吓得哭了起来，并拼命挣扎。

萱萱这时却忽然冷静了下来，她连忙打开书包说：“我有钱，我给你们。”说着她把书包里装着的 30 元钱掏出来丢在了地上，三个少年嬉皮笑脸地去捡钱了。趁此机会，萱萱拉起芸芸飞快地跑掉了。

芸芸的表现不一定是个例，很多女孩一到危急时刻就会变得束手无策，似乎当时能做的事情除了哭就再没有别的了。显然，眼泪只负责发泄，并不能给我们以任何提示和帮助。

2019年7月的一天，江西省某小镇上的一户居民家中突发火灾，房子里有3个孩子被困，其中年龄最大的姐姐小雅也只是一名小学生。偏巧家里没有大人，情况危急。当时，小雅的弟弟、妹妹正在房间里睡觉，突然她被一股刺鼻的气味呛醒，发现自己房间的天花板上已经聚集了不少浓烟。于是，小雅赶紧打开卧室的房门往外看，发现客厅里全是浓烟根本看不清方向。她立刻喊醒弟弟妹妹，同时快速看了一下四周的环境，发现阳台上没有浓烟，于是赶紧带着弟弟和妹妹顺着阳台逃到另一个房间。虽然这个房间也聚集了一些烟雾，但是离家里的大门更近一些。此时，小雅的弟弟和妹妹已经被烟呛了几口，不停地咳嗽。于是，她赶紧让弟弟、妹妹弯下腰来，捂住口鼻，冲向门口。5秒后孩子们都逃出来了。

案例中的小雅在遇到火灾时没有大声哭喊，而是冷静地观察了一下家里的着火情况，然成功的快速逃离了火场。

危急时刻可不能只会哭鼻子，否则既浪费时间又影响情绪，而应急、应变能力就是此时我们最需要的“救命稻草”。

**1. 遇事不慌张**

遇事慌张，是很多人错失自我保护或自我拯救良机的最大原因。其实，面对突然发生的事情，慌张是人之常情，但心慌意乱之后，就该立刻冷静下来，只有这样才能继续考虑接下来该如何做。

**2. 培养自己足以应对各种事情的能力**

有的学校会给女孩子开设女子防身课，如果我们也能参与到这样的课程中去，经过学习与训练，我们就能具备基本的应对坏人的防身之术，还能学到诸多应对措施。有这些措施在心，再遇到危险的时候，我们也能给自己多一些保障。

因此，我们平时就要多学些东西，比如，各种防身工具的使用，书本知识在生活中的运用，一些生活常识的积累，各种特殊情况下的应对，等等。

**3. 和爸爸妈妈商量好，不时来一些“突然袭击”**

可以和爸爸妈妈提前商量好，让他们时不时给我们来一次“突然袭击”，也好让我们进行危急时刻的演练。可以多种情况穿插进行，最好根据当时的情况和我们的成长阶段来“改进”演习的内容与难易程度，从而使我们的应急、应变能力得到锻炼，应对技能也会不断提升。

## 安｜全｜忠｜告

怎样才能让自己冷静处理突发事件，可以试试深呼吸，给自己鼓劲，多告诉自己“不要那么害怕，我可以应对，我可以努力尝试一下”。俗话说“艺多不压身”，学些技能没什么坏处，必要的时候就会用上。

# 2 校园生活，要防范这些危险

校园应该是学习的地方，这里充满了知识、友谊、快乐、阳光，但校园生活也有一些潜在的危险。校园霸凌和敲诈勒索的事件时有发生，校园里女孩应怎样保护好自己，也是女孩成长中的必修课。

## 8 遇到校园霸凌，女孩要学会说“不”

校园对于我们而言，应该是洋溢着欢声笑语和琅琅书声的快乐之所，在这里可以结交到志同道合的朋友，可以在知识的海洋里自由徜徉，也可以在这里畅想未来。可是，曾几何时，校园霸凌却悄悄地浸染了这片原本宁静祥和的乐园，将残忍的手伸向了原本天真无邪的女孩。

兰兰是湖南省某小学6年级的一名学生，2013年5月7日早上，兰兰班里的女生和男生因为争夺食堂座位发生了争执，男女同学混打在一起。但是兰兰却没有参加这场混战，然而正因为她的不参加，才招致了她寝室长晓霞的不满，晓霞当场就撂下一句狠话：“现在不帮忙，晚上就打你！”

当天晚上9点，寝室熄灯之后，晓霞就指使同寝室的小云爬到兰兰的床上给了她两耳光，还在她身上不停地又踩又踹。兰兰害怕地跳下了床，小云却不依不饶地追打了下来。与此同时，晓霞和另一位同学小颖也冲了过来，对着兰兰一顿拳打脚踢。

好不容易，晓霞她们才放过了兰兰，但随即兰兰就开始不停地呕吐，脸色苍白，室友们赶紧扶着她去找班主任和校医。

由于兰兰没有告诉大家她被殴打了，校医也以为她只是简单的生理痛。但后来兰兰的头痛、胸闷、肚子疼引起了校医的怀疑，校医连忙将她送到了县人民医院，经医生诊断才发现，兰兰因外伤引发脾脏破裂，不得不立刻动手术摘除脾脏。当时的兰兰腹内大出血，4 天后才脱离生命危险。

实际上，兰兰经常被班上的同学欺负，经常会被扇耳光、遭踢打，而大家之所以欺负她，却纯粹是因为“她好欺负，不反抗”。

当遭遇霸凌时，我们要懂得保护自己，尽量保护自己的要害部位、私密部位。不要傻傻地按照施暴者的要求去做，而要试试呼救，也可以试试自己逃脱，当然这些都是在能保证自己人身安全的前提下进行的，不要盲目地使劲挣脱或者反抗，尤其是对方人手比较多的时候，否则可能会给我们带来更大的伤害。

当遭遇霸凌之后，一定不要自己承受，老师和爸爸妈妈就是我们可以求助的对象，最好如实相告，将自己受到的伤害都描述出来。

另外，如果有条件，当霸凌事件解决之后，我们可以转学或者离开这个伤心之地，身体上的伤痛经过一段时间之后可以痊愈，但心灵上的伤痛可能会需要更久的时间来恢复，所以有条件的话可以换个地方去生活、求学，或者求助心理医生以帮助我们更快地走出心理阴影。

那么，我们有没有办法避免这种霸凌呢？还是有的。结交良友，是避免遭遇霸凌的最直接也是最好的办法，而且遇到危急时刻，良友也许还能帮我们逃脱霸凌。

总之，校园霸凌是个令人心痛的现实，我们不能变成宰割羔羊的“屠夫”，但也同样不能变成任人宰割的羔羊。女孩本应当以德为美，不做坏事的同时，也要保护自己不被暴力摧残。所以，我们要坚强勇敢一点，要懂得对恶势力说“不”，为自己构建一片安宁的学习环境。

## 安|全|忠|告

1. 保持理智和冷静，不要惊慌

遭遇霸凌，不要进行盲目的反抗和挣扎，可以假意顺从，拖延时间，然后伺机逃脱或是向路过的人求救。

2. 不要以暴制暴

不要纠集同学和施暴者打架，也不能独自默默承受痛苦，而应该在第一时间向老师和父母求助。

3. 用正确的方式处理受到的心灵伤害

可以向父母、老师和朋友倾诉，也可以求助心理医生，接受专业的心理疏导。有条件的还可以转学，离开伤心之地。

## 9 面对同学敲诈勒索怎么办

提到“敲诈勒索”，你不要以为这样的事情只会发生在校园之外，在书声琅琅的校园里面，有的只是亲切的同学和老师，怎么可能会出现“敲诈勒索”这么阴暗的事情呢？然而，这种事情确实会出现在美丽的校园里面，而且实施“敲诈勒索”的人很有可能就是和你一样身穿校服的同学。

小超与小芳是同班同学，但在小芳看来，小超却好像是要债的地主一般既令人生厌又令人反感。

原来，当时才上5年级的小超，在2010年3月—2012年12月间，一直向同班的小芳索要钱财，如果不交钱，他就会威胁、恐吓她。

小芳是女孩子，面对凶神恶煞般的小超，她觉得自己并没有能力反抗，于是便一次又一次地满足小超的“需求”。小超从小芳那里要的钱，少则十几元，多则上百元。拿着这轻易得来的钱，小超过得逍遥自在，可小芳却过得心惊胆战。

直到后来，小芳的父母发现，孩子身上的零花钱花得特别快，有时候刚给了很多零花钱，转眼就不见了。一番询问后，小芳的父母才得知实情。而此时，小超从小芳那里勒索而来的钱财，数额已经达到了9000元。

小芳的父母向公安机关报了案，这才终止了小超继续勒索的行为，小芳终于逃离了被恐吓、威胁的噩梦。

被勒索者都有一种侥幸心理，认为“花钱消灾”是一种不错的解决办法，觉得“既然他要，我给就是了，给了钱他就不会打我、骂我了”。尤其是女孩子，多数胆小，稍微吓唬吓唬，就只剩下乖乖听话了。假如勒索者再说一些“如果你不给钱，我就扒了你的衣服，拍照放到网上去”这样的狠话，爱面子且又胆小的女孩，就更加不敢反抗了。

而勒索者的心理与被勒索者恰恰相反，他们会觉得“吓唬一下就给钱，对这样的胆小鬼下次再多要点”。即便是对待女孩子，他们也毫不留情。

所以，在面对勒索时，一定不要表现出自己有钱，别乖乖地将钱双手奉上，要立刻“撒个谎”，告诉对方现在自己没钱，如果对方想要，以后再约定个时间“给”他。

当然，说自己没钱的时候要适当地表现得软一些，比如可以说“好不巧啊，我刚把钱花掉了”，或者说“今天我没带那么多钱呀”，用好话、软话来哄得对方暂时不会对我们有太大的敌意和威胁。否则，看似硬气地说一句“我没钱”，可能会激怒对方，难保他们不会做出什么让我们不能承受的事情。

接下来就可能会有两种情况：一种情况是对方妥协了，允许我们“缓一缓”给他钱；另一种情况就是，对方气焰更嚣张了，甚至来翻书包，变身为抢钱。面对这两种情况，我们的应对措施也要理智冷静。

对于第一种情况，我们就要趁着这“缓一缓”的时间赶紧将情况反映给学校、老师和父母，如果有必要，还可以将这样的事情反映给公安机关。

而面对第二种情况，如果他来翻书包，那就先让他翻。趁着他翻书包的时候，假如自己能跑，就以最快的速度跑开，并寻求最近的老师或者其他教职工的帮助。

如果自己当时被困住了，就要想尽办法通知附近的同学或朋友，请他们来帮忙。不过，如果大家都怕这些人，没人敢帮忙怎么办？这时我们就先保护好自己当时不受伤害，钱财就先任他拿走。当勒索者离开之后，再立刻将自己的遭遇告知老师或父母。

此时，千万不要想着“就这一次，也没什么吧”，更不要觉得如果告诉了老师，勒索者会来报复。其实，这些勒索者就是典型的“欺软怕硬”，要在第一次遭遇这类事的时候就如实反映给老师和父母，请他们帮忙确认是否要走法律途径。

## 安｜全｜忠｜告

**1** 身上不要带太多钱

平时上学的时候身上不要带太多钱，只带少量现金以备不时之需就够了，这样你就不会被敲诈勒索的人盯上。

**2** 面对敲诈勒索要保持冷静

在面对敲诈勒索时，不要慌张，一定要保持机智和冷静。机智地和对方周旋，让自己脱离险境才是最重要的。

**3** 及时告诉老师和家长

当你遭遇敲诈勒索时，一定要及时告诉老师和父母，让他们帮你解决。

## 10 穿衣切忌太暴露，打扮不要太早熟

俗话说：“爱美之心，人皆有之。”但是，任何事情都有个限度，也遵循一定的身份和时节。换句话说，我们都喜欢美的事物，但是在不同时期有不同的美，我们处于什么阶段，就要像什么样子。

当女孩还是学生的时候，就要符合学校的规定，在校穿校服，不留长发，不染发，不烫发。要穿着得体，不能为了追求成熟美而打扮得像成年人一样，有的还故意穿一些暴露的衣服，其实这样真的不是美，只会令女孩显得不伦不类。

一天晚上，小雅身着吊带背心和短裙从自习室出来向宿舍走去。这时校园里已经看不到人影了，四周一片寂静，小雅走在路上，隐隐觉得后面有个人在跟着她。小雅心里有些害怕，不由得加快了脚步，谁知那个人也加快了脚步，而且离小雅越来越近了。

正好在这时，有保安的巡逻车经过，小雅一边大喊着“救命啊，有人跟着我”，一边飞快地向巡逻车奔去。两个保安听到小雅的喊声，连忙跑过来接应她。后面那个人吓得拔腿就跑，但是没跑多远就被保安给抓住了。保安仔细一看，被抓的是个30岁左右的中年男子，他头戴安全帽，穿着工作服，原来是学校里搞建筑的工人。

保安将这名男子扭送到学校附近的派出所，小雅也一同前往报案。

在派出所民警的讯问下，那名男子说道："是她穿得太暴露，我实在控制不住自己才跟着她的！"

小雅的遭遇多么让人心惊，如果不是保安恰巧经过，恐怕后果不堪设想！所以，女孩在穿着打扮时一定要注意，不要穿着暴露的衣服，也不要打扮得过于"女人化"，这些不合适的装扮很可能会招来居心叵测的坏人，把你置于危险之中。

衣着打扮体现了一个人的精神面貌，也给别人留下最初印象，如果你打扮得大方、得体、适度，那么你会在老师、同学心目中留下好印象，在以后的校园生活中自然也会受到欢迎；相反，如果你穿着奇装异服，化着妆、染着头发、喷着香水，那么老师和同学们说不定就会认为你是个轻浮的"坏女孩"，从而渐渐疏远你。

那么，怎么才能做到大方、得体、适度呢？

**1. 不穿紧身衣，穿着打扮要简朴**

青春期女孩正处于生长发育期，穿紧身衣服会使身体受到束缚，导致血液循环不畅，从而影响发育。女孩子平时穿着打扮要简朴，不要追求名牌，这些名牌衣服既不符合你的身份，也不适合你的年龄，还是应该以穿校服和运动服为主，因为校服和运动服既舒适，又能体现学生的个性和朝气，是最适合你现在的年龄的。

**2. 不要穿奇怪、暴露的衣服**

随着年龄渐渐长大，校服和运动服可能对于你来说有些单调，你会希望自己的衣橱里更加丰富多彩一些，但是，在选择服装的时候一定要避免奇装异服和那些比较暴露的衣服。特别是在夏天，诸如吊带背心、超短裙、热裤、透明T恤等，那些薄、露、透的衣服，还是不要穿在身上。

### 3. 远离“女人化”的打扮

现在很多女孩追求时髦，喜欢染发、烫发、化妆、戴首饰、穿高跟鞋等，她们认为这样打扮很漂亮，很有“女人味”。但是，古诗有云：清水出芙蓉，天然去雕饰。尤其是学生，应该以简单大方为主，务必远离这些“女人化”的打扮。

总之，女孩就应该有女孩特有的样子，一件普通的校服，一个简单的马尾辫，和一群朝气蓬勃的少男少女走在一起，哪怕只有阳光做陪衬，也是最美的风景。

**安全忠告**

正值青春年少，自然美才是真正的美，现在的你，皮肤非常娇嫩，如果用化妆品就会对你的皮肤产生副作用，因为现在的化妆品都是化学成分。对于一个青春洋溢的女孩，素面朝天就已经够美了，使用化妆品只会画蛇添足，不仅伤害你的皮肤，还会破坏自然美，让你看上去像一个不伦不类的妖艳女孩。

## 11 与男老师单独相处，也要小心警惕

在很多女孩心中，老师的形象都是高大而神圣的，特别是一些优秀的男老师还会得到女学生的崇拜。但是，对于女孩来说，他们毕竟是异性，也许有些男老师表面看起来冠冕堂皇，但是他们的内心却可能是龌龊、肮脏的。所以，为了自身的安全，最好不要和男老师单独相处，提高自我保护的意识。

玲玲在某小学读二年级，由于请病假而错过了一次随堂考试，在一节体育课时，男数学老师邓某就将她单独叫到了办公室，要求她不要上体育课了，而是在办公室做那次考试的试卷。

可是，就在玲玲站在桌子前做卷子的时候，邓某却把手从玲玲的短裤校服下面伸了进去，反复摸着她的臀部。摸了一会儿之后，邓某就把手抽走了，改完几张卷子后，接着就再把手伸进玲玲的衣服里继续摸。后来玲玲实在忍不住了才说："妈妈说，屁股不能让别人摸。"邓某这才停了手。

本来很简单的卷子，紧张又害怕的玲玲却花了50分钟才做完。邓某让玲玲放下卷子，这才让她离开了办公室。

事后，玲玲害怕极了，给妈妈打电话直说要转学，说有老师欺负她，妈妈这才了解了实情，气愤至极的妈妈随即报了警，邓某也很快被警方

以猥亵女童的罪名刑拘。

听到玲玲的遭遇之后，有些女孩可能会产生一种恐惧心理，也许会对学校的男老师都有一种需要“另眼相看”的感觉。其实，并不是说所有的男老师都像这个邓某一样，不过我们却要注意这样一种潜在的危险。

所谓潜在的危险，就是说某些男老师也许表面看来没什么，甚至他在教学方面可能比较优秀，或者说他还很受同学们的欢迎。但是，这些都只是表面现象，我们无从得知他的内心想法，说不定他就会借着讲解难题、答疑解惑的机会做一些让我们难堪、恐惧的事情。

那么，在面对男老师的时候，女孩要注意些什么呢？

**1. 在男老师面前要有分寸**

有些女孩的性格会非常活泼，在老师面前撒个娇也是常事，但是在男老师面前我们的言谈举止就要有所收敛，别肆无忌惮地在老师面前又笑又闹，特别是夏天穿得少的时候，更不要在男老师面前表现得很随便，行走坐卧都要有规矩。比如，穿着短裙、短裤，就别往老师身上靠；裸着的手臂、大腿，也不能随便去碰触男老师的身体；等等。

向男老师问问题或者聊天的时候，一定要保持足够的距离，要像一个学生的样子，对老师要有恭敬之心，而不要有太多的笑闹。

**2. 如果去找男老师，最好几个人结伴去**

不管是找男老师有什么事情，我们最好都不要自己一个人去，找几个同学结伴而行最好。比如，如果要找老师问问题，就可以先看看周围的同学有没有什么问题，或者是不是都有同样的问题，然后和大家结伴一起去和老师商量讨论，这样相对来说安全一些。

**3. 选择在人多的场合下与男老师相处**

举个例子来说，如果我们需要找男老师解决问题，走到他的办公室，发现里面只有他自己在，那么假如问题不是很紧急的话，我们不妨先缓一缓，等办公室里有其他老师在的时候再去说也不迟。

**4. 灵活处理不可避免的单独会面**

如果无法避免与男老师单独相处，我们也不一定要绝对顺从。比如，可以站在门口和老师说，或者询问老师能不能开着办公室的门。另外，我们也可以和自己的同学或者好朋友提一句，让她们知道我们去见男老师了，并提醒她们如果多久还没有回来的话，就找其他借口去找一下老师，以确定我们的安全。

虽然说了这么多，但是我们却不要对男老师有太过分的抵触心理。不是所有的男老师都是坏人，我们对老师要有尊敬之心，只不过与此同时也要注意保护好自己就是了。

**安 | 全 | 忠 | 告**

万一遇到男老师抚摸你身体或者亲吻你的行为，一定要坚决地说“不”，这样他就会有所顾忌，不敢再继续侵害你了。假如你真的遭遇了男老师的侵害，一定不要忍气吞声，要第一时间告诉父母，父母会向学校领导反映，或者报警，将坏人绳之以法。

## 12 晚上按时回家，不在同学家中留宿

女孩在成长的过程中结交了很多的朋友，经常会相约去对方的家里玩，有时候甚至还会在对方家里吃饭。但是，无论你和同学之间的关系多么亲密，也不要随便在别人家里留宿。

每个女孩都有几个要好的朋友，女孩如果第一次要求去朋友家留宿，父母最好不要答应，如果答应了你去同学家里留宿，你就会有第二次或者第三次去留宿，假如有一天你没有去同学家里留宿而是去了网吧或是别的地方玩耍，父母就不会第一时间获取你的信息，如果遇到危险，父母也不能第一时间赶过去救你。

为了养成不在外面留宿的习惯，父母可以在你第一次提出去同学家里留宿时就坚决地拒绝你的请求。因为你不知道在同学或朋友家里留宿会遇到什么无法预测的危险。

珊珊是一名初中生，爸爸妈妈在外打工，她一直和奶奶一起生活。一天晚上，珊珊受好朋友琳琳的邀请，去琳琳家里玩耍。两个好朋友玩得忘了时间，琳琳便热情地邀请珊珊在自己家中过夜，珊珊玩得很开心，自然也就答应了琳琳的邀请。

晚上，珊珊和琳琳就睡在一张床上，两个好姐妹聊着天，说着悄悄话，直到慢慢睡着。可是珊珊却不知道，她的噩梦正在慢慢降临。

凌晨一点多的时候，琳琳的爸爸把琳琳支走了，于是便进了女儿的房间。看着熟睡中的珊珊，琳琳的爸爸那按捺不住的欲望终于爆发了，他悄悄地脱掉了珊珊的裤子，强奸了还在睡梦中的女孩……

最终，琳琳的爸爸因为强奸罪被判处有期徒刑。虽然噩梦的始作俑者已受到法律的制裁，但对于珊珊来说，这个噩梦也许会伴随她终生。

在有些女孩看来，因一些原因留宿同学或者朋友家里也算是一件比较正常的事情，毕竟同学或者朋友是自己认识的人，并不是什么陌生人，只不过是换了个地方睡觉而已，这应该也很平常。

但是，我们需要记住这样一句俗语：“人心隔肚皮。”我们看得到周围人的外在表现，却看不到他们的内心。特别是男同学、男性朋友，或者女同学、女性朋友的男性家人，对于这些人我们可能根本就猜不透他们内心的想法。

虽然不能说所有人都是坏人，可是防人之心不可无，否则我们毫无顾忌的一次留宿，有可能会给我们带来无法弥补的伤害。

如果是去朋友家玩，就要先了解朋友家的情况，包括离自己家的远近、家里都有什么人等情况最好都了解清楚。在去朋友家之前，也要合理安排好时间，最好不要有在朋友家留宿的想法，不管朋友家离自己家是近还是远，都要留出回家的时间来，少玩一会儿也没什么，趁着天亮早早回家才是最安全的。

身为女孩，我们不能太过骄纵，同时也不能太过天真，不论是哪种情况，都不能随便离开家，也不能带着侥幸心理踏入陌生的环境，一定要有自我保护的意识，不要给那些心怀不轨的人留有一丁点儿的可乘之机。

## 安 | 全 | 忠 | 告

1 晚上睡觉一定要反锁房门

在任何地方留宿，你都要养成反锁房门的良好习惯，这是一个最基本的自我保护意识。

2 晚上睡觉尽量穿着得当

你在别人家留宿时，一定要注意自己的穿着，千万不要穿着暴露的睡衣在房间外面晃来晃去，这是非常不雅的行为。

3 在外留宿，一定要征得父母的同意

如果遇到特殊情况需要在外留宿，一定要提前征得父母的同意，并且要把同学或朋友家的小区地址告诉爸爸妈妈。

## 13 青春期避免男女独处

随着孩子们慢慢长大，进入青春期后生理特征会表现得越来越明显，无论是男孩还是女孩，都应该有一定的隐私意识，避免因单独相处而引发不必要的误会。

在日常交往中，女孩尽量不要与男同学单独相处，否则，流言蜚语将会对你幼小的心灵造成一定的伤害。

小文10岁，正读小学6年级，她还是个班长。自从当了班长之后，小文对班级里的事情非常认真负责，无论班里的谁有困难，小文都第一时间去帮助。小浩是班里的体育委员，经常会私下找小文交流一下班级里的情况，他们交流的地方有时候是在班级走廊，有时候是在学校操场。可是时间久了，班里的同学就开始议论纷纷，说小文现在成了早恋的“绯闻女主角”，有的同学还添油加醋地说，小文和小浩甚至在操场上已经拉起了小手，还有拥抱亲吻。

听到这些传言，小文感觉无比委屈，自己每次和小浩交流的内容都仅限于班级的内部活动，绝对没有涉及其他无关内容，而且她和小浩无论在走廊或操场交谈时都保持着一定的距离，绝对没有出现过这样亲密的情况。

可是无论小文如何解释，大家依然不相信她，还是喜欢在背后讨论她和小浩交往的事情。小文说作为班长，以后难免还会出现和其他男同学正常交往的事情，接下来自己都不知道该如何做才好。

班级里的同学喜欢添油加醋，胡乱议论同学这样的行为非常不好，容易给同学造成很大的精神困扰，女孩子一定要引以为戒，不要在背后随意议论同学。小文也应该反思自己的行为，她和小浩交流班级工作没错，但是应该选择在教室这样公共的地方，大大方方地当着其他同学的面交流沟通，这样就很难被其他同学抓住把柄。

与男同学的交往和友谊，是一种合理的需要，它既能满足青春期生理发育和心理发展的需求，也有助于双方互相学习，克服自身的缺点和不足。但是，与异性同学交往一定要保持距离，特别是要注意与男生单独相处的问题。虽然不能说与男生单独相处一定会发生什么事情，但谨慎一些总归是没有错的。

静静是某中学的一名初二的学生，因为性格开朗，她结交了很多朋友。静静的朋友里既有女孩，也有很多男孩，而对于朋友的要求，热心的静静总是不会拒绝。

一天下午，体育委员小伟告诉静静，上体育课时，有女生在器材室留下了两件衣服，因为是女生的裙子，他不好拿着去问是谁的，所以就请静静这个好朋友帮忙。

静静自然是满口答应，和小伟一起来到了体育器材室。静静刚走进体育器材室，小伟就忽然关上了门，并扑上来一把抱住了静静，直说自己一直喜欢她，希望静静能和他交往，不仅如此，小伟的手还在静静身上到处乱摸。

静静吓得大叫一声，她使劲挣脱了小伟的怀抱，再也顾不上同学的裙子，一脚踹开门跑了出去。

事后静静害怕极了，再也不敢面对小伟了，不仅如此，从此以后，只要是男生来找她，她都绝对不愿意单独和男生接触了，而是一定要拉上一两个女同学才放心。

同学之间的交往原本再平常不过了，可是当我们步入青春期后，和异性朋友之间的相处就会有些暧昧气息了。有的男孩会利用各种借口来邀请女孩和他单独相处，比如，他可能会邀请女孩去自己的家，邀请女孩和自己去感兴趣的地方，邀请女孩到一些陌生的地方，等等。

有的男孩则会人为地创造一些与女孩单独相处的空间，比如，借口有事，在放学时间里，等到大家都走了，和女孩独处于教室中；和自己的朋友打好招呼，创造一个只剩下女孩和自己的空间；等等。

而作为女孩子来说，不管是遇到哪种情况，我们都应该在心中拉起“警报”。因为男孩子的任何一个独处的要求，都是危险的。

比如，如果对方单独邀请我们去做什么事情，我们可不要当即就满口答应下来，而是问一句“我能叫上朋友一起去吗”，或者换一种说法“这么好玩的事，我们多找几个人吧”。

当然，还有一种情况是，男孩可能会通过其他人来传话，把我们单独叫出去。这种情况下我们也不要“欣然赴约”，特别是当对方要求约见的地点很隐蔽的时候，比如是教学楼的某个角落、学校操场旁的僻静之处，这些地方我们都要当心。

而对于男孩在我们不注意的情况下刻意制造出来的两人独处情况，我们则应该冷静处理。此时不要慌张，先要确保自己和对方之间保持一定的距离，如果是在教室，最好先移动到教室门口的地方；如果是在外面，则要尽量向人多的地方靠近。

## 安 | 全 | 忠 | 告

1. 谨慎对待男生的邀请

如果有男生邀请你到他家里做客，或者一起去哪里玩，不要贸然答应，先问清楚有没有其他人在场，如果没有，还是能拒绝就拒绝吧。

2. 如果遭遇流言蜚语，那就公开交往

如果你和某位男生的交往让班里的同学议论纷纷，那你正确的做法不是逃避，而是应该胸怀坦荡、心无杂念地继续与该男生正常地交往。把交往放在公开场合进行。

3. 避免和异性单独相处，也是对自己的一种保护

你要避免和男生单独相处，以免在封闭的空间内遭到男孩的侵犯，从人身安全的角度来考虑这样做也是非常有必要的。

# 3

# 初入社会历练，保护自己不受侵犯

社会很复杂，诱惑也很多，所以面对社会生活女孩要变得聪明些，时刻当心出现的各种危险，远离是非之地。如果你要帮助别人，也要多留个心眼，有时善良也会成为伤害你的帮凶。

## 14 安全乘坐出租，不要乘坐黑车、黑摩的

所谓的黑车和黑摩的，是指没有在交通运输管理部门办理相关手续，没有营运牌照而进行非法营运的车辆。选择黑车和黑摩的，没有一点安全保障。我们在出行时一定选择公共交通。

在县城上寄宿学校的艳艳每个月回家一次，下了公交车之后，如果带的背包很沉，她就会选择打出租车回家。

一个夏天的夜晚，艳艳回家有点晚了，出租车没有了，她好不容易才打了一辆黑车。一上车，艳艳先是闭着眼睛休息了两分钟，可是等她再睁开眼的时候，却发现车子行进的方向似乎并不是自己家的方向。她连忙向司机询问，司机却说走的是一条新路，更近一些。

由于长时间没回家，艳艳也就没有怀疑。可是司机开了一会儿之后。她发现越开越偏僻，这才要求立刻下车，但黑车司机此时却露出了狰狞的面目，一边恐吓艳艳，一边将车开进了路边偏僻的树林。

车一停，司机就想拉着艳艳进入树林，但艳艳极力反抗。眼看着司机要扯破自己的衣服了，艳艳灵机一动说道："我有结核病，还咳嗽，一会儿你可小心，万一你亲我，或者是我咳嗽有唾液飞沫弄到你脸上、手上哪儿的，被传染了你不要怨我啊！"说完，还装作很顺从的样子。

听了这话，司机的动作一迟疑，趁着这机会艳艳拼命挣脱，扭头就

跑。还好离路边不远，又刚巧有警车路过，艳艳迅速跑到路上拦下了警车，这才得以逃脱。而那名欲行不轨的司机随后也被警方抓获。

这里有几个关于安全乘坐交通工具的建议，希望你能了解一下。

**1. 外出时最好选择公共交通**

如果你需要外出，建议你最好选择乘坐公共交通工具出行，比如公交、地铁，因为这些交通工具上面有许多乘客一起出行，大大减少了外出时的安全隐患。

**2. 外出时尽量提早出门，给自己预留充足的时间**

外出时最好给自己留下充足的时间，不要因为时间匆忙而选择黑车和黑摩的。千万不要为了赶时间就随便把自己的生命安全置之度外。

**3. 上车之前要记下车牌号码和司机信息**

上车之后最好坐在后排座位，远离驾驶位置，这样万一遇上居心不良的司机，你在后座上逃脱的可能性更大一些；上车之前还要记录好车牌号码以及司机的个人信息，将这些信息发给自己的家人或朋友，同时告知家人或朋友到达目的地的大概时间点；半路上如果遇到司机绕路或者进入偏僻路段的情况，也要把情况及时告知家人或朋友。

## 安｜全｜忠｜告

如果女孩坐上出租车之后，别闭目养神，也别只顾着玩手机，要好好观察行进的路线，一旦发现路线不对，就要再次跟司机强调我们要去的地方，或者，干脆要求下车，换一辆车。

女孩的包里多放些东西，比如化妆水、折叠伞、小镜子、眉笔等，关键时刻这些东西都能成为保护自己的“武器”。

## 15 吸烟让容颜变老，女孩要远离香烟

如今，人们走在大街小巷，经常可以看到三三两两的孩子聚在一起，有男有女，每个人手里都拿着一根香烟，抽得很惬意。女孩觉得，能像男孩一样吸烟是一件很“帅气”的事情。但是，女孩抽烟的时候真的很酷，很有形象吗？

星星和小洁是邻居，年龄也相仿，两个小女孩自然而然地就成了好朋友，每天一块上学、放学，有什么好东西，也会一起分享。

这一天，放学的铃声刚响，星星就把小洁拉出了校门。

“你想吸烟吗？”跑出校门后，星星突然问小洁。

小洁听后一愣，答道：“不想，我们是女孩子，怎么能吸烟呢？”

星星却说：“女孩怎么就不能吸烟了？咱们班有好几个女同学都偷偷吸烟，前一阵子我都亲眼看见了，后来我也跟着他们吸了几口，感觉还不错，你可以尝试一下。”

小洁觉得，只有坏学生才会吸烟，她赶忙说：“我不吸，妈妈说女孩子不能吸烟，对身体不好的。”

星星笑道：“能有什么不好的，你爸爸妈妈肯定也抽烟。”

“他们也不抽烟。”小洁赶紧摇头，并跑回了家，在她看来，星星已经学坏了。

但是这次之后，星星又向她提了几次，还说女孩子只有学会抽烟，才不会输给男孩子。

小洁感觉很别扭，但又经不住好朋友的劝说，终于在一天傍晚，从小洁手里接过香烟，偷偷地抽了一口，结果呛得她直咳嗽。

香烟的危害想必大家都很清楚。但是知道归知道，有时候人们还是经不住诱惑，经不住旁人的劝说，拿起了香烟。尤其是现在的女孩子，她们追求个性发展，穿中性的衣服，打耳孔，染头发，嘴里还得再叼根香烟，她们认为这才算是现代女孩。

但是，一旦青春期的女孩染上吸烟的恶习，将会对自己的身心造成很大的伤害。青春期女孩学吸烟，很大程度是好奇心在作祟。孩子总是对大人的世界充满了好奇，什么都想尝试一下，而且还不能正确分析事情的好坏，所以很容易误入歧途。那么，吸烟到底对女孩有哪些危害呢?

烟草中含有大量的尼古丁，尼古丁会毒害人体的脑神经，造成精神萎靡、记忆力下降。如果学生吸烟，那么就会直接影响学习效率，导致成绩下滑。青春期女孩正处于长身体的阶段，各个系统和器官的发育都还不成熟，对一些有毒物质的抗击能力还比较弱。如果这时候吸烟，会对呼吸系统等造成很大的损伤。

女孩蓝蓝最近总是发烧、咳嗽，一开始她以为自己只是受寒感冒了，就自己去药店买了点感冒药吃，可一个星期过去了，她的“感冒”症状还是没有消失，反而越来越严重。没办法，她只好把自己身体不舒服的事情告诉了父母。

父母赶紧带着她去医院看病。可结果到医院一查，她支气管上长了一个肿瘤，而且情况非常严重，必须要马上做手术。

“我为什么会得肿瘤呢？”蓝蓝吓坏了。

蓝蓝的父母也不理解，直说是医生诊断错误了。但医生很肯定地说：“肯定没有错。”

蓝蓝很快就接受了手术治疗，并逐渐恢复了健康。

后来，她一次偷偷吸烟时被父母发现了，父母把吸烟的害处告诉了她，她才知道，自己上次遭了那么大的罪，就是吸烟害的！

从那以后，蓝蓝再也不敢碰香烟这种东西了。

年轻的女孩因为年龄太小，呼吸系统发育尚不成熟，还无法抵抗烟草中携带的病毒，因此很容易因为长时间吸烟而导致身体生病。据不完全统计，世界上每年有 300 万人死于因吸烟引起的疾病，每 10 秒钟就有一人因吸烟而丧生；在美国，每年有 12.6 万名妇女死于与吸烟有关的综合征，有 3500 名婴儿因母亲怀孕期间吸烟而死亡……

因此，女孩一定要远离香烟的危害，不要因为耍酷或与男孩争强好胜而去吸烟。那样只会让自己的身体受到损害，有百弊而无一利。

## 安 | 全 | 忠 | 告

**1** 吸烟能引起痛经

女性在吸烟时，会使子宫内膜血流减少，从而发生痛性痉挛，导致了痛经的发生。

**2** 吸烟还能使女性绝经年龄提前

香烟中的某些成分会毒害到卵泡，使卵泡提前消失，让雌激素缺乏，因此导致了女性绝经。

**3** 吸烟容易衰老

香烟还会使女性的骨骼更脆弱，更易发生骨折。吸烟还会让女性嘴唇和眼角过早地出现皱纹，牙齿发黄，皮肤粗糙，失去富有弹性丰润的外表，过早地出现衰老的一些征象。女孩都是爱漂亮的，谁也不想自己因为吸烟，而过早地变成“黄脸婆”吧。

## 16 为了自己的健康和美丽，女孩最好不要喝酒

如今，有些女孩子觉得学会喝酒比较酷。虽然说酒对身体的伤害比烟小，而且小酒怡情，但是对于处在成长期的女孩来说，能不喝酒，最好还是不要喝。

有研究表明，女性比男性更容易因为喝酒而患上脂肪肝。据研究发现，女性如果每天喝酒 20 克以上，经过三五年，就会轻易形成脂肪肝。而男性只有在每天饮酒超过 40 克时，才有发生脂肪肝的危险。这种男女差异，到底是为什么呢?

原来，人体内存在一种叫作“酒精脱氢酶”的酶，它有分解酒精的作用。但是，这种酶的活性很低，而女性体内的“酒精脱氢酶”又比男性少，所以，女性饮酒后体内的酒精分解量低、代谢慢，在体内存留时间也比男性长，因此才会对人体造成比较严重的损害。

处于青春期的女孩身体还在成长期，各个器官，尤其是消化系统还很娇嫩，不能过多地承受刺激性物质。酒具有刺激性，女孩一旦不顾身体而饮酒过量，就会让酒精对肝、胃等器官造成严重伤害，降低身体的免疫能力，引发疾病。

喝酒为什么会降低人的免疫力呢？这是因为酒后毛细血管扩张，散热增加，抵抗力随之也就下降了。这时候如果不注意保暖和饮食卫生，很容易就会患上感冒、肺炎等疾病。

小兰升入高中后，开始了寄宿生活，平时在学校不是学习就是在宿舍睡觉，小兰总觉得生活一点意思也没有。有一天，舍友悄悄从包里拿出了一瓶酒，神秘兮兮地说："敢不敢喝两口？"

"喝酒？不行，未成年人不能喝酒。"小兰连忙摆手。

舍友说："怕什么，只喝一点点，反正咱们每天都只能待在学校里，一点意思也没有，咱们得自己为自己找点乐子嘛。"

"可是……"

"别可是了，快拿两个碗来，趁其他人还没回来，咱们赶紧喝一点。"舍友说。

小兰从来没有喝过酒，第一次喝，只觉得嗓子眼直冒火。但习惯了之后，她觉得这种感觉太爽了。

于是，从那之后，她就经常和舍友偷偷跑出学校喝点小酒。

渐渐地，小兰觉得，自己的学习成绩，似乎下降了很多，而且背诵课文也不如以前那么快了。

"难道是我的记忆力下降了？"小兰有些纳闷。

作为女孩子，任何情况下都不应该喝酒。不要受到周围人的影响，如果周围朋友开始接触喝酒了，我们作为朋友反倒应该多劝劝他们，让他们也意识到这样做对自己身体的伤害有多大，而我们则要坚持自己的原则，别轻易就被诱惑。

## 安｜全｜忠｜告

**1** 饮酒过量会伤害女孩的大脑

饮酒过量使女孩的记忆力下降，直接影响女孩的学习成绩。

**2** 女孩饮酒与美丽无缘

酒是皮肤大敌。酒属于刺激性的饮品，长期饮酒会使皮肤变差。如果女孩的皮肤本来就不太好，容易长痤疮，那就一定不要喝酒，否则只会令你更加没“面子”。

**3** 女孩喝酒影响身材

女孩喝酒还容易使脂肪堆积，渐渐长出小肚子，失去原本苗条玲珑的好身材。因此，为了自己的身体健康和青春美丽，女孩还是少喝或不喝酒为妙。

## 17 别让黑夜迷失了自己的“眼”

现在，有不少女孩上了初中、高中，就觉得自己已经长大了，不需要事事都向父母报告了。而且，女孩也觉得应该自己来支配时间，不能总听父母的安排。

于是，就出现了很多不按时回家、打手机关机、发短信不回等令父母着急的情况。

而且，很多时候女孩还是无意识中做出这些事情的。她们觉得，自己只是稍微晚了那么一点回家，有什么大不了的，为什么其他同学或朋友就可以晚回家或者不回家，而自己就要天天向父母报告呢？在这种心理的驱使下，女孩反而更喜欢夜不归宿了。

其实，夜不归宿是一个老问题。很多年轻的女孩因为各种各样的原因，而选择游荡在外，不按时回家。

女孩觉得现在晚上灯光那么亮，人也不比白天的少，并没有那么多危险的事情，但事实却不是这样的。有不少女孩夜不归宿，最后受到了伤害，这种例子数不胜数。

小梅是个爱玩的女孩子，每天都会和同学们玩到晚上 10 点多，她才会回家。父母每天都让她早点回来，她都会说：“我都是和同学们在一起，她们都不回，我要是早回来，太不合群了。”

一天晚上，小梅和同学们约好了去看流星雨。但是流星雨出现的时间比较晚，要晚上10点才会出现，为此小梅犹豫了很久要不要去。但想到同学们都会去，她也就放下了心，想着四五个人在一起，总不会出意外吧。

但是，谁知道当天晚上有两个同学生病了没来，还有两个人嫌太晚，没有出来。只有平时和她最要好的同学陪她出来了。

“要不，咱们也回去吧，太晚了。”同学说。

小梅却觉得如果就这样回去太没面子了，就摇头说：“怕什么，这里这么多人，难道还怕被人卖了啊。”

同学笑了笑，但还是说：“真抱歉，我得回去了，太晚了。”

“你胆子真小，那我自己看，明天羡慕死你们。”

送走了同学，小梅正准备拿出望远镜望向天空的时候，一个身穿警服的“警察”走了过来，对她说：“这么晚怎么还不回家？拿出身份证检查。”

小梅出门并没有带身份证，就不安地说：“我没带，我只是来看流星雨的，并不是做坏事。”

“这大街上都是看流星雨的人，谁知道你是不是来乘机作案的，现在小女孩出来偷东西的越来越多，我们得巡逻检查。”“警察”一本正经地说道。

“可是我没带身份证……”

“那你跟我回警局一趟，或者去你家里，把身份证拿来让我们看一看。”说着，“警察”就开始推她，想把她推进旁边的一辆轿车里。

“警察”一边推她一边说：“快点，我们还要回来继续巡逻呢。”

“这不是警车。”小梅看到车子的时候，疑惑了，心里也开始扑腾扑腾跳起来，心想，自己不会是遇到坏人了吧。

“警察都在巡逻，哪里有那么多警车，你快点上车，别耽误我们公事。”“警察”不停催促她。小梅马上感觉事情有些不对劲儿，她想逃跑。可刚抬脚，就被人抓住了。原来车上还有一个男人。

男人说：“小姑娘，没身份证可跑不了哦。”

小梅马上大声呼救，但她不知何时已经被男人带到了黑暗的巷子里，四周静悄悄的，根本一个人也没有。

“警察来了！”突然，空旷的巷子口传来一声呼喊，两个男人吓了一跳，松开小梅就跑了。

这时候，从巷口走过来一个大妈，对小梅说：“孩子，这么晚了怎么还不回家，晚上坏人多，赶紧回去吧。”

“嗯，大妈，谢谢您……”小梅又感激，又害怕，呜呜地哭了起来。

从那以后，她再也不敢太晚回家了，每天一放学就早早地回到家，帮爸爸妈妈做饭收拾房间。

如果上例中的小梅不是遇到了好心的大妈，后果将不堪设想。从这个案例中，女孩也应该了解到，晚上最好不要独自外出，更不能夜不归宿，否则，不仅父母会吃不好饭，睡不好觉，还会为女孩的人身安全担忧。而且，势单力薄的女孩很难在没有外力帮助的情况下对付那些早有准备的坏人的。

## 安丨全丨忠丨告

**1** 夜晚出行，要找家人或信得过的好朋友陪伴

你在夜晚外出时，最好叫上家人，比如让爸爸妈妈或爷爷奶奶陪在你身边。

2 夜晚出行，要与陌生人保持距离

夜晚出行时，如果遇到陌生人跟你搭讪，一定不要多说话，也不要接受对方提供的任何帮助，快速走开即可。

3 多观察身后有没有陌生人尾随

夜晚出行时，你应该不时回头观察一下身后的情况，如果发现有陌生人尾随的话，要快步跑向灯光明亮、人流较多的地方，及时打电话告诉父母或者打电话向警察叔叔求助。

4 夜晚出门，穿着不要暴露

在夜晚出行时一定不能穿着明显暴露的衣服，这样你很容易被不法分子盯上，外出着装应该以简单朴素、舒适大方为主，越安全越好。

## 18 酒吧、夜店等是非之地，千万不要去

随着经济的发展以及人们对生活的追求，人们越来越注重自己的休闲时光，十来岁的小女孩也不例外，经常会选择一些能让自己放松的形式，来缓解生活及学业上的压力。比如，泡吧。

现在，酒吧俨然已经成为一种文化。以前泡酒吧的人中以男性为主，但近两年来，女性泡吧者越来越多。而且，女孩去酒吧还很容易引起他人的关注。

比如，男性或者是心怀不轨的人。在男性的眼中，泡酒吧的女孩就是他们的猎物，只要他们愿意，就可以手到擒来。但是，很多泡吧的女孩都还没有成年，是不适合踏入酒吧这种成人的社交场合的。

小园是一名高中生，平时喜欢泡在酒吧里消磨时间，用来缓解学习上的压力。

这天晚上，她又像往常一样去了常去的酒吧，一直聊天喝酒，到了深夜两点多才有了困意，起身想要回家。

这时候，一名男子举着酒杯走过来和她搭讪。小园想反正都已经晚了，再多聊一会儿应该也没事，就坐下来，和男子聊了起来。

男人告诉她，自己姓刘，是外地人，现在正在本市做生意，是个小老板，特别喜欢交朋友，希望能和她成为朋友。

"我还认识一个朋友,他是KTV的经理。我们去他那里可以打折哦。"小刘说。

在小刘的怂恿下，小园就和男子一块去了那家KTV。

自称小刘的那位经理朋友表现得非常热心，不仅免费让她使用一间大包厢，还怕她和小刘独处会尴尬，就又喊来了一些男女，让她们一起唱歌。

很快，一群年轻人就玩儿到一起了。这时，小刘叫了几杯饮料，大家边喝边唱，十分尽兴。但唱了没一会儿，小园突然觉得身体很不舒服，像要喘不过气一样。

她突然意识到不对劲，肯定是有人在饮料里动了手脚。于是，她赶紧借口上厕所然后掏出手机报了警。

很快，警察就赶来了，这才救下了已经快要失去意识的小园。

先不说女孩去酒吧到底是为了消遣还是为了喝酒，但是上例中小园这种和陌生人交谈，并跟他走的行为，是十分不可取的。尤其是小园一个人独自泡吧的时候，更容易被坏人盯上，发生危险。毕竟酒吧是一个环境复杂的地方，鱼龙混杂，发生什么事都是有可能的。

不少女孩去酒吧可能是为了和好朋友聚会，也可能是去解闷，但假如女孩是一个人去酒吧,那女孩很容易就会成为酒吧里一些"危险分子"眼中的"猎物"。这些男人就会像上例中的小刘一样注意到女孩，然后别有用心的和女孩搭讪，等到女孩对他完全没有戒心后，他就会以吃喝玩乐等名义，让女孩跟他一起走。只要女孩一踏入他的"地盘"，可能就不会像小园那样容易脱身了。

因此，女孩一定不要单独去酒吧消遣，如果是和朋友聚会，一定要选择比较正规的场所。毕竟，酒吧里的人员很杂，在正规的地方安全更能得到保障。

而且，女孩不要随便和陌生人搭话，也别随便接别人的话。如果女孩是第一次去酒吧，千万别喝酒，也别喝陌生人递过来的任何饮料。千万不要抱有“事情怎么可能发生在我的身上”的想法，否则就会像案例中的小园一样，遇到麻烦了。

有时候，在酒吧向女孩搭讪的人，可能不是男人，而是一些想和女孩做好姐妹的女性。女孩在遇到这些女性时，一定要多长个心眼，千万不要盲目地信任她们，这些人，可能比男性还要“恐怖”。如果女孩认识了这些在酒吧里所谓的姐妹，那样只能让女孩离危险越来越近。

## 安｜全｜忠｜告

1 女孩真要泡吧，一定不要独处。

不要让自己置身于比较显眼的位置，也不要独自坐在黑暗的角落里。

2 一定要看管好自己的酒水饮料

当你身处娱乐场所时，一定要看管好自己的饮料，不要随便离开自己的座位，以免被图谋不轨者在杯子中放入迷药。

3 不要让陌生人送你回家

不要在娱乐场所停留过长的时间。此外，在娱乐场所聚会结束后，也不要让陌生人送你回家。必要时，可以打电话让家人接你回家。

## 19 不要因为好奇而接触毒品

虽然社会的物质文明和精神文明的发展不断提高，但仍然有一些丑恶的现象存在，比如，吸毒。

目前的趋势是吸毒者越来越年轻化了，很多十五六岁的小女孩，脸上稚气未脱，却已经有了多年的吸毒史。女孩吸毒的原因很多。有的和家庭环境有着很大的关系；有的是因为好奇才开始吸毒的；有的是为了解闷；还有一些女孩，是受朋友的骗，相信吸毒可以减肥，才走上这条错误的道路的。

据了解，在某派出所审理的吸毒案件中，有接近三分之一是女性吸毒者，而且，这个比例还在逐年增加，令人十分心痛。

朵朵今年刚开始读高中，十六七岁的她正值青春年少时，但有一天，她却从同学手里接到了一包白色的粉末。

"这是什么？"朵朵问同学。

同学看了她一眼说："毒品都不认识？这是好东西，能减肥。"

"减肥？真的吗？"朵朵问。

原来，朵朵一直想要保持苗条的身材，但她是那种喝水都会长肉的体质，因此一直在寻找好的减肥方法。

但她还是有些胆怯，对同学说："这可是毒品，万一上瘾了怎么办？"

“不会的，你每天只吸一点点，肯定不会上瘾。”同学说。

朵朵抱着怀疑的态度，试了试，发现并没有出现什么不良后果，而且一开始，真的是她想吸就吸，不想吸的时候也完全没有瘾。

最重要的是，朵朵真的变得越来越瘦了。但是她却发现，自己的食量减少了很多。以前能吃一碗饭，现在只要一小口，就吃不下去了。

一年以后，朵朵虽然“减肥”成功，但她却再也离不开毒品了。以前并没有任何瘾的她，现在毒瘾很大，她可以三天不吃饭，但不能一天不吸毒。

日常生活中，最常见的毒品有海洛因、摇头丸和冰毒。摇头丸就像一般的小药丸，有着各种各样的颜色，还刻着一些图案，每次服用只要超过四颗，就有可能置人于死地。冰毒的样子就像它的名字，外表就像冰雪一样，让人觉得它是那么的“冰清玉洁”，但它的危害比摇头丸大多了。人只要服用 2 至 3 毫克，就可能毙命。可见，毒品就像老虎一样凶猛，随时随地，都能要人的命。

所以，女孩，一定要远离毒品，不交毒友。千万不要相信“只是试一点点，不会成瘾的”这样的鬼话。

## 安 | 全 | 忠 | 告

**1** 树立正确的人生观、价值观

青少年要树立正确的人生观、价值观，多接触一些正能量的东西，培养积极健康的兴趣爱好，对社会有正确理性的认识。

**2** 克制自己的好奇心

青少年好奇心强，自制力弱，容易抱着猎奇的心态，去尝一尝，试一试，希望从中体验不一样的刺激。这些其实都是不可取的，很容易让人沦陷为吸毒者。

**3** 不小心沾染上毒品，要立即去戒毒所寻求帮助

无论是出于好奇刚刚开始尝试，还是已经误入歧途的年轻人，一旦沾染毒品，一定要快速去戒毒所、戒毒中心去寻求专业人士的帮助，千万不能一错再错地任由自己堕落下去。

4

# 很多意外，其实可以避免

各种各样的突发状况会出现在我们的生活中。所以女孩要掌握防范危险的方法，只有这样，在遇到突发状况时，才能有效地保护好自己。

## 20 不贪小便宜，就不会掉进坏人的陷阱

每个孩子出生时都是一张白纸，他的性格、品行如何，全靠父母来涂写。父母给他绘就一幅灰色的图画，他的人生便沾染了灰色的影子；父母给他绘就一幅彩色的图画，他的人生便是多姿多彩的。同样的道理，如果父母胸襟博大，眼界宽广，孩子也会有一颗宽广的心胸；如果父母眼界狭窄，爱占便宜，那么孩子也会有样学样，爱占便宜。对于一个孩子而言，贪小便宜有时候并不仅仅是道德欠缺，还会带来危险。因为天下没有免费的午餐，你一旦吃了别人给的免费午餐，也许会为此付出昂贵的代价。

2019 年 6 月的一天，9 岁的小花和小蕊一起打算去找小明玩，路上遇到了小明的爷爷谭某。谭某说自己家里有很多零食，还热情邀请两个女孩到自己家里做客。看着眼前和蔼可亲、热情万分的爷爷，小花和小蕊没有多想，便跟着爷爷一起去了他的家里。到了谭某家里之后，谭某真的拿出来很多零食，让两个小女孩边吃零食，边跟他聊天。过了一会儿，谭某问小花和小蕊想不想要零花钱买东西，小花和小蕊想都没想便点了点头。谭某借机提出，如果想要零花钱的话，就得让他抱一下。小花和小蕊一想，被爷爷抱一下也没什么大不了的，便同意了。后来谭某越来越大胆，竟然开始猥亵女孩，并且提出每次给 10 元钱。后来小花

的爸爸在整理女儿的书包时，发现女儿竟然多了很多零花钱，再三追问之下才得知事情原委，随后立即向警方报了案。

小花和小蕊只是两个涉世未深的小女孩，她们在面对陌生人的诱骗时，并不知道所谓的搂抱、抚摸，甚至猥亵意味着什么。她们只是觉得自己好像没有付出什么代价，就免费得到了零食还有零花钱，却不知道自己失去的东西远比零食和零花钱要宝贵得多。如果小花和小蕊从一开始就知道天下没有免费的午餐，别人给的小恩小惠不能要，那么她们在面对零食和零花钱的诱惑时，就会下意识地说一声“不”。

中国有句古话，叫作“不贪为宝”。不可否认的是，任何人都有贪心，关键是，贪心是大是小，而且，在事情发生的时候，我们能不能识别出自己的贪心，让贪心不起作用。

## 安｜全｜忠｜告

**1** 平时不要养成贪小便宜的习惯

如果有人拿零花钱来诱惑你，你要明白一个道理，那是别人手里的钱，跟你一点儿关系都没有，就算别人无偿送给你，你也不会伸手去拿。

**2** 想要的东西，要靠自己的努力去得到

作为一个女孩，必须自尊自爱，对于自己想要的任何东西，第一反应都应该是“我该如何努力才能得到它”，而不是“谁能送我一个这样的东西呢”。

**3** 陌生人给的任何东西都不能随便要

陌生人给的任何东西都不要随便接受，无论对方递给你的是饮料、零食还是金钱，你都应该毫不犹豫地拒绝掉。

## 21 遇到小偷怎么办，冷静机智巧防范

当你坐公交车的时候，如果注意观察，经常会发现一些人两手空空地去挤车门，从车门上来之后再下车，不会停留在车上，这些人十有八九就是小偷，他的目的不是把空间让给别的乘客，而是偷窃物品。还有一些人会紧紧地贴在别人的后面，明明车上不挤他也会贴着，要是刹车的时候，就会猛地贴一下，如果看到这样的人，他也有偷窃的嫌疑。我们要远离这样的人，在上下车的时候，注意保护好随身的物品，即使很拥挤的时候也要保持清醒，把物品护在胸前，口袋里不要装贵重的东西，这样小偷就没有下手的机会。

2019 年暑假，小欣独自一人乘高铁前往另外一座城市的姑妈家，在候车室等车的时候，发现旁边是一个身材高挑、靓丽的女孩，她手里一直拿着一本杂志在看，可是眼神却总是瞟向四周。

小欣觉得不对劲，她想起在一本书上看到过一个识别小偷的技巧：“贼眼左右乱看，手拿报纸雨伞，男的衣着平凡，女的花枝招展。”

她开始注意起这个女孩，果然，不一会儿女孩就瞄准目标准备下手了。小欣及时将这个情况报告给了车站的警务人员，最后人赃俱获，那个女孩在又一次下手时被抓了个现行。

小偷大多会在人多的时候下手，一般我们和好朋友逛街的时候、挤车的时候，比较容易遭遇小偷。而人员密集的市场、车站，也都是小偷比较喜欢下手的场所。

小偷和我们普通人的关注点不一样。在车上如果你看到一个人眼睛滴溜乱转，到处乱看，这是在观察，找准对象好下手，如果你遇到这样的人，就要提防。

在生活中我们要注意观察，善于总结，我们这样做并不是为了夸大危险，而是要学会一些基本的自我保护本领，在今后的生活中遇到突发的状况时，才能及时识别出危险，好好去应对危机。

## 安｜全｜忠｜告

1 马马虎虎的人容易被小偷盯上

如果你是一个马马虎虎的女孩，背包从来都是背在身后，并经常忘记拉上拉链，走路的时候特别喜欢戴着耳机，那么，你就是一个特别受小偷“喜欢”的人。

2 炫富、高调的人也容易被小偷盯上

一些贵重的首饰、物品，最好不要在公共场合显露，有可能会被小偷盯上。在公共场合要尽量衣着简单、朴素，不要太过高调招摇，这样做也是对自己的保护。

## 22 遇到抢劫、绑架、拐骗等，要有智慧地应对

女孩天生柔弱，很容易就会成为犯罪分子的目标。当我们不幸遭遇抢劫、绑架、拐骗等暴力犯罪时，不要硬拼，因为我们无法和早有准备的歹徒拼力气；也不要只会高声尖叫，很多情况下，高声尖叫只会进一步激怒歹徒，将我们自身的生命安全置于危险的境地。我们要用智慧去面对，才能寻得一线生机。

一天早上，天刚蒙蒙亮，小雯正准备去学校上早自习。当她走到镇上邮局门前时，突然一个陌生男子从她身后冲过来，用左手捂住她的嘴，右手拿一把小刀抵住她的脖子说："不要乱叫，敢叫的话我就用刀捅你，把手机和钱拿出来！"

小雯非常害怕，但是她告诉自己不要慌乱，为了不激怒绑匪，她配合地说："我正要去上学，兜里没带钱也没有手机，你要多少钱我去给你借。"男子却说："我杀人了，需要的钱你恐怕借不起。"

觉得在街上太显眼，绑匪将她带到了附近一幢正在修建的房屋里，开始盘问小雯的家庭情况。小雯如实回答绑匪的问话，但是没有告诉他家人的电话号码，她说自己记不清。她问绑匪："你什么时候能放我走，我好回家给你拿钱。"绑匪没有理她，还把小雯的手脚绑起来，并封住她的嘴。

这时，楼下传来脚步声，绑匪急忙把小雯嘴上的胶布撕下，又把她的手脚解开。一个中年男人见到他们，问他们是干什么的，并说自己是房主。

绑匪说："这是我妹妹，我们随便转转。"小雯在绑匪身后冲房主使个眼色然后摆摆手，但房主没有明白她的意思，只是吆喝他们离开。

随后，绑匪拉着小雯离开，小雯自始至终都表现得很顺从，使绑匪放松了警惕。当路过一个小山头时，小雯看到不远处有一群晨练的人。她对绑匪说："这里路窄，拉着手不好走，我也不敢跑，你让我自己走吧。"绑匪信以为真，开始往山上走，小雯跟在一旁，并有意地走慢一些。

小雯发现绑匪径直往前，放松了警惕，就立即转身朝着山下跑去。绑匪见到小雯逃跑就开始追，但是无奈小雯跑到了人群里，人太多了，绑匪害怕被抓住就放弃了。当小雯赶到学校后立刻将该事告诉了班主任，并到公安机关报了警。

在警方调取的案发现场监控录像里，小雯一眼就认出了当时拉着她的绑匪，很快，这个绑匪就被抓住了，等待他的将是法律的制裁……

当遭遇暴力犯罪时，我们应该怎样做呢？

**1. 欺骗**

对待坏人，我们要能骗就骗，目的是保证我们的生命安全。当觉得反抗可能会有危险的时候，就假装很听话的样子，让绑匪放松警惕，这样才有机会逃跑。

**2. 逃跑**

如果我们不幸被坏人控制，只要一有机会，就要逃跑。哪里人多就往哪里跑，哪里有可以帮助我们的人，我们就往哪里跑，坏人就是害怕去人多的地方，一旦我们到了人多的地方，就安全了。

**3. 报信**

如果我们被犯罪分子控制住，一旦有机会，就要报信，让别人知道真实的情况。像小雯那样，在小楼里她向房主使眼色就是报信，只可惜房主没有看明白。但是，遇到这样的情况，一定不要气馁，一有机会就要不动声色地求助。

**4. 看轻钱财**

钱财乃身外之物，和生命比起来，钱财是微不足道的。有时歹徒并不是想要伤害人的生命，只是图财，那么我们就要舍弃钱财，保护我们的生命安全是第一位的。

## 安 | 全 | 忠 | 告

如果我们身处险境，就要收敛个性，不要出言激怒歹徒，更不要强调自己记住了歹徒的模样，这样有可能会激起歹徒的害命之心。什么都没有生命重要，一定要记住这一点。

## 23 不该凑的热闹，千万别去凑

有时我们放学走在回家的路上，或者陪好朋友出去逛街的时候，会看到有一些人聚众斗殴。一些好事的人就里三层外三层地或远或近地围观。其实，这种看热闹的心态是非常危险的。

《弟子规》中说："斗闹场，绝勿近，邪僻事，绝勿问。"经典为什么这样教导我们？这是因为，凡是斗争的场所，都是是非之地，如果一不小心，就会惹祸上身。遇到这种寻衅滋事的人，或者打斗争吵的场合，我们躲还来不及，怎么还能去看热闹？所以，我们一定要记得，要离寻衅滋事者远远的，以保证我们身心的安宁。

特别是女孩，我们在生活中更应该注意保护自己的安全，要有远离是非的意识，不要招惹是非，不要参与争斗，这样才能让父母放心。

辰辰是某中学的一名初中生，她生性活泼好动，性格有点像男孩子。因为她颇为"豪爽"的个性，结交了很多不错的朋友，就连一些平时大大咧咧爱打架的男孩子，也都成了她的好朋友。

一天，有几个和辰辰关系不错的女同学说，她们共同的好朋友小海不知因为什么事惹上了社会上的小混混，小混混扬言要教训小海，吓得小海不敢出校门，正召集朋友给自己壮胆呢！

辰辰一听有些害怕，但是为了"哥们义气"，还是忍不住去找了小海，并向他表示，有什么事情自己一定会“出力”。果然，到了放学的时间，小混混们在一条胡同里截住了小海一行人，小海他们由于人也不少，所以态度也很强硬。小混混不吃这一套，上来就扯着小海的衣领要揍小海，小海的“热血”朋友们见状都冲了上去，双方扭打到一起。

辰辰和一群女孩本来只是想来给小海壮胆，可是没想到他们真的打了起来，有几个人的头还流了血，她们顿时都呆住了。不过辰辰却显得有些与众不同，她也害怕，但是她觉得“哥们义气”更重要，此时不出手，事后小海他们不知道该怎么看她，更不知道还会不会拿她当朋友。

想到这，辰辰抄起地上的一根棍子，趁着他们扭打的工夫，猛地朝小混混头目的头上一击，小混混大叫一声倒在地上，血流不止。

扭打的人群没有料想到是这种结果，一个个呆在原地，辰辰也呆住了，瘫坐在地上。闻讯赶来的老师们迅速将自己的学生隔离到一边，并把受伤的人送去了医院。

所幸的是，受伤的小混混并没有大碍，只是脑震荡住了一周医院。在这期间，辰辰一家承担了他所有的医药费，而且，所有参与打架的同学都受到了学校的严肃处分。

一般来说，性格豪爽、开朗的女孩会有很多朋友，我们也都喜欢这样的女孩。但是，性格豪爽、开朗和做事鲁莽并不能画等号。

如果我们像辰辰一样，为了“义气”，把自己搅进一场打斗中，那是再傻不过的行为了。别说我们是女孩，力气本来就比较小，像这种打斗的场面最好远离，就算是力气大的男孩子，参与到这种打斗中来也是非常危险的。

如果辰辰知道什么是真正的好朋友，也许就不会替小海隐瞒事实，而是报告老师。如果她在他们斗殴的时候不去参与，而是能回头及时去寻求正当的帮助，也为时不晚，但她偏要以鲁莽的态度亲自参与到一场斗殴中，并以此来彰显自己是“靠得住”的，这就是幼稚的表现了。

## 安｜全｜忠｜告

1 有什么事要及时报告老师

如果我们的好朋友遇到了麻烦，且发生在校园里，那么，我们就一定要把这件事报告老师，向老师寻求帮助。

2 不结交社会闲散人员

不得不说，有时候人的好事是自己找的，坏事也是自己找的。我们一定要明白这个道理，不要结交社会闲散人员，不要给自己卷入危险之境的机会。

3 不要有看热闹的心态

女孩在回家的路上或者公共场所，不要聚众，这种看热闹的心理非常危险，还会惹来麻烦。

## 24 识别传销骗局，坚决不上当

传销是指组织者或者经营者发展人员，通过对被发展人员以其直接或者间接发展的人员数量或者销售业绩为依据计算和给付报酬，或者要求被发展人员以缴纳数千、数万、十几万甚至几十万元的费用为条件取得加入资格等方式。

1998 年 4 月 21 日，我国政府已经宣布全面禁止传销。尽管国家三令五申、严厉打击，可是以暴利为诱饵欺骗他人进行非法推销劣质或走私商品、大肆偷逃税收的传销活动依然屡禁不止。

既然这是一种违法行为，我们为了保护自己免受传销团伙的欺骗，对于传销团伙的真面目，我们也要多多了解。

一名叫雅琪的女生由于和爸爸妈妈闹了点小别扭，就动起离家出走的念头，学也不想上了。

她的一个网友告诉她，自己在南方某著名旅游城市的一家合资企业上班，工作很轻松，月薪将近 6000 元，也没有人管着，生活得特别惬意。雅琪一听就动了心，着急地问有没有适合自己的工作。网友拍着胸脯告诉她，自己和主管的关系特别好，只要她来，保准能安排工作，到时候就能养活自己了，哪里还用得着再受爸爸妈妈的气。

听到网友这样说，雅琪乐开了花。她把自己存的零用钱都取了出来，又偷拿了妈妈一些钱，收拾了几件衣服，连招呼都没和爸爸妈妈打，就坐火车去了那座城市。

网友如约去火车站接她，还带了一个同事去。他们给雅琪找了个地方住下，第二天把她领到了一个小区，敲开了一户人家的门。打开门之后，雅琪疑惑地发现不大的屋子里满满都是人，空气中都有一股难闻的气味。所有的人都坐在地上，听前面一个人在激动地讲些什么。

雅琪有些蒙了，网友也不隐瞒了，“如实”地告诉了她，之前说的合资企业上班的事是假的，但是现在有一个特别大、特别赚钱的事情等着她来做，前途无比广阔……

听他这么说，雅琪心里暗暗叫苦：“坏了！难道这就是以前听别人说的传销窝点？”雅琪一时间回不过神，但是，她决定不能打草惊蛇，她要找机会逃出去。她装出一副特别信任这些人的样子，听课听得也无比认真，终于，她找到一个机会逃了出去。

等她费尽千辛万苦再见到爸爸妈妈的时候，一下子抱住了妈妈，哭了出来……

对于传销团伙来说，他们要发展下线，要做的第一步就是邀约。而他们下手的对象，往往就是自己至亲的亲人以及好友、同学。由于现在传销已如过街老鼠，所以传销团伙在骗人入伙时，给自己做的事情加上了很多时髦的说法，比如网络直销、加盟连锁、人际网络、网络销售、框架营销、连锁销售、1040 阳光工程、资本运作、纯资本运作、人力资源连锁业、电子商务，等等。

他们会以帮助找工作或做生意等名义，用高额的回报和金灿灿的未来为诱饵，将不明真相的人骗往异地，诱使或胁迫他们参与变相传销诈骗活动。

而传销的本质就在于通过发展下线实现财务的非法转移与聚集。实际上，其并未创造社会价值，这是它与正常营销的本质区别。它的目的很明确，就是牟取非法利益。

所以，我们一定要洁身自好，对于这种危害亲友、危害社会的行为，我们要有一定的了解，坚决抵制，千万不要参与其中。我们需要的是和努力相对等的成功，任何异想天开、天上掉馅饼的事情，都只是巨大的陷阱而已，是不切实际的，是一条不归路。

## 安 | 全 | 忠 | 告

1 识别传销特征

交纳入门费后才可获得计提报酬和发展下线的“资格”；拉人头。直接或间接发展下线，即拉人加入，并按照一定顺序组成层级；按团队计酬。上线从直接或间接发展的下线的销售业绩中计提报酬，或以直接或间接发展的人员数量为依据计提报酬或者返利；洗脑式集体上大课；限制人身自由，没收所有物品，防止人员与外界联系。

2 不要有贪念

什么时候都不要有不劳而获的贪念，我们要努力才能相对的成功，任何异想天开、天上掉馅饼都是巨大的陷阱，是一条不归路。

3 误入传销组织，及时脱身

一旦进入传销组织，想要脱身不是那么容易，这时候就要靠自己的智慧，寻找机会报警或者给外人传递小纸条等。

## 25 不要因犯错而屈从他人摆布

在我们成长的过程中，犯错误是再常见不过的事情了。有谁没有犯过错呢？犯了错误之后，最主要的是我们的态度，我们是用怎样的心态来面对它。是想隐瞒而错上加错？还是勇敢地面对，在修正错误的基础上快速成长？我们究竟该怎样面对这样的事情呢？

作为成长中的女孩，我们每天面对的都是新鲜的世界，我们要摸索着往前走。完美的人生是每个人的追求，成长中的错误是我们追求完美人生的阶梯，我们必须踏着它走过去才能看到圆满的未来。

晴晴在美术方面很有天赋，画的画连老师都赞不绝口，但是由于家庭条件不好，她总是买不起好的笔和纸以及画画书。

她以后的理想是当一名画家，可是学画画的开销很大，一般家庭都供不起，她的爸爸妈妈只是普通工人，供她和弟弟读书都已经很不容易了。

班里的然然有一套非常漂亮的画册，晴晴非常想看一看，可是不知道怎样向她开口。终于有一天，教室里只剩下晴晴一个人，她非常紧张，因为她想趁着这个机会打开然然的书桌，看一眼那个画册。但是，万一被人发现了怎么办？她犹豫着，脸憋得通红。不过，很快她就决定了，要去冒一次险。她快速地走到然然的书桌前，拿出了那本画册，她看着看着竟然走回了自己的座位。就在这时，小峰闯了进来，她慌乱中将画册塞到了自己的书桌里。

小峰发现了她藏在书桌里的画册。“这不是然然刚买的那本画册嘛！哦！你偷了然然的画册！”小峰夸张地大声叫着。晴晴脸涨得通红通红的，都快哭了。她小声说：“你小点声，我不是偷，我只是想看看。”“看就看吧！你为什么放在自己书桌里！”小峰质问她。“我……”晴晴啥话也说不出来。

见晴晴被自己吓住了，小峰说：“这样吧！你把画册放回去，我不把你的事说出来，但是我有一个条件……”原来，小峰想让她帮自己考试打小抄。迫于压力，晴晴只好答应了他，她心想，就一个小抄，没事的，万一他把这事说出去，那就全完了。

她帮小峰打了小抄，但是没想到，之后他的要求越来越多。让晴晴跑腿帮自己买东西，问她要钱，有时小峰做错了事，还说是晴晴做的，如果她不照做，他就威胁说要把“秘密”说出来。时间长了，晴晴再也受不了了，她决定去找然然坦白，这一次，她要勇敢地面对自己……

既然难堪的事情已经发生了，又碰巧被心怀鬼胎的人看到，这时，我们就要去衡量，一边是自己犯下的错，一边是坏人的贪心，到底什么才是你能掌握并改变的。

要知道，一个人的贪心如果被勾起来，那么再想回到正轨就没那么容易了。特别是在这种明知道你犯了错还要威胁你的人那里，信誉是不值一提的。所以，只要你一直忌惮他会揭露你，他就会一直利用你，直到你无法忍受为止。

既然这样，我们何不选择从一开始就不和他“玩这个游戏”。在保证自己人身安全的前提下，选择用正当的方式去弥补自己的错误，改正自己的错误，做一个光明磊落的人。这才是勇敢的女孩，这也是对自己最好的保护。

## 安｜全｜忠｜告

1 不要怕犯错误，要勇敢面对

我们都从错误中汲取养分，在错误中我们收获了爱。

2 犯了错误不要委曲求全

万一犯了错误，要勇于承认，并承担责任，不让居心叵测的人胁迫，做出一些错上加错的事。

## 26 识别生活中常见的几大骗局

生活中，诚恳待人非常重要，答应别人的事情，就一定要努力做到。我们都要尽最大的努力诚恳对待身边的朋友以及这个世界。

然而，现实却并不如我们想象的那般美好。很多时候，你诚恳地对待这个世界，但这个世界却未必肯以全部的真诚回报于你。

对于女孩来说，一定要擦亮眼睛，学会辨别好人与坏人，即使那个人看起来非常和善，也不要轻易地相信别人，以免落入坏人设计好的骗局。

2019 年，浙江一名 9 岁的女童欣欣，活泼可爱。

欣欣家里是旅游区，经常有租户租他们家的房子，这个租户在他们家里住上了一阵子，彼此相处都很不错，欣欣跟着爷爷奶奶生活，租户是一对夫妻 40 多岁。

一天，这对夫妻提出要带欣欣去上海参加他们朋友的婚礼，欣欣很想去，爷爷奶奶也没有阻拦，就这样欣欣被这对夫妻带走了，欣欣跟着坐上了高铁，还有很多好吃的，况且还穿上了新裙子，这让欣欣无比的高兴，但是，他们带着欣欣根本没有去上海，而是去了一个不是很有名的海边。海边留下了他们玩耍的身影。

欣欣的爸爸知道了这件事，联系他们，他们表示很快会把欣欣带回家，但等了几天欣欣一直没有被送回，况且没有了任何消息了，根本联系不上了，欣欣爸爸报警了，警察在一处湖边找到了这对夫妻的尸体。

又过了几天，欣欣的尸体被一艘渔船从海里打捞上来了。

发生这样的悲剧固然是大人的错误，欣欣的爷爷奶奶不该一时大意，让陌生租客带走他们年仅 9 岁的孙女。所以，女孩一定要绷紧安全这根弦，擦亮眼睛，识别坏人设好的“骗局”。

下面这几大骗局，在生活中比较常见，希望所有的女孩都能对此有所警惕。

**1. 不要坐陌生人的车**

汽车是一个非常密闭的空间，你一旦被坏人控制在车内，就有可能被带走或伤害。所以一个人的时候，不要去别人车里给别人带路，不要乘坐没有安全保障的顺风车，也不要去别人车里帮对方取东西。

**2. 不要去陌生人家里**

任何时候，都不要接受陌生人的邀请去对方家里，无论对方是请你帮忙还是邀你做客。因为你一旦走进了那个地方，就有可能会被坏人控制起来，彻底失去人身自由。

**3. 不要贪图吃喝玩乐**

作为女孩，富养没错，但富养的目的不是把你变成一个贪图吃喝玩乐的物质女孩。当你的眼里只有吃喝玩乐时，别人只需给你一点点诱惑，就有可能让你陷入设计好的圈套，成为待宰的羔羊。

**4. 不要相信街头乞讨**

你可能遇到过这样的情况：路边有个学生模样的小姐姐跪在地上，面前放着一个牌子，上面写着“家里太穷了，上不起学”等字样，有些人还会把“书包”“学生证”等摆在地上，以增加真实性。如果你遇到这种情况，请收起你的同情心，快速离开，因为这几乎都是精心设计的骗局。

**5. 慎重对待街头求助**

有时候在城市街头、马路上或广场上，你可能会遇到一老一少或一位妇女带着一个小孩，遇到行人就上前说：“我们从外地来，钱包丢了，没钱买吃的，你给我们一点儿钱买吃的吧！”“我们带孩子来本地看病，钱包丢了，你给我们点儿钱做路费吧！”

遇到这种求助，你是否会心生同情，然后信以为真地从口袋里掏出你为数不多的零花钱给对方呢？如果你这样做的话，那么十有八九会被骗，因为这些人也是骗子。

**6. 不要给陌生人开门**

假如你一个人在家，面对陌生人敲门，无论他以什么身份、什么理由，一定不要开门，要等爸爸妈妈回来，因为你无法判断对方的真实身份。

**7. 不要把个人信息透露给别人**

任何时候都不要随便把个人信息透露给别人，比如家庭住址、社交账号、上下学的路线等。

无论对方以何种借口想要套取你的这些信息，你都千万不能告诉他们，当然警察叔叔除外。

现在的网络诈骗比比皆是，万一你的个人信息掌握在坏人手里，便可能会被坏人欺骗或者胁迫。

## 安全忠告

小时候，爸爸妈妈都会教我们做一个诚实善良的人，但诚实善良不代表对任何事都毫无原则。

上面列举的几个常见骗局只是冰山一角，实际生活中各种各样的危险和骗局要丰富得多，也隐蔽得多。

所以，女孩一定要擦亮眼睛，面对陌生人的各种要求一定要谨慎谨慎再谨慎，如果不知道该怎么办，就要求助爸爸妈妈和警察叔叔，千万不要自己做决定。

# 5 女孩别太单纯，警惕一切陌生人

形形色色的陌生人时常会出现在我们的生活中，并不是所有的陌生人都是坏人，但也要“防人之心不可无”，陌生人充满了很多未知和不确定性，缺乏信任感和责任感，存在更多的潜在危险，女孩子要学会应对陌生人的技巧，避免自己受到不必要的损失和伤害。

## 27 谨慎地对待一切陌生人、陌生来电

随着科技的发展，手机为我们的沟通带来了不少便利，但是，也有一些别有用心的坏人，通过手机来诈骗。切记，与偶尔错过一个电话相比，女孩的安全才是最重要的，无论何时都要保持清醒冷静的头脑。不要让手机成为你的安全隐患。

新闻上时而报道个人信息被泄露。很多人利用各种渠道获得人们的手机号码、年龄、职业、家庭住址等私人信息，然后再通过售卖来牟利。

很显然，你的手机号码也很有可能在无意中被泄露给了陌生人。一旦接到陌生的来电不能很好地应对，就容易落入对方的圈套，被陌生人欺骗。

在 2013 年 8 月的一天，陕西佳县的 16 岁女孩小乔突然接到了一个陌生号码打来的电话，小乔一接起来，一个男人就用非常亲切的口吻说道："你怎么才接我电话啊，老同学！"

小乔很奇怪地问："你是谁啊，我不认识你啊。"

男子说："你的号码是 158× × × × × × × × 吗？"

小乔说："号码是我的，但我不认识你呀。"

听到小乔的意思是要挂电话，男子急急忙忙地说："你别挂电话，这也是一种缘分，就聊会儿呗。"

小乔一想，就聊会吧，现在也没啥事。

男子跟小乔说他叫王文，正在西安读大学，还说如果小乔有关于学习方面的疑惑和问题都可以找他。小乔一听，感觉这人真的是太真诚、太热心了，对他也产生了好感。这次以后，王文常常打电话过来跟小乔聊天，一来二去，两个人渐渐熟悉起来。

一天，小乔正在睡午觉被王文的电话吵醒了，王文说他正在赶来看望她，让小乔去某某地去接他，小乔觉得王文非常的“浪漫”，马上去迎接他的“白马王子”。

没想到，迎接她的却是一场噩梦。几个男子将她拉上了一辆车，带到了一所宾馆中对她进行了强奸，然后逃逸。

民警将三名犯罪嫌疑人抓获后得知，这三个人并不是什么大学生，就是当地县城的几个无业游民。他们偶然得到了小乔的号码，于是就有了这样的事情。

单纯、可爱的女生难免会对这个世界充满了幻想和憧憬。也很容易看到事物的美好之处，而忽略了事物的另一面，对女孩子而言这是非常危险的。就像例子中的小乔，在接到陌生人打错的电话后，不但没有保持必要的警惕，而且还毫无戒心地与其保持联系，甚至交上了朋友。然而让她没想到的是，对方一直在设置圈套。

日常生活中，一定要能提高警惕，千万不要上当受骗。骗子虽然狡猾多端，但他们常用的诈骗方式却只有那么几种，要识别他们的骗局其实也不难。然而在现实生活中，因为你们的防范意识不强，在接到陌生电话时不懂得如何应对，给了犯罪分子很多可乘之机。如果，接到陌生电话时能多留个心眼儿，不要轻易落入坏人的圈套。

手机或电话手表对于现在的你而言，无异于一把“双刃剑”。使用得当的话，它可以方便你与父母同学进行联系、沟通，然而一旦使用不当，它也很有可能成为你误入歧途、遭遇诈骗的“罪魁祸首”。

## 安|全|忠|告

1. 最好不要接听陌生号码的来电

当你看到的来电显示只有号码，没有名字，甚至是未知号码时，最好不要接听。

2. 错过的陌生电话，不要急于回拨

不要急于回拨陌生的电话，要学会耐心地等待，等他重复拨打时你再接听也不晚。

3. 反复拨打的陌生号码可以接听，但不要先说，更不要多说

当一个陌生的号码反复拨打你的电话时，那么你不妨接听一下，但是不要急于开口说话，要让对方先说。

4. 谨慎对待熟悉的或者是认识的人用陌生号码拨打的电话

如果接听陌生电话后发现是你熟悉的人用陌生的号码打过来的电话，那么你一定要问清楚对方换号的原因。

## 28 面对陌生人搭讪要提高警惕

女孩，你曾经也有过被陌生人问路的经历，并且也帮助其指过路。这些貌似不起眼的小事，其实也是有一定的危险性的。

在上下学的路上，如果有陌生人搭讪、问路，一定要提高警惕，不要太过热情。当乐于助人和保护自己发生冲突的时候，首先要保护好自己，在这个前提下再考虑去帮助对方，千万不要为了帮助对方而牺牲自己的人身安全。

小时候应该都听过“农夫和蛇”的故事，农夫出于好心拯救了一条即将被冻死的蛇，可是就在他用自己温暖的怀抱把蛇救活之后，却没想到蛇竟反过来狠狠地咬了他一口，夺走了他的生命。“东郭先生和狼”的故事相信你也一定不陌生，东郭先生好心救了一匹被猎人追赶的狼，可是狼一出口袋非但不感谢东郭先生，还张口向东郭先生扑来。

这两个寓言故事告诉我们一个道理：千万不要对蛇或狼一样的坏人讲仁慈，否则极有可能搭上你的性命。在现实生活中，我们很难分辨出向我们搭讪问路的陌生人究竟是蛇还是狼，或者是真正需要帮助的普通人，所以只能保持警惕，尽可能地保护好自己。一旦放松警惕，极有可能会遇到难以想象的危险。

在 2014 年 6 月的一天，12 岁的夕夕像往常一样骑着自行车去学校上晚自习。她突然感觉身后有一辆黑色的轿车紧紧地跟随着自己。夕夕发现马路上没有一个行人，她的心里顿时有些慌张。

就在这时却听到一个女人温柔而虚弱的声音："小姑娘，麻烦问个路。"原来是个女的，夕夕悬着的心稍稍平静了一些。她缓缓地停下自行车，看到副驾驶上有一位化着浓妆的女人非常痛苦地看着自己："小姑娘，我要去医院，现在胃疼得厉害，我不认识去医院的路，你能告诉我吗？"

夕夕没有了戒备心，她很关切地说："你顺着这条路一直开，到第三个红绿灯左转，然后……"女人突然打断了她说："我是个路痴，靠近点给我的先生说吧？"香香热心地说："好的。"她急忙把自行车停到路边，然后快速地跑到车前，对着驾驶座上的男人说道："你顺着这条路一直……"她正说着，突然从后座上下来另外一个男人，抓住夕夕的胳膊就往车上拉，夕夕被推上了车。当警察找到夕夕时，她已经被侵害，永远地离开了这个世界。

从这个案例可以看出，无论何时都要谨慎地对待陌生人的搭讪和问路。不要因为对方是耄耋的老人，也不要因为对方是和蔼可亲的阿姨，抑或是因为对方是个天真无邪的小孩，就盲目地、无条件地相信对方，忘记了自身的安全。

正常情况下，多数人在问路的时候都会首选成年人，而不是孩子，就这一点而言，陌生人问路就足以应该引起夕夕的警惕。当然，如果真的遇到需要帮助指引道路的陌生人，我们还是要伸出援助之手的，但是一定要注意方式方法，切不可热心过度，以免给自己造成伤害。

除了在现实生活中遇到陌生人搭讪，我们还会遇到网络陌生人通过QQ、微信等聊天工具进行搭讪，对于这种情况，我们不要去理睬他，更不能泄露自己和家人的隐私，如果他还是纠缠不休，可以把他拉入黑名单。

总之，面对陌生人的搭讪，我们要灵活应对，千万不要被陌生人的谎言和诱惑欺骗，要保护自己不受伤害。

## 安｜全｜忠｜告

1 遇到陌生人问路要保持安全距离

当你给陌生人指路时，记住不要过于靠近，要与他们保持一定的距离。你只需要远远地用手指来指点方向即可，不必在陌生人的身边告诉他。

2 不要给陌生人带路，更不要上他们的车

当陌生人提出不认识路，不清楚该怎么走，希望你帮忙带路时，更要提高警惕。哪怕是你非常熟悉、非常近的地方也千万不要去。

3 老弱病残的人不一定都是好人

在面对陌生阿姨或者陌生奶奶之类的弱势群体搭讪、问路时，你也应该保持警惕，千万不要疏忽大意，更不要跟着对方去往偏僻的地方，比如对方的车里或家里。

## 29 不轻易地送陌生人回家

善良、有爱的孩子，总是喜欢帮助别人，但是，社会是复杂的，人心叵测，女孩在助人为乐的同时也要多一些警惕，注意保护自己。

下面这个案例却给了我们太多的警告，无论做什么好事，都要保证自己的安全，不要轻易送陌生人回家，更不要喝陌生人给的水或饮料……

小雨是一所卫校的学生，当时她正在医院里实习，快要毕业的小雨憧憬着成为一名光荣的白衣天使。2013 年 8 月的一天下午，下班的小雨给闺蜜小楠送糖蒜。走在路上，小雨看见一个挺着大肚子的孕妇，突然这名孕妇摔倒在地，小雨急忙上前搀扶，两人交谈了几句之后，小雨扶着孕妇送她回家，走到孕妇所居住的楼下，两人说了几句话后就一同上了楼。

在这之后，小雨给朋友小楠发来微信："送一名孕妇阿姨。""到他家了。"

令人没想到的是，这充满了爱心的留言竟成了小雨留在这个世上最后的遗言。

闺蜜没有等到小雨送来的糖蒜，小雨彻夜未归，家人和朋友四处寻找，并向公安机关报案。

几天后，他们接到了公安机关传来的噩耗：小雨可能遇害了，犯罪嫌疑人之一的孕妇谭某已经被警方抓获，据交代，她故意在路边摔倒，利用小雨的同情心，以送自己回家为名，将小雨诱骗至家中，伙同丈夫白某杀害了小雨。

那么，谭某为何要假装摔倒把小雨骗至家中呢？小雨又是如何遇害的呢？

原来，就在谭某和白某婚后不久，白某从他人处获知妻子在与其恋爱期间还曾与其他男子保持着不正当关系，为此，他恼羞成怒，经常打骂谭某。为了让丈夫寻得心理平衡，谭某萌生了找个女孩供他奸淫的想法，以此作为对他的补偿。在得到白某的同意之后，她开始到处为丈夫物色“对象”。

案发当天，漂亮、高挑的小雨被谭某盯上了，于是，谭某假意摔倒，善良的小雨把她扶起来，并送她回家。

小雨当时不想上楼的，谭某慌说还是不舒服，还要让小雨送上楼，小雨没有推脱，继续搀扶着孕妇上楼送到谭某的家里，白某递给小雨一盒酸奶，小雨喝完就晕过去了。

随后，白某在谭某的帮助下强奸了小雨，为了灭口，他们又把小雨杀害后埋在了郊外。

案件虽然很快就被侦破了，然而，正值青春年华的小雨再也回不来了，生命是脆弱的，脆弱到一次不经意的邂逅就能改变人生的轨迹。小雨是个善良的姑娘，她好心送孕妇回家，却不曾想，回报她的不是微笑和感谢，而是对方蓄谋已久的罪恶计划，以及她生命的终结。一朵生命之花就这样枯萎了，不免让人揪心、痛心。好心反遭毒手的悲剧，令人震惊。

犯罪分子的恶劣行为，必将得到法律最严厉的惩罚，任何人的抨击与谩骂也只能表达一下此时此刻的一种愤怒，而冷静下来，我们更应该思考的是，在人性的善恶与社会公德之间，我们应该如何平衡自己的善行与自我保护之间的关系。

助人为乐和见义勇为本来应该弘扬的善行要以生命为代价的话，那么面对需要帮助的陌生人，还有谁愿意伸出援助之手呢？虽说做好人、行好事是有风险的，但这不是我们抛弃善良与责任的理由。

我们也不能以偏概全，毕竟这只是个别犯罪分子实施的恶行，我们不能因此而否定人性中的真善美，只能说，我们在面对这个纷繁复杂的社会时，要学会一些保护自己的技巧。我们应该在保护好自己的前提下去帮助他人。

## 安|全|忠|告

**1** 不要将人送至家中

送人回家或者去某地，一定不要孤身一人进到他们的家中或者房间内，要在小区或者楼下告别，如果对方提出要送上楼一定要拒绝，让保安帮忙。

**2** 送陌生人最好选择热闹的路线

送陌生人回家一定要选择人多热闹的主干线，而不是抄近路，走幽静的偏僻小路。一定要保证自己安全的情况下再帮助别人。

**3** 不要随便吃对方给的食物和饮料

在送人回家的路上或者家里时，对方出于感谢会给些食物，这时千万不要接受。我们也不能随便接受别人的馈赠，不是吗？

## 30 个人信息要保密，不要向陌生人泄露

现在是一个网络高度发达的社会，大家在利用网络进行聊天沟通时，难免会将自己的一些重要信息透露给他人，这种情况下就容易给自己埋下安全隐患。因此，提高自我保护意识，在任何情况下都不要把重要的个人信息或家庭信息透露给陌生人，以免上当受骗。

有一天，一个8岁的小女孩背着书包去上学，刚刚走到楼梯口，就被一个陌生的叔叔叫住了。然后问："小朋友，李叔叔住在几楼呀？"小女孩想了一下说："没有哇。"这个叔叔紧接着又问小女孩，"你的爸妈怎么不去送你呢？你家住在几楼？为什么一个人去学校？"小女孩想也没想就说："我家住在5楼，我妈妈姓王，爸爸姓张。爸爸出差了，妈妈昨晚加班很晚才回来，现在在睡觉呢，所以我只能一个人去上学啦！"陌生叔叔听完这些事情，匆匆跟小女孩告了别，然后径直来到5楼敲开了门。

小女孩的妈妈发现对面站着一个陌生人，正想关门走开，结果陌生男子说："嫂子你好，我是张哥的同事，张哥出差了，昨天打电话给我，想让我到家里帮他拿一个文件，他说就放在书房的桌子上面。"小女孩的妈妈一听对方知道自己家里的详细情况便没有怀疑，打开门热情地让对方进了家门。就在女孩妈妈转身准备去书房寻找文件时，对方突然掐

住她的脖子，然后抢走了屋里的手机、现金等财物，匆忙逃走。

泄露个人信息和家庭信息是一件多么可怕的事情了，这些信息一旦被坏人掌握的话，就会被用来欺骗我们。案例中的坏人利用小女孩跟他说的详细信息欺骗了她的妈妈，说不准有一天会用同样的方式再去欺骗其他人。因此，在任何情况下都不要随便向陌生人透露个人信息及家庭信息。

## 安 | 全 | 忠 | 告

**1** 网络聊天工具开启“添加好友验证功能”

要及时检查你有没有设置添加好友验证功能。如果你没有开启这个功能，那么陌生人就能很轻松地添加你的微信等聊天工具，从而向你推送广告，或者对你进行诈骗。

**2** 要对朋友圈的信息设置，关掉朋友圈“附近的人”和“允许查看朋友圈十条”等

微信上面有一个功能，叫作“附近的人”，你最好不要打开“附近的人”，以免别有用心的人搜到你。另外，微信朋友圈还自带一个设置，就是“允许陌生人查看十条朋友圈”，你应该把这个设置也关掉。

**3** 你的个人信息和家庭住址不要告诉陌生人

在外面遇到陌生人搭讪时一定要保持警惕，无论陌生人如何“循循善诱”和你套近乎，你都不要把自己的个人信息和家庭信息透露给对方。

## 31 不吃、不喝陌生人给的食物

不要随便接受陌生人的饮料或食物，因为你不清楚他们的饮料或食物是否安全。

犯罪分子的犯罪形式新颖，其中一种犯罪形式就是在孩子的饮料或食物里下迷药，将孩子迷昏之后再实施犯罪。这种犯罪行为对女孩的危害更大，因为女孩一旦被迷药迷昏就可能遭受到严重的身心伤害，因此作为女孩更要警惕陌生人递过来的饮料或食物，千万不要让犯罪分子得逞。

小妍和娇娇相约在咖啡馆喝东西，她们两个正在聊天时，走过来两名男青年，端来一些吃的、喝的，说："咱们一起聊个天，交个朋友"。小妍和娇娇觉得他们很有礼貌，看着也挺友善的，就答应了，然后4个人一起吃喝，一起聊天，甚是开心。

然而，就在喝了对方端来的饮料之后，小妍和娇娇逐渐失去了知觉，朦朦胧胧中被推上了一辆小轿车。在半路上，小妍稍微清醒了一些，发现情况不对，于是想办法逃脱，结果被其中一名男青年控制住了。

恰巧这时，小轿车遇到了民警盘查，民警透过车窗向里望去，发现司机神情紧张，于是拦车检查，司机害怕民警看到车后座的情景，便借口拿驾驶证，想挡住民警的视线。民警起了疑心，便让车上的所有人员下车接受检查。

这时从副驾驶下来一名男青年，解释道，后面是她们的女朋友，因为喝了些酒，于是就睡着了，无法下车接受检查。民警觉得事有蹊跷，便把后车门打开了，一个女孩用微弱的声音喊着“救命”，民警立即将两名男青年制服，随后发现后车座上有两名神志不清的女孩。待两个女孩清醒后，民警将两人送回了家。

喝陌生人给的饮料有多可怕！女孩一定要提高警惕，千万别对陌生人递过来的饮料掉以轻心。一旦饮料里掺杂了迷药，你就会完全失去意识，成为一只待宰的羔羊。案例中的女孩不应该在不认识对方的前提下就贸然接受对方递过来的饮料。如不是遇上民警，后果不堪设想。

零食和饮料对于每个女孩来说有着很大的诱惑力，再加上女孩缺乏防范意识，这就给那些心术不正的人提供了机会，他们会事先在食物或饮料中放入安眠药之类的东西，利用这些有问题的食物或饮料诱使女孩上当，进行哄骗，而我们一旦吃了或喝了这些东西，就会昏昏欲睡，坏人就会抢我们的财物或者伤害我们。

作为一名学生，我们不能出入像 KTV、酒吧、夜总会之类的公共娱乐场所，因为这种场所属于“斗闹场”，潜伏着太多的危险。

如果我们被迫食用了掺有安眠药等的食物，这些药物一般会在 15～30 分钟发挥作用，一旦你发现情况不对，向周围人大声呼救，或是拨打 110 报警，然后马上到医院检查身体，千万不要有所担忧，更不要觉得丢脸，否则很可能会有更严重的后果。

## 安 | 全 | 忠 | 告

**1** 选择喝瓶装矿泉水

女孩外出与人吃饭时，最好选择瓶装的矿泉水。因为矿泉水的味道非常清淡，万一水里被人下了迷药，也很容易被发现。

**2** 饮料要选择有密封盖的，亲自打开

女儿，外出吃饭时，你最好选择带有密封盖的饮料，而且最好亲自打开，不要寻求他人帮助。

**3** 中途离开，杯子里的水就不要喝了

如果你在吃饭中途需要去卫生间，而此时水杯中的水又没有喝完，那么你在返回时最好把杯里的水倒掉，重新给自己倒一杯。

**4** 发现有情况要及时给父母打电话

如果你在与人外出吃饭时发现自己有任何不适症状，一定要在第一时间给爸爸妈妈打电话求助，并告知自己的具体吃饭地点，千万不要犹豫不决。

## 32 当心坏人，也要当心“伪装的好人”

生活中，一个人是好人还是坏人，并没有写在脸上。他们很多时候都是以善意的形式出现的，比如他们会假装带你买好吃的，假装带你出去玩。因此，你以后不仅要当心那些看起来非常明显的坏人，还要当心“带着善意出现的好人”，而且由于“带着善意出现的好人”往往都戴着狡猾的面具，很难分辨，你尤其要多加注意。

生活中除了父母至亲之外，很少有人会无缘无故地对你进行细致入微的关切，渴了饿了立即给你买食物，想出去玩了就想尽办法满足你。如果突然有陌生人对你无事献殷勤，那么你就要提高警惕，想想对方这么做的动机是什么。

2019 年 6 月，江苏一名 9 岁女童被妈妈的朋友周某以“带去上海迪士尼乐园玩耍”的名义骗到上海。

到达上海之后，周某将女童带到上海某五星级酒店，将其交给了 57 岁的男子王某某，随后王某某在酒店内对 9 岁女童进行了猥亵。

后来，女童在绝望之际向妈妈哭诉，她的妈妈震惊不已，立即赶到上海报警。女童妈妈怎么也料想不到，自己所谓的“朋友”竟然会为了 1 万块钱，处心积虑地设置陷阱，假装好心带自己的女儿去上海迪士尼乐园游玩，却把自己的女儿送进了虎口。

9岁女童原本以为自己可以跟着妈妈的朋友开开心心地去迪士尼乐园玩一圈，结果却没想到等待自己的竟是一场噩梦。

这个案件有多么可怕，即使是身边所谓的“朋友”或“老熟人”也有可能是披着羊皮的大灰狼。他们可能会假装好心好意带你去做一件事情，结果却趁你不备将你推入火坑。这种假装好心出现在你身边的“好人”，远比真正的坏人要可怕，所以这个案例告诉你，表面上积极主动帮助你的人并不一定就是好人，当他主动过来对你献殷勤时，你就应该有所防备了。

这样看无事跑来对你献殷勤的人，往往目的不纯。在日常生活中不要贪图朋友给你的免费好处。拿人家的手短，吃人家的嘴短，你不想受制于人，就不要随便贪图别人给的“贿赂”。

在日常的生活中，你要擦亮眼睛，仔细分辨站在你面前的人究竟是好人还是坏人。真正的坏人并不是最可怕的，因为很容易识别他是坏人，然后及时走开。最怕的就是遇到“带着善意出现的好人”，因为他们的言行举止处处都带着伪装，反而很难分辨他们的真实身份，容易上当受骗。所以，日常的生活中要当心坏人，更要当心那些“带着善意出现的好人”。

## 安 | 全 | 忠 | 告

**1** 对讨好你的陌生人要小心

你要小心提防那些主动跑来对你献殷勤的陌生人，他们与你非亲非故，却愿意降低姿态来找你，这样的人，并非真的善良热情，而是很有可能对你有所企图。

**2** 坚持“无功不受禄”的原则

即使是亲朋好友之间，也不要贪图对方给你的好处，“无功不受禄”的原则时时刻刻都应坚守。

**3** 遇到危险，要向父母或警察求助

遇到危险时，你首先应该求助的对象是父母或者警察叔叔。

**4** 不要轻信“好心人”，更不要跟着他们走

在你遇到危险时，不要随便跟着“好心人”走，更不要轻信“好心人”的话，找机会联系父母和警察。

# 6 纯情少女心，轻易别早恋

爱情甜蜜而美好，是人类永恒的主题。但是，青春期的爱情苦涩无比，犹如一枚未成熟的青苹果，有时候还会带来伤害。所以女孩要远离早恋的漩涡，保持距离，等到成熟了再去品尝它的甜蜜吧！

## 33 与男生交往，要注意距离，把握分寸

女孩随着自己年龄的增长，有了许多自己的好朋友，父母也由衷地为你感到高兴，却也不免有些担心。与男生交朋友的时候，如果把握不好尺度，就会给自己带来伤害。

12岁的小钰今年正好上小学六年级，她的性格特别活泼开朗，无论男孩女孩都非常喜欢和小钰一起玩耍。小钰班里有个男孩叫飞飞，他性格内向，经常一个人独来独往。同学们都说飞飞的爸爸妈妈离婚后，各自组成了新的家庭，又有了各自的孩子，所以飞飞再也不能像从前那样享受爸爸妈妈的疼爱了。小钰知道了飞飞的事情以后非常心疼，决定在课余时间多找飞飞聊天玩耍，帮助飞飞尽快走出家庭的阴影。上体育课时小钰主动申请和飞飞组成一组玩跳绳；外出郊游时，小钰也会准备两份零食，一份留给自己，一份送给飞飞。时间久了，飞飞脸上的笑容越来越多了，大家都说飞飞现在像换了一个人。

小钰和飞飞走得越来越近，这时班里开始传出了关于他俩的闲话，大家都在背后说小钰和飞飞谈恋爱了。听了这样的闲话之后变得非常痛苦，每次飞飞走过来找她一起出去跳绳时，小钰都只好找理由拒绝。

小钰想让飞飞走出情绪的低谷。但是随着两人走得越来越近，关于

他们两个早恋的流言蜚语也日渐多了起来。这种流言蜚语对一个 12 岁的女孩而言，无异于一种沉重的精神压力。案例中小钰的处理方法当然欠妥当，逃避一方面会让飞飞产生极大的愧疚心理，另一方面也会证实她和飞飞交往的流言成真，所以逃避，并不能很好地解决问题。

青春期的感情对于女孩来说是浪漫而美好的，但是这种感情恰恰也是脆弱和危险的。一旦你踏入感情的泥沼，不仅会浪费精力、荒废学业，更严重的是还会做出了不理智的行为，那么到头来必将会悔恨终身！

正常的异性交往是你心理发展的需要，也是你走向成熟的必然经历，恰当地与男生交朋友，吸取对方的长处，塑造出健康、坚强、优良的品质！

当你的心智还不成熟，不能很好控制情感的时候，一定要与男生保持距离，在与男生交往时，务必要保持理智，把握好分寸，千万不要让冲动的火焰灼伤了自己！

## 安｜全｜忠｜告

**1** 要自然适度的与男生交往

与男生交往时，女孩的言语、表情、举止动作应该自然流畅、大方得体，既不过分夸张，也不矫揉造作。

**2** 要留有余地与男生交往

女孩可以像对待同性朋友那样真诚地对待异性朋友，但是说话做事一定要留有余地，不能“亲密无间”。

**3** 多与爸爸妈妈沟通交流

在与男生交往时，一旦你产生了萌动的情感，不妨与爸爸妈妈多沟通交流。他们会为你提供建议和帮助。

## 34 青春期的友情不等于爱情

友情与爱情虽然有相似之处，但是本质上是截然不同的。友情是同性、异性之间真挚、纯粹的情感，爱情则是异性之间甜蜜、热烈的情感。友情的支柱是理解，爱情的支柱则是感情；友情的地位是平等，爱情却要一体化；友情是开放的，爱情则是封闭的；友情的基础是信赖，爱情的基础是吸引；友情充满了充足感，爱情则充满了欠缺感。

友情和爱情都是人类最珍贵的情感，但是对于青春期的你们来说，常常会混淆友情与爱情的界限，这将给你们的学习、生活带来很大的困扰，下面这个女孩就遇到了这种“麻烦”。

悦悦和小青自从上中学以来，一直是形影不离的好朋友。每次悦悦遇到困难，小青总会第一个冲出来帮助悦悦解决难题。时间久了，悦悦觉得小青就像自己生命中无处不在的“超人”，偶尔一次小青没能及时出现在自己身边，悦悦还觉得有点儿莫名的不习惯。她总是调侃自己和小青之间的友情，说他们两个上辈子大概是亲兄妹。

有一天，悦悦突然发烧，趴在书桌上昏昏沉沉地睡着了。小青着急地跑了过来，下意识地伸手摸了一下悦悦滚烫的额头，然后大叫一声：“不好，这么烫！”接下来，他飞快地跑去找班主任，然后和班主任一起把悦悦送到了医务室。从那天开始，同学们便开始调侃悦悦：“小青喜欢上你了吧！他连你的额头都摸了。”悦悦听到被羞得满脸通红，恨不得找个地缝钻进去，但还是硬着头皮说道：“你们这群无知，我俩是好朋友，发烧摸个额头怎么了！”

案例中的悦悦和小青之间的友情持续了好几年，每当悦悦遇到困难时，小青作为好朋友，都会及时出现在悦悦身边，这样一段真诚的友情真是让人羡慕不已。但是，一定要谨记异性朋友之间相处的界限，千万不要越过这根红线，让美好的友谊变成不合时宜的爱情。

发展异性同学之间的友谊本来是正常的，也有助于女孩自身的心理成熟，但是如果在交往过程中没有把握好言谈举止的分寸，就很容易混淆友情与爱情，给自己带来困扰和伤害。

友情的天空是蔚蓝、晴朗的，而爱情的天空却阴晴不定，何必过早接受风雨的洗礼，还是在晴朗的天空下享受阳光的温暖吧！

## 安｜全｜忠｜告

1. 与异性交往的动机要端正

正常的异性交往，能够使男女生之间发生一定的互补，吸取各自优点，更好地完善自己的性格。

2. 与异性交往要注意礼仪

首先，态度和言行要有节制，做到自然大方；其次，穿着要整洁、大方、得体；最后，防止与异性发生身体接触。

3. 不要与异性越过友情的界限

控制好自己的感情，既不要轻易向对方表白，也不要轻易接受对方抛来的“橄榄枝”。

## 35 别和老师“谈恋爱”，师生关系要单纯

说起师生恋，大家并不陌生。师生恋源于学生对老师的幻想、崇拜和喜爱。处于青春期的女孩涉世未深，阅历尚浅，能够频繁接触的异性，除了自己的亲人和同学以外，就是自己的老师了。

成熟的男老师身上所散发的那种气质，绝对不是与女孩同龄的男生身上所具有的。而青春期的女孩们，内心常常感到孤独和无助，老师的关爱容易让她们产生依赖，并产生异样的情感。

小晴是一位高二年级的女生，她的英语老师是一位刚从名校毕业的高才生。这位英语老师不仅长得高大英俊，而且学识渊博、谈吐风趣，讲起课来声情并茂，深受同学们的喜欢。小晴也被这位老师深深地吸引了，英语成绩飞速提高，一下子跃到班级前列。

后来，小晴发现，英语老师和她有相同的爱好——喜欢写英文诗。于是，在课余时间，小晴悄悄拿起笔来写了几首小诗，然后拿着自己的习作怯生生地向英语老师请教，谁知他竟像朋友一样和小晴讨论文学、漫谈人生，两人越谈越投机。从那以后，小晴经常和英语老师聊天，渐渐地，她对老师产生了不同寻常的感情。

在感情的驱使下，小晴决定向老师表白，她趁着送英语作业的机会，悄悄递给老师一张纸条，上面写着“我喜欢你，老师”。纸条送出后，

小晴的心怦怦乱跳。第二天，小晴取回了作业本，发现里面夹着老师的回信。老师在信中委婉地拒绝了小晴，又劝说她以学业为重，耐心等待真正的爱情到来。

看到老师的回信，小晴非常的惭愧。她认真思考了几天决定听从老师的劝导，不能一错再错。于是，她收回了他的心思，把精力全部投入到学习之中，后来她在高考中取得了优异的成绩。

小晴最终用理智控制好自己的情感，千万不要被“师生恋”冲昏了头脑！

师生之间的情谊是真诚、纯洁而美好的，这个案例中老师幸好坚守住了教师的职业道德，还给她做出了正确的引导，而小晴也是一个很棒的女孩，她虽然一时被感情所迷惑，但是在老师的劝说下，还是及时克制住了自己的感情，保留住了这份美好。所以，女孩在与男老师相处时，一定不要越界。

师生之间的情谊因为很真诚、纯洁，所以很美，很动人。所以，女孩，如果你的心灵深处也产生了对老师的崇敬、倾慕，那么，请你一定要珍惜，不要用非分的欲念、行为去玷污。一旦师生情谊变为师生恋或越轨行为，就失去了它的美好与纯洁，就有伤害性了。

“师生恋”看似浪漫唯美，但它所产生的影响往往是负面的。所以，还是远离师生恋的旋涡吧，千万不要被这种感情所迷惑！

## 安 | 全 | 忠 | 告

**1** 不要被一些作品冲昏了头脑

有一些“师生恋”的作品越来越多。这些作品过于强调爱情的权利和“师生恋”的美好，却没有强调爱的责任和义务。

2 要与男老师保持距离

要想避免“师生恋”的发生，平常与男老师相处时就要保持距离，不要过从甚密。

3 放弃也是一种爱

人生中有很多美好的东西，我们未必都要拥有，有时必须要学会放弃，放弃也是一种爱，它会使你的人生更加美好。

## 36 不随便，不轻浮，好女孩要自重

我们在生活中经常能遇到穿着校服的男女学生，互相搂抱。这么小的孩子就开始谈恋爱了吗？有的孩子说，很正常呀，因为他们能理解这种关系是正常的交往，但有的家长和学生看到觉得不太正常，这就是早恋，甚至议论纷纷。女孩怎样把握好自己的言行举止，才能不被误会。

小慧今年12岁，性格直率，平时还有点儿“小花痴”，有时候走在校园遇到长得帅气的男孩子，小慧就会毫不犹豫地走到对方跟前，大声地夸赞一句“好喜欢，帅呆了！”旁边的女生听到小慧这么说，都笑着跑开了，只有小慧觉得没什么大不了的，“我说的都是实话呀！”小慧觉得自己就是这种直爽的性格，有的时候碰到自己喜欢的男孩，小慧还会直接走到对方面前直接表白：“我很喜欢你哦！”

这样时间长了，就招来很多学生的议论，说小慧是一个举止轻浮、随便的女孩，女生们甚至自发地和小慧形成了一条分界线，不想和小慧成为朋友，就连男生们也自发地远离了小慧，就连小慧多看他们一眼，他们也会迅速地离开。

小慧的这种言行举止其实并没有对别人造成多大的伤害，她觉得喜欢了就去追求，动心了就去表白，是一件非常酷的事情。但倘若她任由自己这么放纵下去，随着年龄的增长，将来可能会给自己招致一些危险。

一个自尊自爱、积极向上，不断地充实自我的女孩，在与男同学交往时，要大方自然，而不应举止随便、轻浮，给人留下不好的印象。你要知道，有时候自己的一句话在别人眼里却非常幼稚、荒诞，可能会给自己带来伤害。

作为一个女孩，应该自尊自爱、积极向上，不断地充实自我，让自己成长为一个健康快乐的女孩。与男同学交往时，尽量大方自然，而不应举止随便、轻浮，给人留下不好的印象。

小美是某校初中二年级的学生，原本活泼开朗的她，最近一段日子却总是提心吊胆，每天上学她都跟做贼一样，只有确定没有问题才敢出门，就算出门她也会东张西望，有时候还会央求爸爸送她去学校。

原来，小美正瞒着家人和外校的一名男生早恋，但由于她自身言谈举止颇为随便，和男生交往时，也总是动不动就动手动脚，还毫不顾忌地坐在男生的身上，有时候会说一些很露骨的话，结果对方判断她是个很轻浮的女孩子，所以便和一个“哥们儿”一起将小美带回自己家里。幸亏小美反应灵敏，在两个男生对她动手动脚时，瞅准机会夺门而出，这才免于被侵害的厄运。

但是男生很不甘心，总是想找机会再把小美带回家。而且还放出话来，非要让小美弥补他的“损失”，这才使小美越发害怕，可她又不敢完全告诉家人，只说是自己不小心招惹了人，躲几天就好。爸爸妈妈也误以为她不过是和同学闹了矛盾，反倒劝她要好好和同学相处，小美现在悔不当初，却也有苦说不出。

女孩应有的矜持千万不要丢掉，平时的言谈举止最好要有分寸。

女孩，我们要让自己变得更成熟、端庄、高雅，而不是让自己变得更幼稚、轻浮、低俗，这些外在品质很多时候都是通过你的言行举止表现出来的，千万不要觉得这是一件微不足道的小事。从现在开始，你就要养成良好的行为习惯，在与异性相处时不轻浮、不随便，真正成为大家心目中端庄、大气的女孩。

## 安｜全｜忠｜告

1 不要动不动就和男生说悄悄话

不要动不动就和男生交头接耳、说悄悄话，这样很容易招致别人的反感。

2 不要和男同学勾肩搭背、搂搂抱抱

和男同学勾肩搭背、搂搂抱抱会让人觉得你非常随便、轻浮。正确的交往方式是和男同学并肩而行，两人应保持半米以上的距离。

3 不要让自己变成“花痴”女孩

觉得某个男生很帅是很正常的心理活动，但是不要动不动就把“你好帅呀”“要不要一起吃个饭”这样的话语挂在嘴边，会让人感觉你是一个没有内涵、思想幼稚、举止轻浮的女孩。

## 37 甜言蜜语不可信，别被冲昏头脑

甜言蜜语谁都喜欢听，更别说涉世不深的女孩子了。不仅如此，有一些不怀好意的人还会投其所好，专门说一些甜言蜜语或找一些能吸引我们的东西或者事情，来讨好我们，或者奉承我们，这种被宠的感觉，更会让一些女孩放松警惕。

同时，随着慢慢长大，女孩也会更愿意接触新鲜事物，更愿意体验与现有平静生活不同的感受，所以对于他人提出的“我们一起去玩吧”的要求，很多女孩几乎不会拒绝。尤其是很多女孩根本还没有去过一些地方的经历，一旦有了这样的机会，在她心里，刺激会远远大于安全，她幻想着某地是什么样子，幻想去有什么好玩的事情。即便有女孩能想到不安全的问题，可在好奇心以及侥幸心理的驱使下，她可能还是会乖乖地走进那个圈套，反而将那些不安全全都抛在脑后，并认为那些不过就是杞人忧天。

2011 年 3 月的一天，在某小学读 6 年级的瑶瑶坐火车去看望在广州打工的父母。在火车上，她认识了一位姓赵的男青年，两人聊得很开心，还互留了手机号。

就在瑶瑶到广州的第二天，原本在另一个车站下车的赵某竟然也来到了广州，还让瑶瑶去火车站接他，单纯的瑶瑶竟然答应了。

赵某见到瑶瑶很高兴，带着她在火车站附近一直四处转悠着玩，等到天都黑了，赵某却没让她回家，只说“咱们去宾馆休息一下，然后我们再接着出去玩”，瑶瑶对此信以为真。

就这样，赵某把瑶瑶带到了一处宾馆，刚一进入宾馆的房间，他就强行脱光了瑶瑶的衣服，而在接下来的两天内，他先后3次强行与瑶瑶发生了关系。

事后，凶相毕露的赵某还威胁瑶瑶，如果她说出这件事，就报复她。涉世未深的瑶瑶害怕不已，也就没有告诉父母。

另一边，瑶瑶的父母在发现女儿两天都没回家时已经急坏了，但是他们又接到了一个自称是瑶瑶同学打来的电话，说瑶瑶在同学家玩得晚了就不回家了。而这正是赵某找来的一名女子装成瑶瑶的同学来哄骗瑶瑶家人的。

后来，瑶瑶回家后被父母不断追问，终于讲出了实情，心痛之余，父母到派出所报了案。

不得不说，那些被甜言蜜语骗开房的女孩，其实都是太过单纯的孩子，对社会中的险恶毫无防备之心。甚至在有的女孩看来，开房是很“社会化”的行为，似乎开一次房，就能让自己和社会中的那些住宾馆的“精英们”拉近一些距离。单纯的心理再加上错误的理解，导致很多女孩看似自愿一般地走进心怀不轨的人设定好的圈套。

从一开始，我们最好就在内心设定一个警戒线，不管是多好的朋友，只要对方提及“出去玩玩，晚上住宾馆”这样的要求，我们就该好好考虑一下，不要单独和朋友们结伴去宾馆。

同时，要结交可靠的朋友。有相当一部分女孩都是被熟人甜言蜜语骗去失身的，这其实是很悲哀的一件事。很多女孩可能会对陌生人设防，但对朋友不会，于是在不知不觉中就跟着朋友走进了可能会毁掉自己一生的噩梦之中。

## 安 | 全 | 忠 | 告

1. 慎重对待朋友的邀请

   假如有朋友邀请我们去陌生的地方，不要轻易答应，即便对方是我们最好的朋友，也要守住原则底线，不随便跟着朋友走。

2. 对于陌生人的花言巧语，要有足够的分辨能力

   “天上不会掉馅饼”，没有人会无缘无故突然就对你好，尤其是陌生人，他对我们的任何一种好，其背后也许会是陷阱。

3. 寻找一切可以求救的机会

   如果我们不小心被胁迫，不得已被带到了宾馆，最好能记住宾馆的位置、名称，如果有可能，趁着对方开房或者其他松懈的时机，可以努力试着向宾馆的人员求救或者找机会逃脱。

## 38 把纯真的情感埋在心底，不要踏进早恋旋涡

恋爱的确是一个很美好的话题，只是它并不适合尚在上中学的你，因为对于美好背后的种种小麻烦，你还没有能力去应对。

喜欢不是一个简单的话题，不是你看着他阳光，就喜欢他；不是你看着他优秀，就喜欢他，这种感觉，充其量只是一个少女懵懵懂懂的虚幻想象罢了。真正的喜欢，应该是你从心底里敬佩他的人格和品性，觉得他的一言一行都散发着耀眼的光芒，是可以照亮你生活的一束光。不过，即使你的生命里发现了这样一束光，你也应该只是悄悄地喜欢他，欣赏他，而不应该任由自己走进这束光芒，让它淹没自己。

当烟花绚烂之时，站在远处眺望才是最明智的选择，一旦走近烟火，很有可能将自己灼伤。对于还在上小学的你而言，美好的情感也如同灿烂的烟花，远观即可，千万不要踏近一步，否则很有可能陷入“早恋”的泥潭之中，让你的身心受到巨大伤害。

有一位妈妈最近很生气，因为自己刚读初中的女儿小卉最近一有机会就抱着手机跟同学发微信，这引起了她的警觉。有一次，当女儿又在发微信时，妈妈装作去女儿身边拿东西，趁机迅速扫了一眼女儿的手机屏幕，这一看差点儿让妈妈晕过去：女儿小卉竟然在信息中称呼一个男孩子为“老公”，而对方也直接在微信里称呼自己的女儿为“老婆”！

小卉妈妈惊愕之余，强行按捺住内心的愤怒，转身去了卧室。躺在卧室床上，小卉妈妈左思右想怎么也想不明白，自己原本乖巧懂事的女儿竟然开始了早恋。如果任由女儿这样发展下去，说不定还会做出什么过分的事情来。想到这里，小卉妈妈再也坐不住了，她起身来到客厅准备跟女儿好好谈谈。

早恋只是看上去很美好而已，它其实是一枚青苹果，看起来很美，吃起来却很苦涩。案例中的小卉只是暂时沉醉在早恋的甜蜜之中，等有一天她和男孩面对现实中的种种压力之后，估计剩下的就只有懊悔了。

虽然恋爱很美好，但对于现在的你并不合适。如果你遇到了你喜欢的男孩子，那就把这段感情埋在心底，先要好好学习。如果以后你们彼此都还喜欢着对方那就可以继续这段感情。

小娜和小伟是烟台市某高二的学生，分班时，两人成了同桌。小伟是个很优秀的帅小伙，成绩也很好。小娜很自豪有个这样的同桌，她希望能和小伟成为好朋友。小娜特别的喜欢小伟，经常给他送好吃的，小伟病了，小娜还去给他补课。渐渐地小娜认为小伟也很喜欢她，说话的声音总是很温柔。

后来发生了一件令小娜很痛苦的事情：老师重新安排了座位，小伟因为个子高坐到了最后排。小娜心里很不舒服。上课经常的坐立不安、注意力不集中，时不时回头看，总希望两人对视，否则一天都觉得无精打采。过了几天，她心里开始充满嫉妒、焦虑和烦躁，因为她觉得小伟对他的女同桌也是非常的深情，那个女生经常让他讲题，就连下课也不分开。看着他们高兴的样子，小娜心很痛，她问小伟“是不是不喜欢她了”。小伟对她说，自己只是把她当成好朋友，并没有特殊的感情，让她不要胡思乱想。自此以后，小娜每天都失魂落魄的，动不动就哭，直到一学期过去了，才慢慢有所好转。

小娜的痛苦来源于误将友情当成了爱情，这种“误会”会影响身心的健康发展，女孩们应该对此引起注意。

在应该用尽全力去学习知识的时候，如果我们把过多的精力花在情感问题上，势必会影响我们的进步与成长。如果我们沉迷于其中，任由这种感情升温而不去管理的话，那么，我们的学业就会被耽误。

当感情萌动时，我们要学习怎样管理它，该学习的年龄我们就学习，把感情深埋在心底，等以后学业有成，回顾这段经历，你会非常的感慨。

## 安｜全｜忠｜告

**1** 什么时间都不要忘记学习的重要性

女孩，正值你们朝气蓬勃、激情飞扬，正是学习的大好年纪，可以将情感珍藏在心中，专注于学习。

**2** 面对情感要理智

青春期的情感是不稳定的，如果你对异性的情感持续升温，你一定要给它浇浇冷水，让感情重新回到理智的轨道上来。

**3** 学会放弃

青春就像是一列高速行驶的列车，目的地是你理想的大学，但沿途的风景很美，但你要放弃早恋的“风景”，不要让它阻挡你追逐理想的脚步。

# 7

# 青春性萌动，激情之中要理性

性是人类永恒的主题，它神秘而又充满诱惑。如果青春期是一枚青苹果，那性则是一枚禁果，不仅苦涩，而且偷吃会受到意想不到的伤害。女孩在这一段时间要经得住各种诱惑，不要试着品尝禁果。

## 39 性关系不能等同于爱情

在现代社会，也许有人会说，婚前性行为是正常的，也许，有些“开放”的女孩，在很小的年纪就偷尝了“禁果”。但是，她们不知道这样做的危害。她们随随便便就把自己最应该呵护珍惜的贞洁送出，在没有遇到最值得珍惜的人的时候，就让自己的心灵和身体布满了“疮痍”，等到真的需要她去付出真情时，又会说，自己已经不知道怎样去爱了。

在社会的洪流中，我们可以去追赶潮流，但是我们起码要有明辨是非的能力。无论时代如何变迁，是非的标准不会更改，女孩的贞洁与廉耻之心一定要有，越是在这样的时代，我们越应该把持住自己的道德底线，越界的事情丝毫不能做。

方某素来霸道，据说，他和社会上的无业人员来往密切，还认了一个“黑道大哥”为老大，从那以后，他在学校中更加有恃无恐了。而小玉对方某十分崇拜，在这种无知的仰慕之下，她做了他的“女朋友”。

从那以后，小玉就更加神气了，在朋友们中间像有了撑腰的人，说话也像“大姐大”一般对他人吆来喝去。可是好景不长，小玉的朋友后来向警方提起，小玉多次和自己谈到，她有些害怕，因为方某告诉她，要是真的爱他，就应该奉献自己，否则就不是真爱。

小玉对方某这方面的要求感觉有些恐惧，她是由于崇拜方某的霸道而“爱”上他的，可是，要真的对他“奉献”自己，她却感到不能接受。令她没想到的是，她的抗拒好像触怒了方某，近来，方某这样的要求越来越多了，有时，小玉感到有些被威胁的味道。她“爱”他，但是，她不明白为什么爱就要这样去付出，她对方某的话半信半疑，并为自己的处境感到担忧。

终于有一天，意外还是发生了，在最后的时候，她最好的朋友及时赶到，这才避免了一场悲剧。最终，方某由于涉嫌强奸被警方控制，但是，小玉却由于受到惊吓而住进了医院……

当女孩心怀期待地与一个男孩建立恋爱关系的时候，心中必定装满了男孩的好，自己的心也是预备着随时为了男孩而改变，并且会时刻听从男孩的召唤。

可是，就是这个时刻，是每个女孩最应该保持清醒的时候。我们要知道，爱是每个人都渴望的，当我们爱着一个人的时候，总希望用亲密的行为来证明和表达。但是，你要思考一下，你现在有能力去承担这样的责任吗？你知道这样做的后果吗？你对自己是负责任的吗？

当一个男孩对你说，他对你的爱很多，需要得到你的回应，而这种回应就是需要你奉献你的身体。当你听到这样的话的时候，一定要多问自己几个为什么，切不可被一时的激动情绪冲昏了头脑，当你轻易地就付出了自己最珍贵的东西时，再想恢复贞洁就是不可能的事情了。一个女孩最珍贵的东西已经被拱手送出，这是多么糊涂！

在医院里可以看到，有多少未成年少女去做损害身体的堕胎手术。这种手术的后果可能是终身不孕。在妇产科的病房中，又有多少未成年少女由于无知而感染妇科疾病，同样导致不孕以及留下终身的疾患。这是多么令人痛心的一幕。

更令人感到难过的是，好多女孩被无知和麻木蒙蔽了双眼与心灵。她们在自己身体受到这么大伤害的时候，还认为自己的付出是值得的，只要自己的男友开心，比什么都重要。多么的可悲呀？为了最爱我们的人，女孩一定要懂得珍惜自己。

一段建立在欲望上的爱情，必然会因为欲望的消失而逝去。如果一个男孩不顾你的感受和身体，强迫与你发生关系，那么，他必然不是真的爱你，他只是想在你身上发泄他的欲望。所以，女孩一定要警惕这样的情感，一旦遇到这样的男孩，立马离他远去，这种只有欲而没有爱的感情，是危险的感情。

## 安|全|忠|告

**1** 不要与对方有过于亲密的行为，委婉的拒绝对方的性要求

无论什么情况下，都不要与男生发生性关系，保持应有的底线。

**2** 对方强求与你发生性关系，一定要远离，或者终止与他交往

男孩借恋爱之名想要占有女孩的身体，一定要想办法远离他，最好终止交往，以免他再次伤害你。

**3** 过早性行为，给身体带来严重的创伤

（1）会对女性的身体造成很大的危害。

（2）可能会导致女孩怀孕。

（3）会对女孩的心理造成巨大的危害。

（4）会对女孩的学习造成很大的影响。

## 40 不要为了金钱而出卖自己的身体

女孩的青春是无价的，为了金钱而出卖自己的身体是非常荒唐的。几千块钱可以买来一个名牌衣服，几万块钱可以买来一个名牌包包，但是买不来的，将是那些永远失去的东西——你的青春，你的尊严，你的声誉，以及你未来的人生……

女孩，如果有物质上的需求，就找你的爸爸妈妈说明情况吧，他们宁愿增加你的零花钱也不希望你误入歧途。尽量不要超出自己的能力消费，养成合理的消费习惯。女孩，你一定要记住，除了生命之外，你的身体就是你最宝贵的东西，它不能用任何金钱来衡量和交换。无论别人提出用任何东西来换取你的身体，你都要毫不犹豫地拒绝，千万不要被眼前的物质诱惑迷失了自我。如果有一天你因为这些外在诱惑失去了身体，今后一定会倍感愧疚和后悔。

苏南地区 20 多名在校女中学生大都未满 18 岁，其中有 2 人还是不满 14 岁的幼女。这些参与卖淫的女学生，有的是想通过出卖自己的“身体”赚一些零花钱，来满足她们追求物质享受的虚荣心；有的家里根本就不缺钱，她们这样做只是因为没有生活目标，自甘堕落。

实际上，她们并没有受到什么逼迫，都是自愿参与的。因为她们平时经常在一个圈子里混，于是一个带一个，就形成了一个由 20 多人组成的隐秘圈子。与此同时,她们的嫖客也形成了一个相对固定的“圈子”。

在本案中，有三个少女最初从事卖淫时，都未满16岁。从2009年开始，她们三人经常聚在一起“过度消费”，一旦身上缺少零花钱，就通过互联网和电话等方式相互介绍嫖客赚取嫖资。

据其中一位少女介绍，她们总是在外面玩，像买衣服、首饰以及吃喝玩乐甚至寻求刺激都需要很多钱。可父母给的那点儿零花钱根本不够，所以她们逐渐就有了卖淫的想法。后来,她们觉得利用自己的身体赚钱，已经成为日常生活的一部分了。

她们还只是一群稚气未脱的孩子，她们有的只是为了满足自己的虚荣心，有的甚至只为一点儿零花钱和零食，就从一个个清纯的“女中学生”变成令人鄙视的“援交妹”，成为很多陌生男人的“性伴侣”。

一群不满18周岁，稚气未脱的花季少女、在校学生，她们既非生活所迫，又非他人诱使强迫，竟然因为一些零花钱而出卖自己的身体，并用这些钱互相攀比、追求高档消费、满足虚荣心。最终，令她们美好的人生陷入一片阴霾。我们无法想象，这些十几岁的女中学生的美好青春就这样被“挥霍”了，实在令人扼腕叹息。

女孩，对待金钱你要学会保持一颗平常心，树立一个有尊严的价值标准。要知道，“人”才是“金钱”的主人，千万不要为了钱而沦为它的奴隶。

为了金钱而出卖自己的身体，不仅是一种道德沦丧的行为，还容易为自身的健康埋下隐患，甚至有些情况下还容易被坏人胁迫和利用，从而为自己的人身安全带来危险。所以,女孩千万不要为了金钱而误入歧途。

女孩，一定要谨记在心，任何时候都该记住这一点，除了生命之外，没有什么东西能比你的身体更宝贵,任何人都没有权利用金钱来换取它。

## 安 | 全 | 忠 | 告

**1** 不要有拜金思想

“人”才是“金钱”的主人，不要为了钱而沦为它的奴隶。若是为了物欲而出卖自己的身体，失去的不只是自己的尊严和身体，你的青春也将变得黯然无光。

**2** 如果需要钱，可以跟爸爸妈妈要

除了必要的零花钱，如果还需要更多的钱购买需要的东西，可以向父母说明情况，爸爸妈妈尽量会满足你的要求的。

**3** 无论什么情况，都不要自甘堕落

有的女孩出卖自己的身体，并不是为了钱，而是生活没有目标。 希望女孩不管发生任何事情都不要自甘堕落。

## 41 受到了性骚扰，要及时告诉家长或报警

孩子，你渐渐长大，变得既漂亮又可爱，就好像一条小毛毛虫蜕变成一只美丽的蝴蝶一样。让父母感到十分欣喜，可又不免有一丝担心，担心你在成长的过程中，受到一些伤害。

在各种伤害中，父母最担心的就是你的生命安全和性伤害了。你万一遭到性侵害时，一定要及时告诉父母或报警，千万不要像下面案例中的女孩那样做，受到了性侵害却不敢说出来。

如果遭遇性骚扰等令你很不舒服的事情，一定要第一时间告诉你的爸爸妈妈，他们会给你方法和建议。

英子是一名六年级的小学生，案发时只有12岁。她的父母经常加班，甚至连晚饭都没有时间陪孩子一起吃。英子有一个很要好的同班同学叫诺诺，英子空闲时经常去诺诺家玩，因为在诺诺家既可以看电视，也可以上网玩游戏。

暑假到了，英子更是每天都跑到诺诺家玩，还经常晚上在诺诺家留宿。在这期间，英子的爸爸王某经常选择诺诺妈妈不在家时借故支开自己的女儿，然后对英子“动手动脚”。

英子虽然知道自己受到了伤害，但她特别害怕父母知道了会打骂自己，所以回到家后就选择了隐忍不说。结果，英子在诺诺家中被王某多

次侵犯。

直到有一天，妈妈一句埋怨她的话，才最终揭开了这个秘密。原来，妈妈见英子总是在诺诺家玩，就指责她说:“你怎么老是去诺诺家玩啊?难道人家父母不烦吗？”

英子面对妈妈的埋怨脱口而出：“哼！谁稀罕呢？你都不知道她爸爸都对我做了什么！”妈妈听了女儿的话大吃一惊，随后她一再追问，英子才说出了在诺诺家经常被王某“摸”的实情。

英子父母立刻选择了报警，他们还向英子怒吼：“发生了这么大的事情，你为什么不早告诉我们？”

英子低下头，哆哆嗦嗦地回答：“我，我怕你们知道了打我，就没敢告诉你们。”

可英子的话音未落，只见英子爸爸的巴掌就到了……

这个例子可以看出，英子的父母平时对英子的管教疏忽，遇到事情就使用暴力，孩子不敢说出实情。导致这样严重的后果，一方面是家长放任孩子，并缺乏对孩子的有效沟通。另一方面孩子也缺乏自我保护的相关知识。

对于这样年纪的女孩而言，和任何异性共处一室，都是非常不安全的，这一点希望女孩能时刻记在心上。女孩在外留宿有很多的危险。即使是面对最好的同学或朋友，也不要疏忽大意。

女孩，如果有一天你受到了性伤害，千万不要独自承受，也不要随意放弃自己的生命，而应该及时告诉爸爸妈妈。你要相信，爸爸妈妈是这个世界上最爱你的人，在你受到伤害时，他们会永远站在你的身后温暖你，保护你，陪你走过这段乌云密布的时光。

## 安｜全｜忠｜告

1 穿着得体，远离是非之地

衣着暴露、行为轻浮的女孩，很容易成为性侵害的目标，因此，女孩要衣着得体。

2 熟人也不可轻信

性侵案中，很多都是熟人作案，千万不要轻信他人，尤其对自己特别热情的异性长辈，不要贪图小便宜，也不要随便接受他人的帮助和馈赠，以免后悔终生。

3 发现对方有越轨行为时，要坚决说“不”

当你发现对方对自己不怀好意，甚至动手动脚时，一定要严厉拒绝，不要迁就。

## 42 远离一切色情传播媒介

女孩，你在浏览网页时，发现这个网页有很多露骨的性内容，那么你应该及时关闭网页，千万不要点进去继续观看。如果身边有同学或者陌生人给你发送一些色情链接时，也应置之不理。很多孩子就是因为抱着好奇的心理点开网页，结果发现很多露骨的性内容，进而在这些垃圾内容的诱惑下越陷越深，直至发展到不可收拾的地步，最终导致精神萎靡，无心学习。

有一次，有个女同学喊小芹一起到楼下踢毽子，小芹把手机一扔，就急匆匆地跟着同学一起出门玩了。妈妈在打扫卫生的时候，无意间瞥了女儿的手机一眼，这一看让她吓了一大跳。

妈妈发现小芹的手机界面上竟然出现了大量不雅、充满了性暗示的内容，这些内容都是一个微信公众号推送的，里面有关“网恋”“早恋”方面的文章被多次推送，评论区。

还多次出现“看黄片”等字眼儿。看完这些，小芹妈妈决定晚上好好跟女儿聊聊有关如何辨别网络信息的问题。

案例中小芹的本意并不是刻意去浏览这些低俗的“性”信息，她只是在利用手机学习的时候，不小心被这些低俗信息包围了。因此，在使用手机、电脑等网络媒体时，一定要注意分辨信息内容，千万不要被这些低俗的性信息误导了。

如果有一天，有人向你推荐色情影视、书刊、图片等不良内容，你一定要坚决拒绝，不要被人诱骗去看一些不适合孩子观看的内容。如果你在日常的生活学习中发现了色情影视、书刊和图片时，希望你能自觉、主动地屏蔽它们，不要让这些低俗的色情内容腐蚀你原本纯净的心灵。但这并不意味着禁止你接触任何形式的性教育。

相反，健康的性知识父母会鼓励你了解，因为这对你的身心发展也是有好处的。

12 岁的女孩素素被在外打工的妈妈接到了身边上学，倍感孤单的她不久之后就结识了一个务工家庭的男孩——16 岁的王某。认识不久之后，素素就和王某建立了男女朋友关系。后来，素素还背着妈妈经常到王某的出租屋去玩耍。有一天王某打开电脑，称要带着素素一起看一个成人才看的“电影”，素素没有多想就答应了。播放不久，素素就隐约意识到，这是一个有关“性”的影片，因为里面有很多露骨的镜头。那天，两个人学着影片的样子，在出租房里第一次偷吃了“禁果”，他们觉得这样模仿非常好玩。

没多久，素素的妈妈在出租屋里找到了素素，并把她带回家，可是却发现素素已经怀孕一个多月了。悲愤不已的妈妈只好带着素素去医院做了人流手术，并随之报了警。

案例中的素素和王某在色情影视的冲击下，忍不住偷吃了“禁果”，然而，年幼的素素并不知道这一行为将给自己的身体带来多么大的危害。如果素素能够提前通过正常的渠道了解一些基本的性知识的话，她至少会明白，性并不是一件简单的事情，它会给自己的身体带来一系列严重的后果，比如偷吃“禁果”之后很可能会导致怀孕，而在身体尚未发育成熟的时候怀孕，会对自己的身体造成一系列不可逆的伤害。

简单来说，色情影视、书刊、图片只会诱使少男少女偷食“禁果”，却不能很好地引导他们正视这件事情可能引发的后果和危害，对年幼的他们百害无一利。

色情影视、书刊和图片呈现的内容，会像一个赶不走的恶魔一样萦绕在脑海里，它会扰乱心智，腐蚀心灵。

## 安 | 全 | 忠 | 告

1. 不要浏览黄色网站，拒绝观看色情电影和视频

   不要观看色情影视作品，通过设置网址黑名单和关键字两种方式来过滤不良网站，创造绿色、健康的上网环境。

2. 正确对待优秀文艺作品中的性描写

   对于青春期的女孩来说，欣赏言情小说、爱情电影等再正常不过了，对于里面的性描写，要学会用正确的眼光来分析和鉴别，对于露骨的男欢女爱要坚决抵制。

3. 通过正规渠道了解性知识

   性知识也是一种科学知识，要通过正规渠道，比如通过生理课，正规的性教育出版物，或者与妈妈探讨等等。

## 43 了解一下怀孕、避孕的医学常识

有些女孩在发生了性行为之后，因为没有及时采取避孕措施而糊里糊涂地怀孕了。在这种情况下，因为女孩身体尚未发育成熟，再加上没有哺育幼儿的能力，所以基本上都会想办法将孩子流掉。这对女孩而言，无异于再遭受一次身体上的磨难。

尽管现在有了无痛人流手术，但在无痛人流手术过程中，如果操作不当，或者医疗卫生条件没有达标，细菌很容易从阴道或宫颈中进入子宫，造成宫内感染；如果操作失误的话，还有可能引发大出血，甚至危及女孩的生命。即便手术顺利，对于十来岁生殖器官尚未发育成熟的女孩而言，都会带来很大的身心伤害。我们一起来看看下面这个案例吧。

12 岁的小梅今年 7 月刚刚小学毕业，暑假期间她频频找各种借口不回家过夜，一会儿说“在东方广场”，一会儿说“班上的女同学爸妈去香港旅游，需要我陪宿几天”。虽然父亲王先生和妻子总是担心女儿的安全，但每次都有“女同学”发短信或打电话报平安，他们也就信以为真了，认为女儿和“女同学”在一起应该没什么事。可是，9 月份开学后两周，老师就告知王先生和他的妻子，称小梅经医院诊断，已经怀有两个多月的身孕。王先生通过询问得知，原来让小梅怀孕的，是和她同年级的 14 岁男生小刚。后来，王先生带着女儿去做了人流手术，但

是手术后，小梅便一直躲在家里，一谈起这件事就会和父母大吵大闹，甚至还曾试图拿刀砍父母，精神受到了很大的刺激。

过早的性行为会严重伤害女孩尚未发育成熟的身体，而一旦怀孕流产则会对身心造成更大的伤害。小梅后来出现了精神异常的现象，可以说跟人流手术不无关系。这种情况下，小梅急需心理医生的疏导和干预，否则任由这样发展下去，很可能会导致更加严重的后遗症。女孩一定要记住，万一你和男生偷吃了"禁果"，或者遭受了他人的性伤害，要及时采取避孕措施，以免对你的身心造成更大的伤害。

如果你不幸受到了坏人的性侵害，一定要及时告诉妈妈，在妈妈的陪伴之下去药店购买适合你的避孕药，以便把对你身体的伤害降到最低。如果你选择隐瞒性侵事实的话，就很有可能错过最佳的避孕时机，而一旦怀孕，就要面临人流手术，这对你的身体伤害反而会更大。

所以，每个女孩都应该了解一些必要的怀孕、避孕知识，以便在发生性行为之后能及时地避孕，从而把对身体的伤害程度降低到最小。如果在尚未成年的时候发生性行为，可以说是女孩的第一个噩梦；如果在发生性行为之后，因为没有及时避孕而导致意外怀孕的话，则是女孩的第二个噩梦；通过人流手术流掉孩子，则是女孩的第三个噩梦。而事先了解一些怀孕、避孕的相关知识，则可以让女孩免除后两个噩梦，这是非常有效的自我保护措施。

对于女孩来说，最好的规避风险的办法只有"洁身自好"这一条。任何避孕措施对于正在成长中的身体都是一种伤害，我们不能允许这种伤害发生。

## 安|全|忠|告

1 避孕套避孕法

避孕套又叫安全套或者保险套，是非药物阻止女性受孕的最简单方式，还具有预防性病和艾滋病等疾病的作用。与其他方法比具有简单方便、没有副作用等特点。

2 口服避孕药

避孕药可分为四种，即短效避孕药、长效避孕药、紧急避孕药、外用避孕药。任何药物避孕药都会对身体产生不良反应，不可长期、大量的服用或使用。

3 宫内节育环

宫内节育环也叫避孕环，是一种放在子宫腔内的避孕器具，是一种长效避孕方法。

4 皮下埋植避孕法

这种避孕法简称皮下埋植，是一种新型高效的避孕方法，它通过改变子宫颈黏液的黏稠度，阻止精子进入子宫腔达到避孕的目的。

## 44 不被异性的引诱被骗开房

许多女孩，特别是青春期的女孩，都普遍有一种公主心理，这种心理的存在会让很多女孩渴望得到他人的关注。特别是陌生人的奉承、夸赞，会让女孩颇有满足心理，她总感觉“看吧，连不认识我的人都觉得我好，这真让我开心”。

不仅如此，有一些陌生人还会投我们所好，专门找一些能吸引我们的东西或者事情，来讨好我们，或者奉承我们，这种被宠的感觉，更会让一些女孩放松警惕。

14岁的小宛是个很普通的女孩，最近一段时间，她开心地告诉闺蜜晓莉说：“我在公交车上认识了一个帅哥！可帅啦！他说要和我处朋友呢！”

晓莉是个很有警觉心的女孩，她觉得这事太蹊跷，便提醒小宛：“别上当啊！你了解他吗？”可小宛听了却有些不高兴，回应说：“我当然了解他了！晓莉你自己长得漂亮就算了，是嫉妒我被帅哥看上了吗？”面对小宛这样刺儿头的话，晓莉真是又生气又无奈。

有一天放学后，小宛告诉晓莉说那个帅哥要开车来接她，还带她去大商场转一转，给她买礼物。晓莉还没说什么，就看见校门口果然有一个人坐在车里对小宛挥手，小宛一路笑着跑过去上了车。

可晓莉却觉得这事没那么简单，毕竟小宛从来没完整地说过这个帅哥的具体情况。晓莉多了个心眼儿，将那人的车牌号记了下来。

等到晚上，小宛的爸爸妈妈找到了晓莉，说小宛一直没回家，也没跟家里联系，晓莉赶紧将她知道的情况和那个车牌号都说了出来。小宛的爸爸立刻报了警，在警方的帮助下，才在一家宾馆里找到了被那“帅哥”正欲行不轨的小宛。

从这个例子中可以看出小莉有着极强的警惕心，尤其是青春期女孩，对于任何一个异性的诱惑，她们恐怕很难招架。正是因为自己不经常接触异性，所以异性的引诱对这样的女孩也就颇为有效。

无论在什么情况下，异性的突然献殷勤都要引起我们疑心的，不要感觉自我良好，还是头脑清醒一下，认清楚对方的引诱。怎样防范在生活中异性的引诱。

第一，不同类别的异性要巧妙的应对。

和我们同龄的，比我们稍大些的，刚刚步入社会的青年等，这些年龄段的异性的都有可能在某种欲望的驱使下，利用我们的单纯来实施引诱。

同龄人所许诺的事情也都不是太符合实际的。因为他们所能拿出来的东西多半都是父母挣来的。

第二，对异性所使用的不同类别的引诱手段要理智。

引诱女孩时，会采用各种方法。那些心怀不轨的异性，使用“投其所好”的战术，利用各种手段来让我们感到开心、舒服，进而对他产生好感，以最终实现他的目的。

有的人可能会用各种物质诱惑，包括衣服、饰品、各种小礼物，对这些东西可能就会难以抗拒，因为女孩子都爱美。

还有人会用找工作、参加选秀、参加表演等各种借口来骗女孩去参加这些活动，涉世未深的女孩可能会对这听起来诱人的机会毫无防备之心。

不得不说，那些被骗开房的女孩，其实都是太过单纯的孩子，对社会中的险恶毫无防备之心。甚至在有的女孩看来，开房是很“社会化”的行为，似乎开一次房，就能让自己和社会中的那些住宾馆的“精英们”拉近一些距离。单纯的心理再加上错误的理解，导致很多女孩看似自愿地走进心怀不轨的人设定好的圈套。

## 安 | 全 | 忠 | 告

1. 不和家人以外的人去宾馆开房

   从一开始，我们最好就在内心设定一个警戒线，那就是“除了和家人，一定不和其他人去宾馆”。

2. 如果被胁迫到宾馆，寻找机会求救

   如果我们不小心被胁迫带到了宾馆，最好能记住宾馆的位置、名称，寻找一切机会试着向宾馆的人员求救或者找机会逃脱。

3. 要经得住各种诱惑

   对于陌生人的花言巧语，我们也要有足够的分辨能力，不管对方用什么样的诱惑，我们都要有这样一种认知，那就是“天上不会掉馅饼”。

8

# 网络太虚幻，小心上当受骗

现在是网络发达的时代，在学习和生活中，免不了接触一些社交、网络游戏和娱乐软件。女孩，你在享受网络带来的便利的同时，也有可能被坏人利用，千万不要沉溺其中，让网络成为伤害你的“武器”。

## 45 网络是个虚拟的世界，充满了陷阱

如果有一天你得知自己中了大奖，第一反应会是什么？兴奋、开心、好好庆祝？先别急，这时候要保持冷静，理智，千万不要鬼迷心窍地点进去领取“奖金”如果你这样做了，非常有可能上当受骗。

一天，刚上大学的小西在手机上闲逛，突然右下角弹出来一个 QQ 系统信息，上面用醒目的彩色字写着“尊敬的腾讯 QQ 用户：恭喜您！您的 QQ 号码被系统自动抽中为幸运用户，将获得价值 12000 元笔记本电脑一台。请登录活动网站 ×××× 领取验证码 ×××。全国唯一活动免费专线：400-×××-××××。”

看到这个消息，小西有些蒙了。因为她正需要一台笔记本电脑，由于家庭条件不是太好的小西一直没有向父母开口，这下送上门了，她又看了看电脑的配置，简直就是她向往已久的，她肯定不会放弃，于是，她不假思索的按照提示点了进去，还加了对方的微信私聊了，通过聊天，小西确定对方就是真的商家的活动。

对方要求小西先给转 3500 作为活动的费用，然后对方给寄电脑，小西和对方聊得非常投入，甚至对方说是做服装设计的她都以为是真的，还把班级的制服要他设计。真是当成了好朋友了，没有一点的戒备之心。

小西按照对方的要求转了款。等了 3 天电脑到了，小西一看电脑是

个旧的老款，打开都非常费劲，更别说用了，小西这时候想起了爸爸妈妈，给爸爸打了个电话说了事情的缘由，爸爸说明天我去找你看怎么解决，这时候对方已经把小西拉黑了，微信电话都联系不上了。

爸爸看到受伤的女儿可怜地说，孩子，自认倒霉吧，以后要注意网络骗局，这时的小西哭成了泪人，爸爸安慰说，成长的路上哪能不受骗呢？以后这样的事情要多给爸爸妈妈沟通交流呀。

爸爸对小西说："你搜索看看，有多少人都被这种中奖信息给骗了！"当看到搜索后的结果时，小西真的是目瞪口呆，那么多的人都被这样的信息给骗了。对比一下自己的遭遇，与那些被骗的套路一样。这下小西彻底算是明白了，网络中奖不可信，天上不会掉馅饼。

网络在为我们提供便利的同时，也让诈骗分子们获得了可乘之机。通过强大的网络平台，这些犯罪分子广发诈骗信息，编织出一个巨大的网，利用QQ、邮件、广告链接等引诱、欺骗人们，稍有不慎就会被这天上掉下来的馅饼砸得头昏脑涨。

2018年10月，正在上小学的琴琴在网上搜索到了她的偶像"王某某"的QQ号，便申请了添加好友。没想到，偶像竟然通过了她的好友申请，而且对她异常热情，不仅和她聊天谈心，还给她发了很多生活照、工作照。琴琴觉得自己遇到了"天上掉馅饼"的好事。

由于对方陆续发了不少近照给琴琴，心思单纯的琴琴便对他是"王某某"这件事深信不疑。很快，"王某某"表示最近有粉丝福利充值反馈活动，充100元可以返500元。琴琴觉得自己非常幸运，便欣然答应了偶像的建议，没多想就拿起家人的手机微信扫码支付，其后又按照对方要求缴纳了保证金、激活费等费用，共8000多元。后来，直到琴琴家人手机绑定的银行卡提示余额不足，他们这才发现琴琴被人骗了，于是急忙报了警。

2020年《中国消费者报》统计分析结果显示，在多种诈骗举报中，中奖类诈骗数量最大，可以说是诈骗分子行骗的主要手段。

社会上的骗局总是层出不穷，你今天绕开了这个，明天还会有另一个，能够避免的办法就是在任何时候都不要有投机致富的侥幸心理，不要轻易相信自己能在芸芸众生中被大奖砸中哦，自己想要的任何东西都要经过自己的辛苦努力去获取。

## 安 | 全 | 忠 | 告

**1** 遇到中奖的事情，多征询父母的意见

如果你被大奖砸中，找父母商量接下来该怎么办。父母比你有经验，能帮你分析这是一个什么样的骗局。

**2** 不要点击中奖弹窗中的网址

当你在网络上浏览网页或者搜索资料时，无论弹出来的是何种中奖弹窗都不要去点击其中的链接，甚至不要点击关闭弹窗。

**3** 被中奖诈骗纠缠，报警处理

现在，中奖诈骗再次升级。如果拒绝领奖就会再次收到系统提示，声称会收到法院传票。如果你收到了相关的中奖信息，就直接报警，让警察来处理。

## 46 不要相信网恋，相见不如不见

在上网聊天时，经常会有久逢知己的感觉，这个时候，女孩便产生了想要跟网友见一面的想法，觉得万一能从网友发展成真正的朋友，该有多好。这样的想法也很正常，因为网络世界毕竟虚幻神秘，只有在现实世界里见到对方之后，才能对对方有个更加清晰的认识。然而，看似美好的想法背后，其实暗藏着许多欺骗和伤害。很多女孩靠着在网上积攒的那一点儿好感，便贸然跑去跟网友见面，结果却发现迎接自己的是一场噩梦。

15 岁的女孩小兰性格开朗，对人从不设防。有一天，她在浏览网页时，突然 QQ 对话框弹了出来，一个自称“白马王子”的陌生人申请加她为好友。小兰虽然感觉有些突兀，但是也没拒绝。

在聊天的过程中，小兰觉得“白马王子”说话直爽、幽默，而且非常理解她的想法。于是，就渐渐地把他当成了倾诉的对象，常常跟他说一些自己的烦恼和对父母及学校的抱怨。

有一天，小兰因为考试成绩不理想受到了父母的批评，心情很郁闷，于是上网找“白马王子”发泄情绪，“白马王子”很耐心地安慰了她半天，最后发出了这样一条消息：“既然心情这么糟糕，出来一起去唱卡拉 OK 放松放松吧？”见对方要见面，小兰有些犹豫，虽然常常一起聊天，但毕竟还是从未见过面的陌生人啊。“白马王子”看她半天没有回复，就又劝说道：“那么不开心，待在家里越待越烦，还容易和父母吵架，出来散散心，心情就好了。你就跟父母说，跟同学一起去书店逛逛。”看到这里，小兰动心了，答应了与“白马王子”见面。

一到卡拉OK门口，小常见到“白马王子”一身休闲装，还戴着眼镜，很斯文的样子，心里顿时放松了许多。于是就和他一起来到了包间唱歌、吃东西。“白马王子”还特意给小兰点了果汁，并且嘱咐她不许喝酒，小兰心中的警惕性一点点消失了。玩着玩着，小兰突然觉得有些头晕，站都站不稳了，“白马王子”上前扶她在沙发上躺下，对她说：“你睡会儿吧，估计是最近忙考试累了。”小兰还没说出感谢的话就陷入了沉睡中。

过了很久，小兰模模糊糊地醒过来，浑身酸痛，发现自己光着身子，衣服被脱下来扔了一地，而昏暗的包厢里“白马王子”早已不知去向。小兰顿时明白发生了什么事情，她伤心欲绝，却不敢告诉父母。

遭遇了这场劫难后的小兰变得情绪低落，时常神志不清，渐渐患上了严重的抑郁症，只能退学在家。

近年来，女孩因为约见网友而遭遇抢劫、诈骗、性侵等的恶性案件频频发生。虽然这些犯罪分子最终都受到了法律的制裁，然而他们带给那些女孩的却是一生都难以抚平的伤害。

说到底，网络世界是虚拟的，对方无法根据我们的表现来了解生活中的我们到底是什么样子，女孩也很难去辨别在网络背后那个“熟悉”的陌生人到底如何。很多时候，女孩会受到对方花言巧语的影响，在对对方没有深入了解的时候，选择和他们见面。这是非常危险的行为，必须引起我们的注意。

女孩结交网友要提高警惕，谨慎对待。一方面，不要把对方想象得过于完美，在与他们沟通交流时要保持理智，头脑清醒。另一方面，不要轻易地答应陌生网友的约见请求。

女孩，网络交友隐藏着很大的风险，爸爸、妈妈还是希望你能多交一些身边的、现实中的好朋友。

## 安 | 全 | 忠 | 告

1 请父母或者朋友陪同

为了你的人身安全，无论何时请一定不要单独赴约。如果你不希望爸爸妈妈陪伴，那么至少要叫上几个好朋友陪你一起去，并让爸爸妈妈知道你所去的地方。

2 不要答应对方去私密场所赴约的要求

如果对方拒绝了在公共场所见面的要求，而想在酒店、旅馆、酒吧、居民楼等比较私密的场所见面的话，一定要毫不犹豫地拒绝掉对方的请求。

3 即便对方是“女网友”，也不要放松警惕

千万不要相信对方在网上的自我介绍，网络世界里的信息真真假假，很难分辨，即便对方是个女孩，你也应该保持警惕。

4 千万不要被任何要挟吓倒

为了确保自己的犯罪行为得以实施，坏人最擅长的就是恐吓和要挟。在确保安全的情况下，可以大声呼救，以引起周围人的注意。

## 47 网络购物适可而止，花钱不能无节制

随着人们网购消费习惯的形成，各种购物平台、微商、网络代购以一种新型的购物形式出现在人们面前。随意打开自己的朋友圈都能看到各种各样的微商信息，从食品、化妆品到电子产品等，琳琅满目。有的人就在这种引诱下看到自己喜欢的就买买买，最后欠款甚至借网贷。

刚大一的女生小允，喜欢各种化妆品、漂亮的服饰、包包等物品，把平时的零花钱还有饭钱都用于购物，提前消费，一不小心又借了网上贷款，拆东墙补西墙后来窟窿越来越大，她只好给父母打电话，父母帮还了几万块。

所以女生喜欢的物品要适可而止，不要超出自己的能力范围。否则后果非常严重。

现在的孩子很小就接触电子产品，对网络的熟练程度和利用深度真的令人咋舌。他们不仅在网络上学习知识、查找资料，就连日常的购物也都从现实世界转移到了虚拟世界。网络毕竟是虚拟的，有一定的隐蔽性和不可预知性。你看，娜娜就遇到了这样的一件事：

娜娜是一个初中生，为了更好地促进娜娜的学习成绩，妈妈一直很

想给她买一款学习机。母女俩比较了很多大品牌的学习机后，最终锁定了几款价格在2000元左右的机型，只等有时间的时候一起去商场购买了。

这天，娜娜闲暇之余在购物网站发现了一款自己一直都想要的款式，价格却只需要几百块钱。

娜娜认真比较了自己心仪的那款品牌学习机和这款“物美价廉”的学习机的各项功能后，发现这款机器就是自己想要的。

娜娜与商家进行了联系，经过一番激烈的讨价还价，商家说，只要娜娜马上下单，就能获得9折优惠。娜娜很兴奋，想着给妈妈一个惊喜，于是就先斩后奏用自己的压岁钱下了单。

几天后，学习机到货了。娜娜开心地拿给妈妈看，母女俩按照说明书研究了半天却发现实际的功能与网上展示的差别很大。而且是个二手机，当娜娜想要质问时，却发现自己已经被拉黑了，联系不上那个人了。

更可气的是平台也没法退款退货了，因为经过货到付款，平台产品撤销等一系列商家的套路，款已经到了商家手里，报警也没用。娜娜相当于买了个废物，网络购物一定要擦亮眼睛，不要贪图小便宜。

网络购物已经成为未来发展的趋势，我们不能因为网购中存在的各种问题而限制对网络的应用。网购有风险，付款要谨慎，不要在不正规的网络平台上购物，以免泄露自己的账户信息，也不要购买过于贵重的物品或者需要售后服务的大宗商品。更不要超出自己的消费范围。

## 安｜全｜忠｜告

**1** 尽量在有保障的大型网络平台购物

要选择信誉较好的大型电商平台，无论什么时候都不要脱离平台交易。

**2** 对于价格过低的商品要谨慎

没有一个商家会做赔本的买卖。因此，切记谨慎对待低价商品，不要盲目购买、冲动消费。

**3** 购物适可而止，不要超前消费

女孩不要在琳琅满目的商品前刹不住车，一定要在自己的能力范围内消费，更不要涉足网贷。

**4** 不要被朋友圈里的各种广告所迷惑

现在的朋友圈里各种微商广告鱼龙混杂，具有很大的迷惑性。最好去有质量保障的超市或商场购买。

## 48 QQ、微信等社交账号不要随便加

随着社交圈的逐渐扩大，你可能会自己开通QQ、微信等社交账号。在现代社会，这些社交账号可以说是必不可少的社交工具，你会通过它们跟父母、同学或朋友进行联络。有的时候，老师布置的作业甚至也需要通过QQ或微信这些社交工具来进行沟通交流。使用这些社交工具的时候一定要保持清醒的头脑，不要随便加陌生人为好友，以免给你的生活带来困扰和危险。

阿强用微信约小云见面，小云觉得单独一人见一个陌生人有些害怕，便叫上好友美美陪同。

大家见面一番寒暄之后，就相约去饭店吃饭，阿强提出自己请客，两个女孩也没有拒绝。吃完晚饭天色已晚，阿强提出夜里女孩子回家不安全，便在附近宾馆为小云和美美办理了入住手续。小云和美美觉得这么晚不回家不合适，但是，碍于情面，她们都对家里说了谎，然后住进了阿强安排的宾馆。

小强和美美都觉得，阿强人还不错。

可是，第二天凌晨2时许，阿强敲开两名女孩的房门，提出要与两人“交往”。遭到拒绝后，阿强恼羞成怒，双方发生了扭打，突如其来的动静把女服务员吵醒，她迅速报了案。

阿强一见有人来，干脆一不做二不休，将小云和美美的两部手机抢走，然后迅速逃离了现场。

所幸的是，随后赶到的民警将阿强抓获，并把女孩们遭抢的东西归还。阿强被警方带走，女孩们也吓得够呛。

民警提醒她们，她们这种行为非常危险，以后再也不要和陌生网友见面，更不要在外面过夜。小云和美美连连点头，表示再也不会在微信上加陌生人了，更不会见面。

QQ 和微信是现代人惯用的网络沟通和交友工具，这种便捷的交流方式在带给人们方便之余，还容易带来麻烦。因为一旦交友不慎，QQ 就会成为诈骗的工具，微信就可能变成“危险信号”。

网络交友有虚拟性，切勿相信“眼缘”。

微信的功能很多，文图音视频消息，多人音频聊天，实时视频对话，朋友圈，摇一摇，漂流瓶……是大家公认的强大的公众开放平台。当然，这种强大的背后，也蕴藏着一定的风险。

浙江的小蝶正在家里刷朋友圈，突然页面传来一条“朋友验证消息”，小蝶按照惯例先看了一下对方的头像，名为贾浩，觉得这男孩长得斯斯文文，顿时好感倍生，就将贾浩添加为好友。从那以后，他俩经常在微信上聊天。

2016 年 8 月 13 日中午，小蝶放暑假在家，那个名叫贾浩的男孩以要为小蝶庆祝生日为由，约她见面。已经自觉离不开贾浩的小蝶瞒着父母和朋友收拾行李连夜从浙江赶往福建。

见面后，贾浩以生日蛋糕放在某宾馆为由，把小蝶带到一个宾馆房间内，并趁小蝶去洗手间的时候，将她手提包内的现金和手机拿走，逃之夭夭。

可怜的小蝶从卫生间出来不见贯浩的踪影，以为他出去买东西了，就一直等待。无奈等了两个多小时还不见贯浩踪影，这才觉得不对劲，赶紧打开自己的包查看，发现现金和手机统统不见了，她一下瘫坐在地上，不知如何是好。

以此案例为鉴，使用QQ、微信这些社交工具进行交流的时千万要保持警惕，不要添加陌生人为QQ好友或者微信好友，以免给自己带来意想不到的人身伤害。

女孩自身要明白，大千世界鱼龙混杂，凡事一定要三思而后行。世界上没有免费的午餐，不可相信他人的承诺和花言巧语，更不能有占便宜的心，如果女孩抱有这样的心去交友，十有八九会被骗。

## 安｜全｜忠｜告

1 陌生人的“好友请求”要一律拒绝

有陌生人向你发出“好友请求”时，千万不要抱有“试试看”的心理。请一律拒绝掉他们的请求，千万不要给对方骚扰你生活、诱骗你出去的机会。

2 遇到索要钱财的信息要打电话向对方核实

如果有一天你在QQ或者微信上收到借钱信息，千万不要未经核实就给对方转钱。现在盗号事件频发，容易被坏人利用。

## 49 远离沉溺于手机的危害

提起手机里的娱乐软件和游戏，很多妈妈都会觉得它们是一种不好的东西，容易让孩子沉溺其中无法自拔。其实，这是对手机软件的一种误解，事实上并非所有的娱乐软件都是垃圾。相反，有些游戏玩起来，不仅不会影响你的正常学习，反而还会拓展你的视野，开发你的思维。只不过，你在玩手机时，一定要适度，不要让它们影响到你的健康和学习。

10 岁的小丽家住湖北大冶，平时爸爸做泥工，经常外出；妈妈则在一家工厂上班，早出晚归，平时都没有时间管她。2014 年的暑假，父母将一个旧手机留在家里给她玩，小丽随手一摆弄，很快就被“保卫萝卜”的游戏吸引住了。

爷爷奶奶很宠她，看她玩得很好，觉得孩子很聪明，便没阻拦她继续玩。有一天，妈妈突然发现小丽经常眯着眼睛看人，就带她到医院检查，结果一查吓了一跳，小丽的视力不到一个月时间竟然从 1.0 下降到了 0.4 和 0.5，验光度数达 200 度了。

“电子产品发出的光线会让眼部肌肉疲劳，影响聚焦能力，会导致视力模糊。最初只是暂时的视觉疲劳，长此以往会变成永久的视力损害。”眼科医生对小丽的妈妈说，孩子眼睛尚未发育完善，因此受到的伤害更大。

案例中的小丽整日沉迷于手机游戏，没有给自己规定一个合适的使用时间，结果不到一个月时间，视力就严重下降，变成了近视眼。手机游戏和网络游戏可以说是一把“双刃剑”，如果玩得比较得当的话，它们会带来很多快乐和惊喜，然而一旦沉迷其中，它们就会变成一个嗜血的怪兽，逐渐吞噬掉健康、意志和幸福。

在这个世界上能让你们开心的事情有很多，比如看书、踏青、打球、跑步，这些事情同样可以让你们感觉放松和快乐。

现实中有些小女孩还沉迷于抖音、快手等短视频软件，在这些小视频的影响下，逐渐养成了化浓妆、唱低俗歌曲，甚至花巨资打赏主播等不良行为习惯。就先来看看下面这个真实案例吧。

章女士的女儿悠悠今年10岁，正上小学三年级。在章女士眼里，悠悠是一个懂事的孩子，学习也比较认真。为了方便孩子上网查询一些资料，以便更好地完成作业，2019年年初，章女士把一部旧手机放在女儿身边，悠悠有时会用手机查询信息，章女士也会通过手机帮孩子购买一些学习用品和书籍。

女儿完成作业后，章女士也会允许孩子玩一会儿手机。但到4月初，章女士发现女儿这段时间作业完成的情况不太好，学习效率也比较低，平时一个小时就能完成的作业，硬要拖到两个小时。于是，她批评了悠悠一通，随后收缴了女儿的手机。可是，就在翻看女儿的手机时，章女士吓了一跳，她发现微信中有大量的银行卡支出记录，支出的金额前后加起来竟有1.2万余元。经过询问，女儿承认自己背着家人，把钱充值在“××小视频”里“刷礼物”了。她经常打赏给自己喜欢的主播，通过交易记录，章女士发现女儿最多一次转出了1598元。章女士打开“××小视频”看到，平台里流通的是一种虚拟货币“钻石”，花钱买的“钻石”可以购买各种“礼物”送给主播。

网络直播成为人们生活的一部分，但毫无社会阅历的孩子们，很容易被哄骗。适度地观看一会娱乐软件，但是千万不要沉迷其中，适合女孩的娱乐方式有很多种，比如游泳、下棋等等，千万不要让自己沉溺于低俗的娱乐之中，被这些低级趣味所左右。

## 安 | 全 | 忠 | 告

1 不要随意模仿视频中的危险动作

有一些短视频社交软件为了吸引眼球，甚至会播出一些危险系数很大的动作，比如攀岩、高空速降等极限运动。保持理智和清醒，千万不要跟风、模仿。

2 观看娱乐视频的时间一定要适当

规定一个合适的观看时间，比如一周观看娱乐视频的时间最好不要超过一个小时，一旦超出时间，就立即提醒自己及时退出。

3 要在光线充足的条件下玩游戏

在玩手机游戏时一定要选择光线充足的地方，必要时还可以打开台灯，千万不要贪图一时安逸而损害自己的身体健康。

4 家长要尽责监管

用更多的时间和耐心陪伴孩子，引导其养成积极的价值观，把更多的精力放在学习上。

## 50 女孩，要远离网络直播

随着网络技术的发展，各种网络直播平台也层出不穷。在“网红”潮流的涌动下，很多人摇身一变，开始玩起了网络直播，这其中不乏一些小孩子。这些孩子在网络直播中展示自己的才艺、生活和隐私，虽说在一定程度上锻炼了自己的表达能力或展示了自己的才艺，但却牺牲了他们原本纯真的天性和更有意义的生活。

现在的网络直播市场还不太规范，一些直播平台或者直播内容容易带来负面影响，尤其是对涉世未深的孩子而言更是如此。

2020 年的一天，李女士自己 12 岁的女儿平平经常念念有词，有时还会手舞足蹈。刚开始，李女士以为女儿是跟着电视里的歌舞节目学的，仔细听后，李女士才发现女儿在唱低俗歌曲。

李女士的女儿最近不仅迷上了唱一些低俗歌曲，还学会了在直播平台上录视频上传，跟粉丝互动。这也正是李女士担心的。平平原本学习非常认真，可是自从迷上了网络直播之后，心思好像全部放在了直播上了。平平的作业写的不认真，字写得歪歪扭扭，有几个题目还答非所问，一看就是心不在焉应付写完的，学习成绩一落千丈，除此之外，平平的穿衣打扮更加成熟了。平平偶尔兴奋的时候还会在家里大喊“好高兴呀，我今天的粉丝又涨了不少”“哇，很多人给我留言了。”而当李女士试图提醒她“加这么多粉丝没有用时”,平平顿时就很不开心,还耍起了脾气,认为妈妈不能理解自己的想法。

平平自从迷上网络直播之后，便不再把心思放在学习上面了。妈妈一跟她沟通交流，她就抱怨妈妈不理解自己想成名的想法。细想之下，这是一件多么可怕的事情啊，原本正该在校园里认真学习的小女孩，却幻想有一天通过网络直播成为所谓的“明星”，这样发展下去，后果不堪设想？女孩，请远离网络直播，做一个简单、快乐、单纯的女孩，千万不要像案例中的平平那样，做不切实际的明星梦。

年轻一代的网络应用能力超强，但是认知能力也有限，对是非的判断能力不足。网络应用要谨慎，特别是直播，切记要让网络成为你成长道路上的好帮手，而不是绊脚石。

小慧 13 岁，是上海的一名初中生，一天她无意中进入了一个直播平台，看到一些人都在直播自己的兴趣、爱好、生活，收到很多粉丝的关注，她也有点心动了，小慧的妈妈对网络不太熟悉，很多时候都是小慧帮忙操作，比如注册、支付、转账等，所以当小慧看到直播的内容时就用了妈妈的信息注册了。

小慧不擅长交友，经常独自一人在家画画、做手工等。现在有了直播账户，小慧直播自己的爱好，没想到深受人们的喜爱，不知不觉就积攒了 2000 粉丝，这让小慧非常有成就感。而相应地小慧也有了自己关注的对象，也喜欢打赏自己关注的人。

打赏需要金钱，刚开始，小慧用自己的零花钱和压岁钱支出，慢慢地这些已经不够用了。小慧开始偷偷地用妈妈的账户转款，一开始，妈妈不知道，小慧的胆子也越来越大。后来，当妈妈发现的时候，小慧已经从妈妈的账户支出 5 万元！

小慧一步步陷入了直播的陷阱，一开始肯定是抱着简单的想法——分享自己的生活、学习、爱好，多交一些朋友。很多事情不是沿着我们预期走的，各种外力会推动着你身不由己。

随着网络直播的行业越来越红火，如果你的自控力很薄弱，你还是尽量别去触碰网络直播。不过做到这一点还真是不容易，因为你们这一代人不再仅仅是网络信息的被动使用者和接受者，也正逐渐成为参与者和创造者。女孩，希望你有朝一日在接触网络直播时，能够保持一颗清醒的头脑。

## 安｜全｜忠｜告

**1** 直播一些积极健康的内容，保护个人隐私

你可以把自己每天学习到的新知识直播到网络平台上，让更多的孩子从中受益。不可为了圈粉而走偏。直播时一定要保护好自己的隐私。

**2** 不做不切实际的“网红梦”

如今的网络直播鱼龙混杂，这就需要你去明辨是非，不做无谓的攀比和竞争。

**3** 玩直播要有节制

直播时，有一些基本的底线无论如何都不能触碰，比如不能浓妆艳抹、搔首弄姿，也不能为了吸引眼球而不惜出卖自己的隐私和肉体。

## 51 接到“熟人”借钱、邀约等信息，一定要核实

自从有了微信或QQ这些社交软件之后，大家互相拨打电话的时间，或者面对面约会聊天的时间都少了很多，万一有事，拿起手机，通过微信发几条文字信息或者语音信息即可。这样的沟通方式的确方便又省事，然而，它在给我们提供便捷沟通的同时，也存在着很大的安全隐患。比如，你的微信接收到了一条文字信息，此时的你并不能确定在微信那端发来信息的人，究竟是不是你的朋友或同学本人。在这种情况下，信息的真实性就成了一个问题。

佳佳是某外国语学校初中二年级的学生，她有一个表哥名叫小枫，他俩从小一起长大，小枫比佳佳大两岁，前年去了美国读书。

有一天，“表哥”突然给佳佳传来QQ信息，说急需5 000美元，自己在美国遇到了一些麻烦事情，因赌博欠债要还，佳佳一听急坏了，远在美国的哥哥出了大麻烦，自己说什么也要帮啊！

5 000美元对于佳佳来说显然不是小数目，她把自己的压岁钱都取了出来，就在她想给表哥汇过去的时候，突然觉得有点异样。因为表哥一向行为端正，成绩也很好，怎么突然就赌博了？再说，前几天他俩还视频聊天来着，没看出表哥有什么异样啊！

为了以防万一，佳佳决定和小枫视频连线。视频接通了，佳佳看到

了小枫，但是画面是静止的，也没有任何声音。“表哥”说，这边网络有故障，还说让她相信自己，他打工挣到钱很快就会还给她。然后，“表哥”给了她一个新的账号名和一个陌生的名字，说这是自己舍友的，自己的账号在那些赌徒的控制中，自己取不到钱。

佳佳相信了，很着急地说：“表哥，我不是不相信你啊，只是现在骗子太多了，我必须看到你的人才放心，你等着，我这就给你汇。”佳佳立即把钱汇了过去，可是表哥那边也没有消息，佳佳一连几天想找他，问问他的麻烦是不是解决了，但是都没有回音。

佳佳主动联系了小枫的妈妈，也是佳佳的姑姑，姑姑疑惑不解，今天早晨小枫还打来电话，他们全班去了另一座城市参加表演，根本就没在学校，怎么还会跟佳佳借钱呢？佳佳也疑惑极了，她们赶忙给小枫打电话，这才知道，佳佳是被骗了。

小枫由于忙于表演，好多天都没有上QQ，听她们一说赶紧登录QQ，才发现自己的QQ被盗了。而盗QQ的人，很可能就是小枫的QQ好友，那张静止的小枫的图片，可能就是他们视频的时候被截取的。

知道真相的佳佳一下子哭出来，自己攒的压岁钱被骗走了，心里真的太难受了，她抹了抹眼泪，拿起电话报了警……

这个案例提醒你，下次遇到所谓的“熟人”找你借钱、邀你约会的情况时，你一定要核实对方的真实身份，千万不要随意答应对方的请求，以免上当受骗。

“熟人”有的时候并不是那么可靠的，这样的“熟人”有可能是盗取别人账号的坏人，也有可能是混迹在网络世界的小混混。你千万不要觉得自己和对方聊了几天，就算是可以交心的朋友了。如果你轻而易举地相信了对方，就很有可能搭上自己的财物，甚至是人身安全。

## 安全忠告

1 有人“借钱”，一定要亲自打电话核实

收到了对方发来的借钱信息，一定要亲自打电话向对方核实，以防对方的微信或 QQ 账号被陌生人盗取。引发不必要的经济纠纷。

2 面对网络中熟人邀约也要慎重

无论你们在网络上的关系有多好，贸然赴约都是危险的，遇到这种情况，一定要拒绝，不要犹豫。

3 出现问题及时报警。

当女孩不幸被骗的时候，无论我们的损失是大是小，一定不要隐瞒，要及时报警。

# 9

# 生命如此美妙，保护自己最重要

家人的保护，朋友的帮助，法律的惩罚等都不能更有效的保护你，那么能保护你的有力武器是什么呢？那就是你自己！你的自尊自爱、你的内心强大、你的聪慧勇敢，可以帮助你远离危险。

## 52 自尊自爱是保护自己最有效的前提

一个自尊自爱的女孩，浑身都散发着自信的光芒，无论在成长的过程中遇到怎样的嘲讽和奚落，都能够淡然一笑，不被流言蜚语所困扰；一个自尊自爱的女孩，不会被别人的金钱、物质所引诱，糊里糊涂地出卖自己的身体；一个自尊自爱的女孩，不会盲目攀比，也不爱慕虚荣，她更在意自己过的每一天是否有价值、有意义；一个自尊自爱的女孩，在跟异性交往时，永远能保持一个恰当的分寸，不会让别人误解自己，也不会让自己陷入流言蜚语的狼狈之中。

女孩，你一天天长大，除了身体的成长，你的心理也开始成熟，开始关注与异性的关系。你已经步入人生中的重要阶段——青春期。这个时期中要如何才能保护好自己呢？最重要的就是自尊自爱。

小莉是南昌市某小学六年级的学生，罗某今年21岁，在江西的亲戚家里认识了小莉，由于罗某曾到漳州一些娱乐场所打过工，他萌生了要带小莉到福州的娱乐场所陪酒的念头。2018年8月16日，罗某以“外面的沿海城市很舒服、很好玩”“不用辛苦上班也可以赚到很多钱”为诱饵，将小莉从江西某地骗至漳州市区。那天晚上，罗某将小莉带至某KTV内，让其进行有偿陪侍，主要是在包厢内陪男性客人唱歌、跳舞、喝酒。小莉感觉自己被骗了，偷偷地给自己的家人打了个电话，家人赶紧报警，警方把小莉解救出来了。

如果案例中的小丽能够自尊自爱，面对外面的世界不抱有幻想的话，她就不会被罗某骗去KTV陪男性客人唱歌、跳舞、喝酒。

女孩应该能够理解“自尊自爱才是保护自己最有力的武器”这句话了吧！如果自己做到了自尊自爱，那么那些想要欺骗、诱惑你的坏人，根本没有机会接近你，更别谈伤害了。

2016年8月的一天，初中女孩乐乐在晚上8点多去找好朋友宁宁玩。走到半路时突然有一个声音在喊她，“乐乐？太巧了，你要去哪里呀！”乐乐惊奇的发现原来是自己的小学同学建建，人群中还有4个男孩也是自己的小学同学，另外4名男孩则是建建新结识的朋友。

老同学相见，大家寒暄起来，聊了一会，建建提议去海边散散步。乐乐觉得一个女孩跟他们玩也不合适，还是晚上，于是有点犹豫。建建笑着说：“没有啥，那是封建思想了，都是朋友，有啥不合适的，走吧。”乐乐没经住大家的劝说，于是就一起来到了海边。

乐乐在小学就暗恋建建，她心里也是开心极了。与建建聊个没完，不知不觉一个小时快过去了，4个新认识的男孩突然嘀嘀咕咕起来，乐乐正说要回家了，那4个男孩把她拖到了路边的树丛里，摁倒在地上，建建也是很震惊，在弄清楚这几个朋友正要图谋不轨后，却没有采取有效措施，而是劝说了几句。见他们不肯放过乐乐，于是就只顾自己玩手机了。就这样一个花季少女在海边被一群男孩侵犯了。

这个案例让人痛心，乐乐一开始也是有顾虑的，但当被心仪的男孩劝说时，她却没有坚持自己的原则，放弃了自己的主张，失去了自我保护的意识，乐乐承担的结果也是很惨的。

## 安|全|忠|告

一个自尊自爱的女孩，懂得尊重自己，同样也懂得尊重别人。一个自尊自爱的女孩，在学校懂得尊重每一位同学，不会因为别人的缺点而嘲笑对方，也不会在背后诋毁任何一个同学，这样的女孩，谁不喜欢呢？

女孩，你应该懂得只有你真正做到了自尊自爱，才能更好地保护好自己。

## 53 世界很残酷，女孩内心要强大

女孩，除了自尊自爱之外，你还要内心强大。因为一个内心强大的女孩在面对困难时不会一蹶不振，而是会想办法让自己尽快地走出困境；一个内心强大的女孩，在面对外界的流言蜚语时，不会痛不欲生，彷徨失落，而是会重整心情，笑着面对每一个在背后嘲笑她的人；一个内心强大的女孩，绝对不会因为一时的痛苦和失败就轻易结束自己宝贵的生命。当你拥有了一颗强大的内心之后，遇到任何事情时才不会害怕、担忧、慌乱。内心的强大、沉着、冷静是你保护自己最有力的武器。

一天傍晚，小艾正独自在村子里的广场上玩耍，眼看天要黑了，她正准备回家，突然一辆白色的面包车急速开到了她的身边，两名男子将她套在一个大麻袋里拉到了车上。

极度恐惧的小艾一上车后才反应过来自己是被人绑架了，小艾突然想起了老师曾经讲过，遇到危险时要冷静，不能激怒匪徒。于是，小艾装作被吓到了的样子。

车子大约开了 2 个小时后，车子停下了，小艾被绑匪带到了一间房子里。小艾假装被吓坏了，表现得非常胆小懦弱，任由绑匪摆布。绑匪们对她也没那么凶了。

小艾安静地坐了一会儿，开始寻找机会逃走。眼看绑匪们没有出门的意思，小艾假装害怕的样子，轻声对绑匪说："叔叔，我，我想去厕所。"绑匪瞪了小艾一眼，小艾赶紧解释道："我实在是忍不住了。"绑匪想了想走过来给她松了绑，带她去了屋后面的厕所。小艾进去一看，发现厕所是没有屋顶的开放式的，便使出吃奶的劲儿翻过厕所的墙逃了出来。

小艾小心翼翼地顺着马路跑，想办法报了警，在交警的帮助下，小艾终于安全地回到了家中。

面对突如其来的灾难和凶恶的绑匪，12 岁的小艾之所以能够自救，正是凭借着自己强大的内心，保持了冷静和沉着。在被陌生人强行带走后，小艾并没有一味地哭闹，而是审时度势地选择了静默，避免了再次受到伤害。

拥有一颗强大的内心，可以帮助你在面对危险时尽快冷静下来，保持清醒的头脑，迅速对当前的形势做出判断，并采取相应的对策。

现代社会，每个人都承受着一定的压力，一些幼小的孩子，因为没有一颗强大的内心，很容易被眼前的困难击倒，更有甚者最终选择了轻生。下面这个案例中的小女孩仅仅因为被老师怀疑偷了钱，就选择跳楼自杀以证清白。女孩，每个父母都不希望这样的事情发生在自己的孩子身上。

一天下午，某小学音乐老师朱某在五年级教室上音乐课期间，安排学生小红到其办公室拿歌谱。放学后，朱某回到办公室发现其在办公桌左边抽屉里存放的现金少了 800 元，他怀疑是学生小红偷拿的。于是朱某自行将小红关在办公室进行询问，并打电话向派出所报了警。就在朱某叫来小红家长准备一起调查情况时，小红却突然从教学楼上跳了下去，导致全身脊椎、盆骨、双腿腿骨和踝骨骨折，她昏迷多时，虽然抢救回了生命，但医生说以后还可能会留下后遗症。事后，警方经过调查，排除了小红偷窃钱物的嫌疑，朱某最后也在抽屉里找到了另外存放的800块钱。

被人诬陷偷钱，对一个小学女生而言，的确是一件比较难堪的事情。但是无论事情有多么严重，都没有自己的生命重要，因此没必要为了一件还没弄清楚的事情就草草结束自己的生命。

女孩，父母不可能寸步不离，永远守护在你的身边。所以，构筑并拥有强大的内心是能够使你尽快摆脱不幸，实现自救的秘密武器。

## 安｜全｜忠｜告

1. 遇到危险时，迅速找到电话报警并联系家人

   如果你侥幸逃离了犯罪分子的监控，一定要迅速找到电话报警并告知家人。

2. 学会坦然地面对不公与失败

   人生在世，难免会遇到一些不公与失败，面对不公和失败时，你要学着坦然接受，不要因为一时被误解而结束生命。

3. 要学会好好地爱自己

   如果你在生活中遇到了难以承受的压力，你依然要以自己的生命和健康为重，以饱满的精神去应对困难。

## 54 学点自我防卫技巧，让美丽不受伤害

女孩在这个社会是弱势的，而未成年的女孩防范能力就更差了。因此，要想更好地保护自己，女孩首先要具备强烈的自我防范意识，其次要努力提高其他方面的防范能力。

什么时候会遇到危险没有人知道，会遇到什么样的危险也没有人知道，危险的发生通常都是突然的，所以，要想提升自我保护的能力就有必要提升自己应对突发事件灵活自救的能力。

果果上5年级，父母由于工作繁忙，常常下班很晚，果果每天放学后都是自己回家。

一天，她像往常一样乘电梯到了自己家所在的楼层，出了电梯往家门口走的时候，果果突然感觉自己身后似乎跟着什么人，她警惕地回过头，发现是一个穿着黑色上衣的陌生男子边走边东张西望。果果心想：这个人之前没见过，应该不是什么好人，父母又不在家，我可不能冒险回家。

于是，机警的果果没有往自己家里走，而是敲开了邻居阿姨家的门。后来，那个陌生男子急忙逃走了。

果果的机智应变、灵活自救值得我们学习。在面对潜在危险时，没

有冒险独自回家，而是转而求助于邻居。

生活中让你防不胜防的危险还有许多，有的时候处理稍不得当，就会让你付出惨痛的代价。女孩在很多时候，唯有提升自我保护的能力才是最根本的。

2018年9月，陕西乾县一名12岁的小女孩铭铭突然失踪了，她平时非常乖巧懂事。

失踪十几天之后，铭铭的尸体被人找到——她已经被人杀害了，杀害她的犯罪嫌疑人不是别人，而是她的继父王某。据了解，铭铭生前曾多次遭到继父王某的性侵，可是她碍于情面，始终没有将此事告知自己的亲生父母。

后来，随着年龄的增长，铭铭知道了继父的行为已经构成了犯罪。案发前，王某将铭铭带到村子里的一所废弃的房子里，再次想性侵铭铭。这时的铭铭已经12岁了，她拼尽全力反抗王某，并且表示如果王某再伤害她，她就去报警。

王某当时被吓到了，以为铭铭真的会报警，担心自己做的丑事会败露，于是产生了杀人灭口的念头，将铭铭打晕后扔进了旁边的一口枯井里，并用黄土掩埋了。

案例中的铭铭，如果在遭到继父的第一次性侵时能够及时将这件事情告知自己的亲生父母的话，她也不会接二连三地遭到继父的侵害，更不会被继父残忍地夺去生命。如果铭铭能多了解一些自我保护的知识和技巧，能早一点儿知道继父对自己的行为意味着什么的话，她也许会早点儿反抗，不会给继父可乘之机。

女孩，爸爸妈妈不可能永远在你的身边，也不可能为你遮挡所有的风雨，你必须要通过不断学习来提升自我保护的能力，这样才能保护自己一生的平安。

## 安 | 全 | 忠 | 告

**1 时刻保持警惕，远离不安全因素**

不听信陌生人的话，不随便跟着陌生人走，随时留意周围环境中的不安全因素，保持强烈的自我保护意识。

**2 面对任何异性的骚扰，都要及时说不**

面对异性的骚扰，你都应该及时地大声制止，让对方看到你的勇气和态度，这样他反而会有所顾忌，及时收手。

**3 如果有人侵害你，一定要及时报警**

遇到侵害你的坏人，千万不要因为羞愧而选择默默忍受，这样做只会让对方继续无所顾忌地侵害你。

**4 不管发生什么事情都可以告诉父母**

在你成长的过程中，父母永远都是你最为可靠的“保险箱”。无论遇到什么困惑和秘密，都可以毫无保留地告诉父母。

## 55 拿起法律武器，女孩要学会自我保护

当你的人身安全受到威胁时，除了进行必要的自我防卫以外，还必须懂得找准时机，呼叫外援，也就是及时报警，拨打 110 等报警电话。

2019 年 3 月的一天晚上，16 岁的小莉正在家里看电视，突然电话响了，是好朋友莎莎打来约小莉吃夜宵，小莉已经吃过饭了，莎莎说:“我在 ××× 烧烤店门口等你”就挂断了电话。小莉只好赴约。

小莉到了夜市门口发现除了莎莎，还有另外两名男子。他们是莎莎新认识的网友，分别是李哥和强哥。4 人吃饱喝足后，强哥送莎莎回家，李哥也自告奋勇地要送小莉回家。小莉推辞不过就一起往车站走去。夜晚的路上非常寂静，李哥突然掐住小莉的脖子。把她拖到了路边的巷子中。一时间，小莉脑子里乱哄哄的，吓得手脚发软，她求饶道：“李哥，求求你，放了我吧。我还是个学生。”李哥呵斥道：“闭嘴！跟我去河边的小树林，否则就掐死你。”小莉跟随着李哥跌跌撞撞地往小河边走去，一边走一边强迫自己镇定下来，她想起自己为了以防万一，曾经把报警电话 110 设置成一键报警。于是，她悄悄地把手伸到了口袋里，摸到手机拔出了 1 键。

隐隐约约听到接线员的声音时，小莉开始假装跟李哥聊天：“李哥，你轻点掐我的脖子，我听你的话，跟你走！我们从 ××× 夜市到小河

边的树林还要好远的距离呢，万一被人看到就不好了，那个小树林太不方便了，要不我们去宾馆开房吧，我知道这附近有家 ×× 宾馆。”李哥说：“还很老练，真看不出来，行，那就去宾馆。你说吧，怎么走。”

这一系列的对话都被 110 接线员听了个一清二楚。根据对话，民警判断出女孩遭到了劫持，并且是在 ××× 夜市附近，正准备前往 ×× 宾馆。于是，辖区内 110 立刻出警，根据电话中提供的线索兵分几路展开排查。

×× 宾馆里，正当小莉被李哥扑倒在床时，警方破门而入，迅速控制了李哥。看到及时赶到的民警，小莉再也忍不住大哭起来。

谁看到这个案子都会惊心动魄。好在机智的小莉及时拨打了 110 报警电话，并且在被人挟持的情况下，还能冷静、清楚地说明了事发地点、当前的事态等信息，从而使得 110 民警及时找到自己，使自己获救。

女孩，在遇到危险的时刻，报警电话就是你的一线生机，一定要掌握一些必要的报警电话和报警知识，在关键时刻懂得利用它们，保护自己。

## 安 | 全 | 忠 | 告

**1** 110、120、119 如何拨打

拨打报警电话也是个技术活，虽然说到 110、120、119 等号码，每个人都烂熟于心。但是,究竟该如何拨打这些电话？ 110 是治安刑事案件，120 是医疗急救电话，119 是火灾。

**2** 在拨打时切记保持冷静，说话清晰

122 交通事故报警电话；999 红十字会紧急救援电话。

当遇到困难需要帮助，但是又不适合报警时，可以拨打这些电话。

3 12110 短信报警；12395 是水上搜救电话

12110 短信报警：当电话报警不方便时，可以把案情简短描述后，并附上地址发送短信报警。12395 是水上搜救电话：当乘坐轮船或者在海水里游玩发生事故时，拨打此电话会有专业海警实施救援。

## 56 即使是爸妈也应当保持对你的尊重

父母平时最爱说的一句话就是："女孩子，一定要自尊自爱。"你肯定听的都不耐烦了，不但你要尊重自己，就算是父母也要尊重你。

因为孩子从来就不是父母的私有财产，他们自出生开始，就拥有独立的人格和尊严。就算是最亲密的父母也要尊重你，这是你的权利。

宁宁 10 岁了，她眼睛近视了，她的妈妈对这个问题很是头疼。2018 年 3 月的一天，妈妈在刷朋友圈的时候突然发现女儿同学燕子的妈妈在出售治疗近视眼的针灸贴。妈妈很想给宁宁试试这个方法，于是就购买了针灸贴。

几天后，商品到了，妈妈很开心，一吃完饭就招呼宁宁："宝贝，快来啊，妈妈买了治疗你的近视眼的针灸贴。据说非常有效果，我们来试试吧。"宁宁一听对近视眼有效果也很高兴，非常配合地就让妈妈贴在了脸上。

妈妈总担心给贴错了位置，就照了张照片发给了燕子的妈妈，临睡觉前，宁宁习惯性地找了妈妈的手机看天气预报，却意外地看到同学燕子的妈妈给妈妈回复了一条微信。宁宁随手点开却发现妈妈居然把自己贴着针灸贴的"丑照"发给了对方，这下宁宁可生气了，她冲到妈妈跟前说："你怎么能把我这么丑的照片发给别人呢？你怎么能这么不尊重我呢？万一燕子看到了嘲笑我怎么办？要是全班同学都看到了我该怎么办啊！这是我的照片，你这是侵犯了我的肖像权、隐私权！你不尊重我！”妈妈也觉得我这都是为你好呀，你还责怪我。被宁宁惹恼的妈妈忍不住动手打了她。

读了这个案例，你一定是支持宁宁的，是的，即便是父母也要保持对孩子的尊重。宁宁妈妈的出发点是好的，想让别人看看自己贴的穴位对不对，她的关注点在针灸贴上。然而，她却忽略了自己所发的是女儿的照片，是应该提前征得女儿同意的。

每个人都是一个独立的个体，都有自己的思想、自己的权利。每个人无论年龄大小都是平等的，都有自己的人格，作为父母要懂得尊重孩子，维护孩子的自尊。只有这样孩子最终才能成长为一个有着健康人格、懂得自尊自爱的人。

## 安 | 全 | 忠 | 告

1. 你的日记，父母没权利偷看

   日记属于每个人的隐私，他们记录了你们在成长过程中遇到的快乐和烦恼，完全属于你们的私人秘密，即使是父母也不能看。

2. 父母做错了事情，你有提出意见的权利

   父母也不是圣人，他们也有犯错的时候，你是家庭里的一员，完全有表达意见的自由和权利。

3. 父母当众羞辱你，你完全可以抗议

   孩子错了，父母有批评教育的权利，但却应当尊重孩子的人格的前提下进行。在教育的过程中不能简单粗暴，极大地伤害了孩子的自尊心。

## 57 平时注重安全演练，关键时刻能自救

女孩安全的案例这本书里已经讲了很多了，如校园霸凌、坐黑车失联、电信诈骗、送陌生人回家、被陌生人搭讪等，分析了在不同的情况下怎样去做，怎样去脱险。但是，并没有真正地身临其境，当事情突然发生时，你是否能够冷静、正确地应对？是否能够做到头脑清醒，临危不乱呢？可以在学校演练时积极参与，也可以在周末时，找上几个小伙伴一起来进行一次安全演练吧！

这种安全演练就像学校常常组织的消防演习、地震演习一样，意义非常大。

孩子肯定都知道2008年汶川大地震，当时安县桑枣中学的2200多名学生和上百名老师仅仅用了1分36秒就从不同的教学楼和不同的教室中成功疏散到操场上，并以班级为单位站好，创造了师生无一伤亡的奇迹。这得益于学校领导平时的安全演练。

这种安全演练就像你们在期末考试前要进行模拟考试，如果你想提升自己的自我保护能力和安全意识，安全演练也是一个不可忽视的环节。

我们都知道《乌鸦喝水》这个寓言故事，口渴的乌鸦想要喝瓶子里的水，可是瓶子里的水不够高，于是它就想了一个聪明的办法，用嘴巴

叼来一颗颗的小石子扔进瓶子里，结果瓶子里的水慢慢涨了上来，口渴的乌鸦终于喝到了水。乌鸦遇到困难发挥自己的聪明才智，终于解决了困难。

女孩，爸爸妈妈不可能时时刻刻都陪伴在你身边保护你，很多时候，需要你自己来化解危险，摆脱困境。

女孩，在平时的生活中，你需要多留意一些科学的救援方法，以便你在遇到危险时，能找到最快捷有效的解决办法。要知道，这些平时积攒下来的救援小常识，在关键时候能救你的命！

怎样才能安全有效地演练：

**1. 布置的场景要真实**

演练的真实性决定了演练的成功与否，因此，进行安全演练时，最好选取与真实案例相同或相似的场景，这样的演练更有针对性和实用性。

**2. 考验演练时的灵活应变能力**

进行安全演练的目的就是，通过应对不同的情景来提升你的临场应变能力，所以千万不要事先设定好剧情，串好台词，那就毫无意义了。

**3. 经常演练，加强防范**

学校组织安全演练要积极参与。熟能生巧，不断强化自己对安全的意识，当演练变成了习惯，一旦遭遇危险，就能自如地应对。

**4. 总结经验教训，认真对待**

安全演练务必要摆正态度，认真对待。切不可嘻嘻哈哈、敷衍了事，那样的演练纯粹是浪费时间。

在你成长过程中，安全问题是一个绕不开的话题，勇敢地去面对它、正视它，才能解决它。衷心地祝愿女孩能够拥有安全祥和的一生！

## 安|全|忠|告

1 被劫持后尽可能地拖延时间，为获救争取时间

女孩，在遇到危险时，找合适的话题和对方聊天、交流，然后趁对方放下戒心的时候，寻找机会求救或逃跑。

2 遇到突发情况，不断尝试各种办法脱险

女孩，外出遇到突发情况时，不要惊慌失措，而应该强迫自己冷静下来，多想想以前学习过的求生知识。千万别放弃自救的想法。

3 平时多学习一些急救小常识

你在平时的生活中应该多学习一些急救的小常识，比如火灾逃生技巧，落水后的注意事项，手指割破了应该怎么办，等等。

## 58 任何秘密都可以跟妈妈分享

随着女孩的一天天长大，心里的小秘密也越来越多，比如跟×××成为好朋友，跟×××有冲突了，被老师批评了，等等，但是有些秘密你可千万不能隐藏在心底。一定要告诉爸爸或妈妈。

其实，爸爸妈妈并不是想窥探你的生活隐私，他们只是担心，你这个年龄段的孩子，遇到问题时还缺乏必要的判断能力和应对能力，不能正确地解决生活和学习上遇到的各种问题。如果把一些事情埋在心里会对你的身心造成伤害。

广东一个11岁的小学生小晴上体育课时突然晕倒了，妈妈赶到学校后，小晴才告诉妈妈，自己晕倒是因为穿了束胸衣。妈妈听到这话，非常纳闷。

原来，小晴的身体最近发生了变化，胸部渐渐鼓起，而她没有告诉家人。更令她气愤的是在一次上体育课时，她的“小秘密”被班上几个调皮的男孩发现后，他们竟然取笑她！这让小晴很难为情，她回到家躲在房间哭了好几次，然后突然想到古装电视剧里“女扮男装”的桥段，这些女孩都是扎起头发、用厚厚的束胸衣裹住胸部，这样其他人就看不出来了。于是小晴独自去超市买了束胸衣，费力地套上去后，她连气都喘不上来了。不过这样，她的胸部总算是变平了。可是，体育课上的运动量大，再加上闷热的天气，让小晴不能呼吸，眼前一黑就晕倒了。

小晴在发现自己的身体变化之后，并不清楚这是怎么一回事，她把这个“小秘密”一直埋在心里，并且自作主张买了束胸衣来掩盖这个“小秘密”，结果在体育课上因为呼吸不畅晕倒了。

2016 年 4 月，对于小花和她的家庭来说简直是晴天霹雳——小花的父母得知她们 10 岁的女儿居然被邻居性侵了 3 年之久，而在此之前他们一无所知。

小花一家是去广东开超市的，而隔壁就是小亮家，小亮与小花年龄相仿，于是他们经常一起玩，有一天，小花去找小亮玩，偏巧小亮跟着妈妈出去办事了，家里的小亮的父亲热情地让小花进屋看电视，更可气的是小亮的父亲离小花特别的近，还把手搭在了小花的肩上，这让小花很不舒服，小花尽力地躲开他的手，然而看到小花并没有叫喊，小亮的爸爸更加的肆无忌惮，就这样小花被侵犯了。

事后，小亮的爸爸威胁小花说：“这是我们的秘密，任何人都不能告诉她们，否则你会怀上孩子，”幼稚的小花居然相信了，她不想怀上孩子，于是她不敢告诉父母，更不敢去小亮家了。

可是小亮的爸爸还是会想办法接近小花，并且威胁她，每个周末都要去他家里，否则就会打她，3 年的时间里小花被无数次的侵犯，直到有一天妈妈给小花洗内裤才发现内裤上有些颜色不对的污渍，于是带女儿去医院检查，这样才发现了隐藏了很久的“秘密”，这个秘密对小花的伤害已无法弥补，现在的小花几近崩溃。

这个例子告诉我们，发生了这样的事情一定要第一时间告诉妈妈，如果小花能第一时间告诉妈妈，那么随后的 3 年时间里这样的恶性时间就不会发生，而小花也会被保护起来。

女孩，在任何情况下，只要有异性做出了让你不舒服的举动，或者奇怪的行径，都要第一时间告诉妈妈，而不要将其深埋在心底，成为日夜摧残你身心的“秘密”。

女孩，不管遇到什么样的麻烦事，尽管告诉你的爸妈吧，只有他们才能保护你。

## 安 | 全 | 忠 | 告

1 如果身体出现了变化，一定要告诉妈妈

女孩，随着年龄的增长，比如胸部突起了，或者来月经了，这些变化只是正常的生理现象。你不妨把这些“小秘密”告诉妈妈。

2 学习上遇到困难和压力也可以告诉妈妈

女孩，如果你在学习上遇到了一些压力，完全可以把心中的烦恼毫无保留地告诉妈妈，妈妈会想办法跟你一起分担这些压力。

3 如果有喜欢的男生不妨也告诉妈妈

女孩，如果有一天你发现自己喜欢上了某个男同学，千万不要把这个“秘密”藏在心里，这样只会让你更加受煎熬。

4 一旦遭遇伤害，一定要第一时间告诉妈妈

万一与异性发生了什么，哪怕一个细微的动作令你不舒服，你都要告诉妈妈。

BRINGING UP GIRLS

| 养 | 育 | 女 | 孩 |

# 青春期女孩成长手册

杨光 —— 编著

民主与建设出版社
·北京·

图书在版编目（C I P）数据

养育女孩 . 4, 青春期女孩成长手册 / 杨光编著 . --
北京 : 民主与建设出版社 , 2021.4

ISBN 978-7-5139-3445-9

Ⅰ . ①养… Ⅱ . ①杨… Ⅲ . ①女性－家庭教育 Ⅳ .
① G78

中国版本图书馆 CIP 数据核字 (2021) 第 053788 号

青春期女孩成长手册

QING CHUN QI NV HAI CHENG ZHANG SHOU CE

编　　著　杨光
责任编辑　刘树民
封面设计　旭日传媒
出版发行　民主与建设出版社有限责任公司
电　　话　（010）59417747 59419778
社　　址　北京市海淀区西三环中路 10 号望海楼 E 座 7 层
邮　　编　100142
印　　刷　三河市德利印刷有限公司
版　　次　2021 年 4 月第 1 版
印　　次　2021 年 4 月第 1 次印刷
开　　本　880 毫米 ×1230 毫米　　1/32
印　　张　6
字　　数　134 千字
书　　号　ISBN 978-7-5139-3445-9
定　　价　168.00 元（全 5 册）

# PREFACE
# 前言

步入青春期后，女孩的身体会发生一系列明显的变化：嗓音变得更动听了，皮肤更白嫩了，胸部隆了起来，每个月“月经”都会来拜访……这些生理变化让女孩常常是又惊又喜。惊的是对自己身体感到陌生了，面对新情况不知该如何应对，喜的是“女大十八变”，自己越来越漂亮了。

这还只是女孩青春期的一部分烦恼与快乐。更重要的是，在这期间女孩正处在中学阶段，这是其人生中非常重要的时期。学习的优劣直接决定女孩日后是否能考上理想的大学，影响女孩今后的职业乃至家庭。但是，青春期女孩又是“少女怀春”的时候，面对异性她们有了与以往不同的感觉。既想亲近又有些害怕，既喜欢阳光帅气的男孩又对风趣幽默、睿智儒雅的男老师有着懵懂的好感，这让女孩的心思更为复杂。此外，在日渐开放的社会风气和身边不少早恋的例子影响下，女孩也会生出异样的感觉：爱是什么？能谈恋爱吗？……甚至于有的女孩还出现了单相思、同性恋等的迹象。在这些复杂情感的交织下，女孩应该如何妥善处理他们与学习、生活的关系呢，这都成了女孩心中的烦恼。

青春期的女孩是敏感而又自尊的，这时的她们不愿意再与父母分享自己的小秘密，也不会对“闺密”百分百吐露自己的内心世界。由于女孩的阅历较少，处事经验匮乏，常常出现与父母之间有“代沟”，和同学朋友有些隔阂等情况，这些都需要女孩用心去解决。

这段时期，女孩除了要学习外，还要学会一定的独立生活本领，要先学会欣赏自己，做个自信的人。还有，很多女孩都希望自己能成为一个知性美人，这就要求要善于发现生活中的美，也要学会享受和培养生活中的美。

在我国的文化传统中，对女孩的青春期生理教育比较缺位，对青春期性教育更是遮遮掩掩。家庭中，家长对女孩这方面的关心远低于对其学习的关心，性教育就有些缺位了。但是，女孩自己还是应该从多渠道了解性生理和性心理，以揭开其神秘的面纱，让自己能坦然面对身边的一些“尴尬事儿”。

有鉴于此，我们特为青春期女孩们编写了本书，从生理、心理、交际、亲情、美丽、健康等几大方面入手，给女孩提供了全面而深入的指导，以帮助女孩轻松、快乐度过青春期这一人生关键阶段。

CONTENTS

# 目录

## 3 远离不良心理，做个阳光女孩



## 4 学会自我欣赏，做个独立的女孩



## 5 享受生活，做个知性的女孩

## 8 想有完美身材，就从健康抓起



## 9 女孩健康成长，性教育这一课不能少

# 1 青春期女孩身体的变化

女孩长到十一二岁的时候，身上出现了很多变化。胸部开始“鼓”了，“月经”也开始“光顾”了，身上竟然也开始长出像男孩子一样浓密的汗毛了……女孩有了这些变化，说明长大了，变成成熟美丽的女性。这里就有很多事情需要女孩了解和留意了。

## 1 乳房开始发育

婴幼儿时期的女孩，乳房尚未发育，只是一对小小的乳头罢了，但进入青春期之后，女孩最明显的身体特征就是乳房开始发育，胸部不再是平坦的，渐渐“鼓”了起来。这让很多女孩有些惊慌失措：我的身体到底怎么了?

其实，胸部开始“萌芽”是每个女孩从幼童开始迈向成熟女性的必经之路。在女孩 10 至 12 岁时，乳房就会悄然生长，开始变大，并伴有轻微的生理疼痛。这些都是很正常的现象，女孩不必为此焦躁不安，要以平常心面对自己身体上的变化。

小英今年刚满 11 岁，马上就要小学毕业了。本来该是天真烂漫的年龄，但小英最近却愁眉苦脸的，好像在为什么事情发愁。

原来，小英最近总觉得自己的胸部怪怪的，经常会感觉胀胀的。她以为是被蚊虫叮咬了，想揉一揉，却感觉一碰就有些疼，还摸到了一个硬硬的“小疙瘩”。

小英害怕极了，不知道这是怎么回事。

“难道我生了什么病？”小英担心地想。

一开始小英并没有在意，以为自己可能是最近喝水太少，有点上火了。但两三个月之后，小英发现这些症状不仅没有消失，胸部反而有越来越大的趋势，这让她慌了神，害怕得哭了起来。

“我是不是得了什么绝症啊……”有些话她不好意思和父母说，只好向最好的朋友倾诉。

朋友听后哈哈大笑了起来：“你哭什么，这只是你的乳房开始发育了，我半年前就有你这些症状了，别担心，这代表咱们正在慢慢变成大姑娘。”

听了朋友的话，小英这才放下心来，同时又感到惭愧，看来还是自己的知识面太窄，连女孩子自己的事情都不知道。

乳房是在雌激素、孕酮、甲状腺素、泌乳素（PRL）和生长素（GH）的共同作用下开始发育的，具体发育的时间和女孩的身体状况密切相关。乳房发育之初，乳腺增生，乳核逐渐形成，女孩会感觉自己的胸部像是长了一个硬块，按压的时候会产生轻微的疼痛。随着时间的推移，乳腺管和皮下脂肪越积越多，就会使乳房渐渐“鼓”起来，慢慢向半球形发展。而且，这时候女孩的乳晕和乳头颜色也会慢慢加深，向成熟的女性又迈进了一大步。

如果女孩在 15 至 16 岁乳房还没有发育，就需要警惕起来了。这可能是女孩的身体在向自己发出信号。女孩应去医院进行详细的检查，确认是否是因为性发育迟缓或卵巢发育不良等原因使乳房停止了发育。

思凡现在正在读初中，已经成长为一名“大姑娘”的她最近有些烦心。为什么呢？因为她现在的乳房比同龄的女孩发育得都要快，普通的内衣已经不能“遮挡”它们了。而且每次上体育课或者是走路太快的话，胸部就会晃动起来，很多男孩子都会嘲笑她。

这让思凡既生气又难堪，但又有些无可奈何，只能每天多穿两层内衣，紧紧地“勒”住自己的乳房。冬天的时候还好，穿再多也不会感觉到难受，但一到夏天，思凡就开始苦恼了，穿多了热，穿少了烦，这该怎么办呢？

这一天，思凡放学回家的路上发现路边新开了一家内衣店，她想进去看看有没有适合自己的内衣，就走进了店里。但店员见她进来，竟然把她带到了胸罩区，她吓了一大跳，连忙摆手说：“我只要平常穿的小背心就行，这是大人穿的东西，我不能穿的。”

店员笑着看了她的胸部一眼说：“小姑娘，你已经不小了，也该戴胸罩了。”“可是……”思凡还有些犹豫，害羞地低下了头。

店员亲切地说：“没关系，你不用觉得不好意思，女孩子到了一定年龄穿戴胸罩是很正常的事情，这样对乳房的发育也有好处。我帮你选一件适合你穿戴的，你回家先试一试怎么样？如果感觉不舒服，你可以选择不戴。”

“嗯。”思凡点了点头，忐忑不安地拿着胸罩回了家。

第二天，当她穿着胸罩去上学时，发现自己的乳房并不像以前那样乱“晃”了，班里的男同学也没为此嘲笑过她。她心里开心极了，觉得胸罩真是个好东西。

放学回家的路上，又去了昨天的店里选了两件。

青春期的女孩乳房发育越来越成熟，胸前越来越“鼓”，有不少女孩因此而感到害羞和自卑，不知道如何“遮掩”自己发育中的胸部。

其实，女孩到了青春期，如果乳房上下的距离已经大于 16 厘米了，女孩就可以穿戴适合自己的胸罩了。

在选择胸罩时，女孩子一定要注意，可以向妈妈或者身边有经验的大姐姐咨询这方面的注意事项。一般来说，处于青春期，还在生长中的女孩是不能穿紧身内衣的，这对女孩的乳房发育和身体健康都十分不利。较紧的内衣不仅会压迫心脏和血管，使身体各内脏器官无法正常发育，还会影响呼吸功能，不能使人体保持正常的气体交换。

而且，紧身内衣会压迫乳房，使胸部血液无法通畅地循环流通，很可能会引起乳房不适，造成血淤、乳头内陷、乳房发育不良等后果，对女孩的健美和健康都不利。因此，女孩一定要选择适合自己的内衣，不能为了遮掩胸前的“秘密”而穿戴紧身内衣，从而影响身体的正常发育。

另外，睡觉的时候女孩一定要松开或脱掉胸罩后再睡，这样可以有效避免胸部受到持续的紧压而产生不适感，也有利于身体进行正常的呼吸和血液循环。

## 2 初潮来临

女孩在步入青春期后，会面临很多生理、心理上的变化，初潮便是变化之一。那么，初潮到底是怎么一回事呢?

初潮又叫作初经，指女孩第一次来月经。一般情况下，女孩胸部开始发育两年后就会发生初潮，这是女孩步入青春期的重要标志之一，也是女孩的身体逐渐成熟的主要变化。

在我国，女孩发生初潮一般是在 12 至 16 岁，具体的年龄和女孩的身体状况、饮食习惯以及生活环境、气候密切相关。

月月正在上体育课，马上就该她上场比赛跑步了。她刚要上场，好朋友丽丽却拉住了她，指着她的裤子问："月月，你哪里受伤了？"

"我没受伤啊？"月月扭着脖子往身后看，也吓了一大跳，裤子上红通通的一大片，好像是哪里流血了。

"怎么回事？可我身上一点也不疼啊，就肚子有点胀胀的，不太舒服。"月月连忙拉着丽丽往厕所跑，"你快来帮我看看哪里受伤了。"

丽丽在听到她说肚子胀后，却不好意思地羞红了脸，悄悄问："你是不是'那个'来了？"

"那个？什么东西来了？"月月却没听懂丽丽的话。

丽丽着急地说："就是'那个'啊，月经！"

这时，两个人已经跑到了厕所，月月检查了一下，没发觉自己哪里受伤了，那血是从哪流出来的呢?

突然，她像发现了惊天秘密一样，大喊一声："坏了，我尿血了，丽丽，你说我是不是得了什么绝症？"

丽丽见自己猜测得没错，就连连点头说："对，你是得了绝症！‘笨’得没得治的‘绝症’！"

"不会吧？"月月害怕了。

但丽丽笑得更开心了，她说："傻姑娘，你这是来初潮了，再过不久，你每个月都会有这么几天的。"

初潮，是子宫内膜在受到雌激素刺激后开始发育的主要特征。代表女孩卵巢的功能渐渐开始成熟，卵巢皮质中的滤泡开始发育，卵巢开始分泌雌激素，开始影响子宫内膜。

产生初潮后，很多女孩会发现自己生长迅速，食欲增加，并开始长出阴毛、腋毛，而且乳房、外阴的颜色也会逐渐加深，乳晕的面积也开始逐渐增大。

但是，初潮并不代表女孩规律的月经生活就要到来了。有的时候，女孩在经历初潮后，要几个月，甚至一年之后才会出现第二次月经或出血不断，人们称之为子宫"功能性出血"。这是卵巢功能还没有发育健全所造成的。女孩面对这些情况时，不要惊慌，一般在卵巢功能逐渐成熟后，月经就会正常。但是如果子宫"功能性出血"时出血量过大，女孩就应在父母的陪同下去医院进行诊治，在医生的指导下，可适当补充雌激素，以形成正常月经的周期。

偶尔，也会出现初潮比乳房发育早出现或在乳房开始发育后超过三年仍未出现初潮的情况。在医学上，前者被称为"月经早熟症"，后者被称为“原发性无月经症”。大多数“原发性无月经症”的女性和基因异常有关，导致生殖腺机能较差或生殖器官发育不全。还有一部分“原发性无月经症”者是因处女膜闭合造成的。

虽然有些女孩在十七八岁才发生初潮，但当女孩发现自己迟迟不见初潮时，还是应及时到医院进行检查，排除以上这些症状后，再对症下药。除此以外，当女孩发生初潮后，应该注意哪些事项呢？

首先，应避免剧烈的体育运动。跑步、跳跃等活动都可以引起身体上的不适，会使身体的抵抗力因过度疲劳而下降，很容易诱发感冒等疾病。

其次，女孩要注意保持阴部的干净卫生。女孩应在经期经常清洗阴部，注意阴部的清洁和卫生。因为，女孩在月经期间机体的抵抗力会下降，如果不注意阴部的卫生情况，很容易就会引起细菌感染和发烧，苦不堪言。

再次，要注意多休息，保证充足的睡眠时间。还要注意日常饮食，要保持丰富的营养摄取，让体力逐渐增强，慢慢恢复精力。

最后，也是最重要的一点，在月经期间，女孩要避免接触冷水，也不能用冷水洗头、洗澡，要注意保暖，避免让腹部受凉；也应禁止喝冷饮、吃雪糕，还要注意，在月经期间，女孩绝对不能游泳。

总而言之，初潮的早晚和遗传、身体健康状况、情绪、营养等都有一定的关系，受各方面影响，个体差异可能会很大。女孩不要因初潮过早或过晚而产生不必要的心理负担，也不要因月经不规律而恐慌害怕。要对月经及自己的身体有充分的认识，不要因为身体上的变化而“病”急乱投医，要多向父母及身边的前辈咨询，避免因自己的疏忽和错误影响身体的健康。

## 3 认识月经

月经是女性的正常生理周期现象，大约在每个月固定的日子里会发生子宫出血，因此人们把它叫作“月经”。虽然现在人们的思想越来越开放，但女孩对于月经来潮，还是比较羞涩的。不敢向大人询问太多的相关知识，也不敢私自查阅这类的书籍，怕被朋友、同学们笑话。因此，青春期的女孩，经常会在月经期间，发生一些令人难堪的事情。

小田在经历了初潮后，就向妈妈咨询了一些关于月经的问题，但因为比较害羞，她也不敢问得太详细，只知道月经就是每个月都会流一次血。

“做女人真辛苦。”小田总是这样想。

但是初潮后的第二个月，月经并没有如期而至，这是怎么回事呢？

小田开始着急了，忍不住问了邻居家的大姐姐，才知道初潮后并不一定第二个月就会来月经，经常会晚几个月才来第二次的。

就这样，在忐忑不安的心情下，小田终于在三个月后迎来了第二次月经。此时，她已经了解了很多这方面的知识，也知道卫生巾该如何使用了。

但是意外还是发生了。

上课的时候，老师叫她起来回答问题，她立起来的时候动作过猛过快，马上她就感觉裤子里“汹涌”了起来，一片湿腻腻的感觉。

当时正好是夏天，小田感觉自己的裤子马上湿了一片。

回答完老师的问题后，她赶紧坐了下去，但还是被后面眼尖的同学发现了，一下课，同学就开起了她的玩笑，令她羞愧得无地自容。

那么，月经的周期到底是多久？每次持续多长时间？月经量又是多大？该如何选择卫生用品呢？

一般情况下，月经以28天左右为一个周期，一般是从上一次月经的第一天算起，28天后就是第二次月经期开始的时间。不过，因女孩体质、年龄、气候、地区和生活环境的不同，月经周期也会有所不同，前后相差7天都属于正常的范围。每次月经的持续时间是3至7天，持续时间过长或过短，都是不正常的现象。女孩应及时向父母反映自己的身体情况，及早就医诊断。

正常女性的月经血量是30至50毫升，月经量的多少因人而异，一般少于20毫升为月经过少，多于80毫升为月经过多。不过，青春期的女孩因正在发育期，卵巢功能尚未成熟，很多时候月经是无排卵性的，没有排卵就没有黄体，没有黄体就会缺少孕酮，缺少孕酮就会导致子宫内膜只能处于增殖期而不能达到完善的分泌期，使子宫内膜脱落不完全从而影响子宫的收缩，造成经血过多。偶尔的出血量大是正常的现象，但是，长期经量过多，会导致女孩出现面色苍白、乏力、头晕等贫血症状，这时候就要及时就医了。

那么什么是增殖期呢？这是月经周期中，子宫内膜变化的一个时期。月经周期也是下丘脑—垂体—卵巢轴的周期性功能的一种变化，可使子宫内膜发生三个阶段的变化。这三个阶段分别是月经期、增殖期和分泌期。

月经期就是女孩每次月经的行经时间，为期 3 至 7 天。增殖期也被称为卵泡期，大约 10 天，在这一时期，女性卵泡开始生长，分泌的雌激素也愈来愈多，使血液中雌激素水平逐渐升高，逐渐修复月经期受损的子宫内膜。分泌期也称为黄体期，大约 14 天左右，在这个时期，成熟的卵泡排卵后生成黄体，黄体所分泌的孕激素作用于子宫内膜使已增厚的子宫内膜中血管增生、充血，并使子宫腺体分泌黏液。

每个月，女孩都将经历这些生理上的变化，让女孩的身体逐渐成长，一步步走向成熟。

## 4 荷尔蒙，让女孩变得更有女人味

小蔡从小就很瘦，干巴巴的，总让人怀疑她是不是在家里受到了父母的虐待，以至于营养不良了。小蔡的父母为了能让她长得健康一点，费了不少心思，但效果都不佳。

但是自从小蔡升入初中，慢慢变成大姑娘后，她身边的亲朋好友发现，真的是“女大十八变，越变越好看”。

以前瘦得一阵风都能吹跑的小蔡，脸色不仅渐渐红润了，身上也慢慢开始长肉，变得丰满起来。

后来，父母咨询了医生才知道，这是女性荷尔蒙让小蔡发生了改变，她已经慢慢成长为大姑娘了。

但小蔡却不明白荷尔蒙到底是什么东西，为什么会让她发生这么巨大的变化呢？

女孩在进入青春期后，经常会听到一个和自己很有关系的词语，那就是“激素（旧称‘荷尔蒙’）”。那么，荷尔蒙到底是什么呢？

又对女孩有什么作用呢？荷尔蒙，即hormone，是来源于希腊文的一个词，指的是激素，也是“激活”的意思。是人体内分泌系统所分泌的所有能调节人体生理平衡的物质的总称。大部分荷尔蒙都有恒定人体新陈代谢的作用，还能使各器官协调工作，促进人体的生长发育，调节生殖系统。

荷尔蒙可以影响一个人的生长、发育和情绪等多方面的表现，还能维持体内各器官系统的均衡协作。一旦人体荷尔蒙失衡，身体就会出现各种问题。尤其是对处于青春期的女孩子，荷尔蒙失调，不仅会影响身体健康，还会使女孩在心理上产生一定的阴影，造成不利影响。

在所有的荷尔蒙当中，对女性影响最大的就是女性荷尔蒙了。什么是女性荷尔蒙呢？简单来说，女性荷尔蒙就是卵巢分泌的雌性激素及黄体素的统称，是孕育新生命及维持母体健康不可缺少的一种荷尔蒙。

而且，荷尔蒙平衡的女孩会变得越来越漂亮，越来越有魅力，身体健康成长。女性荷尔蒙能让女孩的身材逐渐丰满匀称，能使人的皮肤变得细腻光滑，处处洋溢着女性的美和魅力。另外，女性荷尔蒙还是女性生存中所需要的最基本的物质，女性荷尔蒙平衡，能让女孩睡得更香，情绪稳定，还能帮助人体吸收营养、排出废物。它既控制着人的生长、发育、生殖、衰老等一系列人体最基本的生命活动，还会影响女孩的经期和骨骼发育。

由此可见，女性荷尔蒙对女孩的生长发育多么的重要了。

但是，随着年龄的增长，人体体内的荷尔蒙也是随时发生变化的。女性荷尔蒙在女孩 20 岁时达到顶峰，25 岁后又开始急剧下降，这也预示着，25 岁以后，女孩的女性荷尔蒙水平很容易失调。

一旦女性荷尔蒙开始失衡，也就意味着女性要慢慢开始衰老了，脸上开始长色斑、皱纹慢慢爬上了脸庞、面部晦暗发黄、身材开始走样、皮肤变差、乳房下垂、记忆力减退等症状开始在女性身上显现。如果女性在出现这些症状时还不注意保养，那么只会提早进入更年期，让身体产生各种各样的疾病。

另外，当女性缺乏荷尔蒙时，还会有如下表现：失眠多梦。

女性经常会感觉到头痛，晚上睡不着觉，经常忧郁不安、容易惊醒，还容易被一些小事惊吓到，严重影响了女性的日常生活。

月经不调。女性开始出现月经紊乱、无规律等现象，甚至还会因月经量过多，而导致失血性贫血。

烦躁易怒。女性经常感觉心慌气急，容易激动、紧张，经常会因为一些小事和周围的朋友或父母争吵，难以控制自己的情绪。

现在，女孩知道荷尔蒙对自己的身体及健康有着多么重要的作用了吧。科学研究发现，当人体荷尔蒙充足时，细胞生长会变得迅速，新陈代谢旺盛，人体内的所有器官都会呈现出生机蓬勃的一面，而且还能保持充足的精力和体力，去面对一天的学习和工作。遇到困难时，也容易保持积极乐观的情绪，整个人都给人一种朝气蓬勃的感觉，随时随地都能让人感觉到女孩的健康和活力。

## 5 不能缺少的雌激素

小刘有个妹妹，今年已经十四岁了，却还是不长个，不长肉，连比她年龄小的孩子都已经开始来月经，长胸部了，但小刘的妹妹虽然经历过了初潮，但最近两年却一点成长的变化也没有。

小刘对妹妹说："我在你这个年龄的时候，该来的早就来了，该长的也'长势'喜人。"

妹妹听后羞愧地低下了头，说："我的同学也基本都来月经了，姐，我是不是不正常？"

"怎么会呢，我刚才是在和你开玩笑，你别担心，你现在只是生长发育得比较缓慢，我有个同学，都18岁了，才开始来月经，她都不急，你急什么啊。"

"嗯。"妹妹这才高兴起来。

但小刘却高兴不起来，她知道虽然女孩生长发育和体质、生长环境、遗传等因素有关，但妹妹到底是属于什么情况呢？

后来，小刘才知道，妹妹这种情况，和雌激素分泌少有很大的关系。雌激素到底是什么呢？她又产生了新的疑惑。

雌激素是一种女性激素，主要由卵巢和胎盘产生，肾上腺皮质也可产生少量的雌激素。雌激素主要来源于卵泡内膜细胞和卵泡颗粒细胞。

当女孩进入青春期后，卵巢就开始分泌雌激素，在促进阴道、子宫、输卵管和卵巢发育的同时，帮助子宫内膜增生从而产生月经，让女孩的身体逐渐成熟。而且，在雌激素的促使下，还能使皮下脂肪堆积，让女孩的体态逐渐变得丰满和美丽。雌激素还能促使体内钠和水的潴留，帮助骨中钙的沉积，是女孩成长过程中不能缺少的一种激素。

女孩身体中，雌激素的产生也有高低潮。一般情况下，卵泡开始发育时，女孩的身体只会分泌少量的雌激素，在女孩月经的第 7 天卵泡分泌雌激素的数量会逐渐增加，并在排卵前形成高峰，排卵后又会逐渐减少。排卵后的一两天，黄体也开始分泌雌激素，待黄体成熟时，也就是排卵后的第七天左右，会形成血循环中雌激素的第二个高峰。

雌激素主导着女性第二性征的发育和维持，它不仅能调控女性体内环境的稳定，还能控制女性的生命周期、月经周期、生育能力以及身体形态，这些都离不开雌激素的作用。只有雌激素分泌正常时，女性才会保持美丽和健康。

一般情况下，女性在进入青春期后开始分泌雌激素，当 35 岁之后，由于卵巢功能的减退，雌激素的分泌也会越来越少，这也是为什么女性在 35 岁之后容易衰老和生病的主要原因。因此，青春期的女孩一定要注意自己身体中雌激素的水平，当雌激素水平降低时，应在医生的指导下适当补充雌激素，这对女孩的身体健康十分重要。

雌激素可促使子宫内膜发育，肌肉变厚，血液循环增加，使子宫收缩力增强。在雌激素的作用下，子宫内膜会发生周期性的增生变化，促使女性形成月经周期，当女孩出现月经推迟、量少等问题时，有可能就是雌激素水平发生了变化，很可能是雌激素分泌过少所致。

而且，雌激素还能让女孩变得逐渐有女人味。当女孩雌激素分泌过少时，不仅会让人产生营养不良、皮肤干巴巴的感觉，还让女孩变得容易长痘痘，身体开始容易疲惫，出现月经不调等症。当女孩出现这些症状时，说明自身的雌激素已经跟不上身体的需要了，必须要靠食物、药物等方式来补充身体所需的雌激素。但女孩在服用雌激素时，一定不能乱用，要在家人及医生的指导下服用。这样才能避免出现伤害身体健康的情况，让女孩在雌激素的作用下，越变越美。

## 6 长“小胡子”正常吗

丽丽今年15岁了，伴随着身体的发育，她有了新的苦恼。最近，她发现自己的体毛越来越浓密，不仅胳膊和腿上的体毛开始变黑变长，就连嘴唇上方都隐约长出了“小胡子”。

这些变化，让她总是羞于见人，不管春夏秋冬，都穿着长袖衣裤，从不敢把自己的胳膊和双腿露出来。但胳膊、腿上的汗毛可以用衣服遮挡，脸上的“小胡子”却是没办法挡住的。这可怎么办?

有一天，她看到爸爸在刮胡子，心里有了主意，趁爸爸妈妈不在的时候，她偷偷地拿起爸爸的刮胡刀，忐忑不安地把自己的“小胡子”刮掉了。

看着自己干净的脸，丽丽终于开心地笑了。

但她笑了没两天却发现，之前刮干净的“小胡子”又长出来了，而且还变得更粗更黑了。

她伤心地哇哇大哭起来，难道以后要像爸爸一样，每天都要刮胡子吗?

很多女孩在进入青春期后会发现，自己身体的“内部”不仅发生了变化，“外表”也一点点地有了明显的变化，其中一条就是身体的一些部位开始长毛了。

汗毛变得浓密、腋毛渐渐增多，甚至连嘴唇上方，也长出了浅浅的“小胡子”。难道女孩也会像男人一样长毛吗？这让很多女孩十分苦恼。她们不知道自己为什么像男人一样长毛。因为在她们的认知中，女孩子都该是皮肤光滑白嫩，只有浅浅的绒毛的。

那么，女孩长毛是正常的吗？

一般情况下，体毛的浓密程度和遗传因素以及体内的雄激素分泌程度有关。如果女孩的四肢汗毛较多，或腋毛较多，这主要是受遗传因素所致，不会对身体产生大的影响，女孩也不用对此过于焦虑。

但是，如果女孩在不应该长毛的部位却长出毛发，甚至又长又粗又黑，而且在唇周、下颌、前胸中线、大腿内侧、乳晕周围也有不同程度的毛发分布时，女孩就要注意了。这可能和内分泌失调有密切关系。

按理说，女孩的皮肤应该白净细腻，身上毛发较轻，但据统计，正常女性中约有 30% 的人嘴唇上方有颜色较浅的“小胡子”，30% 的人手臂毛发比较粗黑，小腿有较黑汗毛的女性更是高达 70%。有时候，处于青春期的女孩因为体内激素分泌平衡，使雄性激素水平偏高，故而刺激了毛囊，促使毛发开始生长，但当激素分泌逐渐稳定之后，这种多毛的现象就会消失。而且，随着年龄的增长，人体的体毛也会慢慢减少，这都是很正常的现象。

另外，很多女孩发愁的不仅仅只是胳膊、腿上的汗毛，还对自己私密处的阴毛感到好奇和苦恼。

当女孩的乳房开始发育后，私处也会随之开始长毛，一般呈现倒三角形，称之为阴毛。阴毛的多少、分布以及颜色，因人而异。当女孩乳房发育成熟，阴毛长出，曲线逐渐变得健美时，才算是完成了青春期的发育，迈进了一个新的阶段——成熟的女性。那么，阴毛到底有什么作用呢？

在原始时代，人类还没有穿裤子的习惯，那时候，阴毛起到了保护阴道，避免异物和病菌的入侵的作用。但是在现代生活中，浓密的阴毛却对女性生殖健康很不利。因为，在衣物的遮盖下，外阴始终处在温热、潮湿环境，这就让一些致病菌有了衍生的机会，稍不留意，就会感染疾病。

因此，女孩在发育成熟后，应该更加注意个人卫生，保持私处的干净，养成勤洗私处、勤换内衣内裤的好习惯。

当然，女孩也可以选择一些去毛产品，对身体上较密的毛发进行除毛工作。在选择去毛产品时，女孩一定要多加注意。因为，现在并没有一种脱毛剂的效果是令人完全满意的。而且，这些脱毛剂通常是短效的，去过一次之后，不久还会再长出来。还有一些女孩觉得拔毛的效果不错，以为这样毛发就不会再长出来了。但事实并非如此，拔毛不仅不能制止毛发的生长，还容易引起继发性感染，很容易就会在身体上留下疤痕或色素沉着，对爱美的女孩来说，这可是“致命伤”。

因此，女孩想要脱毛时，一定要三思而后行。如果女孩选择暂时去毛的方法，就一定要选择好的脱毛产品，还要请有经验的朋友教自己如何使用，因为如果使用不当的话，脱毛不成，反而有可能会加重毛发生长的。另外还有一种永久去毛的方法，那就是激光去毛。但这种方法可能会对皮肤造成创伤，危险性比较大。女孩如果选择这种方法去毛，一定要选择正规医院，千万不要相信街头广告和小诊所的谎言，以免使身体受损。

## 7 青春期的体味变化

小梦最近在为一些事情而发愁。这两天，她来月经的日子到了，因为天气渐渐变热了，所以小梦总觉得自己身上会有股怪怪的味道。这让她有些不敢待在人堆里，就连上课的时候，都尽量把自己缩在墙边，就怕周围的同学闻到她身上的怪味后笑话她。

每次去厕所换卫生巾时，小梦都会自我嫌弃一把。自己身上有这么难闻的味道，她的同学和朋友们竟然没有指出来，也没有嫌弃她，她们真是太好了。

怀着忐忑不安的心情，小梦度过了五天的时间，当她月经期一过，她才彻底放心了下来，但一想到下个月自己还要散发出那么奇怪的味道来“熏”同学和朋友，她就有些自卑。

于是，她就悄悄地去问自己的同桌：“前两天，你有没有闻到我身上有奇怪的味道？”“没有啊，难道你喷香水了？”同桌笑着问。

小梦不好意思地把事情的原委讲给了同桌听，同桌听后摇头说：“我一点奇怪的味道也没闻到，其实你完全不用在意这种事情，谁的身上没有点味道呢，偷偷告诉你，其实，我有狐臭的。”

“啊？哪有，我怎么一点闻不到。”小梦难以置信地看着她。

同桌小声说：“因为我喷了香水啊，但是我也总害怕别人会闻到，一到夏天我就不敢和别人靠得太近。”

小梦这才知道，并不是只有自己在为身上的怪味道而苦恼。有体味的人，大有人在。

人们经常能在婴儿身上闻到一股甜甜的奶香味，在男人身上闻到臭臭的汗酸味，那么青春期的女孩子身上，到底有没有味道呢？又会是什么样的味道呢？

有人曾说，女性身上有股淡淡的香味，这是真的吗？其实，女性的体味主要来自于她们身体某些部位所分泌的物质的味道，比如，腋下和阴部。而且，随着女性体内荷尔蒙的变化，女性身上的味道还会发生一些变化，并不是固定的一种味道。这是为什么呢？

虽然人类的体味大多是来自于皮肤，但女性的味道要比男性的淡得多。这是因为女性荷尔蒙有抑制皮肤氧化的作用，受到荷尔蒙的影响，女性的体味会比男人淡很多。另外，女性在生活中会使用大量带有香味的沐浴露和化妆品，时间一长，这些香味就会对人体产生一定的影响，使女性的味道发生改变。

但是，处于青春期的女孩使用这些香味产品的机会很少，因此对自己的体味十分在意。她们会担心自己的腋下会散发出狐臭，引起朋友的反感，还担心自己经期的味道会让他人闻到，让自己感到难堪。

女孩大可不必有这些顾虑，因为能闻到自己私处味道的，通常只有你自己，除非你长时间不换内衣，一块卫生巾用一天。

有研究发现，女性从幼时到青春期再到成年，体味是不停变化的。幼年时期，女性和男性的体味区别不大，到了青春期后，因为荷尔蒙的影响，女孩产生了月经，体味也就发生了变化。研究发现，女性在处于卵泡期时，身上散发出来的体味最淡也最让人着迷，而女性月经期的味道最强，对人的吸引力也最差。

其实，每个人都有体味，有味道是很正常的现象。比如，一些女性因为头皮的汗腺密度较高，分泌皮脂比较旺盛，因此很容易就会产生一些汗臭味。另外，当女孩足汗较多时，也容易引起脚气和臭脚，有些皮肤病也会让女性产生特殊的味道。而且，当女孩体内的雄性激素水平较高时，身体的味道也会比较大，等到激素水平恢复正常水平后，味道也会随之减轻的。

有时候，女孩身体的味道和生理周期有关。当女孩来月经时，一定要注意及时更换卫生用品，同时要穿透气性好、纯棉质的内衣，保持身体的清洁和卫生。如果女孩感觉自己的私处味道特别重，还伴有瘙痒、白带增多等现象时，也有可能是妇科疾病在作怪，应及时前往医院就医诊治。

# 2 走出情感迷雾，做一个快乐女孩

哪个少年不多情，哪个少女不怀春？每个处在青春期中的女孩都会有不少的心事，大多与情感有关……面对这些问题，女孩应该如何应对呢？在本章中，会就这些疑难情感问题一一分析，并提出相应的解决方法，供女孩参考。

## 8 爱情很美好，但早恋很伤人

前不久，媒体报道了一则因早恋而引起的悲剧。广州市某中学女生 ×× 因早恋遭到家人的强烈反对，当时正值期末考试，压力倍增的 ×× 在与家人争吵后从高层住宅中跳下身亡。

在 ×× 出事前半月，她和男同学手拉手逛街时被母亲发现，当时母亲就大发雷霆，大声批评了 ×× 后就生拉硬扯地将其拖回家中，并关了两天“禁闭”。此后几天，母亲不仅见面就数落她，还逼她把精力用在学习上，一定要在期末考试中拿到班上的前几名。苦不堪言的 ×× 一有争辩，就被父母更严厉的批评所压制。在学校，她曾对要好的同学诉苦，父母管得太严厉了，而且听不进去她的辩解。后来，有一天晚上，母亲又因此事而教训 ××，激烈争吵后，×× 推开窗户跳了下去……

近年来，中学生自杀事件不少，特别是当早恋被父母知道以及学习压力加大时，有的中学生就会采取自杀这种偏激的方式来应对。据统计，在青少年自杀人群中女孩子占了大多数，可见女孩子更应警惕早恋带来的危害。

在中学时期，由于年龄、阅历等的限制，女孩子对爱情缺少必要的思考判断能力，更多的是跟着感觉走。当她们感觉到男生的优秀及特长时，往往会产生爱慕之心。这时如果把握不住自己，女孩就会走进情感误区，出现早恋的情况。

女生的早恋，有这样几个特点：一是朦胧性。女生不懂得什么是真正的爱，有时是把对某个异性的好感当成了爱，这是一种“虚假”的爱。二是单纯性地为了谈恋爱而谈恋爱。这种感情比较纯洁，但是这也可以说是缺点，因为女孩的幼稚无知，缺乏生活经验，她们天真的幻想往往会在现实生活面前碰壁。三是不稳定性。女孩在生理和心理正处于一个急剧变化的过程中，她们的理想、志趣、爱好、性格等往往会发生变化，从而引起爱情的变化，而每一种变化都可能影响到爱情的巩固和发展。因此，早恋成功，能够永结同心者甚少，白头偕老的往往不是早恋的结果。

有位作家说过，早恋是一朵带刺的玫瑰，我们常常被它的芬芳所吸引。然而，一旦情不自禁地触摸，又常常被无情地刺伤。在现实生活中，早恋给女孩带来以下危害。

早恋容易使女孩分散注意力，影响正常的学习和生活。中学阶段，正是女生精力旺盛、思想活跃、记忆力强的时候。她们对新事物极为敏感，处于学习知识、提高能力的最佳时期。如果过早恋爱，就会分散学习精力，浪费大好时光，极可能葬送女孩的前途。

早恋影响女孩的心理的健康。处在青春期的女孩，虽然生理逐渐走向成熟，但还未完全成熟，如果过早地把精力放在谈情说爱上，就会因各方面的阻力造成性格上的缺陷和情绪上的紊乱。这是因为学校、家庭、社会对女生早恋大多持否定态度，发生早恋的学生总是东躲西藏，长期处于“偷偷摸摸”的状态，精神高度紧张；而且，女孩子根本没有能力承担社会责任，更不可能承担爱情的社会责任。因此，女孩子无法很好地掌控自己的感情，最终只能破坏纯真而美好的感情，给双方带来痛苦。

早恋容易使女生“越轨”。青春期的女孩往往容易冲动，自我控制能力差，在热恋中往往会过早地发生性关系。更严重的是有的女生怀孕后，既不敢让家长、老师知道，也不愿让同学知道，而去求助于一些不正规的小诊所堕胎，最终影响到身体健康，甚至终身不孕。

女孩知道了早恋的危害后，应该如何对待才能有效地保护自己呢？对此，有专家提出了正确处理与异性的关系、参加集体活动、巧妙摆脱早恋困扰三招。

首先，正确处理早恋和男女生正常交往的关系。在中学阶段，女生关注异性同学，并希望了解他们、与他们交往，这是一种正常的心理现象，并不是一件多么丢人的事，更与道德好坏没有关系。大多数女孩都“喜欢”过一个自己很欣赏的异性，关键是女孩如何处理与他们的关系。不能以为异性对你友好就是爱上你了，也不能轻易向异性表达爱慕之情。

其次，参加集体活动。女孩要多参加集体活动，既可以丰富自己的生活，又能避免与男孩单独相处，能有效分散对男孩的注意力，淡化对其的感觉，减轻自己的烦恼。

最后，当女孩子已经早恋时，可以采取转移的方法应对。比如将注意力转移到学习或其他自己感兴趣的地方，以代替爱情的投入；也可以逐渐与男孩疏远关系，或者向对方表明现在是学习的时候，希望以后再谈感情，以理智的态度应对对方的追求。

## 9 恋爱中的女孩要会保护自己

刘艳是高一女生，她性格文静，与人为善，学习又好，很受同学喜欢。在高一下半学期，在邻班一男生的追求下她陷入了早恋中，经常和这位男生约会，后来还常常去男生在学校附近租住的民房玩耍。起初，刘艳虽然在和男生谈恋爱，但是还是有限度的，对男生的动手动脚往往会拒绝，但并没有恼怒。

时间久了，在男生的爱情攻势下，她逐渐接受了男生的拥抱、亲吻、爱抚，最后上了床。初尝禁果后，两人更是情难自抑，常常在一起偷偷享受片刻的欢愉。不久之后，麻烦找上门了——刘艳怀孕了。两人害怕双方家长及学校知道，就偷偷去私人诊所做了人流手术。让刘艳想不到的是，她付出了身体的代价，换来的是男朋友的移情别恋。为此，刘艳整个人都变得沉默寡言，学习成绩也一落千丈。

最后，得知情况的家人让她休学了一年并转学到了外地学校。经过家人的耐心开导，刘艳才渐渐抚平了心中伤痛，并重新鼓起勇气开始学习，终于考上了理想的大学，开始了新的人生……

从上面的故事中，人们可以看出青春期女孩常出现的问题：在陷入爱河时不懂得保护自己，最后难免受伤，而女孩的心理又比较脆弱，一旦在感情上受到伤害，就会在很长时间内影响学习和生活。这对于处在中学——这个人生重要时刻的女孩来说，受到影响很可能就是终身的。因此，女孩在中学期应避免早恋，但是如果已经处在恋爱之中，女孩应该如何保护自己呢？

女孩子在恋爱中要有度的把握，哪怕爱得再深，你们可以拥抱、接吻，但必须保住自己的底线。在很多女孩子看来，把自己的一切都给了男友才能留住他的心，但往往避免不了分手的最后结局，而女孩子却落得身心俱伤。其实，女孩不知道的是，真正的爱情是纯洁而神圣的。当男友在恋爱不久就向女孩提出性的要求时，女孩就应该明白：原来他爱的是性而不是自己，而真正负责的男孩是会尊重女友的想法的，不会随便解开女友的衣服。还有些单纯的女孩，会以为男友讨厌说“不”的女孩，因此对男友的要求几乎百依百顺，结果却得不到男友的珍惜。

在与男友的相处中，女孩应在以下几个方面把握自己，以免受到伤害。

其一，在约会中，女孩不宜去男友的住处或其他较为隐蔽、昏暗的地方。这既能避免男友在激情时越线，对女孩提出非分要求，也能保护双方的人身安全，那些隐蔽、光线不明亮的地方，是小情侣们的约会好去处，也是受到抢劫、人身伤害的高发地段。因此，女孩可将约会地点定在公共场合。

其二，当男友用带色情的笑话来打趣，或津津有味地谈起这方面的“八卦”时，女孩要格外注意：这其实是男友在试探女孩，看看女孩的心理承受限度在哪里，以方便进一步地对女孩骚扰或提要求。对此，女孩可谨慎对待，既不能表现出很喜欢听的样子，也不宜翻脸呵斥男友，但要让男友知道女孩不喜欢听这些无聊的笑话就行了。这样往往能打消男友想在身体接触上的企图。

其三，要有坚定的立场。女孩在恋爱中，要明白自己对性有着完全的决定权，说“不”是自己的权利，而不是要听从男友的摆布。生活中，那些没有坚守原则的女孩常常是最容易吃亏的。因此，女孩可以很严肃地给男友提出自己的要求：我很爱你，我很清白，但是我想在结婚时把纯洁的身体交给你，希望你能够理解和支持！

其四，做个守诺负责的女孩。在和男友的相处中，女孩要做到信守诺言，处事认真负责。比如约会不迟到、不任性，有责任心，能对男友的不当行为提出规劝。这样的女孩也会得到男友的尊重和理解，更有利于相处。

其五，赞扬男友的品德。女孩应多赞扬男友的优秀的一面，特别是他有担当、有情义、负责任等，鼓励男友积极向上的精神。另外，女孩还可以多支持男友从事体育运动，以消耗其青春期过剩的精力。

其六，不能耽误学习。女孩可以和男友坦诚地交流，希望双方都能以学业为重，恋爱不能耽误学习，以取得男友的理解和支持。

## 10 走出单相思的“迷雾”

进入中学后，有的女孩在不知不觉中对某个异性产生了好感，但是又因害羞等原因不去表达，只是在心里想着“我知道自己喜欢他就好了”、“就这样默默地注视他就是一种幸福”，这个异性可能是博学而文雅的男老师，也可能是一位男生。这时，女孩要注意，可能已经陷入了单相思的状态了。

王洁是高一的学生，她的学习在班上是前 10 名以内。家长和老师都对她很关照，性格内向的她也一直把精力放在学习上，希望能考上一所理想的大学。有一天，下午放学回家，王洁在路上骑自行车时，因躲避对面逆行的电动三轮车而摔倒在路边，虽然三轮车没有撞到她，却一溜烟儿跑了，王洁摔倒在路边，手臂和小腿都有些擦破了皮，疼得她直掉眼泪。这时，一个同校的男生路过看到，就主动把她送到附近的小诊所，待医生看过说她没事后，就悄悄走了。

王洁很感谢这个男生，但第二天在学校没有找到这个男生，半个月过去了，王洁的心中依然有这个男生的影子。后来，她偶然间见到那个男生和同学在打球，却因害羞而不敢去向他致谢。但她知道，自己喜欢上这个男生了。此后的一段时间，王洁的心里经常想到这个男生。她心里想：“只要我能看到他的影子就行了，就很快乐。”

虽然这样安慰自己，但是王洁的心里还是很痛苦，喜欢一个人又不敢去表白，更怕周围的同学知道后嘲笑，她不知道应该怎么做才好。

事例中的王洁既不敢表白，又怕周围同学知道，更不知道那个帮助过她的男生是否也喜欢她。这说明王洁已经陷入了单相思的状态中，可能她不知道，这在青春期少女中是一种常见的现象。这是因为，这个年龄段的女孩心理还没有成熟，往往容易对身边的同学、熟人，特别是帮助过她们的异性产生好感乃至爱恋，甚至有的女生还会把对方的一些礼貌、友善当作爱情的迹象，以至于暗恋对方。

单相思往往让青春期女孩处在甜蜜的痛苦中，过度的单相思对女孩的学习、心理的成长都十分不利。那么，女孩该如何看待这一现象，以及如何解决呢？

心理学家研究后发现，单相思分为两种，一种是女孩心中只是思念一位异性，但这位男孩并不知道女孩在喜欢他，甚至都不认识这个女孩；第二种是女孩认为对方也喜欢她，其实并非这样，对方和女孩只是同学、朋友间的相处，因礼貌等对女孩的关照会被女孩误认为爱的表现。女孩因此喜欢上对方，但女孩因种种原因没有表达，只是默默地喜欢，因对方的一个和善的眼神、一句问候的话语而感动。

那么，女孩子为什么会“单恋”一个人呢？很多女孩在心里都会对自己的意中人有一些想象，比如喜欢高个子的帅气男生，或者喜欢瘦瘦的文静的男生，等等。当女孩在学校或其他场合发现有符合自己“标准”的男生后，就会对其产生好感甚至爱恋。还有的女孩是胆子比较小，有些懦弱和害羞，虽然喜欢对方，但是怕别人知道自己的心思，更怕遭到别人的嘲笑，于是就默默地喜欢对方，最终在人生中留下一段酸涩的回忆。

需要女孩注意的是，一旦自己出现以下情况，就很可能是处在单相思的阶段了。一是女孩的注意力和精力发生了转移，从以前专注于学习，转为很关心某位异性，其言行举止都很吸引女孩。如果有几天女孩没有看到他，就会坐卧不安，直到再次看到他时心里才会平静下来。二是女孩的心中常常涌起幸福感，认为自己处在幸福的时刻，只要能够看到对方，就会很满足、很快乐，但是在对方面前，女孩往往手足无措，甚至有自卑感。

对女孩来说，单相思是很折磨人的事情。心理专家建议女孩不要因自己的单相思而产生过多的心理负担，应把注意力放在如何应对这种情况上。一般来说，有这么几个方法能帮女孩有效摆脱这种情感的困扰。

一是女孩要仔细思考，分清楚自己面对的是友谊还是爱情。在日常生活中，不少女孩会将这两者混淆。因此，只要她们仔细分析的话，就会发现大多是自己产生了误解。有了这个判断，女孩就不会再在误会中继续“爱”下去了。

二是女孩要坚强些，果断放弃这虚无的爱恋。当女孩发现自己陷入了单相思的境遇时，就要果断地对自己的感情说“不”，勇敢斩断“情丝”，而不是对感情放任自流。

三是女孩可以借用“闺密”等同龄人的帮助。当女孩自己总是控制不住单相思时，可选择贴心的好友，向其倾诉，听取她的建议。在感情问题上，人们往往是“当局者迷、旁观者清”，也许好友会对女孩暗恋的异性有更客观的了解，也能给女孩提出中肯的建议。在好友的帮助下，相信女孩很快就能走出情感的迷雾。

## 11 失恋不可怕，可怕的是因此而偏激

处在中学时代的女孩，正是身心快速发育的时候。在社会上一些不良风气的影响以及青春期对爱情的憧憬下，有的女孩子会瞒着家人悄悄地恋爱。但是，这个年龄段的爱情往往是不稳定和苦涩的。恋爱中的女孩子大都是在体验爱情的美好之后，没过多长时间就会由于各种原因面临分手的局面。这时的女孩才会明白到失恋的痛苦，有的女孩还会因此而做出一些不理智的举动，让自己及家人受到更深的伤害。

前不久，在佛山本地的网站上出现了一组骇人的图片，都是被刀划伤的胳膊的照片，很是触目惊心。原来，这是佛山当地一个少女在失恋后，用刀在自己的手臂上划伤的。手臂上还写有字迹，鲜血淋漓。这组照片是女孩存在自己QQ空间的，但被网友看到后上传到的论坛。这个女孩在QQ空间里写了是因为男朋友要和她分手，她在痛苦之下就用刀划伤自己。她还写道：“都是自己的错，请男友原谅我。”她用自残这种方式表示自己对男友深深的爱，希望能够继续爱的旅程。但是，最后少女仍未挽回自己的恋情。

少女的故事在网上传开后，引起了很多网友的议论，大都在劝导女孩不要再用这种不理智的方式伤害自己。

人们可以看出，在这个年龄阶段不少女孩都会经历失恋。这对她们来说有一定的打击，而她们在处理此类问题时，可能会采取一些极端的方式。上面这个事例中的少女就是其中的典型，其价值观出现了一定偏差。

据心理专家介绍，处在青春期的女孩比较感性而且脆弱。她们一旦陷入情网就投入得比较深。因此，当感情失败后，女孩常常无法独自承担失恋的痛苦，但她们又不主动向外界发泄自己的感情，长期发展就可能引发心理疾病。生活中，因失恋而导致出现心理问题的女孩不在少数，她们的通常表现就是自虐，如自残、绝食、失眠，有些甚至会自杀。

为什么这个时期的女孩容易受到失恋的打击呢？

青春期女孩虽然生理上逐渐成熟，对感情的渴望加深，但由于其年龄的局限，她们的心理承受能力还很差。因此当遇到较大的情感刺激时，就会心理上承受不了，情绪失控，做出一些不理智甚至极端的事情来。

据人民网报道，2012 年 5 月，东兰县一名 17 岁少女因为失恋吞药自杀，其网友发现后报警求助，该县公安局东院派出所借助公安内网信息，准确判断，仅用 15 分钟就找到该少女，将其送往医院救治，挽救了一条生命。

5 月 8 日 13 时 35 分，东院派出所接到一个来自河池市金城江区的报警电话，那报警的青年男子称，该所辖区内少女莫小华（化名）可能正在吞药自杀，请求民警前往救助。报警青年称，他与莫小华是网友，但不知她具体住址，当日 13 时 30 分，他在 QQ 上看到莫的留言："我现在一无所有了，我现在就躺在家中静静离开这个世界。"他觉得情况不妙，立刻给莫小华打去电话，从其模糊言语中，他感觉到她已经出事了，于是立刻报了警。

东院派出所民警得知这一情况后，迅速通过广西人口信息库查询，发现在该辖区内共有11个“莫小华”，经过进一步对年龄、体貌特征等筛选，最终确认家住东兰镇某社区的莫小华就是自杀的少女。民警迅速驱车赶至其家中，将因服用过量安眠药已昏迷不醒的莫小华送至医院进行救治。由于发现并抢救及时，该少女脱离了生命危险。

在上面这个事例中，幸亏少女的网友发现了异常，并迅速报警，警察通过技术手段查找到女孩的住址，将其及时送到医院，挽救了她的生命。这位失恋的女孩，做出了多么不理智的事情啊！仅仅因为感情上的一次失败，就自寻短见，这是一种非常不负责任的方式，不仅伤害了自己，更伤害了生她养她的父母。

那么，青春期少女在遇到失恋的打击时，应该如何摆脱心中的痛苦，走出感情阴影呢?

心理学专家建议，女孩可用逆向思维的视角看待这个问题。其实，失恋首先是一种幸运，其次才是不幸。失恋证明他不是你这一生真正要相伴的人，你应该庆幸早日与其分手，否则，分手的时间越晚，对女孩的伤害会更深。因此，女孩应笑对失恋，以积极乐观的精神面对人生。在生活中，女孩可以用以下几个方法排解失恋带来的痛苦。

失恋不失志。女孩在失恋后不能一蹶不振，不能变得对身边的任何事情都毫不关心，而是要把眼光放长远，要振奋起来，为学习、为理想而付出努力，不要把注意力都放在眼前的感情苦恼上。

失恋不失德。失恋后，女孩不能因痛苦而失去理智，更不能做出过激的傻事。自残、自杀、酗酒闹事、离家出走等都是很愚蠢的事情。要知道，这些行为不但解除不了女孩的痛苦，反而会加重失恋的痛苦，更会因不当行为而惹来不必要的麻烦，陡增烦恼。而且，女孩的痛苦不但是自己的，还是父母等家人的。在其情绪低落、心情苦闷时，关爱她的父母也会很心疼，更为其担心。而过激行为只会让父母更加的难过，所以，哪怕是为了父母，女孩也要理智对待失恋，尽量做到失恋不失德。

做些其他有趣的事情，转移注意力。在失恋的时期，女孩可以学画画、多听听歌、和朋友逛逛街、看电影，甚至出去旅游等，都是不错的排解不良情绪的好方法。只要注意力有所转移，女孩就会发现“心情不是那么糟糕了”，“还有其他有意思的事情能吸引自己”，有利于女孩重新平复心情，更客观地看待感情波折。

## 12 理智对待“恋师情结”

美琪是高一的学生，她的语文成绩很好。

在上半学期开学不久，美琪所在班的语文老师因病请假休养，学校安排了新来的硕士毕业生张老师来讲课。张老师去年才文学硕士毕业，他个子高高的，戴副眼镜，一副文质彬彬的样子。

但是，在课堂上张老师讲课很有激情，常常是妙语连珠且幽默风趣，让同学们听得津津有味。在课下，张老师对语文成绩较差的同学，很耐心地辅导。

张老师讲第一堂课的时候，就吸引了美琪。她看着张老师不凡的谈吐，儒雅的气质，眼神渐渐变得迷离。张老师和她心目中的白马王子的形象渐渐重合。张老师一道不经意的眼神扫过美琪，她就会感到脸红、心跳加速，有种幸福的感觉。

随着时间的推移，美琪的语文成绩不但没有提高，反而有所下降。每当张老师为她讲解难点时，美琪就会手足无措，不敢看他。老师的认真讲解她没有听进去多少，脑子里都是“老师好帅气，我很喜欢他”，“很喜欢老师在身边的感觉”。

美琪成绩下滑，引起了父母的担忧，但不知道原因何在，在批评她的同时父母也加深了对她的关注。美琪也为自己成绩下降而自责。离高考越来越近，却割舍不下对张老师的爱慕，又不敢去表白，这让她常常心绪不宁。美琪也常常问自己：到底该怎么办才好呢？

美琪的故事具有很广泛的代表性。现实中，有很多女孩在中学阶段都会喜欢甚至爱慕过自己的老师。有的女孩会将自己的爱意埋在心中，有的则会大胆地向老师表白，但是无论采取哪种行为，女孩得到的结果都是一样的——老师不会接受女孩的爱，让女孩幻想的美丽的爱情往往成为泡影。其实，女孩的这种爱恋也常被人称为“恋师情结”。它并不是什么罪恶的事情，也不是什么肮脏的想法，社会对女孩的这种情怀也比较宽容和理解，但是男老师是不能接受女孩的这种爱的表白的，更不能与女孩谈恋爱。这是因为女孩尚未成年，心理还不成熟，在成长中会对美好的人和事抱以好感甚至一时的爱慕，但是老师是成年人，不能因女孩的不成熟而做出欺骗其感情的事情，这是违背师德和法律的。

从心理学角度分析，女生的“恋师情结”是一种对完美精神人格的单纯向往。处在青春期的女孩内心深处希望能与异性结识，了解异性，因此，自然对幽默、睿智而又善于体贴关怀学生的男性老师生出爱慕之情。有“恋师情结”的女孩大多心理比较封闭，轻易不会将自己内心的想法向别人透露，即使父母是女孩最亲近的人，她也不会对其讲心里话。这是因为，在传统观念的影响下，女孩认为一旦自己对老师的爱慕被周围人们知道后，会被指责、批评。她们更感把情感埋藏起来。女孩的这种情结往往是单恋性的，与单相思有些类似，只是其爱恋的对象是男老师，其情感更难为周围人所接受。在各种因素下，女孩不能将自己的真实想法向爱慕的老师表达，而只能沉醉在美好的爱恋幻想中，时间长了，自然会在女孩内心造成焦虑、患得患失、不甘心等负面情绪，对其学习和生活造成不良影响。

那么，在现实中女孩应该如何克服这种不成熟的“恋师情结”呢？

第一，女孩要明白，虽然自己爱慕的老师看起来知识很渊博、处世幽默风趣又很睿智，但他是自己的老师，甚至是上一代的人，不但在年龄上有很大的差距，而且老师大都有自己的情感世界，有自己的爱人和家庭，是不可能接受自己的感情，更不可能与自己有什么结果的。

第二，女孩还要想到，虽然老师在学生面前的表现接近完美，这只是其一方面，老师从事的是教书育人的神圣职业，学校要求他们有良好的仪表和师德。但是，每个人都是多面的，老师的其他方面女孩并不了解，也许他有的地方是女孩很讨厌的，还会在很多事情上双方都有不同的观点和看法，最后走到一起的可能性几乎不存在。

第三，女孩要告诉自己：喜欢上老师并不可耻，这是很正常的现象，但是不能因此而陷入单方面的迷恋无法自拔。要知道，女孩的美好生活才刚开始，在以后的日子里，还会有更优秀的男士出现在自己的面前，最适合女孩的爱人在等待着与其在未来的某个时刻相遇。

第四，女孩要正确看待自己的感情，明白自己对老师的喜爱只是自己成长中的一个美丽风景，而人生旅途不能为此而停止。更重要的是，女孩要善于将自己的爱恋转化为学习上的正能量，将老师作为自己学习上的榜样，化感情为动力，争取在学业上达到甚至超越老师的境界和水平。

3

# 远离不良心理，做个阳光女孩

女孩从一出生，就比男孩文静，很少哭闹，让人省心。但因为害羞不敢和人打交道；因为自卑不敢挺胸抬头……花季少女应该怎么做，才能远离这些不良心理，做个快乐的女孩呢？在本章中一起来看一看吧。

## 13 理性追星，不让喜欢成为疯狂

追星一族，顾名思义，就是追逐明星的人。这些人大多都是青少年，其中，以青春期女孩居多。

追星是女孩从儿童向成人成长过程中的生理心理过程的一种反映。进入青春期后，女孩开始迈进成人的世界，也正是长身体、长知识和树立远大理想的时期。

这个时候，女孩那种急切地想要长大成人的心情，会让她们产生一定的无措和茫然，偶尔还会对生活产生一些消极的情绪。而明星的出现，恰好使她们眼前一亮。女孩从明星的身上看到了自我实现的希望，她们追随着明星、崇拜他们并渴求他们，甚至有时候，还会把自己的希望和理想寄托在明星身上。

但是，有些女孩追星很盲目，疯狂地想要接近自己心中的偶像，以至于做出一些过分的事情。

疯狂追星女孩杨 ×× 自 1994 年迷上刘德华后，父母为达成女儿心愿倾家荡产不说，为了给女儿筹募去见刘德华的旅费，杨 ×× 的父母甚至想到了卖肾，而杨 ×× 本人在如愿见到刘德华后，却仍不满足。她不想只与偶像留影纪念，还想更多地和自己的偶像接触。而杨 ×× 的这种疯狂行为，直接导致其父在香港跳海自杀。但其父留下的遗愿竟是希望刘德华再见女儿一面，这真是一出旷世大悲剧，但也时刻警醒着人们，追星要理智。

类似的事情比比皆是，比如，18 岁少女爱韩剧难以自拔，打工自助赴韩国追寻偶像 Rain；十几岁女孩因母亲没有买到偶像周杰伦的 CD 而割腕自杀；一名 16 岁的中学生因为没钱亲眼见到偶像赵薇而服毒……

小棉是一名初中女孩，从小到大她一直都很聪明，直到跟着同学一起追星后，她不仅穿起了流行的歌星时装，也扎了耳洞，戴上了那些流行的装饰，动不动还冒出一两句明星口头禅，心思渐渐地全放在了追星上，一点学习的念头都没有了。

老师问她不好好学习，将来考不上高中，读不了大学该怎么办时，小棉理直气壮地说："我的偶像也没读过大学，现在不是也有这么高的人气吗？"

老师听后连连摇头，看着本来聪明好学的学生渐渐被追星冲昏了头脑，学习成绩一落千丈，老师只能干着急。

现在，很多明星空有一张漂亮的脸蛋或是姣好的身材，以此作为卖点，吸引青春女孩的目光。这些明星都有一技之长，导致女孩被他们吸引。她们从思想、行为和外表等方面，开始模仿和学习自己的偶像，希望也能变成偶像那样的人，并不把学习看成是人生中最重要的事情。

女孩追星，已经成为一种普遍的潮流，在同学和朋友当中，如果你没有偶像，不追星，有时候连共同话题都没有。这也是很多女孩选择追星的主要原因——为了培养和朋友间的共同话题。很多女孩为了不被看作“落伍”，不被视为“异端”，只能在不知不觉中加入到追星大潮中。

还有一些女孩追星就是为了追时髦，赶时尚。在她们看来，只要有星可追就足够了，不管这些事情有没有道理，会造成哪些不良影响。她们已经习惯把明星当成是心灵的寄托了。

那么，追星一定是不好的事情吗？其实不然。女孩想要在心中有个偶像，找个榜样是件好事，只要不过分，学习偶像的好，追星，还是对女孩的成长有一些好处的。

比如我国著名的歌星蔡国庆，他从小就崇拜歌唱演员，希望自己长大了也到舞台上唱歌。偶然一次听李谷一的演唱，一下子佩服得五体投地：原来歌可以这么唱，像谈天一样直唱到人的心里去。于是，少年蔡国庆立志要像李谷一老师那样去唱歌，像李谷一老师那样把歌唱到每一个听众的心里去。年复一年，日复一日，蔡国庆学习着、探索着、琢磨着自己究竟怎样唱才能像李谷一老师那样深受欢迎。最后，蔡国庆终于成功了。如今，他不仅唱红了中国，也唱出了国门，成为第一位赴日本灌制个人音带的中国通俗歌手。

由此可见，只要不盲目追星，学会从自己的偶像身上吸取积极乐观的人生经验，追星也会成为一件好事，让自己有所收获。

## 14 别怕生，快乐社交

自古至今，凡是女孩子，总是比较怕生害羞，虽然看起来十分文静，但如果过分害羞，就属于心理问题了，很不利于女孩在社会上与他人交往。

小芋虽然已经读初中了，但仍像小时候一样腼腆、害羞，也很怕生。在学校里，她很少和同学说话，上课的时候，老师提问也不敢主动发言，害怕自己回答不出来，会受到老师的批评。有时候，老师点了她的名，她站起来后也是支支吾吾回答不清楚，不仅声音小，还总是低着头。

在家里或外出游玩，小芋也表现得很害羞，总不敢和别人说话，就算是同龄的孩子，她也不好意思打招呼。有人拉她一起去玩，她还扭扭捏捏，不知如何是好。

有一次，小芋班上组织去游乐场玩，小芋来晚了，老师早就带着全班同学先进去了，只留下两名班干部等她。班干部并没有为她的迟到而生气，反而还担心地问她是不是遇到了什么事。

小芋却只是轻轻摇了下头，然后就开始低着头走路了。

看到这种情形，两名班干部也无可奈何起来，这位同学也太害羞了，总是不喜欢说话，以后怎么能建立起良好的人际关系呢？

女孩小的时候容易害羞怕生，是正常现象，也是一种比较常见的现象，但如果像故事中的小芋那样，已经是名初中生了，还不敢和同学交往，这就有些不正常了。害羞的女孩通常表现为逃避社交场合，不善与人沟通交往，在陌生人面前或公共场所里不敢表达自己的想法、情感，容易出现紧张不安甚至恐惧的心理。长期如此，女孩不仅会变得更加内向、胆小，还可能变得没有主见，会渐渐影响到女孩的社交活动和学习、生活，严重的时候，这类女孩还有可能患上社交恐惧症。

那么，女孩想过自己为什么会害怕和人交往吗？这里面的原因是多种多样的。有一些是受家庭环境的影响，有一些则是和遗传因素有关系。

女孩如果从婴儿时期开始就对外界比较敏感、胆小、怕生，这可能是母亲怀胎时身体与心理压力过重造成的。同时，女孩的父母如果也是性格内向的人，这种基因就会影响到女孩，让女孩遗传到他们的这种性格特点。女孩在长期受到父母这种比较“沉默”的性格影响后，也就会渐渐变得不爱说话，甚至不敢在众人面前说话。

另外，如果女孩小的时候曾受到过惊吓或者有过不愉快的经历，因为心理方面的创伤，也会让女孩变得缺乏自信心，失去与人交往的勇气。而没有自信心的女孩，往往也会选择以逃避、退缩等方式来掩饰社会交往技巧不佳、容易害怕、羞愧等弱点。

还有就是女孩生活的环境中，可能缺少和同龄人沟通、交往的机会。如果女孩长期面对的只有成人的世界，女孩就会觉得自己处在一个孤立、被隔离的环境中，无形之中就会缺乏与同龄人交流互动的机会。

因此，女孩一定要多参与社会生活、增加和他人交往的机会，如果女孩生性内向、胆小，比较容易害羞，也不必强求自己必须马上变得开朗，可以先从适应新环境做起，循序渐进地改变害羞、怕生的性格。

另外，女孩不要总待在家里，要走出家门，主动结交朋友。女孩不能在认识到自己的不良行为后，还任之发展。要自我鼓励，多走出家门看一看，多接触性格活泼、开朗的人，慢慢变得大胆开朗起来。比如，节假日的时候，女孩可以去公园、体育场所游玩和锻炼，增加与人交往的机会，慢慢地适应与他人一起进行各项活动的生活。等适应了这些小场所的社交活动后，再逐渐扩大人际交往的范围，减少心理的紧张感。

女孩最亲近的人就是父母了，想要变得开朗，抛弃害羞的自己，也可以试着多和父母交流沟通。从熟悉身边人做起，慢慢改变自己的性格。

女孩也可以利用神奇的潜意识来克服害羞的毛病。如果你总是对自己说："我所想的最终都会变成现实，我不害怕，我敢和人说话……"这样，在女孩的潜意识里，就树立了正确的信念。女孩每天都可以尝试大声地重复："每天我都会变得更加勇敢！"用这样的潜意识来进行自我催眠，想象自己在社交场合变得大胆，敢于同任何人交谈，大声地说出自己的想法。

## 15 自我肯定，战胜自卑心理

自卑是一种自我否定、软弱的复杂情感。主要是低估自己的能力，觉得自己各方面不如人，可以说这是一种性格的缺陷。主要的表现在于对自己的能力、品质评价过低，还会有一些特殊的情绪体现，如害羞、不安、内疚、忧郁、失望等。

当女孩产生自卑感时，会变得轻视自己，认为自己永远比不上别人，也认为别人总是在低估自己的能力。女孩长时间的自卑，不但会造成心理上的不健康，还会导致生理上出现问题，严重危害女孩的身心健康。比如，情绪低沉、郁郁寡欢、害怕别人看不起自己、自责、缺乏自信、优柔寡断等。这种性格的女孩即使长大成人后，也会毫无竞争意识，抓不住放在眼前的机会，可能永远都无法体会到成功所带来的快乐。而且，女孩如果自卑感过于强烈，还会使身体受到一定损害。比如，免疫系统功能下降，出现头痛、乏力、焦虑、反应迟钝、记忆力减退等各种病症。

小依升入初中后，开始觉得学习有压力了，同学们的学习都很好，她每次都是死命读书，才勉强保住了一个比较中等的名次。

为此，小依总觉得自己很笨，有一次，小依竟然考了个不及格。

妈妈一打开成绩单，就把她骂了一顿。面对妈妈的训斥，小依也不想为自己争辩，低着头走进了自己房间。

从那以后，小依的成绩一落千丈，而爸爸妈妈的态度又严重伤害了她的自尊心，让她觉得自己越来越不敢在人前说话，好像变得更自卑了。

一个成人都能被自卑感弄得心灰意冷，以至达到万念俱灰、百事皆休的地步，更何况是故事中小依这样的小女孩。在面对压力时，女孩经常会无法承受，最后这种压力就变成了自卑。通常情况下，自卑的女孩都喜欢拿自己的缺点和别人的优点相比，总是觉得自己处处不如别人，看不到自己的价值，长此以往，就会产生一种悲观厌世的情绪。因为找不到自己的价值所在，所以容易对生活失去希望，严重自卑的人甚至会产生轻生的念头。如果女孩长期无法摆脱这种情绪，其身心发展及交往能力将受到严重的束缚，聪明才智也得不到正常的发挥。

还有些女孩之所以会自卑，是因为在学习和做事中很少得到家长和老师的赞扬，长期无法体会到成功的喜悦，会使女孩的自信心受到压抑，自卑心理也就日趋严重了。其实，自卑并不可怕，女孩千万不要被自己的自卑心理所打败。只要掌握了一些方法，是完全可以克服自己的自卑心理的。

首先，要学会正确认识自己，不要总拿自己的缺点和别人的优点比。每一个女孩都有自己的长处和优势，同时也有自己的短处和劣势。如果用其所短，而舍其所长，就连天才也会丧失信心，自暴自弃；相反，一个人若能扬长避短，强化自己的长处，就是有残疾的人也能充满信心，享受成功的快乐。因此，女孩要善于发现自己的长处和优势，并将它们发挥出来，逐渐克服自己的自卑心理。

其次，当女孩在面对失败的时候，一定要及时归纳自己失败的原因，不能因为自己的一次失败，就怀疑自己的能力。殊不知失败的原因很可能是多方面的，不一定是能力不足造成的。女孩在做事情的时候，一定要学会自我鼓励。要相信自己能干好，要肯定自己的行为和决定，并把不利因素考虑全面，这样即使失败了，也会由于事先在心理上做了准备而不至于造成心理上的负担。

再次，自卑的女孩心理一般都比较敏感和脆弱，经不起挫折的打击。因此，女孩要学会自我满足，知道什么叫作知足常乐。在学习上，目标不要定得太高，要一点一点激励自己，提高自己的自信心。

最后，女孩在与他人做比较时，应选择与自己各方面相类似的人或事做比较。不要拿自己和世界伟人做比较，如此大的悬殊，不管你怎么比，都不可能比赢的。所以，女孩要选择适当的参照物，避免出现“人比人，气死人”的情况，要学会扬长避短，为自己的心理减压。

## 16 拒绝孤僻，做个阳光女孩

有些女孩性格内向，但还表现得比较正常，但有些女孩就内向得过头了，孤僻，难以相处。什么是孤僻呢？女孩应该了解，孤僻和孤独其实并不一样。孤独是指孤单寂寞的心态，通常渴望与人交往，也不存在厌烦他人、对他人有戒备的心理，在与人交际时一切如常，绝不会有做作使人感到不舒服的表现；而孤僻则是一种人格的缺陷，自视甚高，常摆出一副瞧不起人的样子，但内心却十分害怕被人刺伤，不愿与他人交往，有时还会做出一些怪僻、奇特和做作的行为，常会给人一种神经质的感觉。

孤僻的女孩常表现为独往独来，对他人怀有厌烦、戒备和鄙视的心理。不管对人还是对事，都是一副漠不关心的样子，在与人交往中，也自视甚高，看不起他人。有时，还会让人觉得有点神经质。

性格孤僻的女孩大多是受后天影响而形成的。因为受到各种主客观环境的负面影响，导致心理长时间处于压抑状态后扭曲所致。

小赵是一名性格内向、文静的女孩，在班里的成绩还算不错，一直保持前10名的位置。但是同学们都不太敢和她交往。原来，小赵很少跟其他同学交流，沉默寡言的她似乎跟“青春活泼”这些本属于女孩的特质毫无关系。而且每次有人和她说话，她总是像看白痴一样看着同学，这让同学们觉得很不舒服。

每到放学的时候，班里的同学三五成群地结伴回家，只有小赵独自离开，显得很不合群。

性格孤僻的女孩必然无法拥有健全的人际关系，而自古以来但凡有所成就的人都拥有良好的人际关系。女孩在发觉自己有孤僻的倾向时，要及时向家人和父母沟通。自我封闭的女孩因为自身的优点无法得到体现，无法展现自己的价值，因而在未来的生活中取得成功的可能性会更低。把自己封闭起来的女孩，大部分都带有自卑倾向，于是陷入恶性循环。其实自卑是自己给自己套上的“套子”，勇敢尝试的女孩不会因为失败被人嘲笑。

性格孤僻的女孩一般都缺乏必要的社会交际技能和方法。在人际交往中遭到拒绝或打击而造成性格孤僻，不合群，怕自己受到伤害，就先贬低他人，逐渐把自己封闭了起来。但是越不与人接触，社会交往能力就越得不到锻炼，结果就越孤僻，那么，女孩应该如改变服自己孤僻的性格呢？

女孩应正确认识孤僻的危害，敞开闭锁的心扉，摆脱孤僻，而且还要正确地认识自己，不要总想着自己的优点、长处，只看到别人的缺点、短处，从而把自己紧紧地包裹起来，保护着脆弱的自尊心。女孩可以多看一些有关交往的书，学习和人交往的技巧。同时多参加健康、良好的交往活动。

另外，女孩还要克服自我封闭的习惯。有句俗语说：“思想有多宽，舞台就有多宽。”任何成功的人都是走在风口浪尖的人，如果把才华藏着掖着，又怎么能在生活的舞台上散发光芒！

勇于展示自我，从另一方面来说是一种积极的心态。在这种状态下女孩能更好地吸收别人的优点，增加自己的知识。在不断展示自我的过程中，女孩的能力会得到提高，为将来的生活打下坚固的基础。

自我封闭的女孩，内心体验到的是更多的痛苦。因为无法得到理解，自己的才华也缺少展示的舞台，就像是一株可有可无的狗尾巴草。要知道，吸引他人的注意力，得到大众的认可，才能获得存在感，试想有哪个女孩愿意做一粒尘埃，不愿做一颗钻石呢？所以，做一名阳光心态的女孩，要拒绝这种不健康心理。生活中，女孩应多结识新朋友，了解更多的新事物，要大胆融入社会和群体之中，拥有正常的社交生活，才能彻底摆脱孤僻的性格。

## 17 告别叛逆，陪女孩度过青春“逆反期”

俗话说：“半大小子，气死老子。”这话不假。进入青春期的孩子，显著的特点是变：生理上在变，孩子开始发育了；心理上也在变，父母会发现不知从什么时候起，孩子不听话了，甚至还可能与父母对着干。你要往东，他偏朝西，你要往西，他偏朝东，这种现象，心理学上称之为“逆反心理”。

丽丽小时候很可爱，也很惹人喜欢，可是不知从何时起，她学会了发脾气，而且变得极为固执。无论妈妈和她说什么，她都不假思索地回答妈妈一个“不”字，就连平时最爱吃的巧克力，当妈妈问她要不要吃时，她也会说不吃。每次丽丽想干什么或想要什么时，父母必须立即给予满足，她根本就不容父母说话。为此，爸爸没少批评她，但也无济于事。

上例中丽丽对父母产生的对抗性的消极心理，就是逆反心理的具体体现，表现是父母让她做什么，她就偏不做，而父母不让她做的，她却非做不可。

叛逆是每个青春期女孩的共同特点，是女孩走向成熟的标志。其实每个女孩多少都会有些叛逆，但不同的女孩表现的叛逆程度不同，有的叛逆让父母觉得她们长大了，有的叛逆让父母觉得她们已经失去掌控。

这都取决于她们所生活的环境和家庭，所以说，叛逆不是女孩的罪过。作为父母，我们要给予女孩更多的关心和爱护，多和女孩交流沟通，这样才能让她们健康成长。

小敏是个初二的学生，成绩一直不错，但有一段时间，她的班主任给她妈妈打来电话，说孩子最近成绩下降很快，有时还不写作业。

妈妈接到电话，心里十分着急，气不打一处来。可转念一想，女儿或许另有苦衷。

晚饭时，妈妈看到女儿心情不错，就笑着对女儿说："妈妈今晚想和你聊聊，好吗？"

"不好。"小敏回答道。

妈妈一惊，问道："是不是最近功课压力大？"

小敏"嗯"了一声，算是回答。妈妈温和地说："该放松就放松，不要给自己太大的压力。"

妈妈收拾好碗筷，来到客厅，看到女儿在看她喜欢的节目，就想劝她去写作业，但又一想，女儿这么大了，有自己的安排，就忍住没说。

小敏看完喜欢的节目后，问她："妈，您不是想和我聊聊吗？说吧，什么事？简单一点儿。"

妈妈笑了，说道："好。其实也没什么，我就是想问问你，妈妈最近表现怎么样？"

小敏惊讶地说："这是什么话啊，您是我妈，怎么表现都是最好的。"

妈妈："错，咱家三口人，三个独立的生命个体，每个人的表现都要让其他两个人认可，你爸出差不在家，现在只有咱们两个。你这些天的表现我没意见。我的表现你有意见吗？"

为了让女儿说实话，妈妈强调一句："你是诚实有主见的孩子，我想听听你的真话。”

小敏看着妈妈，想了一会儿才说道：“妈，我觉得，您最近的表现，我有点意见。”

于是，小敏讲了妈妈表现不好的地方：工作起来霸占电脑，吃饭老是将就，看电视时喜欢讲话等。

听完女儿的话，妈妈说：“听着女儿对我的‘数落’，我才渐渐地认识到，自己工作、生活不分的方式严重影响到了她的正常生活、学习。幸亏她讲了出来，否则，我永远意识不到。”

自从母女俩那晚交谈后，女儿和她的关系越来越好，她也趁机提醒女儿要按时写作业。渐渐地，小敏的成绩开始有所上升。

对于女孩和父母来说，青春期是令人烦恼的过渡时期。为此，父母光满足于表面上了解女孩是不够的，父母要改变自己的教育方式以适应成长中的女孩，要调整亲子之间的关系以缓和亲子间的冲突。只有这样，才能更深入地了解女孩，理解女孩，积极地教育女孩。

青春期的女孩要独立，但父母要管教。于是矛盾必然产生，反抗行为在所难免。若处理不当，会严重影响父母与女孩的感情交流，甚至导致父女、母女关系的僵化、破裂。其实，女孩在这个年龄只是追求自己的独立人格而已，并不像有些父母想的那样存在强烈的逆反心理。只要父母指导得法，是完全可以顺利地度过这一危险时期的。

**1. 正确理解女孩的逆反行为**

女孩进入青春期，随着接触范围的扩大，知识面的增加，内心世界丰富了，形成了自己的价值观，这种价值观有时与父母的价值观不同，遭到父母的反对，得不到父母的理解。于是就在同龄孩子中寻找共鸣，与父母也就变得不那么亲近了，此时，如果父母不了解女孩的这种心理、生理变化，一味简单、生硬地管教，就会迫使女孩产生反抗情绪和行为。

父母不能老是戴着一副有色眼镜去观察女孩，而要从女孩的角度去认识女孩，去理解女孩，去尊重女孩。女孩的逆反行为往往是由于她们对独立非常渴求，而父母对她们限制过多造成的。随着女孩的成长，她的独立意识也在不断成长，女孩的独立愿望促使她想摆脱父母的干涉。而有些父母不理解这点，他们对女孩仍然是一切包办，这势必引起女孩的反抗。

**2. 父母不要管得太多**

最近一段时间，瑶瑶的父母正在为养了一个“叛逆”的女儿而烦恼。

自从上了初中以后，瑶瑶就越来越不听话了，经常顶撞父母，有时候父母说多了，她甚至理都不理，一副爱答不理的样子，无论父母怎么说，她依然我行我素。

瑶瑶活泼好动，喜欢体育运动，她特别喜欢打乒乓球，一有空，就会和几个小伙伴一起去体育场打球。

瑶瑶的父母对她寄予了很大的期望，希望她现在把心思用在学习上，以后能考上好的大学，有出息。因此，平时对瑶瑶要求很严格。

瑶瑶上小学的时候，比较听话，爸爸妈妈不让她玩耍，她只好忍着。但她在课下喜欢上了乒乓球运动，偶尔征得父母的同意也去打打球。

上初中后，父母为了让她能够考进重点高中，对她的管教更严格了。但是，瑶瑶觉得自己打球并没有影响学习，慢慢地，她与父母的矛盾越来越大，而且还常常闹情绪，打乒乓球的次数反而越来越多了，学习成绩也开始下滑。

这天，瑶瑶放学后打了一会儿乒乓球才回来，一进家门，父亲就质问她：“你又去打球了？”

瑶瑶只是看了父亲一眼，没吭声，径直朝自己的房间走去。

“我跟你说话呢！你这是什么态度？真是越大越不懂事了！”

“我怎么了？不就是打了会儿球吗？小时候我什么都听你的，可现在我长大了，我有自己的主见，你别再干涉我，行不行？”

“你还有理了？看看你的学习成绩，直线下降，还不都是因为天天打球影响的？”爸爸越说越生气。

“我打球从来就没耽误过做作业，也没有影响到我的学习！”瑶瑶理直气壮。

“你还不承认，那你的成绩怎么越来越差了？”

“还不是你们整天这不行，那不许的，我心情不好，学不下去！”说完，瑶瑶走进了自己的房间，重重地关上了门，门外，是目瞪口呆的父亲。

当女孩长大了，她就会变得有主见，有思想，不再是一只温顺的小猫，她开始接触世界，而她此时所接受的教育足以让她能够初步规划出自己的目标，形成自己的个性，她知道自己想做什么，不想做什么，喜欢什么，讨厌什么。因此，当父母再以成人的理念和标准来要求女孩时，便会产生摩擦。所以，有时候做父母的对孩子的事情不要管得太多，过分关注只会引起女孩的反感。

## 18 杜绝脏话，做个文明女孩

如今的社会，人们走在大街小巷，乘坐公交、地铁时，经常能听到一些人聊天说话时很不讲究，满口的粗话、脏话，令人为之侧目。

有这样一句话叫：良言一句三冬暖，恶语伤人六月寒。很多时候，一些争执事件就是因为一句粗话、脏话而引起的。而现在，有些女孩也开始学说脏话，她们觉得这样很有“范儿”。这是为什么呢？

其一，环境因素导致的。女孩如果长期生活在充斥着污言秽语的环境中，就很容易沾染一些不雅的习气。因此，为自己营造一个良好的生活环境，是十分重要的。

其二，有一些女孩明知道说脏话不好，却因为想要突出自己的个性，而把出口成“脏”当成了一种可以吸引别人注意力的时尚。这就有些过分了。

只有谈吐文雅、礼貌待人的女孩，才会被他人所称赞，个性自然也会彰显出来。而出口成“脏”，只会加深别人对自己的不良印象，完全是不可取的行为。

小野从小就很“野”，虽然是个女孩子，但就像个假小子一样，说话、做事的方式都很像个男孩，同学们都叫她“男人婆”。

早上小野在校门口被路上的垃圾滑倒了，她破口大骂道：“他妈的，谁扔的垃圾，绊了老娘一跤！妈的，谁这么缺德，让老娘知道了，非修理他不可！”

“你要修理谁啊？”说话的是年级主任。

小野吓了一大跳，赶紧爬起来，扭头就要往自己的教室跑，却还是被年级主任叫住，狠狠地批评了一顿。

小野心中暗想：奶奶的，今天老娘真点背。

女孩本应该举止优雅，说话柔声细语的，但现在因为环境的影响，很多女孩都养成了出口成“脏”的坏习惯。如今，人们一走到各个中小学，就会发现，像故事中的小野一样说脏话、爆粗口的女孩比比皆是。她们觉得说脏话是很正常的事情，并不觉得自己犯了什么错。而且，在学校里，如果女孩不会几句脏话，反而要被人耻笑，甚至被人欺负。由此可见，教育系统确实出现了一些不可忽视的问题，但归根结底，还是女孩自己不自爱、不自重所导致的。

女孩要知道，说脏话并不是人类与生俱来的本能，而是后天习得的“本事”。虽然现在无论是生活中还是荧屏上，说脏话的现象都十分普遍，但女孩却不能“跟风”，不能见什么学什么。

女孩要让自己的环境充满爱和善良，不能长期处在一个不文明的生长环境中，这样女孩子的谈吐自然文雅不起来。女孩要学会净化自己的生活环境，杜绝学习那些脏话，做个文明女孩。

除了环境因素，人为什么要说脏话呢？这可能和人的情绪有关。事实证明，人们在愤怒、痛苦和烦躁的时候说脏话的频率会明显增高。有的人甚至在高兴、兴奋的时候也会蹦出一连串的脏话。还有一些人，在养成了说脏话的习惯后，就连和别人正常聊天的情况下也是脏话连篇，而且还意识不到自己的错误。仿佛不说脏话，才是不正常的。

但是，说脏话是很不文明的行为，是低素质的表现，不管男孩女孩，都不应该说脏话。有时候，女孩为了强调男女平等，非要为女孩争夺说脏话的权利，其实，这是没有必要的。不让女孩说脏话并不是对女孩的禁锢，而是希望女孩能够更加有涵养、有气质。人们评价和美女聊天的时候，常会用“口齿留香”这样一个充满美感的词。对于不说脏话的女孩，大家都会尊重她、赞美她。反之，则会批评她。比如一些荧屏上的美女明星，凡是在镜头前爆过粗口的，都受到了大众的严厉批评。

因此，女孩在说话聊天时，还是不要爆粗口的好。如果情绪比较激动，一定要下意识地放缓语速，整理好自己的思绪后，再开口说话。并且，女孩要时常提醒自己，不要说脏话，更不要学脏话。在结交朋友时，女孩一定要远离那些总爱说脏话的人，如果自己的朋友说脏话，一定要及时劝说，让她改正这个毛病，做个文明的女孩。

# 4 学会自我欣赏，做个独立的女孩

女孩要学会独立，要先学会欣赏自己，做个自信的人。但是这句话说起来简单，做起来却不是那么容易的。本章，就是告诉女孩如何认识自己，并学会欣赏自己，学会诚信、学会宽容、学会谦虚……当女孩学会了这些，自然也就会变得自信，渐渐独立起来。

## 19 做个果断的人，不再优柔寡断

俗话说：鱼与熊掌不可兼得。很多女孩在面对鱼和熊掌该选择哪一方的问题时，总是拿不定主意，显得优柔寡断，无法果断地作出决定。这样的女孩在生活中会遇到很多问题，没有办法独立自主地生活。

庆庆是一名13岁的女孩，她既乖巧，又懂事，可以说是人见人爱。但是，堪称完美的庆庆却有个“致命”的缺点——优柔寡断，遇事总拿不定主意。

小的时候还没什么，随着庆庆年龄的增长，优柔寡断的性格让她在学习和生活上吃了不少的苦。

有一次，同学约她去公园，她本来很想去，但是妈妈想带她出去买东西，这下庆庆可犯难了，她既想去公园和同学玩，又想跟着妈妈去买新衣服，可到底该如何选择呢？没办法，她先跟同学打电话说要去公园，但待了一会儿，又反悔了，赶紧告诉同学不去了，要和妈妈一起买衣服。但几分钟之后，她又改变主意了，就问同学还去不去公园，结果妈妈又不开心了。最后，她既没去成公园，也没买成衣服，非常不开心。

除了日常生活，在学习上庆庆也因为自己的性格一直无法提高成绩。究其原因，是她对自己的答案没有把握，明明是正确的答案，她琢磨来琢磨去，就觉得可能另一个答案是正确的，于是改正，刚改完，又觉得还是之前的答案是正确的，又改……改来改去，她自己都不知道该选择哪个答案才好了。而且很多时候，一些原本正确的答案反倒被她改成错的了，成绩就这样一点点下降了起来。

优柔寡断的性格对女孩的生活和学习都会造成不良的影响，而且，现在像上例中的庆庆这样的女孩已经越来越多了。这些女孩从小就缺乏果断行事的处事风格。她们时常因自己的犹豫不决、瞻前顾后等毛病而错失许多成功的机会。

那么，女孩性格犹豫、不果断，是什么原因造成的呢？这可能和女孩从小就过分依赖他人有关。尤其是被父母从小宠到大的女孩，从小就习惯了父母帮自己拿主意。哪怕是买一支笔她们都要问父母，久而久之，就形成了优柔寡断的行事风格。而且，女孩处事不够果断，还有可能是由不自信或者不分主次造成的。就像上例中的庆庆一样，答题过程中总是举棋不定，这其实就是不自信的表现。一个人如果不够自信，那么他就无法肯定自己的做法是否正确，甚至怀疑自己的能力，因此做事情时就缺乏勇气，徒有想法、不敢实践。而不分主次就像庆庆在选择是去玩还是去买衣服的表现时一样。如果庆庆不需要买新衣服的话，就可以去和同学玩，如果买衣服比较重要，当然是要和妈妈一起去买衣服。所以，庆庆没有弄清两件事的主次关系，没弄明白到底哪件事对她来说更重要。

因此，女孩如果想要改掉自己优柔寡断的性格，想让自己变得果断坚强，就要提高自己的自信心，努力独立完成自己的事情。当然，自信和独立都不是一朝一夕就能够锻炼出来的，需要从小事做起，并长期坚持。女孩无论是在生活中还是学习上，都应该勇敢地自己作决定，并做一件自己想做却一直不敢做的事情。有的女孩，本来能歌善舞，每次都想报名参加学校组织的娱乐活动，但因为害怕表现不好，因此犹犹豫豫，直到最终失去勇气，再也没有参加过类似的活动，长大后也不会有这样的勇气的。所以，女孩做事要果断一些，不断给自己一些锻炼和表现的机会，培养自己的自信心。

另外，女孩要分清果断和武断的区别。果断是在清楚事情的原委以及后果之后，坚决地做出正确的选择，这样对自己的成长才会有所帮助。而武断却是没有依据地胡乱作出决定，这样做，只会陷入失败的泥潭。

有时候，如果女孩在做事的时候连续遭到失败或打击，也会对自己失去信心，变得做事优柔寡断。一旦有过这样经历的女孩在将来再次遇到同一件事情的时候，就会不自觉地暗示自己“我不行”。这种消极的暗示让女孩失去信心，不敢果断地下定决心再去尝试。因此，女孩要敢于面对自己的缺点、敢于面对失败，要懂得自我鼓励，给自己打气加油，在遇到困难的时候不要忘记给自己信心。

## 20 独立，从独自生活做起

独立，并不意味着女孩只要会做事，敢做事就行了。更多的时候，独立，是体现在女孩的生存能力上的。有些女孩虽然比较自强，也对自己和生活充满了自信心，但却缺乏独立生活的能力，一离开父母就不知道该如何照顾自己。这样的女孩虽然有自己的主见，但在日常生活中也容易出现各种各样的问题。

小蕊在家里被父母照顾习惯了，因此当得知新学校是一所寄宿学校后，怎么都不愿意去。

爸爸妈妈问她为什么不愿意去。

她开玩笑似的说："离了你们，我怎么活啊……"

"那以后呢，你长大成人了，难道还要妈妈一直跟着你，照顾你？"妈妈问。

"当然。"小蕊大声说。

虽然小蕊嘴上这样说，但心里也是有些担心的，难道自己真的要接受父母一辈子的照顾？那自己和废人有什么区别呢？不行，绝对不能这样。

于是，她下定决心，要好好度过自己的寄宿生活，锻炼一下自己的自理能力。

一个星期后小蕊回家了，她一进门就抱着妈妈说："妈，我好想你，在那儿没有人给我洗衣服、收拾床铺，我每天都有好多事情要做，好累啊，但是，我也学到了很多东西。以后我再也不依靠你们了，我一定要独立一点，不能总黏着你们。"

女孩的独立性，很多时候是被父母的宠爱抹杀的。就像上例中的小蕊，因为父母从小照顾她，所以当得知自己要读寄宿学校时，感到了不安。现实生活中，很多女孩也是如此。在父母的宠爱下，她们就像温室里的花朵，经不起狂风暴雨，也受不了烈日寒冬，一遇到困难就只会依靠父母，离开父母后就不懂得照顾自己。不会洗衣做饭，更不敢独自生活。虽然住在温室里很舒服，但时间一长，女孩的独立意识就会越来越弱，最后只能让自己变得软弱、不坚强。

有些时候，女孩会认为自立自强应该是男人的事情，女孩就应该时刻被家人保护着。女孩的这种想法真是大错特错了。

从前，有个书生进京赶考，考试前，他跪在菩萨的塑像前，虔诚地说："菩萨，保佑我高中吧。"

刚说完，他就看见另一个人也过来向菩萨祷告，请求菩萨的保佑，书生一看，这个人竟然就是观世音菩萨自己。

他觉得非常奇怪，就问："菩萨，你怎么跪在自己的塑像前啊？"

菩萨语重心长地说："求人不如求己，一切都应该靠自己。"

书生听后，顿时醒悟，更加发愤苦读，终于高中了状元。

上面的故事虽说有些离奇，但却具有深刻的教育意义。就像菩萨所说"求人不如求己"，女孩应该有独立意识，要提高自己的自理能力，只有这样才可以在充满竞争的社会占有一席之地。

女孩要有独立性，也就是说遇事要有主见，要有成熟的动机，不能完全依赖他人处理事情，要积极主动地完成自己的事情，做一个勇敢、自信、认真、专注、有责任感和不怕困难的女孩。这些，也是女孩应接受的生存教育。生存教育的根本在于培养独立性，包括独立意识和独立能力，重点培养女孩的自理生活能力。

因此，女孩在提高独立意识、培养自理能力时，要从学会照顾自己的生活做起。女孩在家里的时候不要过分依赖父母，自己的房间要学会自己整理。父母有事出门时也要主动挑起看家护院的担子，只有女孩有足够的能力照顾好家里的一切，父母才不会操心，才会放心地让女孩去独立生活。

另外，女孩在培养自己的独立意识时，可以先独自生活一段时间。比如，住校一段时间。在学校里，老师和同学只会给予女孩有限的帮助，大部分事情还是要依靠女孩自己去完成。所以，住校对培养女孩的独立性十分有好处。

而且，女孩在生活和学习中，要学会独立思考，不要过分依赖他人的指导、建议。在这个靠能力和奋斗精神吃饭的时代，每个人都要有较强的独立意识，才能成为一个独立性强、有可能收获成功的女强者。

## 21 笑容，让挫折望而却步

很多女孩在现实生活中经受不住挫折的打击，一遇到困难就开始逃避，无法面对。那么，到底什么是挫折呢？为什么女孩总是喜欢逃避挫折呢？

根据心理学的解释，挫折就是指人们在进行有目的的活动时，遇到的那些自己无法克服或自以为无法克服的障碍而产生的紧张状态与情绪反应。

一般情况下，女孩经受的困难和阻碍越大，所感受到的挫折也就越严重，挫折反应也会变得越强烈。当女孩在遭受严重挫折后，会表现出抑郁、消极等不良情绪，还有可能因此而导致血压升高、心跳加快等不良症状。

小语总是很害怕面对困难，不论遇到什么事都会往不好的方面想，加大自己对困难的害怕程度。

前两天学校进行了期中考试，考完后她就一直魂不守舍，总觉得自己考砸了，心情很郁闷，吃不下饭、睡不好觉，就怕成绩单发下来。结果成绩单发下来后，果然如她所想，成绩很差。她就想——以后干脆别学了，反正也学不好。

同学觉得她的想法实在是太夸张了，只好安慰她，而小语却趴在桌子上哭了起来，越想心里越难受，觉得自己连成绩都提高不上去，其他的事情更做不好了。

对于还是学生的女孩来说，考试失利是很正常的事情，而且现在考试成绩已经不是评判一个学生素质高低的唯一标准了。上例中的小语却因为一两次的考试失败就否定了自己的价值，这是很不可取的做法。人生事十有八九是不如意的，如果每次遇到困难都这么悲观，经不起挫折，那她这一生一定不会体会到成功的快乐。

在女孩成长的过程中，乐观开朗的心态是很重要的。女孩要经常笑，即使面对挫折，也要以笑面对。要知道，笑容可以让困难低头，让挫折望而却步。而且，作为一个乐观开朗的女孩，欢声笑语不仅能感染周围的人，使他们获得快乐，也能让他们在自己身上找到希望，积极地面对日常生活中的一切艰难险阻。

人们都知道，不论是谁，都喜欢和性格开朗的人做朋友，如果女孩性格沉闷，经常哭哭啼啼、愁眉苦脸，那么周围的人也会受到女孩的影响，时间一长，也会变得心情烦闷，渐渐地，朋友们就不喜欢和这个女孩来往了。

想让自己的人生充满快乐，那就要培养自己乐观向上的生活态度，笑对生活中的挫折。当有不开心的事发生时，女孩要学会排遣自己内心的烦闷，努力让自己的心情好起来。多培养自己的兴趣爱好，比如唱歌、跳舞等，这些活动都能有效地帮助女孩转移注意力，帮女孩消除不良情绪。

另外，女孩还要多和不同年龄段的人交谈、做朋友。尤其是当女孩情绪低落的时候，要多和性格开朗的朋友相处，让对方的乐观心态逐渐感染自己。性格悲观，无法面对挫折，有很大一部分原因是因为自己没有朋友陪伴，遇到困难时总是感觉孤独无助。如果能够交到几个相处融洽的知心好友，就可以向她们倾诉自己的苦闷，心里的不痛快都说出来了，心情自然也就好了。

女孩每天出门以前，可以对着镜子里的自己笑一笑，提醒自己，要笑对人生。闲暇时，可以多看一些笑话或者喜剧，学一学乐观人士的生活方式。而且，女孩还要坚持自己的信念，找到自己生存的精神支柱，相信自己比别人强。经常对自己说：我是坚强的！女孩要相信自己能走出困境、相信明天会变得更好，也要相信时间会医治好你曾经受过的创伤。女孩要把每个困难当作一次磨炼自己的机会，在困难中成长，笑着走出一片新天地。

## 22 诚信可以提升女孩的人格魅力

诚信是一个道德范畴，是人们日常行为的诚实和正式交流的信用的合称。从古至今，人们都讲待人处事要真诚、老实、讲信誉，要言必信、行必果。诚信是一种人人必备的优良品格。一个人讲诚信，就代表了他是一个讲文明的人。讲诚信的女孩，更会处处受欢迎，在其他人的眼中，诚信女孩，有着吸引人的人格魅力。

小兰家里很穷，为了贴补家用，放学后就去市场卖花。这一天，下着大雨，小兰的花都要被雨打蔫了，也没人来买她的花。

正在绝望的时候，一位妇人走过来，说要买花，但是妇人没有零钱。

小兰怕生意泡汤，赶紧说："我去给您换零钱，您等一下，一定要等着我。"结果妇人在原地等了很长时间，可是小兰依旧没有回来。就在她以为自己遇到的这个女孩是个骗子时，突然看见小兰从远处向这边跑了过来。腿上还有一大片淤泥，一看就是不小心摔倒了。

"太太，您的钱。"小兰把一大把沾着泥水的零钱递给妇人。

妇人却说："孩子，你的花我全要了，这些钱你拿着吧。"

所以说，诚信是立身之本。女孩在与人交往的过程中，诚信是必不可缺的，这个世界离不开诚信。女孩应想一想，如果世界失去诚信会变成什么样呢？领导人会欺瞒民众、商人会坑害消费者、老师会欺骗学生、家长会教坏孩子、朋友之间互相伤害、恋人之间虚情假意……人们将生活在一片“乌烟瘴气”之中。

古人云：“己所不欲，勿施于人。”如果女孩不想被别人欺骗、不想生活在“礼崩乐坏”的环境中，那就要自己做到诚实守信，自己讲诚信了，对方才会对自己诚信。

曾子的妻子要去市集，儿子哭闹着要跟着去。曾妻便哄儿子说：“你就留在家里玩，等我回来后，我就杀猪炖肉给你吃。”

当妻子从集市回来，看见曾子准备杀猪。妻子连忙阻止说：“我只是跟孩子说着玩的。”

曾子却说：“不能跟小孩子开玩笑。孩子年纪幼小，不懂知识，会模仿父母的行为，听从父母的教导。今天你欺骗他，就等于教他学你那样骗人。母亲欺骗自己的孩子，孩子就不会相信自己的母亲。”

于是，曾子坚持杀了那头猪。

曾子杀猪的故事十分有名。这个故事告诉人们，做人要讲诚实、守信用，这样才能够让自己心中坦荡、问心无愧。俗话说，说一句谎话就要用八句谎话去圆，到最后，你自己都不知道该怎么去圆这个谎。其实，每撒一句谎你都会非常紧张，有时还会出现脸红、心跳加速、出虚汗等现象，因为你既害怕对方察觉，又对自己的行为感到羞愧，心里很不是滋味。而说谎的行为，在某种程度上，也是失信于人的表现。所以女孩如果不想失信于人，先从不说谎做起。

现在为什么有这么多人容易失信于他人呢？这是因为，在急功近利、物欲横流的社会，虽然人们利用科技创造了大量的物质财富，但到最后，自己反倒被这些物质财富所奴役。为了多赚那么点钱，让自己的道德价值观念开始失落。人们为了一己私利而不择手段，损人利己，将道德规范、承诺信誉、合约法律置之度外，做出种种自私自利、失信于人的行为。这些行为，都是不可取的。女孩应该杜绝这些行为，做一个诚实可信的人。

宋庆龄从小就是一个守信的人。一次，父亲要带她去一个朋友家里做客，她非常高兴，因为父亲的这个朋友家里养了很多鸽子，而宋庆龄特别喜欢鸽子。当他们要出门的时候，宋庆龄突然想起来她答应过隔壁的女孩，今天要帮她补习功课。为了不失信于人，她放弃了和父亲一起去看鸽子的机会，乖乖地给隔壁的女孩补习了一天的功课。晚上，父亲提着一个鸟笼子回来了，宋庆龄跑去一看，里面有两只鸽子。原来，爸爸的朋友听说了她不去做客的原因，特意送两只鸽子给她作为奖励。

因为诚信，宋庆龄一直很受尊重。当然，没有人愿意和不守信用的人打交道，只有讲诚信的人才会得到他人的尊敬和信任。

所以，女孩在与人交往时，也要向宋庆龄学习，营造一种和谐的关系，以诚相待、以信相交。只有肝胆相照的朋友，才是“腹心之友”。女孩应将人际交往建立在道义的基础上，结君子之交。当女孩处处都以诚信为本时，就会具有独特的人格魅力，吸引大家的目光，让他人愿意同你做朋友，愿意做你推心置腹的好友。

## 23 宽容他人的过错，让自己好过一点

宽容，即原谅他人。人活在世上，难免会遇到一些不顺心、不如意的事情。如果朋友错怪自己，如果他人不尊重自己，女孩是不是一定要为自己争这口气，把对方“修理”一顿才行呢？答案当然是否定的。

如果女孩学会宽容他人，对他人的过错一笑了之，不斤斤计较，那么冒犯自己的人反而会觉得对不起自己，会主动来向自己道歉，并祈求自己的谅解的。

宽容他人，也是尊重自己的表现。宽容别人的小过失，不仅能让自己赢得美誉，还能收获一份友情。

小米脾气比较大，动不动就发火。很多同学都不喜欢和她来往，只有小珍一直和她形影不离。两个人从小就是好朋友，小珍也一直很理解小米，知道她只是脾气比较坏，心还是善良的。

有一天，小珍去小米家做客，小珍不小心把小米最爱的玩具摔到了地上，小米马上生起气来，说：“你怎么这么不小心啊，这是我最喜欢的玩具，摔坏了，你赔得起吗？”

“你可真是……”小米也知道自己的话有些过分了，怕自己会说出更伤人的话，便把话都咽了回去，然后跑回了自己的卧室。

小珍也很难过，伤心地哭起来，但她知道小米只是太生气了，并不

是真的不理她，而她伤心难过，是因为她摔坏了朋友最喜欢的东西。

过了一会儿，小米的气消了，她回到客厅，看见小珍一个人坐在沙发上看书，便走到她的旁边坐下，不好意思地说："对不起啊，刚才我又发火了。"

小珍笑着说："我知道你不是故意的，所以一直在这儿等你出来呢。"

小米开心地说："能和你做朋友，真是太好了。谢谢你肯原谅我。"

小珍也开心地笑了起来。

宽容一个人的过错，能让自己的心情变得愉悦。但是现在很多女孩都是独生子女，在家里娇生惯养，难免会有点小性子。不是蛮横任性就是爱发脾气，让身边的朋友很是苦恼。比如故事中的小米，她就是个典型的火暴脾气，因为爱生气的原因，让不少同学都对她"望而却步"，只有小珍愿意和她做朋友。这让她感受到了友情。即使如此，小米还是忍不住和朋友发脾气，但是小珍一直都在宽恕她的小性子，是小珍的宽容让她们的友情得以维持。

由此可见，朋友之间的交往，互相宽容、互相谅解是很重要的。如果女孩和自己的朋友因为某些事吵架了，这时候，女孩和朋友的关系就好比是水面上结的一层冰，踩上去，随时都会有碎裂的可能。一旦这层冰碎裂，女孩和朋友的关系可能就无法恢复如初了。而宽恕恰巧是能够安全融化这层冰的"火焰"。只要有一个人肯宽恕对方，那么再大的矛盾也能够瞬间消逝。反之，如果谁也不愿意服软，那么这层冰就会越结越厚，矛盾也就越闹越大，到最后双方只能不欢而散。

学会宽容，不但能够给朋友一次改正的机会，还可以培养自己宽阔的心胸，让自己变得更加善解人意，让朋友们喜欢和自己交往。要知道，当女孩和朋友发生不愉快的时候，难过的并不是只有女孩自己，对方也会很难过，特别是做错的一方，心里本来就非常愧疚。所以，要宽恕爱使性子的朋友，既能给她带来好心情，又可以维持相互之间珍贵的友谊。

当朋友无故发脾气的时候，女孩尽量不要和对方斗嘴，等对方把发泄的话都说完后，女孩再冷静地分析两人的矛盾，并宽容对方的过错。当然，也不能一味地纵容朋友的错误，应该时常提醒对方，让对方学会克制自己的情绪，并且帮助对方改掉自己爱使性子的坏习惯，只有这样才能彻底解决问题。

## 24 谦虚，让女孩更受欢迎

从古至今，获得美誉的名人或伟人，都有这样一个特点，那就是谦虚。谦虚使人进步，让人愿意聆听他人的劝说和经验，谦虚也能让女孩变得和善，使女孩在朋友圈中更受欢迎。

试想，当女孩和朋友相处时夸奖朋友今天的衣服漂亮，朋友马上说："当然漂亮，我花了大价钱买来的。"而当女孩夸奖另外一个朋友的衣服漂亮时，那个朋友却说："你今天穿得比我漂亮多了。"这两种回答，女孩爱听哪个？很显然，没有人会选择第一个回答的。第一个回答让人心生厌恶，让人看到了一个骄傲自大的人，而第二个回答，却让人感觉亲切，让人们不由得发出感慨：这才是真正的朋友该说的话啊。

不管女孩当天的衣服是真漂亮还是假漂亮，当听到夸奖时，谦虚一把，并不是坏处，还能为自己挣回不少印象分呢。

钱钱每次期末考试成绩都在班里名列前茅，而且还会拉小提琴，在同学们的心目中，一个学习又好、才艺又好的女孩是无可挑剔的。大家都喜欢和她来往。其实，钱钱的好人缘不只是建立在出类拔萃的学习成绩和才艺上，大家对她的喜爱，更多的是因为她为人谦虚、从不会瞧不起班上的任何人。

一次，几个朋友去她家里玩儿，当大家看到满墙的"三好学生"奖状、桌子上摞了一打儿各种小提琴比赛荣誉证书时都惊叹不已。

有人说："你太厉害了，有这么多奖状！"

还有人十分羡慕，但钱钱却谦虚地说："我的这些奖状和证书的确没什么大不了的，只要大家努力，都可以拿到。"

大家听后，都争着要钱钱教自己拉小提琴，大家开心地度过了美好的一天。

在与人交往的过程中，态度谦虚是很重要的。比如上例中的钱钱，她虽然很能干，但一点不自大，也不会看不起"无能"的同学们，依旧和大家玩在一起，乐在一起，这让她获得了好人缘。

毛主席也曾说过："谦虚使人进步，骄傲使人落后。"

这句话女孩一定不会陌生，但是，女孩有没有认真思考过，为什么谦虚能够使人进步呢？面对他人的夸奖，如果顺着杆子往上爬，就会越爬越高，最后有一种飘在云端的感觉，虽然非常舒服，但是却很危险。相反，倘若谦虚对待，就能够清楚地认识到自己的优势和不足，既为目前的成绩感到高兴，又为自己的不足感到担忧，于是，这种紧张感就会刺激和激励女孩不断努力、不断进步。

谦虚是一种正确的处事态度，也是一种美好的品德修养。和一些骄傲、自大的人相比，谦虚的人总是显得更有涵养、有素质。想要做一个有涵养的女孩，就应该学着谦虚地对待他人的夸奖。

不过，谦虚也要讲究一定的方式方法，不能总是简单应付对方。当对方衷心地赞美自己时，自己应该说点或做点什么来表示自己的感谢，并表达出自己的谦虚之意。比如，当一个成绩比较落后的同学夸奖自己成绩优异时，自己应该谦虚地认识到自己的缺陷，然后夸奖对方的优点，这样做，不但能够使自己不断进步，还可以增加对方的自信心，在帮助他人的同时，也帮助了自己。

李清照是宋朝著名的女词人。她在填词创作和填词理论研究上都取得了很大的成就，这一点连很多优秀的男性词人都不能及。

当时赵明诚夸赞她说："你的成就恐怕我这一生都赶不上了。"

她却答道："词学博大精深，我看到的不过是一角，先生的学识和博闻才是值得我敬佩的。"

赵明诚听了很高兴，便更加努力地探究学问，最后成为一名出色的金石学家、文物收藏鉴赏家和文字研究家。

俗话说，过分的谦虚就是虚伪，所以，谦虚不能过度，要适当地承认自己的成就。谦虚也不是对自己进行自我否定，面对他人的夸奖，女孩既要保持清醒的头脑、认识到自己的缺点，还要把握住进步的机会，不要谦虚地说"我不行"、"我做不到"，应该说"我可以尝试一下"、"我会尽力的"等含有激励性的语言。

## 25 学会分享，大方待人

分享是一件令人愉快的事情，当女孩有烦恼的时候，把自己心中的苦闷讲给朋友听，把自己的不愉快与朋友分担，就会发现，有些事，一说出来，就没有想象中那么令人难受了。而当自己遇到好玩好笑的事情时，讲给朋友听，就会发现，朋友和自己一样，乐得哈哈大笑，这就是分享的快乐。

但是现实生活中，有很多女孩不爱分享，她们不想把属于自己的东西贴上“公众”的标签，坚信“众乐乐不如独乐乐”。

小田新买了一本课外书，十分好看。

这一天，她把书拿到了学校去看，结果被同桌发现了，同桌看了两眼，也想看，就对她说：“等你看完了，让我看一看吧。”

小田有点犹豫，就说：“我已经答应先借给班长了，等班长看完再说吧。”

“那好吧。”同桌无奈地说道。

但是第二天，她的谎言就被揭穿了。

同桌讽刺道：“不想借就直接说不借，干吗说班长借走了？人家根本没向你借过书。”

“我……我就是不想借给你！”小田自知理亏，恼羞成怒地回答道。

从那以后，同学们都知道了小田是个小气鬼，再也没人愿意和她来往了。

女孩要知道，和朋友分享好东西，这是一种豁达的表现，也是一种善良的人格，还是一种智慧的体现。这里所说的分享，不一定是某件物品、某种食物，还可以是一种情绪，比如快乐和忧愁。当女孩的成绩取得进步或者收到一份心仪的生日礼物时，心情一定很激动，这时候，就可以选择和朋友共同分享这种喜悦之情，分享之后，自己的快乐会加倍地增多。当女孩把快乐传递给大家时，大家会被女孩的好心情感染，就算当时有烦心事也会跟着女孩一起高兴。当然，分享快乐也要适度，过分分享自己的快乐就是炫耀。不要让朋友们觉得你是在炫耀，那样只会让朋友变得反感，不愿再与女孩“分享”。

分享，也是一种大方的表现。有好东西时，女孩拿出来和大家一起分享，不仅能够活跃气氛、增进友谊，还能为自己的形象加分。比如在上完一节沉闷的自习课后，你把自己看到的一个笑话讲给大家听，大家哈哈一笑，学习压力很快就得到了缓解，以后当你有不开心的事情时，这些朋友就会主动来安慰你，帮你分担忧愁。另外，一本励志的书、一部好看的电影都可以和朋友们一起分享，大家互相讨论，交换意见，不但增长了见识，还沟通了感情。

在学习上，分享能够促进大家一起进步。如果你有了新的解题思路或者新鲜的观点，拿出来展示一下，既可以给其他的同学一些启发，也能够促进自己进步。

有一次，豆豆在做数学题时，找到了一种新的解题方法，她非常高兴地和同学们分享了自己的方法。但是有个同学却指出了她的错误，豆豆再演算时发现，同学说的果然是对的。虽然她这次分享没有获得同学们的“认可”，但她还是觉得，幸好自己没有小气地把新方法藏在心里，否则就不会发现自己的错误了。

从豆豆的经历不难看出，分享真的是一件好事。既有利于大家互相学习、查漏补缺、共同进步，还有利于自己的学习成长。

有时候，女孩会因为害羞而不敢和朋友分享自己的心情和事情。但是，害羞、忸怩的性格对女孩的成长并没有好处。如果女孩想让大家喜欢你，就要主动展示自己，把自己的优点亮出来。这样才可以交到更多的朋友。倘若自己一直躲在自己的小角落里，不去和同学们接触，大家就无法注意到自己，那么无论你有多么善良、友好，多么想和同学们分享自己的快乐和忧愁，也不会被同学们所认可和接受的。

# 5

# 享受生活，做个知性的女孩

女孩，要做一个知性美人，生活中要有情趣，要有情调，要善于发现生活的美，也要学会享受和培养生活中的美。怎么学呢？方法有很多。读书可以，勤劳可以，种花种草可以，学习厨艺也可以……

## 26 读书让女孩变得有魅力

读书可以使女孩增长知识，学习到别人的经验教训，然后再把这些知识和经验合理地利用，用以体现自身的价值。在杜甫的《奉赠韦左丞丈二十二韵》中，也曾提道："读书破万卷，下笔如有神。"这些都是读书对于青少年的好处。尤其是女孩，多读书，能让自己的知识面更宽更广，也会让自己变得更加有魅力。比如，我国现代的著名作家——张爱玲女士。

张爱玲是中国现代著名的作家，她创作的小说、散文和读书笔记等受到广大读者的喜爱。张爱玲出身名门，从小就酷爱读书，除了写作的时间外，她的眼睛很少离开书，晚上睡觉之前也要翻上几页。直到晚年，她的床头依然放着几本她钟爱的《红楼梦》、《西厢记》等。虽然张爱玲的小说作品大都是都市情感系列，但她读书的范围却不仅仅局限于此。

张爱玲从小就爱读书，是个博学的大才女。从小，她就在父亲的要求下，读遍了四书五经和《史记》，但是这些书无法满足她的阅读欲望，因此，张爱玲总会偷偷跑到父亲的书房里找书看。

有一次，她无意中翻到了一本讲植物的旧书，书的封皮已经发黄、破碎，甚至连书名都认不出来了，她只看到了一个"花"字。女孩天生就与花有一种特殊的缘分，她一看见这个字就对这本书产生了浓厚的兴趣，便翻开认真读起来，连吃饭的时间都忘记了。张爱玲就是如此的爱书、爱看书。

张爱玲上大学时也经常泡在图书馆里。她无书不读，有文学的、社会学的、心理学的、哲学的，甚至还有物理的、化学的、工程学的、设计学的等等，凡是图书馆有的书，她大致都浏览过，当时班里的同学都叫她“读书狂”。

作为作家，如果没有广博的学识，她的文字就会显得苍白无力，纵使情感真挚，也总会让读者觉得缺乏内涵。张爱玲的作品虽然更偏重表达感情，但她也会描绘社会形态和异地风情，有时还会对一些科学知识进行讲述，读起来非常的丰富有趣。和同时代的女作家相比，张爱玲所表达的思想也更深刻、更超前。她所取得的成就在很大程度上要归功于多读书、广读书的好习惯。

由此可见，读书对女孩的影响是多么巨大。如果张爱玲不是“读书狂”，那么她写出来的作品也就不会被读者所喜爱了。其实，很多历史名人都有广读书的习惯，这个习惯促使他们一步步走向了成功，并名留千古。

这里不是让女孩真的把所看到的书全读一遍。一般情况下，女孩都是比较喜欢看文学类和艺术类的书，对科学类的书反而不太感兴趣。女孩可以不用勉强自己，先从自己喜好的书开始读起，等养成读书的好习惯后，再逐渐扩大阅读范围，找一些科学类或其他类型的书籍来看。有的女孩在上学期间从来没有看过一本课外的科学类的书，哪怕是一些科幻小说。其实这种做法是不太可取的。十几岁的女孩，首先是一名学生，应该逐渐扩大自己的知识面，不要盲目地拒绝看某种类型的书，其实如果你肯花一点时间认真地看一看，说不定你会突然“爱上它”。

而且，广读书还能够激发女孩学习热情，帮助女孩找到学习方法、提高学习成绩。一本课外书就是有这样的魔力，当女孩用心去阅读时，总能从中发现一些自己感兴趣的东西。特别是完成作业后，如果女孩觉得再看课本上的知识会感觉疲惫，这时候就可以拿起一本课外书，随便翻一翻，不但能起到休闲的作用，还能增长见识、丰富自己的生活。

女孩如果想养成广读书、爱读书的良好习惯，可以把书放在触手可及的地方，无论是窗台上、茶几上还是厕所里，无论女孩走到哪儿都会看到书，渐渐地，也就变得爱看书了。

古人看书都讲究“三上”，即枕上、马上、厕上，凡是可以看书的地方他们都不会放过。因此，女孩读书不一定非要在学校里、书房里，只要给自己营造一个良好的看书氛围，让自己随时随地都能看书、能学习就行了。

出门在外的时候，女孩也可以随身携带一两本课外读物，旅途无聊时随便翻一翻、看一看，不但打发了时间，还能学到不少知识。如果女孩觉得总是拿着一本纸书看太累，还可以下载一些电子读物。现在的电子产品如此发达，到处都有网络，网上也有很多种电子读物。女孩可以挑选自己喜欢的，下载到手机或者电脑里，这样一来，随时随地，都可以看到自己喜欢的书了。

## 27 做事不拖拉，做个勤劳女孩

勤劳是一种美德，是人们生存的必要条件，也是发家致富的铺路石，更是女孩事业有成的重要保证。通过辛勤的劳动，女孩不仅可以获得物质上的财富，还能收获精神上的满足。而且，女孩勤劳能干，也能为父母减轻不少负担。

周末的时候，小雪起得特别早，因为最近爸爸妈妈工作忙，没空收拾房间，家里变得乱糟糟的，小雪就想偷偷把家里收拾一下，减轻父母的负担。

小雪迅速从床上爬起来，叠好被子后，就开始动手干了起来。先把扔在桌子上、沙发上的东西都分类放好，然后又把桌子、柜子、椅子都擦干净，最后拿着扫帚、拖把做最后的清洁工作。

做完这些工作后，小雪还为爸爸妈妈准备了“丰富”的早餐——水煮蛋。

爸爸妈妈醒来后，吓了一跳，差点还以为自己住错了房子呢。

故事中的小雪主动帮助家里做了清洁工作，为父母减轻了不少负担。其实，做家务是每一个家庭成员的责任，但是，如今的女孩却“横针不动、竖线不拿”，很少有为父母分担家务的意识。其实，女孩主动帮父母做点家务，不但能够减轻父母的负担，还可以养成爱做家务、爱干净的好习惯。要知道，一个家庭并不只是父母的，女孩不能把所有的责任都推到父母身上，应主动承担一些家务，体会到做主人的感觉。

而且，家务劳动还能锻炼女孩的实践动手能力。女孩要感受做家务的整个过程，并积极锻炼自己的动手能力。如果女孩觉得自己上学读书已经够累了，根本没有时间帮助父母做家务活，那就做一些力所能及的小事。比如，起床后叠好自己的被子，自己的房间自己收拾等，既能提高自己的能力，还可以保护自己的小空间。

除了勤做家务，女孩还应养成做事不拖拉的好习惯。

赵巧有一个坏习惯，做事爱拖拉，总是磨磨蹭蹭的，本来三天就能完成的任务，她往往要拖到五天才能交差。

有一次，老师让她做一次黑板报设计，她满口答应了下来，但两天了，她也没有把设计方案交到老师的手里。

明天就是交任务的时间了，但这天放学后，赵巧还是和往常一样，写完作业后就一直在看电视，一点紧张意识也没有。

直到晚上快睡的时候，赵巧才想起来黑板报的设计还没完成，明天要交给老师了，该怎么办呢？没办法，她只好连夜赶工，终于在凌晨的时候把任务完成了。

第二天，赵巧把做好的设计送到老师手中时，老师看了看，笑道："昨天晚上熬夜完成的吧？"

"您会算命吗？"赵巧好奇地问。

老师笑道："我不会算命，我只是知道你做事很拖拉。"赵巧听了羞愧地低下头。

勤劳，并不是女孩只要干了活，就算是辛勤劳作了。如果女孩今天该做的工作拖到明天才去做，那明天的工作要拖到什么时候呢？所以说，拖拉的女孩，一点也不勤快。但是，在现实生活中，做事拖拉已经渐渐成了一种非常“流行”的现象，无论在哪里，像故事中赵巧这样的人不在少数，而且以女孩居多。

做事拖拉是个很不好的习惯，不但影响办事效率，浪费感情，浪费时间。调查研究表明，“拖拉一族”大都出现在中学学生这一群体中。当女孩一放假她们就把书包扔到一边，要么出去玩、要么睡懒觉，极尽可能地放松自己，等到要上学的前一晚才开始赶作业。把两天的任务都堆到了一晚上来完成，压力当然会很大，从而又会产生焦虑心理，对身体健康很不利。

虽然做事拖拉表面看来只是一种坏习惯，但这却是一种心理疾病，即“心病”。美国心理学家约瑟夫·R. 法拉利称它为“慢性拖拉症”。是病就应该有治疗的方法，想要治好“拖拉症”，那就要对症下“药”，而且必须坚持“治疗”，否则会有复发的可能。怎么治疗拖拉症呢？心病，当然还得靠心药医。

如果女孩的拖拉是因为压力过大、想要逃避的话，那就建议女孩先静下心来，调整好心态，然后把所有的任务分成几个小部分，化整为零，各个击破。这样不但能够减轻自己的负担，还能保证按时完成任务。如果女孩是因为懒惰而拖拉的话，那就要注意提高自控力，强迫自己去及时去完成任务。比如，女孩在写作业的时候可以给自己划定合理的时间范围，并强迫自己在规定的时限内完成，慢慢改掉办事拖拉的坏习惯。女孩还要每天提醒自己“今日事今日毕”，自觉地完成今天的事情，不要把所有的事都推到明天，否则明天会非常疲惫。

## 28 用美好的心态，看待自己的世界

无论什么时候，一个人的心态都是很重要的。当女孩用消极悲观的心情来看待周围的人事物时，所看到的只能是灰色沉闷的天空，死气沉沉的事物，没有一样东西是美好的。如果女孩摆正自己的心态，用美好的眼光看生活，就会发现，原来世界是如此的美好，到处充满了绚丽的色彩，到处都有欢声笑语。这样一来，女孩也会被这样的世界所感动，变得开心起来。

小倩长得很漂亮，可是她却很少笑，经常愁眉不展，这让朋友很费解。

今天，小倩又紧锁着眉头，一副闷闷不乐的样子，好朋友京京过来问她："小倩，你是不是有什么不开心的事？"

"你看，外面马上要下雨了，我担心我的衣服会被淋湿，这是我最喜欢的一件衣服呢。"小倩担心地说。

京京听后一愣，接着哈哈大笑道："你就是在为这么点小事发愁吗？今年夏天这么热，好久都没有下过一场雨了，要是真的会下雨，那可是一件天大的好事，你别这么闷闷不乐的了，和我们一起聊天吧！"

小倩只好和她一起加入到同学们的讨论中。

放学回家的时候，小倩看见有辆汽车差点撞到了老人家，她又不开心了，开始抱怨交警不称职、社会不安定。

“小倩，你还真是忧国忧民啊。难道你没有发现，事后那个车主赶紧下车向老人道歉了吗？还有警察叔叔也很快就赶来处理了这件事，只要你愿意，你看到的事情应该都是很美好的。”京京劝她多看事情美好的一面，不要总是让自己的情绪陷在灰暗之中。

小倩问：“为什么我总是看不到生活中的美呢？”

京京把手伸到她的眼前，问：“你看到了什么？”

“一只手。”

“还有呢？”

“没有了。”

京京说：“你没发现我今天戴了一枚漂亮的戒指吗？”

小倩这才注意到，京京今天戴着一枚十分可爱的戒指，虽然是塑料做的，但在雨后，却闪着晶莹的光。这就是生活中的美好之处吗？小倩心想。

在日常生活中，很多女孩都像故事中的小倩一样，总是看不到事情的美好之处。她们总觉得自己看到的事情不够美好，也因此而愁眉不展。其实，“生活中不是缺少美，而是缺少发现美的眼睛”。而和小倩相反，故事中的京京就有一双发现美的眼睛，这双眼睛让她看到了雨后的清新和湿润，也让她体会到了人间的温情，和小倩相比，她总是过得那么开心和幸福。

其实，如果不善于发现生活中美好的人想让她马上就找到那些美好之处，这是不太可能的，有时还需要女孩进行一些学习和锻炼才行。因此，在生活中，女孩要注意培养自己的审美意识，会审美了才更容易发现美。晚唐时期，很多诗人不再赞美花草、吟哦云月，而是把视角转移到生活中的一些小角落，写蜘蛛、写蚊子等。这些事物原本都不够美好，可是诗人们却长了一双善于发现美的眼睛。在他们的描述下，这些蜘蛛、蚊子等都变得活灵活现、非常可爱，这就是会审美、会发现美。

女孩应经常出去走走，努力发现生活中的美，多注意外面的各种变化，这会让女孩变得更容易发现生活中的美丽事物。发现美，不但能够愉悦女孩的心情，还可以培养女孩乐观向上的心态，让女孩更加热爱生活、热爱生命。美存在于生活中的每一个角落，但是很多人却看不见它，因为大家不去观察和体会。春天柳树发芽的时候，有的人会惊讶地说："哟，春天来了，真好！"而有的人却始终没有发现这一现象，等到夏天来了，他才怀疑地说："春天已经过去了吗？"这就是生活中的遗憾。因此，女孩要加强自己审美能力的锻炼，多看一些艺术类的书或影视作品，从这些作品中体会到生活的美，慢慢培养自己发现美的能力。

女孩如果想在生活中捕捉到更多的美，那就要眼观六路、耳听八方，无论是在上学的路上还是回家的途中，都应该把眼睛睁大一点、把耳朵竖直一点，四处看看、听听，说不定能找到很多美丽的细节。

## 29 要学会一道拿手菜

虽说现在女性已经“解放”了，有了更多的属于自己的权利，也在社会上拥有了更多得到地位和名利的机会。但是作为女性，女孩总有嫁人独自生活的那一天，到时候如果自己连个拿手菜都不会做，岂不是要被人笑掉大牙了?

有的女孩可能会说，到时候多挣钱，顾个保姆或者在外面吃饭不就行了。但是女孩如果不会做饭，就不会体会到自己做出美食并享受的那种自豪感和成就感了。而且，现在世界各地都在提倡卫生饮食，经常在外吃饭已经变成了一种损害健康的行为。因此，为了能随时随地享受到美食，女孩还是要学学做饭，至少，也要学会一道招牌菜。

英英是个很爱吃的女孩，而且总爱吃好吃的，做的饭菜不香、不合口她都不会吃。

“既然这么爱美食，为什么不自己学做饭呢?”英英问自己，得出的结论就是，她要学做饭。

平时妈妈做的饭最好吃，英英决定向妈妈请教做饭的诀窍。

“今天咱们做什么菜?”晚饭的时候，英英走进了厨房。

妈妈正在忙，说:“蒜薹炒肉。”

“太好了，我最喜欢了。我能跟着学做菜吗?”

“当然可以，你先帮妈妈把蒜薹切了吧。”妈妈吩咐道。

“好，可是怎么切呢？”英英拿着洗好的蒜薹无从下手。

“切成大概三厘米长的小节，尽量均匀一些，这样炒出来的菜比较好看。”妈妈说。

听了妈妈的话，雪静很认真地估计了三厘米的长度，然后把蒜薹切成均匀的小节，盛在一个盘子里。

“妈妈，我切好了，您看看合不合格？”

妈妈夸奖道：“不错，值得表扬！再帮妈妈切点葱，注意别切到手。”

“好，交给我吧。”英英迅速把几根葱剥干净，然后用清水洗过，切成一厘米左右的小节，盛在佐料盘里。

有了英英的帮忙，妈妈这顿饭很快就做好了。吃饭的时候，父母对蒜薹炒肉一直赞不绝口，直夸英英有做厨师的天赋。

英英听了，心里美滋滋的，在以后的日子里，她还学会了自己创造新菜品，味道都堪比大饭店。英英自豪极了。

上例中的英英因为自己爱吃美食，所以就决定和妈妈一起下一次厨，在做饭的过程中，不但减轻了妈妈的负担，还得到了夸奖，为此英英在开心的同时，还觉得很自豪。由此可以看出，女孩应该经常和妈妈一起下下厨，在给妈妈当帮手的同时，增长自己的厨艺，在看着父母做饭的时候，女孩耳濡目染，慢慢地，自己也就学会做饭了。

现在的女孩大多会受到父母的宠爱，总喜欢衣来伸手、饭来张口，连基本的家务都做不好，更别提主动学做饭了。但是，学会做饭，会让女孩受到身边人的赞美，让女孩的自信心增强不少。比如，当女孩和同学一起去郊游或者野炊时，同学当中没有一个人会做饭，而女孩却能够站出来在同学面前露一手，让大家吃一顿美味的饭菜时，相信同学们一定会对女孩竖起大拇指。在受到同学们的夸奖后,女孩会觉得非常自信,而自信又能让女孩变得更美丽，更有成就感。

而且，经常下厨，除了能够让女孩学会最基本的做饭技能，还可以培养女孩爱劳动的好习惯。做饭不仅仅是一项任务，还是一种乐趣。前羽毛球世界冠军魏轶力就非常喜欢和妈妈一起下厨。虽然平时训练很辛苦，但是她总是抽时间帮妈妈做饭，在她的意识里，做饭是一件很有趣的事情。学会做饭以后，女孩还可以自己搭配菜样，既营养又健康，吃着也非常开心。而且，学习做饭的时间长了，女孩还可以像上例中的英英一样，自己“研发”菜谱，来为家中的饭桌增添色彩。这既能尝到美食，又能收获自信，何乐而不为呢。

另外，女孩在学会做饭后，还能根据自己的需要做出营养的饭菜。比如，现在很多女孩都喜欢保持苗条的身材，但是又不爱运动，总是靠减少食量来保持体形，对健康是很不利的。其实，做饭，也是一项简单的“运动”方式，如果女孩不喜欢跑步，也不爱游泳，那就可以在厨房里忙活忙活，走动走动，不但可以给家人准备一顿美味的饭菜，还可以帮助自己保持苗条的身材，可谓是一举两得。女孩还可以多看一些食谱和介绍美食的书籍，这样一来，既扩展了自己的知识面，又能提高自己的厨艺，女孩一定会对此感兴趣的。

## 30 养花种草，陶冶情操

享受生活，女孩还应做一个有情趣的人。情趣如何培养呢？女孩应先学会陶冶自己的情操，比如，养盆花、种棵草，多和小动物接触等。这些行为不仅可以让女孩发现生活中的小情趣，还能培养女孩的爱心，让女孩爱上生活，享受生活。

彩彩想种花，妈妈觉得很诧异，因为彩彩人如其名，一看到漂亮的植物就会跑过去把它们采回家，怎么可能会主动要求种花养花呢？

“对啊，我要种一棵属于自己的花。”彩彩说。

彩彩做事向来没什么耐心，也不懂得照顾别人。妈妈并不看好她，虽然嘴上很支持，可是心里却暗暗地为彩彩所说的花叫屈。

彩彩知道阳台上有花盆，就跑到阳台把花盆里的土翻开一些，播下花种，再盖上一层薄薄的土，然后舀来一瓢水，一边浇一边说：“花儿花儿快长大，开出美丽的花朵来。”

接下来的几天里，彩彩一直非常关注花盆里的动态，早上看、晚上也看，恨不能让花盆里马上窜起高高的绿叶、长出艳丽的花朵。几天之后，终于有一棵小嫩芽破土而出，彩彩高兴极了。为了让自己的花能够茁壮成长，彩彩经常往家附近的花店跑，向老板请教一些养花的秘方，还买了很多相关的书籍来看。

有一天，全家人一起看天气预报，当听到主持人说“今夜会出现大幅降温”时，彩彩赶紧跑到阳台上把花盆搬进来。

妈妈好奇地问：“你这是做什么？”

“今天晚上温度会下降，但是这种花不能在低于15℃的气温下生长，如果不搬进来，它会生病的。”彩彩说。

“你怎么知道的？”妈妈问。

“我问过花店的老板了，还看了很多关于种植花朵的书。”

妈妈感到很欣慰，女儿终于懂得照顾“别人”了。

之后的日子里，在彩彩的悉心照顾下，花盆里的花不仅长出了碧绿的叶，还开出了艳丽的花，非常漂亮。

现实生活中，人们经常在公园里、马路边看到一些“爱护花草树木”的警示牌。这些警示牌既是一种提醒，也是一种讽刺，讽刺那些不爱护花草树木的人。

想要变得爱护花草，那就学上例中的彩彩，亲自种一盆花，并认真地照顾它。看着它一点一点、慢慢地成长，女孩的心境会发生很大的变化。在种花、养花的过程中，女孩会了解到，其实每一朵花、每一株草、每一棵树的成长经历都是很坎坷的。它们要经受无数风雨的打击，就像人要承受很多病痛和灾难的折磨一样。当女孩感受到花草和人一样都具有生命的时候，就不会忍心再去伤害它们了。

种花除了能够让女孩养成爱护花草树木的好习惯之外，还可以修身养性，提升女孩的气质，陶冶女孩的情操。种花需要耐心和智慧。每一种花的生长期是不同的，有的长、有的短，如果缺乏耐心，不能安静地等待一些成长缓慢的花自在地发芽、长叶、开花的话，那么就可能对花照顾不足，从而导致它的死亡。相反，如果耐心地等待、细心地栽培，说不定可以奇迹般地培养出一株“千岁兰”。

因此，女孩在闲暇时光，可以选一种自己喜欢的花来养育。亲自播下花种，悉心照顾它们，看着它们慢慢破土、长叶、开花。女孩也会变得开心起来的。而且，种花也是一门学问，如果女孩在种花的时候，不去思考，以为只要把种子埋进土里就万事大吉了，那么很可能花刚长出芽，就要死亡了。女孩要知道，在养花的时候，什么时候浇水，什么时候施肥，什么时候换土等，都是很有讲究的。女孩需要根据具体情况对花枝进行修剪，给花叶治病。

总而言之，种花也是需要学习的。而且在学习的过程中，女孩不但懂得了一些必要的种植技巧，还能养成淡然、泰然的心境。另外，花朵不仅能陶冶情操，很多植物还具有净化空气的作用，比如吊兰、芦荟等。女孩如果能在家里种上几盆这些植物，不仅清新养眼，还能为自己创建一个良好的生活环境。

除了花草，女孩还可以尝试养一些动物，比如，猫、狗。这些动物都和人比较亲近，也很通人性，经常和动物相处，也能让女孩的生活变得多姿多彩。

## 31 才艺，让女孩变成气质佳人

女孩不仅要年轻漂亮，还要多才多艺。仔细观察身边的女人，女孩会发现，经过艺术熏陶的女孩就是比一般人有气质，就好像那种高贵的气质是与生俱来的一样，一点不做作，不掺假。其实，很多时候，女孩的气质，完全是靠艺术烘托出来的。

2005年，随着淘宝网的走红，一个名为“香港米兰站”的网店迅速吸引了大家的眼球。它在短短的三个月内被点击了15万次，货品的拍卖总值也超过了60万元，成为“淘宝上最牛的店铺”。它的主人达贝妮也被大家誉为“淘宝的传奇”。

虽然身为视频搜索引擎的CEO，但达贝妮看起来并不强势，脸上永远挂着甜美的笑容，气质优雅，穿着也很有品位，整个人散发着艺术家的气质。其实，这和她从小就学芭蕾舞有很大的关系。

达贝妮从四岁就开始学习芭蕾舞，很有跳舞的天赋，经常参加各种文艺演出，《天鹅之死》、《吉赛尔》都是她的拿手好戏。老师和同学们都以为她会成为一名舞蹈演员，但是，她并没有把舞蹈当作一生的事业，芭蕾舞只是点缀了她的生活。达贝妮学习很刻苦，从小就是班里的尖子生，高考时更是以优异的成绩考入了上海交通大学。上学期间她一直没有放弃过芭蕾舞，因为芭蕾舞丰富了她的生活，给她带来快乐。

芭蕾舞不但塑造了她美丽的外表，还提高了她的修养。2003年，22岁的她带着对美的向往参加了中国小姐风采大赛，她的多才多艺和优雅的气质给大家留下了深刻的印象，还入围了上海分赛的前20名，很有希望争夺冠军，但是，她觉得这场比赛商业色彩太浓，和她所追求的美丽相差太远，就毅然退出了比赛，放弃这次一举成名的机会。

在大家的心目中，达贝妮一直是个“智慧、美丽、财富俱全的80后美女”，她也在为成为一名更有能力的CEO而努力着。

气质和艺术，有时候仅仅隔着一层纸，捅破了这层纸，气质和艺术就会“相遇”，让女孩从中受益。艺术应该是女孩的必修课，无论是学习舞蹈、音乐还是绘画，都能够提高女孩的修养，使女孩散发出或优雅，或恬静，或自信的气质。比如从“中国好声音”走出来的盲人歌手张玉霞，她经常说“当我唱歌的时候，我就是一个发光体”。是音乐给了她自信，虽然她的眼前是一片漆黑，但她在唱歌的时候心里是光明的，她的生活也因此而变得多姿多彩。

艺术在很大程度上丰富了女孩的生活，现在，很多女孩宁愿把时间浪费在毫无营养的泡沫剧上，也不愿意用来学习艺术。这对女孩来说，是一项巨大的损失。很多女孩经常会产生这样的疑惑——为什么我不像某某那样有气质，看起来充满才情呢？答案是，因为不懂艺术，也不愿意学习艺术。要知道，学习艺术不仅能提升女孩的气质，还能有助于大脑的开发，激发想象力，对女孩的学习和生活都有很大的帮助。

所以，女孩要有一些兴趣和爱好，根据自己的兴趣爱好，来学一点艺术。比如，女孩喜欢唱歌跳舞，那就学学舞蹈，还能塑造自己的体形。如果女孩比较文静，喜欢墨香，那么可以练练书法，让自己做一个知性美人。当然，这里所说的学习艺术并不是要潜心研究艺术，而是把它当作生活中的一种点缀，是用来增添生活的乐趣的。学习文化课要讲究方法，学习艺术也是同样的。如果真的体会不到艺术中的真谛，那就先放一放，出去走走，艺术是源于生活的，也许大街上的某个场景会激发出女孩的悟性也说不定。

6

# 让沟通来解决与父母的“代沟”

青春期的女孩会发现，不知不觉间，自己与父母之间竟然产生了“代沟”。这让亲子间的沟通出现了很大的问题……乖巧可爱的女儿长大了会变得“冷漠无情”。其实，这只是女孩没有掌握好与父母沟通的方法。

## 32 做父母的“贴心公主”

在现实生活中，父母和孩子之间经常会有这样或那样的矛盾，人们俗称为“代沟”。尤其是女孩的心思比较细，在面对父母时显得更加小心谨慎，就怕自己被父母抓到“把柄”，挨训受批评。

其实，女孩不必对父母这么防备。不是有句话说“女孩是父母的贴心小棉袄”吗？只要女孩平时多关心一下父母，并把自己的关心付诸行动，做父母的“贴心公主”，那么一切“代沟”都会被抚平的。

妈妈工作了一天，回到家后一边做饭一边揉自己的肩膀，女孩小可看到后担心地道：“妈妈，您的肩膀疼吗？”

“有点酸痛，工作的时候太卖力了，有点累。”妈妈笑着回答道。

但小可却从妈妈的笑容中看出了深深的疲惫，连忙说：“那我给您按摩按摩吧，也许会变得舒服一点的。”

“不用，妈妈休息一下就好了，你去写作业吧。”妈妈害怕耽误小可的学习，但小可却坚持让妈妈放下手中的家务，把她拉到了客厅的沙发上，等妈妈坐好后，她握起拳头，轻轻地捶打在妈妈的肩上，一边捶还一边问：“妈妈，好点了吗？”

“嗯，好多了，真舒服！”妈妈真的觉得肩膀的重量一下子变轻了好多。她觉得，女儿的按摩还真起到了作用，而且，也可能是女儿的这份孝心让她忘记了身体的疲惫也说不定。

“以后我天天给您按摩好不好，这样您的肩膀就不会疼了。”小可还学着按摩师的样子用手指使劲儿地按揉，看起来还挺专业。

过了一会儿，爸爸回来了，正好看见小可在给妈妈做按摩，就嫉妒地说：“我的肩膀也很疼，怎么没人给我按摩一下？”

平时小可最害怕和爸爸说话，因为爸爸总是很严肃，但现在爸爸竟然和她开起了玩笑，她怯怯地说：“爸爸你坐好，我也给您做个按摩吧。”

小可特别开心，通过按摩，她和爸爸的关系也融洽了很多。她发现，原来爸爸并不是那么严肃可怕的。

大多数女孩都是在父母的溺爱中长大的，性格不是很独立，什么事都要依靠父母才能做好，哪怕是洗衣服、叠被子这样的小事。她们习惯了父母的照顾，却不懂得关心父母、孝顺父母。其实，每个人都有一颗孝顺父母的心，只是一直没有付诸行动而已。

女孩要学会孝顺父母，而且孝顺应该趁早付诸行动，不要总是说“等我有钱了要好好孝顺父母”这样的话。孝顺父母应该从现在做起，从小事做起。女孩可以为父母洗一次脚、做一次按摩、做一顿饭，尽量多给父母一点爱。这些都能让父母随时都能感受到女孩的孝心，强化彼此间的亲情。

女孩要多关心父母的身体，孝顺父母也要有智慧、讲方法，多和父母沟通，了解父母的需求，也让父母了解自己的心事，帮父母排解烦恼的同时，也能让自己变得独立友爱，这种关心是互相的。当然，孝顺不是盲目听从，父母的话应该听，但不是每一句都要听。如果父母的观点出现了错误，女孩也应该指出来，不能盲目地服从父母的一切安排，要做一个独立自强的好女孩。

## 33 体谅父母，不做“刁蛮丫头”

日常生活中，人们经常可以看到一些孩子向父母撒娇，疼爱孩子的父母会觉得，爱撒娇是好事，说明孩子可爱，黏父母。但是，青春期的一些女孩却撒娇过了头，经常对父母耍脾气，使性子，日常生活中显得过分刁蛮任性，一点也不可爱。

小茵看上了一套名牌衣服，就回家和妈妈说，让妈妈周末带自己去买衣服，但没有说要买什么样的衣服。

妈妈自然很高兴能和女儿一起出去购物。

第二天，小茵早早就起来了，还对妈妈说：“今天我来当小跟班，妈妈买的东西，全由我来拿。”

乐得妈妈哈哈大笑。

但一到商场，妈妈就笑不出来了，她对小茵说：“女儿，这套衣服这么贵，而且你正在长身体，今天穿着好看，没准明天就不能穿了，咱们还是买旁边那家的衣服吧，好看又实惠。”

小茵马上不高兴了，嘟着嘴说：“不就是几百元嘛，一点都不贵，妈妈太小气了。”

“这不是小气，这是精打细算，会过日子，以后你长大了，也得这样。”妈妈继续劝女儿。

但小茵就是不听，开始撒起娇来，一开始还和妈妈商量，渐渐地，她就没了耐性，任性起来。

见妈妈就是不给她买，小茵干脆一把抢过妈妈的钱包，拿了衣服就去收银台结账，但收银员却只是微笑着拒绝了小茵。小茵顿时觉得没了面子，扔下衣服就跑回了家。

妈妈一边向店员道歉，一边追着女儿往家跑。

现在的女孩大多都是独生子女，在父母的宠爱下，学会了撒娇和任性，尤其是遇到自己想要的东西，但父母不同意买时，女孩就会变成无理取闹的“刁蛮丫头”，只知道和父母耍脾气，任性闹事。这样的女孩已经习惯了以自我为中心，不论说什么、做什么，别人都要依从她，否则就耍赖、闹脾气。而父母的一再迁就，让女孩变得更加娇惯和任性。她们不懂得体谅父母，总是埋怨父母不理解自己，却没想过，是否是因为自己的原因，在自己和父母之间隔上了一堵墙，才让父母和自己的关系越来越远，感情越来越淡。

那么，女孩应该如何学会体谅父母，不再做“刁蛮丫头”呢？想要学会体谅父母，女孩应先从交朋友、体谅同学做起。因为朋友和同学能与女孩产生共同的话题和情绪，也更能互相理解。如果女孩学会了关心朋友，体谅同学，自然也就会渐渐地开始理解父母的苦衷。

在学校里，经常出现一些女孩小帮派，在“刁蛮公主”们的带领下，她们三个一群、五个一伙的，没事就凑在一起搞点“小破坏”，或者欺负性格软弱的同学，或者上课给老师捣乱，任性妄为，屡教不改。其实，“刁蛮公主”并不是真的坏女孩，她们只是性格太自我，总是希望所有人都围着自己转，害怕被忽视、被孤立。

盼盼以前家境很好，父母对她一向很娇惯，慢慢地就把她宠得很任性。在家里，她唯我独尊，在学校里，她也是中心人物。女孩都喜欢围着她转，她说一没有人敢说二。但是后来，盼盼家里经济状况不是很好，她不管是在学校还是家里，地位都一落千丈。从前依附她的那些女孩都瞧不起她，其他的“刁蛮公主”也开始欺负她了。这让她感到十分伤心难过，认为世界上根本没有真正的友情，人和人之间全是骗人的，虚伪的。

其实，如果不是盼盼以前太任性，总欺负弱势的同学，那么，大家也不会变得这么“虚伪”，也会真心地和她交往的。正因为她之前不体谅他人、任性蛮横的行为，才使她在家庭出现困难的时候，受到了孤立和欺负。因此，女孩在与人交往的过程中，要放下自己的“公主”架子，平等地和大家往来，这样才更有利于与同学建立真挚的友谊，让自己学会体谅他人。

放下“公主”架子，不但能够让女孩更好地融入集体当中，还可以锻炼女孩的实践能力。“公主”总是喜欢依靠他人来完成任务，不论多小的事情都要分配别人来做，因此自己的实践能力就得不到锻炼。在当今社会，“公主”不能只会点兵派将，还要加强锻炼自己的实践能力，不但要让自己有气魄，还要让自己有能力。

日常生活中，这些“刁蛮公主”还应多听听父母的话，多为父母和同学考虑，从做个懂事的女孩做起，学着理解和帮助周围的人。

## 34 和父母交心，化解亲子矛盾

随着年龄的增长，很多女孩会发现，自己和父母之间已经无话可说，无话可谈。自己说的父母“听不懂”，父母说的，自己“听不明白”。因此，亲子间逐渐形成了一些矛盾。如果不及时化解这些矛盾，还有可能让女孩对父母产生怨恨的心理。

其实，女孩完全不必对父母有怨恨情绪，要知道，这个世界上，永远不会伤害你的，只有父母。

瑶瑶一直觉得父母越来越不讲理了，不让自己穿奇怪的衣服也就罢了，还管自己化什么妆。

每次因为这些事情她都会和父母大吵一顿。这一天也是这样，她刚进家门，妈妈就开始说她不学好，气得她“嘭”的一声把自己房间的门关上。

妈妈来敲门，瑶瑶还在生气。

她说：“敲什么敲，反正你们根本就不理解我，一点也不为我考虑。”

妈妈却说：“我只是想问问你，吃过晚饭我要去理头发，你要不要跟着一起去。”

瑶瑶这才打开了房门，点了点头。

原来，妈妈最近也在为女儿的事发愁，她不想和女儿做“敌人”，她想让女儿和她成为朋友。

其实，瑶瑶也是这样想的，她想让父母多理解自己，并不想总和他们对着干。

于是，这一次，妈妈并没有对女儿的事情指手画脚，她想要理什么头发，就理什么样。相反，瑶瑶见自己选什么样的发型妈妈都不反对了，反而有些拿不定主意，开始不停地向妈妈询问，到底哪种发型更适合她。

母女两个一边做头发，一边交谈平时的养生心得，就像一对好朋友一样，之前发生的所有不快，如过眼云烟般慢慢消散了。

青春期的女孩会渐渐发现，父母越来越不能理解自己了，对一些理所当然的事情父母却总能搬出让人无法理解的理由，然后试图说服自己。这样只会让父母和女儿之间产生矛盾，互相不理解。但上例中的瑶瑶和妈妈互相交了心，化解了矛盾，就会像一对“好朋友”一样的友好交谈。

女孩在成长过程中与家长发生矛盾的主要原因是，互相的兴趣和对事情的理解不一样，所以对事情的看法也不同。因此，女孩可以尝试与父母成为朋友，把生活中遇到的烦恼彻底地讲给父母听。很多时候父母的意见能减少女孩的烦恼，毕竟大人的阅历要比自己丰富，看事情也会更全面。

因此，女孩应试着和父母多聊天，多讲自己的想法，多理解父母的意见，做一个善解人意的好女孩。要和父母做好朋友，而不是互相防备着的“敌人”。比如，女孩可以在晚饭后跟家人散步的时候，聊一些爸爸妈妈喜欢的事情，了解他们喜欢什么，对事情的看法是什么样的。多跟父母交流可以读懂父母的心思，学会站在他们的角度思考问题，互相理解之后矛盾自然就减少了。

女孩在尝试跟父母交朋友时，要学着理解和宽容。总有那么一些关于青春的烦恼，作为父母可能不太理解，在他们看来可能完全是小事情，但在女孩心里，却显得很重要。这是因为人生经历和心境不同，自然会产生不一样的想法。女孩要理解父母，不要以为父母和自己过不去，因此对父母有意见。在埋怨父母不体贴自己的同时女孩也要检讨自己一番，对那些让自己烦恼的事情深究一番，多问问自己："这件事对我真的那么重要吗？""它能给我带来什么？"尝试着接受父母的建议，也许会发现，很多时候父母的意见是正确的。

所以，当女孩和父母发生矛盾，意见有冲突时，不要急着哭闹，要试着和父母聊一聊，多沟通、多交流、多交心，这样才能逐渐化解矛盾，让自己成为一个善解人意的好女孩。

## 35 亲身体验父母的辛劳

现在的孩子大多是独生子女，尤其是女孩，深受父母的宠爱和呵护。要星星给星星，要月亮给月亮，慢慢地，女孩可能就会觉得不管什么事情父母都会依着自己的，所以也就不用那么辛苦地生活了。但是父母的辛苦，女孩们体会过吗？父母那么用心地爱着孩子，如果女孩一点也不为父母考虑的话，那父母该多伤心。因此，女孩不妨趁着寒暑假的时候，到社会上体验一下打工的辛苦，这样一来，既能体谅父母的不容易，也能使自己变得更成熟。

萌萌每个月都会向父母索要一笔零花钱，这些钱她有些用来买学习用品了，有些却乱花掉了。妈妈让她学会有计划地花钱，她还不乐意。

萌萌说："挣钱这么容易，我干吗替你们省钱。"

妈妈听后，无奈地叹了口气，却没和她解释太多。

暑假的时候，萌萌的同学问她："想不想去打工？"

"打工？打什么工？"萌萌总听父母唠叨，心里也不舒服，就想自己出去挣钱花，让父母知道她有多能干。

同学说："我爸爸的便利店里需要两个帮手，但都是些轻松的工作，如果请个长工太不划算了，我就和爸爸商量，去店里当他的店员，到时候他给我发工资。如果你想去的话，也可以来陪我啊。"

萌萌觉得很不错，而且她和这个同学关系最好，每天都有说不完的话，能和她在一个地方的工作，还能聊聊天，何乐而不为呢。

于是，萌萌就答应了下来。

当天晚上就把这件事情告诉了爸爸妈妈。

爸爸妈妈也认识同学的父母，也很支持她这样做，但是心里还是有些担心。

爸爸问："你想好了？打工可是很辛苦的。"

"能有什么辛苦的，不就是过去帮忙卖卖东西，收收钱嘛，太轻松了。"

"那行吧，你去吧。但是你不能半途而废。"爸爸说。

萌萌点了点了点头，第二天就开始"上班"了。

但是才干了两天，她就有些受不了了。

天气这么热，她却要在外面卖东西，虽然有遮阳伞，但也受不了啊。但想到已经答应了爸爸不能半途而废，她只好咬牙坚持了下来。

好不容易熬了一个月，当萌萌终于拿到了当月的"工资"时，激动得哭了出来，回家后就抱着妈妈说："妈妈，你们上班真是太辛苦了。"

有时候，孩子会以帮父母做些力所能及的家务活来赚钱，但这和成年人打工的意义是不一样的。女孩只有走出家门，到社会中好好体会一下"工作"的含义，才会体会到工作的辛苦，才能培养自己的财商，才能有机会发现生活中的一些"商机"。因此，走出家门，去找一份工作，打一份工，对女孩来说，是十分有必要的。

为什么这么说呢？因为，打工不仅可以锻炼女孩的个性，让她在生活中变得坚强、有意志，还能锻炼自己的口才和社交能力，又能培养自己的商业头脑，培养自己的商业意识，可谓是一举多得。更重要的是，打工，可以让女孩体会到父母在外工作的辛劳，学会体谅和理解父母。

在国外，孩子从小就会走出家门去挣钱。

曾经有这样一位母亲，她对女儿说，你必须要出去打工，但是你在打工中每挣到一分钱，我就会同样赠送你一分钱，直到你成年为止。女儿一听还有这么好的事情，就很努力地在学习之余打工挣钱，当她成年后，她已经积累了不少的财富了。而且，因为女孩有着丰富的工作经验，大学一毕业，就收到了很多大公司抛来的“橄榄枝”。

由此可见，走出家门打工是件多么有意义的事情。现在，不仅国外，我国的很多家庭也开始重视起孩子的能力培养和财商教育来。为了让孩子能体会到打工挣钱的辛劳，父母和社会各个阶层都积极配合，为孩子创造了很多打工的机会。这让女孩们出外打工有了很多安全保障。

上例中的萌萌因为有了亲身体验，所以才会对生活和社会的认知比一般的学生深刻了很多，也能体会到父母平时上班的辛苦，不再那么理所当然地向父母伸手要零花钱了。所以说，在上学期间打点零工对女孩的成长是很有利的。现在，很多女孩在学习之余就待在家里，要么看电视，要么睡懒觉。长期如此，不仅对女孩的身体健康不利，也会影响到女孩的社交生活。而打工却能让女孩提前接触到社会，加深对社会认识和了解，让女孩对社会有一个真实的认知。要知道，书本上的知识也是从社会实践中提炼出来的，如果女孩不走出家门，对社会毫无体验，那么书本上的内容对女孩来说也会是十分空洞和乏味的。

女孩适当打工对提高自己的认知能力有所帮助，但是也要注意一些问题，尤其是女孩的人身安全问题。现在经常有这样的报道，女孩一个人出外打工，结果被人贩子拐卖，最后酿成悲剧。因此，女孩如果因为年龄的关系，不能去正规的公司打工，可以像上例中的萌萌那样，选择给亲戚、朋友打工。年轻的女孩因为对社会的情况不太了解，所以很容易被一些不法分子钻了空子，利用“学生妹”的单纯来作案，所以千万不能掉以轻心。在选择打工场所时，最好有父母的陪同和确认，以保证女孩的人身安全。

当然，打工只是为了丰富女孩的生活和体验社会环境，打工绝不是为了生存，所以，女孩在打工的时候，要分清主次，应把学习放在第一位，不能因为打工而影响自己的学业。

## 36 学会沟通，和父母融洽相处

“可怜天下父母心”，这句话说得一点不假。在女孩的成长过程中，最疼爱，最照顾女孩的人是父母。同学朋友再好，也比不上父母对女孩的宠和爱，但有的女孩在长大的过程中，却变得越来越和父母“生分”了。有了自己的小秘密，不仅不再信任父母，有时还怨恨父母，时时处处防着父母，甚至怕父母“伤害”到自己。

欣欣从小就喜欢小动物，但她小时候提过几次要想只猫或狗，爸爸妈妈总是说：“猫狗那么脏，费时又费力，你连自己都照顾不好，能照顾好它吗？”

但看到她拉下的小脸时，又连忙说：“行了行了，以后让你养，等你长大后，随便你想养几只都行，不过到时候你自己要照顾它的吃喝拉撒，爸爸妈妈可不帮你。”

“嗯，我知道，谢谢妈妈。”每次欣欣都会向妈妈感谢，但每次也都感到很失望。长大，什么时候她才算是长大了呢？连只动物都不让她养，爸爸妈妈也太不理解自己，太不爱自己了。

欣欣15岁生日的时候，又想起了这件事，想开口请父母答应自己养宠物，但又觉得没趣，万一父母又以她还小，不会照顾它们而拒绝自己呢？还不如不说。

但晚上，欣欣却迎来了这15年来最好的生日礼物——一只小猫。

“爸爸妈妈，谢谢你们，你们对我太好了，我爱你们！”欣欣激动地说。

“以前不让你养，并不是不爱你，而是你确实连自己都照顾不好，怎么能养好宠物呢，但现在你已经长成大姑娘了，还会帮爸爸妈妈做很多家务活，已经是个可以依靠的人了，所以，爸爸妈妈当然会满足你的愿意。”爸爸说。

“嗯，我现在才知道，原来最爱自己的，一直都是你们。”想起她爱吃什么，爱穿什么，爱玩什么，父母一直都十分清楚，欣欣的心里，甜滋滋的。

很多时候，女孩只会抱怨父母不理解自己，一点也不觉得父母是出于爱和信赖，才对自己要求那么严格的。因此，渐渐地，女孩不愿意再和父母亲近，也不愿把心里的想法让父母知道，其实这种状况完全是由女孩自己造成的。女孩在和父母交流沟通的时候，真的把父母的话完全听进去并理解透彻了吗？很多时候，女孩会在父母一开始拒绝自己的时候，就对父母产生了敌意，不去再听父母还讲了哪些内容，只能听到父母拒绝的声音。

长期如此，女孩自然会戴着有色眼镜来看待父母。但父母对孩子的态度却始终没变，一直是爱着孩子的。因此，女孩要对父母敞开心扉，信任父母，试着和父母做朋友，平心静气地告诉父母自己内心的想法，再听听父母的意见。不要在一听到父母开口拒绝时，就“万念俱灰”，要问清楚，父母为什么拒绝，耐心地听完父母的解释，当女孩了解了原因后，没准就会觉得父母说的是对的，有些事，确实应该像父母说的那样做。

女孩要多和父母进行交流和沟通，如果觉得刻意地没话找话说会有些尴尬，可以试着和父母培养共同的爱好，以此为切入点，拉近自己和父母的关系。

君君在学校是个活泼开朗的女孩，但一回到家里立马就“蔫”了下来，因为她总是不知道要和爸爸妈妈说些什么。在学校的时候，她有很多话想和同学朋友讲。

“为什么我和爸爸妈妈就没有共同的话题呢？”君君问自己最好的朋友小乐。

小乐说：“因为咱们之间有很多共同的爱好，而你和你爸爸妈妈之间却没有啊。”

“比如呢？”

“比如，咱们都喜欢唱歌，都喜欢同一个歌星，每次一谈起她，就像打开了话匣子，止都止不住，但你和你爸爸有吗？没有吧。”

“确实没有。”

“所以，你不妨看看你的爸爸妈妈都有哪些爱好，培养和他们一样的爱好，然后从中找话题，一定会改善你们之间的关系的。”

君君觉得这个方法不错，就照着小乐说的去做了。通过一周的观察，君君发现爸爸爱养鱼，妈妈爱养花，他们经常坐在一起，交换这方面的信息，君君也开始了解这些知识，最后发现养花养草是件十分有趣的事情，就主动和妈妈谈论起了花草的种植方法。

妈妈一听，女儿竟然还懂这些知识，高兴得也和她聊了起来，很快，大半天的时间就过去了，但母女俩还是意犹未尽。妈妈拉着君君的手往阳台走，说：“以前和你讲这些，你说没兴趣，现在既然你感兴趣了，我一定要把我的宝贝们全介绍给你。”

君君不好意思地羞红了脸，心中暗想："等晚上爸爸下班回家后，再和他谈一谈养鱼的问题吧，一定也会十分融洽的。"

有时候，并不是父母故意冷落孩子，而是孩子对父母所说的事情不感兴趣，而冷落了父母。久而久之，女孩和父母之间自然会产生隔阂，觉得和父母越来越没话说了。但如果女孩像上例中君君一样，学着了解父母的兴趣爱好，并从中入手，参与到父母的讨论中，那么，女孩一定能惊喜地发现，自己和父母竟然也有说不完的贴心话。

培养共同的爱好和兴趣，就有这么神奇的效果。试问，当别人在讨论你喜欢的事情时，你是不是也会感到特别开心呢？这就好像找到了一个"志同道合"的朋友，以朋友的身份相处，肯定会比以父母和孩子的身份相处更轻松和有趣。

# 7 美容好方法，让女孩变得更动人

“爱美之心人皆有之。”女孩在进入青春期后，爱美之心便开始萌芽。当然是多了解一些能使自己美丽的小方法，让女孩能在保证身体健康的同时，呵护娇嫩的容颜。

## 37 了解肤质，用对护肤品

人的皮肤并非完全一样的，和体质一样，每个人也都有不同的肤质。一般情况下，人的肤质可分为中性皮肤、干性皮肤、油性皮肤以及敏感性皮肤。

中性皮肤表现为毛孔小，皮肤不是太油，也不是太干，很少有瑕疵。干性皮肤经常会出现片状干燥，偶尔有红肿和瘙痒的现象。油性皮肤和干性皮肤相反，每天都“油光可鉴”，而且还容易产生黑头、粉刺等皮肤问题。敏感型皮肤最让女孩头疼，因为这类皮肤几乎对所有含有香料或防腐剂的护肤品都会产生不良反应，表现为发红或刺痛，严重的时候还会让女孩像“毁容”一样，面目全非。

皮肤是人体的第一道保护屏障，女孩只有了解了自己的肤质，才能选择正确且适合自己的护肤品，不至于让皮肤受损。如果女孩选择的护肤品不适合自己，就好比是“雪上加霜”，不但解救不了皮肤问题，反而会产生很多的副作用。

升入高中后，茉莉也和其他女孩子一样，开始萌发出爱美之心来。

有一天，茉莉约了几个好友一起去购物，今天，她们的目标是为自己选择一款合适的化妆品。

女孩都喜欢购物，似乎那些柜台里的物品都在呼唤“快来带我走吧！

快带我回家！”茉莉也不例外，很快就被柜台里摆放的各种化妆品吸引住了。她详细地询问专柜小姐各种不同的化妆品对皮肤有什么作用，看来是真打算在护肤上下一番狠功夫了。

专柜小姐也乐意接待茉莉这样的顾客，因为容易引导，也容易推销产品。她被专柜小姐的“专业”度折服，觉得自己急需保养皮肤，不然就等着变成“黄花菜”了。最后，在导购小姐强烈的推荐下，茉莉购买了一套美容用品。拿着这些“宝贝”茉莉乐滋滋地回家了。

刚开始，这些化妆品确实让茉莉看起来变漂亮了很多，茉莉每天都会扫点腮红，画个眼线，把自己打扮得漂漂亮亮的。但没过多久，茉莉发现自己脸上开始长痘痘了，最后演变成“一波未平一波又起”，脸上的痘痘此起彼伏，这可吓坏了茉莉。

从那以后，茉莉不敢再往脸上抹化妆品，连那套没用多少的控油乳液也不敢用了。意外的是，当她停止使用化妆品时，脸上的痘痘竟然奇迹般地消失了。

后来，茉莉才知道，自己的皮肤并不适合用控油产品，她本身就是干性皮肤，用控油产品不但不能保护皮肤，而且会破坏皮肤的酸碱性，从而产生副作用。而那些腮红之类的化妆品也是长痘痘的“罪魁祸首”。由于毛细孔被堵塞，皮肤自然要抗议了！茉莉这才意识到，乱用护肤品，是一件多么可怕的事情。

其实，女孩的皮肤如果没有出现比较严重的类似于痘痘之类的问题，是不需要保养品的，只需简单的护肤品，在秋冬季节天气比较干燥的时候涂抹一些保湿面霜就可以了。如果一定要购买护肤品，一定要先了解自己的肤质，再选购适合自己使用的护肤品。

每个女孩的皮肤都不一样，适合别人的不一定适合自己。女孩在购买护肤品时要有针对性，不能将价格作为护肤品的购买标准，但是也不能使用价格低廉、没有品质保证的产品。还有一些女孩是过敏性皮肤。这类女孩在选择护肤品时要特别注意，因为很容易引起过敏反应，对皮肤造成伤害。

如果女孩喜欢用美妆产品，那么用后一定要记得卸妆。可以用温和的清水或和专用的卸妆液卸妆，否则会刺激皮肤，产生不良反应。这是因为青春期女孩身体的皮脂分泌旺盛，化妆品会阻碍皮肤的自由呼吸，若是不卸妆或不清洗干净，皮肤会因为无法呼吸就会产生各种问题。

那么，不同的肤质到底该注意哪些问题呢？

如果女孩是中性皮肤，在选购护肤品时，不需要选择那些具有特殊功能的化妆品，只需要坚持每日的清洗和滋润就可以了。

如果女孩的皮肤属于干性皮肤，就应避免使用泡沫型的洁面乳，因为这类产品一般都有去油的作用，在洁面后，可以适当使用一些护肤霜和润肤剂，最好是具有天然保湿因子的产品。

如果女孩是油性皮肤，那么一定要注意保持毛孔的畅通，选择好的洁面产品，保持皮肤的清爽和清洁是很重要的。另外，还可以每周进行一至两次的角质处理，及时清理死皮细胞。

敏感型皮肤的女孩在选择护肤品时，最好选择温和、没有气味的产品。避免任何额外的清香产品, 可能会给皮肤带来的发红发痒现象出现。

另外，女孩还要注意防止皮肤晒伤。有时候，夏季太阳的“毒火”会灼伤健康的皮肤，日晒后会出现发热变红、皮肤紧绷、角质层增厚、毛孔扩大、脱水等情况，严重时，还有可能出现脱皮、红肿和皮疹等。因此，女孩在夏季出门时，一定要进行防晒，除了随身携带遮阳伞，必要时还可以涂抹一些防晒霜，但一定要注意选购正规厂家生产的防晒产品，以免防晒不成反伤肤。

## 38 提早预防，不在脸上“种”痘

青春痘一直是女孩的“大敌”。很多女孩在青春期都会遭到“痘痘”的侵袭，这让她们既“脸面无光”，又饱受心理上的煎熬。但就是对这些“侵略者”束手无措。

有时候，女孩还会“手贱”的一见痘痘就又挤又抠的，结果反而在脸上留下无法消除的疤痕，为自己增添了很多烦恼。

那么，青春痘到底是什么呢？女孩为什么会长痘呢？

痘痘古称“面疮”，多长在面颊、额、鼻和下颌部。中医上讲“肝性条达”，指肝气要像春天里的树木一样，所有树枝向外伸展，这棵树才会长得茂盛。

那么，如果体内肝气郁滞，人首先就会出现情绪波动，主要表现为心情郁闷、烦躁易怒等，这些情绪又会引发肝火。之后，火气会循着肝胆经冲上头部，而额头两侧是肝胆经主管的部位，所以痘痘很容易长在这儿。另外，还有两个部位很容易长痘痘，那就是脸颊和前额，这是由于胃火旺造成的。“火性炎上”，胃火沿着胃经上传到脸颊、前额，就会容易长痘了。

长痘后，女孩可以用按摩的方法来祛痘。比如，额头两边长痘痘，人也莫名其妙发脾气，这时，除了太冲穴这个肝脏原气流注的地方可以直接调整肝郁，气海穴也能派上用场了。气海也就是气功里所讲的“丹田”, 是人生发真气的地方, 能全面培补人体的正气, 因此它也被称为“性命之祖”。

正因为气海穴能调整人体正气，所以它也能协助太冲穴消除肝气郁滞，驱除因肝气郁结而长出的痘痘。而当脸颊、前额长痘痘时，改善皮肤的方法还有按摩内庭穴，它就在我们脚背第二第三趾缝间的凹陷处。内庭穴是足阳明胃经的荥穴,《黄帝内经》有“荥主身热”的说法，所以按摩内庭，可以泻胃火。早上 7 点到 9 点按摩，祛痘效果更佳。

长了痘的女孩，不用着急上火，也不用无奈地听之任之。按摩配合生活的调理，痘痘就会远离女孩。平时少吃肥厚油腻的食物，比如油炸食品和肉类，要多吃富含维生素的蔬菜水果。多喝温的白开水，促进人体排毒。好的作息习惯也能够帮助女孩远离痘痘。此外，保持愉悦的心情，让肝胆和脾胃运行顺畅，痘痘就会不见了。

除了按摩祛痘，女孩在发现自己长痘后，千万不要用手挤压，正确的做法是保持皮肤的清洁，不要频繁用手触摸脸部皮肤。否则，很容易在脸上留下痘痕，严重的时候还会留下像“麻子”一样的坑印，十分影响美观。这是因为，女孩在挤压痘痘时，没有对手和皮肤进行严格的消毒措施，而且女孩的手法也不专业，很容易在挤压痘痘的时候伤及真皮层，留下痘痕，成为一生的遗憾。

尤其是女孩面部三角区部位长的痘痘，一定不能挤压，因为错误的挤压方法会使细菌进入颅内，导致颅内感染，既影响女孩的美丽容颜，又损害身体健康，实在是不妥当。

如果女孩不想为痘痘发愁，也可以提早预防。

首先要注意饮食，平时不能吃辣的，要选择一些清淡点儿的食物。

其次要注意皮肤的清洁，选择适合油性皮肤使用的洗面奶洗脸，洗脸的时候，应用双手指腹轻轻按摩面部，两三分钟就可以了。这样做的目的是对皮肤进行深度清洁，彻底清除皮肤上的灰尘和油垢。洗脸的时候，最好使用温水，这样能帮助毛孔扩大，把油垢洗出来。

再次，爱长痘痘的女孩应避免使用油性或粉质的化妆品，如果女孩喜欢化妆，也不能化浓妆，在睡前，女孩还要进行卸妆，不在脸上涂抹晚霜等护肤品，使夜间的皮肤轻松、畅通，充分呼吸。

最后，长痘痘以后，女孩不要总是用手触摸痘痘，因为手上的细菌和头发上的赃物极易感染皮肤，加重痘痘的情况。

总而言之，痘痘并不可怕，女孩只要用对了方法，一样能把它扼杀在摇篮里。

## 39 如何拒绝斑点

雀斑是由皮肤内层的色素所引起的，一旦形成就会很难除去。一般情况下，雀斑很容易和黄褐斑、痤疮混淆。在古代，因雀斑“状若芝麻四散，如雀卵之色”而得名。

现代中医学认为，雀斑是一种色素障碍性皮肤病。主要是因先天遗传、后天不足、肾虚水亏所致。

另外，经研究发现，雀斑的发展和日晒也有着密切的关系。夏季阳光充足，则雀斑颜色加深，冬天反之。而且，雀斑多见于女性，在儿童期就会出现，青春期尤其明显。

这也就是为什么青春期的女孩会对脸上的小斑点感到苦恼的主要原因了。

所以在阳光猛烈的夏日到来之前，青春期的女孩就应该好好保护一下自己的脸部皮肤了，时刻要注意不要让面部在阳光下暴晒，也要在脸上擦点护肤霜或防晒霜，防止皮肤干燥，雀斑加重。另外，有雀斑的女孩在日常生活中还要注意随时补充充足的维生素 C，多吃新鲜水果和蔬菜，经常喝些蜂蜜水。

很多时候，人们会把雀斑和黄褐斑以及痤疮混淆，那么，三者到底有什么区别呢？

雀斑主要是淡褐色、黄褐色斑点，椭圆状、表面光滑，多发于皮肤暴露部位，多见于面部，比如，鼻、两颊等部位。另外，人体手背和躯干上部也比较常见，一般呈现对称式分布。

黄褐斑是因肝脾肾病变引起。多是黄褐、淡褐色斑点，形状犹如蝶翼状，表面光滑，无鳞屑。多发于面颊和鼻梁。

痤疮是因脾胃有热引起的，表现为零星的小丘疹。挤压后可看到黑体白脂栓。

女孩应先确认自己身体上的斑点是否属于雀斑，再对症下药，解决这个难题。

夏天很热，女孩小北每天上学都要忍受似火烈日的炙烤。最近几天，她一直闷闷不乐，每次照镜子的时候都唉声叹气，好像遇到了很不开心的事情。

朋友问她："你最近遇到什么烦心事了？"

小北叹了口气说："太烦了，你看，我的脸上长雀斑了。"

同学一看，小北的脸上果然长起了雀斑，但症状还很轻，如果不仔细看，是看不出来的。

同学问："你最近干什么了？"

小北说："我不是一直都喜欢到户外玩嘛，前几天出去玩了两天，结果后来就长斑了。"

同学笑道："你这是自作自受，前两天那么炎热的天气，太阳那么毒，你还出去玩，紫外线肯定会伤到皮肤的啊。"

"紫外线伤皮肤和长斑有什么联系？"小北不明白了。

"当然有关系。"同学问，"你知道黑色素吗？"

小北点了点头，同学接着说："黑色素的主要作用之一就是保护我们的皮肤不受紫外线的伤害，当黑色素在保护我们的皮肤的时候，它们就会在我们最敏感的部位聚集起来，聚集得多了自然就会显现出来了，就会成为一个个斑点了。”

小北恍然大悟，看来以后阳光过于强烈的时候，她还是少出去“晒太阳”比较好。

日常生活中，很多女孩在青春期就会发现自己脸上竟然长出了雀斑，这让她们十分困扰，往往花费无数的精力和成本却效果不佳。

其实，女孩只要每天坚持按摩血海穴便可以轻松达到祛斑的效果了。血海穴是脾经产生的血聚集的地方，按揉它可以改善皮肤血液循环，让肌肤充分吸收营养，从而减少或消除雀斑。需要注意的是，也就是上午9点到11点，是脾经运行最旺盛的时间，在这个时间内按摩，效果会更佳。

另外，在闲暇时间，还可以通过按摩膀胱经来调理气血，达到淡化雀斑的效果。

雀斑是季节性的，夏季颜色加深，冬季则相应的会变浅。女孩在防治雀斑时，可以根据这一点，不同的季节用不同的防治方法来达到祛斑的效果。

在夏季，女孩要预防雀斑的新生，这是因为夏天紫外线强烈，黑色素会更加活跃，此外，天气炎热，人们的肝火比较旺，也容易引起雀斑的产生。

女孩出门的时候一定要做好防晒工作，防晒霜是不可缺少的，还要戴上帽子或者利用遮阳伞，为自己的皮肤保驾护航。

鸡蛋也是很好的天然美容产品，对于祛斑也有很好的功效。临睡前，女性朋友可以将一颗鲜鸡蛋的蛋白和一小汤匙蜂蜜搅匀，然后用干净软刷子将此膜刷在脸上，其间可以进行按摩，刺激皮肤细胞，促进血液循环。等到膜干后用清水洗净就可以了。长期坚持下去，能使皮肤光滑细腻，扫除面部的斑点，美白肌肤。

而且，中国自古以来就有“一白遮百丑”的说法，所以爱美的女性们对美白肌肤的追求从来没有停歇过。古代是各种胭脂水粉，现代则是林林总总的遮瑕膏、粉底液之列的粉饰系列堆放在每个成年女性的梳妆台上。

中医认为，皮肤、五官、容颜、爪甲、毛发，都是整体的一部分。皮肤是内脏的镜子，是人体气血盛衰的外在表现。五脏六腑、气血津、液精、经络、六淫七邪等致病因素，都对美容有直接影响。而最容易影响肤色的脏腑当属肝、脾、肾。

所以美白就像是治病，治标不如治本。如果想仅仅通过注意防晒、远离紫外线等方式而不注重从身体内部进行调理，几乎是不可能达到理想美白效果的。只有把内在肤质调理好，肌肤才能展现真正由内而外的自然美白光彩。

如果肾气不足，会出现肤色暗沉等症状，最重要的不是往脸上抹多厚的美白精华霜，而是需要通过健脾来补足肾气。可以多吃黑芝麻糊、桂圆、淮山药等常见食材。

如果面色惨白或萎黄，则属于血虚，这样可以从补血下手，可以吃熟地黄、黄芪、人参等药材，也可以通过常吃红烧鳗鱼来补血，让肌肤恢复白里透红。

饮食不规律、营养不均衡、生活习惯不科学、工作压力大等原因都会导致体内的细胞制造出更多的废弃物，让皮肤显得暗沉。先排毒，多吃水果蔬菜等排毒食品，让肌肤重现白里透红，美白也是一个由内而外的护理工程。

另外，日常生活中还有很多的祛斑小方法，比如，服用能祛斑的中医汤饮、补充维生素 C 或者进行食疗。女孩可以找到最适合自己的祛斑方法，进行祛斑工作。

需要注意的是，女孩不能自行服用祛斑药物，也不能滥用商品中所说的带有祛斑效果的化妆品。这些药物和化妆品都带有一定的副作用，如果使用不当，很可能祛斑不成反增斑，后果不堪设想。

## 40 如何呵护秀发

女孩天生爱美，这种爱美之心，不仅体现在穿衣打扮上，还可以从女孩一头飘逸的长发看出来。女孩如果有一头秀美的长发，将会被人羡慕、称赞。但青春期的女孩却经常做一些伤害头发的事情。比如，烫发、染发。她们以为，这样能让自己变得更美，殊不知，这种美，只是暂时的表象，女孩的头发在不知不觉中，已经受到了伤害。

一天周末，小姚和好朋友典典约好了要一起去美发店做头发。

两人在路上时，开心地聊了起来，“小姚，你的头发这么长，是怎么保养的？”

“我好久没去做头发护理了，你看，发梢都开叉了。”小姚苦恼地说。

“嗯，是有点干枯分叉了。”典典说，“你平时都用什么洗发水儿啊？”

“爸爸妈妈买什么，我就用什么，好像没有特别使用哪一种洗发露。”小姚回答道。

典典最近也在为自己的头发苦恼，她总觉得自己的头发像枯草一样，梳也梳不动，理也理不直。

小姚也是，觉得自己的头发太干，不知道该如何护理，两个人一边往美发店走，一边诉起了苦。

一到美发店，典典就对理发师说：“我今天要烫发，帮我烫得漂亮点啊。”

“好的，没问题，这位小姑娘要怎么理？”

“我啊……染个头发怎么样？不过学校不让染夸张的颜色，最好是比较接近自然色的。”

“没问题，一定让两位小姑娘变得漂漂亮亮的。”美发师笑着去收拾理发器械了。

青春期时女孩因为体内激素的作用，会产生大量的油脂来保护发丝，使女孩的头发看起来十分飘柔、湿润、有光泽。但是，现在很多女孩为了美而染发烫发，这样做就破坏了头发上的油脂平衡，使头发过早地开始分叉，看起来一点也不健康。

那么，女孩应该如何护理头发，减少对头发的伤害呢？

因为女孩的头发比较油性，所以一周要洗两至三次头，洗头时要避免使用含有乳液的润丝精。如果头皮产生的头屑较多，应及时选用具有去头屑作用的洗发剂来清洗头发。因为如果头屑得不到及时清除，也会影响头发的质量的。在使用洗发剂时，应根据头发的长短多少来选择使用量，过量则会将油脂冲洗掉，影响发质；过少也不行，不能将头发上的污垢完全清洗干净。

另外，女孩还可以选择按摩的方法，来护理头发。

中医说“发为血之余，血盛则发润，血亏则发枯”、“肾主骨主髓，其华在发”，未老先衰、头发枯萎、早脱早白其实就是肾中精气不足和血虚的代名词，即是说头发的健康和肾、脾、气血密切相关。

生活中，很多女性的头发容易干枯、分叉，这是因为“女子以血为本”，而女性又由于经期等原因常常处于贫血状态，才导致气血的亏虚。人的头部是人体气血汇集的地方，人体中的所有经络都直接或间接地汇集于头部。经常按摩头顶上的百会穴、四神穴、太阳穴、翳门穴等穴位，都可以加强头部血液循环、刺激毛囊的分泌，从而增加发根部的血液，使头发更好地吸收各种营养，改善头发的生长状况。

另外，中医还认为头发枯黄与肾中精气不足和血虚有关。女孩还可以在医生指导下采用外敷中药的方法来护发，促进头部对营养的吸收，使头发乌黑亮泽。

生活中，有很多不良习惯会损害头发。长期吸烟会导致向发根运送营养成分的毛细血管收缩，减缓血液循环；洗头过勤会将皮脂腺分泌的油脂彻底洗掉，头皮和头发因失去天然的保护会更加脆弱；经常使用吹风机、烫发染发和用力擦干湿发也会损伤头发。

女性朋友若想拥有一头飘逸的乌发，平时要多吃一些富含维生素的食物，比如奶制品、胡萝卜、菠菜等黄绿色的蔬菜、动物肝脏、蛋黄等；多吃富含钙质的食物，如鱼类、卷心菜等；还要多吃含碘的食物，如海带、紫菜、海蜇等。

另外，女孩也不能经常扎马尾辫。虽然处于学习阶段的女孩把头发扎起来会比较清爽利落，但常扎马尾，却容易引起头痛。

人们的头皮布满了神经和血管，常扎马尾辫就会对这些神经和血管产生一定的压迫和拉扯，导致血管收缩、神经反射，最后引起头痛。所以，女孩如果在扎马尾辫的过程中如果感觉头痛，应赶紧放松头发，让自己的头皮休息一下。而且，女孩的头发越长，越不易扎马尾辫，因为过长的头发会对头皮产生较重的拉扯，更易导致头痛的问题发生。

## 41 轻松着装，更显“玲珑美”

如今的女孩并不甘心每天只穿着宽大没“品”的校服生活。在学校里没办法改变自己的形象，一旦离开了校园，女孩就开始用心地打扮自己了。紧身衣、高跟鞋……什么穿着更能让自己看起来吸引人、有个性，女孩就怎么穿。但青春期的女孩正是身体成长发育的重要时期，过紧的衣物和高跟鞋，并不利于女孩的身体健康。相反，还有可能对自己的身体造成不良影响。

小桃是一位性格活泼的女孩，她身材匀称高挑，朋友们都说她长了一副模特儿的身材，而她自己也一直很羡慕走在T台上的模特，希望自己长大以后，也能成为一名模特。

抱着这样的想法，小桃逐渐开始尝试打扮自己了。

周末，小桃和朋友去购物，小桃为了让自己显得更高一点，特意买了一双“恨天高”，10厘米的鞋跟让小桃立刻在人群中显眼起来。朋友跟她站在一起，立刻就有一种“矮人一头”的感觉。

但没过多长时间，小桃就开始后悔自己今天这身打扮了，这身打扮在商场里看起来实在怪异，而且也快忍受不了高跟鞋的折磨了。

T型台上的模特看起来闪闪发光，无论什么款式的衣服穿在模特身上好像瞬间被输入了吸引力，让很多女孩心生羡慕。但并不是模特们穿的，就适合现实生活中的女孩来穿。

学会打扮自己，挑选适合自己的搭配方案是每个女孩的“必修课”，而这门课程包含的不仅仅是服装的搭配，还包含了对美的认识。如果像上例中的小桃一样，生搬硬套模特的着装模式，可能美不成，反倒要受罪了。

女孩要掌握搭配的原则。比如颜色的搭配技巧、不同体型适合的服装、性格与服装要协调等。而且，饰品也是服装搭配的一方面，不同的饰品会使女孩显得高雅或低俗。饰品的搭配最好与服装的颜色和风格一致。不同的场合需要搭配不同风格的衣服，穿对衣服比穿漂亮的衣服重要。

在颜色的搭配上有一句名言：无论穿什么，身上的颜色最好不要超过三种。女孩要灵活运用“搭配经”。在把握不好服装的搭配时，那就遵循不超过三的原则。但是也有例外，比如红和绿这两种颜色搭配在一起是非常难驾驭的，女孩在搭配时最好不要轻易尝试。

女孩在选择衣物时，应先看舒适度。衣服穿在人身上，要使人感到舒服，活动自如，不会给人带来别扭和妨碍，这样才有利于女孩的健康和学习生活。女孩挑选的服装一定穿得合体，要宽松舒适。而穿牛仔裤、紧身衣、拖长裙都不适合成长发育期的女孩，女孩应尽量少穿这些衣物。

外衣能体现出女孩的爱好和品位。每个女孩的外衣都经过一番精心挑选，但内衣和和贴身衣物却会遭到冷落。真正爱美的女孩，对那些不展示在大众面前的贴身衣物也会精心挑选。如果说外衣是用来展示自己形象的，那么贴身衣物的品质则能体现出女孩对美的态度。女孩在选择内衣时，应看内衣是否具有良好的透气性，是否具有吸收人体分泌的汗液和污物的能力。女孩最好选择那些吸水性强、透气性好、柔软光滑、穿着舒适的纯棉内衣，避免穿着由涤纶、棉纶、腈纶等合成纤维制成的内衣。

服装的色彩也直接影响到人的身心健康。鲜艳的色彩使人兴奋、愉快，柔和的色彩给人带来宁静、舒适的感觉，而暗淡的色彩使人感到压抑、沉重。不同的季节，女孩也应选择不同颜色的衣服。夏天宜穿白色或浅色衣服，吸入的热量少，人就觉得凉快；冬天则穿蓝、黑或其他深颜色的衣服比较能让人感觉温暖。

另外，裤子跟鞋也很重要。穿起来合身的裤子会让女孩很放心。款式简洁、做工优良的裤子是百搭款，无论搭配什么样的上衣都非常合适。那些华丽的高跟凉鞋，穿起来是好看，可只适合私下里穿，逛街或非正式场合尽量避免穿太过华丽的高跟鞋。

## 42 正确使用化妆品

现在的女孩，不化妆就好像没穿衣服一样，不敢出门，不敢见人。但是青春期的女孩，皮肤敏感细腻且多油，如果过早使用化妆品，只会让自己长痘痘，对青春期女孩的皮肤健康有百害而无一利。

而且，现在市面上的各种化妆品中都含有一定的化学物质，这些物质并非皮肤营养、代谢所必需的营养素，如果女孩长期使用，不仅会破坏皮肤的屏障作用，还会加重皮肤的负担，让皮肤老化，严重时，还是引起色素沉着，让女孩的脸上慢慢形成斑点。

小曾是一名长相平凡的女孩，但是升入高中后，她学会了化妆，每天都把自己的脸用各种化妆品打扮得精致漂亮，才肯出门。

这天早上，小曾本来就起得晚了，但她宁愿不吃早饭，也要化妆。抹抹口红、打打粉底，一直磨蹭到快要迟到了才随便吃了点早餐，然后往学校跑。

在去学校的路上，很多行人都在看她，小曾想，肯定是这些人都在欣赏她美丽的容颜。她心里美滋滋的，迈着轻快的步伐走进教室。一进门，同学们也齐刷刷地望着她。小曾心中暗想：他们肯定都在惊叹我的漂亮！

小曾面带微笑地走到自己座位上，心里满满的都是得意，自信心得到前所未有的满足，一种优越感油然而生。

女孩爱化妆是爱美的天性使然，甚至可以无师自通地掌握化妆的技巧，化妆的确可以遮盖一些先天条件的不足，比如皮肤偏黄、眼睛缺少神采或者眉毛的形状不够完美……

不过，青春期的女孩完全不需要用化妆品来装饰自己，因为年轻，才是自己最大的资本。

女孩应该把更多的精力放在学习上，学习会耗费大部分时间，如果带着妆容去上课很容易被各种各样的意外状况而分散精力，影响学习。

如果女孩真的想化妆，也应该化个淡妆。只略微修饰一下脸上的瑕疵就可以了。比如，修正肤色，让皮肤看起来更健康；涂一点唇彩、画一点眼线，让自己看起来更精神。这些行为还是可以允许的，毕竟爱美是女孩的天性嘛。而且，女孩在未来的人生中会遇到很多需要化妆的时刻，提前学会一点化妆技巧，也是很不错的。但女孩要注意，化妆一定要恰当、合适，人的穿着要分场合，合适的地方穿适合的衣服最得体，化妆也是同样的道理。

莎士比亚说：人因为可爱才显得美丽。所以，女孩的气质和性格更胜于容貌。女孩内在的修养比外表的漂亮更重要。一个妆容精致、面容出众的女孩若缺少一分气质，就少了一分灵性和可爱。

网络上流行这样一句话：女人 40 岁之前不漂亮，是造物主的失误，40 岁之后仍然不漂亮，那就是自己的失误了。因此，女孩不要因为自己不美丽而自卑，一个人的长相是注定的，也是独一无二的。

另外，女孩更应该培养自己的修养和气质，而不是单单用化妆来改变自己。另外，女孩由于接触的化妆品比较少，不懂得区分容易引起过敏或伤害皮肤的化妆品。如果使用不正确很可能“美丽不成反而受伤”。

因为化妆品会引起很多过敏反应。比如接触性皮炎、皮肤色素异常和化妆品痤疮等。女孩应该尽量减少接触化妆品，如果要选择，也要尽量选择那些经过卫生安全检测并且符合标准的化妆品，这样才能避免发生伤害皮肤的事件。

而且，女孩的妆容不能太突兀，比如皮肤本身比较黑就不要化得太白，否则只会让自己成为大家的“笑柄”。

## 43 生活中应避免的美丽误区

日常生活中，爱美的女孩经常会陷入一些美丽“陷阱”中。这些“陷阱”不但不会让女孩变美，还会影响女孩的身体健康和正常发育。接下来，就来看一看这些“陷阱”都是什么吧。

女性留发过长消耗身体养分。女孩都想拥有一头美丽的秀发，觉得这样很有女人味，会让自己变得充满女性的魅力。但很多时候，头发过长会给女孩的生活和学习带来很多不必要的麻烦。头发会大量吸收人体营养。久之，被头发耗掉的营养非常多。如果头发过长，人体供给头部的营养大量被头发吸收，脑部营养就会缺乏。而且，头发太长，还会影响女孩的学习时间，让女孩把大把的时间浪费在护理头发上，影响学习的效率。

当进入青春期后，女孩的毛发就会进入高速生长期，有时候，女孩会觉得自己的眉毛长得过粗过快，不像其他女孩子那样，柳叶弯眉，十分漂亮。所以就会开始学着拔眉描眉。但是，眉毛有阻挡汗水、尘埃和保护眼睛的作用，如果过分地拔眉描眉就会把眼眸的屏障“除掉”，使尘埃、细菌容易进入眼中，导致眼病的发生。另外，拔眉还会对眼眶周围的神经末梢形成恶性刺激，有可能引起眼肌运动的失调，造成眼眶周围皮肤松弛，使女孩过早地出现皱纹，并导致眼睑下垂，影响女孩美丽的容颜。

女孩涂唇膏是想让自己的双唇保持滋润，显得粉嫩诱人，但如果唇膏使用不当，不但不会起到美容的作用，还会影响身体的健康。尤其是女孩在进餐时如果没有把唇膏擦掉，唇膏里的色素就会进入人体，长期如此，会使色素在人体蓄积，对机体造成潜在性危害。所以，女孩最好不要涂唇膏，如果一定要涂，在吃饭时，一定要把唇膏擦掉。

女孩不宜束胸。束胸会影响女孩肋骨、胸骨和膈肌的运动以及女孩的正常呼吸和胸部的发育。长期束胸，会使女孩胸廓狭小，肺活量变低，严重影响女孩的身体健康。所以，女孩在青春期，最好不要束胸，以免引起不良影响。

除此以外，女孩也不能在青春期完全不戴胸罩。胸罩对青春期女孩的乳房起到了一定的保护作用，如果女孩的乳房已经发育很大仍不戴乳罩，就容易使乳房松弛下垂，影响乳腺内正常的血液循环，造成部分的血液瘀滞，引起乳房疾病。另外，有的女孩胸部发育迟缓，比较小，为了追求胸部的“伟大”，就开始使用“丰乳霜”了。但大部分“丰乳霜”中都含有雌性激素，用它涂抹乳房，虽然在短期内可起到增大乳房的效果，但停止使用后，增大的效果就会消失，还会让女孩体内的雌性激素水平升高，破坏体内激素平衡，导致子宫内膜过度增生，月经量增多，诱发乳腺疾病。

除了要善待自己的胸部，女孩还应呵护好自己的私处。现在成人女性，很流行穿丁字裤，这样在夏季穿着太薄时，不会把内裤的印痕显出来，避免了尴尬。但是，丁字裤也只是一条布带，在会阴等皮肤娇嫩处，很容易与皮肤发生摩擦，引起局部皮肤充血、红肿、破损、溃疡和感染，进而诱发阴道炎等妇科疾病，对女孩的生殖健康十分不利。而且，过紧的丁字裤还会压迫肛门四周血管，增加女孩患痔疮的概率。

8

# 想有完美身材，就从健康抓起

女孩在成长发育的过程中，会遇到各种健康问题。如肥胖、贫血、阴阳失衡……解决这些问题的好方法挺多的，就看女孩你愿不愿意呵护自己的身体健康了。

## 44 荤素搭配，让营养均衡起来

青春期的女孩处于长身体的时候，但因为父母的宠爱或个人爱好，一些女孩养成了偏食、挑食的不良习惯，这对女孩的健康十分不利。

小云从小就很挑食，青椒不吃，叶子菜不吃，每顿饭必须要吃肉，否则又哭又闹。

等长成大姑娘后，小云虽然不再哭闹了，但每次都会闹脾气，一看桌上没有肉，就扔下筷子，干脆不吃了。

“我就是不爱吃菜，肉多好吃啊。”小云觉得，作为一个合格的“肉食主义者”，她必须要有原则，说不吃菜，就不吃！

有一次，妈妈做了些“素肉”，也就是把蔬菜披上了一层“外衣”，看起来就像是肉一样，想让小云吃。

结果小云刚尝了一口，就扔下了筷子，说：“这根本就不是肉嘛！我不吃了。”

时间一久，妈妈也就不管她了，她吃肉吃得更多了，简直就是无肉不欢。

但是有一天，小云却突然觉得自己肚子疼了起来，一开始她以为是闹肚子了，可等了一会儿，却发现越来越疼，家人发现后，赶紧带她去了医院。

检查结果显示，由于小云一直挑食，她的肠胃受到了一些影响，所以才会感觉肚子痛，其实是胃在疼。医生还说，如果小云不改正挑食的习惯，身体无法吸收更全面的营养，除了会引起胃痛，还会引起其他的不良影响。

这次的教训和医生的话让小云开始认真对待自己挑食的毛病了，她不想变成“病秧子”，她想做一个健康的女孩。

挑食是女孩常见的毛病，但是挑食太厉害，就会像上例中的小云一样，会引起身体的各种不适，导致疾病的发生。

那么，挑食可能引起哪些不良反应呢？

首先，挑食有可能导致女孩贫血。女孩在青春期身体的快速生长需要吸收足够维生素和微量元素，比如铁、维生素B族等。如果有挑食的毛病，就会使身体获取的营养元素不充足，进而引发贫血。女孩贫血后，就会出现头晕、乏力、注意力无法集中和精神不振等表现。女孩需要保持充沛的精力解决学习中的难题，如果整天头晕、没有力气必然会影响到学习状态和正常生活。

其次，挑食还会影响女孩身体的抵抗力。没有任何一种食物能完全满足女孩身体发育过程中所需要的全部物质的。如果长期只吃一两种食物，就会让人体内无法吸收足够的营养元素。人的身体需要吸收多种营养物质才能变得更强壮，缺少任何一种营养，身体的抵抗能力都会减弱，也会变得容易遭到病毒的侵袭。因此，女孩不能只吃素食或者荤食，要荤素搭配，才能吃出健康的好身体来。

除了不能挑食，女孩还应多注意日常保健，多喝水，让身体补充充足的水分，保证健康状况。

小悦最喜欢秋天，也最讨厌秋天，这是为什么呢？

喜欢秋天，是因为秋天可以看到很多美景，比如，她去学校的时候都要路过一片果园，虽然面积不大，但是园子里种满了各种果树。有红的山楂、绿的葡萄还有金黄色的大鸭梨。成熟的果实散发出的阵阵清香，每天路过的时候都能闻到这诱人的味道，这让小悦感觉十分惬意。那为什么又讨厌它呢？

因为秋天，小悦原本水灵灵的皮肤，会变得粗糙暗黄，一点也不漂亮。

这到底是怎么一回事呢？

后来，她才发现，自己皮肤干燥，和喝水少有关系。

小悦总是忘记喝水，有时候一天才喝一两杯水。

后来，她和同学说起这件事，同学说："秋天天气本来就干燥，你老是不喝水身体当然会缺水，严重缺水的时候就变成'脱水'了，皮肤自然就会变干啊"！

"原来是这样！"小悦恍然大悟，从那以后，每天都会喝上几杯水，补充体内的水分。

秋天空气干燥，女孩的皮肤也容易变得干燥，但是多喝水，却能适当补充体内的水分，让女孩避免因为缺水而使身体产生不适感。

其实不只是秋天，每天女孩都应该给身体补充足够的水分。如果女孩总觉得口渴，小便的颜色加深，有时候还会便秘，那么，你的身体可能已经缺水了。如果这时候再加上皮肤失去弹性，还伴有头晕、疲惫等感觉，这肯定是缺水了。因为缺水会导致血压下降，血液中所含的氧也随之下降。没有足够的氧，肌肉和神经的功能就会变弱，所以身体就会产生疲劳感。

但是，喝水也要有讲究，并不是喝得越多越好。一般来说，如果女孩使用的杯子大概能盛 250 毫升的水，那么每天喝 8 杯水，是最合适的。喝水太多，也不是件好事，会导致电解质紊乱、维生素流失等不良反应。而且除了喝水，女孩还应增加自己饮食的丰富多样化，因为人们平常所吃的食物中也含有大量的水分。

所以女孩也不要因为害怕缺少水分而盲目饮水。

## 45 减肥，别把身体减垮了

每个女孩都希望自己拥有苗条的身材，这是可以理解的，爱美之心人皆有之嘛。但盲目减肥，最后受到伤害的，肯定是女孩自己的身体。

最近网上有一条新闻，说的是一个正值花季年华的少女，因为减肥过度，最后竟然减成了弱智！

新闻中说，女孩张某一个月前反复发热头痛，开始她和家人都以为只是普通的感冒，没太重视，可是过了两天，张某在家感觉头痛剧烈，突然浑身抽搐，这让家人措手不及。

于是，张某的母亲立即带她到医院就诊。该院神经内科主治医师回忆，当时女孩来的时候，看上去就比较消瘦，有点营养不良的感觉，另外让大家奇怪的是感觉行为有些异常，不像是个正常的成年人，看上去就像是六七岁的孩子。

经过腰穿最终确诊女孩患上的是“重症脑膜炎”，因为病毒细菌的侵犯，导致女孩的智力明显受影响。而导致这种结果的主要原因，竟然是女孩过度节食减肥造成的。

马上就要进入夏季了，小年觉得自己应该减减肥，要不然夏天穿什么都不好看。所以她就开始了减肥的日子，每天早上晚上各喝一碗粥，中午只吃一个馒头，周末不用上学的时候，甚至连馒头也不吃，就啃两个水果就算吃完饭了。

久而久之，她虽然瘦了下来，但看起来精神不振，一点也不像个活泼开朗的学生样子。

之后，直到夏天过去了，小年还是在节食减肥，几个月以来一直都不怎么吃东西，尤其是高热量的食物她一概不碰，每天只吃一点蔬菜，喝几口汤，虽然在家人的劝说下，会吃几口饭，但她总觉得没有胃口。即使妈妈做的香喷喷的红烧肉，她也不想吃。

后来，在一次体检中，小年才发觉，自己因为过度减肥，得了轻度厌食症，幸好及时发现，否则会影响身体发育，更严重的甚至无法正常学习。

人的胖瘦很大程度上和体质有一定的关系。有些人天生就瘦，有些人则喝凉水都长肉。因此，女孩在面对自己的体重时，要顺其自然，无论胖瘦，只要保持在一定的范围内就是无伤大雅的。因为体重并不完全是脂肪的问题，有时候，女孩身体骨骼的大小、肌肉和水分的含量等，也都会影响到体重。所以，体重并不能代表胖瘦，而是要根据身体内的脂肪含量来计算。

女孩要知道并不是越瘦越好。当然，也不能太胖。过胖确实会对身体造成不良影响。所以，女孩应该走出“瘦就是美”的误区，保持健康匀称的体型才是正确的做法，适当的运动和控制饮食能让女孩拥有健美的身材和健康的身体，这样的女孩才是最美丽的。

对于女孩来说，节食减肥是极其错误的减肥方式，并且极有可能患上神经性厌食症，而这种不健康的心理严重时还会引起女孩产生自伤的行为。而且骨瘦如柴的女孩身材线条通常是直线型的，迷人的身体应该是曲线型的，脂肪就能做到这一点，它能使女孩变得更加迷人。

如果女孩身体的脂肪含量真的过高，导致肥胖，怎么减肥才健康呢？运动减肥，不用节食，不用吃各种减肥药，只要女孩多运动，就能达到减肥的效果。

小李1.6米的个头算得上是女孩的标准身高，可87千克的体重却是她的噩梦。

因为居高不下的体重，使她与柔弱、文静等属于女孩的标签无缘，取而代之的是"男人婆"、"肥婆"、"胖妞"。所有人的注意力都放在她"胖"的特点上。同学们对她的优点却一概忽视。

自从被同学喊"肥婆"之后，小李的自信心受到严重打击。以前开朗活泼的她变得沉默寡言，拒绝参加同学之间的活动。小李觉得自己有点受伤，对自己失去了信心，"肥胖"两个字成了挂在头上的两把剑，随时都会戳到她的痛处。

有一天，小李突然意识到自己每天都因为肥胖而烦恼，可光烦恼一点用也没有，体重不会因为烦恼而减轻。

想通了这点之后她开始面对自己的肥胖，希望能找到解决的办法。但小李不想依靠节食等自虐的方法来减肥，在网上找了很多资料后发现，运动，其实也可以减肥的。

后来在运动教练的指点下，小李每天都会慢跑四十分钟，每天照常吃饭。这样坚持了半年，小李不但减掉了体重，变成了一名苗条的女孩，而且身体也很健康，并没有出现其他女孩子减肥时的那些不良反应。她高兴极了。

女孩子过于肥胖会影响身体健康，对心理健康也会产生不良影响。

但是女孩在减肥的时候，一定不要用错方法，别减肥不成，反影响了身体的健康。女孩要根据自己的身高将体重保持在正常范围内，这样才能塑造出健康的体型。虽然减肥的方法多种多样，但最健康、最合理的还是运动和合理饮食。女孩可以根据自己的兴趣和身体条件找到适合自己的运动方法。

## 46 想要健康，多做有氧运动

有氧运动是近年来新兴的一种体育运动方式，它简便易行，安全有效。既可避免女孩在运动中受到伤害，又能帮女孩调理全身器官，练出健康好身体。

有氧运动的创始人是美国预防医学专家库珀，他曾经长期担任美国总统的私人医生。他认为，大运动量的健身运动有可能会慢慢损伤人们的身体。

如果把这些大量的运动，分成几次，规定时间和运动量，做些适量的运动，不但能强身健体，还能有效降低患心血管病和癌症的危险，也能提高女孩在学习中的精神力，让女孩在生活和学习中精力充沛。

那么，到底什么是有氧运动呢？有氧运动就是指人体在氧气充分供应的情况下进行的体育锻炼。即在运动过程中，人体吸入的氧气量和身体需求量相等，达到生理上的平衡状态。有氧运动衡量的标准是心率。如果女孩在运动时，心率保持在 150 次 / 分钟，这样的运动量就是有氧运动，此时血液也可以供给心肌足够的氧气，强度低，有节奏，持续时间较长，对女孩身体健康比较有利。

新学期开始，小美开始了住校生活。每天早上在早自习以前，学校都会让学生集合在操场做十几分钟的早操。一开始，小美还兴致勃勃地每天坚持，可是过了一段时间后，就开始厌烦了。她觉得每天就做这点运动，做和不做没什么两样。

于是，后来再做早操的时候，小美就开始向老师撒谎，找各种理由不去做早操。

但是，这样做虽然小美可以美美地睡懒觉了，但她总觉得自己的身体渐渐的不如以前了。两个月以前，小美回到家，只爬了三层楼梯，就开始气喘吁吁了。

“我的身体怎么变差了呢？”她搞不明白。

后来回到学校，她问同宿舍的好朋友，好朋友也说自己觉得最近的身体变差了，天气一变化，就容易感冒。

“是不是我们运动少了？”小美怀疑地问。

朋友点点头，说：“可能是。”

“其实，每天运动十几分钟，也算是有氧运动，以前每天坚持的时候，不仅不累，反而上课的时候有精神，现在上课都无精打采的，成绩下降了好多。”小美苦恼地说。

“那咱们从明天开始，还是继续做早操去吧。”

“嗯，就这么决定了。”小美高兴地说。

“一天之计在于晨”。这句古老的谚语之所以能流传下来是有一定道理的。早晨适当的运动可以促进身体的新陈代谢，使血液循环保持良好的状态，这样女孩一整天都会精力充沛，精神饱满地开始一天的学习生活了。

为什么学校经常在早上为学生准备早操时间呢？因为早晨的空气非常好，空气中的含氧量比较充足，而一种叫“负离子”的物质在早晨的空气中含量是最高的。

吸入饱含“负离子”的空气可以调节女孩的神经机能，增强身体免疫能力，让女孩充满活力。因此，女孩在学校的时候，一定要积极参加学校的早操活动，不要认为早操只是做几个简单的动作，它对女孩的身体和精神都是有帮助的。

其实，学校的早操运动，就是在让女孩进行有氧运动。

女孩进行有氧运动的好处有很多。它不仅可以增加血液循环，还能使肺部的收张程度变大，对肺活量的提高很有帮助。当女孩运动持续时间较长时，因为肌肉长时间收缩，心肺在给肌肉供应氧气的过程中，会运走肌肉中的废物。

有氧运动能合理消耗人体的脂肪，对女孩保持完美的身材十分有利。人体脂肪的贮存量很丰富，当女孩运动的时候，一开始主要是靠消耗体内的糖来提供能量的，但坚持的时间较长后，贮量有限的糖就不能持续供应能量，而逐渐转为靠消耗体内脂肪来提供能量。想要减肥，保持体型的女孩，可以通过健身跑、骑自行车、游泳、登山等运动，来达到自己的目的。

除此以外，女孩在课间休息的时候也要进行适当的锻炼，不要总坐在凳子上一动不动，这对自己的学习和身体健康，都十分不利。女孩在日常生活中也要积极地锻炼身体。适当的运动可以消除学习上的烦恼，增加身体的抵抗力，更重要的是能锻炼女孩的毅力和自律性。总之，适当的运动有益无害，女孩应当积极参与。

需要注意的是，女孩在进行早操或其他有氧运动之前，应喝一杯白开水，这样既能起到冲刷肠胃的作用，促进消化器官的运动，还能让身体在运动的过程中不缺水，使身体变得更健康。

在运动的过程中，女孩还要注意掌握合适的运动量，只有运动量掌握得合适，才能取得最佳的效果。一般情况下，女孩可以采用运动强度小而运动时间偏长的锻炼方案，在保证人体吸入足够的氧的同时有效地消耗体内的脂肪。

另外，在运动之前，女孩还要做一些热身活动。以免发生肌肉酸疼，关节韧带扭伤等情况。

## 47 培养良好的生活习惯

良好的生活习惯对每个人来说，都很重要，都是保障身体健康的有力手段。那么，哪些才算是良好的生活习惯呢？女孩又应该如何培养良好的生活习惯呢？

早睡早起。在现实生活中，很多女孩都喜欢熬夜。她们晚上不按时睡觉，早晨不按时起床，睡眠不足，白天没有精神，上课时总是打瞌睡，很影响学习和日常生活。如果长时间作息不规律，女孩就会出现生长缓慢、记忆力下降、多动、肥胖等症状。这对于正值青春期的女孩来说，是很不利的。据相关数据显示，我国有将近七成的学生都有睡眠不足的情况，而经常性的睡眠短缺或者睡眠质量不佳又会对身体发育造成严重的影响。引起肥胖的一个重要原因就是睡眠不足。当女孩的睡眠时间长期处于不足的状态时，身体的内分泌系统就会出现紊乱，进而导致脂肪在体内堆积。所以，如果女孩不想为减肥发愁，就一定要养成规律作息的好习惯。每天应保持 8 个小时左右的睡眠时间，晚上睡觉不宜超过 10 点，早晨起床也不宜早过 5 点，否则就会引起身体的不适感。

饮食规律。除了睡觉，和人们日常生活密切相关的就是吃饭。女孩正是长身体的时候，睡好之后，一定还要吃得好，才能让身体健康。早中晚三餐，不可不吃。有些女孩早上赶时间，就会不吃饭，或者随便应付一下，这种行为是不可取的。要知道，早餐对于人的身体健康是很重要的。如果不吃早餐，就会让身体处于低血糖状态，女孩在上课的时候会感觉饥肠辘辘，没有精神。这不仅影响了上课的质量，也损害了身体健康。因此，吃好一日三餐，女孩才会有健康的身体。

特殊时期的健康问题。月经是女性的正常生理现象，女孩在十三四岁时，就会开始形成规律的月经。在经期，子宫内膜脱落、出血，子宫口稍稍张开，阴道内的酸性分泌物被经血冲淡，使生殖器官的抵抗力下降。因此，在月经期间，女孩一定要注意个人卫生，否则，很可能会引起生殖系统疾病，如月经紊乱、痛经、闭经、经血过多或过少等情况。经期，女孩要使用干净的卫生巾。卫生巾要选用正规厂家生产的产品，应勤换卫生巾，防止细菌滋生。

另外，女孩还要保持阴部的清洁卫生，洗澡时要使用淋浴的方式，不要用碱性强的肥皂，高锰酸钾有很强的杀菌作用，常用于外阴、阴道、尿道、肛门疾病的冲洗或坐浴，但长期使用会造成皮肤干燥、粗糙、脱屑、裂口等。因此，平时不必用高锰酸钾洗外阴。另外，女孩应注意，不管是什么季节，经期都应禁止游泳。这是因为，当女孩在不卫生的水中游泳时，脏水会进入阴道，改变阴道酸性环境，使阴道自身的防御能力下降。在这种情况下，病菌很容易就会乘虚而入，引起各种妇科疾病或痛经、闭经、经血过多、过少等月经失调等症状。

每天泡脚。寒冷的秋冬季节，很多女孩都会出现手脚冰凉的情况，而长时间的手脚冰凉，不仅难受，还会使女孩受到冻疮及其他疾病的困扰。手脚冰凉的主要原因主要是受冷空气影响后血液的新陈代谢减缓，血管收缩，血液回流能力减弱，从而导致手脚的血液循环不畅，令手脚发寒、冰冷。如果女孩经常手脚冰凉，不妨试一试每天用热水泡泡脚。泡脚是改善手脚冰凉最有效的方法。在泡脚过程中，血液循环系统渐渐畅通，身体慢慢发热，此时如果再对双脚进行揉搓按摩，效果会更好。

女孩泡脚时，水温不宜超过 40 度，时间也不应过长，在 20 至 30 分钟最佳。

适当地“春捂秋冻”。在春夏之交，秋冬之交，女孩不要急于减加衣服，春天，应适当地捂一捂，秋天，则要恰到好处地冻一冻。这样能够增强人体对气候变化的适应能力，保持女孩的身体健康。不过，女孩在春捂秋冻时也要有限度，不可太过。否则，反而容易引起疾病。

## 48 穿出健康，秀出美丽

女孩都喜欢打扮自己，穿漂亮的衣服，戴好看的饰品。但是在穿衣打扮的时候，也是有很多健康小知识的。如果女孩不注意这些细节，很可能就会把健康“吓”跑。

巧带围巾。天气转凉之后，女孩可能会选择佩戴围巾，来保护自己颈部。颈部保暖有什么好处呢？颈部保暖可以有效预防颈椎病的发生。现在，因为生活习惯和学习等原因，越来越多的人存在着颈椎问题，而且也越来越低龄化。尤其是天冷后，经常有女孩会感觉自己的颈部疼痛、僵硬，头晕，肢体麻木等。

中医认为，风、寒、暑、湿、燥、火是致病六大因素，其中风寒之邪居前两位。颈部充满血管，在冬季，稍不注意就会让寒邪之气侵入颈部，导致颈椎疾病。在冬季，采取措施保持颈部的暖和，例如戴上自己喜欢的围巾，既美观又能使颈部免受风寒的侵袭，可有效避免肌肉、血管等软组织受冷使血流量减缓，向大脑供血不足的情况发生。那么，女孩应该如何挑选一条适合自己的围巾呢？

从身材上来说，个子不高且胖，胸围较大的女性宜选用颜色较深、色调单一的宽松类针织或丝绸围巾。而身材瘦小的女性应选择暖色简洁朴素的围巾。从肤色上来看，脸色发黄的人不宜选用深红、黄色、深紫等颜色，应选择浅黄、粉红等浅色柔和的围巾。肤色较黑的朋友应以淡红、玫瑰红等颜色为宜，暗色调的围巾使这类人看起来更黑。皮肤白皙的人则比较随意，深色更显白净，浅色则彰显柔和。

少打耳孔。女孩都喜欢好看、可爱的小饰品，尤其是耳坠、耳环、耳钉等。但女孩要戴上耳饰，就得要有耳孔，而很多饰品店为了满足顾客的这种需求也进行穿孔等生意。但是，女孩在打耳孔时一定要谨慎，一定要到正规医院美容科室进行穿孔手术，切不可在街头进行所谓的无痛穿孔。另外，在月经期或者有瘢痕体质的人最好不要做穿孔手术，因为，女性在月经期身体抵抗能力减弱，强行进行穿孔，很容易出血，造成感染。而瘢痕体质的人打了耳孔就会引起瘢痕增生，会带来很大痛苦。打完耳孔后，女孩还要注意保持耳朵的卫生，防止感染。一般情况下，打完耳孔后会立刻戴上消过毒的无菌耳钉，至少三天不能让耳朵碰水，一周之内应避免触碰耳钉，可以每天在创口上涂一些消炎抗菌药膏，减少耳孔感染的机会。

选择适合的内衣，保护胸部发育。乳房作为女性特有的第二性征，在展示着女性形体曲线美的同时还担负着哺育下一代的任务。但是，很多年轻的女孩为了让自己的胸部更完美，早早地就开始进行隆胸手术。虽然就目前的美容整形的医疗水平以及材料来说，隆胸手术基本上还是安全的，但手术中却容易出现各种各样的意外。隆胸后，稍不注意，也会增加炎症的可能性。

而且，年轻女孩的鉴别能力还不完善。如果隆胸的假体产品质量有问题或是受到外力创伤，使假体渗入乳腺组织，很有可能就会引起各种炎症，必须再次接受手术治疗才行。因此，女孩完全不必为了美而去隆胸。如果一定要隆胸，女孩应选择正规的美容医院，减少隆胸的风险和日后对身体的影响。

女孩在选择内衣时，一定要挑选合适的尺寸。现在市场上的文胸尺寸一般是根据罩杯的深度来进行定位的，但这并不是全部标准。如果文胸尺寸太小，容易使胸部受到挤压，造成胸部的完整造型被破坏，影响女孩的乳房发育。而文胸过大也并不是好事。当文胸与女孩的乳房圆周边缘相吻合，并且罩杯的深度也与乳房的丰满度相适应时，这个尺寸才是最适合的。但是，女孩的胸部正在一天天发育中，并不是完全不变的，一旦感觉现在穿戴的内衣较紧，一定要及时更换内衣的尺寸。

刚买回的内衣，女孩不能拿来就穿，要先进行彻底的清洗，晾干后再穿。这是因为内衣在生产过程中为了使衣物更加富有美感，常常会使用各种化学物品进行漂洗和处理，这些添加剂对人体虽不至于有大害处，但用来贴身穿着时会刺激到皮肤，容易引起过敏反应，导致女孩发生皮炎或皮肤瘙痒等。所以，刚买回来的衣物，应先用清水冲洗干净，最好能在清水中泡上两个小时，晾干后再穿。当然如果能在阳光下晒干更好，阳光是最好的杀菌武器。

在选择内衣时，女孩不应选择紧身内衣。虽然紧身内衣能很好地展示出女性的美，但长期穿着紧身内衣易改变腹部的微循环，导致内脏和神经系统处于紧张状态，时间一长便会引起便秘、头痛、痛经等不良症状。因此，女孩在购买内衣时，应选择宽松的棉织品。透气性要好，背带和胸带不可过紧，以免压迫肌肤，使肌肉受损。

## 49 学会调理自己的身体

有时候，不管女孩怎么注意日常保健，但人免不了还是会生病的。这是因为人体的免疫能力并不是一直处于高峰期，有时候，因为心情或环境的因素，人们的免疫能力可能会下降，导致身体不适。

那么，在遇到诸如贫血、阴阳失调这些说大不大，说小又不小的病症时，女孩应该如何调理自己的身体呢？这时，采用按摩来改变自己的身体状况，是一个很不错的方法。

姚瑶是一名高中女孩，虽然学习很紧张，但这并没有给她造成多大的压力，只不过，临近考试，她比平时多用功了一些。

这几天，她总感觉自己心烦气躁，浑身乏力，记忆力也不如以前了。“难道是我变笨了？”她小声嘀咕道。

后来，在一次例行体检中，姚瑶才发现，自己竟然有点儿贫血。

“怪不得我最近总没精神，可我为什么会出现贫血呢？”姚瑶百思不得其解，在她的理解范围中，贫血和营养不良有很大的关系。可她平时饮食很注重营养搭配的，不可能出现营养不良，那她的贫血是怎么造成的呢？

后来，姚瑶咨询了相关专家才知道，原来贫血是一个广义性病名，属中医范畴中的虚症。气虚、血虚、阳虚、阴虚等，都可称之为贫血。

而女性因月经等原因很容易引起贫血症，只不过症状较轻微，只要注意休息和保健，一般都不会对生活造成较大影响。

姚瑶的贫血就属于轻微性的，只是最近学习压力比较大，才使症状突显了出来。而且医生还告诉她之前的情绪不稳、头晕耳鸣、记忆力减退、乏力犯困等症状，也都是贫血的主要表现。

“那我该吃些什么药来治疗呢？”姚瑶急切地问。

“你的症状比较轻微，没有必要吃药，不过，你可以试着做一些保健按摩。”医生建议道。

“按摩真的能治贫血？”

“当然能。你可以按摩血海穴。血海是人体足太阴脾经上的重要穴位之一，是脾经血气汇集的地方，按摩这个穴位，养气益血，对治疗贫血最有效果了。”

故事中的姚瑶得了贫血症，那么到底什么是贫血呢？贫血是指全身循环血液中红细胞总量减少至正常值以下。中医学中虽然没有贫血的名称，但是一般将贫血划在“血虚”的范畴内。中医认为血的生成要靠水谷精气，人体吸收了营养物质，然后通过脾胃气化作用转化为精、津液，一部分存在肾中，一部分转化为血。因此，血的生成和心、肝、脾、肾等脏腑有密切的关系。

很多女孩可能有过这样的经历：蹲了一会后站起来会感到头晕目眩，严重时甚至会出现皮肤苍白、呼吸急促、昏厥的现象。这可能就是女孩有些贫血了。发现自己有贫血的现象时，女孩不要着急，要先去医院进行检查，如果情况比较轻微，可每天坚持按摩关元穴、血海穴等相关穴位对身体进行调理。按摩关元穴可以培补元气，补充肾气，补气生血，对于改善贫血症状有神奇的功效。经常贫血的女性朋友可以每天用手掌上的劳宫穴对准关元穴按摩，这样会感到关元逐渐温暖起来，能更好地治疗贫血。另外，血海穴和足三里也是治疗贫血的很好的选择，能够有效调节脏腑功能，尤其是脾胃的生化气血的功能，从而达到益气补血的目的。

另外，对于女孩贫血，食补也是个不错的方法。女孩平时可以多吃一些含铁量高的食物，比如黑豆、胡萝卜、猪肝、蛋黄、海带和黑芝麻等。我国自古以来就认为吃豆有益。黑豆还可以生血。对于贫血的女孩，最好配合着乌鸡煮汤食用。但是需要注意的是，食补是要滋补而不是增加油腻，每餐也不要吃得太多。

《黄帝内经》中记载："阴阳者，天地之道也，万物之纲纪，变化之父母，生杀之本始，神明之府也。"可见，阴阳平衡对人体多么的重要。一旦打破这种平衡状态，女孩的身体就容易产生各种疾病。

阴阳失衡会导致女孩面部长痘、内分泌失调等，让女孩逐渐失去活力。一般情况下，中医将阴阳失衡分阳虚和阴虚两种。阳虚者需要补阳，阴虚者便要滋阴。日常生活中，女孩可以可按摩"天地人和"穴位，还可以通过对全息穴位群的按摩，获得平衡阴阳的效果。

除了按摩外，还可以用针灸、拔罐、饮食等方法来调节阴阳，这些都比直接的药物疗法更有益于人体健康。

另外，女孩还应根据自己的体质来调理自己的身体。不同的体质，应进行不同的食疗、按摩法。如果女孩在不了解自己体质的情况下胡乱调理，反而容易引起不良效果。所以，女孩在调理自己身体前，可以先去看看中医，确认自己的体质后，再对症下药。一般来说，女孩比较常见的问题有气郁体质、瘀血体质和气虚体质，当弄清楚了这些问题，女孩才能放心大胆地调理自己的身体。

9

# 女孩健康成长，性教育这一课不能少

在我国的文化传统中，对女孩的青春期生理教育比较缺位，对青春期性教育更是遮遮掩掩，很少有公开讲解和普及宣传。女孩应该从正规出版物、心理读物等方面了解性生理和性心理，让自己能坦然面对身边的一些“尴尬事儿”。

## 50 要善于化解性冲动的烦恼

青春期是女孩人生中的一个特殊时期，是从孩提向成人发展的中间阶段，这个阶段的女孩特点与这两者都不同，因此这一阶段堪称人生的关键时刻。其中，女孩性意识与性冲动的出现就是一大特点。她们对性从不了解到厌恶，再到好奇，这是人之常情。因此，女孩主动了解发生在自己身上的这些生理和意识的变化，有利于其应对与性有关的一些事情。

当身体逐渐发育成熟，女孩的心理也在发生着很大的变化，潜意识中对性产生了兴趣，很希望能对其有所了解。因此，有的女孩会通过网络、书报、影视等渠道去接触性知识，以满足这方面的求知欲。

同时，女孩也开始真正的关注男性了，想要了解身边的男性尤其是男生的想法,也会用比以前多的时间在这方面加深“探究”。这个过程中,初期女孩的目光见到男生就会含羞地躲开,会比较敏感男女之间的分别。然后，女孩就会表现出更多的好奇心与好感，也会希望得到男生的欣赏和赞美，因此常常在衣着打扮上下功夫。女孩在和男生交往时，会有相互吸引的奇妙感觉，也会出现激动、紧张、高兴甚至手足无措的情况。当然，女性也会想像成人一样与男生交往，甚至尝试成人的一些活动。

在性意识觉醒后，女孩的性冲动也逐渐变得清晰起来。据国内近年来的调查，十四五岁的青少年在初次体验到性的冲动时，有百分之三十二的女生报告身体内部出现了从未有过的兴奋，第一次出现时的年龄，女生是 15.7 岁。由于女孩既有对性冲动的本能需求，又有对性关系后果的担忧，担忧的性心理和压抑的性生理纠结起来，常让使女孩陷入困境。

性冲动是在各种感觉器官，通过视、听、嗅、触觉，接受外界的刺激，如异性半裸或全裸的形体或画面，迷人的体味、温柔的抚摸等，经感觉神经传入，由神经中枢将感受到的信息进行综合与分析，对性行为发出的渴望与冲动。它常伴有生殖器官的充血以及心理上的激动和快乐，是生理和心理的综合反应。

由于生理本能的缘故，中学生尤其是高中女生，处在性能量旺盛的时期，性心理进入异常的活跃阶段，自然会频繁地出现性冲动。影视、文学作品等对性的大量描绘，给她们的性神经带来了强烈刺激。正是这种内外刺激，使处于青春期的女孩们产生了接近异性的愿望和性的冲动。在这个时候，女孩就要学会自我控制，不能因性冲动而耽误了正常的学业和生活。具体来说，女孩可以采取以下方式消除自己的性冲动。

第一，女孩应主动查询相关性教育知识，增加对自己的身体和心理的了解。女孩可以从当地图书馆借阅此类的图书，也可以从网络中正规的教育网站浏览相关知识，甚至下载电子书。对这些行为女孩不必感到害羞，应大大方方地学习。对这些知识了解得越多越深入，女孩就越能破除以前的错误观念，越能坦然面对有关自己身体的各种变化。在学习的过程中，女孩还可以向母亲请教问题，得到来自亲人的贴心指导。

第二，女孩可多进行体育锻炼，以消除身体冲动带来的烦恼。当女孩将很多精力放在自己喜欢的体育运动项目上时，她不但能锻炼身体，还能很好地转移自己的注意力，不再去想与性有关的事物，而且，在充分运动后，女孩在疲惫的同时能有效化解性冲动。除了体育锻炼，女孩还可以扩大自己的兴趣爱好，有空时对其进行钻研，当全身心地投入到绘画、摄影等等艺术爱好中时，性冲动就会被抛到脑后。

第三，女孩应将生活重心放在学习上，拒绝早恋。早恋的女孩往往性冲动会更强更频繁，这是因为她步入了爱河，在与男朋友的相处中，得到的亲吻、拥抱、情话等性暗示比单身时要多很多倍，女孩的生理冲动自然容易被激发。因此，女孩应拒绝早恋，将精力放在学习上，用提高成绩、考入理想的学府作为自己的努力目标并为之奋斗，以不虚度这宝贵的青春时光。

第四，女孩要加强在自制力方面的练习。虽然性冲动是生理上的自然现象，但它并不是不可控的。人之所以能成为人，就在于我们有自制力，懂得什么时候应该控制自己的欲望。女孩增强自己的自制力，不但在化解自己的生理冲动时大有帮助，而且在其他方面也能有不少获益。比如，有了自制力，就能很好地控制自己休闲娱乐和学习的时间，更有效地安排自己的生活。最后，女孩在增加自制力的过程中，还会享受到成功控制自己按计划学习等带来的成就感和满足感，这些精神满足要比单纯的生理冲动满足强得多，而且更为有益。

## 51 自慰不是罪，但不宜沉迷其中

进入青春期后，女孩不但对异性有了好奇之心，对自身产生的一些性冲动以及性快感也有了了解，有的人进而会逐渐发展为自慰。所谓自慰，即女孩不与异性有接触和性行为，仅通过自己对性器官的触摸而达到生理上愉悦甚至高潮的行为。

有的女孩有了自慰行为后，会产生负罪感和惶恐不安的心理。在她们的心里，认为这种行为是不道德的，是肮脏的，应该予以杜绝，但是她们又无法摆脱自慰给其生理上带来的快乐。因此，女孩可能会陷入"越快乐越希望享受，享受后又深深后悔，但下次还会带着纠结的心理自慰"的怪圈之中。其实，女孩的这种担忧是不必要的。自慰不仅仅发生在女性身上，在男性身上更为普遍，不仅青春期少男少女有这种行为，在成人中，这种行为更是普遍。

20 世纪 50 年代，西方性学专家金赛博士出版了《女性性行为》一书，在书中，他披露了西方社会中，女性和男性一样有自慰行为而且比例高达 62%。20 世纪 80 年代末，我国的性学专家刘达临先生在由他主持的全国两万例性文明调查报告中说到，中国女大学生的自慰率为 16.5%；其中，男大学生认为自慰是不道德或是罪恶的仅占 16%，而女大学生竟占 45.1%，这些错误认识不仅影响了女性对于自身的评价，而且干扰了她们正常的性心理发育。

以上还是20世纪的调查数据，随着社会文明的发展，社会宽容度的增加，自慰人群占总人数的比例也在逐渐攀升，自慰的年龄也在提前。人们对自慰，尤其是女性自慰方面的态度越来越客观而包容了。

以往东西方传统文化中都认为自慰有害。今天中外医学、心理学关于自慰的观点惊人的一致——自慰无害。事实上，自慰既不是罪恶又不属于流氓行为。它是女孩用来缓解性紧张的一种有效手段。一般而言，它并不妨碍和损害他人，因此有自慰行为的女孩不必产生负罪感。

从生理上讲，性兴奋可使女孩的盆腔和生殖器部位充血，性高潮可使这种充血迅速得到缓解；如果女孩产生了性兴奋又不能达到性高潮，这种充血只能在相当长一段时间内慢慢地消退。长此以往，她们不但会感到精神上的压抑，还会患慢性盆腔症等疾病，而自慰恰好能够成为女孩在性欲来临时的解决方法。

自慰本身对其生理和心理没有危害，适当的自慰还有助于女孩缓解紧张的精神压力，令其能以更佳的状态迎接学习、考试等的挑战。但需要女孩注意的是，适度自慰有益身心，过度自慰则有损身心健康，主要有以下表现。

一是虽然自慰无害，但是社会主流价值观是不提倡性享乐的，而经常性自慰，恰恰给女孩这样一种印象："自慰是一种很爽的事情，控制不住常常享受这件事，就和不良少年一样了，是色情享乐者"，因此，女孩就会认为这是一种下流的行为，并有诸多的联想。而每次自慰后，女孩就会加深一次这种想法，再加上女孩对无法控制自己身体欲望的不满和痛苦，最终形成长时间的精神压力，使大脑处在持久紧张状态，容易出现疲劳，导致注意力涣散，思维迟缓等情况，严重者甚至会有神经衰弱的危险。

二是长期自慰对女孩的身体有诸多的不利影响。青春期的女孩，虽然生理上逐渐成熟，但仍没有像成人一样完全成熟，尤其是其生殖系统，处于比较娇弱的时期。这时如果对其进行过多的性刺激，就会影响其正常的生理发育，导致出现一系列病症。其中之一就是月经来临之前自慰会加重痛经的程度。这是因为，女孩自慰会导致性兴奋及性高潮，这会诱发子宫出现收缩，如果是在月经来临之前自慰，这种子宫收缩会导致经血流通不畅，在女孩体内出现阻塞，加重痛经的程度。另外，女孩在自慰时，会刺激外阴部位，导致生殖器官充血，处女膜受损，脏污进入生殖道内，形成各种炎症。妇科炎症严重时还会影响日后的生育。同时，自慰还会导致尿道口充血与水肿，就容易造成病菌进入尿道，引发各种炎症。而这些病症也会让女孩产生难以启齿的心理，并加重“自慰有害还是无害”的疑虑，增加精神负担。

那么，女孩应该如何才能做到适度自慰，既能愉悦自身又不伤身呢？心理专家提出了以下几个解决方法，供女孩参考。

一是女孩要有毅力，要能够自我控制。很多女孩认为自己控制不了欲望，其实这是误解，只要真正下定决心，女孩是能够控制自慰频率的，将自慰次数控制在每月 1 至 3 次是完全可能的，而且不会伤害身体健康。

二是女孩睡觉时不能穿紧身内裤，被子不要盖得太厚，也不宜俯卧在床上，这些都会引发性刺激，正确的睡姿是侧卧和仰卧，在早晨醒来后，女孩要尽快起床洗漱，不宜在床上磨蹭以免引发性兴奋。

三是女孩自慰多出现在睡觉前后，因此女孩在睡前应适当运动，并热水泡脚，有利于化解性冲动促进睡眠。

四是女孩要注意经常清洁身体，保持私处的干爽卫生，以避免细菌侵入体内。

## 52 别让色情读物毒害了自己

青春期少女对异性及网络都充满着好奇心，前者让女孩会有心怦怦直跳的感觉，而后者则能让女孩在网络上抒发释放这种异样的感情。在网络化的今天，女孩接触高科技电子产品的机会越来越多，当在现实生活中，对异性产生的情愫无法正常宣泄出来时，女孩可能就会通过网络上的情色小说、含有色情情节的漫画书等“黄色读物”，来满足自己对异性的渴望，让自己达到心理平衡。

但是青春期的女孩身心发展尚未完全成熟，还处在一个不平衡的时期。在这个特殊的时期，如果女孩过早地接触到这些“有色读物”，不仅会影响女孩正常的学习和生活，还会对女孩的身心发展带来一些不必要的问题。

小选从小到大都是一个品学兼优的好女孩，在父母和老师的心目中，她做什么都很有分寸，既懂事，又乖巧，绝对和那些不良事物不沾边。

但当小选升入高中后，她有一天上网时，发现了一片“新大陆”。那是港台地区的一个言情小说网站，因为不太出名，所以访问量不大。但是网站的言情小说却多种多样，而且大部分都和情色沾边。

一开始，她还有些不好意思看，后来实在无聊的时候，就偷偷下载了一篇电子书，放到了手机里，闲暇的时候看两眼，借以消除学习的疲劳。

当小选在小说里看到一位男主角的描写时，自动地就把男主角和班上的一位男同学联系在了一起。她对这名男同学很有好感，虽然总想和他说话聊天，但因为害羞，所以一直不敢主动去搭话。

而她看的小说中的女主角正好也是这种情况，小选忍不住就把自己和男同学套进了故事里，而且还会想象自己和男同学也会发生像小说里写的那些比较色情的情节，心情除了激动，还有些忐忑和不安。

其实，小选也不知道这些内容是不好的，不健康的，但因为平时父母和学校从来不对她讲这些内容，而她对男同学的异样感情又不能对身边的亲朋好友倾诉，所以她一是因为好奇心，二是因为私心，所以就越陷越深。每天都会下载新的言情小说，存到手机上，下课时看、吃饭时看、睡觉前也要看，甚至有时候，上课的时候，她也会偷偷看这两眼。

这让小选的成绩变得越来越差，因为总是看电子书看到半夜，精神状态也萎靡不振，令人十分担忧。

而且，随着网络小说阅读量的增加，那些比较“清水”的网络小说已经不能满足她的要求了，她再下载电子书时，只会选择一些涉黄内容比较多的文章，这样的文章才能让她产生阅读的兴趣。

在网络如此发达的今天，被网络中的色情内容“污染”到的，不仅只是男孩，也包括女孩。

虽然社会一直在呼吁对孩子及早进行性教育，但这方面的工作还存在不足，尤其是在面对女孩时，更是如此。但如果人们一直把性知识当成禁区，让女孩“什么都不要问”，不仅不能让女孩了解关于性的知识，满足她们的好奇心和求知欲，还能让女孩走上“歪门斜路”，用错误的方式，来了解性和异性。

青春期的女孩正处于生长发育中的性成熟初期阶段，很容易对性产生好奇心，她们会偷偷关注异性，开始琢磨“性”到底是个什么东西。对于这个疑问，女孩对父母和朋友都开不了口，只能自己想办法去寻找答案，而网络就成了她们的依赖。网络既能让女孩避免尴尬，又能找到自己想要的东西。同时，女孩大多都爱幻想，在某种程度上了解了性和异性后，就想知道更多的男女间的情事，而带有色情内容的言情小说，正好满足了女孩的这种心理，让女孩对这些小说，爱不释手，以至于影响了正常的学生和生活。就像上面故事中的小选一样，为了看情色电子书，而影响了睡眠和上课的时间。

女孩虽知这是错误的行为，但就是无法停止自己的行动。那么，女孩如何才能让自己远离网络色情的毒害呢？

女孩在对异性产生异样情愫时，不要惊慌，要以理智的态度来面对自己心中的感情，不要认为这是坏事，气急败坏地在网络上寻求安慰。网络只是一个虚拟的产物，它不能给你全方位的体贴和照顾。

女孩要正确认识自己，对自己多一份了解和自信，可以试着找同龄人或者父母倾诉一下心中的苦恼，让自己变得成熟起来。如果担心会受到父母的批评或朋友的嘲笑，女孩也可以选择一些健康的青春读物，来了解男女的特性特征以及性别的差异，不再让性变成自己心中的神秘之物。这样，女孩就会有一个积极向上的改变。要知道，健康读物是教人们学习知识的，而色情读物只会让人们“玩物丧志”，使人们深陷“黄色网络”的毒害而无法自拔。

## 53 了解男女不同的生理结构

青春期女孩身体变化很大，其中最明显的是乳房和阴部的发育。这在给女孩带来惊奇的同时，还带来了不少问题，其中最主要的就是她们对自己和异性身体不同的好奇，而了解这些基本的生理知识，对女孩正确了解性、生殖系统有很大的帮助。

女性生殖器官系统由内生殖器和外生殖器两部分组成。外生殖器是指生殖器官的外露部分，包括大阴唇、小阴唇、阴蒂、阴道前庭部和前庭大腺及处女膜，统称为外阴。内生殖器位于盆腔内，包括阴道、子宫、输卵管和卵巢。

外阴。外阴部有大阴唇和小阴唇，两小阴唇之间为阴裂。阴裂中上方有尿道口，下方是阴道口。小阴唇两侧的前方融合，包绕阴蒂。阴蒂头富于神经末梢，极为敏感，是性感觉最强的部位。它是一个很小的结节组织，很像阴茎，位于两侧小阴唇的顶端，在阴道口和尿道口的前上方。

阴道。阴道是内外生殖器的通道，上端包绕子宫颈，下端开口在阴道前庭后部。阴道全长约 10 至 12 厘米。阴道壁有很多皱襞及弹力纤维，具有很大伸展性，阴道壁上有很多血管网，受损伤后容易出血或形成血肿。阴道黏膜受性激素的影响，有周期性变化。阴道是月经排出及胎儿分娩的通道，又是性爱器官。

子宫。子宫位于骨盆腔中央，四周由韧带固定，子宫的形状像一个扁平倒置的鸭梨，它是来月经和孕育胎儿的地方。子宫内膜受卵巢激素的影响，有周期性变化，内膜脱落而形成月经。子宫底两侧角和输卵管相通，下部向阴道内突出为子宫颈，通向阴道，精子从这里进入女性内生殖器。

输卵管。输卵管是一对细长弯曲的管子，内侧和子宫角相通连，外端和卵巢接近，是输送卵子的管道。输卵管具有输送精子和卵子的功能，并且还是精子和卵子相遇受精的地方。受精后，孕卵经输卵管的输送进入子宫腔着床。

卵巢。卵巢有两个，在子宫的左右两边各一个，其外形有点像杏核。它有许多卵泡，能产生、排出卵子，以及产生女性激素，有着维持女性特有的生理功能及第二性征的作用。绝经后，卵巢逐渐萎缩。

BRINGING UP GIRLS

| 养 | 育 | 女 | 孩 |

# 孩子，你要做个有出息的女孩

杨光 —— 编著

民主与建设出版社

·北京·

图书在版编目（C I P）数据

养育女孩 . 3, 孩子，你要做个有出息的女孩 / 杨光编著 . -- 北京 : 民主与建设出版社 , 2021.4

ISBN 978-7-5139-3445-9

Ⅰ . ①养… Ⅱ . ①杨… Ⅲ . ①女性－家庭教育 Ⅳ . ① G78

中国版本图书馆 CIP 数据核字 (2021) 第 054389 号

孩子，你要做个有出息的女孩

HAI ZI，NI YAO ZUO GE YOU CHU XI DE NV HAI

编　　著　杨光
责任编辑　刘树民
封面设计　旭日传媒
出版发行　民主与建设出版社有限责任公司
电　　话　（010）59417747 59419778
社　　址　北京市海淀区西三环中路 10 号望海楼 E 座 7 层
邮　　编　100142
印　　刷　三河市德利印刷有限公司
版　　次　2021 年 4 月第 1 版
印　　次　2021 年 4 月第 1 次印刷
开　　本　880 毫米 ×1230 毫米　　1/32
印　　张　6
字　　数　134 千字
书　　号　ISBN 978-7-5139-3445-9
定　　价　168.00 元（全 5 册）

PREFACE

# 前言

许多女孩都梦想自己是小公主，而许多爸妈也希望能培养出人见人爱有出息的女孩。然而，并不是所有的期望都能成为现实，并不是每个女孩都拥有幸福美好的明天，优秀与完美是需要女孩自己去创造的。

少女时期是女孩一生中的重要阶段，这个时期的成长经历，在很大程度上会影响到一个女孩未来的前途命运。为什么有的女孩经过奋斗心想事成，而有的女孩尝试了一番却无功而返呢？其中一个重要原因在于，成功的女孩常常在少女时期胸怀大志，注意磨砺自己，失败的女孩往往缺乏这个过程。那么什么样的女孩才是最完美、最优秀、最有出息的呢？对于女孩来说，最重要的，莫过于有一种健康平和的心态、一种温柔贤淑的性格、一种气定神闲的气质和一种睿智聪颖的形象。同样，当女孩长大成人，父母最欣慰的莫过于她拥有积极健康、乐观向上，同时又有优秀的品质。

当今社会是个性和梦想驰骋的大舞台，是智商、情商、德商、财商并行的时代。每个女孩心中都有属于自己的梦，要想在这崭新的时代中实现自己的梦想，做个有出息的女孩，就必须全面提升自己，成为一个内外兼修、独具特色和个性的人。所以，全面塑造自己的修养、情感、品质，让自己走向聪慧和幸福，做一个举止得体、乐观上进、自尊自立的完美女孩就成了当务之急。

本书告诉你，优秀是一种气质，是一种内涵，是一种自信，更是一种智慧。让孩子在阅读中，能有所领悟，有所思考，有所收获，有所提升，从而更加健康快乐地成长。

女孩，你是美丽的，你可以拥有优雅、娴静与不俗的气质，你也可以让自己变得知书达理，拥有大家闺秀的风范。阅读此书能教会你去拥有激励自己前进的力量，让你在通往优秀的人生路上变得更聪慧，让你在面对挫折、彷徨和悲伤的时候能拿出勇气去战胜一切。

CONTENTS

# 目录

## 1 端庄大方，是女孩最好的姿态



## 2 爱心无价，女孩都是善良的天使

## 5 会学习，做个轻松快乐的好学生



## 6 博学多艺，发现生活最美好的诗意

## 7 做好每一个细节，好习惯受益终生



## 8 谱写梦想蓝图，我的未来不是梦

# 1

# 端庄大方，是女孩最好的姿态

女孩子，可以没有大堆的名牌化妆品，可以没有一米七的身高，可以没有乌黑飘逸的长发，但不能没有端庄感。因为端庄感，才是一个女孩子最好的姿态！

## 1 穿着得体，不要名牌不攀比

在学校里，同学之间相互攀比并不少见，每个人都希望自己成为别人羡慕的对象。这其实是虚荣心在作怪。过于在意物质需求的满足往往会让自己活得很累，影响自己的身心发展，也会让父母承受重担。为了避免虚荣，要学会正确认识自己，不能以华而不实的东西作为追求的目标。一个人追求的目标越崇高，对低级庸俗的事物就越不会倾注心思。作为女孩，一定要从小克服攀比的虚荣心理。

小贝的老家在山东，由于爸爸妈妈都在北京打工，所以，她便跟着父母在北京读小学。由于不是北京户口，小贝在哪所学校上学成了难题。为了让小贝进入一所理想的学校，小贝的父母跑断了腿。功夫不负有心人，最终小贝还是进入了比较满意的学校。

可是，从小贝上学的第一天起，她便陷入了深深的自卑中。因为班上的同学家境都非常好，他们都很喜欢攀比，这个同学说“我爸是个经理”；那个同学就会说“我爸是个总监”：这个同学说“我妈每月挣八千”：那个同学就会说“我妈一个月挣一万”……每每遇到这种情况，小贝都会躲开，因为他知道，爸爸妈妈是食堂做饭的，工资既没有那么高，也没有自己的私家车。她每天穿着校服被爸爸送到校门口，心里很不自在。

礼拜一中午，同学们在叽叽喳喳地议论着什么，原来是小倩在炫耀新买的鞋子。其实鞋子并不怎么漂亮，只是款式比较新颖。但是小倩说，这是她妈妈花了一千多块钱给买的限量版，鞋子上的标牌在阳光的照射下闪闪发光，小倩故意转了一圈，神奇极了，小倩成了同学们的焦点。小贝被这款鞋子吸引住了，她非常想要这样一双鞋子，她希望自己能吸引同学们的目光，她希望自己也能成为焦点。

有一次，课间十分钟，同学们你一言我一语地又开始了攀比：一个同学说："我爸是个司机，有自己的出租车。"另一个同学马上不屑地说："不就是一个出租车司机嘛，我爸有一辆宝马。"

小贝知道，他们之间的暗战又要开始了，她想出去外面躲一躲，可还是被同学叫住了："哎！小贝，你爸开的是什么车？"小贝胆怯地说："我爸只有一辆电动车！"同学们听了，"轰"的一声大笑起来，小贝羞愧难当。

回到家里，小贝将自己锁进了卧室，吃饭的时候也不出来。爸爸叫他出来吃饭，她鼓起勇气说："爸爸，以后你骑电动车送我到学校附近的路口就行了，剩下的路我自己走。"爸爸很吃惊，急忙问为什么。小贝说："同学的家里都是小轿车，只有我坐电动车。"爸爸才意识到原来小孩子之间的攀比这样严重，这会影响孩子的心理健康。他对小贝说："孩子，穿什么衣服，坐什么车这不是最重要的，最重要的是要好好学习。拿父母的钱来炫耀并不是好事，这不过是一个漂亮的面具，摘下面具后他们一无所获。只有通过自己的努力取得好成绩才是人人羡慕的事情。"

小贝听了爸爸的劝告，她不再纠结于同学们每天的攀比，而是把时间都用在了刻苦学习上。她每天坦然地坐在爸爸的电动车上，无视同学们的攀比。渐渐地，她的学习成绩成了班里的优等生，老师也表扬了她。

她收获了学习的快乐，也越来越自信，小伙伴也变得多了起来。这时的小贝成了同学们学习的榜样，这是她通过自己的努力换来的。

## 加 | 油 | 站

有很多孩子因为自己家境不好而变得自卑、心情沉重、少言寡语。这是完全没有必要的。每个孩子都是爸爸妈妈的宝贝，在他们的心里，你是最重要的。不要在意别人说什么，别让攀比影响了自己的心情。无论你的家庭条件怎样，都不要让攀比之心成为你生活的主角。骄横或是自卑都不利于身心健康。不妨把物质上的攀比变为学习上的攀比吧！看看谁的学习最棒！

## 智 | 慧 | 果

**克服攀比之心的方法：**

1. 培养一些兴趣爱好，让自己多一些特长，这会让自己更自信；
2. 放下自己的私心，不要把荣誉看得过于重要，应该享受追求荣誉的过程；
3. 不要过于在意别人的看法，做自己最重要；
4. 让理想充实自己的生活，每天都过得有意义、有收获，快乐地生活；
5. 多和朴实上进的同学交朋友，他们会让你更好地成长。

## 2 注意仪表，自然才是最好的

青春期的学生正是对美有一定认知的时候，这个阶段的女孩子很在意自己的穿着和别人对自己的看法。为了让自己更加漂亮，常常跟成年人学。其实，学生有学生的清纯美，成年人有成年人的成熟美。不能一味地追求时尚而迷失了自我，很多流行的事物并不适合自己。

小雨是小学五年级的学生，她很喜欢追求时尚，常常模仿别人，看到有人穿条破洞的牛仔裤，她也会用剪刀将自己的裤子剪个窟窿；看到有人染头发，她也想将头发染一染。

这天，小雨在客厅里翻看妈妈的美发书，一边看，一边还不停地品评："这种颜色不错"；"这种颜色太深了"；"这种颜色不适合我"……妈妈见她嘴里念念有词，便走过来探个究竟。

小雨想让妈妈帮忙参谋一下，问："妈，您说这里面，哪种颜色最好看，最吸引人？"妈妈指了指其中的一种颜色说："要说漂亮，当然是黑色最漂亮了。其他颜色太炫了，不适合学生。"小雨想了想说："是的，确实不适合。"

妈妈似乎明白了什么，问:"你不会是想染头发吧？"小雨直言不讳:"是的，我想将自己的头发染成这种黄色的！"小雨一边说，一边用手指着上面的一幅图。

妈妈劝她说:“不错，这种颜色确实好看，我女儿还是蛮有眼光的！可是，你现在还是一个学生，这种颜色的头发并不适合你！如果你是一个成年人，想把头发染成这种颜色，我倒不会反对。”

星期六下午，回到家里，妈妈发现客厅里坐着一个黄头发的小女孩。妈妈以为走错了房间，甚至还出门看了看，在确定是自己家的时候，她走近了这个黄头发的小女孩。真是不看不知道，一看吓一跳，妈妈这才发现，小雨居然已经把自己的头发染成了黄色。

小雨看到妈妈吃惊的表情，说:“妈，您看我的头发，不错吧！”妈妈生气地指着她的头发问:“你看看你自己成什么样子了？”

小雨说:“我觉得挺好看的嘛。今天上午，我和班里的几个同学到理发店染了头发。她们染了红色、咖啡色的，我觉得还是黄色漂亮，便将自己的头发染成了黄色。”了解了事情的缘由之后，妈妈生气了，她将自己的手提包往沙发上一扔，说:“这么小的年纪就染头发，你想干什么？”小雨见妈妈生气了，并没有慌张，因为在她的预料之中，过几天妈妈的气消了就好了。妈妈接着说:“整天和自己的同学浑浑噩噩的，只知道赶时髦，你以为你追求的就是美吗？真正的美是自然的美，不需要这些粉饰也一样好看。你还是好好照镜子看看自己吧。”

小雨一言不发回到自己房间里了。她仔细地打量了一下自己，觉得这个颜色确实能让自己增加几分回头率，但只是因为自己年纪小，染的黄头发让自己看起来很另类，确实不适合自己。她有点后悔自己染了头发，思来想去，她决定把头发染回黑色。

妈妈再次看到小雨时，小雨的头发又变回了黑色，妈妈对她说:“这才是学生的样子，自然又大方，多好看啊！”

小雨惭愧地说:“妈妈，以后我再也不乱追求时尚了。”

## 加 | 油 | 站

美有很多种，当你觉得自己不够美时，也许你只是缺少一双发现美的眼睛。作为学生，朴素大方就是最美的。不要追赶潮流，让自己显得成熟却失了童真。当很多人都在做一件事的时候，你就会产生一种从众心理，认为别人都赶时髦，我如果不这样做就落伍了。其实，大可不必这样想，你可以让自己多接触一些美的事物，提升自己的审美观，知道了什么适合自己，什么场合怎样穿着以后，你就不会在时尚潮流中迷失自我了。

## 智 | 慧 | 果

**自然美的小方法：**

1. 多接触自然的事物，自然的美能开阔你的眼界；
2. 朴素大方就是自己的风格；
3. 不留指甲、涂指甲，不穿奇装异服、不穿高跟鞋，不浓妆艳抹。

## 3 高情商女孩的言行举止

言行举止是内在修养的镜子。品德，应该高尚些；处世，应该坦率些；举止，应该礼貌些。

少成若天性，习惯成自然。法国著名思想家孟德斯鸠曾说：“礼貌使有礼貌的人喜悦，也使那些受人以礼貌相待的人们喜悦。”一个人的修养决定他的生存方式，也决定了与他交往的人的高度。谨言慎行的人总是得到大家的喜爱，而不注意自己言行举止的人，往往会在小事上做得不好，与机会擦身而过。

安妮和莱蒂都是美术专业的大学生，她们同时到一家著名广告公司应聘美编。两个人的专业水平不相上下。不过安妮在思路方面略胜一筹，因为她已做过 3 年的兼职美编。两个人都被通知参加试用，但只能留下一个。

安妮是一个不拘小节的女孩，平时大大咧咧的。上班时间从来都是一身 T 恤、超短裤的打扮，甚至光脚穿一双拖鞋。公司规定进入电脑室是必须换鞋，可安妮穿着鞋就往里走，还振振有词地说：“以前公司里的人都这样，换鞋多麻烦啊，我穿的也是拖鞋。”相反，莱蒂是第一次工作，难免有点拘谨，做起事来十分认真，她凡事都按照公司的规定来办，上司交给自己的任务她都能提前完成。莱蒂的穿着也像她的为人一样文静、雅致，带着少许灵气。她从来不通过发型、化妆来标榜自己是搞艺术的，只是在小饰物上显示出不同于一般女孩子的审美观，说话温柔可爱，给人一种很好沟通的感觉。而安妮常常在和上司说话的时候，不注意自己的措辞，说一些自以为很时尚的网络用语，搞得上司不明所以。

一天中午，办公室里弥漫着腥臭的味道。所有人都互相猜测，到底是谁的脚散发出的。后来，大家听见窗台下面有响声，一看，原来那里放着一个黑色塑料袋，打开一看．居然是一大袋海鲜。众人的目光不约而同地集中到安妮的身上．没想到她坦坦荡荡地说："小题大做，原来你们是在找这个。嗨，这可怪不得我，这里的海鲜一点都不新鲜。"这时莱蒂端来一盆水："安妮姐，把海鲜放在水里吧，我帮你拿到走廊去，下班后你再装走。"安妮红着脸把袋子拎走了。

还有一次，莱蒂有工作上不明白的问题向安妮请教，可心胸狭窄的安妮怕莱蒂的能力超过自己，支支吾吾地打个岔就走了，莱蒂只好去请教别人。而安妮想开个小差，出去游玩，自己不好说，偏偏要莱蒂为自己请假。

试用期结束了，莱蒂留下，而安妮背包走人。尽管安妮的方案比莱蒂做得好，但是老板不想因为留下这样一个太不拘礼节的人而得罪一大批雇员。一个人的举止会折射出很微妙的东西，像安妮那样的人因为在举止之间不拘礼节而抹杀了自己能力的锋芒。而莱蒂凭借着礼貌的言行举止赢得了公司的欢迎。

## 加｜油｜站

文明的语言、礼貌的举止能够体现一个女孩的内涵和修养。判断一个人修养的高低，不是看他的学识和才华，而是看他言谈举止是否得体。

一个人的举止就像是个气垫，里面可能什么也没有，但是却能奇妙地减少颠簸。纽约一家极具规模的百货公司的人力资源部经理谈到他雇人的标准时说，他宁可雇用一个有可爱的微笑、中学还没有毕业的女孩子，也不愿意雇用一个冷若冰霜的博士。在我们涉足社会时，一定要注意细节，否则纵然你是颗灿烂的宝石，也可能被埋没。法国小说家梅里美说："礼貌经常可以替代最高贵的感情，只有无知和缺乏教养的人才不知礼貌为何物。"

## 智｜慧｜果

**举止得体的小方法：**

1. 学会基本的社交礼仪。一个懂得社交礼仪的女孩子往往显得更加有涵养、有风度，也更容易拥有好人缘。
2. 尊重每一个人。尊重别人要将心比心地体谅对方的感受，可能给对方留下不好的印象的事情不要做。
3. 讲究仪表。衣冠整洁，朴素大方的形象会增加女孩子的亲和力。

## 4 诚实是人生最美好的品格

诚实是一个人最基本的品质。在描述一个人的性格特点时，“严谨、诚实、守信”是经常被提到的字眼。这种良好的道德品质是女孩子应该拥有的品质，能提升自我的软实力。很多孩子喜欢通过说谎来掩盖自己的错误，免受责罚。但是，坦诚地承认自己的错误比说谎更容易获得别人的原谅。诚实是一条自然法则，违背了就会受到惩罚，而诚实做人，也会得到应有的回报。凯蒂就是一个说谎不眨眼的女孩，好在她及时改正了这个坏习惯。

10 岁的凯蒂是个说谎不眨眼的孩子。她有很强的自尊心，为了不让别人责备她，她常常选择说谎。无意中摔坏了花瓶，妈妈问是谁打碎的，她说她也不知道。别的小伙伴炫耀家里的自行车，她说自己也有一辆，只是爸爸把它锁起来了，而实际上她并没有。久而久之，身边的小伙伴都知道了她是个爱说谎话的孩子。

凯蒂今天又说了一件让人难以置信的事情。她说爸爸带她去了沙漠，沙漠里有各种各样的动物，还有老虎和大象！吉姆反驳说：“你说谎，老虎是在森林里生活的，沙漠里不可能有老虎！”凯蒂还想争辩什么，这时一群孩子围着她又笑又闹：“放羊的孩子，放羊的孩子，小心大灰狼把你吃掉！”其实，凯蒂心中和大家一样清楚，她说的都是谎言。可是，她编的谎话实在太多，时间一久，连自己都搞不清楚哪些是真话、哪些是假话了。

早晨起床，父亲问凯蒂前一晚功课做完没有，她很肯定地回答："做完了。""拿来给我看！"父亲很坚持，可是凯蒂说她已经收到书包里去了，拿出来很麻烦，况且父亲也看不懂，最后便说服了父亲不要看。后来，父亲发觉，凯蒂因为怕他知道自己的成绩很差，因而常对作业的事情说谎。

为了帮助凯蒂面对现实，父亲决定不再相信她的一面之词。当凯蒂吹嘘她在学校成了女排高手时，父亲便立刻打电话给老师予以求证，然后告诉凯蒂求证的结果。他告诉凯蒂，今后每一件事情，他都会一一求证，直到凯蒂开始说实话。

同时，父亲决定不再用问句和她对话，制造她说谎的机会。他要求凯蒂直接将功课交给他过目，即使凯蒂推托，他也不放弃，坚持说："凯蒂，我一定要看你的功课，现在就请你去拿来。"最后她发现，谎言在家里已经行不通了，没有人相信她的话了，于是，她只好开始说实话。有一天，父亲问凯蒂地扫好了没，她回答说："好像还没。"父亲立刻奖励她的诚实并且大声称赞她："凯蒂，我很高兴你告诉我实情。因为你很诚实，我不会因为你还没扫地就惩罚你。可是，扫地是你该做的事，你还是得去扫，扫好了才可以做其他的事。"

父亲的称赞使凯蒂渐渐明白，说实话并不会造成灾难，爸爸并不是想象中那么可怕。她决定要做个诚实的人。她再也不和伙伴们说大话，也不和父母说谎了。她开始喜欢上真实的自己，不再用谎话来美化自己。她的诚实渐渐地改变了小伙伴对她的看法，没人再叫她"放羊的孩子"，她体会到了诚实带给她的快乐。

## 加 | 油 | 站

裴多菲说："我宁愿以诚实获得一百名敌人的攻击，也不愿以伪善获得十个朋友的赞扬。"诚实是一切美德的根本。我们想要获得别人信任与重视，就一定要做一个诚实的人。英国有一句谚语这样说道：如果想幸福一天，最好上理发店；如果想幸福一星期，就去结婚；如果想幸福一个月，就去买匹马；如果想幸福一年，就盖栋新房子；如果想幸福一辈子，就做一个诚实的人。请改掉说谎的坏习惯吧，做一个诚实的人，幸福一生！

## 智 | 慧 | 果

**教你做个诚实的孩子：**

1. 说话之前要经过大脑思考一遍，要说的话是否是真实的；
2. 时刻反省自己生活中有没有说谎，细节上的谎言很容易被忽略；
3. 不要说大话，管好自己的嘴，小心成为"吹牛大王"；
4. 把自己说过的谎话整理一下，看看自己是在哪些方面常常说谎，并注意改正。

## 5 赞美别人也是一种修养

每个人内心最深处都有获得别人欣赏的渴望。也就是说，每个人都渴望得到赞美。女孩在与人相处时，不要吝啬对别人的赞美。学会赞美别人，有宽容的心，这样才能善于发现别人的优点。赞美是世上最动听的语言，是最好的鼓励，也是最伟大的力量。赞美会使人感到开心，使自己受到欢迎，并且从中能收获成长的喜悦。

真诚地赞美他人不仅会让人更加努力，也会让自己赢得好人缘。在日常生活中，不妨常常赞美你的朋友，你的赞美可能带给他成功。

著名的钢琴大师格林先生正在豪华的音乐大厅内准备演出。观众席上坐着的人为了显示出对这场音乐会的重视，全都穿着正式的礼服安静地等待着，其中包括一位坐在第一排带着一个小女孩的母亲。

小女孩叫莫妮卡，她今年五岁，正是活泼好动的年纪。她不安地在座位上爬上爬下，不一会儿又钻到椅子下面去。她平时也学习钢琴，只是年纪小，注意力不集中。母亲今天带她来的目的就是想让女儿体会一下钢琴的奇妙，以后好好地练琴。可惜莫妮卡不懂得母亲的良苦用心。还有几分钟演出就要开始了，莫妮卡显得烦躁不安。母亲专心地等待着演出的开始，莫妮卡趁机离开了座位。她飞快地跑到舞台中央的钢琴面前，开始玩弄起这些每天都要触摸的黑白键。她弹的是一首很简单的儿童歌曲，这是她最近才学会的，并不熟悉，弹出来的曲子断断续续，只能说是钢琴发出来的声音，并不优美动听。

格林先生听到舞台中有琴声传来，很是奇怪。自己还没开始表演啊，是谁在弹钢琴？他赶紧穿好礼服走到舞台看个究竟。原来是一个小女孩。格林先生没有训斥她，反而轻声地鼓励她，“你弹得很不错哦！”这时台下的观众有些不满，有人大声地嚷嚷：“谁家的孩子请快点带走！演出马上开始了！”

莫妮卡听到台下一片杂乱的声音，这才意识到自己犯了错。她想悄悄地回到母亲的身边。可是格林先生说：“别怕，继续弹，你真是个聪明的孩子，你能成为一名出色的钢琴家！”莫妮卡听了，弹得更加起劲，手指变得灵巧起来，也比刚才弹的好听多了。观众也变得安静起来。

曲子结束时，格林先生拥抱了莫妮卡，并且在莫妮卡耳边悄悄地说：“你弹得很好，比我小时候弹得好多了，不要放弃，继续努力哦！”莫妮卡听了后，她小小的心里充满了感激。她觉得大钢琴家的眼光应该不错，或许自己真的很有弹钢琴的天分呢！她下定决心，打算好好练习钢琴。她在心中许下了一个愿望，希望自己成为一名钢琴家。

这时妈妈赶紧走上前来抱起莫妮卡，她诚挚地感激格林先生，并向他鞠躬，感谢他没有训斥女儿，而是给了她鼓励，否则莫妮卡可能从此以后对钢琴就会产生抵触情绪。这一场钢琴表演收获最大的人是莫妮卡，她聆听了美妙的钢琴，不但对钢琴产生了浓厚的兴趣，更收获了自信。那几句轻声的赞美改变了莫妮卡对钢琴的态度，她开始认真练习钢琴，最后成了一位著名的钢琴演奏家。

格林先生对莫妮卡的赞美改变了小女孩对钢琴的看法。格林先生并没有损失什么，反而收获了一份尊敬和感激。

## 加 | 油 | 站

美国作家马克·吐温说：“一句精彩的赞辞可以代替我10天的口粮。”生活离不开赞美。一句发自内心的赞美，能让一个困顿中的人重新打起精神，继续踏上坎坷的道路；而一句尖刻的批评，则会让一个进取中的人感到心灰意冷，陷入绝望的境地。赞美对每个人而言都是人生的必需品。赞美不但对人的感情有益，而且对人的理智也起着巨大的作用。当你赞美别人的时候，就好像用一支火把照亮了别人的生活，使他的生活更加精彩；同时，这支火把也会照亮你的心田，使你在这种真诚的赞美中感到满足，并引导自己朝着那个方向前进。“三人行，必有我师”，试着去欣赏他人的优点，给予诚心诚意的赞美与鼓励吧！

## 智 | 慧 | 果

**赞美他人的小方法：**

1. 善于发现他人的优点。要拥有发现美的眼睛。
2. 赞美不是奉承。赞美不可以虚伪地奉承，而应该是真诚自然的表达，恰到好处。否则赞美不到点子上，反而令人生厌。

## 6 文明女孩和脏话说“NO”

说脏话是女孩子没有素质没有礼貌的体现。礼貌是人们在频繁地交往中彼此表示尊重与友好的行为规范。礼貌用语是尊重他人的具体体现，是友好关系的敲门砖。尤其在社交场合中，使用礼貌用语十分重要。尤其是女孩子，说脏话会显得更加无礼。米菲是一个喜欢说脏话的女孩子，她被脏话“污染”，不过，在班主任的批评教育下，她改掉了说脏话的坏习惯。

米菲待人真诚，为人豪爽，在班里的人缘很好，说话、做事的方式都很像个男孩子，同学们都叫她“铁哥们儿”。但是她有一个坏毛病——喜欢说脏话。

米菲晚上用电脑看电视剧，看了一集又一集。她正看得起劲，忘记了时间。打了个哈欠，一看表，已经半夜一点了。明天还要上课呢！她这才老老实实关掉了电脑，一躺下就睡着了。

第二天一早，闹铃响了半天，米菲睡得太香，她把闹铃关了，又接着睡了一阵。等她醒来一看离上课时间只有二十分钟了。她赶紧起来，穿上衣服就去学校了。脸没洗，头发没梳，连早饭都没吃，上课铃打响的时候她刚好赶到班里。

不知谁没注意，把一把拖把扔在了门口，她风风火火地跑进教室，谁曾想，她一脚踩在了拖把上，立马就摔了个大跟头。同学们看了这一幕，都笑了起来。米菲本来就很着急，还被大家这么一笑，她压制不住心中的怒火，便破口大骂："靠，哪个没长眼的把拖把放在门口的，绊了老娘一跤！"同学们看到平时大大咧咧的米菲火了，都安静下来。米菲坐在地上揉揉摔疼的左腿，嘴里一直骂骂咧咧的，"谁这么缺德，让老娘知道了，非削他一顿不可！"

"是我把拖把放在门口的，你来削我吧。"米菲听见说话声，抬头一看，居然是班主任，她吓了一大跳，赶紧爬起来，嘴里说着："是您啊，老师，就当我刚才什么都没说。"然后扭头就往自己的座位跑。班主任走上讲台，说："今天我可开了眼了，咱们班还有在社会上混过的女孩子。要是没在社会上混过，脏话怎么说得这么利索呢？"

米菲赶紧站起来，小声说："街坊邻居都这么说话，我听得多了，就学会了。"

班主任笑着问："那你为什么要说脏话呢？"

米菲很直接地说："因为我生气，生气的时候就容易说脏话。"

"生气就能说脏话吗？说脏话能解决问题吗？"老师问大家。

"不能！"同学们异口同声地说。

"那好，米菲，你说脏话爸爸妈妈管过你吗？"老师问。

米菲想了一会儿，说："管过我，不过他们自己也说，我就没把他们说的当回事。"

老师严肃地说："我知道，现在很多同学都把脏话当作口头禅，你们觉得说脏话很时尚，很有个性，其实想要有个性，不是通过说脏话体现的，你们可以培养自己的兴趣爱好，发挥自己的特长，这些都是有利于你们成长的。而说脏话不但说明你们没有素质，还会影响咱们的班风！"

米菲低下了头，她对自己说脏话的行为感到羞愧。

老师又说：“从今天起，咱们班要实行‘不说脏话’活动，说一句脏话，综合测评的成绩就扣一分，大家互相监督，让咱们班变成最文明的班集体！”

同学们都对老师的方法表示赞同，活动实行了一个月后，同学们说脏话的现象果然减少了很多。

女孩子本应该举止温文尔雅、说话柔声细语，就算达不到这样的理想状态，最起码也要有个大方、文明的样子，可是，到各个中小学走一圈之后你会发现，像故事中的米菲一样说脏话、爆粗口的女孩有很多，而且大多数学生都觉得这是个很正常的现象，并不是什么错误。

## 加 | 油 | 站

说脏话是在生活中耳濡目染渐渐学来的，并非天生就会的。面对生活中的脏话，我们的耳朵要会自动过滤。有损自身形象的言行我们要洁身自好，不要随波逐流。

有的人在激动、愤怒的时候，脏话就不由自主地说了出来。久而久之，变得不说脏话都不知道怎样表达，这是多么可怕的事情。我们要学会判断什么是美，什么是丑，有所为，有所不为。

## 智 | 慧 | 果

**改掉说脏话的小方法：**

1. 情绪激动时说话要注意，尽量放慢语速，心里暗暗提醒自己，不要说脏话；
2. 和文明懂事的孩子交朋友，告诫喜欢说脏话的人不要这样做；
3. 说话前先通过大脑过滤一番，再文明地表达出来；
4. 多看书，读优美的文字，提升自己的品质。

## 7 对着镜子说："自信的我最美丽"

每个女孩都是一道独特的风景，无论长相如何，总有一份属于自己的美丽。女孩要学会欣赏自己，接受自己。相貌体现不了也证明不了女孩的价值。如果为自己的相貌发愁，不如调整自己的心态，扩展自己的审美观，增加对美的理解，做到充实自己，用敏锐的艺术触感领悟到人生的深刻含义。一个有素养的女孩比一个长得漂亮的女孩更吸引人。黛莉是一个长着一口龅牙的女孩，通过自己的努力，她成为美国著名的歌星。

有位女孩，她拥有一副美丽动听的歌喉，但却长着一口龅牙，十分难看。

她出生在普通家庭，爸爸是一位出租车司机。可是她十分喜欢唱歌，而且天赋不错，进步很快，她梦想成为像芭芭拉·史翠珊那样有名的歌手。

她每天很用功练习唱歌，唱歌成了她生活中不可或缺的一部分。她开心的时候唱歌，难过的时候也唱歌。但这都是她唱给自己听的，她不喜欢在别人面前唱歌。因为她不想让别人看到自己那参差不齐、里出外进的牙齿，这口牙齿成了她的心病，她很在意别人对自己的看法，别人看她的时候，她就想这个人是不是在观看我的牙齿呢？

高中毕业聚会时，每个人都要表演节目，同学们尽情地展示自己的才艺。这个女孩选择了自己最拿手的唱歌。她穿着母亲的白色小礼裙，紧张地站在舞台中央。音乐响起，她开始和着唱。她为了使牙齿不影响自己的魅力，她一直想办法把上唇向下撇，以此来掩饰她暴出的门牙。像这样唱歌十分别扭，她不能够全心投入到歌声中，声音变得扭扭捏捏，越来越没了自信，甚至连好几段歌词都给忘到了脑后。她不知道，这个动作反而让她的缺陷更加明显地暴露出来了。

同学们看到她奇怪的样子，忍不住哄堂大笑。这是她第一次公开演唱，却得到这种结果，她沮丧万分。

这时，音乐老师史密斯夫人来到她身旁，很诚恳地对她说："其实你的嗓音很棒，完全可以唱得更好。但你唱歌时，好像在试图掩饰什么，你不太喜欢自己那口牙齿吧？"

女孩被说中了心事，用力地点点头。

史密斯夫人又直率地说："这又有什么关系呢？龅牙并不是什么罪过，你为什么要拼命地掩饰呢？张开你的嘴巴！只要你自己不引以为耻，观众也一定会喜欢你的。我希望看到你在台上很自信的样子。你一定会成功的，说不定，这口牙齿还能给你带来好运气呢！"

女孩接受了老师的建议。她慢慢走出了自己长着龅牙的阴影。她开始大胆地在各种公共场合演唱。

在一次全国大赛中，她极富个性化的表演和歌唱令所有现场观众和评委为之倾倒，她终于脱颖而出。她不再去想自己的龅牙，只是张开嘴，尽情地放声歌唱，尽情地表现自己。

几年后，她终于梦想成真，成为顶尖的歌星，她就是卡丝·黛莉，美国一位著名的歌唱家，她的龅牙同她的名字一样代表了她的形象，歌迷们还称她的牙齿很漂亮。有很多人还想刻意模仿她！

## 加 | 油 | 站

衡量美的标准不同，这个世界存在各种各样的美。你眼中的美女，在我看来可能相貌平平，你眼中的缺陷在别人看来可能是一种独特的美。女孩子要懂得发现自己的美，提升自己的能力，让自己变得充满自信，充满活力。萧伯纳有句名言："有信心的人，可以化渺小为伟大，化平庸为神奇。"在现实生活中，自信有一股神奇的魔力，它可以使弱者变强、使强者更强。当然，自信不是每个人天生就具备的，但可以后天培养。女孩子在拥有自信之前和拥有自信之后会产生巨大的差别，这种差别足以影响女孩子的一生。

## 智 | 慧 | 果

**培养自信的小方法：**

1. 提高自己的素养，用知识充实自己。知识能赋予你"知性美"；
2. 发掘自己的特长，有特长的人更容易找到志同道合的朋友，也更容易找到自信；
3. 认真做好每一件事，每一件小事的成功都能收获一份自信。

# 2 爱心无价，女孩都是善良的天使

女孩可以不漂亮但不能没有爱心，当你拥有美丽的心灵和高尚的品德，懂得用脚踏实地的奋斗把自己的刹那芳华变为一生一世的美丽，那么你才是成功的。

## 8 爱，从身边的点滴做起

在生活中，任何人都不能不需要其他人的帮助而独立的存在，人人都需要别人的关怀。然而快节奏的生活使人们无暇顾及别人的感受和需要，久而久之，人与人之间的关系也就不再那么近了。当你遭受到他人的冷遇时，要告诫自己不要成为这样的人，要学会乐于助人。生活中有很多人需要我们的关怀，需要我们的呵护，帮助他人会让自己的存在更有价值。

顶顶是一个听话懂事的孩子。妈妈希望她各个方面都优秀，长大后能有出息，特意给她起了顶顶这个名字。妈妈对她的期望很高。顶顶也很努力学习，每次考试都是班里的前几名。顶顶平时很为他人着想，老师和同学们都很喜欢她。

一天，顶顶和妈妈去服装城买衣服。她们一大早就出发了。由于路程有点远，她们特意排在长长的队伍后面等有座位的公交车。等了十多分钟，终于来了一辆公交车，两个人急忙上了车，她们很幸运地坐在了最后的两个座位上。

公交车又行驶了几站，上来了一位白发苍苍的老爷爷，顶顶看到了，打算将座位让给老爷爷。她刚站起身来，可是妈妈却一把将她按在了座位上，对她说："咱们还要坐好久才到服装城呢，你要站得太久了，一会该没有力气逛了，咱们也是排队才等到这个座位的，再说，车上那么多人自然会有人让的，你是个小孩，不用让座。”

顶顶知道妈妈是担心自己累才这样说的，她很理解妈妈的苦心。但是，老爷爷年纪太大了，车太颠簸，很不安全。她想：我站一会没问题的，但老爷爷万一摔了一跤怎么办。我是班里的班长，事事都要严格要求自己。于是她急忙站起来，对老爷爷说:“老爷爷，你坐在我这里吧。”

老人感激地看看顶顶说：“没关系，小朋友，爷爷站一会没事的。你还是个小朋友，自己坐吧。”顶顶说：“老爷爷，您快坐这里吧，这个路转弯的地方太多，您年纪大了，站着不安全。我经常在公交车上站着的，您不用担心。”说着，她拉着老爷爷，将他扶到自己的座位上。

到了服装城，顶顶逛了一半就逛不动了。妈妈埋怨她说：“不让你让座你非让，你看看，逛不动了吧。”

顶顶沉默了一下，说：“妈妈，我认为是值得的。逛不动了我们就歇一歇嘛。但如果老爷爷摔倒了，很久都恢复不好的。倘若所有的人都像您这么想的话，那就没有人肯给老人让座了。助人为乐是我们中华民族的优良传统，一定要很好地发扬下去。妈妈，人都有老的一天，您难道希望日后你老了没有人给您让座吗？”

顶顶的母亲点了点头，一把抱住了她：“顶顶真是个好孩子，以后也要这么做，咱们不光要成绩优秀，思想道德也要优秀，妈妈今天太狭隘了，以后妈妈鼓励你。你没有愧对这个名字，你将来一定可以成为一个有出息的女孩子。”

顶顶听到妈妈的夸奖，开心地笑了。

## 加|油|站

助人为乐是中华民族的传统美德，我们要将它发扬光大，关怀他人未必需要轰轰烈烈的举动，生活中我们要做的也许仅仅是一个微笑，一声赞扬，一个轻轻的拥抱，一句温暖的话语。生活在社会这个大家庭里，人人都需要别人的帮助，人人也都有义务帮助别人，帮助他人就是帮助自己。帮助他人不是施舍，而是使他人快乐的同时也使自己感到快乐。请关爱身边的每一个人。

## 智|慧|果

**如何成为一个与人为善的人：**

1. 孝敬自己的父母，“百善孝为先”，对自己父母不好的人一定是一个失败的人；
2. 保持一颗同情心，能理解别人的感受，想他人之所想；
3. 微笑对人，微笑是最好的名片，它会让你获得更多；
4. 乐于助人，在自己力所能及的范围内，帮助需要帮助的人，超出自己能力范围的事情我们要谨慎对待。

## 9 学会感恩，师恩难忘

感恩是一种处世哲学，是生活中的大智慧。感恩可以消解内心的积怨，感恩可以涤荡世间的尘埃。如果人与人之间缺乏感恩之心，必然导致人际关系的冷淡。老师是一个崇高的事业，他们传道授业解惑，用他们的言行带领我们更好地成长，我们要感激他们，尊敬他们，在教师节对老师说一句："老师，您辛苦了！"

居里夫人是世界上最著名的女科学家，曾经两次获得诺贝尔奖，也是历史上第一个两次获得诺贝尔奖的人，被人们尊称为"镭的母亲"。在取得巨大的成就和受到世人无限敬仰的时候，她首先想到的是自己少年时代教法语的欧班老师，因为居里夫人深深懂得，如果当初没有老师细心严格的教诲，自己是不可能取得这样伟大的成就的。

居里夫人是家中 5 个子女中最小的，也是最聪明的一个。她的父亲是一名收入十分有限的中学数理教师，妈妈也是中学教员。她的童年是不幸的，她的妈妈得了严重的传染病，是大姐照顾她长大的。后来，妈妈和大姐在她不满 10 岁时就相继病逝了。她的生活中充满了艰难。这样的生活环境不仅培养了她独立生活的能力，也使她从小就磨炼出了非常坚强的性格。

这一天，欧班老师收到一封信，寄信人是“玛丽·居里”。欧班老师不敢相信这封信是写给自己的，还以为是邮局弄错了呢！因为，这时的居里夫人早已经是一位在全世界都被赞颂的伟大科学家，怎么会给一个又老又穷，默默无闻的农村教师写信呢？欧班老师连连摆手对邮递员说：“先生，玛丽·居里怎么会给我写信呢？一定是弄错了，我不可能收到这位名人的来信！”在送信人的再三确认下，她才用颤抖的手拆开了信封。

欧班老师觉得这件事情真是难以置信啊！她颤颤巍巍地戴上老花镜，拆开信仔仔细细地读了起来，读着读着，她不禁流下了激动的泪水。原来写信人竟是她二十年前门门功课都考全班第一的小姑娘玛丽呀！居里夫人在信中向欧班老师深表敬意，告诉老师，她一直在法国从事科学研究，她诚恳地邀请老师到自己家做客，还把往返的路费一起寄了过来。欧班老师读完信，陷入了深深的回忆中，泪水模糊了她的双眼，那个多年前可爱勤奋的小玛丽浮现在她的眼前，欧班老师喃喃地说：“原来伟大的居里夫人竟然是我的学生玛丽，我竟然教出来一个这样伟大的科学家。她居然没有忘记我这个老师。”

过了不久，欧班老师到了居里夫人的家，居里夫人在家里热情接待了欧班老师。她亲自下厨房做菜，向老师祝酒。饭后居里夫人和老师谈心。在老师面前，她还是那个勤奋好学的玛丽亚，她使欧班老师忘掉了一切拘束，忘掉了面前是一位诺贝尔奖的获得者。

1932 年 5 月，华沙镭研究所建成了。居里夫人作为赞助人愉快地接受了祖国的邀请，到华沙去参加开幕式典礼。这天，有很多名人出席了开幕典礼，他们簇拥着这位伟大的科学家——居里夫人。他们中间有国王王后，有许多国家的领导人，有各个领域最著名的科学家，还有居里夫人的亲朋好友。

就在开幕式马上要开始的时候，居里夫人不顾众人，从主席台上走下来，捧着鲜花来到一位坐在轮椅上的老年妇女面前。居里夫人深情地亲吻了她，轻轻推着她的轮椅向主席台走去。在台上，居里夫人对大家说，这位老人就是自己少年时代的欧班老师。会场里的人见此情景，都对这对师生肃然起敬，不禁全体起立鼓起掌来。这位八十岁老人的脸上挂满了激动幸福的泪水。

## 加 | 油 | 站

居里夫人是一位伟大的科学家，她的成就举世瞩目，但她对老师的感激之情更加难能可贵。我们的成长离不开老师的指导和关怀，我们要怀着一颗感恩的心，理解老师的用心良苦。一个经常怀着感恩之心的人，心地坦荡，胸怀宽广，会将他人对自己的帮助铭记于心，而缺乏感激之心的人，认为自己所得完全是自己个人努力的成果，忽略别人的帮助，这样只会使自己身边的朋友越来越少。

## 智 | 慧 | 果

**尊敬老师的做法：**

1. 对待老师要有礼貌，见到老师要问好；
2. 主动帮老师分担些事情，比如帮老师收拾办公室，帮老师搬作业本；
3. 想老师之所想，帮老师擦黑板，帮老师取粉笔；
4. 毕业后常回母校看望老师，教师节给老师打个电话，问候一声。

## 10 爱不分贵贱，小动物也是生命

在日常生活中，常常能看到无家可归的小动物，它们或者是被人遗弃，或者是出生不久就离开了妈妈的怀抱，这些可怜的小生命为了生存，不得不流浪街头。天冷了，它们没地方取暖，没有食物，它们就不得不挨饿，饥一顿饱一顿。如果你是一个有爱心的孩子，不妨说服你的父母收养一条流浪的小动物吧，你的一个小举动会让它感激一生。

《甄嬛传》中甄嬛扮演者孙俪是我国著名的演员，她还有另一个身份——“小动物保护协会爱心大使”，她收养小动物，为小动物协会做义工。她美丽的外表下，有一颗金子般的心。

在一次拍戏的过程中，孙俪到访了一个小动物的救助站。看到这么多可爱的小生命，孙俪很想为它们做些事情。从此，开始了她生命中一次新的旅程。

孙俪开始尽量从工作中挤出时间，带着粮食和玩具到救助站，和动物一起奔跑、玩耍，听工作人员讲每一只流浪动物的故事。很快小家伙们和她熟悉起来，孙俪记得这些小家伙的名字。

每天都有很多新成员来到这里，工作人员的工作也很忙碌。他们要治疗新来的动物，因为这些动物大多是有伤或残疾的，一疏忽它们就可可能度过不了寒冷的冬天；救助的动物超过了他们预定的数量，人力财力都很缺乏。孙俪发现，关注流浪动物，不仅仅是给它们食物，陪它们玩耍这么简单，她要做的还有很多。

孙俪不仅给这些小动物捐款，还以爱心大使身份偕同友人一起开办了上海首家小动物“爱心领养店”，她希望每个生命都有好的归宿。

孙俪家里有很多被收养的小狗。上海五只北京两只。有的是领养的，还有的是朋友知道她喜欢动物送给她的。她会喂它们吃饭，带它们出去遛，给它们洗澡，还会教它们在家中遵守的一些规则。一只叫叶子的小狗，它刚开始不会上楼梯，是孙俪一点一点教会的。对此，孙俪特别有成就感。

外出拍戏时，孙俪几乎每天一个电话问候“寄托”在领养店的阿猫阿狗。她本人还打算筹资开一家宠物医院，为流浪猫狗治疗。据说，开这样一家宠物医院大约需要两三百万元人民币的投入，有围观者认为这简直是拿钱打水漂，但孙俪却认为这是很值得做的一件事情。

和这些小动物相处孙俪学会了关怀，学会了爱护，尝到了被信任的美好感觉。让孙俪特别自豪的是，除了她自己特别爱护流浪动物之外，在她的影响下，丈夫邓超也加入到关注流浪小动物的行列中。邓超在拍戏时捡回一只流浪狗，孙俪给它取名叫“丫头”，变成了他们家的一员。

孙俪说：“真正喜欢动物的人是不会去在意它们的品种、血统等一切的。它们都是生命，都值得我们去珍惜，都应该去平等对待。而且我认为对宠物只有喜欢是不够的，你要对它负责任，一旦决定养它，就要对它的一生负责，绝对不可以随便把它抛弃。”

孙俪把自己家中的这里小生命写成了一本书——《带我回家》，在书中，她写道：

它们都是勇敢者

它们都曾经九死一生，

它们都曾经受到过严重的创伤。

这些创伤或是来自天灾，

或是来自人祸，

但靠着“勇敢”二字，

它们挺过来了……

爱让人勇敢，爱也让这些动物们勇敢。

看着它们，我自己也越来越勇敢起来。

因为我们都有强大的“爱”在身后支持。

## 加｜油｜站

孙俪是一个善良的人，她不在意流浪的小动物是什么品种，也不介意它脏兮兮的过去，她只是把它们当作一个个需要呵护的小生命去对待。在她的影响下，更多的人加入到了保护流浪小动物的行列，但这个行动需要更多人去参与。每个人都应该树立爱护动物的意识，动物是人类最好的朋友，我们要爱护它们。

## 智｜慧｜果

**爱护动物的小方法：**

1. 对自己的宠物不离不弃，否则它会在街头流浪，甚至饿死冻死；
2. 没有足够的心理准备就不要养宠物，宠物是需要很多爱的，不能满足它，就不要养它；
3. 去小动物救助站当义工，献出自己的爱心。

## 11 你的爱心，会带给别人温暖

在我们生活的社会，有很多需要帮助的人。他们或是年龄太大，或是身体残疾，在闲暇时间去做一次义工，既能给他们爱和温暖，又能培养爱心。我们应该为他们做一些事，让他们的生活里多一缕阳光，多一丝快乐。帮助他们也是让我们懂得了爱与关怀的过程。菁菁通过这次去养老院看望老人的经历，有了很大收获。她决定要时常去看望她们、关爱他们。

菁菁是一个热爱学习的好孩子，为了培养她的爱心，爸爸决定让她和几个同学一起去敬老院做义工。

晚上，爸爸说："菁菁，明天你和几个同学一起去看望孤寡老人好不好？他们年纪大，缺少家人的爱与关怀，你们当一次义工，去看望一下他们，给他们送温暖吧。敬老院的老人们特别喜欢看到像你们这样的小孩子"

"好啊，我最喜欢做义工，做义工很光荣。"菁菁开心地说着。

第二天早晨，菁菁就和几个同学出发了。她拿出自己攒的 200 元钱，打算给爷爷奶奶们买些礼物。当他们买好礼物，到达目的地时，已经是一点半了，老人们正在睡午觉。为了不打搅爷爷奶奶们的休息，他们在门口等了半个多小时。两点多，老人们睡醒了，他们才轻手轻脚地从大门进去了。

当菁菁看见这些老爷爷、老奶奶时，心里有些酸楚。他们有的比较健康，可是大多数有疾病、有残疾，菁菁和同学们纷纷把准备好的水果、点心和礼物拿出来，送到每个爷爷、奶奶手里。看到他们拿到礼物乐呵呵的样子，菁菁和同学们也非常开心。

为了让爷爷奶奶开心，她和同学们还每个人轮流表演了小节目。有小品、相声、唱歌、朗诵等等，敬老院里的爷爷奶奶们看了他们的节目，乐开了怀。菁菁表演了一个模仿秀，演了一段小品，逗得老人们笑得前仰后合。

他们不但一边看一边笑，而且几个平时不爱说话的老爷爷也开始来劲了，他们拿着麦克风，唱起了有浓郁民族气息的家乡歌、地方戏，虽然菁菁听不懂，但还是可以看出他们很高兴，很快乐。

节目演完了，菁菁就和一个八十八岁的老奶奶谈心。从和她的谈话中菁菁了解到，老奶奶的儿子常年在外地，没有时间来陪她，又不放心她，只好把这位老奶奶送到敬老院里来。老奶奶谈到自己的儿子时，眼里闪着泪光。菁菁的眼睛也湿润了。

探望结束后，已经快到五点了，同学们也该回家了。虽然有点疲劳，但听到敬老院里的阿姨们说这些老人已经很久没有这么高兴过了，她们觉得累点也值。

在这次爱心行动中，她深深地体会到关爱的力量是那么的伟大，它既可以使老人们感到快乐，同时也可以让自己感到快乐。她和同学们约定，一有时间还到养老院去看望老人。她告诉自己，以后一定要好好对待爸爸妈妈，不能让他们像养老院里的老人一样，想和子女见一面都成了奢望。

## 加｜油｜站

爱心是一颗神奇的种子，无论将它种在什么地方，它都能够结出丰硕的果实。一个人只有心中有爱，才能够看到窗外的风景。生活中我们一个小小的善举，对他人而言却是莫大的帮助。不妨伸出自己的援助之手，既能给别人带来快乐，又能换取别人传递过来的快乐。伸出一只手，便能握紧另一颗心灵，让心与心贴得更近，让孤独的旅程充满欢声笑语。倘若一个人的一生是由无数个善举组成，他也将收获无数个祝福。

## 智｜慧｜果

**帮助老人的小方法：**

1. 当老人过马路时，我们要搀扶他，为他指引方向；
2. 当老人乘坐公交车时，我们要给他让座；
3. 常去养老院看望子女不在身边的老人，让她们感到温暖。

## 12 同学之间要互相帮助

在学习过程中，我们常常会遇到自己不懂的题。我们要及时向老师请教或者问其他同学。而当同学有疑问请教自己时，也要热心地帮助他们。这样，大家的成绩都能有所提高。有问题一定要及时解决，否则问题越来越多，想问都不知从何问起了。文文的数学成绩下降了，她很烦恼，在娜娜的帮助下，她的数学成绩有了进步，同学之间就应该这样互相帮助。

娜娜一回到家，就跟妈妈说她想和文文绝交，妈妈问她原因，她便气呼呼地说："妈，你知道吗？我和文文是最好的朋友，每次都会一起上下学，甚至连上厕所都会一起去。可是，她今天竟然不想陪我去。"

妈妈问："哦？那你问她原因了吗？"

只见娜娜依旧皱眉说："有啊！她说她不舒服。"

妈妈以为娜娜没有为身体不适的小文着想，便语带责备地说："她不舒服，那你应该让她休息啊！"

"我知道啊！可是当我回来的时候，竟然看到她和其他同学有说有笑，我心里真的很不是滋味！她不舒服怎么还笑得那么开心啊？"娜娜依旧非常生气。

妈妈听完，点点头说："嗯……原来是这样啊！其实娜娜，我觉得每个人都是独立的个体，要懂得尊重和给人空间才对喔！或许文文真的想在教室休息吧！我想即使她和同学讲话也不代表就是不想跟你好，其实你可以跟她说说你的感受啊！人与人之所以会产生误解与争吵，有时都是因为没有把话说清楚的缘故，其实当你们真的沟通后就会发现，情况并没有你想得那么复杂喔！”妈妈解释着。

娜娜被妈妈说到重点了，她发现自己真的没有跟文文沟通，甚至没顾忌她的感受，一切都是自己在胡思乱想，很可能误会了小文文。这时，妈妈也再次提醒说：“其实，换作你是文文，也会希望别人体谅你吧！再说，好朋友之间应该要互相信任才对啊！”娜娜认同了妈妈的话，一扫先前阴霾的心情，决定问问文文，并说出自己的感受。

第二天上学，娜娜问她昨天下课时明明不舒服，为什么之后还跟其他同学笑得那么开心，甚至也说了自己有些受伤的心情。

听了娜娜的话，文文解释了她因为这次数学成绩退步，所以心情有点低落而想在教室休息，后来坐在她旁边的同学知道她的情形后，过去关心她、跟她聊天，并说笑话给她听，她就不那么烦恼了。她也为自己没有顾及娜娜的感受而向她道歉。

这时，娜娜恍然大悟，她对自己没有为文文的心情着想而感到愧疚。她对文文说：“这样吧，我利用课余时间给你补习数学，把我会的知识都教你，好不好？”

“太好了，谢谢你，娜娜，在我心里你一直是我最好的朋友，我们以后有什么不开心就当面说出来，千万不要藏在心里。”文文说。

娜娜用力地点了点头。

在娜娜的帮助下，文文的数学成绩有了显著提高，而娜娜也收获了当小老师的经验，她感觉很快乐。

## 加 | 油 | 站

同学之间，常常需要彼此的帮助。帮助同学补课会让你获得很多。在帮助同学的时候，除了能够很好的梳理知识，还能让自己更加理性，让自己的头脑更加有条理！任何问题，自己如果仅仅是会，那是第一层次的！能够很好地讲出来，你会发现，其实很难！在给别人讲题的时候不但能发现自己不会的地方，而且还能让自己掌握的知识更加牢固！被你帮助的同学还会很感激，你们相互提高的同时还会收获真挚的友谊！

## 智 | 慧 | 果

**帮助同学的小事：**

1. 给学习有困难的同学讲题；
2. 与有自卑感的同学交朋友，帮他树立自信心；
3. 帮助需要帮助的同学；
4. 当同学心情不好时，适当地安慰她。

## 13 力所能及，做善良的小天使

无论什么时候，一旦你有了梦想，就要认真对待你的梦想，然后执著地前行，这种认真的好习惯，能够促使你在平凡的事情上做出不平凡的成绩。用心生活，踏踏实实地做好自己的事情，试着做一名凡事认真的人，养成一种认真的习惯，才能逐渐积累经验，锻炼自己的能力，增长自己的学识，成为一名有出息的人，并获得更多更大的发展机会。珍妮就是一个敢于做梦，并努力把梦想变为现实的女孩。

珍妮是一个善良的孩子。由于她在班级里常常帮助有困难的同学，身边有很多的小伙伴。一天，珍妮和妈妈一起看电视，电视上正在播放非洲孩子因为没有水喝而渴死的报道，主持人在节目结束的时候呼吁大家，只要捐上 80 美元就能给这些非洲孩子挖一口水井。电视机前的珍妮正好看到了，她觉得这些非洲孩子很可怜，需要自己的帮助，于是她想尽自己的一分力量帮助这些小朋友。她拉着妈妈的手央求道："妈妈，我要捐 80 美元给非洲的孩子挖一口井。"但妈妈觉得珍妮就是这么一说，过几天就忘记了，她也就没放在心上。

没想到，以后的几天，珍妮都向父母提出要 80 美元的请求，珍妮的爸爸妈妈不得不认真地讨论这件事，他们觉得不能轻而易举地把钱给珍妮，这样她会觉得钱来得很容易。但又不能不给她钱，那样很可能抹杀她的爱心，也会让她觉得父母太不尽人意。他们觉得，这或许是个磨练她意志的好机会，不如让珍妮每天做家务，然后付给她酬劳，这样既能锻炼珍妮做家务，又能完成她的梦想，一举两得。

珍妮的第一份“工作”就是帮助妈妈打扫客厅的卫生，工作完成以后，她从妈妈那里得到了 1 美元。爸爸妈妈劝他放弃时，珍妮就说：“我一定要赚到足够的钱，为非洲的孩子挖一口水井！我说到就要做到。”珍妮每天睡觉前都要祈祷一次：让非洲的每一个孩子都喝上洁净的水。

渐渐地，珍妮想通过自己的努力为非洲的孩子建一口井的梦想被附近居住的人知道了。他们被珍妮的执著和善良感动了，纷纷帮助她实现愿望。不久，珍妮的故事上了报纸和电视台，她的梦想也传遍了整个国家。

一个月后在珍妮的邮筒里出现了一封陌生的来信，里面有一张 40 万元的支票，还有一张便条：“但愿我可以为你和非洲的孩子们做得更多。”

在不到两个月的时间里，就有上千万元的汇款来支持珍妮的梦想。4 年过去了，她的梦想已基本实现，在缺水最严重的非洲乌干达地区，有 56% 的人能够喝上纯净的井水了。

珍妮也从一个小公主变成了一个有出息的女孩，并且，她从这次经历中懂得了坚持梦想的重要性，在以后的生活中，她常常为自己设定一个目标，并努力实现它，正是这个信念让她体验了丰富多彩的人生。

### 加 | 油 | 站

一口井代表的不仅仅是希望，还有一个小女孩的信念和梦想。正是由于小女孩的执著和认真，使她的梦想变成了现实，也给别人带来了希望。

有时候我们总是过分地夸大自己与成功的距离，于是连梦想都不敢有了，这等于给自己的前进之路设置障碍。人活着应该给自己一个努力的方向，然后执著和认真地对自己的梦想，付出行动，这样就会离成功又近了一步。

## 智 | 慧 | 果

**为灾区献爱心的方法：**

1. 捡废品，把它们卖到收购站，用得来的钱捐款；
2. 把自己家不穿的衣物收集起来，清洗干净，捐给需要帮助的人；
3. 为灾区的孩子写信，鼓励他们坚强地生活；
4. 带动亲戚朋友献爱心。

## 14 旧物改造，环保爱心循环

在物质生活越来越好的今天，大部分人已经不愁吃，不愁穿，这一现象表明我们所创造的财富越来越多，也进一步表明我们现在更加辛勤地劳动着。这种不愁吃不愁穿的时代我们是不是就可以随心所欲地挥霍呢？答案当然是否定的！勤俭节约一直是我们中华民族的传统美德，我们不仅要传承，还需要将这种美德发扬光大。笑笑曾经常浪费东西，但在奶奶的言传身教下，她学会了很多废物利用的妙招。

笑笑是一个初中二年级的学生，她的父母工作很忙，大多数时间都是由奶奶来照顾。因此，她和奶奶的感情很深。奶奶非常喜欢孙女，常常在她枕边放些她爱吃的东西。但有一点奶奶不是很满意，那就是笑笑不懂得节省东西。

一个周末的早上，“奶奶，我的袜子破啦！”笑笑大声喊着，随手就把袜子扔进了垃圾桶。奶奶走过来，把袜子从垃圾桶里拣出来看了看，说：“一个小洞而已啊，你直接扔了多可惜啊。说不定以后有用呢！”

笑笑心里偷偷地想：破袜子有什么用啊，又不能卖钱。接着便洗漱去了。

“香皂用完啦，奶奶，你再帮我拿一块”笑笑在洗手间喊着。

奶奶拿出一块新香皂走到洗手间，顺便问笑笑："昨天还有一小块儿呢，今天怎么就没了呢？"

"就那么一点儿，不好用，我把它扔了。"笑笑不以为然地说。

奶奶叹了一口气说："你呀，总是大手大脚，喜欢浪费，别看这么点东西，在我们那个年代想要都没有呢"

"破袜子、肥皂头能有什么用处啊？"笑笑倔强地说。

奶奶不再说什么，弯腰捡起笑笑扔掉的肥皂头。

她回到屋子里，让笑笑帮她认了一根针，然后戴起老花镜，用线帮笑笑扔掉的袜子一针一针地缝了起来。然后把以前不用的几块肥皂头放进袜子里，用手挤揉在一起，成了一块花花绿绿的肥皂。最后在外面打了一个结。奶奶让笑笑把这个组装起来的肥皂拿到阳台上晒一晒，笑笑问："为什么要晒肥皂呢？""这样肥皂会变得更结实耐用啊！"奶奶笑着说。就这样，看似毫无用处的破袜子和几块肥皂头就重新有了用武之地。

转眼春节就到了，春节前每家每户都有一件重要的事情——打扫卫生。在传统的习俗里，新的一年到来之前要把卫生打扫干净，也寓意除旧迎新。于是笑笑和家人也准备开始大扫除了。

可是家里并没有那么多的拖把和抹布。笑笑打算出去买些清洁用品，不料，奶奶把她叫住了。"笑笑，不用出去买了，奶奶这儿什么都有。"奶奶说。

"真的吗？"笑笑惊奇地说。

"真的，就在抽屉里面。"

笑笑拉开抽屉，看到里面放满了她穿过的破袜子、旧衣服之类的"废品"，心里很不是滋味，原来奶奶捡的这些废品还大有用处啊。

奶奶把旧衣服剪成抹布，分给笑笑和爸爸，用来擦玻璃……

笑笑走到奶奶身边，不好意思地说："奶奶，我以后再也不乱扔东西了。"

"笑笑懂事啦，懂得节俭啦！"奶奶笑着说。

## 加 | 油 | 站

节俭不是口号，而是需要靠实际行动，在身体力行中，我们更能体会到节俭的意义和价值。在我们的生活中，适当的"小气"可以生财。它不同于吝啬，而是一种理财哲学，是一种生活的智慧，是对自己所拥有的资源进行最合理配置的方法和艺术，是用最少的钱获得最大的享受，用最合理的安排来获取最大的利益。节俭不仅能使我们的财富更多一些，而且能使我们的生活更有情趣，更富有挑战性。古往今来，只有勤俭节约致富，却从未有过挥霍家财创富的先例。挥霍无度只会败坏家产，坐吃山空最终受苦受穷的只能是自己。一个人修身养性需要勤俭节约，一个国家富强进步同样也需要勤俭节约。

## 智 | 慧 | 果

**节约的小方法：**

1. 用铅笔在演算纸上算题，正反面都用完以后，再用橡皮蹭干净，这样既省钱又节约资源；
2. 每顿饭都先少盛一些，吃完再盛，不要浪费每一粒米，这都是农民伯伯的汗水换来的；
3. 洗澡用淋浴，不用浴缸，洗脸用脸盆接水，然后再洗。

# 3 我是爸爸妈妈的小棉袄

父母为了我们的成长付出了很多，作为孩子要学会体谅，并且帮他们做一些力所能及的事情，孝顺他们，让他们也时时刻刻感到幸福。

## 15 学会换位思考

换位思考看起来容易，其实并不是一件易事。倘若人人都能站在别人的角度上考虑问题，世界上就不会有这么多纷争和烦恼了。有的人哪怕拥有得再多，他也不觉得快乐，他只会看见自己还没有的东西而整天愁眉苦脸，有的人哪怕一无所有，依然享受生活带给他的快乐。站在不同的角度看问题，视角就会开阔很多，心也就更加广阔。琪琪的老师为他们安排了一个换位思考的实践活动，这次活动令同学们受益匪浅。

琪琪是一个苦命的孩子。她生长在一个贫穷的家庭里。她 8 岁的时候，爸爸在一次意外事故中身亡，她和妈妈相依为命。妈妈每天赚钱供琪琪读书，希望她能考上一所理想的大学。琪琪看妈妈每天太辛苦，就帮妈妈分担家务。妈妈下班很晚，琪琪总是为妈妈做好晚饭。周末的时候，她还把自己和妈妈的衣服清洗干净。她的学习成绩一直是班级的第一名，她比同龄的孩子更加珍惜读书的机会。看到琪琪这样懂事，妈妈渐渐从失去丈夫的痛苦中走了出来。

没想到，灾难再一次降临在这个本就很不幸的家庭上。妈妈在下班的途中，迎面开来一辆汽车，妈妈躲闪不及，被撞倒了。从此以后，妈妈每天只能躺在床上，照顾妈妈的重担又落在了琪琪身上。好在舅舅常常给母女俩一些资助，琪琪才能继续上学。

一边照顾患病的妈妈一边上学，琪琪的任务很艰巨。她要在早上就把妈妈的午饭都做好，然后才去上学，每天中午再跑回来，挤出一切时间照看妈妈。

为了能在放学前就把作业写完，她在学校基本不怎么和同学玩，晚上，她学习到很晚，别的孩子都睡觉了，她还在房间苦读。

老师得知了琪琪的家庭情况后，组织了一次班会，班会的主题就是“我和琪琪换角色”，老师就将琪琪树立为同学们学习的榜样，并且让全班同学每个人轮流一天，扮演琪琪的角色，照顾琪琪的母亲。

同学们听说玩角色互换的游戏，都觉得很新鲜，纷纷举荐自己为第一个体验角色互换的人。最后老师选了萱萱。萱萱是家里的独生女，本来她在家 7 点起床就可以了，可是现在她必须 5 点就得起床，然后去外面为“妈妈”买早点，因为她不会做饭，只能买回来。把早点买好后再等“妈妈”吃完才能去上学。中午回来，还要一路小跑给“妈妈”准备午餐，自己匆匆吃了几口，就又得往学校跑。等晚上吃完晚餐，碗筷洗干净后，已经八九点了，又得抓紧时间写作业，然后才能上床睡觉。

一天之后，萱萱感触颇深。她没有因为琪琪的家境贫寒而瞧不起她，反而在心中对她肃然起敬。一个多月后，全班同学都轮流照顾了“妈妈”，琪琪对老师和同学们很感激，而同学们也从这次角色互换中长大了不少，对自己的爸爸妈妈更加感恩。没事的时候，同学们就去琪琪家，帮助照看“妈妈”。

老师说：“你们现在懂得孝敬父母了吧，你们小时候，父母照顾你们还要更加辛苦呢。父母为我们做的每一件事，我们都要心存感激，不要认为一切都是应该的。父母是对我们最好的人，我们要向琪琪学习，孝敬自己的父母。”

## 加 | 油 | 站

在日常生活中，我们常常遇到和父母之间的小摩擦。我们要理解他们的初衷，无论父母做什么都是为了我们好，即使你觉得父母做错了，也要等父母气消了再告诉他们。学会站在父母的角度看问题，这样能帮助我们更好地理解父母对我们的爱。父母的爱是最深沉最无私的情感，只是他们的表达方式不同，我们要细心地了解父母，感受他们的爱。让他们的爱更好地陪伴我们成长。

## 智 | 慧 | 果

**了解父母的小方法：**

1. 平日里细心观察爸爸妈妈最爱吃什么、穿什么、做什么运动、看什么电视节目；
2. 把自己的事情讲给父母听，看看他们对这件事的看法；
3. 经常和父母一起参加社会活动，了解他们在社会上是怎么做的。

## 16 妈妈，今天让我来帮您洗一次脚

世界上有一种爱，它伟大、无私，是什么都比不了的，它就是母爱。母亲为我们付出了太多太多，我们这一生都报答不尽，正如那棵小草，无法报答三春阳光给它的恩泽。正是母亲给予我们的呵护，才能使我们茁壮成长。母亲为我们忙碌于白日黑夜之中，我们要感激她为我们所做的一切。不妨在闲暇时，打盆热水为妈妈洗洗脚吧，通过这件小事让妈妈感受到你对她的爱与感激。

周五上语文课时，老师给同学们留了一项作业——为妈妈洗脚，并以此为题，写一篇作文。颜颜觉得这个作业很简单，但是她从来没为妈妈洗过脚。她焦急地等待着星期日的到来。

时间过得真慢，颜颜终于熬到了星期日。晚上，妈妈像平时一样做好了简单的饭菜，吃完饭后妈妈在沙发上看电视，颜颜悄悄地来到洗手间找了水盆，接了些热水，又接了些冷水，把水温调到合适后，她把水盆端到妈妈的面前，对妈妈说："妈妈我来给您洗脚吧！"妈妈用诧异的眼神看着她问："宝贝，你今天怎么想起给妈妈洗脚了呀？是不是又有什么事情想求我呀？还是做什么错事了？"颜颜笑着对妈妈说："都没有，就是想给您洗脚嘛！"妈妈高兴地脱下袜子把脚放在了水盆里。

颜颜拿来香皂和毛巾细心地给妈妈洗起脚来，她看见妈妈美滋滋的样子，心里很高兴，她耐心地给妈妈的每只脚都打了香皂，然后用手慢慢地搓。她发现，妈妈的脚很粗糙，长了很多老茧。以前妈妈的脚很细嫩，并不是这个样子的。自己一天天地长大，妈妈也在一天天地变老。每天颜颜都是闻着香喷喷的饭菜香被妈妈叫醒的，然后，就看见妈妈总有做不完的家务，吃完饭后，妈妈还得送自己上学，在自己上学的期间她还得上班。想起妈妈默默操劳的身影，她心中不禁有些酸楚，眼泪也不听话的从眼中跑了出来。妈妈为自己做了这么多，自己却很少为她做过什么，想到这里，颜颜心里很不是滋味。

颜颜想起了自己小时候，妈妈每次给她洗完澡后都会和她在床上比脚丫，每次妈妈都说："宝贝你的脚丫又长大了，就和妈妈的脚差一个脚趾头了。"现在她才明白，妈妈总和她比脚丫，其实是想让自己快快长大。"妈妈，您放心，我长大后一定不会让您失望的！"颜颜在心里默默地告诉自己。

洗得差不多了，颜颜把妈妈脚上的香皂沫洗掉用毛巾擦干净，洗完后她对妈妈说："今天是母亲节，祝您节日快乐！妈妈您辛苦了！"妈妈听了以后，眼里流下了激动的泪水，抱住她说："颜颜，你真的长大了，谢谢你宝贝！妈妈有你这样懂事的孩子觉得很幸福！"

听到妈妈的话，颜颜觉得好开心，虽然为妈妈洗脚并不累，但是妈妈却很开心，颜颜打算每天都为妈妈洗脚，让妈妈快乐每一天。

她在作文中这样写道：感谢老师留的作业，它让我更加感恩妈妈对我的爱，让我更爱我的妈妈。比起妈妈为我的付出，我为她洗脚真的是一件微不足道的小事，可妈妈却感动得热泪盈眶。我以后要为妈妈做更多的事，让她感受到更多我对她的爱。

## 加 | 油 | 站

“世上只有妈妈好”，是妈妈把我们带到这个世界，教会我们走路、说话、写字，我们在人生的道路上走出了一条平坦而没有崎岖的路，背后都有妈妈默默地支持。而岁月也毫不留情地在妈妈两鬓留下了一抹白发，妈妈在不知不觉中已经慢慢老了，我们要学会懂事，学会让妈妈省心，学会让妈妈开心。为妈妈洗脚并不难，但却会让妈妈很欣慰。我们不妨为妈妈多做一些事情，让她也享受一下被自己照顾的快乐。

## 智 | 慧 | 果

**泡脚需注意的小问题：**

1. 泡脚时间不宜过长，以 15—30 分钟为宜。在泡脚过程中，由于人体血液循环加快，心率也比平时快，时间太长的话，容易增加心脏负担。
2. 泡脚的水温不宜过热或过凉，一般维持在 38℃ -43℃为宜。如果有条件，可以先将脚放入 38℃左右的水中，然后让水逐渐变热至 42℃左右即可保持水温，足浴时水通常要淹过踝部，且要时常搓动。
3. 用醋泡脚可以加速人体的血液循环，改善身体各部位因为疲劳而导致的缺氧状态，增强各系统的新陈代谢，从而使人体得到放松，消除疲劳。

## 17 为父母分忧，自己的事情自己做

父母为了让我们生活得更好，每天都要努力工作，我们要懂得父母的苦心，自己的事情自己做。这样既减轻了父母的负担，又锻炼了自己的独立能力。具备独立生活能力的女孩，善于解决生活上的事情，而缺乏生活自理能力的女孩，处处有困难，不仅生活上会遭受磨难，渐渐会产生自卑心理。因此，女孩要尽早培养自己的独立能力，先从洗自己的衣服做起吧！

“妈妈，为什么我的衣服还泡在盆子里，都已经两天了！”灵灵看着一大盆的衣服，生气地嚷道。

“是啊，泡在盆子里两天了，你自己不会洗啊！”灵灵平时被父母宠爱惯了，什么事情都等着大人干，一点独立意识都没有，妈妈怕她变成衣来伸手饭来张口的寄生虫，想要改掉她这个坏习惯，故意不帮她洗衣服。

“您是我妈，应该帮我洗衣服，我还小呢。”灵灵理直气壮地说。妈妈并没有生气，慢条斯理地说：“反正也不是我的衣服，随便你吧。”

灵灵气得直跺脚，大吵大闹地说：“我不要了，这些衣服我都不穿了，您直接扔了吧！”她知道妈妈是个勤俭持家的人．从来都不会浪费，所以她以为这样说妈妈就会帮她洗了。

面对女儿的无理取闹，妈妈只是淡淡地说了一句："想扔就扔吧，反正我也不会给你买新的了。"

灵灵听了真是气不打一处来，跑进卧室，"砰"的一声把门关上了。过了一会儿，妈妈敲敲卧室的门，说："灵灵，像你这么大应该自己动手洗衣服了，等你将来上大学，在学校里什么活都不会干，难道也让妈妈跟着帮你做吗？隔壁的红红八岁就帮妈妈分担家务了。我一天工作这么辛苦，你也帮妈妈分担一点吧。我出去买菜了，别忘了自己的事，要是再不洗，那些衣服就真的不能要了。对了，你最喜欢的那条裙子也在盆里呢！"话说完后妈妈就出门了。

听到门被关上的声音，灵灵心里很难过，被骄纵惯了的她觉得很委屈，心想，"真不是一个好妈妈，连衣服都不给我洗。"她快快不乐地坐在房间和妈妈赌气。可是后天是她最好的朋友东东过生日，要是不洗衣服，她就不能穿她最喜欢的那条裙子。想到这里她着急了，于是赶紧跑过去，开始洗衣服。

起初，灵灵每洗一件衣服都会念叨一句，"妈妈真懒！"可是，等到把满满一盆衣服都洗完后，她觉得自己特别有成就感。

妈妈买菜回来，看见衣服已经晾好了，就高兴地说："灵灵，今天咱们吃排骨，妈妈奖励你的！"

灵灵不好意思地说："不用奖励我，我自己的事就应该我自己做。以后我的衣服我自己洗，感觉洗衣服也蛮简单的。"

妈妈笑道："知道就好，自己的事情要自己做，不能总是推给别人。"灵灵点点头，她终于体会到了，如果自己的事情不能自己完成，那么就会给别人增加负担。

第三天，灵灵穿着她最喜欢的裙子去参加东东的生日会，同学们都夸灵灵的裙子洁白又漂亮，灵灵自豪地说："这是我自己洗的。"

## 加 | 油 | 站

女孩是否参与家务劳动，说到底是“做”还是“不做”的问题。女孩子参与家务劳动，不仅能培养劳动意识和劳动技能，更重要的是能培养女孩的劳动习惯、吃苦精神和克服困难的品质，这对女孩子来说将是受益终生的财富。

## 智 | 慧 | 果

**独立的小方法：**

1. 在生活中，尽量做到自己的事情自己做。比如自己洗衣服、自己叠被子、自己收拾书桌等；
2. 学习上不要过分依赖老师，该思考的要自己思考，该总结的也要自己总结，这样不但能够锻炼自主学习的能力，还可以提高学习成绩。

## 18 妈妈下厨，我是小帮手

吃饭是我们必须要做的事情。在厨房中，妈妈下完班还要不辞辛苦地为我们做饭，我们应该帮助她，做她的小帮手。其实，做饭是一件很有乐趣的事情，那么多的食材通过自己的劳动变成了可口的饭菜，一定非常有成就感。做妈妈的小帮手不仅能减轻妈妈的负担，还能锻炼自己的动手能力，何乐而不为呢！

春节是中国最重要的传统节日，这一天，童童的家里来了好多客人。妈妈和客人们聊了一会家常，就去厨房做饭了。

“童童，来帮妈妈做饭！”妈妈要准备很多菜，一个人实在忙不过来，就打算让女儿帮帮忙，顺便锻炼一下她的厨艺。

童童来到厨房，看到妈妈忙得满头大汗，一会择菜，一会烧水，连忙拿起扫帚，把地上的菜叶和垃圾都扫起来。她边扫边说：“妈妈，做饭这么累人啊，你看你，都出汗了！”

妈妈笑着说：“平时工作量不大，今天过节，要多做一些菜，有点手忙脚乱。”

“妈妈，我还能干点什么呢？”童童问。

“帮妈妈把葱扒了，然后切成小段，妈妈给你做个葱爆肉。但你要慢点切，注意安全。”妈妈一边炒菜一边回头对她说。

“好，可是怎么切呢？”童童平时不怎么下厨，对一些切菜的要领也不大清楚。

“切成大概三厘米长的小节，尽量均匀一些，这样炒出来的菜比较好看。”虽然很忙，但是妈妈还是尽量给她解释清楚，让她长点见识。

童童找了几棵葱，认真地扒了起来。扒干净以后，把葱放到水里洗了洗。然后，把葱切成均匀的小节，盛在一个盘子里。“妈妈，我切好了，您看看怎么样？”

妈妈一看，笑道：“哟，不错，值得表扬！”妈妈又看了看佐料盘，皱了皱眉，说：“童童，再帮妈妈切点姜”

“好嘞，交给我吧。”童童把姜横放，用刀慢慢地切，切好后盛在作料盘里。

“童童，帮妈妈看着饺子吧，等饺子浮上来就是快熟了，千万别烫到你啊！”妈妈关切地说。

“放心吧，妈妈，我注意点就是了。”童童学着妈妈的样子，不时地用勺子在锅里翻，过一会儿，就盖上了锅盖。过了几分钟，饺子就浮了上来。童童又等了一会，再掀开锅盖，又把饺子翻了翻，为了确保煮熟，她用筷子夹出来尝尝，确保熟了，才小心翼翼地用漏勺盛到盘子里。

有了童童的帮忙，妈妈的动作快了很多，终于在十二点把饭做好了。客人们一边吃一边对妈妈的厨艺赞不绝口，妈妈笑着说：“多亏了童童帮忙，她做我的帮手还很称职呢！”

客人们听了都说：“童童真能干，还会下厨啊，真不错！”

童童摇摇头，说：“我只是个小帮手，我还不会做菜呢。”

“能给妈妈当个小帮手已经很好了，慢慢学嘛，做饭很有乐趣的。”客人说。

做妈妈的小帮手，不但给妈妈减轻了负担，还得到了客人的夸奖，童童很开心。

## 加｜油｜站

女孩应该经常和妈妈一起下厨，给妈妈当个帮手，或者看着妈妈做饭也是好的，耳濡目染，慢慢地自己也就学会做饭了。学会做饭有很多好处，比如，能够让自己变得更自信。现在大多数的孩子都是衣来伸手、饭来张口，连基本的家务都做不好，更别提做饭了。如果大家一起去郊游或者野炊，你能够站出来露一手，让大家吃一顿美味的饭菜，那么，同学们一定会对你竖起大拇指。

## 智｜慧｜果

**学习做饭的小方法：**

1. 妈妈下厨的时候要经常在旁边看着，或者帮忙打下手，这样能增加自己对厨房和做饭的了解，培养自己爱做饭的习惯。
2. 经常向妈妈讨教做饭的技巧，并请妈妈指导自己做饭，放假时给父母做几顿爱心大餐。
3. 多看一些食谱和介绍美食的书籍，扩展自己对厨艺的认识，并提高自己的厨艺。

## 19 和父母交朋友，分享你的小秘密

父母是我们最尊敬的人，也是我们最信任的人，和父母说说一些我们生活中会遇到的各种各样的事情，让父母对我们更加了解。如果我们有什么疑惑，他们也会及时想办法帮助解决。和父母聊天是让他们了解自己最好的方法，让父母了解我们的优点和不足，有助于发扬我们的长处，改正我们的缺点，也会让父母清楚自己的性格。蕾蕾曾经不爱和妈妈谈心，有什么事都是一个人闷在心里，后来，在妈妈的帮助下，蕾蕾成了一个自信、阳光的女孩。

蕾蕾今年 11 岁，她非常喜欢看动画片，每当动画片开播，她都会准时收看。渐渐地，她迷上了动画片里的人物，于是就用画笔模仿起来。妈妈看到她很喜欢画画，就帮她报了个美术班。蕾蕾在美术班里很认真地学画，她看到班上有人给漫画专栏投稿，自己也想试一试。

她买了很多漫画书，她觉得每一个都很好看。可是画了几个，却感觉不是很满意。她慢慢地揣摩了很久，终于有了自己满意的作品。她把作品投给出版社，却仿佛石沉大海，她又接连投了几个，仍然没有回应。为此她很苦恼。

这天，蕾蕾正在独自发呆，妈妈看到蕾蕾闷闷不乐，就问她：“怎

么了，蕾蕾，不开心啊？”

蕾蕾说：“妈妈，我投了几次稿，一点消息都没有，我的画有那么不好吗？我们班的美美投了两次稿，都有回信了。”

妈妈说：“就为了这个事情啊，没关系的，好多名人的作品也都被拒绝过很多次，但后来证明他们的创作都是一流的，也许是那家出版社不懂得欣赏吧。你可以多换几家试试！不要灰心，就应该什么风格都去尝试，这样才能找到一条适合自己走的路。每个人都有自己与别人不一样的长处，可并不是每个人都能发现，如果你不去尝试，又怎么能知道自己在哪方面更为突出呢？不是有人说朝着自己擅长的方向走，必然会取得事半功倍的效果吗。你不用担心，只要努力，总有一天会成功的。”

“妈妈，你放心，我不会灰心的，我要学会坚持。和你说了这些话，我心里好受多了。谢谢妈妈。”蕾蕾说。

“蕾蕾，有什么话都要和妈妈说，放在心里是不行的。无论是什么事，和妈妈说，妈妈都会与你一起分享和承担的。快乐的事说出来，快乐就会增加一倍，烦恼的事说出来，烦恼就会减少一半。你什么都不说，憋坏了怎么办啊。这要不是我问你，你还什么都不说呢！”妈妈摸着蕾蕾的头说。

“妈妈，以后我有什么秘密都和你分享，你就是我最好的朋友。”蕾蕾笑着说。

“这就对了嘛。”妈妈笑着说。

这之后，蕾蕾画漫画得更加努力了，她把自己家里的故事画成漫画，连续地画了好多篇，发给了出版社，三个月后，出版社回信说蕾蕾的漫画有自己的风格，很风趣，很有生活气息，而且积极上进，适合儿童阅读，打算在儿童读物上连载。自己的画能得到认可，蕾蕾开心极了。

## 加 | 油 | 站

和父母聊天是一个和父母相互了解的方法。通过沟通能让父母更加了解自己，也能让自己更加了解父母。和父母做朋友，不仅能从父母不同的经历、不同的性格中学到知识，还能使自己和父母之间建立起深厚的亲情，稳固家庭成员之间的关系。和父母像朋友一样相处，能让优点得到发扬，能让不足得以改进。也能让自己的烦恼得以解决，父母是最爱我们的人，我们对他们应该坦诚，不要让亲情之间产生代沟。

## 智 | 慧 | 果

**和父母交朋友的方法：**

1. 和父母多聊些自己的事情，让他们了解自己；
2. 让父母讲讲他们的故事，了解父母的事情；
3. 请教父母一些问题，让他们谈谈自己的看法；
4. 生活中有什么困扰，及时和父母倾诉，让自己减负；
5. 多和父母一起游玩，一起参加劳动。

## 20 让爱传递，陪着爸妈去看他们的爸妈

随着我们一天天的成长，爷爷奶奶也一天天的变老。他们每天最希望的就是子孙能回来看望自己。而爸爸妈妈工作忙，常常很久才去看望他们，爷爷奶奶不免孤独寂寞。周末的时候，不妨少去一趟游乐场，和爸爸妈妈一起去看看爷爷奶奶。他们真的很想念你。珊珊在国庆节的时候去了爷爷奶奶家，她意识到爷爷奶奶老了，她希望能常回去看看他们。

国庆节到了，珊珊和爸爸妈妈回老家看望爷爷奶奶。爷爷奶奶住在农村，爸爸妈妈工作忙，珊珊都有半年时间没见过他们了，她非常想念自己的爷爷奶奶。

一提到老家，珊珊有一种说不出的喜悦。她小时候一直是爷爷奶奶照看，上了小学才和爸爸妈妈在一起，因此，她对爷爷奶奶和这个农村的家特别的亲。

珊珊小时候，爷爷奶奶每天烧饭、洗衣服、打扫卫生。早上为她准备丰盛的早餐，傍晚去幼儿园接她放学。调皮的珊珊总是不认真写作业，奶奶还得承担辅导她功课的任务。

汽车在路上飞快地跑着，珊珊的心早就飞回了老家，想着回到老家，见到爷爷、奶奶，想着他们那慈祥的笑容，她不由得笑了一下。

到了老家，珊珊远远地就看到了爷爷，他在摇椅上躺着，手里拿着扇子在轻轻扇动。“爷爷，我回来啦！”离得老远，她就忍不住想早点投入爷爷那温暖而舒适的怀抱，爷爷听到了她的呼唤，马上站起来说：“乖孙女，你可回来啦，爷爷都想死你了！”珊珊跑到了爷爷的身边，爷爷立刻把她搂在怀里。“爷爷，我很想你，想得不能再想啦！”“回来就好，回来就好啊。”爷爷笑着说。“快回去和你奶奶说你回来了，快去。”

珊珊跑到院子里，一股炒菜的香气扑鼻而来，她大声说：“奶奶，我回来啦。”“乖孙女，可算回来啦。赶紧洗洗手，该吃饭了，尝尝我做的菜。”她尝了一口奶奶做的菜，好吃极了。

接着，三代人坐在院子里吃饭。珊珊给他们讲她在学校看过的电影。爷爷忽然说：“我都好些年没看过电影了，都不知道电影演成什么样了。”

珊珊说：“爷爷奶奶，明天咱们去看电影怎么样？”“好啊，我也好多年没看了呢！”奶奶说。

第二天中午，珊珊和爷爷奶奶一起去了镇上的电影院。这可是她第一次陪爷爷奶奶看电影，她既紧张，又激动。

到了电影院，奶奶东看看，西瞧瞧，一会儿走到这，一会儿走到那，忽然说口渴了，珊珊去外面买了点水，可到了座位上，却又发现奶奶已不见了踪影，她问爷爷：“爷爷，奶奶呢？”爷爷摇了摇头：“不知道呀！”她只能放下手中的水，跑着去找奶奶了。终于，在电梯口，一个熟悉的身影出现了，是奶奶！她赶忙跑过去，原来奶奶看到了一个老朋友，过去闲聊了几句。珊珊搀着奶奶慢慢走着，她感到，奶奶老了。以前奶奶走路，背是很直的，现在奶奶弯着腰，走得很慢。

回到座位上，电影开始了，爷爷奶奶看得很起劲，珊珊的心思却根本不在电影上。她回想爷爷奶奶照顾自己的情景，默默地告诉自己：我以后要常和爸爸妈妈回来看爷爷奶奶，他们看到我们回来多开心啊！

## 加 | 油 | 站

爸爸妈妈工作很忙，每天都有做不完的事情，常常抽不出时间去看父母。但老人年纪大了，常常想念自己的亲人，他们每天最希望的就是能看看自己的儿孙。不和长辈在一起住，不能照顾老人的日常起居，他们很容易生病或出状况。作为孙女，我们不妨经常提议去爷爷奶奶家看看，时间只要肯挤，总是会有的。相信每一个人都会喜欢孝顺的孩子。没事的时候，和老人通个电话，虽然看不到你，但他们依然会很开心的。

## 智 | 慧 | 果

**为长辈做的事情：**

1. 每周去看望家里的老人，了解他们的身体状况；
2. 为家里的老人表演节目，让他们开心；
3. 常常给家里的老人打电话，报平安；
4. 为长辈剪指甲，年纪大了，很多事情他们都需要我们的帮助。

# 4

# 知书达理，做有书香气的女孩

女孩子散发出的书香气是人世间最美丽的东西。“腹有诗书气自华”，读书被誉为是“生命的美容”。读书能改变人的思想，改变人的精神，改变人的性情，改变人的气质，甚至改变人的容貌。

## 21 腹有诗书气自华

读书养性，读书可以陶冶自己的性情，使自己温文尔雅，具有书卷气；读书破万卷，下笔如有神，多读书可以提高写作能力，写文章就才思敏捷；旧书不厌百回读，熟读深思子自知，读书可以提高理解能力，只要熟读深思，你就可以知道其中的道理；读书可以使自己的知识得到积累，君子学以聚之。总之，读书是件好事。让我们都来读书吧。

张爱玲是 20 世纪三四十年代上海文坛上红极一时的女作家，在经历了几十多年的沧桑岁月后，其作品的艺术魅力及影响力一点也没有减小，反而呈现出上升趋势，不仅仅吸引着众多海内外华人读者，也引起越来越多的文学研究者的关注和探讨。

她的作品选材具体真实、琐碎平凡。对于人性的挖掘，却在尘世中演绎得让人瞠目结舌。作品中人物形象塑造独特，语言和心理活动、人物行动绝不虚笔。情节并不曲折，却有深厚的生活逻辑支撑，让人读她的作品就像回到那个时代去旁观，栩栩如生。

张爱玲三四岁时，母亲就教她吟诵诗词。聪颖的她，一首诗词念不了几遍就会背诵。她读古典诗词有很好的悟性，读一首小诗往往能心有灵犀仿作一首。7 岁左右张爱玲就能写小说了，看她那信手“涂鸦”之作，往往叫父母亲乐得手舞足蹈。一次，她无意中翻到了一本关于植物的旧书，书的封皮已经发黄、破碎，甚至连书名都认不出来了，她只看到了一个“花”字。女孩天生就与花有一种特殊的缘分，她一看见这个字就对这本书产生了浓厚的兴趣，便翻开认真读起来，连吃饭的时间都忘记了。

幼小的张爱玲醉心于传统和民间小说多种形式的学习和写作，诸如“今古奇观体”“演义体”“笔记体”，尤其酷爱古典小说《红楼梦》，终生对它如痴如醉地狂读和考证。张爱玲在《论写作》中写道：就我自己来说，八岁的时候第一次读到，只看见一些热闹，以后每隔三四年读一次，逐渐得到人物、故事的轮廓、风格。小爱玲 9 岁那年的一天，她信笔画了一幅漫画，母亲说好，父亲也说好。她把漫画投给了报社，几天以后，报社寄来了 5 元钱稿费，她高兴得跳起来。

张爱玲上中学时，文才已充分显露出来了。她所在的学校是上海玛利亚女校，当时的学校有一种文学校刊叫《国光》，张爱玲经常在校刊上发表小说、书评和论文。其中有一篇《霸王别姬》写得悲壮豪迈、慷慨激昂，直令许多男儿叹赏，其文辞灿烂，也令许多文豪赞叹。

张爱玲上大学时也经常泡在图书馆里，她无书不读，有文学的、社会学的、心理学的、哲学的，甚至还有物理学的、化学的、工程学的、设计学的等，凡是图书馆有的书，她大致都浏览过，当时班里的同学都叫她“读书狂”。

张爱玲深厚扎实的文学功底和文化修养来源于传统文学、民间文学对她的熏陶。它不仅使张爱玲学到了传统和民间小说中构筑故事情节的技巧，描写人物的手段，更领悟到传统小说中高雅的书面语与民间小说中通俗的口语各自蕴含的独特神韵和魅力，找到了小说语言创作的技巧，这确立了张爱玲日后小说语言创作的艺术走向和途径：高雅与通俗的融合。

作为一位作家，如果没有广博的学识，她的文字就会显得苍白无力，纵使情感真挚，也会让读者觉得缺乏内涵。张爱玲的作品虽然更偏重表达感情，但她也会描绘社会形态和异地风情，有时还会对一些科学知识进行讲述，读来丰富有趣。和同时代的女作家相比，张爱玲所表达的思想也更深刻、更超前。她所取得的成就在很大程度上要归功于多读书、广读书的好习惯。

## 加 | 油 | 站

高尔基先生说过："书籍是人类进步的阶梯。"

多读书，可以让你觉得有许多的写作灵感。可以让你在写作文的方法上用得更好。在写作的时候，我们往往可以运用一些书中的好词好句和生活哲理。让别人觉得你更富有文采，美感。多读书可以让人感觉你知书答礼，颇有风度。多读书，可以让你多增加一些课外知识。

培根先生说过："知识就是力量。"不错，多读书，增长了课外知识，可以让你感到浑身充满了一股力量。这种力量可以激励着你不断地前进，不断地成长。从书中，你往往可以发现自己身上的不足，使你不断地改正错误，摆正自己前进的方向。所以，书也是我们的良师益友。

读书，可以让你变聪明，变得有智慧。你就可以勇敢地面对困难。然后用书中的方法来解决问题。这样，你又向成功的道路上迈进了一步。

多读书，也能使你的心情变得快乐。读书也是一种休闲，一种娱乐的方式。所以在书的海洋里遨游是一种无限快乐的事情。用读书来放松心情也是一种十分明智的选择。读书能陶冶人的情操，给人知识和智慧。所以，我们应该多读书，为我们以后的人生道路打下好的、扎实的基础！

## 智 | 慧 | 果

**阅读的方法：**

1. 信息式阅读法。这类阅读的目的只是为了了解情况。我们阅读报纸、广告、说明书等属于这种阅读方法。对于大多数这类资料，我们应该使用一目十行的速读法，眼睛像电子扫描一样地在文字间快速浏览，及时捕捉自己所需的内容，舍弃无关的部分。
2. 文学作品阅读法。文学作品除了内容之外，还有修辞和韵律上的意义。因此阅读时应该非常缓慢，自己能听到其中每一个词的声音。文学大家的作品，唯有充分运用这种接受语言的能力，才能汲取他们的聪明才智、想象能力和写作技巧。阅读后，还要写读书笔记，将自己的感悟记录下来。

## 22 坚持写日记，记录自己成长的脚印

很多名人都有记日记的习惯。写日记不仅能锻炼写作能力，还能记录自己成长的过程以及生活中的感悟。如果你不知道写什么，就先从观察生活做起。身边的人、身边的事、路边的花、树上的鸟……一切的事物都可以通过自己的视角跃然纸上。趁着还年轻，赶快和日记成为一生的朋友吧。

小可是一个成绩不错的学生，但她有一个弱项，就是不会写作文。她一写作文就头疼，没有什么话可说。别人能写很多字，可她写一页纸都很吃力。老师为了锻炼她的写作能力，让她坚持每天写一篇日记。渐渐地，她养成了写日记的习惯。

起初，她并不知道怎么写日记，她常常把一天发生的事情像流水账一样的记录下来。班级发生了什么事，课堂上老师讲了什么内容，今天天气怎么样这些都是日记的内容。她的文笔不好，日记写得很生硬，但她仍然坚持了下来，写了一年多。

在一次期末考试时，小可的作文成绩居然得了全班的最高分。这个曾经一写作文就犯难的学生居然取得了这样好的成绩，老师和同学们都很惊讶。课堂上，老师让小可在全班同学面前读一遍自己的文章，并让她谈谈提高写作的方法。小可自己也很吃惊，她想：一定是写日记让我

的写作水平有了提高。小可说："为了能写好作文，我每天写一篇日记，日记写得多了，就有话可说了。同学们不妨也养成写日记的好习惯，既能锻炼写作能力，又能锻炼自己的毅力。"

体验到了写日记的好处以后，小可就更加坚定了每天写一篇日记的信念。渐渐地她学会了观察生活中的微小事物，并把它们记录下来。无论是新闻大事还是她身边发生的小事，她都能有感而发。日记的内容慢慢丰富起来，她分析问题的能力也不断提高。时间久了，日记成了小可的好朋友，小可把所有的秘密和想法都写下来，临睡前如果不写上一篇，她会觉得少做了什么似的，睡不着觉。倘若有哪天不方便写日记，她就在大脑回忆一下一天的事情，第二天再补上一篇。

写日记时，小可常常回想一下自己的不足，这很好的帮助小可及时纠正错误，让自己的言行更加得体，让自己的学习方法更加有效。小可的语文成绩越来越好，而且很稳定，她终于突破了自己的弱项。无论学习有多忙，她总是挤出时间写上一篇。

临近高考时，小可在日记中给自己加油鼓劲，让自己更加自信。功夫不负有心人，小可成了全市的文科状元，顺利考入北大的校园。而她常常把这样优异的成绩归功于自己坚持写日记的好习惯。

## 加 | 油 | 站

著名作家周国平曾说："记忆是不可靠的，对于一个不写日记的人来说，除了某些印象特别深刻的经历外，多数往事会渐渐模糊，甚至永远沉入遗忘的深渊。相反，如果有日记作为依凭，即使许多年前的细节，也比较容易在记忆中唤醒。在这个意义上，日记使人拥有了一个更丰富的人生。"

写日记是一个好习惯，它能记录你成长的足迹。只要你善于把身边发生的事情记录下来，你会发现你的生活丰富多彩。记日记的好处有很多，不仅可以提高你的写作水平，还能提高你的综合素质。

写日记的过程是一个回忆反思、感悟沉淀的过程。它能帮助你及早地发现自己的不足，也能镌刻下你青涩或是快乐的时光。

写日记需要坚持，这也能培养一个人的恒心与毅力。当你把写日记当成习惯的时候，你会发现，你最好的朋友不是别人，而是日记。日记里有你的“秘密花园”，日记里有你最真实的自己。趁着年轻，赶快和日记交个朋友吧。

## 智 | 慧 | 果

**写日记的方法：**

1. 每天在自己最安静的时候写日记；
2. 日记可以叙事、写人、状物、写景、抒情，一切的事物都可以通过你的视角跃然纸上；
3. 如果没有及时写日记，第二天也要补上一篇，不能懈怠。

## 23 小故事大道理，开拓思维又益智

“读一本好书，就像与一个高尚的人在谈话”。书能引导我们与最优秀的人物为伍，使我们置身历代伟人巨匠之间，如闻其声，如观其行，如见其人，使我们同他们情感交融，悲喜与共。皮日休说：“唯书有色，艳于西子”。读书恰似溪间潺潺的流水，犹如天上散淡的白云，无羁无绊，闲适飘逸。读书不再是漂泊者饥渴时的一杯水，也不是夜行人黑暗中的一盏灯，它是农夫收获后在金色田野中的愉悦，是一家人在斜阳中共进晚餐的温馨。

新新的书虫生涯始于她二年级时的一次偷读，在此之前她并不爱读书，虽然妈妈给她买了全套的《十万个为什么》、厚厚的《安徒生童话》和经典朗读《唐诗三百首》《弟子规》等一大摞儿，但那时的新新还不懂得读书的乐趣，但是现在这些书已经成为她这条小书虫案头的宝贝了。

记得二年级的一天辅导课上，写完作业的新新打开语文书，装模作样地端坐于书桌前，脑子却已经和周公见面了。这时她的同桌用胳膊肘碰碰她，神秘兮兮地递给她一本小册子，她翻开一看原来是《鲁滨孙漂流记》。对于同桌的热情援助，她十分感谢，再加上那本书比较小，藏在语文书内刚刚好，所以她轻易地躲过了老师的“法眼”读了起来。谁

知一看她就入了迷，书的主人公鲁滨孙在无人的荒岛上孤独的生活了 28 年，她非常敬佩鲁滨孙与自然展开英勇斗争的勇气和毅力。

“快收拾书包吧，放学了！”同桌拍了拍她的肩膀，看得津津有味的新新不禁大叫：“不会吧，不是才刚上课吗？！”“大姐，两节辅导课都上完了，您醒醒吧！”新新一边收拾书包，一边惊讶着看书的时间竟过得这样快。她对这本书的喜爱已经到了爱不释手的程度。于是满脸堆笑地对同学说：“能不能今晚借我看看？”没想到同桌竟然大方地说：“拿去吧！”新新高兴得差点没跳起来，忙说:“好了，你还真够意思！”那天晚上新新一口气把那本书看完了，到现在主人公最爱说的那句：我的脾气是要决心干一件事不成功绝不放手。还经常回荡在她的耳畔。

从此，新新开始了她的书虫生涯，书带给她很多快乐，也会带给她对美好生活的向往。

同时读书也让她知道很多做人的道理，每当她无助的时候都能在书中找到答案。她已经和书成为不会分离的好朋友了。

有一次，姥姥家养的长毛兔脱毛了，姥姥看到长毛兔像虫子咬似的，脖子上的皮毛渐渐咬裂开口，露出皮肉。姥姥着急地对新新说：“新新，你看这兔子是怎么了。红肉都露出来了，它是不是生病了呀？”新新笑着对姥姥说：“它是在脱毛呢，脱完毛后会重新长出新的绒毛。”姥姥听了后就笑了，摸摸她的小脑袋，对她说：“你是怎么知道的呀？”她眉毛向上一跳，得意地说：“我从书上看到的哦，《十万个为什么》里讲了很多小动物的生活习性呢！”姥姥笑着说：“新新会学以致用了，这读书用处可真不小呀。”

现在，新新已经离不开书了。妈妈为了让她学到更多的知识，专门给她买了四册少儿百科全书。她睡前一定要看上一篇才能安然入睡。她感受到：一本好书，蕴涵着许多丰富的知识和美好的情感。阅读一本好书，就是要跨越时间和空间，同睿智和高尚的人对话，这是多么美妙的事情啊！

## 加 | 油 | 站

古人说："读万卷书，行万里路。"在浩瀚的知识海洋中我们要认清自身的渺小与浅薄，从而让自己更加发奋更加努力。生活中可以缺少功名利禄，但不能没有书，我们可以错过豪华盛典，但不能失去读书的机会。每个人的生命是有限的，不可能对每一种事物的认知都去亲身实践，只有通过读书，才能使我们知道，美丽的星空是广阔无边的；人类的进化是经过漫长历程的；大自然是神奇而美丽的；知识的海洋是无穷无尽的……书本中的知识可谓是包罗万象。通过读书，可以丰富知识，拓宽视野。读的书多了，自然就懂的多了，"博学广识"就是这个道理。知识是用金钱买不到的。开卷有益，读书的益处无穷无尽。让我们从现在开始，好读书，读好书。

## 智 | 慧 | 果

**如何养成爱读书的习惯：**

1. 在家里多摆放书，让书成为房间里的主角，这样你很轻松就能找到想看的书了。
2. 多去书店，图书馆看书，遇到喜欢的书就借回来或买回来。
3. 每天睡前看半小时书，让书陪伴自己入睡。

## 24 每天听一篇英语听力

英语的使用范围非常广泛。国际上的论文资料绝大部分是用英语发表的。绝大部分的国际会议是以英语为第一通用语言的，英语也是联合国的正式工作语言之一。总之，在国际政治、军事、经济、科技、文化、贸易、交通运输等领域，英语是一个重要的交际工具，我们一定要学好它。

杨澜是我国的著名主持人，她沉稳机智的主持风格和一口流利的外语常常让人羡慕。可以说英语改变了杨澜的一生，为了学好英语，杨澜上学时非常用功。

1968 年，杨澜出生在北京。小杨澜刚出生时，爸爸正在阿尔巴尼亚作外援专家，直到杨澜 4 岁时，他才有机会回国，看到这个天真可爱的女儿。

每天清早，杨澜都穿起白衬衣，还有心爱的蓝裙子，晃着两个粗短的小辫，快乐地走在通往学校的小路上。路上的景致，总是那样美。太阳露出灿烂笑脸，花儿在路旁散发出缕缕清香，鸟儿在枝头轻唱……越走，杨澜心里越快乐，甚至希望这段路能变得更长一些。

小学三年级时，杨澜开始与同学们一起学习英语。杨澜很喜欢学英语，她的发音是班上最标准的。除了英语，杨澜也喜欢文艺活动，每当学校组织演出，她总是起着骨干的作用，大方地站到台上，用中英文表演《我爱北京天安门》，或者用英文来唱“我爱北京天安门，天安门上太阳升”。听着台下爆发出的阵阵掌声，杨澜心里特别激动。她想，学习好，固然令自己快乐，能把英文歌唱好，也是一件有意义的事。从此，她更喜欢英语了。

进入高中后，同学们越来越用功了，每当考试成绩发下来时，杨澜都发现，许多同学的成绩都比她好。她想：“我应该更加努力！要不，就要落在别人后面了！”以后，杨澜学习更加刻苦了。

不久，在海淀区统一高考模拟考试中，杨澜取得了全区第一名的好成绩。正式参加高考时，杨澜的各科总分在北京市名列前 20 名，其中，语文的成绩最好，几乎获得了满分。这样，杨澜以优异的成绩考入北京外国语大学英语系。

进入大学后，杨澜发现，同学们的英语成绩都很好，同他们相比，自己的英文听力较差。这时，她没有自卑，而是不断地给自己打气：“我一定要把听力成绩提高！”她每天都听英语，听英文歌曲，让自己的生活处处都有英语。经过半年的努力，杨澜感觉到听力好多了。有时，杨澜的考试成绩不理想，她就告诉自己：“努力，下次就会考好！”在杨澜的不断努力下，她的成绩提高了，也做到了最好。

1990 年，杨澜以优秀的成绩从北京外国语学院毕业。不久，她从千名候选人中幸运地脱颖而出，成为中国中央电视台《正大综艺》的女主持人。从 1990 年至 1994 年初，杨澜主持的《正大综艺》节目受到了全国观众的喜爱，创造了收视之冠的佳绩，她本人也于 1994 年获得中国首届主持人“金话筒奖”。

## 加｜油｜站

英语是我们学习生活中必不可少的科目。从全世界来看，说英语的人数已经超过了任何语言的人数，10 多个国家以英语为母语，40 多个国家的官方语言是英语，世界三分之一的人口讲英语。学习英语的重要性还在于我们在学习别人先进技术、经验的同时，也需要与世界各国展开各种技术上和经济上的合作。如果不懂英语，便无法与合作方沟通交流，更谈不上合作了。譬如某公司开发了一个具有世界水平的产品，如果能打开国际市场，前途将是一片光明。但如果公司人员不懂英语，无法很好地与国外客户沟通，无法将产品的优良性能展示出来，这将是一个惨重的损失。英语的应用无处不在，我们已经身处在一个开口就是英语的时代，英语对于我们而言，就像一日三餐，我们必须要学好英语。

## 智｜慧｜果

**学习英语的好方法：**

1. 培养对英语的兴趣。“兴趣是最好的老师”。兴趣是学习英语的巨大动力，有了兴趣，学英语就会事半功倍。
2. 大量地背单词。词汇是学好英语的基础，没有了词汇，也就谈不上句子，更谈不上文章，所以记单词就显得极其重要。
3. 多看一些英文电影，英语新闻，以及英文读物，循序渐进地培养语感。

## 25 字如其人，书法艺术有气质

书法是中华民族传统的文化瑰宝。书法作品内涵丰富、博大精深，蕴涵着自然的性灵、溢美的芬芳、凝智的妙趣，人们在欣赏书法作品时中可以得到美的享受、哲思的启迪、心灵的净化。汉代扬雄说“书乃心画”。的确，每一幅书法精品都是作者技法的妙用、雄才的挥洒、大智的奔涌、高怀的展现，总之是作者心智运行的印迹。练习书法能丰富自己的头脑，提高整体修养，养浩然之气，积渊博之才，得天地灵性，纳万物精华，妙发灵机，创物我同心的大境。

说起徐静蕾，自然联想到写博客、演电影的才女，而她的书法也是一等一地好。2007 年，方正字库还投入数百万元将其字编入字库，成为个人软件字体受益第一人。自她出了字库，引来了争议，徐静蕾坦然面对并表示对质疑早有预料，愿意接受有道理的批评和建议。

因为父亲的缘故，徐静蕾从三岁起就开始学习书法了，一直临摹颜体，每天都有定量的任务。在徐静蕾回忆童年时总有这样的画面：“别的小朋友都在外面玩，而我却要待在家里做练习，就觉得挺委屈的。我从小就怕我爸，就像老鼠见到猫的那种，所以一般是我爸还没回家的时候我就在那里玩，一看到他回来了，就装模作样地在那里练习，有时完不成任务了就拿之前写的凑数，不过有被我爸发现的时候。其实我到现在还是有点怕我爸，小时候和他争吵那是想都不敢想的事，更别说做了。”

其实，父亲并不是希望徐静蕾成为一个书法家，只是想通过练书法让她成为一个知书达理的孩子。当回顾起这段被逼迫的学习时光，如今的徐静蕾充满感激：“我想长大了之后，所有的孩子都会感谢自己的父母在他小时候逼着他做了那样一件事，所以我也很感激自己的父亲一直这样鞭策着我，让我将书法坚持了下来。”所以和同样喜好书法的“老爹”探讨书法艺术成了徐静蕾参加家庭聚会时的“家常菜”。

从纯粹的书法到为商场霓虹灯牌题字，为自己电影《我和爸爸》《一个陌生女人的来信》亲自操刀题写片头，再到 2007 年北大方正根据其个人书法推出“方正静蕾简体”软件字库，徐静蕾的书法功力毋庸置疑，也因写得一手好字而尝到不少甜头。徐静蕾第一次因书法受益是在其小学毕业时，因为个人书法在全国获得奖项而被保送到了当时北京朝阳区最好的中学八十中，“才女”的称呼那时便诞生了。在与人打交道的时候，别人一看你的字写得比较好，可能就会潜意识里觉得你应该是一个比较有知识的人，会比较吃得开，一句话，练好书法好处挺多的。

娱乐圈内精于书法的明星不在少数，“四大天王”之一的刘德华，“皇阿玛”张铁林等都练就了一身好书法。其中刘德华经常即兴挥毫，以自己的墨迹用作慈善拍卖，还受邀为儿时居住的村落“蓝田邨”题字；唐国强研习毛主席书法外，还精于颜体，同时还是北京国艺轩书画院副院长、中国书法家协会会员；张铁林的书法也被评颇具唐宋华贵之风，与之皇帝气质也挺相符的。另外还有些喜好书法的明星有着家族渊源，比如姜昆的父亲姜祖禹是书法家；郁钧剑的祖父也是书法家。

## 加 | 油 | 站

学书法最基本的活动是写字，而写字首要的目的是为了记事和交流感情，起码的要求是把字写得规范、整洁、清楚，使人看了乐于接受，如果把字写得杂乱无章，甚至随心所欲，胡乱造字，读者如看“天书”，无法辨认，就失去了它的价值。

在竞争越来越激烈的当今社会，写得一手漂亮的字，无论是学习、工作，还是生活，都能给人留下好的印象，增强自信心。书法还可以修身养性。学书法能使人变“静”，培养人的专心、细心、耐心和毅力等优秀品质，从而提高人的整体素质——这是其他学科无法替代的。常言道：宁静致远，静能生智。当一个人的心灵处于宁静状态时，其思维质量和办事效率是最高的；反之则心浮气躁、思绪混乱或语无伦次。现在的社会生活节奏变快，但人心浮躁、做事马虎、缺少耐心和毅力。通过书法，可以弥补。书法艺术不仅能给人以美的享受，还是养生保健的有效方法。医学专家研究结论表明，在可使人长寿的二十种职业中，书法名列榜首。

## 智 | 慧 | 果

**练习书法的方法：**

1. 摹写法。将较薄而透明的纸张覆于字帖上进行练习，此法适用于初学者，也可用于对新帖的练习，运用此法宜于掌握字形的位置，即结体。
2. 临写法。对帖仿写练习，此法不宜掌握字形位置，却宜领会书法的技法和内在神韵，可与摹写法共同。

3 默写法。把学习过的各种技法，各类章法及字形的变化，试着一一默写出来，再将原帖打开与之对照，找出差距并逐步完善。

4 书空法。在路上行走时，或在空闲时用手指在空中比画，抑或在心里默默比画。据传唐代著名书法家虞世南夜晚卧榻书空，时长日久竟将盖用的棉被划破了。由此可见古代书家扎实功底的来由及习书勤奋之情。

## 26 读万卷书，更要行万里路

一朵花，一棵草，一块岩石，一只小虫都可以和动物学、植物学、矿物学、物理学、化学、地质学、天文学等各种知识联系起来。有时草丛中会突如其来地蹦出一只蚂蚱，你可以逮住它，和伙伴们一起研究这只昆虫。你可以查阅蚂蚱的身体结构、习性、繁殖等知识。你可以通过一块石头、一草一木等实物让自己懂得很多知识，这比教室中的知识更直观，更容易让人理解和接受。条件允许的情况下，不妨和爸爸妈妈来一次旅行，你会受益匪浅。

三毛是我国著名的作家，她的作品自然流畅，不矫揉造作，如行云流水，一气呵成，在我国拥有众多的读者。三毛不仅是一个作家，还是一个旅行者，她很多的作品都来自撒哈拉沙漠，这些旅行的经历给她带来很多的创作灵感。

三毛生性浪漫，三岁时读张乐平《三毛流浪记》，印象极深，后遂以“三毛”为笔名。为了追寻心中的那棵“橄榄树”，她踏遍万水千山。然而，无论是异国都市的生活情调，还是天涯海角的奇风异俗，都不能消解她深埋于心中的中国情结。尽管她嫁给了一个深眼高鼻的洋人，但她仍是一个完美的东方女性。三毛从来不刻意追求某一种技巧和风格，一切都显得平实与自然。然而在她信笔挥洒之中，却又蕴涵无限，这也许是一种更高的技巧和风格吧。

三毛一生“流浪”过 54 个国家。精通中文，西班牙文，英式和美式英语，德语以及部分的阿拉伯语等语种。《撒哈拉的故事》是三毛最为脍炙人口的作品，风靡了全世界的中文读者。这本书用极其细腻的文字描述了大沙漠独有的人文、地理、风土人情，讲述了自己在大沙漠中艰苦而快乐的生活，把一幅充满异域情调的画卷展现在读者面前。

三毛是个喜欢沙漠生活的女子，贫瘠广漠的大沙漠在她眼中充满了无穷的诱惑。她看到一张撒哈拉的照片，就爱上了这个地方，于是义无反顾地抛弃了繁华的都市生活，来到撒哈拉沙漠——这个黄沙滚滚、环境恶劣的地方。在这里，她居住在破旧的沙土房里，没有家具、没有床……可是这一切没有难倒她。她和丈夫荷西一起动手设计装修自己的家——虽然这只是租来的房子，积极乐观地打造着自己的“沙漠城堡”，最终把它变成了一个“真正的艺术宫殿”。

与此同时，三毛也尽一切可能深入撒哈拉，探寻着它真实的面目。她用相机拍下荒僻地区游牧民族的真实生活，随身带着药箱为贫穷落后的人义务诊治，并将日用品等送给当地的人们……作为第一位涉足大荒漠的东方女性，她以东方女性不常见的潇洒和诙谐，以中国人特有的广博与善良传播着现代文明。同时，她也以现代文明的角度观察古老文明与沙漠旧俗，并生动地记录着她在沙漠的所见所闻所感。

沙漠，在三毛作品里，不再是那寸草不成的荒芜之地，而是真正属于她的人间天堂。受过伤，流过泪，终于在那一片黄沙之中，寻得此生渴望的幸福。这一份爱，重新开启了三毛紧闭的心门，让她在那一片黄沙之中绽放出耀眼的美丽。洒脱、审美的人生态度，悲天悯人的情怀，成为了三毛这一时期的主要创作基调。

撒哈拉的旅行诞生了《撒哈拉的故事》，三毛犹如绽放在沙漠里的美丽的花，她用自己的生命感受着生活，感受着文化，感受着大自然，同时也留给世人宝贵的精神财富。

## 加｜油｜站

大自然是最好的老师。“回归自然，进行自然教育”，这是 18 世纪法国启蒙思想家卢梭当时提出的一种教育思想。从根本上说，智慧并不是原始地存在于人的大脑中的，而是自然万物作用于人类大脑的结果，是人脑对于信息的储存和加工，远离自然就是拒绝智慧。在旅行中，你会懂得这个世界是多么的丰富多彩，人生有很多有趣的事情。

世界上再没有比大自然更好的教师了，它能教给人无穷无尽的知识。请好好利用它，把自己变成一个博识的人。

## 智｜慧｜果

**旅行应注意的事项：**

1. 旅行不要走马观花，旅行目的是愉悦身心，增长见识，如果每到一地不去细心观察鉴赏当地的风土，就失去了旅行的意义。
2. 不要带过多行李，旅行时带过多的物品既累，带在身边，行动又不方便，放在旅馆也不安全。所以提倡一包政策：所有行李只需一个大背囊。
3. 不要钱人分离，在异乡陌生的环境，身上一定要有一些现金。
4. 每到一地请先买份当地地图，一可做走失时应急之用；二可留为纪念。

## 27 体验生活，须知物力维艰

“谁知盘中餐，粒粒皆辛苦”，这是我们很小的时候就会背诵的一首唐诗，然而，在日常生活中，我们常常看到有浪费粮食的现象。不喜欢吃的菜就随意倒掉，米饭吃了几口，剩下的就不吃了。去农村体验一下种地的辛苦，你会懂得粮食是多么来之不易。小燕平时是一个不懂节俭的孩子，自从去种了一次地以后，她改掉了浪费食物的坏习惯。

小燕的家庭环境非常好，经济条件也不错。她就像家里的小公主一样从小就受到宠爱，衣来伸手，饭来张口，几乎想要什么家里人都会买给她，家里人竭尽全力为她提供最好的物质生活条件。

渐渐地，小燕长大了，她的很多坏习惯也渐渐显露，比如花钱总是大手大脚，几乎没有节制。

每次到吃饭的时候，无论是在外面还是自己家，小燕总是先将喜欢的食物全都夹到自己碗里，从来不考虑自己能否吃完。因此，每次都会剩下不少饭菜，而且，她还会趁着大家不注意，偷偷将剩菜剩饭一股脑儿地倒进垃圾桶。

一天，小燕的姥姥从老家来看她。刚进家门，就发现家里很乱，满地都是小燕的零食和玩具。姥姥笑着说：“小燕，你可真调皮哟。”说着就将地上的东西一样一样地捡起来放回了原地。

小燕在一旁看到了非但没有感谢姥姥所做的一切，反而埋怨道："姥姥，这些我都不要了，你捡起来干吗？"

姥姥很意外地问她："这些玩具都是新的，零食也都没过期，怎么不要了啊？"

"我就是不要了，我才不管新的还是没过期的。吃过的、用过的就得统统扔掉。"小燕大声地冲姥姥喊道。

看到外孙女变成这样，姥姥又是叹气又是摇头，心中很难受。后来，她把事情对小燕的爸爸妈妈说了，三个人都觉得不能再由着孩子的性子了，不然将来她长大了，根本不懂得如何管理自己的财产，即便再富有也会成为一个败家女。

于是，在一个周末的早上，小燕的爸爸妈妈带着她去大伯家串门。大伯一家人在农村种地，爸爸就对小燕说："小燕，咱们帮大伯一起种地吧。"小燕说："我还没种过呢，一定很有趣。"然后就和爸爸妈妈一起到了田里。开始种田了，她拉起袖子，拿着犁耙，在那里挖。一家人干得很辛苦，自从伯伯教会他们以后，他们就没有停过，一直忙碌着。像一群勤劳的小蜜蜂采集着花蜜。小燕的手酸疼酸疼的，就跟肿了似的。一上午他们都没有停过。妈妈对小燕说："小燕，我们吃的粮食就是这样种出来的，是不是很辛苦啊？你以后还浪不浪费粮食了？"

小燕惭愧地低下了头，说："妈妈，我知道了，我以后一定节约粮食。"

渐渐地，小燕在家人的教育下，认识到了自己的不对。她每次吃饭都先盛一半，等自己还想吃就再去盛，姥姥看到小燕的变化开心极了，她对小燕的妈妈说："小燕真是越来越懂事了，让她去体验一回种地的生活真的是太有必要了。"

## 加 | 油 | 站

我国的人均耕地面积还远远低于世界水平，我国人口已超过13.4亿，目前耕地面积正以每年30多万亩的速度递减；全国40%的城市人口消耗的粮食依靠进口。乱占耕地、挖沙、土地质量下降、荒漠化等种种现象在蚕食着耕地。现实绝对不容乐观！为此，国家还提出了“光盘行动。”因此，节约粮食，是我们每个公民应尽的义务，节约粮食、珍惜粮食应该成为我们每个公民的自觉行动。作为青少年，我们更应该成为节约粮食的表率。同学们，让我们积极参加节粮活动，认真学习节粮知识，每天节约一点点，每天奉献一点点，用我们的行动，用我们节省的粮食和资源去帮助更多需要帮助的人。勤俭节约历来是中华民族的传统美德，是中华民族的骄傲。

## 智 | 慧 | 果

**节约粮食的小方法：**

1. 每次盛饭时，都要盛适量，吃多少盛多少，不要把吃不掉的米饭浪费掉。
2. 让妈妈每天做适量的饭菜，不要吃不了都倒掉。
3. 摘洗菜的时候，尽量多的保留。

# 5 会学习，做个轻松快乐的好学生

学习不仅是读书、听课、做题那么简单，它是一种能力、一种素质，它需要正确的方法，需要良好的心态。每个女孩都想让自己变得有出息，赢得老师和同学的赞美，让父母为自己而骄傲。要想实现这个目标，唯一的途径就是学习。

## 28 时间宝贵要珍惜，每天都有计时器

时间既是短暂的，又是永恒的，时间的存在本身就是一种希望，不要害怕时间的无情，也不要感慨时间的短暂。一寸光阴一寸金，寸金难买寸光阴，我们应该珍惜自己所拥有的美好时光。希望大家珍惜自己的每一分每一秒，乘风破浪，让生命之舟与时间一起扬帆远航。韩玲玲和韩晶晶这对双胞胎姐妹深知珍惜时间的重要性，她们有计划地利用时间，考上了令人羡慕的清华大学。

韩玲玲和韩晶晶是一对双胞胎姐妹，她们从小就很用功读书。姐妹俩都是班里的尖子生。她们互相比学习，班级里的前两名回回都被她们包揽了。姐姐这次考了第一，妹妹就更加努力，争取下次考试超过姐姐。

就是在姐妹俩不断的努力下，高考时，两人均以优异的成绩考入了清华大学。姐妹俩都在清华读书，这是多么让人羡慕的事啊！但是，她们并没有骄傲自满。在校的四年里，她们不但努力学习，还积极参加学校组织的各种活动，在很多方面都出类拔萃。就在 2009 年，两个人还一起获得了清华大学的专业特等奖学金，这是很多清华学子梦寐以求的荣誉。

姐姐韩玲玲在领奖时说，之所以取得这样的成绩，是因为她们给自

己制订了比较合理的学习时间表。她把自己的时间表拿出来和大家一起分享，当大家看到大屏幕上密密麻麻的作息安排时，没有一个人不瞠目结舌。

姐姐的作息表精确到了分钟，“早上六点起床”，然后“锻炼身体”，“七点准时进入自习室”，每一节课怎么听，注意什么细节，以及中午吃饭的时间等，没有一个小时是被遗漏的。这个珍惜时间的好习惯一直伴随了她很多年。她知道时间非常宝贵，所以从不浪费每一分钟。她不觉得自己是一个很聪明的孩子，之所以能取得好的成绩，很大程度要归功于自己珍惜时间的好习惯。

有些细心的同学发现，她没有给自己安排洗澡的时间，就笑着问：“难道你每天都不洗澡吗？”

姐姐笑道：“基本上每天都洗，所以又花费了我半个小时的时间。”她说，她基本上会严格按照时间表来安排自己的学习和生活，但是，如果出现了特殊情况，比如学校临时组织同学们参加社会活动，这样原计划就不可能实施了。但在很大程度上，时间表督促她时刻都有紧迫感，让她把时间分配的合理，做事有效率。她时时刻刻都很清楚自己要做什么，要朝着什么方向努力，而很多人对自己要做的事并不是很清楚，反反复复耽误了好多时间，付出了很多的辛苦，做的事情却少了很多。

姐妹两个为了能够更好地把时间利用起来，针对不同的情况制定了相应的时间表。参加活动时、应对期末考试时、平常学习时，每种情况都有一张时间表与之相对应，既不耽误学习，也丰富了课余生活。

## 加 | 油 | 站

高尔基曾经说过“世界上最快而又最慢，最长而又最短，最平凡而又最珍贵，最易被忽视而又最令人后悔的就是时间。”这句话就是告诉我们要珍惜时间。珍惜时间就是合理地利用时间。时间对我们每个人都很重要，它不会为谁停留。当你早晨洗脸刷牙的时候，时间从水盆里溜走了；当你吃饭的时候，时间从饭碗里溜走了；当你睡觉的时候，时间又从你的美梦中溜走了。你想挽留时间吗？那就得靠自己把握时间。

正如鲁迅先生所言“时间就像海绵里的水，只要愿挤，总还是有的”。时间是最公正的裁判，不管你是富有的还是贫穷的，都会公平的分配给你大好的时光，一年三百六十五天，一天二十四小时，一小时三千六百秒，就看你如何安排了，也许有的人会在这一天里创造出一项伟大的发明，而有的人可能在一天里碌碌无为、虚度时光。

花儿谢了有再开的时候，草儿枯了有再绿的时候，而时间呢，它还会有再来的时候吗？时间是一去不复返的，所以我们不要把今天的事拖到明天去做，因为明天还有明天要做的事情。

## 智 | 慧 | 果

**珍惜时间的好方法：**

1. 早睡早起，早上不赖床。中午小睡片刻，提高午后读书效率。
2. 上课认真听课，复习的时候就不用再花太多时间。合理安排自己做作业的时间表，留多点时间加强自己的薄弱学科。今天该做的事情不要留到明天。及时复习，做到温故知新。
3. 晚上睡觉前把书包整理好，并将明天应该做的事项按其重要性依次排列出来。
4. 善于利用零碎时间。候车、堵车的时间，可以用来背诵英文或其他背诵课程。

遇到不懂的问题随时请教老师或同学，以免自己苦思耗时。每样东西都有固定的位置，不必浪费找东西的时间。

5 善用文具、工具，如：荧光笔（区分课本重点）、录音机、录放影机、电脑、电子词典等。

6 做杂事时可以一面听广播或录音带，多方搜集资讯。书、报、杂志做选择性的阅读。

7 不断问自己：现在做什么最好。

## 29 每天背三个英语单词，积少成多贵在坚持

在英语学习的过程中，一定要多背单词。单词量是学英语的关键。背单词能降低表达难度：对于大多数的学生来说很难做到用简单词汇表达复杂意思。提高词汇量，能够迅速降低表达难度，提高开口说话的自信和动笔写作的欲望。奥运冠军邓亚萍就是从背单词开始，一点一点努力，掌握了一口流利的英语。

邓亚萍是乒乓球历史上最伟大的女选手，她 5 岁起时就随父亲学打球，1988 年进入国家队，先后获得 14 次世界冠军头衔；在乒坛世界排名连续 8 年保持第一，是排名世界第一时间最长的女运动员，成为第一位蝉联奥运会乒乓球金牌的运动员，并获得 4 枚奥运会金牌。

退役后的邓亚萍选择去英国剑桥大学进修学习。但是作为运动员的她，英语基础十分薄弱。“刚到英国不久，我想往家寄点钱，然而到邮局拿了单子，却不知如何填写，邮局的人在单子上指指点点，我却一脸茫然，我站在邮局前，两眼发呆，我能怎么办？问谁去？问了，自己还是听不懂，最后，只好悻悻而归。”

邓亚萍就读的纽汉姆学院是隶属剑桥大学的一所小学院，类似于国内的语言进修学院。这里的学生主要以外国留学生为主，而邓亚萍是唯

一来自中国内地的留学生。为了赶功课，邓亚萍起早贪黑，每天只睡几小时。开始的一两个月之内，她根本听不懂老师在上面讲什么，她把老师所有写在黑板上的东西照抄一遍。回到家里以后，自己再翻字典。每天的生活比较单调，上课时间是四个半小时。下了课还有很多作业，吃饭对她来说好像都很费事。晚上经常吃的东西就是自己做的方便面条加青菜、西红柿和鸡蛋。几乎每天都要学习到 12 点才能睡觉。

打球的时候，邓亚萍的视力两眼都是 1.5，上学以后，她为了努力学习，视力下降得很快，有一只眼已经 0.6 了。学习上的她拿出打球时的劲头。按说老师安排的课程已经呈饱和状，每周天天有课，周末的作业也不轻松，做完作业还要准备下一周的课，周而复始。可她还是觉得“吸收”得不够。她恨不得立马能讲得一口流利的英语。于是，这位乒乓球世界冠军心底悄悄萌生着愿望——早一点进入高级班，明年向硕士学位进军。

在上课的过程中，邓亚萍总是抓住一切机会抢着发言。老师开玩笑地说从她学习的劲头可以看得出她是一个世界冠军。下了课，我必须匆匆赶到另一个老师那里去做个别辅导，这是学校针对每个学生在学习中遇到的问题不同而特别安排的单独辅导时间。每次出去开会之前，她的老师都会帮助她准备发言材料，纠正她的语音语调和演讲的方式方法。另外学校还专门为她开了一门课，教她如何用英语进行采访。

一年后，邓亚萍面对严格的考官，用英语宣读了 3.5 万字的论文——《从小脚女人到奥运冠军》。以翔实生动的材料和清晰有力的论点论述了中国妇女及中国妇女体育事业的巨大发展和变化。临场考官的一致结论是：无条件一次通过！ 2002 年 12 月 22 日，她如愿获得硕士学位。萨马兰奇先生称赞她“拥有了打开世界大门的钥匙”。

从对英语一窍不通到熟练地用英语与教授交流，从人生地不熟到朋友遍英国，从开始时的迷茫到后来的迎接挑战，每一步都走得很辛苦。但海外生活为她打开了一扇门，让她真正了解了世界。

她还作为北京申奥成员，赴莫斯科为北京赢得 2008 年奥运会举办权作了贡献。2001 年 7 月 13 日，邓亚萍用流利的英语向国际奥委会委员呼吁：请给中国运动员一个机会，让我们做一次奥运会的东道主！

## 加 | 油 | 站

语言学家认为，只要掌握了足够的词汇，即使没有多少语法知识，也能较好理解外语和用外语进行表达。没有语法只能传达很少的信息，没有词汇则什么也无法传达。研究表明，如果我们认识 25 个单词，平均每一页上我们就认识 23% 的单词；如果我们认识 135 个单词，该百分比就达到 50%；2500 个单词量相应于 78%；5000 个单词量相应于 86%；10000 个单词量相应于 92%。同样在写作、口语、听力等方面也大致如此。因此，在英语的学习中，一定要多背单词，扩大自己的词汇量。

## 智 | 慧 | 果

**背单词的方法：**

1. 集中+零散：每天专门抽出一段时间来记单词，然后再随时巩固。尽量选择便携式的词汇书，一有空就拿出来看。
2. 举一反三：也就是一些词根、词缀的记忆方法，在以往单词的基础上拓展。

3 情景联想记忆：把单词放到句子中记忆或者是意思相关联的单词归类记忆，这样的好处是记忆不枯燥，而且能够与应用相关联。

4 分项记忆：因为听、说、读、写各项对词汇的要求不尽相同，所以在记忆单词的时候应该更有针对性。例如，阅读的单词以识读为主，很多单词只要求记住意思不要求会拼写。而听力单词则不仅仅要求会拼写而且朗读正确。

## 30 做作业不拖拉，完成作业再玩耍

许多成功人士在总结自己的成功经验时往往都有这么一条：做事有计划，并严格落实计划。一步一个脚印地往前走，不拖拖拉拉。小月就是一个什么事情都喜欢往后拖延的女孩，她回家先玩，等到很晚了才开始写作业，时间久了，成绩下滑，在爸爸和老师的帮助下，小月改掉了做作业拖拉的坏习惯，她先完成作业再去玩，时间久了，她觉得先写作业再玩比先玩再写作业要快乐得多。

小月上小学五年级，她平时很贪玩，回到家里总是先玩，等到要睡觉的时候才想起还有作业没写呢。小月的父母工作比较忙，每天回来比较晚，他们回到家中看到小月还在写作业就让小月先睡，第二天他们打电话给老师解释。一来二去，小月的父母起了疑心，为什么小月的作业总这么多呢，难道老师故意刁难自己家的孩子吗？

这天，小月的父亲抽了个时间去学校找小月的班主任老师了解情况。小月的父亲一进门就说："老师，为什么我们家小月的家庭作业这么多，每天我们很晚回来，她还在埋头写作业？"

小月的班主任老师说："您是小月的父亲吧。我正要给您打电话呢。小月的作业完成得很不好，同学们都能及时完成，只有她常常作业做了

一半。我们布置的家庭作业，所有学生基本都能在 1 个小时左右完成。每天学校五点放学，六点小月就该吃完饭了，那么多七点小月就该写完作业了，怎么会到晚上十点还在做呢？你那几次因为小月的家庭作业打电话给我时，她的家庭作业就只做了几道题而已。您是她的父亲，即使平时工作再忙，也要顾及孩子的学习，再这样下去，小月的成绩可就要下滑很多了。”

小月的父亲这下愣住了，怎么可能一晚上才只做了几道题呢，难道小月对自己说谎了？父亲决定回家找小月谈谈。

等小月放学后，父亲问她：“你每天放学到睡觉的这段时间都做了什么，能跟我说说吗？”

小月怯怯地说：“我吃完晚饭，就去玩游戏了，一直玩到晚上九点多，有点困了我才去写作业的。”

小月的父亲无奈地问：“那么你玩好痛快吗？”

“不痛快，我玩的时候很忐忑，我一边玩游戏一边想作业要做不完，老师会不会批评我。”小月说。

“你心里想着未完成的作业当然玩不好了，要学就要好好地学，要玩就要开心地玩。你这样既学不好，也玩不好。这一周放学后先写作业再玩游戏，你自己比较下有什么不同。爸爸这几天多看看你的学习情况，你以后就先写作业吧。”

小月照着爸爸说的做了，她很快就做完了作业，一点都没有拖拉，有很长的时间可以玩，而且玩得很开心。以后，小月的作业都很快就完成了，不再拖拉，玩的时间也会多很多。以前她每次写作业，都是慢腾腾的，看到别的小朋友在小区里面玩的时候她就很羡慕。现在，她玩的坦然多了，时间长了，小月的成绩有了显著提高，她体会到了及时完成作业的快乐。

## 加|油|站

“今日事，今日毕”，作为学生，不折不扣地完成学习任务是分内的事，是完全应该做的。也许学习中会遇到困难，但只要不为拖拉找借口，总能找到克服困难的办法。养成先做作业的习惯对学业大有好处，对性格、生活等方面也有着重要的影响。一个能做到“今日事今日毕”的人，一定有着坚强的意志、顽强的毅力、直面挫折的耐力和战胜困难的勇气。这样的人，怎能会没有出息呢？

## 智|慧|果

**完成作业的方法：**

1. 要有效率意识，清楚自己当日的任务，抓紧时间逐项落实。可以用一个小小的记事簿（最好随身携带）将任务逐条列出，每完成一项便在该项前面打对勾，这样会更直观。看着一个个对勾心里也会有成就感和完成任务的愉悦感。
2. 要合理地利用时间，多方寻求帮助。根据自己的生物钟安排任务，利用零碎的时间完成小任务。对于困难学科要抓住机会及时地多请教。积极主动地查漏补缺，就会减少学习的障碍。对于自己一时理解不透的问题，要做上醒目的标记，设法弄懂，然后加强练习。
3. 每天要回顾，及时补救。回头看看，检查自己任务完成情况。及时小结，复习巩固。日知其所无，月无忘其所能。在温故中将知识牢固掌握，更在温故中知新，融会贯通便会收获更多。

## 31 数学题乐趣多，培养兴趣才快乐

日本数学家和数学教育家米山国藏曾经说过这样一段话：学生们在初中或高中所学到的数学知识，在进入社会后，几乎没有什么机会应用，因而作为知识的数学，通常在出校门不到一两年就忘掉了，然而不管将来他们从事什么业务工作，那种铭刻于头脑中的数学精神和数学思想方法，却长期地在他们的生活和工作中发挥着重要的作用。

2012 年 1 月，正在美国伊利诺伊大学香槟分校数学系读书的女孩郭萌，被评为“全美数学最优秀女生”。这项评选，在美国每年评选一次，每次只有三四个名额。作为最优秀学生，郭萌的名字将被镌刻在香槟分校主图书馆的墙上永久保留，这是中国学生首次在美国获得此项殊荣。

与此同时，哈佛大学、麻省理工学院、斯坦福大学、哥伦比亚大学、芝加哥大学、耶鲁大学等十几所美国著名高校都向她发出了博士研究生录取通知书。哈佛大学还向她承诺，学费全免，每年还将提供 3 万美元的生活费。

郭萌，一个阳光、美丽的 90 后中国女孩，凭着优异的学习成绩，引起了美国各界的广泛关注，成为美国青少年学习的榜样。

1991 年 3 月，郭萌出生于沈阳市。从小，她就对数学产生了浓厚

的兴趣。遨游在数学王国里，她感到十分快乐和幸福。她仿佛看到了天堂的模样：美丽又芬芳。

上学后，郭萌从不参加什么课外补习班，也不参加奥数学习班，一切按照自己的学习兴趣进行。她对习题肯钻研，有一种锲而不舍的精神。一道题目，常常用不同的方法解题，学习方法灵活多变，在理解上下功夫。

郭萌在学习上刻苦钻研，在文体上，也有十分突出的表现。她的小提琴独奏多次在学校表演，那行云流水般的琴音，袅袅娜娜，婉转悠扬，给大家留下了十分难忘的印象。她喜欢书法，并具有很高的造诣，作品多次获奖；她的英语口语非常流利、纯正。当有外国人到学校参观时，她是全程陪同翻译；她还是学校主持人，学校大会上，常常出现她青春、活泼的主持风格……

郭萌的父母都毕业于哈尔滨工业大学数学系。在学习上，父母从不关心她在班上考第几名，关键是要她对题目的理解。在父母眼里，一次考试不理想，并不能说明什么，孩子的学习能力、理解能力、思考能力的培养和锻炼，才是更为重要的。在这种循循善诱的指导下，郭萌十分善于动脑筋、想办法，学习十分自觉，从不要父母操心。

2004 年，郭萌获得辽宁省中学“希望之星”数学竞赛第一名；2005 年，又获得全国高中数学竞赛二等奖。这一系列优异成绩的取得，给了郭萌无穷的学习兴趣和快乐，她在向着更高的目标迈进。

2007 年，郭萌参加了美国大学的入学考试；2008 年，她被好几所美国高校录取。她最终选择了伊利诺伊大学香槟分校数学系，这里是我国著名数学家华罗庚曾经工作过的地方。

当她被评为“全美数学最优秀女生”并即将跨入美丽的哈佛大学后，有记者采访她，请她谈谈学习体会。郭萌说道：我学习的动力，就是来自于学习本身的乐趣，兴趣，是我最好的老师。我相信无论谁，无论学什么，只要有兴趣，就能学好！

## 加 | 油 | 站

数学是一切再教育的基础，数学是培养逻辑思维重要渠道，不要只看眼前，往远看，数学是所有学科的灵魂。数学是一切科学的基础，一切重大科技进展无不与数学息息相关。没有了数学就没有电脑，就没有电视，就没有航天飞机，就没有今天这么丰富多彩的生活。数学是一种工具学科，是学习其他学科的基础，同时还是提高人的判断能力，分析能力，理解能力的学科。数学不仅是一门科学，而且是一种普遍适用的技术。它是打开科学的大门的钥匙，数学是令自己变得理性的一个很重要的措施，数学本身也有自身的乐趣。数学能让你思考任何问题的时候都比较缜密，而不至于思绪紊乱。还能使你的脑子反应灵活，对突发事件的处理手段也更理性。数学给予人们的不仅是知识，更重要的是能力，这种能力包括观察实验、收集信息、归纳类比、直觉判断、逻辑推理、建立模型和精确计算。这些能力和培养，将使人终身受益。

## 智 | 慧 | 果

**学好数学的方法：**

1. 学习数学要课前预习，对所学知识产生疑问，产生好奇心。
2. 听课时要配合老师讲课，满足感官的兴奋性。重点解决预习中的疑问，把老师课堂的提问、停顿、教具和模型的演示都视为欣赏音乐，积极回答老师课堂提问，培养思考与老师同步性，提高精神，把老师对你提问的评价，变为鞭策学习的动力。

3 思考问题注意归纳，挖掘学习的潜力。

4 听课中注意老师讲解时的数学思想，多问为什么要这样思考，这样的方法是怎样产生的？

5 把概念回归自然。所有学科都是从实际问题中产生归纳的，数学概念也回归于现实生活，如角的概念、直角坐标系的产生都是从实际生活中抽象出来的。只有回归现实才能使对概念的理解切实可靠，在应用概念判断、推理时会准确。

## 32 错题集好处多，相同错误不再犯

相信很多同学在学习数学的时候都会遇到这样的情况：明明这道题看着很熟悉，自己好像遇到过，当时还做错了，但偏偏就是想不起来正确的解法是什么，结果……又做错了。这说明你并没有真正的掌握这个知识点，或者说，你没有掌握得足够牢固。面对一张讲解过的试卷，你有把握自己能得满分吗？人总是能从自己的失败中学到更多的东西，所以，你需要一本错题集。

小夏是班里的中等生。每次卷子发下来，她都要上火。自己明明很努力，可为什么成绩就是上不去呢？每当看到那积水成河的错题时，她心中就会抱怨，为什么我会有那么多的错题呢？

这天，她看见前桌拿出了一个小本子，她接过来看了看。原来，这是一本错题集。怪不得前桌的成绩那么优秀，原来，她把所有的错题都整理在一起了！小夏心里羡慕得不得了，错题集到底有什么好处呢？她打算研究研究！

错题集就是把自己平时和考试时做错过的题目抄下来，不仅要把正确的答案写上去，还要把错误的答案加上，然后分析做错的原因，是知识点没掌握，还是忽略了使用的条件范围，或者因为粗心计算错误。数

学的知识点繁多而且相对独立，考试前复习时总是不知道从哪里下手才好，回想一下好像自己基本原理都懂了，但考试要用到时却总是想不起来。而错题集，就像一张药方，既有“症状描述”，还有对症下药。对比错题集，能够很快找到自己的不足，加以巩固，避免再犯同样的错误。跌倒一次不可怕，可怕的是在同一个地方连续跌倒两次。

小夏发现，假如你一个知识点不会，你把错题整理下来，就行了，等老师复习的时候，老师讲到你不会的知识点，你就认真地去听，你就会听懂了，错题积累可以让你巩固、复习这个知识点。

了解到错题集的好处以后，小夏打算自己也弄一个错题集。她把以前考过的卷子都收集起来，把错题和解题的过程写了下来，没过几天，一本错题集已经写了一多半。小夏将错题集做了升级，不仅有错题，还有好题。不容易懂的题也被她用本子记录了下来，空闲的时间，她把错的题都重做了一遍，她发现，自己不会的题真的少了很多。接着，她又把历史、政治等学科都整理了一遍。

时间久了，小夏攻克了很多不会的难题，原来，自己不会的题只是几个类型题，没有真正弄懂，所以每次都错。自从有了错题集，小夏的成绩有了显著提高，她仅仅用了一个半月的时间就从中等生变成了班里的尖子生，同学们都惊讶小夏为什么能进步这么快，小夏说：“错题集帮了我很大的忙，它让我找到了正确的学习方法，否则，现在我还是被很多难题困扰着呢！”

## 加 | 油 | 站

整理错题集是一个非常好的学习方法，把自己的错题整理起来，不但能把自己不会的题归类，还能加深印象，让自己在遇到难题不会再错。

错题集也可以根据知识点或者做错原因进行一下分门别类，便于以后的查找和整理。收集好题可以让你摸清出题者的思路和惯用的考查手法，识破其中的陷阱和伎俩。当你能够出一道复杂的题难倒同学时，还有什么难题能难倒你呢？错题集为你提供了一个知识的框架，提醒你考查的重点和自己尚存的缺点。更重要的是，每个人的错题集都是独一无二的，它是属于你自己的“武林秘籍”。

## 智 | 慧 | 果

**整理错题集的方法：**

1. 在平时生活中，把自己错的题记在本子上，时不时翻看一下。
2. 将自己觉得不容易解答的题记在本子上，让自己印象深刻。
3. 坚持整理错题集，系统地了解自己学习上的不足和漏洞。
4. 各科都有不好掌握的知识，每个科目都准备一本错题集。

## 33 新闻大事多留意，远离泡沫偶像剧

每天社会上都会发生各种各样的事情，这些新闻能让我们了解社会百态，看新闻不但可以增长知识，还可以了解党和国家的意向以及新的法规条令，对生活有很大的帮助。小敏以前很喜欢看泡沫偶像剧，在爸爸妈妈的指引下，她渐渐地喜欢上了看新闻，她不再觉得新闻枯燥无味，反而把每天发生的事情都记在心上，讲给同学们听。

“小敏，不要再看电视了，快点把玩具收一收。”妈妈从房里探头出来对小敏说，接着又进房忙自己的事了。但小敏仍盯着电视看，根本没听到妈妈说的话。过了 10 分钟，妈妈又走出来，看到玩具仍散落一地，有点生气地说：“小敏，我说了几次了，叫你把电视关掉，把玩具收了。”

小敏看到妈妈快发怒了，便敷衍着说：“好的！好的！”但当她看见妈妈转头回去，便又继续看起电视。

过了 10 分钟后，妈妈看见她一动不动，大声说道：“小敏，为什么我说的话你都没在听，真是气死我了，你看那些偶像剧对你一点好处都没有。”无奈之下，妈妈只好自己动手，把玩具收拾了。

在小敏看来，似乎计谋已经得逞，因为她知道妈妈每次最后都会受自己动手收拾。于是，小敏继续看着电视，妈妈收拾好玩具站起来后，

气愤地对小敏说：“下次再这样，小心我揍你！”于是，就走进了房间。

小敏忙满脸笑容，拉着长音说：“我——知——道——了。”

这一天，小敏吃完晚餐后，与父母一起在客厅看电视，小敏还想看偶像剧，但他很害怕爸爸，就没敢拿遥控器换台。电视上播着“一架自杀式飞机刚带着炸弹飞往……现场惨不忍睹……”另一则新闻，一位保姆因受不了婴儿的哭声，把婴儿摔伤了。

电视上不断报道负面新闻，妈妈担心小敏的心情受到影响，便催促她进房间做功课。这时，爸爸却说：“我觉得没有必要阻止小敏看新闻，因为这就是我们真实的生活啊！让她知道没关系的。这样她才能尽早地认识社会嘛！”

于是小敏问爸爸：“自杀式飞机上的人为什么会死掉啊？为什么那个保姆会把小宝宝摔伤了呢？”

趁着这个机会，爸爸向小敏教育了一番：“其实自杀式飞机上的人是被仇恨冲昏了头，他们用极端手法来表达对政府的不满，同归于尽的方式也让许多家庭支离破碎；而那位保姆只是因为婴儿的哭声把自己弄得心烦意乱，结果控制不了情绪才把婴儿摔在地上。他们这些行为不仅伤害了自己，更给他人造成无法弥补的伤痛。”

听完爸爸的解释，妈妈也补充说：“对啊！其实问题都有解决的方法，你看像他们这种极端的方式不但没有解决问题，反而造成更大的遗憾，我们要引以为鉴。”小敏听完后也相当认同，而这两则新闻虽然是负面的，但小敏觉得自己不能总看偶像剧了，再看偶像剧，她会被那些不切实际的事情洗脑，而这个社会的本来样子自己却一无所知。从此以后，小敏坚持每天看新闻，增长了很多知识。她常常在班级里和同学们讲每天的新闻，同学们都很羡慕小敏。

## 加 | 油 | 站

每天看新闻是增长知识的重要渠道。倘若我们只知道学习，对社会一无所知会让自己变得很可笑。学生正是长知识、长身体、智力开发的时期，经常看新闻，可以开阔眼界，增长知识，看得多了，写作文的时候也会觉得有话可说。和朋友聊天时，别人都侃侃而谈，只有自己什么都不知道，是不是觉得自己该充充电呢？其实，看新闻的好处还有很多，许多国家大事、新的规定、天气预警都能在新闻上看到，知道这些，对我们日常生活很有帮助。

## 智 | 慧 | 果

**正确看电视的方法：**

1. 看电视的持续时间不宜过长。看电视易引起视觉疲劳，伤害眼睛。因此，电视最长 1 小时左右为宜，最好每隔 1 小时左右休息片刻，或到室外走一走，或做眼保健操。
2. 荧光屏的亮度要适宜。太亮时图像不明显，且会出现闪烁、刺眼；太暗时图像轮廓不清；对比度太大或太小会影响图像的真实感和清晰度。这些都容易引起眼睛疲劳。因此，要把电视的亮度调到适宜程度。
3. 看电视的距离要适中。当人的两眼同时注视电视荧光屏的图像时，两眼需要向内集合，使两眼看的物像合二为一。如果看电视离得太近时，集合的力量要大，眼内直肌的收缩力也要强，就容易引起眼睛疲劳。所以看电视距离不能太近。

## 34 多做难题，挑战自己

女孩子的性格里天生多了几分温柔和善良，但这不代表女孩就应该软弱，退让。任何人都要有挑战自我的勇气和决心。撒切尔夫人从小就是一个敢于挑战的人。她常常帮同学们攻克各种各样的难题，在解决难题的过程中，她找到了自信和征服难题的快乐。在以后的成长过程中，她不畏艰难，敢想敢做，终于成为英国首相。

有个女孩，她从小就非常好强，无论遇到什么难题都不会认输，在她的意识里，没有任何一道题是解不开的，除非题目本身出现了错误。同学们都知道她很喜欢挑战难题，一发现难解的题目都会来找她帮忙。她也很乐于帮助同学解决难题，她认为这样既能帮助同学，又能提高自己的能力。

有一次，一个同学向她请教一道非常难解的化学题，她热心地答应了，可是思考了两天后却依旧没有得出答案。百般无奈之下，她猜想可能是题目出现了错误，于是就找到化学老师，问："老师，这道题目有没有缺少解题的条件？"

老师看了看题目，皱皱眉，思考了好一阵子，然后微笑着说："题目没有什么问题，你再认真思考一下。"

她听了只好重新打起精神，继续和这道难题作“斗争”。在接下来的几天里，她一直没有放弃对这道题的研究，而且每次解答之前都会想：“我一定能成功。”她的脑海中常常闪现出要解答的问题，没有解出她就不会放弃。一个星期很快就过去了，在周末的晚上，她一直在考虑这道化学题，可是，始终没有得到答案，她有些灰心。努力到九点之后就去睡觉了。可是刚躺下没多久，一条解题思路突然出现在她的头脑中，她很是兴奋，赶忙从床上爬起来，连夜把题目解了出来。第二天，她满面笑容地拿着自己的“战利品”来到教室，把这道题目讲给其他的同学听，同学们都佩服得五体投地。而老师简直不敢相信这个小女孩竟然为了解一道题，钻研了一周的时间。

这个女孩不论是在学习上还是在生活中都从不服输，在上大学的时候，她发现自己对政治非常着迷，于是决定从政。有一天，她勇敢地走进校长办公室说：“吉利斯小姐，我想现在就去考牛津大学的萨默维尔学院。”女校长感到难以置信，大声说：“什么？你是不是欠缺考虑？你现在连一节课的拉丁语都没学过，怎么去考牛津？”“拉丁语我可以自己学习！”“你才 17 岁，而且你还差一年才能毕业，你必须毕业后再考虑这件事。”“我可以申请跳级！”“绝对不可能，而且，我也不会同意。”“你在阻挠我的理想！”女孩头也不回地冲出校长办公室。后来她获得了父亲的支持，开始了艰苦的备考工作，最终如愿以偿地收到了牛津大学萨默维尔学院的入学通知书。上大学时，学校要求学 5 年的拉丁文课程。她凭着自己顽强的毅力，在 1 年内全部学完了，而且通过考试并取得了相当优异的成绩。

从政的道路是非常艰辛的，在竞争英国首相一职的时候，和她竞争的都是男士，面对荣誉和权力的诱惑，没有任何一个男士会去“怜香惜玉”，他们也不会在这样的情况下讲什么绅士风度，都拼尽全力争抢。

但是，越是遇到困难就越能激发斗志的她丝毫没有退缩，最后终于挤出重围，夺得了英国首相的职位，她就是“铁娘子”——撒切尔夫人，一个蝉联三届英国首相的伟大女性。

撒切尔夫人被人称作“铁娘子”，这一称呼除了能够体现她的铁腕政策外，还阐述了她的挑战精神，而她的挑战精神又源于从小对难题的挑战。

## 加｜油｜站

挑战难题不但能够培养自己顽强的奋斗精神，还可以帮助自己改进学习方法、深层探讨知识、提高学习成绩。当你在挑战难题的时候，大脑处于高度紧张和专注思考的状态，平时学习所建立起来的知识框架会重新在你的头脑中出现，经过不断的梳理进行复习，并在这一过程中发现新问题、新思路，从而找到解决问题的方法。由此看来，解开一道难题就等于对一个甚至几个知识点进行了全面而深入的复习，那么，每解开一道这样的题目，知识系统就会得到一次更新、牢固，你的自信感会越来越强大。

## 智｜慧｜果

**挑战难题的做法：**

1. 把老师认为不容易做的题目试着做一遍，找到答案。
2. 自己买一本学科中难度较大的习题集，每天做几道，测试自己对知识点的掌握程度。
3. 为同学们解决不会的问题，既帮助了同学，又提高了自己。

# 6 博学多艺，发现生活最美好的诗意

艺术是生活中不可缺少的一部分，在学习和生活中扮演着无比重要的角色，同时也是培养孩子审美能力的重要途径。

## 35 兴趣班一旦选择，就要坚持下去

兴趣是人类最好的老师。如果你对什么才艺有兴趣，不妨报一个兴趣班。在老师系统地指导下，你或许多了一个特长。当看到别人拿着小提琴表演的时候，你的内心是否有一丝的羡慕呢？当看到同学为小狗画像时，你是否希望自己也有此技能呢？杰西卡从小就热爱美术，在她的努力下，她成了一位著名的画家。

杰西卡盼望着自己可以尽快长大，因为她附近的艺术班只招收10岁以上的孩子。没事的时候，她就开始拿着笔涂涂画画，她画得并不好，所以她从不给人看。她很爱在本子上随意地画些小动物，或者干脆就拿一根树枝在地上乱画。她很羡慕会画画的人。

10岁的时候，父母因为有事，将杰西卡和妹妹玛丽一同送到了乡下。杰西卡每天都给父母打电话，希望父母可以尽快接她们回去。杰西卡在乡下的日子度日如年，她盘算着今年的艺术班就要结束了，可父母还没来接她们。

12岁的时候，杰西卡的父母将杰西卡和妹妹玛丽接了回去。杰西卡终于可以上艺术班了。杰西卡和妹妹一起在一个艺术班学习，杰西卡非常用功，她常常是学生中走得最晚的。在学习结束时，艾森老师把她

母亲叫到一边说：“玛丽很有天赋，而杰西卡就没什么希望了，她差得太远了！”

听到老师的评论，杰西卡感到有些绝望。但是，她很快就把绝望变成决心，把老师的批评变成了动力。从此，杰西卡更加专注于自己的爱好，更加勤奋地练习，每日都不停地作画。

杰西卡为了画出更好的作品，还虚心地拿着自己的画去向一些画家请教。有时为了找一位画家，她甚至可以在门口等一个晚上。这些画家对杰西卡的作品提出了很多宝贵的意见。她将这些意见一一记录在本子上，并在以后的绘画中加以改进。

通过努力，杰西卡终于成了一个小有名气的画家。多年后，杰西卡的作品在一个画展上展出，引起了众多行家的赞誉。杰西卡对这些称赞并没有多在意，真正让她在意的只有一个人，那就是她以前的老师艾森先生。

艾森老师看完画展后，热情地握着杰西卡的手说：“这是我见到的最具想象力的画作！”杰西卡笑了，脸上露出了成功的喜悦。

杰西卡还请艾森老师到家做客。她对艾森老师说：“虽然您当时说我没有天赋，但是我还是要感激您。因为如果不是您悉心指导，让我在少年时打下良好的基础，我想我现在根本不会有如此的成就。倘若您夸奖我，我或许不会这样坚持地走绘画这条路，我要证明给自己看，没有天赋，我也一样能成功。”

## 加 | 油 | 站

每个人的内心都有自己的兴趣，放长假的时候不妨报个自己喜欢的兴趣班。当你在学乐器、绘画等技能的时候，如果能突破自己，进入另外一个层次，你会体验到一种成就感，就能更加认真地坚持下去。但是在进入这样一个层次之前，可能会比较苦，比较难以坚持。这时候，请对自己说："我能行。"任何事情都有一个枯燥乏味的过程，但过了这个阶段，你会发现，自己对这个科目已经越来越感兴趣了。

## 智｜慧｜果

**报兴趣班的方法：**

1. 在各种各样的兴趣班中，挑选自己最感兴趣的一项，坚持学习，把这个兴趣当作特长去培养。
2. 倘若发现自己对某个类别不感兴趣，请不要灰心，还有让你更加感兴趣的事情呢！千万不要有一种自己被家长逼迫不得不学的心理。
3. 生活中，注意观察自己的长处，让长处得到更好的锻炼，将自己的长处变成自己的骄傲。

## 36 音乐绿化心情，学唱两首歌

音乐是声音的表现艺术，其音符的表现背后蕴藏着无限的意义。它能为你的想象力及逻辑思维能力提供无限的空间。在音乐中，你可以根据自己的想象来诠释自己心中的音乐。因此学习音乐对提高智力及大脑各方面的能力都有极大的帮助。在音乐学习的日常练习中，你的注意力也能够得到相应的提高。对音乐锲而不舍的追求则能更好地培养你坚韧不拔的毅力。

3 岁那年，她的父母离婚了。因为家庭的贫困，加上血统的原因，一家人备受歧视。母亲带着她过着四处漂泊的生活，她们因无法支付租金而寄宿在朋友家的地板上。

即使是这样，她却从未掉过眼泪。因为母亲曾是一名歌剧演唱家，小小年纪的她受母亲影响，4 岁时，就迷恋上了音乐，常常跟在母亲身后学唱歌。

上学后的她，学习成绩并不优秀。一次测试，她的数学得了 6 分，老师当着全班同学的面责备了她，但她却理直气壮地站起来，说："数学对于我没用，以后我要当歌星。"此语一出，立刻遭到了同学们的嘲笑，在同学们的嘲笑声中，她悄悄地握紧了拳头。

13 岁起，她开始了音乐创作，14 岁，她找到了几个录音棚，担任他们的后备试音歌手。高中毕业，她不顾家人的反对，带着稚嫩的梦想，到了纽约。

刚到纽约时，她只能在酒吧里做招待，与人合租在狭小的房子里，自己常常在客厅地板上铺一张床垫过夜；她每周常常只能靠一包干酪通心粉艰难度日，在经济极为拮据的几个月，她甚至只能靠附近熟食店老板施舍的硬面包和冰水填饱肚子。然而她没屈服，在昏暗的灯光下，她不停地写歌，写到手发麻，累得趴在桌上睡着了。她热切地盼望着有一份合约，出一张唱片。然而她跑遍了纽约街头所有的唱片公司，都被拒绝在门外。每当生活中遇到不如意的事情，她都用自己的歌声抚平自己的情绪，她相信自己的能力，她相信自己会成为闪亮的明星。

18 岁时，她终于在一家热门的俱乐部获得了登台表演的机会，她完美的嗓音和创作才华渐渐为人注意，哥伦比亚唱片公司以 35 万美元的合约成功将她揽入旗下。35 万美元，对于她是一个天价，那一刻，她热泪盈眶。

她很快在公司崭露头角，为公司创下排行榜的十大热门歌曲。她的歌曲也越来越成熟，而形象也变得越来越自信，她频频出现在各大杂志的封面。这些杂志认为她在音乐和形象上的转变带动了整个乐坛的潮流。20 岁，她就获得了格莱美音乐大奖最佳女歌手，此后的 10 年间，她在世界音乐大奖、全美音乐奖、灵魂列车音乐奖、美国作曲家协会奖、欧洲音乐白金奖等大奖上收获颇丰。

然而，就在她的事业蒸蒸日上的时候，不愉快的事情发生了。30 岁时，她与哥伦比亚唱片公司分道扬镳，只得寻找新的公司，但不幸的是，两年后，新公司也决定终止她的合约。原因是他们认为她失恋后，精神上出现了问题。那时的她备受争议，然而在低谷中的她没有放弃音乐，她坚信，是蝴蝶，就不怕翅膀上的雨水。

一年后，她与环球唱片公司签下合约。在新公司，她很受赏识，两年后，她凭借新专辑重新回归到乐坛的巅峰。这张专辑的销售量位居当年全球销量第二位，国内冠军。此后她的歌曲一直在各大音乐榜单上排名第一，她的歌曲受到全世界各地乐迷的喜爱，她因此被称为流行乐坛天后。她就是玛丽亚·凯莉。

## 加｜油｜站

大多数人对学音乐的人总会评价有气质有品位，因为音乐是一种艺术形式，艺术源于生活但又高于生活。在生活方面处处展现出艺术的品位与价值。所以学习音乐的人生活质量绝对要远远超过一般人。学习音乐就是理性思考与感性思维，因为首先控制住自己才能控制住音乐，正因为这样，学习音乐的孩子更早地学会了理性思考，更早地学会了保护自己，才能以从容乐观的精神面对未来的机遇与挑战。不少性格内向的人通过学习音乐后，性情都得到极大的改善，处事待人，热情大方，更加喜欢与人沟通聊天。其转变之大经常令家人朋友吃惊。

## 智｜慧｜果

**学习声乐的条件：**

1. 音乐素质，音乐素质就是人在音乐方面敏锐的听觉、鲜明的节奏感和良好的音乐感觉，就是我们常说的音准、节奏、乐感。一个人的音乐素质有先天的因素，也有后天的努力，而后天的因素是主要的。在音准、节奏和乐感方面有敏锐感觉的人，就具备了学习音乐的素质条件。

2 音乐的基本知识和技能，具有音乐素质的人要进一步学习音乐就必须学习音乐方面的基本技能和知识，音乐基本技能包括：视唱练耳、乐理知识、键盘乐器基础。视唱练耳是学习音乐的基础，要准确地听辨和视唱出音阶、音程、节奏、旋律，必须学习视唱练耳。

3 嗓音条件：一般人认为，学习歌唱必须要具有天然的好嗓子，这说法既有正确的一面，又有它的片面性，天然优美动听的嗓子是学习歌唱的有利条件，但有好嗓子不一定就能学好声乐，而许多成功的歌唱家在训练前并未显示天然优美的嗓音。因此，只要具备了一定的音乐素质，就可以学习歌唱。

## 37 参加一场运动会，展现飒爽英姿

参加运动会是一件很有意义的事情，但是很多同学并不愿意在赛场上抛头露脸，总是躲躲闪闪。实际上，参加运动会能增强荣誉感和自信心，还能培养团队协作精神。小花一直不喜欢运动，从来不参加运动会。但在班主任的努力下，小花完成了 800 米的赛程，虽然没有取得名次，但她体会到了运动的快乐，她决定，以后每一场运动会她都要参加。

小花从小就不喜欢体育运动，一到学校的运动会她就直往后躲。不过小花班里的运动爱好者比较多，一到运动会，不乏举手报名者，于是小花就得以继续躲在角落里，当一个观众。

小花的父母并不认为小花这样有什么不好，他们认为小花只要学习成绩好就行，将来找工作又不看体育成绩。所以小花一直以来最喜欢的事情就是开运动会时，她可以一边吃着薯片，一边看着同学们在运动场上挥洒着汗水。

可是没想到，以前的班主任因为某种原因调走了，新上任的是个年轻的老师。这个老师刚上任，就对同学们说：“过几天就到了运动会报名的时候，咱们班提前报名，原则上提倡自觉自愿，但是……”

一听到但是，班里同学的眼睛都瞪得大大的，等着听班主任要说

什么。

“但是每个同学必须报名参加一个项目，如果没有报名参加的，我将会强行按人头安排下去。”班主任老师接着说。

这不是强迫人吗,小花一听心里开始考虑怎么躲过这场“劫难”。“有了，不是还有几天才到报名的时候吗，那么到报名截止的最后一天我就装病在家，这样老师总拿我没办法了吧。”小花想到这里，又开心起来了。

这几天老师只是将报名表放在班干部那里，让同学们主动前去报名。明天就是报名截止的最后一天了，小花跟母亲说：“妈妈，明天能帮我请天假吗？老师非要强制我们参加运动会，我真的不想去，你帮帮我。”

小花的母亲认为班主任老师的做法有些欠妥，于是就帮小花请了一天假。吃过晚饭，小花以为这件事就过去了，可是没想到班主任老师亲自来到了家里。

在小花的家里，班主任说服了她的父母，确定小花的项目是女子800 米。

比赛当天，转眼就到了小花上场了。忽然，广播通知说参加 800 的同学请到检阅处检阅，这时候班主任急匆匆地跑了过来，手里拿着一盒葡萄糖对她说：“来，把它喝了，待会儿跑的时候一开始不要跑得那么快，要不然到后面就没有体力了，一定要坚持下来。”

“嗯。”小花点了点头。

随着发令枪的响声，场面活跃了起来。她谨记老师说的那句话，跑的不太快，跑完一圈后她感到体力不支，速度慢了下来，其他的人慢慢地超过了她，小花一咬牙，快马加鞭起来，成功地超过了两个人，然后就觉得体力不足连手都摆不起来了，她看着周围正在观看着的同学们，又看看漫长的跑道，还有一圈啊！

“一定要坚持到底。”她反复对自己说。

“还有一百米，坚持。”同学们在一边为她加油。

她咬了咬牙，向着终点作最后的冲刺。

到了终点，她累得一下子就坐在了草地上，同学们围了上来，她觉得参加运动会很有趣，并表示以后的运动会都要参加。

## 加 | 油 | 站

参加运动会不仅能锻炼身体，还能增强学生的竞争意识和团队协作意识，丰富在学校的学习生活。当班级同学拿了第一时，你会觉得就像是自己得了冠军一样的高兴。

比赛的过程中，还能磨炼意志，让自己坚持到最后。参加运动会是一件非常有意义的事情，不要只当啦啦队，无论结果怎样，比赛的精神始终是重在参与。

尽情地在赛场上展现你的飒爽英姿吧，相信自己，赛出风格，赛出水平，你会有很大的收获。

## 智 | 慧 | 果

**参加运动会的注意事项：**

1. 要遵守赛场纪律，服从调度指挥，这是确保安全的基本要求。
2. 没有比赛项目的同学不要在赛场中穿行、玩耍，要在指定的地点观看比赛，以免被投掷的铅球、标枪等误伤，也避免与参加比赛的同学相撞。

3 参加比赛前做好准备活动，以使身体适应比赛。

4 在临赛的等待时间里，要注意身体。

5 临赛前不可吃得过饱或者过多饮水。临赛前半小时内，可以吃些巧克力，以增加热量。

6 比赛结束后，不要立即停下来休息，要坚持做好放松活动，例如慢跑等，使心脏逐渐恢复平静。

7 剧烈运动后，不要马上大量饮水、吃冷饮，也不要立即洗冷水澡。

## 38 学会一样乐器，艺术气质让女孩更有魅力

音乐能刺激神经，常常接触音乐会让人感受到愉悦和安全，并对这个世界产生积极的认同，同时，音乐训练对神经系统会产生深远的影响。音乐能使人享受一种深深的爱，使人的心里充满欢乐，这种情绪会促使神经系统的发育，能够调节血流量和神经系统的活动功能，有利于记忆、理解、想象思维等各种能力的发展，对身心健康大有裨益。女孩会一种乐器会提高你的整体气质和生活品质，让你更有魅力。

1997 年，美国 Tanglewood 音乐节，由世界著名指挥家小泽征尔担任指挥交响乐团正在进行激情演出，演员阵容庞大，但在众多金发碧眼的演员中，一位美丽可爱的中国小姑娘尤为引人注目，她就是中提琴手厉荔。她表情非常投入，既自信，又恬淡自如。

对于音乐人来说，能参加全美最著名的 Tanglewood 音乐节，并与小泽征尔同台演出，那是一个多么绚烂的梦想啊，而这个可望而不可即的梦想，厉荔在 18 岁那年就已经实现了。

参加美国音乐节，必须要经过严格的选拔考试。厉荔不但过了关，而且每年都来参加音乐节的演出。当她第二次出现在 Tanglewood 音乐节上时，人们惊喜地发现，她已成为小泽征尔指挥棒下的中提琴首

席了。

厉荔是一个很有艺术天赋的女孩，然而与她的音乐才华相比，她的刻苦努力更让人叹服。

厉荔生长在一个温馨的家庭，父母都在沈阳音乐学院工作，这种天然的艺术氛围陶冶了她的情操，使得她比别的孩子早慧。5 岁那年，厉荔就开始学钢琴，在学钢琴之余，她还参加了表演培训班和舞蹈学校的课程。这些学习并没有影响到厉荔的成绩，相反，老师都称赞她是一名很会用“脑筋”读书的学生，总能取得事半功倍的效果。因此，她的父母就更加注重对她音乐方面的培养了。很多孩子在外面玩的时候，厉荔就在家里面练琴，她觉得音乐里有她自己的乐园，练琴是很快乐的事情，她十分享受练习的过程，练琴是她每天必做的事情。

11 岁，厉荔顺利考入沈阳音乐学院附中。17 岁时，厉荔完成托福考试，携着她那把中提琴，开始了在美国的求学生涯。音乐不但给了她美感，还给了她力量，独自一人在外，她是那么自信和快乐，并没有其他孩子离开家的落寞和无奈。

在学校里，厉荔找到了更加广阔的音乐天地。她在音乐世界里快乐地成长，在乐观的情绪下，她的进步比其他人要快很多。在老师眼里，厉荔是一位非常有才华的中国小天使；同学们叹道：“厉荔都不知道自己有多大才能！”人们发现，在厉荔的世界里，就没有消极和暗淡，只有快乐和自信。

谈起自己的成功，厉荔说了一句意味深长的话，她说：“之所以音乐带给我这么多好处，是因为我真心喜欢它。”

## 加 | 油 | 站

演奏乐器我们不一定要以它为生，而是能通过它丰富我们的业余生活，陶冶情操。世界著名的大科学家，相对论的发明者爱因斯坦的小提琴就拉的很好。无独有偶，我国著名的地质学家，“陆相成油说”的提出者李四光也是一个优秀的小提琴家，据说中国最早的小提琴曲还是他创作的呢。美国前总统克林顿的萨克斯吹的一流，而美国前国务卿赖斯居然毕业于朱利亚音乐学院，是个很有名的钢琴演奏家。总之，会一样乐器能给你带来很多荣誉和乐趣。

## 智 | 慧 | 果

**学习乐器的好处：**

1. 学习乐器演奏让你变聪明。科学家称：经常听音乐的孩子或者演奏乐器的孩子通常在学校里有更好的表现。
2. 提高纪律性。学习乐器演奏就像学习一门外语一样，所以还是很有挑战性的。音乐家通常有一个特质就是好的纪律性。演奏乐器的时候不得不约束自己，全神贯注。同时每天都要在规定时间练习练习再练习。这样一来，就可以帮助塑造好的纪律性。
3. 演奏乐器可以缓解压力。今天的生活给了我们太多的压力，每个人都希望找到摆脱压力的办法。你是否注意到，每当你听到那些柔软而舒缓的音乐声，你就会觉得放松一些，乐器的旋律就可以达到这个目的，尤其是当你自己就是演奏者的时候。音乐是生活中最简单的快乐，它能让精神放松舒缓下来。

4 演奏乐器很有成就感。如果你是新手并且刚刚开始学习，常常会让你沮丧。但是当你入门并掌握后，你所得到满足感是无价的。哪怕只是会一首简单的乐曲。相信我，你永远不会忘记你会演奏的第一首乐曲。你距离自己的目标就一步之遥，这是让人自豪的事情。

5 演奏乐器很有趣。尽管可能需要付出很多努力，但演奏乐器是很有趣的事情。当你取得了进步，你将会有机会向你的家人朋友分享学到的演奏技能，没准将来还可能成为专业的演奏家。同时乐器演奏为你开启了丰富人生的无限可能。

## 39 美术学习有乐趣，锻炼我的想象力

女孩学习美术非常有好处。美术不仅能培养女孩的审美能力，还能提高女孩的立体空间感，这在今后的学习生活中都会获益良多。夏达是一个喜欢画漫画的女孩，画笔成了她的语言工具，所有想说的话她都通过漫画来体现。经过她对梦想的坚持，她的作品终于受到大家的认可。

夏达是一位美女漫画家，她的作品拥有大量的粉丝群。她的成就让人羡慕的同时，她对漫画的坚持更加让人敬佩。

夏达的爸爸一年四季奔波在外，修复古建筑；妈妈则在办公室鉴定古玩字画。在妈妈的影响下，她对画画产生了浓厚的兴趣。

14 岁时，夏达偷偷参加了本地书店办的小漫画社，第一次知道除她以外，世上还有那么多人喜欢一边上课一边悄悄把小人头画满书页的空白。之后，夏达开始激情百倍地创作、投稿，偶尔有几篇发表。

夏达大学毕业的时候，虽然已出版过《四月物语》的漫画单行本，但发出的大部分稿子都石沉大海，连高中时给杂志投稿的运气都消失殆尽——那时尽管不见刊出，却可以得到编辑的回信鼓励。

她有些灰心，她需要自己的作品被认可，当一幅幅自己伏案好久创作的作品杳无音信的时候，她会一个人哭泣。可是没等泪干，她就继续

开始创作了，因为她喜欢漫画，她想用自己的画笔画出自己内心真实的东西。

2003 年秋天，夏达来到北京寻找出路。她住进一潮湿的地下室，长长地吁出一口气，豪气云天地说："我是地狱来客！"而夜晚关上灯，不可捉摸的声响，每每惊得她从梦中尖叫而醒。

很快，夏达迷上了每天 10 小时伏案工作，甚至一周也顾不上洗头，累得骨头散架，躺上床就能呼呼大睡的黑白颠倒的生活。无度的透支，换取了一些作品在《电漫》《故事》《漫友》等杂志上抛头露面。然而可怜的稿费，实在是捉襟见肘，她不得不分出更多的心神，给一些杂志配插图以解决温饱问题。

那一年里，这个浑身染满油彩和墨污，一身古典气息的女孩，在窒息的地下室里，常常发着高烧，咳嗽不断，却为作品注入舒畅的温暖气息；在柴米油盐的煎熬下骨瘦如柴地活着，却殚精竭虑地为画中人规划着锦绣前程。

第二年，《北京卡通》杂志开始连载她的长篇漫画《米特兰的晨星》，而且好评不断，生活逐渐呈现出温情的面孔。

没事的时候，夏达就独自抱起画板跑到郊外的山头，看火车抛下一截又一截黑暗的隧道，听咔嗒咔嗒的铁轨声肆无忌惮地剪切着白天黑夜。她迷上了这份刮骨疗毒的清醒，当一切尘埃落定，《雪落无声》的长篇漫画诞生在稿纸上，

在漫画室朋友们的辅佐下，她渐渐地收获好运：《冬日童话》获得第三届中国连环漫画短篇故事优秀奖；《子不语》夺得第五届金龙奖最佳少女漫画奖；《哥斯拉不说话》荣获第六届中国国际动漫节"美猴奖"最佳中国漫画作品奖……

2009 年 2 月，在老资格的漫画家长茂木行雄和松井荣元的鼎力推

荐下，夏达成为第一个闯入日本的中国大陆漫画家。她的作品《子不语》开始在日本顶级漫画杂志《ULTRA JUMP》上连载，产生巨大的轰动。

现在，有很多粉丝默默支持她的漫画，她的作品得到了认可，这是最值得高兴的事情。

## 加｜油｜站

美术活动是一个集眼、手、脑等多种器官活动于一体的综合行为。学习美术的目的不在于未来一定要成为大师，成为画家，而在于美术能开发你观察、体验生活的能力，培养你感知艺术、自然、生活之美的情趣，提高你的鉴赏力与人生境界，并且在现实生活中按照一种美的法则去创造。美术不仅能丰富你的业余生活，还能让你更加有艺术气质，提高你的审美能力。

## 智｜慧｜果

**画素描的方法：**

1. 培养正确的认识方法和敏锐的观察力。建立在对物体的深入理解上进行绘画。画素描要懂得素描的基本要素，如形体、比例、结构、明暗调子、质量感和空间感等。因为视觉上的敏感不同，感觉到的内容就会有差异，后者可以抓住物体的本质，在表达中能够概括简洁、明确肯定地表达对象，在短时间里抓住对象的最基本的特征，培养敏锐的观察方法。
2. 建立良好的整体意识。整体存在于造型的各种因素里，从轮廓到色调，从形体表现到空间表现无处不在。培养整体意识可从观察事物入手，多观察多比较，这样才能明确各个事物之间的关系，以便更好地把握整体。从整体到局部、从局部再到整体，贯穿于整个作画的过程中，反复比较，培养局部与整体关系的能力，建立良好的整体意识。

3 建立形体的体积意识和掌握表现技巧。不但要明确物体的形状、比例、大小，同时还要克服平面描绘，对造型要有最基本的理解和掌握。没有体积空间意识，就不能养成对体积空间的观察习惯，更不能表现好空间关系。对空间的表现是绘画的基本能力。绘画是一门技巧课，必须从实践中获得飞跃。所以动手实践是非常重要的，有了量的积累，才能得到质的飞跃。打好坚实的素描基础是取得好成绩的前提。

## 40 舞蹈塑造优美的体态

舞蹈是一项非常有美感的运动，不但可以提升自身的气质，还能锻炼身体，增强身体各个部位的协调能力，有利于身心健康，修身养性，永葆青春。杨丽萍老师从小热爱跳舞，在几十年的舞蹈生涯中，她收获了各项荣誉大奖。而今，她已年过六旬，可是，她的一颦一笑还仿佛是个少女一般。

杨丽萍是我国著名的舞蹈家，她天生就是为了在人间用歌舞的形式来传递消息的，对于杨丽萍的来说，舞蹈无处不在。

杨丽萍出生在云南西双版纳的一个白族村寨，在她很小的时候就喜欢跳舞，白族村寨里的年轻人每晚都聚在篝火边，以载歌载舞的方式结束一天的生活，有月亮的夜晚，他们还会跑到河边跳舞欢唱。一天傍晚，她正要和小伙伴们一起出去跳舞，妈妈拉住她，在她手心里画了一只眼睛。妈妈对她说："手连着心，手心里的这只眼睛就是心灵的眼睛。你长大了，要学会用心灵的眼睛去看世界，去感受舞蹈，你会有不一样的发现。就像我们眼前的生活，虽然很艰苦，连双像样的鞋子都没有，但我们拥有青山绿水、星星月亮，上天对我们已经很慷慨了，我们很富有。"

杨丽萍天生就是跳舞的好苗子，虽然没有进过任何舞蹈学校，然而她凭借着惊人的舞蹈天赋，在 1971 年从村寨进入西双版纳州歌舞团。

入团后，她开始了游走于云南这片土地上长达 7 年的访演生活。每次巡村访演，演员们都是自己背行囊，徒步行进。而村庄之间没有路，几乎都是原始森林。演员们经常得跨过冒着热气的大象粪便，躲过乱窜的蛇、吸血的旱蚂蟥前行。每次访演的时间至少长达 3 个月，演员们跟村民们同吃同住，白天帮村民收庄稼，晚上演出。这个村子待一段时间，就接着去下一个村子演出。这样，她走访了许多村落，见识了许多民族，学习了多种舞蹈。

这种“送戏上门”的经历为她后来的艺术创作打下了深厚的基础。之后，她选择了傣族舞蹈作为自己舞蹈的主要表现方式。她吸取了不同风格的孔雀舞的特点及其他民族的舞蹈元素，同时加入自己的感悟，创造了独树一帜的“杨氏”孔雀舞。终于，孔雀舞让她一举成名，她被誉为继毛相、刀美兰之后的“中国第二代孔雀王”。此后，她的经典作品不断，《月光》《两棵树》《嘎奇奇》《朱穆朗玛》《火》《拉萨河》等一系列大型舞蹈都展示出她卓越的舞蹈天分和创作才能。她编导的《云南映象》在国内外演出 3000 多场，很多时候都是一票难求。她自编自导自演的电影《太阳鸟》在蒙特利尔国际电影节上荣获评委会大奖。

杨丽萍说：“舞蹈它是无处不在的，你插秧的动作也是舞蹈，你纺线也是舞蹈，你躲避树枝也是，很多很多都是舞蹈，只是我们太习惯于去看那个是舞蹈的舞蹈。”

如今，杨丽萍已经年过六旬，普通女人在这个年龄已经开始衰老。而杨丽萍的一举一动，一颦一笑却还停留在少女时代，医生说她的身体状况处于 38 岁，或许是由于跳舞的缘故，她的身体机能和各项指标都良好。

## 加 | 油 | 站

女孩特别适合学习舞蹈，练习舞蹈不仅可以塑造身体的线条，还可以提升自己的气质。舞蹈要配合音乐，随乐起舞，可以锻炼你的乐感和舞感。舞蹈可以健身，使身体处于良好健康状态，促进精神活动，使身体生长匀称，起到减肥的作用，特别对一些缺少锻炼、饮食过度、脂肪堆积的“胖墩”“亚胖墩”，舞蹈是一种理想的减肥手段。舞蹈可以提高肺活量，学会正确用气、呼吸，可以使身心得到更好的发展。心情不好的时候可以通过跳舞发泄出来，心情好的时候也可以通过跳舞表达出来。舞蹈有很多种，每种舞蹈都有着不同的文化，跳舞可以让你了解不同的舞蹈文化和各国各民族的风俗。

## 智 | 慧 | 果

**学习舞蹈的注意事项：**

1. 忌急于求成。初学者容易只求数量与进度，而不注意动作质量，若在短时间内学完很多动作，这些不规范的动作无疑如同“废品”，习以为常之后，要想改正，十分困难。
2. 忌忽视姿态。学习舞蹈时应注意姿态美。舒展挺拔、优雅大方的舞姿使舞者精神倍增，令人赏心悦目。因此在跳舞时始终要保持抬头、挺胸、收腹、立腰、肩放平、膝放松、大腿和臀部夹紧上提的姿态。
3. 忌只学其“形”。学习舞蹈时，如果只满足于花步，组合，而忽略各舞种的神韵、风格及其表现的意境，这样学来的体育舞蹈必然毫无生气，缺乏灵性。

## 41 户外运动，和大自然亲密接触

随着生活水平的提高，人们对健康越来越重视，户外运动对身体很有好处，不仅能锻炼身体，还能调节身心，缓解生活的压力，更能陶冶我们的情操，让我们有眼界，有毅力。周末的时候，林平和妈妈去登山，在半山腰，林平产生了放弃的念头，但她很快调整好自己的心态，坚持爬到了山顶。在山顶上，她看到了不一样的风景。

林平的妈妈看女儿周末在家没事，就对她说："我们去爬山好不好？"林平听了，高兴极了，她蹦跳着对妈妈说："太好了！"

说去就去。她们收拾了一下东西，就出发了。"平平，一会可是要爬到山顶的，你不要泄气哦！"妈妈说。"不会的，妈妈。我比您还先到山顶呢！"林平说到。

不一会儿工夫，她们便来到了山脚下，林平很高兴，但也有一些担心自己无法到达终点。

因为山实在是太高了。她说："这山好高啊！"妈妈走过来对她说："这山虽然高，但是你爬上山顶，这山对你来说就不算高了。"她听了妈妈的话，也不知道哪里来的力量在鼓舞着她。她转头望了望妈妈，只见妈妈在向她点头。林平暗暗地对自己说：你一定要加油啊！说完就开始攀爬。

林平一步一步地往上爬，她还在心中想着许多与同学间有趣的事，希望能够使自己不觉得累。但这方法还是没有起到很大的作用，当她爬到一半时，已经累得气喘吁吁，汗水不住地从额头往下滴。她想就此放弃，但转念一想，既然已经爬到了这里干脆再坚持一下爬到终点。别让之前的汗水白流了。于是又继续往上爬。

爬了一会儿，她心中再次浮起了退意，但心中有一个声音告诉她：哪一个伟大的事业不是从微不足道的第一阶一步步爬起的呢？哪一个人是生来站在一个高的台阶上呢？一步一台阶，最重要的，是有勇敢向上迈出每一阶。于是她的脚步变得坚定，目光变得执着。只要一步一个台阶，顶峰与我，不再遥远。

最终，林平登上了山的顶峰，她坐在一块大石头上贪婪地呼吸着山顶的新鲜空气，并欣赏周围美丽的景色，煞是好看。如果她在半山腰放弃，便会与这美丽的景色失之交臂。

她低头往下望，只见人小得像只“蚂蚁”，而人身上的背包仿佛是“蚂蚁的战胜品。”过了一会妈妈说：“走，我们从山另一边下去，山的另一边有许多美丽的风景呢！”她带着疑问下山，想去看个究竟。刚一下山就被眼前的一幕给惊呆了。阳光照在水面上，像洒满了金子，湖面有一座玲珑剔透的小假山，假山上有一条小径，还有一个喷泉，那喷泉喷出来的水，就像一朵朵洁白无瑕的雪莲花。湖中间还有一座桥，桥上雕刻着许多小猴子，有的向远处眺望、有的挠痒、有的睡觉……千奇百怪、形态万千。

林平想：爬到山顶才能看到这么美丽的风景，以后遇到困难也不能半途而废，否则就会错过人生美丽的风景。

## 加｜油｜站

随着生活水平的提高，越来越多的人开始关注自己的身体健康。同时，随着专家媒体的大力宣传，“运动有益健康”“运动是良医”的观点也已经深入人心，各大公园里和城市绿地上可以看到越来越多锻炼的人，城市中各类运动健身的场所也越开越多。户外运动不仅能锻炼身体，还能丰富我们的业余生活，开阔我们的眼界，让我们的生活丰富多彩。

## 智｜慧｜果

**户外运动的注意事项：**

1. 运动服装最好选择全棉的。参加体育运动的时候，我们需要穿合适的衣服、鞋子和袜子。
2. 不同运动项目对运动鞋的要求是不一样的。跑步鞋要求有比较轻的重量和缓冲良好的鞋底；足球鞋的鞋底要结实有韧性，还要有防滑的鞋钉；篮球鞋除了有防滑的鞋底之外，还要对双脚的侧面提供额外的保护；而登山鞋要有耐磨的鞋底和对脚踝的支撑，有的登山鞋还有防水的功能；网球、羽毛球、乒乓球对鞋子也都有独特的要求。
3. 户外运动时，应该尽一切可能保持通信畅通，外出要携带手机和备用电池，实在没有手机信号的地方，也要准备 GPS 设备和队伍内部联系用的对讲机，并准备哨子等求救设备，以防万一。

7

# 做好每一个细节，好习惯受益终生

著名教育家叶圣陶曾经说过：“积千累万，不如养个好习惯。”可见习惯的重要性，良好的行为习惯不能一蹴而就，不是一朝一夕就能形成的，从小做起，注重细节，养成良好习惯。

## 42 时间宝贵，为自己做一个学习计划

学习有很多方法，在每个学期都要为自己制定一份学习计划。这份计划可以让自己更有效率地学习，更好地把握时间。楠楠的老师要求班里的每一个学生都做一份学习计划，并让家长监督自己的孩子。楠楠在爸爸的监督下，每天按照学习计划学习，取得了优异的成绩。

楠楠的老师这天布置了一份特别的家庭作业，她让班里的每个人都列一份学习计划，然后让每个人都上来读一遍自己的学习计划，并相互找出各自学习计划的不足之处。

楠楠很认真地做了份学习计划，她甚至规定了几点到几点做什么事情，这份学习计划分为周末和平时两个时间表。每张时间表规定了每个时间段需要做的事情，不过这并不符合楠楠的性格，她做这些也只不过是给老师做做样子，希望老师能够表扬自己做事认真罢了。

楠楠拿着这份费了好多工夫做出的时间表，激动地坐在下面等待自己上去朗读的机会。

终于，楠楠听到老师叫她的名字，她三步并作两步跑了上去，大声地朗读起自己的学习计划。

同学们听完后，都沉默了，老师看着同学们说："楠楠做的学习计

划大家认为有问题吗？”

有个同学站起来说：“楠楠做的学习计划很好，可是如此严格的时间表，她可以坚持下去吗？”

老师让那个同学坐下，说道：“可以看出，大家都很认真地在做这个学习计划，大家都做得不错。不过确实存在这样一个问题，你的学习计划制订得再完美，可是没有可行性又怎么会取得好的效果呢？你们之中有谁可以坚持按自己学习计划上写的去做呢？”

所有的同学都沉默了，大家互相看了看，没有一个同学敢保证自己可以坚持执行学习计划，老师在放学前宣布周五下午开家长会。

周五下午，所有的家长都来了，老师并没说别的，只是将学生写的学习计划和一封信交到家长手里。楠楠和爸爸一起打开这封信，信的开头没有署名，信的内容很简短，只有一点：希望家长与孩子共同完成这份学习计划，希望家长起到监督作用。

楠楠的爸爸认为老师有些小题大做，楠楠在他心目中一直是一个自觉性很高的孩子，她的学习从来不用爸爸妈妈过问。每天放学回家她都把作业都做完了再去做其他的事情。于是，楠楠的爸爸没太在意，她认为楠楠会自觉遵守学习计划。

可是，没到一个星期，楠楠就撂挑子不干了，她开始埋怨自己当初为什么要制定一份这样紧凑的学习计划，搞得自己每天都有做不完的事。过了几天，楠楠的爸爸看楠楠并没有按照学习计划进行，才知道老师说的话是正确的，他决心抽出时间和她一起努力。

从这以后，楠楠每天都按照自己的计划进行，在爸爸的陪伴和鼓励下，她的成绩成了班里的第一名。如今的她考入了名牌大学，她永远记得老师对她说的话：“无论你有多大的恒心，在实行计划前，请找个人帮助监督你。”

## 加 | 油 | 站

制定一份学习计划对你的学习有很大帮助。努力实施学习计划，可以磨炼意志；有利于良好习惯的形成；能有效地提高学习成绩。没有计划的学习活动是无法控制的，而实施计划是比较困难的，但实现计划之后的心情则是非常愉快的。一个遵循学习原则，学习劲头十足，意志顽强、方法也科学的孩子，通过不懈的努力，一定能获得丰硕的学习成果。

## 智 | 慧 | 果

**学习计划包括的内容：**

1. 对上学期（或前一阶段）学习情况的分析，简要说明所取得的主要成绩和存在的问题；
2. 提出本学期（或下一阶段）的努力方向并确定目标；
3. 学习时间如何安排；
4. 采取哪些措施，采用怎样的学习方法。

## 43 生命在于运动，每天锻炼 20 分钟

“生命在于运动。”这句话充分地说明体育运动对身体健康的重要性。我们要把培养良好的运动习惯当作一项重要任务，积极参加身体锻炼，为将来走向生活、工作和适应环境打下坚实的基础。青春期是人一生中生长最迅猛的时期，体育锻炼能促进身体生长发育。坚持各项有益的体育活动，不仅能练就一副健美的体格，还能增强身体的免疫力。

悠悠是一名寄宿生。她每天早上准时起床，然后和同学们一起早操。刚开始，悠悠还兴致勃勃地坚持，可是天气渐渐转凉，宿舍里的女孩子都不愿大清早的跑出去挨冻。悠悠也加入到偷懒的队伍，她为了不出早操，总是想办法逃避。

“老师，我头疼，头有点热……”周五的早操时间，悠悠说了个谎，她实在不想出早操，只好向监督的老师“谎报”。

老师很关切地摸了摸悠悠的头，告诉她多喝点水，按时吃药。悠悠又感动又有点愧疚，但这丝愧疚很快就消失了。她美滋滋地躺在被窝里继续享受这难得的温暖。悠悠很喜欢这一次偷懒经历，大早上出去干什么啊。

又过了几天，室友们纷纷“生病”。十五分钟的早操，悠悠以及室

友没有参加锻炼，反倒锻炼了她们“发散思维”的能力，“生病”的理由也是五花八门。老师无奈地说：“你们还真是群‘病美人’，换着花样地生病，学校如果开展一个不出操理由大赛，你们准能夺冠。”悠悠和她的室友们也并不在意，越来越不爱出操，她们觉得不出操是一种特权，即使去了也是懒洋洋地比画一下，应付了事，完全失去了做早操的意义。

寒假到了，悠悠放假回家。她终于可以睡觉睡到自然醒了。一大清早，她美美地做梦呢，谁知半路杀出个“程咬金”。“悠悠，都几点了还不起床，太阳都晒屁股了。快点起床，陪奶奶锻炼去！”悠悠被一阵急促的敲门声弄醒，看了眼时间：刚七点。“快点快点，生命在于运动！”奶奶继续说着。奶奶的命令悠悠不敢违背，只好穿上衣服，不情愿地和奶奶出去了。

悠悠和奶奶沿着小区的空地跑圈，没跑上一圈悠悠就岔气了。她只好在旁边的椅子上坐下。看着奶奶一圈接一圈地跑，悠悠感觉很惊讶。奶奶今年都七十岁了，身体居然还这么好。

“奶奶，你的身体怎么这么棒啊！”悠悠羡慕地说。

“悠悠，在学校没锻炼吧。”奶奶看着悠悠继续说，“平常要多做些运动，既锻炼身体又能提高学习效率。我这么大年纪了，还每天早上都坚持跑步，身体比你都强。可别只顾着学习，累坏了身体啊。身体是革命的本钱”

悠悠看着奶奶气定神闲的样子，再看看自己的狼狈样，感到有点羞愧。“看来，以后一定要好好地锻炼身体。否则，真的没法和奶奶比了。”

开学后，悠悠每天都出早操，认真地锻炼身体。晚上还抽出时间慢跑。渐渐地，她的身体越来越健康，在学校举办的运动会上，她主动请命，还获得了女子 1500 米长跑的冠军呢！

## 加｜油｜站

“一天之计在于晨。”这句古老的谚语之所以能流传下来，是有一定道理的。早晨适当的运动可以促进身体的新陈代谢，使血液循环保持良好的状态，这样就会有精力充沛的感觉，从而精神满满地开始一天的学习生活。而这也是学校要组织早操的原因。早晨的空气非常好，空气中的含氧量比较充足，一种叫“负离子”的物质在早晨的空气中含量是最高的。吸入饱含“负离子”的空气可以调节人的神经机能，增强身体免疫能力。因此，不要认为早操只是做几个简单的动作，它对身体和精神都是有帮助的。

## 智｜慧｜果

**适合女孩日常进行的运动项目：**

1. 仰卧起坐能消除腹部赘肉，还能缓解背痛。
2. 跑步机属于全身有氧运动，对提高机体耐力，促进血液循环，加速新陈代谢，减少多余脂肪有显著效果。
3. 羽毛球可促进青少年身体发育，提高身体机能，脚步移动、跳跃、转体、挥拍这些动作加快了锻炼者全身的血液循环，增强了心血管系统和呼吸系统的功能。
4. 游泳可提高心肺和骨骼肌肉系统的功能，健康又有趣。

## 44 守时守约，请提前 20 分钟出发

守时是一个好习惯，没有人喜欢和一个没有时间观念的人在一起，浪费时间等于浪费生命。上学的时候，不妨把闹钟调快 20 分钟，虽然自己少睡了 20 分钟，但却可以让自己安安稳稳地度过一天，不会毛手毛脚、慌慌张张。小娥就是一个没有时间观念的人，她不按时起床，上学迟到了，老师让她做了一份检讨。

小娥是一个慢性子，她做什么事都不紧不慢，为此，爷爷奶奶说过她很多次，可她就是改不掉这个坏习惯。

一天早上，小娥还在睡梦中，就听到了奶奶的喊声："小娥，起床了，你快迟到了！"她睡眼蒙眬地看了眼闹钟，才六点二十分。她懒洋洋地说："这才几点？让我再睡会，被窝这么暖和。"然后又迷迷糊糊地睡着了。但她再次醒来时，闹钟上的时针已经指到了七。她揉了揉眼睛，确定没看错时立即跳了起来，穿好了衣服，这时才发现裤子穿反了，没办法，只得重新翻工。急匆匆的吃完了饭，拿了一包牛奶背起书包，就冲出了家门。

好不容易等到了一班车，她急忙挤了上去。但是，车子走到了半路，因为积水太多，她乘坐的车不得不改路线。可是，由于路不好走，公交

车在马路上堵了好久。哎……为了早些到学校，她只能跑过堵车的地方，再等车去学校。她以百米冲刺的速度向前冲去，在人群中来回穿梭。跑了一会儿，她已经气喘吁吁，满头大汗了。她跑了好长时间，才跑到了车站了，看到来了一辆公交车赶紧挤了上去。走着走着，她发现这辆车行驶的方向不对，就连忙跑到了司机叔叔的旁边，喘着气地说："叔叔，请问这是几路车？"司机叔叔说："二路！"她心想："完了，坐错车了！"到了站她只能向回跑，好不容易坐上了开往学校的公交车。但当她赶到学校时还是迟到了，其他同学都在升国旗。她知道，举行升国旗仪式时是不能进学校的，要等到升国旗仪式结束时才能进学校。她只能在校门口等了十几分钟。

升旗仪式终于结束了，小娥立刻飞快地跑向教室。来到教室门口，她尴尬喊了声"报告"。同学们的目光"刷"的一下全都投向了她，一个个的脸上都露出了不同的表情，有的幸灾乐祸，对她指指点点；有的在嘲笑她凌乱的头发；有的同学为她担心，同情地看着她……小娥怯怯地看着老师，只见老师沉默了一会，严肃地说："怎么回事？现在都几点了？以后再迟到就别来上课了！"她站在门旁，听着老师的批评，不禁脸红了起来。然后，老师让她当着全班同学的面作了检讨。她一整天都没上好课，始终抬不起头。

从那以后，小娥发誓再也不迟到了。她把闹钟调快了 20 分钟，让自己做任何事都早到几分钟。

## 加 | 油 | 站

孔子曾说："少成若天性，习惯成自然。"良好的时间观念有助于我们的健康成长，遵守时间，安排利用好时间，提高学习、做事的效率，成为一个守时的人。做事有计划、不盲目、不拖沓，当日事当日毕，从小懂得“时间就是效率”，养成守时惜时的好习惯。守时是一种素质，做一个守时的人，不仅是对别人的尊重，更是尊重自己。从现在开始，让自己成为一个守时的人吧。

## 智|慧|果

**如何具有时间观念：**

1. 调准手表的时间。将时间适当调前可以帮助早一点行动。而对另外一些人来说，他们下意识地知道时间是错的，所以这种方法对他们并没有什么效果。在你住处的每个房间都放上一个时钟。将所有手表和时钟都调到同一时间。
2. 闹铃响了就起床。不要按下闹钟后继续睡。把闹钟放在床上够不着的地方，闹钟一响，你就不得不起床把它关掉了。每天早点睡并保持至少 8 个小时的睡眠。
3. 做每件事情都提前 20 分钟。如果你能做到这点，即使你碰到一些无法预料的事情，你还是能够按时到达地点。
4. 无论走到哪里都带上一些短小的文章片段。在提前到达的几分钟里你可以瞄上几页。这会让你觉得在等候的时间里你已经完成了一些事情。
5. 把需要你注意时间的事情记录下来。这种方法能帮助你一直走在守时的道上。每天早晨都制定一个时间表有助于养成守时的习惯。

## 45 赚钱辛苦不容易，每份花销需记账

同记日记一样，通过记账可以看出自己的花销习惯，增强自己的责任感。如果长期地坚持记账，还能养成不乱花钱的好习惯。圆圆喜欢把零花钱攒起来，妈妈为她准备了一个记账本，在妈妈的鼓励下，圆圆把每分钱都花得明明白白，她懂得了爸爸妈妈赚钱的辛苦，常常帮他们做家务。

圆圆 10 岁的时候，妈妈就开始为他提供零用钱。每个星期给他 10 元用来买零食。

一开始，她每天都会去购买食品，每次买完东西，妈妈就会告诉她余额。有时一周不到钱就没了。

慢慢地，圆圆开始明白商品和钱的关系，她发现剩下的钱越多，那么她坚持的时间就会越长，倘若钱没有用完，那么和下周的钱累积起来就会有更多的钱。而且，圆圆在买东西时，也开始关心商品的价格，妈妈告诉他，若是想买价格高的商品，可以将钱攒起来然后再买，但是圆圆宁可买便宜的东西，也不愿意将钱攒起来。

后来，圆圆发现，自己买了很多并不需要的东西，于是，她开始控制所买东西的价格和数量，这样，她每周的零用钱都会有所剩余。

妈妈发现圆圆的零花钱有了剩余，就给她准备了账本，一开始她不

会记账，就由妈妈代为记录。圆圆把每天的花销告诉妈妈，妈妈就记在账本上。但圆圆觉得有些烦，没过多久就不坚持了。尽管后来也设置过账本，但圆圆都是新鲜一两天，之后就把账本变成了画画本，因此很长时间过后，账本的计划依旧没能实施。

一天，妈妈看到圆圆在数她自己钱包里的钱，她突然意识到，让圆圆自己记账的时机到了。于是，妈妈让圆圆把钱包里的钱仔细盘点一下，并且还找出了之前买的记账本让她记录自己的开销。为了让圆圆能够坚持，也为了让圆圆把账记录好，妈妈开始手把手地教她应该怎样记录才清楚，在记账本上划分了几大类，如日用品、学习用品、零食、玩具等，并告诉圆圆按照这几大类进行记录，将每一笔花销都要记录在内。为了防止圆圆半途而废，妈妈和爸爸也加入了记账的“大军”，和圆圆约定每个周末要进行一次财务审核，全家每个人都要交出这一周的财务记录单。虽然开始时圆圆的记录还是有些混乱，但为了能够比爸爸妈妈更会花钱，圆圆记录得越来越好，也学会了精打细算，而圆圆也逐渐养成了记账的习惯，理财能力也逐渐提高。

让圆圆记账的同时，妈妈也很重视对孩子理财方面的教育，每次给圆圆零用钱后，妈妈都会耐心地告诉她：“圆圆，你要知道这些钱不是白来的，而是通过爸爸妈妈的辛勤劳动挣来的。你要明白珍惜每一分钱，不要乱花，懂吗？”

圆圆认真地点点头：“妈妈，我知道了，我不乱花钱，以后还要要通过自己的劳动和努力去挣钱。”

这样，圆圆不但很早就懂得了珍惜金钱，而且还会主动帮妈妈做家务。她根据爸爸妈妈的要求，将所规定的义务劳动做完之后，还做了妈妈给她安排的有报酬的劳动。

## 加 | 油 | 站

记账最直接的作用就是摸清收入、支出的具体情况，看看自己到底有多少钱，花了多少钱，钱都花在什么地方。还可以知道自己的消费习惯。人们都说记账是理财的第一步，迈开了这一步，很快就能踏上理财的康庄大道。记账能增强对个人财务的敏感度，提高理财水平。养成了记账的好习惯，就会改掉花钱大手大脚的坏毛病，让你成为精打细算的小管家。

## 智 | 慧 | 果

**怎样记账：**

1. 必须掌握好收入的规律。收入项目有：上月剩余钱、当月零用钱、做家务赚的钱、其他收入。
2. 掌握支出规律。支出项目可分为日常生活的固定支出和有特殊用途的无规律的变动支出。为了掌握现金，并且合理安排支出，必须先了解固定支出和变动支出的概念。当支出比收入多的时候，就要削减支出。为了养成合理的消费习惯，我们要把支出按项目分类，计算各项支出在总支出中所占的比重。
3. 修正和补充。在翻看零用钱记账本的时候，要重新反思零用钱是否按计划管理，并且分析未来的现金流量。如果有任何问题，都要记下来以便应用在日后的零用钱管理中。到了已经可以熟练记录账目的时候，且消费行为也更加多样化的时候，也可以进一步细分收入和支出项目。

## 46 健康生活每一天，瓜果蔬菜不挑拣

很多女孩子都有挑食的习惯，长期挑食会引发很多疾病，为你带来不必要的痛苦。生长发育时期，健康全面的饮食十分关键。小云就是一个只爱吃肉，不爱吃青菜的女孩，她比班级里的女孩都要胖一点，这导致她的身体处于亚健康状态，在医生的劝说和妈妈的监督下，她逐渐改掉了挑食的坏毛病。

小云是个乖巧的女孩，同时也是个结实的小胖子。虽然用小胖子来形容女孩不太合适，但是小云跟同龄人比起来的确是有些胖。因为体形的关系，小云的爸妈决定要控制她的饮食，把她挑食的坏毛病纠正过来。

小云是名副其实的“食肉动物”。从早餐到晚餐，哪一顿少了肉都不行，没肉就不动筷子。以前爸妈觉得，小云正在长身体，最好不要限制她的饮食。但是现在看来，小云的挑食已经给她带来了烦恼。

中午，妈妈招呼小云吃饭。今天的饭菜是妈妈精心准备的，所有的蔬菜都披上了“外衣”，妈妈把它们做得看不出来是蔬菜，小云兴冲冲地跑过来，“妈妈，今天有什么好吃的呢？我特别想吃牛肉。”边说边拿起筷子，一看，“咦，妈，今天你做的什么菜呢，怎么看起来怪怪的？”

妈妈听了一本正经地说：“你不是吵着要吃牛肉吗，妈妈给你做了不一样的牛肉。”小云正犹豫着要不要吃，妈妈看出了她的心思，给她

夹了一大块“牛肉”，“快尝尝妈妈今天做的菜好不好吃。”小云小心地咬了一口：“哎呀，这不是牛肉嘛！妈妈骗人，我不吃了！”说着把碗筷往桌上一扔，开始抗议妈妈的行为。

妈妈无奈地看了看小云，摇摇头，只好给她重新做菜。小云正为自己的成功感到得意的时候，觉得肚子有点疼，还有些恶心。她赶紧跑去告诉妈妈，接着肚子疼得更加厉害了，妈妈看着她痛苦的样子，赶紧带她上医院去检查。

到了医院，经过一番折腾，医生告诉小云和妈妈，由于一直挑食，小云的身体一直处于亚健康状态，她的肠胃受到影响，所以才会引起肚子痛。医生还说，小云的胖就是由挑食引起的，因为吃太多肉类和高热量的零食，身体无法消耗过多的热量。如果不改正挑食的习惯，身体无法吸收更全面的营养，不仅会变得更胖，还会给身体其他器官造成影响，引起其他疾病。

这次的教训让小云开始认真对待自己挑食的毛病了，她不想一直做小胖子，也不想变成病秧子，她想做一个健康的女孩，妈妈趁机教育她：“小云，今天晚上我们吃白菜好不好？”白菜可是小云最讨厌吃的青菜，小云想了想：“妈妈，我不挑食了，您做什么我就吃什么。”

从此以后，小云什么菜都吃，身材变得匀称多了。

## 加｜油｜站

健康来自于好的生活习惯，疾病来自于不规律的生活习惯。身体就像是一个银行，健康账户如果被严重透支的话，那么银行就会垮掉。若要保证身体健康不垮掉，唯一的办法就是养成良好的生活习惯。英国哲学家艾蒙斯曾经说过：“习惯要不是最好的仆人，便是最坏的主人。”好的习惯可以成就一个人，而不好的习惯自然也能轻而易举地摧毁一个人。良好的身体素质正是基于良好的生活习惯，试想，一个平日生活里丝毫不注重健康的人，又怎么会有一副强健的体魄呢？

## 智 | 慧 | 果

**挑食的危害：**

1. 挑食会影响女孩正常的饮食，对肠胃的正常运动也会产生不良影响。
2. 缺乏维生素会使皮肤变得粗糙、没有光泽，头发也会变得干枯，而胡萝卜、是含维生素 A 最多的食物。除了胡萝卜，还有其他很多食物对人体都很重要。所以女孩子不能挑食。
3. 女孩也不能只吃蔬菜不吃肉类，这也是挑食的一种。肉类中含有丰富的蛋白质，而人体的发育则离不开它。
4. 挑食还会影响身体抵抗力。人的身体需要吸收多种营养物质才能变得更强壮，缺少任何一种营养，身体的抵抗能力就会减弱，就会容易遭到病毒的侵袭。

## 47 养成做家务的好习惯

豆豆主动帮助妈妈打扫房间，给妈妈减轻了不少负担，在妈妈的鼓励下，她还做了一顿爱心早餐，而且味道还不错。其实，做家务是每一个家庭成员的责任，但是，如今的女孩大都是父母手心里的宝贝，向来是“横针不动、竖线不拿”的，很少有为父母分担家务的意识。主动帮父母做点家务，不但能够减轻父母的负担，还可以养成爱做家务、爱干净的好习惯。

周末的清早，豆豆的妈妈早早地起来，打算来个大扫除。她拿着拖把，一直在屋子里拖来拖去，只听“啪”的一声，拖把倒在了地上，发出响亮的声音。豆豆被吵醒了，好好的一个懒觉就这样结束了，豆豆有点不高兴，她还想睡到自然醒呢！她不高兴地说：“妈妈，您到底在做什么呀，我都被你吵醒了。”

“我在打扫房间啊。平时忙着上班，根本没时间收拾收拾家里，你看咱们家，都乱成什么样了？我不早点收拾收拾，万一家里来个客人，该笑话我了。”妈妈说。

“不就是打扫房间嘛，您至于那么愁眉苦脸的吗，我来帮您！”豆豆知道妈妈很辛苦，迅速从床上爬起来，叠好被子，开始帮妈妈打扫房间。“我该做什么，您吩咐吧！”

妈妈高兴地说："先把扔在桌子上、沙发上的东西都放到原来的地方，然后再把玻璃、厨房都擦干净。"

"好嘞，开始大扫除啦！"豆豆平时不怎么做家务，其实她并不是一个懒惰的女孩，只是没有养成主动做家务的好习惯。这一次大扫除，她还觉得很新鲜。

说干就干，母女二人各忙各的，房间里不时扬起一阵阵的灰尘，看样子真的是很久没有打扫过了。豆豆把放得不规整的东西都放回了原来的地方，然后把抹布放在水里洗了洗，拿了个椅子擦玻璃去了。她站在椅子上小心翼翼地擦着，擦完以后又用干抹布擦了一遍，玻璃立即干净了许多。两个小时过去了，豆豆高兴地说："妈妈，是不是家里亮堂了不少？"

妈妈看了看，果然整洁了很多，笑着说："嗯，真的不错，豆豆会做家务了"

"妈妈，要不我为您做一顿饭吧，但是我只会下面条和煮方便面。"豆豆有点不好意思地说。

"太好啦！，今天妈妈就想吃面条。"看到豆豆把房间收拾得有模有样之后，妈妈对豆豆的动手能力很有信心。

"好吧，我再煮两个荷包蛋，早餐要营养嘛！"豆豆也很想在妈妈面前露一小手，她觉得妈妈每天给自己做饭很辛苦，终于有机会能为妈妈做一顿饭了。

等妈妈收拾好房间后，豆豆的早餐也做好了。她把面盛在碗里端到桌子上，兴奋地说："妈妈，尝一尝吧，香喷喷的鸡蛋面哟！"

妈妈尝了一口，连连点头，"真好吃，豆豆真能干！"

豆豆听了很高兴，说："那下回我再给您做！"母女两个过了一个愉快的早晨。

经过这次大扫除，豆豆常常在周末帮妈妈干家务。有时妈妈有事忙，没时间打扫，豆豆就当一个小管家，自己一个人把家里收拾得干干净净。

## 加 | 油 | 站

做点家务是很有益的，不仅能够让房间看起来干净整洁，还可以给自己带来好心情。想象一下，当你放学回家，本来想好好地吃一顿美味的晚餐，可是一开家门，看到的是满屋子的狼藉，心情一定会大受影响。这时候不要一味地埋怨爸爸妈妈太懒，而应该主动拿起笤帚和抹布，给房间“洗个澡”。虽然很累，但是当你看到整洁的房间时肯定会很有成就感。

家并不只是父母的，也是你的，不要把所有的责任都推到父母身上，主动承担一些家务，能让你体会到做主人的感觉。做家务还能让你体会到劳动的辛苦，使你以后懂得珍惜他人的劳动成果。一个女孩，做家务能增长生活经验，让你变得更自信。

## 智 | 慧 | 果

**做家务的小窍门：**

1. 清洁沾满油污的灶台。找个盆子，将温水和一定量的普通洗涤剂混合；用百洁布浸透清洗液覆盖在污渍上，停留几分钟；片刻后，用布轻轻在灶台上一擦就干净了。为了不让油渍伤害到手的皮肤，一定要记得戴上橡胶手套。

2. 清洁发黄的马桶。喝剩下的可乐以后不要扔掉，可以直接倒进马桶。过几分钟，用马桶刷刷一刷，马桶壁上的黄渍就不见了。

3 清洁地板污渍。若是木地板，用布蘸上淘米水擦拭；若是瓷砖，可以用洗衣粉水擦拭。无论哪种，擦完后，都要用干布擦净。

4 整理凌乱的衣橱。把衣服都清出来，在衣橱里放上大小不等的衣物收纳格，袜子、皮带、领带、围巾、内裤、T 恤都可以卷起来放进适合的收纳格中。短袖、衬衫、长裤和裙子容易褶皱，可用衣架挂在柜子中的横杆上，两边挂长的，中间挂短的，这样，中间下边空出的地方可以摆放收纳格。最近不穿的衣服全部放到衣橱中比较难取的地方，或者用整理箱装起来，塞到衣橱上边。

## 48 控制上网时间，尽量不玩游戏

随着电脑和智能手机的不断普及，微信、QQ、网络游戏等层出不穷，人们花在网上的时间也在逐渐增长。许多小朋友们也开始使用电脑娱乐和学习。但是，缺乏自制力的孩子往往无法控制自己，沉溺于游戏中，养成了不好的习惯。而且，长时间在电脑前面会接触到大量的辐射，对身体产生不利影响……

娇娇是一个不折不扣的游戏迷。她可以在电脑前一坐几个小时，连饭都懒得吃。“娇娇，你玩游戏的时间看太久了，出去玩一下吧！”妈妈劝她。娇娇听话地走出大门。可是，没几分钟她又坐回电脑前，开始认真地玩游戏了，好像游戏有一股魔力在控制着她。

妈妈渐渐接受了事实：娇娇不可能自我控制，必须限制她玩游戏。为此，妈妈想了一系列对策。首先，她增加了一条新的家规：每天只许玩一个小时的游戏。一个小时，未免太少了点吧，娇娇气得直跺脚，她埋怨妈妈：“不公平！别的小孩都可以玩很久。”

妈妈温和地回答：“可是，这里是我们家。我们家就要有自己的规矩。”

放学后，娇娇还是会趁妈妈不注意偷偷玩游戏。妈妈发现后觉得这样下去不是办法。她决定再调整一下规定：“娇娇，因为你实在太想玩游戏了。我想，我们得修改一下规定。以后你一天只可以玩一个小时的游戏，如果还想多玩，每多玩一个小时你要给我三块钱。”

“耶！太棒了！”娇娇马上跑去拿她的储钱罐。她觉得这个规定还不错，至少能让她继续玩游戏了。可是娇娇实在太喜欢玩游戏了，才一个星期，她就发现储钱罐快空了。

妈妈看到娇娇的零用钱快花光了，又提出另一个建议：“你可以做家务事赚零用钱，来买你玩游戏的时间。”娇娇为了能玩游戏，把家里的杂活全包了。她用拖布拖地，吃完饭后她负责洗碗，还帮妈妈打扫房间。可是过了不久，娇娇发现这样做太辛苦了，而且，做家务事的时间太长，她没有太多时间玩游戏。于是，妈妈鼓励她看书。娇娇不愿意，妈妈就用奖励来提高她的兴趣：每看完 100 页，就可以得到十块钱，但是要仔细地看，因为妈妈会检查她的阅读质量；等到存够了钱，再带她到书店选购一本自己喜欢的书，也可以用钱继续玩游戏。

几个星期之后，娇娇终于觉得，玩游戏其实挺无聊的，代价也太高，和妈妈讨论书的内容反而更有趣，她觉得读书让自己懂得了很多知识。渐渐地，娇娇开始喜欢阅读，她的业余生活丰富了起来，她每天都打一会儿羽毛球，有时去和妈妈跑跑步，她不再那么迷恋网络游戏了。

## 加|油|站

玩游戏有很多危害，网络游戏过于强调暴力，容易使人麻木，对现实生活中的暴力言行也无动于衷。同时，游戏广告不健康内容很多，影响孩子的正常成长。长时间玩游戏的孩子常会边看边吃零食，不知不觉中吃下许多高热量的垃圾食物，对健康有害，长时间玩游戏影响骨骼发育，也影响视力。网络游戏中都是虚拟的世界，无法踏实地体验、经营生活中的人际关系和情感。玩游戏并非一无是处，但一定要控制好时间，把握好哪个游戏适合自己。

## 智 | 慧 | 果

**掌握基本的电脑知识：**

1. 学会查阅资料，利用搜索引擎找到自己想要的资源。
2. 掌握基本的办公软件知识，这是学习过程中经常用到的。
3. 用聊天工具和朋友联系。
4. 用电脑看自己喜欢的电影。

8

# 谱写梦想蓝图，我的未来不是梦

没有人是完美的，但每个人的梦想都是完美的，我们期望每个女孩都能实现梦想、成为有出息的人。

## 49 写下我的人生梦想

梦想是茫茫大海中的灯塔，它能为迷失方向的航船指引方向。没有梦想的人生是可悲的，无论什么梦想都要坚定自己的信念，不要害怕失败。那些成功的人，如果当初都在困难和挫折面前退缩，放弃了尝试的机会，就不可能取得后来的成功。

1983 年的一天，在美国亚利桑那州的一家医院，一个女婴呱呱坠地，令人惋惜的是，女婴一出生就没有双臂。

没有双臂的她不能像正常小孩那样爬行，她只能躺着。等到七八个月大时仍不能自己翻身。可是，幼小的她竟知道试着用脚代替手挪动自己的身体，而且居然比一般正常孩子更早地学会了走路。但由于她没有双臂，身体不平衡，常常摔倒，脸部缝针是常有的事。

女婴在父母的关爱中一天天地长大，成为一个可爱的小女孩。

一天，女孩站在阳台上，看到与自己同龄的一群孩子正张开天使般的双手，在阳光下嬉戏玩耍，她十分难过。她意识到自己与其他孩子的不同。她十分伤心地向母亲哭诉："为什么我没有拥抱梦想的双臂？"

母亲平静地安慰她："孩子，上帝这是要送给你更多的梦想，他是要让你用行动告诉世人——即使没有翅膀，也依然可以高高地飞翔。"

“我真的能高高地飞翔吗？”女孩仰起头来。

“只要你肯努力，就能做得到，只要你的梦想没有折断翅膀，你就一定能飞得很高很高。”母亲的目光里充满了不容置疑的坚定。

女孩相信了母亲的话，眼睛却目不转睛地看着自己的脚，她心中暗暗地告诉自己：我有一双非凡的脚，不只是用来奔走的，还是用来飞翔的。

此后，在父母的帮助下，女孩开始有计划地锻炼自己双脚的柔韧性、灵活度和力量。怀揣梦想的她，克服了常人难以想象的困难，终于成为泳池里一条自由穿梭的美人鱼，在人们的惊讶中，她练出了一双异常自由灵活的脚——不仅可以吃饭、穿衣，轻松地实现生活的自理，还可以弹琴、写字、操作电脑……她用双脚做到了几乎是常人所能做到的一切。她还参加了很多课外活动，如体操、舞蹈，甚至是跆拳道她完全可以依靠双脚来打理自己的日常生活，包括给自己化妆、梳头、洗发、甚至戴隐形眼镜。

女孩在继续着创造奇迹的脚步，她用功读书，从小学到中学，她的学习成绩始终名列前茅，当她拿到亚利桑那大学心理学专业的学士学位证书时，一家人幸福地拥抱在一起。父亲自豪地鼓励她：“你可以做得更棒！”

“我还可以做得更棒！”女孩自信地笑着。她的毕业论文是用双脚敲击键盘打出来的，要强的她付出了比常人多几倍的努力。一位医生曾指着给她拍的 X 光照片，惊奇地感叹：她的双脚已经变得异常敏捷，脚趾关节像常人的手一样灵活自如。

女孩继续放飞梦想。她走进了汽车驾驶学校。在她的努力下，她很快便掌握了驾车的各项技术，通过了近乎苛刻的各项考试，顺利地拿到了驾照，开始用双脚娴熟地驾车驰骋……

终于，女孩要去圆自己心中埋藏已久的梦想了——她要亲自驾驶飞机，拥抱蓝天。

25 岁时，她如愿地拿到了轻型运动飞机的私人驾照，成为美国历史上第一个用双脚驾驶飞机的合法飞行员，开创了飞行史的先例。这个不平凡的女孩名叫杰西卡 · 考克斯。

演讲时，杰西卡 · 考克斯说得最多的一句话是："你的梦想有多高，你就可能飞多高。"

放飞你的梦想，让梦想飞翔！

## 加 | 油 | 站

梦想是人生的动力，有梦想的人生才有意义。在梦想与现实之间，是你不断地努力，像蜗牛一样背起行囊，一步一步往上爬。你所付出的一切都在为梦想编织翅膀，总有一天，你的梦想会展翅飞翔。梦想不是空想，它需要付诸行动。不妨把你的梦想拆分成一个一个小计划吧。每完成一个计划，你就离梦想更近一步。你是自己命运的主宰，梦想能够帮助你成为自己的主人。

## 智 | 慧 | 果

**如何实现自己的梦想：**

1. 确定自己的梦想。倘若你始终莽莽撞撞，懵懵懂懂，不知所为，那么在人生需要选择、需要决策时就会迷茫，不知所措，这是由于没有方向的指引。

2 不要害怕失败。“千里之行，始于足下”，这句古语告诉我们一个道理：面对目标，要一个脚印一个脚印地走，论语中的“过，则勿惮改。”则告诉我们有了错误，不要怕改正，我们每项进步，本质上就是改正了一次错误，而且我们不会被一块石头绊倒二次。

3 坚定自己的信念。对于追求的目标要坚定信念，有一种不达目标不罢休的韧劲。

## 50 为每一个小目标努力

生活中的小目标能帮助你实现自己的梦想，在实现小目标的过程中，你会变得更加自信。每实现一个小目标，离梦想就会更近一步，你会发现梦想并不是遥不可及。钟彬娴小时候，为了得到一盒画笔，她每天刻苦学习，整整一年的时间，她都在为这个目标努力，终于，她取得了好成绩并得到了画笔。

钟彬娴出生在加拿大东部城市多伦多一个中产阶级家庭里，她的爸爸是一名建筑师，获得麻省理工学院建筑学硕士学位，妈妈是医学工程师，后来成为一位颇有成就的钢琴家。他们都是极有抱负的人，对钟彬娴的期望也非常高。

钟彬娴是家中的长女。她两岁的时候，因为父亲受聘美国麻省理工学院，全家搬迁到了马萨诸塞州的韦尔斯利。

为了让女儿有远大的抱负，他们从小就培养钟彬娴勤奋工作的品质。钟彬娴 5 岁起就开始学琴，每天下午都要练琴，每个周末的晚上都去听钢琴演奏会。

在钟彬娴上小学四年级的时候，她对画画产生了浓厚的兴趣。她看到有的同学拥有 120 色的画笔，心里很羡慕，她也想拥有一盒 120 色的画笔。

“妈妈，我想要一盒 120 色的画笔。”钟彬娴回到家后对妈妈说。妈妈为了锻炼她，与她达成了协议：如果她的考试全部得 A，就可以买一套画笔给她。

为了得到那套画笔，钟彬娴把自己关在房间里温习功课，错过了不少生日派对和网球比赛，她真的把获得一盒画笔当作自己的目标，每天十分努力地学习，不知不觉中，她成了班里的尖子生。期末考试的成绩出来了，她的全部科目都得到了 A，她满心欢喜地向父母交上了一份自己的成绩单，当然，她得到了梦寐以求的 120 色画笔。

通过这件事情，钟彬娴体会到了通过自己的努力获得成就的快感，她把很多大的目标划分成一个个小目标，以优异的成绩获得美国普林斯顿大学英语文学优等学位。

20 岁的钟彬娴为了增加社会阅历，把脸皮磨炼得“厚”一点的天真幻想，她决定先在零售业打拼一两个年头，多了解一些社会现实。就这样，钟彬娴踏入了商界，成为“美国布鲁明岱百货公司”的一位青春美少女推销员。

面对钟彬娴的“不务正业”之举，父母看在眼里，急在心头，爸爸对她说：“咱们家族里没有一个人是做买卖的，个个都是有头有脸的白领人士，你为啥偏偏选择了零售业？你这样甘心与街头小贩为伍，不是白白浪费了我们的心血和金钱吗？”爸爸爱女心切的唠叨，反而刺激钟彬娴更加坚定了自己的选择，发誓非要干出个样子给父母看看。

经过钟彬娴不懈地努力，2001 年她成为雅芳全球董事会主席。令人惊奇的是，钟彬娴上任的第二天，她们公司的股票竟牛气冲天，神奇般地上涨了 23%。

在她的带领下，雅芳成了世界 500 强的企业，雅芳化妆品也成了畅销品牌。

## 加|油|站

生命是一个追求梦想的过程，在实现梦想的道路上，不妨为自己设立小目标。把遥不可及的梦想变成一个个可以实现的小目标，然后一个个去实现它们，你会离梦想越来越近。在小目标的帮助下，你会更好地规划你的时间，让人生更加有意义。

## 智|慧|果

**制定小目标的好处：**

1. 制定小目标可以帮助你克服惰性和倦怠，尤其是当它配合一个自我奖励制度时会更加有效。
2. 如果你能按部就班、循序渐进地完成你的任务，那么它给你带来的压力会减小很多。
3. 制定小目标可以确保你不会浪费时间，使你有时间做其他该做的事。

## 51 做一次人生规划，让梦想不遥远

人生需要仔细规划，没有规划的人生，是粗糙的人生。成大事者的习惯之一是善于在自己的人生规划图上精打细算。现代社会，规划决定命运。有什么样的规划就有什么样的人生。我们的时间非常有限，越早规划你的人生，你就能越早成功。要想得到自己喜欢的苹果，想改变自己的人生，就要先从改变自己开始，做好自己的职业生涯规划。

蝴蝶妈妈有四个毛毛虫孩子，它们都很喜欢吃苹果，时间一天天过去了，它们渐渐长大了，蝴蝶妈妈让它们各自寻找自己的苹果。

老大跋山涉水，终于来到一株苹果树下。它根本就不知道这是一棵苹果树，也不知树上长满了红红的可口的苹果？当它看到其他的毛毛虫往上爬时，稀里糊涂地就跟着往上爬。没有目的，不知终点，更不知自己到底想要哪一种苹果，也没想过怎么样去摘取苹果。最后它在树叶里迷路了。

老二也爬到了苹果树下。它知道这是一棵苹果树，也确定它的目标就是找到一棵大苹果。问题是它并不知道大苹果会长在什么地方？但它猜想：大苹果应该长在大枝叶上吧！于是它就慢慢地往上爬，遇到分支的时候，就选择较粗的树枝继续爬。于是它就按这个标准一直往上爬，

最后终于找到了一颗大苹果，这只毛毛虫刚想高兴地扑上去大吃一顿，但是放眼一看，它发现这颗大苹果是全树上最小的一个，上面还有许多更大的苹果。更令它泄气的是，要是它上一次选择另外一个分枝，它就能得到一个大得多的苹果。

老三也到了一棵苹果树下。它知道自己想要的就是大苹果，并且研制了一副望远镜。还没有开始爬时就先利用望远镜搜寻了一番，找到了一棵很大的苹果。同时，它发现当从下往上爬时，会遇到很多分支，有各种不同的爬法；但若从上往下找路时，却只有一种爬法。它很细心地从苹果的位置，由上往下反推至目前所处的位置，记下这条确定的路径。于是，它开始往上爬了，当遇到分支时，它一点也不慌张，因为它知道该往那条路走，而不必跟着一大堆虫去挤破头。可是，由于它的爬行相当缓慢，当它抵达时，苹果已经烂掉了。

老四可不是一只普通的虫，它做事有自己的规划。它知道自己要什么苹果，也知道苹果是怎么长大的。因此当它带着望远镜观察苹果时，它的目标并不是一颗大苹果，而是一朵含苞待放的苹果花。它计算着自己的行程，估计当它到达的时候，这朵花正好长成一个成熟的大苹果，它就能得到自己满意的苹果。结果它如愿以偿，得到了一个又大又甜的苹果，美美地享受了一顿午餐。

## 加 | 油 | 站

学生时代是一个人人生的“黄金时期”，在这个时期确立好人生奋斗的理想是至关重要的。但是在现实生活中有不少青年人总是不能很好地完成这项非常有意义的工作，有的人始终找不到自己的人生目标，有的人觉得自己的理想太多，哪个也舍不得放弃，还有的人确立了一个人生目标后，又因其不合理性难以坚持下去。可以说，许多年轻人的无聊、空虚、焦虑、抑郁、失落等不良情绪，都是因为寻找不到或不能确立人生目标而造成的。人生需要设计，设计人生是对理想生活方式的展望。我们把自己同未来放在一起，把理想再进行一次升华。

## 智 | 慧 | 果

**规划人生的原则：**

1. 完整的原则。人生规划贯穿人生各个阶段，各个时期是相互衔接的，这种衔接具有内在连续性，因而在制订人生规划时必须在充分体现人生各阶段的目标、计划的基础上，兼顾各阶段在发展中的衔接有序，并使总体结构完整合理，既要使人生规划的各项内容囊括并进，又要注意它们之间任务目标的协调一致。
2. 清晰的原则。制订人生规划，在目标和时间限制上务必使用清晰明了的词汇，切不可使用意义模糊的词，而应该使用明确的目标和清晰的时间限制相互结合。
3. 合理的原则。制订人生规划要注意结合自身的兴趣爱好、性格特点、潜质能力等综合情况。否则不切实际的目标计划只会给自己带来不必要的压力和挫折。
4. 动态的原则。制订人生规划要用发展变化的眼光看问题，目标和计划并非订立后就不可更改，随着对人生体验的增加和对目标的理解，要能够对目标做出弹性修正。不是每一个计划都是死板的，计划应该带有可变性。

## 52 为自己树立一个学习榜样

学习过程中难免会遇到很多问题，面对困难时，不要轻易自怨自艾，而是应该积极地去面对。金金的成绩一直不理想，她把这个烦恼告诉了妈妈，妈妈让她为自己找一个学习榜样，向榜样看齐。金金照着妈妈的话做了，果然学习成绩提高了很多。

放学后，金金放下书包，怏怏不乐地回到自己的房间，把门关上了。

妈妈叫她出来吃饭，她也没回答。过了一会儿才出来。

妈妈把好吃的菜夹到她的碗里，可她没有食欲，随便吃了两口就放下了碗筷。妈妈看了觉得很奇怪，担心地问："金金，今天妈妈做的菜不好吃吗？"

金金有气无力地说："不是。"

妈妈又关心地说："是不是身体不舒服？"

金金摇摇头，不说话。过了一会儿，她忍不住哭起来，伤心地说："妈妈，我的成绩一直得不到提高，我也很用功啊为什么？"

妈妈听了抿嘴一笑，说："我给你讲一个故事。以前，有一个班的成绩非常差，平均分每次都是年组倒数第一，老师就想了一个办法，让每个同学都在自己的桌角上贴一张纸条，上面写着，'我要以 ×× 为榜样'，或者'我要向 ×× 学习'。而且老师每天都会提醒他们，'看看自己桌角上的字’。同学们在老师的提醒下，每天都会以自己的榜样为动力，刻苦学习。两个月后，他们班的成绩居然有了很大的进步，而且从此甩掉了倒数第一这个帽子。”

金金听了擦干眼泪说：“这么说，我也要给自己找一个学习的榜样，让自己向他看齐。”

妈妈微笑着点点头，说：“当然，相信你肯定能取得进步。”

金金马上回到自己的卧室，选择班里的学习委员小薇作为自己的榜样。她认真分析了小薇的优势和自己的弱势，然后给自己制订了一个学习方案。在学校里，金金遇到不懂的知识或者难解的题目时也会主动找小薇帮忙，还向她请教学习方法。经过一段时间的努力，金金的成绩果然有了明显的进步。

## 加｜油｜站

榜样的力量是无穷的，其实，每个人的智商相差并不多，只是一些习惯和态度决定了每个人的差别。为自己设立榜样后，你能有一个奋斗目标，做起事情也都有一个衡量标准。这不但能提高你的学习能力和自身素质，还能让你有强烈的进取心。无论在哪里，都有比我们优秀的人，我们可以将他们作为自己的目标，促使自己前进。

## 智｜慧｜果

**如何为自己找榜样：**

1 在学习上给自己找一个榜样，每天以他（她）的学习状态和刻苦精神来勉励自己，激励自己不断进步。

2 选择采用适合自己的方法，此外还要根据自身的具体情况做出相应的调整。

3 寻找榜样的时候可以有挑战性，即使你是一个后进生，依然可以把全校第一名的同学当成榜样，这样你进步的空间就更大了。

## 53 不要差不多，克服小马虎

世上的很多事情看似差别不大，但经过长年累月的变化，却会拉出很远的距离。正如 10 分和 9 分，一分之差，有时候就是截然不同的生活状态。在任何时候，我们都要不停地奔跑，以保持领先优势，一旦我们停滞不前，将被其他人所超越。“差不多”的心态阻碍了前进的脚步。“差不多”是纵容自己懒惰的一个理由，而那些成功者，从来不会允许自己把事情做到“差不多”的状态，他们总是为了成功，宁愿多做一点点。

上课的时候，老师劝导几个上课不认真，总爱小马虎的同学，让他们要养成做事仔细的好习惯，对自己严格要求，不要当一个小马虎，很多事明明能做得更好，为什么不那么做呢？

可是小北心里有自己的小算盘，她觉得，很多都是简单重复的事情，没必要那么认真，只要自己心里有数就可以了。于是，她还是没有听从老师的建议，常常在一些小问题上犯错误。她常常耍一些小聪明，看到别人比自己成绩好时，总是不屑一顾，心想：我要是像你那么努力，一定比你学得好多了，我可舍不得把时间都浪费在检查作业上，我还有更多的事情要做呢！可是，小楠却没有这么想，她把老师的话牢记在心里，无论多么简单的事情，她都十分认真地去做，一丝不苟。虽然她的成绩进步慢，但总是在进步的，而骄傲自满、马虎大意的小北却一天天的退步了。

10年后，同班同学聚会，有的人当了处长、局长，有的成了博士、教授、作家或公司老总，也有的给私人小老板打工，还有的赔本欠债。有些人不服气，感叹这世道太不公平，于是，有几个人就去请教当年的老师。

老师只是一笑，然后出了一道题：10减9等于几？

老师见学生们一个个目瞪口呆，便问："你们会打保龄球吗？保龄球的规矩是，每一局10个球，每一个球得分是0~10。这10分和9分的差别可不仅仅是1分。因为打满分的要加下一个球的得分，如果下一个球也是10分，加上就成了20分。20与9的差别是多少？如果每一个球都打满分，一局就是300分。当然，300分太难，但高手打270～280却是常有的。假如你每一个球都差一点，都是9分，一局最多才90分。这270、280与90的差距是多少？"

老师继续说："你们当初毕业的时候，差距也就是10分与9分。但是，后来有的人继续努力，毫不松懈，10年下来，他得取得多大的成绩！如果你还是9分8分地干，甚至4分5分地混，10年下来，你得落下多大距离？"

几个学生恍然大悟，羞愧难当。当一名收银员的小北更是悔不当初，她后悔当年没有听老师的话，可是世界上没有后悔药，她只好教育自己的孩子做任何事都要认认真真，不要当小马虎。而小楠则通过自己的努力，一步步成了有名的律师。

## 加｜油｜站

“不做了，就到这里吧，差不多……”“今天的任务差不多完成”我们经常在生活中听到这样的话，那么“差不多”是差多少呢？一句“差不多”，我们就停止了前进的步伐；一句“羞不多”，我们就停止了努力奋斗；一句“差不多”，我们就与成功擦肩而过。或许你制定一个很好的创意，却没有去努力和奋斗，当有一天你看到别人也有个和你一样的创意，因为他的勤劳、努力和坚持，他站到成功之峰，你可能心里有丝嫉妒，心里想着“我差不多也成功了呢”！差不多成功，终究是没有成功。有时候，一分之差，就是两种人生。

## 智｜慧｜果

**如何克服马虎的缺点：**

1. 做题不要慌，争取做一道，对一道。
2. 做完题后，要再认真检查一下，看看有没有错的地方。
3. 准备一个错题集，把容易出错的题记在本子上。
4. 总结经验教训，让自己同一个错误不犯第二次。

## 54 告诉自己“我是最棒的！”

罗曼·罗兰说过：“先相信自己，然后才有人相信你。”在日常生活中，自信的人总是充满朝气和力量。朱瑞以前是一个自卑的女孩，但妈妈告诉她：“你是最棒的！”从此，朱瑞坚信自己是最棒的，她找到了生活的自信，成了一个积极阳光的女孩。

朱瑞小的时候，家里生活窘迫。后来，她跟随父母从澳大利亚移民到了美国，但他们一家的经济境况始终没有好转。她的童年是在一个小镇度过的，全家人几乎每一天都要在饥饿线上挣扎，烦恼和自卑在她的心里留下了深深的阴影。

在学校里，她不敢回答老师的问题，下课时，她也不敢和同学们玩，老师对她也没什么印象，甚至都记不住她的名字。

有一天，朱瑞的母亲告诉女儿：“孩子，抬起头来！世界上没有谁跟你一样，你是妈妈眼中最棒的孩子。自己的命运要靠自己掌握，相信自己，你是最棒的。”

这句话极大地鼓励了朱瑞，她的心里燃起了自信的力量。她认定自己就是最好的，她可以变得更优秀。于是，她在每天睡觉前，都要对自己大声说：“我是最棒的！”

由于朱瑞找到了自信，她的学习和生活都发生了巨大的变化。老师和同学忽然发现，朱瑞变了：她总是挺直了腰板，高昂着头，带着微笑来到学校，即使遇到麻烦她也不会因害怕低下头去；上课时朱瑞积极回答老师的问题。

同学们都十分诧异："这还是以前的那个朱瑞吗？怎么变化这么大？"她究竟得到了什么"法宝"，让她显得这么阳光和富有活力？答案就在于——朱瑞坚信：我是最棒的。

中学毕业后，朱瑞第一次去应聘。那家公司的女秘书向她索要名片，但朱瑞刚毕业还没有名片，就随手找到一张扑克牌递了上去。女秘书没有仔细看就收下了，并通知她面试。

在面试中，经理看着朱瑞递交的一张黑桃 A，心里感到疑惑，他不知道这是什么用意，他以前也从未见到过这样的"名片"，不由得问道："小姐，你是黑桃 A?"

"是的，先生。"朱瑞的脸上带着自信的微笑。

"为什么是黑桃 A 呢？"经理不明白。

"因为 A 代表第一，而我刚好是最棒的人选。"

经理睁大了眼睛，他没有想到这个小女孩竟然这么自信，他决定让这个小女孩留在自己的公司。就这样，朱瑞被公司录用了。

后来，朱瑞依靠自信和勤奋，一年中成功销售出 1500 辆汽车，为公司创造了巨大的价值，妈妈果然没有说错，朱瑞是最棒的。

## 加 | 油 | 站

萧伯纳说：有信心的人，可以化渺小为伟大，化平庸为神奇。相信自己是最棒的，你才会向着最好的自己去努力。一个人倘若不相信自己，只会一事无成。

## 智 | 慧 | 果

**成为最棒的要素：**

1. 绝对的自信。自信是成功的基础。你要相信自己，你是最棒的！你要知道你就是这个世界上独一无二的，即使有和你同名同姓的，甚至和你长得一样的，你都是和他们不一样的，你有你自己独特之处，你一定有别人没有的优点，只是你自己不知道而已。
2. 要想成为最棒的一定要有坚强的毅力。没有坚强毅力的人往往都不能成功，因为如果不能持之以恒，坚持不断地去努力，很容易被困难压倒。任何困难都不能成为你放弃的理由。
3. 合理的目标。要想成为第一名还要有合理的目标。把目标阶段化，把目标划分成一个一个比较容易实现的小目标。慢慢来，一步一步向你的最终目标冲刺。
4. 好的方法。每个人都必须结合实际情况，摸索出适合自己的方法。

BRINGING UP GIRLS

| 养 | 育 | 女 | 孩 |

# 女孩的正面管教

杨光 —— 编著

民主与建设出版社
·北京·

图书在版编目（CIP）数据

养育女孩 . 1, 女孩的正面管教 / 杨光编著 . -- 北京 : 民主与建设出版社 , 2021.4

ISBN 978-7-5139-3445-9

Ⅰ . ①养… Ⅱ . ①杨… Ⅲ . ①女性－家庭教育 Ⅳ . ① G78

中国版本图书馆 CIP 数据核字 (2021) 第 053783 号

女孩的正面管教

NV HAI DE ZHENG MIAN GUAN JIAO

编　　著　杨光
责任编辑　刘树民
封面设计　旭日传媒
出版发行　民主与建设出版社有限责任公司
电　　话　（010）59417747　59419778
社　　址　北京市海淀区西三环中路 10 号望海楼 E 座 7 层
邮　　编　100142
印　　刷　三河市德利印刷有限公司
版　　次　2021 年 4 月第 1 版
印　　次　2021 年 4 月第 1 次印刷
开　　本　880 毫米 ×1230 毫米　　1/32
印　　张　6
字　　数　134 千字
书　　号　ISBN 978-7-5139-3445-9
定　　价　168.00 元（全 5 册）

PREFACE

# 前言

“我家女儿心理很脆弱，我稍微说她两句，她就哭个不停，弄得我都不敢批评她了。”

“每次对女儿严厉管教之后，她都会变得沉默寡言、郁郁寡欢，甚至还哭着问我：‘妈妈，我还是不是你的好宝贝了？’弄得我心里可难受了。”

“女儿总是很有自己的主意，任我怎么说都是一副事不关己的样子，她根本就不怕我。我说什么她都不听，真是让人头疼！”

“女孩生性比较脆弱，犯了错误不能像男孩一样打一顿，说重了她不高兴，说轻了又不往心里去。真不知道怎么说她才好！”

……

在现实生活中，很多父母在教育女孩的问题上，常常会有以上的苦恼。的确，和男孩相比，女孩的心理比较脆弱，比较注重父母对自己的评价和态度。这也导致父母在女孩犯了错误后常常不知如何教育，批评得重了，怕挫伤女儿的自尊心，批评轻了又怕起不到教育的效果；批评不到位，又怕女儿产生逆反心理。

仔细分析一下就不难发现，在教育女孩的问题上，父母的苦恼主要在于两方面：一是女孩太脆弱，禁不起严厉的批评；二是因为父母在平时没有树立起权威，所以女孩根本就不认为父母的批评是正确的。

女孩和男孩一样，也会有淘气、叛逆、不听话的时候，父母在教育女孩的时候，不能把教育男孩的那套方法生搬硬套过来使用。女孩的心理和性格决定了父母在对其进行教育的时候，必须有别于男孩。生性脆弱、自尊心强等是几乎所有女孩都会表现出来的特点，这往往也是她们更在乎自己在父母心中地位的表现。因此，父母在教育女孩的问题上更应该注意。

父母在教育女孩的时候，采用什么方法很重要。如果父母觉得你们的女孩不服管教，不懂事，不听话，那么就需要采用正确的方法——正面管教，一种和善而坚定、平等而尊重的养育态度。

本书采用通俗易懂的语言、实际生动的例子，从赞美、鼓励、批评、说服、沟通、引导、惩罚、倾听等几个方面，详细地阐述了正面管教在教育女孩的具体方法。

女孩的正面管教，要晓之以理，动之以情，这样不仅能达到教育女孩的目的，也是一种容易让女孩接受的教育方式。这种不打不骂、温和的教育方法，逐步让女孩领悟到父母的一片苦心。这正是本书所倡导的理念。

作为父母，只要掌握了相应的技巧，就会培养出一个优秀的女孩。

CONTENTS

# 目录

## 1 鼓励，发掘女孩无限的潜在能力



## 2 赞美，让女孩感受自我价值实现的满足

## 3 批评，让女孩反省认识自己的错误



## 4 说服，让女孩及时纠正自身的错误意识

## 5 沟通，感受与父母真诚交流的喜悦



## 6 引导，让女孩逐步长成一个成熟懂事的人

## 7 惩罚，让女孩体验错误带来的后果



## 8 倾听，让女孩懂得尊重他人的重要意义

# 1 鼓励，发掘女孩无限的潜在能力

天才都是鼓励出来的，每个女孩都有着未曾开发的潜能和与众不同的潜质，父母一定要善于发现并给予其积极的鼓励和呵护。

## 1 鼓励，教育孩子最好的方式

听话的好女孩是夸出来的，这里的“夸”即为鼓励，也就是说在女孩的成长过程中，离不开父母及他人的鼓励。鼓励是一种心理感应，能给女孩带来喜悦感和成就感，更能增强女孩的自信心。父母在教育女孩的过程中，如果能掌握鼓励女孩的方法，也就掌握了教育女孩最好的方式。下面这个故事就充分说明了鼓励在教育女孩的过程中有多重要。

一个女孩的母亲去开家长会，女孩的老师对这位母亲说："你的女儿好像有多动症，上课总是安静不下来，坐在板凳上不到三分钟就坐不住了，你最好带她去看看医生。"回家的路上，女孩问母亲老师都说了她什么，母亲鼻子一酸，差点掉下泪来，女儿的成绩是班里的倒数第一，但是望着可爱的女儿，母亲还是忍住了眼泪。她微笑着对女孩说："老师表扬了你，说你以前只能在板凳上坐一分钟，现在能坐三分钟了，全班只有你进步了。"女孩听了很高兴，她说她会继续努力，争取更大的进步。

上中学的时候，老师给这位母亲打电话："你的女儿智力好像有些障碍。全班五十个学生，她的成绩排在倒数第五。"母亲听了心里十分难受，但是回到家她用鼓励的语气对女儿说："老师对你充满了自信，他说你其实并不是一个笨孩子，只要你在学习上再认真些，就一定能考得更好。"听了母亲的话，女孩原本暗淡的眼里突然有了亮光，沮丧的脸也一下子舒展开来了。从那以后，女儿像变了一个人似的，每次都早早地去学校。

女孩上了高中，母亲找老师询问女孩的成绩时，老师有些担忧地说："按你女儿现在的学习成绩，别说重点大学了，考普通本科都有些困难。"但是这一次母亲仍没有难过，而是怀着喜悦的心情走出老师的办公室的。走到校门口，她看见女儿正一脸忧愁地等着她。这位母亲走过去拍拍女儿的肩膀，说："老师对你非常满意，也很看好你，他说只要你肯努力，是很有希望考上重点大学的。"女孩听了母亲的话，心里有种说不出的感动和甜蜜。高中毕业了，第一批重点大学的录取通知书下来时，学校打电话让女孩去一趟。这位母亲有种预感，女儿被北京大学录取了。因为在报考志愿前，她曾鼓励女儿："妈妈相信你能考取北大的。"当女孩把一封印有北京大学招生办公室的特快专递放到母亲的面前时，再也忍不住自己的眼泪，她哭着对母亲说："其实我知道自己不是个聪明的孩子，是妈妈您一直鼓励我，给我加油打气……"说到这里女孩已经泣不成声。母亲悲喜交加，紧紧地抱住女儿。

一个原本不聪明、学习不好的女孩，就这样在母亲不断地鼓励之下，最后终于考取了一所重点大学。在女孩学习成绩最差的时候，母亲没有责备她，而是一直用美丽的"谎言"鼓励她。正是在母亲的鼓励下，女孩才战胜种种困难与挫折，获得了最后的成功。

赞誉性的鼓励往往能给女孩带来巨大的精神财富，让其在获得心理满足的同时，也能获得学习的动力。在女孩的成长过程中，有很多种教育方式，而鼓励则是最好的，也是最有效的一种。作为父母，应该积极学习这种"育人本领"，争取用鼓励的方式教育出一个不折不扣的才女。

## 2 重视女孩的进步和努力，并给予积极的鼓励

很多父母常常习惯以一件具体事情的结果论成败，这样很容易让女孩刚到沮丧、灰心。尤其是当女孩遇到一件很艰难的事情时，尽管已经尽力但是仍没有做好，这时如果父母仍只是强调事情的结果，而忽视女孩的努力，会在很大程度上打击女孩的积极性，从而使其因害怕失败裹足不前。因此，只要孩子努力了，不管成败如何，哪怕是只有一点点的进步，父母都应给予其积极的鼓励，使女孩对自己充满信心。

有一个女孩，从小性格就很内向，不爱跟别的小朋友玩，经常是自己一个人抱着布娃娃在一边坐着。后来医生诊断她有自闭症，女孩的父母很着急，谁能想到长得这么漂亮可爱的小女孩竟然是一个患有自闭症的儿童呢?

为了能治好女儿的病，父母带她看了很多家医院，但是效果都不大。女孩上小学了，情况好了一些，但是仍和正常的孩子不大一样。老师反映她在课堂上几乎不发言，更不会举手回答问题，偶尔被点名，回答问题的声音也很小。女孩的父母虽然着急，但是也没有什么好的方法。

一次，有一位非常著名的教育专家到他们所在的城市演讲。女孩的父母因为好奇，就带着女孩去听。这位教育家在教育界有很高的名望，果然是名不虚传，他的演讲非常精彩，语气慷慨激昂，言辞风趣幽默，

赢得了全场的热烈掌声。就在演讲接近尾声的时候，女孩突然对父母说了一句："我也想做一个演讲家。"女孩的父母惊呆了，也很惊喜。一场演讲竟然让女孩开口说话了。从那以后女孩的父母经常带着女儿去看各种各样的演讲，女孩竟然渐渐地和正常人一样了。

终于有一天，女孩小心翼翼地告诉父母她想参加学校举行的演讲比赛。父母听了当然很高兴，他们帮着女孩做比赛的各种准备工作。女孩上台那天，很多同学、老师都惊呆了，他们从来没有想到一个患有自闭症的女孩竟然会参加演讲比赛。毕竟和正常的孩子还是有些差别的，女孩虽然鼓足勇气站到了台上，但是没有说几句话她就因为紧张忘词了，最后不得不放弃。

回家后，女孩非常沮丧，她闷闷不乐地问母亲："我是不是一个很差的孩子？今天的表现真实糟糕透了。"母亲用手亲切地抚摸着女儿的头，高兴地说："不，孩子，你今天的表现简直精彩极了。因为和以前相比，你今天有了很大的进步，妈妈看到了你的努力和进步，并且相信你以后会表现得更好。"女孩听了母亲的话很受鼓舞，从那以后她慢慢开始像正常孩子一样开朗起来。后来，女孩真正喜欢上了演讲，也是在父母的鼓励下，她参加了很多场各种各样的演讲比赛，在一次次的进步和父母一次次的鼓励中，女孩终于成长为一个活泼开朗、能说会道的少女。最后，女孩如愿以偿考取了一所著名学校的播音与主持专业。

面对一个患有自闭症的女孩，父母没有放弃，在发现女孩对演讲感兴趣的时候，他们努力为女儿创造条件，并且鼓励她参与其中。对女儿的每一次小小进步，他们都会给予积极的鼓励和赞美，正是在父母不断的赞美与鼓励中，女孩从一个自闭症儿童长成为一名播音主持专业的大学生。

父母在教育女孩的时候，应该多鼓励少批评。无论是在学习中还是在一些比赛中，不要太在意女孩最终的结果，而是应该更重视女孩在这过程当中付出的努力和取得的进步。哪怕是当女孩只取得了一点点微小的进步时，父母都要真诚地给予鼓励，鼓励她在以后能取得更大的进步。

女孩的健康成长离不开父母的鼓励，鼓励是一把无形的鞭子，父母运用得当，就能够鞭策女孩不断向前、不断进步，最终获得成功。

## 3 鼓励——女孩自信的源泉

有的女孩性格很内向，而且很自卑，这样的女孩缺乏自信，更确切地说是缺少来自父母的鼓励。其实，每个女孩都是优秀的，但优秀的品格是需要父母加以培育和引导的。聪明的父母会通过恰当的方式，对女孩进行鼓励，让女孩意识到自己是优秀的，从而使女孩变得自信起来。

同单位的小陈今天结婚，礼尚往来，吴曼的妈妈准备去给小陈送贺礼。

“妈妈，您送给小陈阿姨什么礼物啊？”临出门前，吴曼问妈妈。

妈妈想了一会儿，觉得还是送礼金比较合适，于是就对女儿说：“自己精心挑选的礼物人家也不一定喜欢，那就送一份礼金吧，礼金最实惠了。”

“那我能送她礼物吗？”吴曼问妈妈。

看到女儿这样乖巧，妈妈高兴地说：“当然可以了，小陈阿姨平时最喜欢你了，你要是送她一份小礼物，她一定会非常开心的。”

“那我就送她一幅自己亲手画的图画吧，祝福她新婚快乐。”吴曼说完就赶紧拿出自己的画纸和画笔，认认真真地画起来。

过了一会儿，女儿画好了。妈妈接过女儿的画：两株相依的向日葵随着太阳互相搀扶，旁边是一片绿油油的草地，蔚蓝的天空中还飞舞着几只漂亮的白鸽……在两株向日葵的旁边有两句话：相濡以沫，共度一生。

之后，女儿还在图画上右下方签上自己的名字。

“画得真漂亮！走吧，咱们一起给小陈阿姨贺喜去。”妈妈把画小心翼翼地收好对女儿说。

“我就不去了，您替我把它送给阿姨就行了。”吴曼说。

“为什么呀？”妈妈奇怪地问女儿。

“我怕自己画得不好，被别人笑话。”吴曼支吾着说。

妈妈惊呆了，她没有想到一个才 6 岁的小女孩竟会有这般心思。但是因为急着去婚礼现场，也就没有过多考虑，小心翼翼地带着女儿的“礼物”走了。

到了婚礼现场，吴曼的妈妈犹豫了半天，一直不好意思把女儿的画拿出来送给人家。她心想：“人家结婚，孩子的‘作品’不是给别人忙中添乱吗？再说了，女儿画的又不是专业水平，怎么会和人家的新洞房匹配呢？但是答应孩子的事情又怎么能够食言呢？”想了好大一会儿，妈妈最终还是硬着头皮把女儿的礼物交给了新娘。

正当妈妈忐忑不安的时候，却发现作为新娘子的小陈竟然把女儿的画贴在了婚纱照的旁边，还说这是她收到的最好的、最有新意的礼物。

第二天，吴曼跟着妈妈去小陈家吃喜宴，当她看到自己的画贴在耀眼的位置时，乐得手舞足蹈。小陈还特意向吴曼表达了谢意，在场的人也都夸吴曼的画很漂亮，还鼓励她要画出更多、更漂亮的画。

从那以后，吴曼变得自信了很多，并且还喜欢上了美术。在父母的鼓励下，她还报了一个美术辅导班，作品还曾在市少年宫展出过呢。

鼓励是家庭教育中最重要的，也是最有效的完美教育法之一，每个孩子都需要不断的鼓励才能获得自信、勇气和上进心，就像植物每天需要浇水，只有这样才能生存，才能更快更好地生长。实验证明，一个人在愉悦的心境中学习，无论是感觉、知觉，还是记忆和思维，都会处于最佳状态。因此，父母要多给孩子鼓励，告诉孩子“你能行”“你可以的”，让孩子充满自信地投入自己所喜欢的事情中去。

现在，孩子的书包越背越重，几乎所有的父母都给孩子报各种兴趣班、辅导班、智力开发班等。可怜天下父母心，现代社会竞争激烈，每位父母都不愿意让自己的孩子输在起跑线上，于是孩子童年的快乐被无情地剥夺，随之而来的是大量的填鸭式的学习课程。如何才能让孩子由被动式接受教育变为主动产生兴趣自觉学习呢？这就需要父母在平时的生活中经常给孩子一些鼓励，增强孩子的自信心，让孩子相信自己可以做得很好。自信心是孩子成长、学习的动力，父母要多鼓励，少批评，让孩子在父母的赏识和鼓励中表现出自己最优秀的一面。

## 4 鼓励，父母给女孩最好的礼物

在平时的日常生活中，很多父母在教育孩子的过程中都不太注意对孩子的鼓励,而是更多关注怎样解决孩子“不规范”、“不正确”的具体行为,并且也很少考虑孩子在做出这些行为的时候究竟是怎样的心态。孩子的成长离不开良好的家庭教育，更离不开父母积极、正确的鼓励。对女孩来说，父母的鼓励更是其成长过程中一件不可或缺的礼物。

晨晨从小就是一个非常喜欢唱歌的小女孩，她的愿望就是长大了能够当一名出色的歌唱家。上学的时候她非常想参加学校的合唱团，可是因为她长得又黑又瘦，总是一次又一次被合唱团的老师排除在合唱团之外。每次经过练歌房，听到跟唱团的同学排练歌曲，晨晨的心里就很难受，她多么想加入其中啊!

自卑的晨晨放学后没有直接回家，而是躲在离家不远的一个公园的角落里伤心地哭泣。她边流泪边想：为什么我就不能进入合唱团呢？难道我唱歌真的很难听吗？想着想着，晨晨就低声哼唱起来，唱完一支就接着唱另外一支，就这样晨晨唱呀唱呀，直到实在太累了，她才停下来。

“小姑娘，你唱歌真好听啊！”这时一个声音突然从背后传来。

晨晨转过头一看，才知道原来身后坐着一位满头白发的老者。

“谢谢你让我度过了一段美妙的时光，你的歌声很动听，我非常喜欢听你唱歌。”老者微笑着对晨晨说。

晨晨惊呆了，第一次有人夸她唱歌好听。

“可是，老师不让我进合唱团，她说我的形象不能进合唱团，我的歌声也不够悦耳动听。”晨晨难过地低下了头。

“那是老师不懂得欣赏，其实你的嗓音很特别，我相信如果你坚持唱下去，你会是一个在音乐上非常有潜力的人。”老者依旧微笑着对晨晨说。

“是吗？你怎么知道我有潜力？”晨晨疑惑地问。

“我是音乐学院的老师，教过很多学生，所以我一听你的歌声就知道，你在音乐上非常有潜力。”老者肯定地说。

晨晨仔细打量着这位满头白发的老人，老者看上去有七十多岁了。七十多岁的音乐老师肯定比合唱团三十多岁的音乐老师水平高，想到这儿，晨晨心里高兴了很多。

从那儿以后，晨晨每天放学都会到那个公园里去，她唱歌，老者就坐在一边聚精会神地听，并且每次都是一副陶醉的样子。每次唱完后，老者都会用鼓励的语气对晨晨说：“小姑娘，你唱得真不错，希望你明天会再进步一点。”

就这样，在老者的鼓励下，晨晨的自信心大大增强，并且越唱越好听。最后终于凭借自己的实力被一个非常著名的少儿合唱艺术团选走了。

从这个例子中不难看出，每个孩子都需要鼓励。每一次的鼓励，对孩子来说都可能是一次成功的机遇。鼓励其实很简单，给孩子一个拥抱，将孩子抱在怀中，告诉她多么可爱；孩子做对了一道难题，告诉孩子，你真了不起；当孩子在家第一次完成一件事情的时候，告诉孩子，你真了不起，你长大了……因此，父母应该学着多给女孩一些鼓励和赞美，帮助她们树立追求成功的自信心。花儿需要浇灌才能怒放，女孩也一样，只有在父母的关爱和鼓励下，才能将自己梦想的花朵绽放开来。

## 5 父母要鼓励女孩乐学好问

很多父母在家里常常遇到这样的情况：大人在谈论某一个问题时，孩子总是睁着两只眼睛边看成人的表情，边听他们讲话的内容，然后会“喳喳”地插进来和大人一起讲，尤其是喜欢在爸爸、妈妈谈话话时“发表自己的观点”。有的父母很讨厌孩子这种“插话”行为，觉得孩子就是在捣乱，于是就会粗暴地打断孩子：“你给我闭嘴。”久而久之，孩子在父母的训斥下就会变得沉默。

吃完晚饭以后，玲玲和爸爸妈妈在客厅里歇着。玲玲坐在沙发上看动画片，爸爸妈妈在一旁谈论买房的事情。父母最近正在考虑换房，所以每天下班后都会带很多楼盘的广告回来边看边商量。

玲玲早就想有一个自己的小天地了，因此爸爸妈妈商量的时候，玲玲也会不由自主地倾听。这天，爸爸妈妈终于定下来了一个楼盘，订金都交了，就剩交房后装修了。

这天父母正在商量装修房子的事，玲玲在一片听着，过了一会儿忍不住插话进来：“我想把我的房间装饰成粉色的，我喜欢公主式的风格……”

“去去去，小孩子家知道什么？别乱打岔！”妈妈不耐烦地打断了女儿的话。

“小孩子怎么了？小孩子就不能发表一下自己的观点吗？”玲玲不服气地说。

“你先一边去，最后再说。”妈妈说。

玲玲心里很委屈，她觉得爸爸妈妈根本不尊重自己。以前他们谈到某一个问题的时候，玲玲一插话他们也会是这种态度，老说玲玲是在故意捣乱。在父母看来，大人说话小孩是不能发表疑问和观点的，否则就是多嘴。

其实，玲玲父母的做法是不对的，孩子喜欢“多嘴”，说明孩子智力发展得比较快，说明孩子已经理解了成人谈话的内容，开始关注大人之间的事情，这是孩子热爱生活、探求奥秘的表现。孩子本来就是家庭的一员，父母应当尊重孩子，有意识地和孩子讨论一些问题，尤其要鼓励孩子多提问，从而引导孩子从“多嘴”向有意义的谈话转变。

女孩勤学好问更是非常可贵的，因为好奇，女孩才会好问。好问是孩子心理发展的特点之一，随着孩子年龄的增长、心理的发展，他们会渴望认识周围环境所发生的一切现象。这种强烈的求知欲，必然会促使孩子发问，所以说好问是孩子聪明和好学的表现。有的父母不理解孩子的心理，以为好问是孩子的瞎啰唆，对孩子提出的问题采取简单的敷衍态度，甚至会嫌孩子“多嘴”、“事多”等。要知道父母这样的态度会抑制孩子的好奇心，使孩子不敢再提问题。时间长了，孩子对周围的事也就慢慢失去了兴趣，求知欲也会逐渐削弱，慢慢就会形成一种懒惰心理。

父母在回答孩子提出的问题时，要给予正确的答案，不要含糊不清，更不能给孩子错误的答案。实在弄不清的问题，父母可以这样告诉孩子：“我不知道，知道了再告诉你。”或者鼓励孩子自己去书中寻找答案。时间长了，孩子就会觉得父母是值得信赖和交流的人，并且会在父母不断的鼓励下更加勤奋好学，最终取得成功。

因此，对于爱“插嘴”的女孩，父母要持欢迎、鼓励的态度，然后再给予孩子耐心的回答。另外，父母还应该引导孩子观察这一类事物，尽力扩大孩子的视野，边观察边回答孩子的问题，并不断启发孩子提出新的问题。只有这样，女孩才能够在不断“问”和“答”的过程中增长知识、丰富头脑，养成对新知识勤学好问的习惯。

## 6 鼓励女孩要巧用激将法

俗话说："劝将不如激将。"父母在教育孩子的过程中，如果能够适当地运用激将法来鼓励孩子，有时候也会收到意想不到的效果。

文文今年10岁了，已经开始"叛逆"了，在家对于父母的话总是予以置之不理的态度，而且越大越不听话。

这天是周末，吃过早饭之后，文文的妈妈决定给家里来一次大扫除，决定之后就开始行动了。

文文坐在电脑前聚精会神地打游戏，对妈妈一个人打扫偌大的客厅看都不看一眼。

"文文，帮妈妈把客厅的地扫一下。"妈妈对女儿说。

"哎呀，您自己扫吧，我正忙着呢。"文文光顾着打游戏，头也不抬地说。

"你没看到妈妈一个人都忙不过来了吗？你赶紧过来帮一下。"妈妈催促道。

文文只好暂停游戏，接过扫帚帮妈妈扫地。过了一会儿，文文看到妈妈上楼去打扫别的屋子了，就丢掉扫帚又坐到电脑前玩起游戏来。

妈妈收拾完楼上下来，看到文文只扫了一个小小的角落，心里很是生气。但是，聪明的妈妈最终忍住了自己的火气，她轻轻走到文文身边，装出一副难过的样子对女儿说："唉，妈妈真是替你发愁啊！"

“替我愁什么？”文文一听赶紧按了一下暂停键。

“你看你都这么大了，连个地也不会扫，以后还能做什么事呢？以后要是没妈妈了，真不知道你该怎么过。”妈妈说着就开始抹眼泪。

文文听了妈妈的话哈哈大笑起来：“妈妈，您真是忧虑过度了，我不是不会扫，我是不想扫。”

“是吗？你怎么证明你会扫呢？你看看你就扫了那一个小角落，你让我怎么相信你能够把地扫干净啊？”妈妈不屑地说。

“您不相信是吧？那好，我现在就证明给您看！”文文急了。

“是吗？”妈妈有点怀疑。

“嗯！我扫的地一定比您扫的还干净！”文文说完就退出游戏，关掉电脑，拿起扫帚认认真真地扫起来。

扫完地之后，文文还帮妈妈做了很多其他的家务。

见此情景，妈妈装作很惊讶的样子说：“原来我的女儿这么能干啊！以前我还真没发现！”

“那当然了！”文文得意地说。

“这么说，你不是不会做而是懒得做对吧？”妈妈说。

文文听了妈妈的话，不好意思地吐吐舌头说：“以后我会让您见识见识我的‘实力’的。”

妈妈听了女儿的话，脸上露出了欣慰的笑容。

就这样，文文的妈妈巧用激将法鼓励女儿帮助自己做家务，不仅成功达到了让女儿听话的目的，而且还改掉了女儿懒惰的毛病，真是一举两得。

这里所说的激将法是利用孩子自尊心和逆反心理积极的一面，父母从相反的角度，以“刺激”的方式对孩子寄予期望，以激起孩子“不服气”、

“不服输”的精神，使孩子产生一种奋发进取的“内驱力”，将自己的潜能充分地发挥出来，从而收到良好的教育效果。

女孩的能力是有限的，但是潜能却是巨大的。父母在平时应该多教育孩子树立远大的志向，敢于挑战自我，超越自我。例如，父母可以对孩子说：“为什么别人能做到，你却不能呢？”“我就不相信你不能改正缺点。”父母这样说，孩子听了就会产生不服输的心理，从而下定决心挑战自我，这样一来，父母就等于成功地把孩子引向自己期望的道路上了。

## 7 鼓励女孩勇敢地去表达

有很多父母虽然与孩子朝夕相处，但实际上却并不十分了解自己的孩子，忙碌的工作和现实的生活压力让他们忽视与孩子内心的一些交流。时间久了，孩子对父母心生敬畏，不敢表达自己内心真实的想法，而父母也觉得孩子越来越不听话了，什么事不和父母商量就“擅作主张”。

其实，出现这样的情况，最主要的还是作为父母与孩子不够亲近，孩子感受不到关爱和温馨。所以，父母在平时的生活中应该尽量抽出点时间多和孩子交流一下，例如一起听听音乐、下下棋、聊聊天等，在沟通交流的过程中鼓励孩子勇敢表达自己。这样一来，孩子就会把自己内心的想法告诉父母，父母也能够弄清楚他们的真实想法，教育起来也会得心应手。

晚上吃过晚饭以后，小芸坐在电视机前看动画片《聪明的一休》。

睡觉的时候，小芸走进妈妈的房间很伤心地说：“为什么一休的妈妈这么狠心啊？一定要将一休送到庙里去当和尚，并且还不许一休回家看望她，这样狠心的妈妈我可不喜欢！”

妈妈知道女儿已经到了开始“独立思考问题”的年龄，这时候正处于表达的敏感期，因此她总是鼓励女儿勇敢地表达出自己内心的真实感受。女儿在妈妈的鼓励下，每次遇到“感触深”的事情时，都会和妈妈“谈心”。

“小芸，一休的妈妈不是狠心。她之所以把一休送到庙里，是因为她希望自己的儿子能够在庙里得到教育和锻炼，是为了让一休以后成为一个了不起的人。”妈妈温和地给女儿解释。

“可是一休那么小，妈妈为什么不等他长大一点了再把他送到庙里啊？”小芸不解地问。

“小芸，人在小的时候就像是一张白纸，你在上面画红的，这张纸就是红的；如果你在上面画黑的，这张纸也就是黑的。所以，妈妈让一休从小就在庙里接受教育和磨炼，等一休长大后就会变得更加聪明和坚强，如果等一休长大了再把他送到庙里，那时候就太晚了！”妈妈耐心地给女儿解释。

小芸似懂非懂地点了点头。

妈妈看到女儿脸上依旧是疑惑的表情，就鼓励她：“你是不是还有什么别的想法？大胆说出来，妈妈可以帮你解答。”

“那我是不是也要去庙里当和尚，以后才能成为了不起的人呢？我不想离开妈妈！”小芸难过地说。

妈妈听了女儿的“心里话”忍不住哈哈大笑起来，她抚摩着小芸的头，微笑着对女儿说：“寺庙只是象征着一个受教育的环境，就像学校一样。你不用去庙里，你只要在学校里接受教育和锻炼就可以了！如果你想成为像一休那样聪明的人，就要在学校好好学习，上课认真听老师讲课。”

“我知道了，我一定会好好学习，争取将来也成为一休那样聪明能干的人！”小芸搂着妈妈的脖子大声说。

“好孩子，妈妈相信你！”妈妈高兴地说。

就这样，在妈妈的鼓励下，小芸每天都会把自己心里的快乐、忧伤、疑问和感受讲给妈妈听，慢慢地，她变得越来越活泼、越来越懂事了。

孩子常常会在看电视或者漫画的时候产生一些在常人看来很奇怪的想法，对于这些东西，父母不能觉得孩子幼稚，而是应该试着去了解。当孩子主动说起的时候，父母一定要认真并耐心地倾听，并且在此过程中要鼓励孩子勇敢地表达自己内心的感受。时间长了，孩子在父母的鼓励下就会变得自信、开朗，并且能够在以后的学习和生活中更加勇敢地去面对各种各样的挫折和困难。

## 8 鼓励女孩大胆想象

“我们之所以这么幸福，很多时候都是由于我们有想象，不会想象的人根本无法获得真正的幸福。”这是美国著名的教导专家斯特娜夫人曾经说过的一句话。斯特娜夫人认为，对孩子来说，想象力远比坐拥百万家产更为重要，因为这些丰富的想象力将会引领他们走向财富之路。有些父母不懂得孩子的想象，当孩子用木片、纸盒，建筑宫殿、城市的时候，他们以坚持室内清洁整洁为由，禁止孩子的想象游戏，结果无情地摧毁了孩子的精力家园。这种做法，不仅剥夺了孩子的幸福和游戏的欢乐，而且有碍于孩子以后发现力的发展。

不仅仅是斯特娜夫人，几乎所有的幼儿教导专家和儿童心理学研讨者都会向父母传递一个观点——大胆的想象才是人类不断进步的源泉！他们主张父母要多鼓励孩子，让孩子充分发挥自己的奇思妙想，甚至在有条件的情况下，还鼓励孩子把自己的想法付诸实践。

但是在现实生活中，很多父母都采用“现实主义”的办法：总是告诉孩子“你说的那些不可能发生”，“精确的答案应该是……”等，不给孩子设想、发现的空间。在父母的眼中，孩子总是“无中生有”。其实这样的父母才是让孩子的发现力“有中生无”的“罪魁祸首”。由此看来，一个本来布满聪慧头脑的孩子，会由于父母不当的教导变得刻板而缺少创意。所以，父母在平时的生活中应该鼓励孩子大胆想象。当孩子因为一件事情或一样东西而突发奇想的时候，父母更要鼓励其进行“深入研究”。

珍珍是一个只有 6 岁的小女孩，别看她年龄小，但是她却很喜欢“探索”，像海洋鱼类和奇妙森林动物的知识，如海龟的集体产卵、深海鱼类的发光器、鸟类和兽类的进化等，她知道的甚至比她的父亲还要多。

珍珍的父亲对动物方面的知识不是很在行，这听起来似乎很可笑，父母自己都不懂，怎么可能去教孩子呢？但是珍珍的父亲对此却不以为然，他认为固然自己的动物知识没有女儿丰富，但他却可以引导鼓励珍珍思考很多她的小脑袋不曾想过的东西。在父亲看来，这种通过鼓励孩子大胆想象和思考让孩子获取知识的方法，远比直接让孩子看书或者看电视获取的方式更加有意义。

这天珍珍在电视上看到一群食人鲸集体猎捕一只刚刚出生不久的小灰鲸，她对这样的画面非常惊讶，认为这实在是太残暴了！

珍珍的父亲发现女儿不可思议的表情后，就问她：“灰鲸和食人鲸谁大，谁更有力量？”

“灰鲸。”珍珍回答道。

“但最后为什么却是食人鲸胜利地捕食了小灰鲸？”父亲接着问女儿。

珍珍不加思考，脱口回答道：“由于食人鲸一大群！”

“那爸爸再问你一个问题，假如没有食人鲸，也没有其他动物捕食灰鲸，又会怎样？”

“灰鲸密密麻麻！”

“灰鲸吃什么？”

“海洋里的动物，小鱼小虾。”

“小鱼小虾都吃光了，怎么办？”

“海洋里面没有食品了，灰鲸也饿死了！”

“最后呢？”

“海洋里面什么都没有了！有些鸟没有食物，于是就都饿死了！”

……

就这样，珍珍的父亲通过不断鼓励女儿大胆假设，使珍珍学到的不仅是生硬的知识，更明白了生物之间相互依存的食物链关系。另外，珍珍不仅从中学到了生存的本事，更通过动物界的知识明白了人与人之间也应该相互合作。

在日常生活中，父母不妨也借用一些类似的机会鼓励孩子进行设想，因为设想的背后往往就是发现。作为父母，一定要鼓励孩子进行大胆的假设和猜想，让孩子把自己头脑中的知识调动起来。只有这样，孩子才会在以后的学习中勤于思考，善于动脑。

## 9 鼓励女孩克服紧张情绪

在遇到突发事件、比赛时或考试时，很多女孩都会有紧张情绪，有的还很严重。作为父母，应该理解女孩的心理状态，鼓励女孩克服紧张情绪。这样，女孩才能保持平和心态，从容应对各种挑战。

一年一度的秋季运动会就要拉开帷幕了，在同学和老师的鼓励下，个子高挑的张娜报名参加了跳高项目的比赛。这也是她第一次参加这个项目，虽然她有身高上的优势，但心里还是有点紧张。

“运动会马上就要开始了，你准备得怎么样了啊？”这天晚上回家后，爸爸问张娜。

“这还需要准备吗？”张娜听了爸爸的问话疑惑地说。

“当然需要准备啊！只有比赛前做足了充分的准备，上场的时候才能做到胸有成竹，从而取得好成绩啊！”爸爸说。

“可是我没有准备啊？这可怎么办啊？这下我一定完了！”张娜紧张地说。

“不过你也不用太紧张，因为你有身高上的优势，到时候只要调整好自己的精神状态，发挥出你最高的水平也就可以了。”爸爸安慰女儿。

“哪能不紧张啊？你刚才那么一说，我现在的心都开始怦怦跳了。”张娜额头上渗出了一层汗。

“哈哈，看来你的心理素质很差啊！难道你还不相信爸爸吗？你可别忘了爸爸年轻的时候还是专业的跳高运动员呢！要不爸爸的遗传，你能长这么高的个子啊？”爸爸拍拍女儿的头，骄傲地说。

“嘿，我竟然把这事给忘了，那您赶紧教我几招吧！”张娜迫不及待地说。

“比赛最重要的就是信心了，因此你必须对自己有充分的信心，要有‘我是最棒的，我有优势，我一定可以比她们跳得好’的积极想法。另外，你还可以利用这几天多做一些练习，熟悉一下比赛场地的环境，这样在比赛的时候你就不会因为场地陌生而感到紧张了。”爸爸鼓励女儿，给女儿打气。

张娜还是有点紧张，担心地问爸爸：“可是到时候我还是紧张，该怎么办啊？”

爸爸拍了拍张娜的肩膀，用鼓励的语气对女儿说：“不用担心，爸爸相信你一定能拿到满意的成绩。再说了，就算今年拿不到好成绩，还有明年呢，中间多练习一下，说不定到时候还能拿到冠军呢。”

爸爸的鼓励给了张娜很大的勇气和信心，她紧张的情绪也得到了一定的缓解，冲爸爸点点头说：“我知道了，我一定会按您说的做的。”

在接下来的几天中，张娜每天都会坚持练习，随着技术和动作越来越娴熟，张娜的信心也大增，并且也克服了自己紧张的情绪。在正式比赛那天，张娜发挥得非常出色，并且还取得了第二名的成绩。

“我要努力，争取明年拿冠军。”张娜兴奋地说。

望着女儿快乐的样子，张娜的爸爸脸上也露出了开心的笑容。

张娜的爸爸是一位明智的爸爸，在女儿情绪异常紧张的时候，他能够冷静地帮助女儿分析，并给予女儿积极的鼓励和指导。从而让女儿以平和、放松的心态积极应战，最终获得了成功。

生活中谁都会出现情绪紧张的时候，成人在遇到一些事情的时候尚且如此，更何况是孩子呢！当孩子情绪紧张的时候，意识活动常常会受到干扰，由此也会导致思维模糊、判断失误，本来很容易达到的目的会变得难以实现。因此，当孩子因为一些事情出现情绪紧张的时候，父母应该给孩子充分的赞扬和鼓励，让孩子在父母的鼓励和支持下保持一颗淡定、从容的心。只有这样，孩子才能够彻底消除紧张情绪，充满信心地迎接挑战。

# 2 赞美，让女孩感受自我价值实现的满足

人人都渴望得到他人的赞美，对于女孩来说，父母的赞美更是对她们的一种认可和肯定。父母经常说一些赞美女孩的话，能够让女孩在获得自信的同时，变得更优秀。

## 10 每个女孩都渴望得到他人的赞美

每个女孩都是坠落凡间的精灵，每个女孩也都是落入世间的天使。女孩与生俱来就是被人呵护、被人赞美的。中国古代有很多赞美女孩的诗词歌赋，在描写女孩时，其辞藻华丽、美艳至极，常常令人为之叹服。战国辞赋家宋玉的《登徒子好色赋》里有“东家之子，增之一分则太长，减之一分则太短；著粉则太白，施朱则太赤；眉如翠羽，肌如白雪；腰如束素，齿如含贝；嫣然一笑，惑阳城，迷下蔡”的描写，这首赋将女孩的形象赞美到了极致。

赞美是一种鼓励他人、欣赏他人的表现，对于女孩来说，赞美更是必不可少。在每个女孩的内心深处，都渴望得到他人的赞美与鼓励。尤其是在其年少之时，父母的赞美往往会给其莫大的自信。“你真漂亮！”“你真懂事！”……这些口头的赞美会让女孩对自己更加充满信心，从而也会努力做得更好。

小洁是一个很普通的女孩，因为一些原因她一直生活在自卑的阴影下。但是在她的内心深处一直渴望得到父母的赞美，因为她觉得自己懂得很多，知识面也很广。但无奈的是，父母从来都把她当作一个没有任何特点的孩子，对她也一直都是不冷不热的态度。父母的态度在无形之中更加重了小洁的自卑。每个女孩都希望自己漂亮、美丽、优秀，得到父母、老师、同伴的赞美，小洁觉得自己就像是一只无人理睬的丑小鸭。看着那些漂亮的“白天鹅”，她心里很羡慕，她多么渴望自己有一天也能像丑小鸭一样，变成一只美丽的白天鹅，得到大家的认可和喜爱。

小洁把自己内心的苦恼全都写进了日记里，因为经常写日记，小洁的文章也写得很棒。有一次，她的一篇文章在校刊上发表了，同学们都很惊讶平凡的小洁竟然能写出如此优美的文章，纷纷向她表示祝贺。回到家里，小洁把那本刊物放在客厅最显眼的位置，她渴望父母能够看到自己发表在校刊上的文章。

“小洁，爸爸看到你发表在校刊上的文章了，写得很好。原来我的女儿是个如此优秀的小才女啊！爸爸真的为你感到骄傲。”第二天早晨起来后，爸爸对小洁说。

小洁心里有一种从未有过的喜悦和自豪，爸爸的赞美让小洁很兴奋，她终于凭借自己的努力得到了大家的认可和赞美。在父母和老师、同学的赞美、表扬下，小洁再也不自卑了，而是成为一个充满自信、乐观开朗的女孩。

小洁的例子充分说明了赞美对女孩的重要性，也从侧面反映了女孩内心的秘密——渴望得到他人的赞美。对于父母来说，自己的赞美会让孩子身上的闪光点越来越亮，也会让孩子变得越来越自信。

女孩往往都比较害羞，心思也更为细腻，对于内心的渴望从来不会刻意表现出来。这时，父母就应该在平时的生活中多和孩子沟通，并且要善于观察和发现孩子的闪光点，适时地给予赞美和鼓励。要知道，父母的鼓励和赞美能够唤醒女孩沉睡的心灵，点燃女孩学习、生活的激情。所以，父母一定不要吝啬自己对孩子的赞美，因为你们的赞美能让女孩脸上的自信之花永远绽放。

## 11 掌握女孩的心理，再进行赞美

莎士比亚曾说：“赞美是照在人心灵上的阳光。没有阳光，我们就不能生长。”英国首相丘吉尔也说：“你要别人具有怎样的优点，你就怎样去赞美他。”赞美是一门激励他人的艺术，也是父母有效教育孩子、和孩子沟通的有效方式。对于女孩来说，父母的赞美更是一种莫大的鼓励，能够促使其在以后的生活中表现得更加优秀。

说到赞美，很多人都觉得没什么难的，不就是说几句恭维他人的话吗？甚至有的人还把“赞美”等同于“拍马屁”。其实，这都是一些错误的理解。真正的赞美是赞美者发自内心对被赞美者的赏识。对于女孩来时，赞美时需要掌握一些技巧和方法。父母在教育女孩的时候，对其进行赞美之前，一定要先掌握其心理，做到有的放矢，只有这样才能收到立竿见影的效果。

有一位这样的女孩，整天都不修边幅，衣衫凌乱、蓬头垢面，做事也是漫不经心，得过且过，虚度光阴。女孩的父亲为此很是伤脑筋，他很想帮助女儿改变现在的形象，让女儿成为一个快乐、自信的女孩。

后来女孩的父亲去请教一位心理咨询师。咨询师经过详细的了解才明白，原来在女孩小的时候，别人都说她长得不好看，同伴们也都不喜欢和她一起玩耍，这些导致女孩从小就养成了自卑的心理性格。因为自卑，女孩觉得反正自己也是这样了，干脆就自暴自弃。在和女孩进行一段时间的接触后，咨询师告诉女孩的父亲，女孩主要是因为心理的原因才变成这样的，其实在女孩的内心深处，她是很渴望成为一只美丽的白天鹅的。

有一天女孩放学回家后，父亲没有像往常一样对她不理不睬。而是喊住她，告诉她爸爸想和她好好谈谈。女孩看了父亲一眼，机械地坐到父亲身边。

“女儿，其实爸爸一直想告诉你，你真的是个非常漂亮的女孩。即使你没有打扮，在爸爸眼里你依旧清丽可人。”父亲认真地对女儿说。

“爸爸，怎么连您也拿我开玩笑啊？”女孩虽然这样回答，但是她眼里忽然闪出了一丝亮光。

“爸爸没有开玩笑，女儿，你真的非常漂亮，只是还没有意识到自己的美丽罢了。之前爸爸一直没有说，是怕你不相信。现在你大了，应该相信爸爸的话。”父亲依然一脸真诚。

“谢谢您，爸爸。您知道吗？在您夸奖我的时候，我觉得好像所有的自卑都没有了，我觉得自己找到了一种从未有过的自信。”女孩的眼里顿时有了光芒。

“真的吗？那是一种什么感觉？”父亲赶紧问。

“真的。以前在我的生活中全是负面的东西，一切都很不尽如人意。母亲的谩骂、您的不理睬、异性同学的鄙视、同性同学的讽刺，这一切都让我感觉自己整天都生活在黑暗和自卑之中，我觉得我这辈子都没希望、没梦想了！”女孩有些忧伤地说道。

“爸爸以前是忽略了你，但并不是真的不理睬你。女儿，你要相信，是金子总会发光的，爸爸相信平凡的外表并不能掩饰你的自然之美。只要你肯相信自己，你就一定会是个优秀的女孩。”父亲赞美并鼓励女孩。

“嗯，您的话让我找到了自信！我再也没有自卑感了！您瞧吧，以后我也会是一个光鲜亮丽、自信开朗的女孩。”女孩高兴地说。

望着女儿兴高采烈的样子，父亲脸上露出了会心的微笑。

这位父亲在心理咨询师的帮助下，认真分析了女儿之所以邋遢的原因，并且从女儿的心理需求出发，给予女儿适当的鼓励和赞美，终于使女儿改变了先前的状态，变成了一个人见人爱的好孩子。

女孩如花，芬芳而典雅，花儿不能没有水，女孩也不能没有赞美。赞美就像一汪甘甜的泉水，总能滋润女孩干涸的心灵。从心理学的角度来讲，每个人都需要他人的赞美。对于女孩来说，在对其进行赞美和鼓励之前，一定要弄清楚她的心理。女孩的心理有别于男孩，比较脆弱，父母可以采取委婉的语气和言辞，从侧面赞美鼓励女孩。

芭比娃娃是很多女孩都梦寐以求的礼物，其实父母的一句赞美远远比一个芭比娃娃更让女孩开心。在赞美女孩之前，掌握女孩的心理、明白女孩最希望得到的赞美是什么，再给予由衷、真诚的赞美，相信女孩一定会对父母的赞美无限欣喜，并且会变得更加乖巧、懂事。

## 12 赞美具有魔力，能改变女孩的一生

著名的教育学家卡耐基曾经说过，使孩子发挥自己最大潜能的方法，就是赞美和鼓励，尤其是来自父母的赞美。作为女孩，父母的赞美和肯定更是一种积极有效的鼓励，能使女孩在以后的学习、生活、工作中表现得更加出色。但是，在现实生活中，很多父母往往会忽略对女孩的赞美，更多的是指责女孩的缺点和不足。殊不知，赞美在对女孩的教育中更具有实际意义。恰到好处的赞美，具有神奇的魔力，能改变女孩的一生。

刚出生时，她和其他孩子并没有什么差别，初中的时候却突然猛长，16 岁时，她长成了 1.78 米的大个儿。听到这里，所有人的第一反应就是：那可以去当模特了！可是当她抬起头的时候，那些说她可以当模特的人全都哑口无言了——她没有一双大眼睛，没有一个高鼻梁，没有一个饱满而大小适中的天庭，更没有当模特的一层起码的白嫩的皮肤。圆圆的脸、小小的眼睛、厚厚的嘴唇，在任何一个人的眼里，她都不是一个漂亮的女孩。

这个在他人看来长得很不漂亮的女孩，还有一个妹妹，父母都是小煤矿里的工人，全家一个月的收入还不到五百元。女孩长得不好看，家里的条件也不好，这些曾经给她幼小的心灵造成了很大的阴影。在学校里，女生不愿意跟她一起玩，因为她像个男孩一样野，而男孩又嫌她个子太高，

不愿意她出现在他们的圈子。

家境贫寒的她为了能早日自食其力，没有选择上高中考大学，而是去了一所普通的中专读财会。18 岁那年她因驼背招致了很多同学的嘲笑，为了纠正自己的驼背，她报了一个模特训练班。

19 岁那年，模特精英大赛在她所在的城市举行，规定要推选出五个人作为一个团队参加。因为高个儿的人不够，参选单位无奈之下就选长得不好看但身高有优势的她来凑数。那时候，她只是一个乡下来的小土妞，什么资本也没有，但是为了锻炼一下自己，她还是硬着头皮上了。比赛的结果和她原先的预知一样，她们很快就被淘汰了，其他的女孩都回去了。但是在比赛的过程中，她却真正喜欢上了模特这个职业，她觉得模特就是她的梦。后来她应聘到一家模特公司做勤杂工，负责打扫卫生，挂挂衣服，给上场的模特取衣服，拉拉链。有时候望着 T 型台上那些拥有天使面孔和魔鬼身材的模特，她感到非常自卑，觉得模特的梦想这辈子都不可能实现了，正当她准备放弃的时候，幸运女神却眷顾了她。

那天，在一个咖啡厅里有一个五人模特表演，鲜有上台机会的她竟然破天荒地获得了上台的机会。她是当时唯一一个没有模特卡、没有资料备案的模特。也是在那次表演中，她被一个服装杂志的编辑相中了。当她接到那位编辑邀她做服装杂志的封面模特后，竟然吓傻了。“我长得不好看，甚至是丑，你们怎么会看上我呢？”她实在不敢相信自己。

“不，我们觉得你并不丑。圆脸，小眼，厚唇，这是典型的东方人的面孔，另外，你的身材无可挑剔，对服装的感觉也很好。最重要的是你来自小地方，未经大都市和世俗的熏染，你的眼神和心灵透明而纯净，气质也更为单纯。”编辑一口气说了很多她的优点。

这是她第一次听到有人赞美她，而且还是高级服装杂志的编辑。她从来不知道原来自己有这么多做模特的优点。编辑的赞美让她格外兴奋，也给了她很大的鼓励。从那以后,她再也不觉得自己长得丑了,而是用“另类的美”来鼓励自己，勇敢向自己的模特梦想迈进。

终于，她成功了！在国外的一次重要模特选拔赛中，她凭借“另类之美”和自信、从容的气质一路过关斩将，获得了那次比赛的亚军。这也是国内的模特在历届此项赛事中获得的最好成绩，她从一个丑小鸭蜕变成了一个美丽的白天鹅。就这样，服装编辑的几句赞美改变了这个女孩的一生，也成就了一位国际超模。

她就是吕燕。

上述事例充分说明了赞美对于一个女孩的重要性。作为父母，要向那位编辑学习。在教育孩子的过程中，尤其是在教育女孩的过程中，赞美更是一项必不可少的制胜法宝。赞美是培养孩子自信心，帮助孩子取得进步的首要因素。父母恰到好处的赞美，能够激发女孩的上进心，从而会表现得更好。

父母的赞美对女孩的心理具有很强的抚慰作用，也是孩子精神力量的源泉。在孩子取得进步时，父母一句赞美鼓励的话语、一个肯定的微笑，都会让孩子感受到被肯定和认可的满足，也会让孩子体验到成功的快乐。

赞美具有神奇的魔力，它可以让一个自卑、自闭的女孩变成一个自信、开朗的小天使。在生活中，父母要多观察女孩，捕捉女孩的闪光点，并不失时机地给予赞美和表扬，相信这样做一定可以培养出一位聪明伶俐、乖巧懂事的小公主。

## 13 赞美女孩要有节有度，理由充分

几十年前，大部分的父母都不懂得赞美孩子，当时父母认知的主流教育思想是“慈母出败儿”，所以那时候的孩子因欠缺夸奖和鼓励，很多都胆小并且缺乏自信。多年后，西风东渐，当父母了解了赞美和夸奖对孩子的重要性之后，“赞美”却又开始呈现出“过犹不及”趋势，即现代父母又落入了“过度赞美”和“不当赞美”的误区，于是很多父母都把爱的教育误当成毫无分寸的赞美，结果现在很多孩子在父母泛滥的赞美之下，失去了抵抗不完美的能力。

4 岁的娇娇在客厅的茶几上涂鸦，无意间涂了几笔连她自己都不晓得是什么东西的图案，恰巧这幅“作品”被坐在一旁做针线活的妈妈看到了。

“娇娇，你画得真棒啊！你在绘画上简直是太有天赋了！”为了鼓励女儿，妈妈故作激动地拍手称赞。

一旁的姥姥听见了，也赶紧过来看外孙女的画作，之后也跟着鼓掌称好。

晚上娇娇的爸爸下班回家后，妈妈兴奋地对丈夫说：“你不知道咱们的娇娇有多棒！她居然画出了一幅抽象思维能力很强的图画！”

爸爸会意妈妈的意思，于是假装欣赏娇娇的涂鸦，之后也赞美女儿：“原来我的女儿这么棒啊！的确画得很好！”

娇娇见全家人都对自己的“作品”啧啧称赞，于是就更加兴奋了，晚上不睡觉也要涂鸦。

接下来的几天，这样的场景又出现了好几次。可是娇娇在连续开心地画了几天之后，突然就不再喜欢画画了。

“娇娇你怎么不涂鸦了啊？”妈妈奇怪地问女儿，“你不是最喜欢涂鸦了吗？”

谁知娇娇噘着小嘴，把妈妈递给她的水彩笔重重地摔在地上，说:“我讨厌涂鸦，我以后再也不画了！”

“为什么呀？”妈妈奇怪地问女儿。

“不为什么，反正就是不喜欢了！”娇娇愤愤地说。

出于对女儿的爱和关心，娇娇的妈妈咨询了一位专门研究儿童的心理学专家。专家在听完妈妈详细的叙述后，给出了之所以出现这种问题的答案：一开始对于家人的赞美，娇娇确实觉得很兴奋，同时也感受到了绘画的乐趣，并且她明白，只要她画画，全家人就会很高兴，就说她是聪明能干的好宝宝。可问题是她还只是一个 4 岁的小孩子，她的“绘画能力”是有限的，或许她根本就不知道自己涂的都是什么。时间长了她就会担心，担心她的“不能干、不聪明”会被家人发现，之后他们就不会再喜欢自己了。所以，她就拒绝再继续涂鸦，并且对家人说自己不喜欢画画，以免“露出马脚”让父母不高兴。

例子中娇娇的爸爸妈妈以及姥姥的本意是赞美孩子，让孩子从鼓励中体验到绘画的乐趣，进而表现得更好。但是他们忽视了一点，那就是过度的、毫无节制的赞美只会让孩子心生担忧，打消孩子的积极性。因此，父母在赞美女孩的时候，必须做到有节有度地赞美，同时还要注意赞美的理由要充分。

对于上述例子中娇娇的表现，父母完全可以找出一些“充分的理由”对孩子进行赞美，如：

“呀，娇娇真棒！能拿笔在纸上画画了！”——这是在赞美孩子确实有成就，即“能拿笔画画”而不是“画得真棒”。

“娇娇，你现在拿画笔拿得很稳，这又是一个进步！”——赞美她确实有了进步，并且也暗示她继续练习还会有更大的进步，这就给了女孩继续努力的目标。

“娇娇，这条线的颜色很漂亮，看来你已经开始学习颜色搭配了，真是不错！”——赞美她与生俱来的审美能力，这个充分的理由等于告诉琪琪画画不仅要画得像，漂亮的色彩也是其中一项重要的要素，而自己是具有这个能力的。

……

举娇娇的例子是为了告诉父母，千万不能为了赞美孩子就“睁着眼睛说瞎话”，因为这样等于欺骗孩子。由此带来的结果也是不好的：其一，孩子心知肚明父母是骗他的、哄他的，由此也就跟着父母学会了撒谎骗人；其二，过度的赞美会让孩子搞不清楚自己的位置，容易自我膨胀，不能应付没有赞美时的失败和挫折；其三，当孩子确实不具备父母所赞美的能力时，内心就会变得焦虑不安，更会有挫败感。

因此，父母在赞美女孩的时候，一定要把握好“度”，不能为了单纯的“赞美”而赞美。在赞美女孩的时候，要找到赞美的充分理由。父母要知道，任何时候由衷的、发自肺腑的赞美都会让女孩乐于接受，并且能够从中感受到他人认可的快乐，进而就会表现得更加出色。

## 14 言之有物的赞美让女孩更受用

在现在这样一个情感表达自由开放的社会里，赞美和接受赞美已经是再普通不过的事情了。因为普通，所以也就极易失去它原本该有的强度和能量。在教育孩子的过程中也是一样，不当的赞美并不能起到好的鼓励作用。因此，父母需要注意一个问题：范围太大的赞美，等于没有赞美。

先看两个孩子和父母对话的场景吧！

场景一：

红红："妈妈，今天在学校上美术课老师教我们画画了！"

妈妈："噢，是吗？那真是太好了！你又学习了一点新知识，让妈妈看一下你的作品吧！"

红红高兴地从书包里拿出自己的图画本递给妈妈。

妈妈："嗯，这幅画画得的确不错！"

红红："真的吗？"

妈妈："当然了！我最喜欢这幅画中的这棵大树了，你看，这叶子画得多好啊，绿绿的，我都能感觉到它们在风中摇曳的样子了！另外，这些小花的颜色搭配得也很好……"

红红听着妈妈的赞美，脸上露出了愉快的笑容。

场景二：

妈妈："肖肖，妈妈肯定你最近在学校表现一定很好！"

肖肖："为什么这么说呢？"

妈妈："前几天我去你们学校给你办理户口的事情，正好在不远处看见你和一个同学一起玩，当时你们俩正在聊天。"

肖肖："是吗？您听见我们在聊什么了吗？"

妈妈："是的，我听见你问候那位生病同学的妈妈，还安慰她要坚强。当时我听了感到特别骄傲，我那时就想将来你长大了一定会是个乐于帮助别人的好女孩！"

肖肖听了妈妈的赞美非常高兴，"我会努力做得更好的，谢谢妈妈。"

以上两个场景中，红红的妈妈和肖肖的妈妈对各自女儿的赞美就是"言之有物"的赞美。那么何为"言之有物"的赞美呢？

赞美要"言之有物"也就是赞美女孩要"到位"——明确指出赞美的原因和细节。父母在赞美女孩的时候，如果能够明确地说出理由，那么孩子就会感觉到这是父母发自真心的赞美，心里也会非常开心和激动。另外，父母如果能够说出具体的细节，让女孩明白你认可的究竟是她的哪一部分价值，就等于给了她更大的信心，她会更加努力去实践并完善这部分价值。

每个人都喜欢听到别人在赞美自己时多说些细节，成人是这样，孩子也一样。所以，父母在赞美女孩的时候，一定要尽量说出她值得被赞美的细节，并且也要尽可能多地描述自己因为她的这些优点而感受到的快乐和骄傲。这样，女孩就会明白自己在父母心中的地位，也会有一种被认可的成就感。

总之，赞美女孩的方式有很多。不同年龄、不同气质的孩子对赞美也有不同的需求，为了让赞美更具强度和效力，父母在平时应该多和孩子交流、沟通，弄清楚自己的孩子最喜欢、最乐于接受的赞美方式，这样父母在赞美的时候就能够抓住重点和主要矛盾，最终达到赞美的主要目的。

## 15 鼓励 + 赞美，让女孩表现更出众

父母要多赞美女孩，尤其是在女孩取得了一定的成绩时，更不要吝惜赞美。不过，如果仅仅只是赞美的话，并不能让女孩取得更大的进步，而且还容易使女孩产生骄傲心理。在赞美女孩后，如果再加上鼓励的话，定会让赞美发挥最大的效果——使女孩继续努力，下次表现得更出色。

亚平今年上小学二年级，在父母眼里女儿在学习上虽然并不是特别聪明，但是却很踏实。这次期中考试，亚平的总成绩在全班排第 9 名，总的来说这是一个比较不错的成绩。放学回家后，亚平高兴地把自己的成绩单拿给爸爸妈妈看。

“不错，全班 40 个同学能考进前 10 名很不容易，爸爸为你感到骄傲！”亚平的爸爸看完女儿的成绩单后高兴地说。

“谢谢爸爸的夸奖。”亚平听了爸爸的赞美乐得手舞足蹈。

爸爸看到女儿高兴的样子，怕她从此以后在学习上骄傲，就说：“但是这个成绩只是对你过去努力的一个考核，如果想要下次取得更好的成绩，现在就必须比以前更加努力。你要知道‘谦虚使人进步，骄傲使人落后’的道理。”

听了爸爸的话，亚平认真地点点头说：“我知道了，只有不断努力才能不断进步。”

在爸爸的赞美和鼓励下，亚平在第二学期更加努力了。期末考试成绩出来后，她的总成绩在班里排第7名，和期中考试相比，进步了两个名次。

“虽然进步微小，但是爸爸还是替你感到高兴，你可不要小看这两个名次，这证明你比上个学期更努力了。有努力才有进步，有进步就是好样的。”爸爸看到亚平的成绩单后对她说。

爸爸的话给了亚平莫大的鼓励和信心，在后来的学习中，亚平每次都会总结出自己的薄弱的知识点，然后有针对性地进行学习。虽然每次考试的成绩进步很小，但是每次一点点的小进步都会让她感到喜悦。

在教育孩子的问题上，很多父母都懂得“赞美教育”，即要多肯定孩子的优点和努力，多给予孩子赞美。但是有时候，父母简单的赞美很容易让孩子失去新鲜感，甚至会让孩子形成一种“不赞美就不去做”的错误思想，使赞美陷入误区。因此，父母在肯定和赞美孩子的同时，还要注意多鼓励孩子，为孩子指出今后应当努力的方向。

就像上述例子中亚平的爸爸一样，他不仅善于赞美自己的女儿，更重要的是在赞美孩子的同时鼓励女儿，为女儿指明接下来应该前进的方向，让亚平在赞美声中和鼓励声中不断进步。

由此可见，父母如果想让孩子不断进步，单凭赞扬是不够的，父母应当在赞美孩子的时候，适当地给予一些积极、热情的鼓励。让孩子既能感受到父母赞美给自己带来的欣喜，又能让孩子有继续努力的动力和信心。

每个孩子都希望得到父母的认可和肯定，对于女孩来说，父母的赞美和鼓励更是对她们最好的肯定。恰到好处地赞美和鼓励，能让孩子正确看待自己已经取得的成绩和自己在哪些方面还有所欠缺，从而能够有目的、有针对性地努力，争取获得更大的进步。

## 16 在“教训”中赞美孩子

世上没有没犯过错误的孩子。当女孩犯了错误时，很多父母会对其进行大声斥责或严厉批评，但聪明的父母却不会这么做。他们会委婉地“教训”女孩，并在“教训”中赞美女孩的积极行为，让女孩意识到错误并乐于改正。

小蕾是一个6岁的小女孩，别看她年纪不大，骨子里却特别要强：在家里只要自己能做的事情绝对不让大人帮忙。有时候遇到一些比较“难”的事情，父母忍不住要“帮助”她，小蕾都会倔强地来一句：“自己的事情自己做。”常常让父母非常欣慰。

不过，在一个周末早晨，小蕾起床以后想要喝牛奶，于是就尝试着从冰箱里拿出一大瓶牛奶。可是因为瓶子又大又沉，小蕾一时失手瓶子掉在地上，牛奶全洒了，厨房的地板上顿时成了牛奶的“海洋”。

妈妈闻声赶紧跑过来看，当她看到一地的牛奶和还在冰箱旁边凳子上的女儿时，她心里什么都明白了。妈妈心里虽然很生气，但是她并没有马上去训斥、责备女儿，而是把还处在惊吓中的女儿从凳子上抱了下来。

“女儿，妈妈真不敢相信你竟然可以制造出这么‘出色’的垃圾，我还真没有见过这么一大摊牛奶呢。”妈妈微笑着对小蕾说。

小蕾呆呆地看着妈妈，对妈妈的话表示不解。

“我看这样好了，我们不妨在打扫之前先在‘奶河’里玩一会儿吧！你愿不愿意呢？”妈妈问女儿。

小蕾见妈妈不但没有责备自己打翻了牛奶，反而让自己在“奶河”里玩，于是就兴高采烈地玩了起来。大概十五分钟后，妈妈再一次来到厨房。

“好了，你也玩了一会儿了。不管怎样你把干净的地板弄得一团糟，你得为此负责。”妈妈和蔼地说，“不过你也不用太过于担心，妈妈可以帮助你一起打扫，我们可以用海绵或者墩布，你愿意用哪一种呢？”

听了妈妈的话小蕾放心了，想了想就选择了海绵，然后和妈妈一起将地板上的牛奶收拾干净了。

完了之后，妈妈对小蕾说：“妈妈知道你之所以自己去冰箱里拿牛奶，是因为不愿意麻烦我们，但是你刚才做了一次失败的尝试——没能用自己的小手成功拿住那个大牛奶瓶子。”

小蕾听了妈妈的话很惭愧，小声地说：“妈妈对不起，我不该自己去拿的，浪费了满满的一大瓶牛奶。”

“没关系，你又不是故意的。这样吧，我们现在拿着这个大的空牛奶瓶到院子里去，给瓶子装满水，然后你自己想办法抓住瓶子不让它掉，好吗？”妈妈拿起那只空牛奶瓶对小蕾说。

小蕾高兴地接受了妈妈的建议，经过几次尝试和琢磨之后，小蕾终于成功地将一大瓶装满水的瓶子拿了起来。

妈妈见了装作很惊讶的样子，问：“你真棒！快告诉妈妈你是怎么做到的？”

“只要两只手紧紧握住瓶子的瓶嘴部分，它就不会再掉了！”小蕾自豪地说。

“你太厉害了，竟然想到这么一个聪明的办法，要知道，妈妈都没想起这么个办法，看来以后遇事就得多动脑筋才行啊！”妈妈由衷地赞美小蕾。

小蕾听了妈妈的赞美，心里非常高兴，刚才打翻牛奶的自责也没有了。从那以后，无论遇到什么事情，小蕾都会先动动脑筋，然后再去决定该怎样做，真可谓做到了“三思而后行”。

小蕾的妈妈是一位聪明的妈妈，孩子犯了错她没有直接给予批评，而是抓住孩子的错误顺势引导，然后再对孩子的进步加以赞美和鼓励，从而让孩子在自己的错误中得到启发，在父母的赞美声中努力做得更好。

由此可见，赞美的力量远比批评的力量大得多。所以说，聪明智慧的父母永远能够抓住一切有利时机对孩子进行赞美和鼓励，即使孩子犯了错误也可以利用孩子的错误引导孩子、赞美孩子，让孩子在自己的错误中依然能够得到被肯定的满足感和成就感，从而激励她在以后的生活中表现更出众。

因此，父母在平时的生活中要多阅读一些赞美孩子的书籍，充分掌握赞美孩子的时机和技巧。孩子做了一件值得表扬的好事，父母要充分地给予其赞美；即使孩子犯了错，父母也不要大发雷霆地批评孩子，而是要抓住这种特殊的“赞美时机”，适时地引导孩子，让孩子在父母赞美式的教训中认识和改正自己的错误，并更加听话、懂事。

# 3 批评，让女孩反省认识自己的错误

批评女孩是一门艺术，因为女孩的心思比较细腻、敏感，自尊心也更为强烈。因此，父母在批评女孩的时候，必须注意批评的方式：语气一定要温和，分析一定要中肯，做到以理服人。

## 17 就事评事，不能翻女孩的旧账

虽然我们提倡父母在教育女孩时采用“鼓励教育”和“赞美教育”，但这并不等于说是让父母完全放弃“批评教育”。在女孩犯了错误的时候，该批评时还是要批评的，但是，批评也是有方法和技巧的。父母的批评是为了让女孩认识到自己的错误，并能够加以改正，所以要达到批评教育的目的，就得用能让女孩接受的批评方式。批评的方式很多，其中有一种就是不翻旧账。也就是告诫父母在批评女孩的时候，要就事论事，切忌连同女孩以前所犯的错误大批特批。

14 岁的蓉蓉正处于豆蔻年华的青春时期，相对以前也有些“叛逆”。上中学后，蓉蓉的父母知道这个年龄段的孩子正处于由少年向青年的过渡时期，性格、心理等各方面都极易发生变化。为了能够让女儿顺利度过这段时期，蓉蓉的父母对她的生活、学习、交友都很上心。

对于父母忽然的“过度关心”蓉蓉很不适应，甚至有些反感。她觉得父母像是在监视犯人一样自己，自己的一举一动都逃不过父母的眼睛。

那天放学后，蓉蓉听说公园里正在举行老年人秧歌表演。因为好奇，蓉蓉就跟着几个同学一起去看。这一看不要紧，耽误了回去的时间，晚上回到家里时比父母规定的时间整整晚了一个小时。

“今天怎么回来这么晚？是不是去别的地方玩了？”母亲严厉地问蓉

蓉。

“放学后和同学去公园玩了会儿。”蓉蓉实话实说。

“去公园干吗？和哪个同学去的？男同学还是女同学？”母亲一口气抛出了三个问题。

“就是和几个普通的同学去公园看老年人扭秧歌，您这是干吗呀？审犯人啊？”蓉蓉不耐烦地说。

“怎么，你还学会顶嘴了啊？我跟你说过多少次了，放学不要老跟着那帮不爱学习的同学出去瞎逛。依你的成绩以后是要考重点高中的，应该好好学习才是。”

“哎哟，您的想象力可真丰富。我不就是晚回来了一会儿吗？您至于说这么多吗？”蓉蓉已经对母亲的话有意见了。

“说你还不是为你好啊？你功课做完了吗？没做完还出去瞎逛。看你这次期中考试的成绩，下滑了那么多还不知道认真点。开父母会我都不好意思见老师。”母亲喘了一口气又开始说，“还有上次你跟那个同学出去，说是去少年宫看画展，结果呢？竟然跑到市里去逛街。你说你现在就开始撒谎，那以后还能了得啊……”

“够了，还有完没完啊？回家晚了一会儿，你要批评就批评。至于扯出以前那些陈芝麻烂谷子的事吗？真烦人！”没等妈妈说完，蓉蓉就打断了妈妈的话，转身跑回自己的房间重重关上了门。

看到女儿用这种方式抗议自己的批评，蓉蓉的妈妈只能无奈地叹了一口气。

很显然，蓉蓉对妈妈的“好意”并不领情，甚至是反感。我们能理解蓉蓉妈妈对自己女儿的关心，但是她这种教育孩子的方式却不值得表扬。

有很多和蓉蓉的妈妈有一样烦恼的父母，他们总是觉得自己对孩子很关心很照顾，批评孩子也是为了孩子好，但是每次的结果却很不如意。对此，很多父母都觉得难过，女孩自己也觉得委屈。正如例子里蓉蓉所说的，不就是回来晚了一会儿吗？本来是件小事，却被母亲“上纲上线”，还翻出以前陈芝麻烂谷子的旧账。原本一句话就能解决的事情，被母亲弄得这么复杂。其实，问题复杂化的主要原因是蓉蓉的妈妈没有做到就事论事。

父母在批评女孩时如果不懂得就事论事，只一味地无限引申，不但达不到教育女孩的目的，还会引起女孩的反感和不满，最后只能让亲子关系越来越糟糕。如果父母能早些意识到无限的引申只会对父母与女儿之间产生消极的影响，就不会在批评女儿时无限发挥自己的“联想力”。

“蓉蓉，今天你回来晚了，妈妈猜想你可能是有什么事情，但是妈妈希望你以后能把学习放在第一位，分秒必争。”如果案例中蓉蓉的妈妈这样说，或许结果就会好些，因为这样既批评了女儿，也告诉了女儿以后应该怎么做。

女孩在成长的过程中难免会犯一些小错误，父母在批评处理此类问题时一定要就事论事，不要过多地翻女孩以前的旧账。只有这样，女孩才会对父母的批评欣然接受。

## 18 弄清事实的真相，是批评女孩的前提条件

批评和表扬一样，是父母在教育女孩的过程中必不可少的教育手段。如果说表扬是一份甜品的话，那么批评就是一剂苦药，一剂包含了父母苦心与关爱的苦药。然而，在批评教育女孩的过程中，父母的这份苦心与关爱未必能被女孩认可和接受，发挥其应有的“治疗作用”。甚至有时候，父母包含关爱的批评招来的却是女孩的误解、抱怨、抵触等消极情绪。因为批评不当而使女孩产生逆反心理的例子有很多，因此，父母在批评女孩的时候必须掌握一个前提条件：弄清事实的真相。

有些父母一听说女孩犯了错误，往往不问青红皂白就噼里啪啦地一顿批评。等冷静下来以后，弄清了事实的真相才发觉先前对女孩的批评是“过分的”，甚至冤枉了女孩。所以，父母在批评女孩之前，一定要稳住自己的情绪，弄清楚事实的真相后，再决定是否该批评。

姜晨的妈妈陈女士下班回家后接到女儿的班主任打来的电话：“不好意思，您的女儿姜晨因为犯了校规现在正在办公室接受批评，您最好来学校一趟。”女儿的班主任说。

陈女士一听班主任说女儿在学校犯错误了，整个人都僵住了。待她反应过来以后，立即就赶往学校。在陈女士的眼里，女儿姜晨的性格有些像男孩，小时候比较调皮捣蛋，长大后虽然收敛了一些，但风风火火

的性格依旧没变。有时候在学校也会犯一些小错误，但是都是一些鸡毛蒜皮的小事，班主任倒也觉得这孩子的性格挺好。但是今天班主任既然特意打电话给她，还让她专门去学校一趟，看来这次女儿的错误肯定是严重了。想到这里，陈女士心里的气就不打一处来。

陈女士感到女儿的学校后，班主任只是告诉她姜晨在这次期末考试中因作弊被逮了，让她回去以后好好教育一下自己的女儿。陈女士赶忙答应着，然后就把女儿带回了家。

“你说说你怎么回事啊？一个女孩家不好好读书也就罢了，竟然在考试中作弊，这不是丢人现眼吗？”陈女士一进家门就训斥女儿。

姜晨张张嘴想说什么，就又被妈妈的话打断了。

“考试作弊的性质多严重你知道吗？你可以学习不好，可以成绩很差，但是再怎么着也不能去作弊啊？你不知道那是要记过的呀？再严重些是要开除学籍的，你知道吗？”陈女士越说越生气。

……

就这样，陈女士气呼呼地把女儿狠狠地批评了一顿，还让姜晨写一份检查。对于妈妈的批评，姜晨一反常态地默默接受，但是回到自己的房间后却忍不住大哭起来。

其实这次考试姜晨并没有作弊，是前边一个同学给她后边的那位同学传纸条，结果不小心把纸条扔到了姜晨的座位上，她拿起纸条正准备扔掉，却被监考老师看到并误以为她作弊。姜晨本来想辩解的，但是那位同学是自己的好朋友，望着她乞求的眼神，姜晨选择了沉默。

后来这位同学心里对姜晨很愧疚，看到她为此受了很多委屈，心里很过意不去，于是就主动承认了错误。

陈女士这才意识到自己冤枉了女儿，对于那天的冲动也很后悔。女儿虽然平日里的表现不是特别好，但是自己也不应该在没弄清事实的真相前，就对女儿妄加指责，从而严重伤害女儿的自尊心。每每想到这些，陈女士心里都会觉得愧疚。

常言道:“没有调查就没有发言权。”批评通常是在事情发生之后出现的，父母在批评女孩前，一定要深入了解事件的来龙去脉，等弄清楚事实的真相后再给予女孩客观、公正的批评和教育。只有这样，才能让女孩心服口服。

“孩子，把事实的真相说出来，相信爸爸会有一个公正的判断。”在女孩犯错之后，父母可以用类似鼓励性的语言，让女孩有充分的解释权。在弄清楚事实的真相后，父母再批评女孩也不迟。正如“磨刀不误砍柴工”,“磨刀”是“砍柴”的前提,在批评女孩的时候,“弄清楚事实的真相”是“批评”的前提。只有这样,父母在批评女孩的时候才能做到有理有据、客观公正，女孩也比较容易接受。

## 19 批评女孩，要选择场合把握时机

著名教育学家苏霍姆林斯基曾说："自尊心是一种非常脆弱的东西，对待它要小心，要小心得像对待玫瑰花上颤动欲坠的露珠一样。"这个比喻形象地指出了自尊心的珍贵。人人都有自尊，对于女孩来说，自尊心更是一种极为珍贵而又脆弱的东西。因此父母在批评女孩的时候要特别注意这一点，即要选择合适的场合，并且把握好时机再批评，给女孩留足面子。

刘燕是一名初中生，性格比较内向，也不喜欢和其他人接触。父母看在眼里，急在心里。为了培养女儿活泼开朗的性格，刘燕的父母给她报了好几个兴趣班，希望她能通过和不同性格爱好的孩子接触，改变一下自己的性格。对于父母的苦心，刘燕是懂得的，因此她很努力地尝试跟人交往，虽然效果并不是很明显，但是比以前好了很多。

星期天，刘燕跟着妈妈去姥姥家玩，正好舅妈和表妹婷婷也在。刘燕的表妹只比她小一岁，但是却已经是一个十足的"小明星"了，绘画、舞蹈、唱歌都很好，在学校经常代表班里参加比赛，还曾在全市的少儿舞蹈大赛中获得第三名的好成绩，并且婷婷性格活泼开朗，到哪里都很招人喜爱。刘燕的妈妈也很羡慕，她希望自己的女儿也能像婷婷一样出色。

吃过午饭以后，妈妈和舅妈坐在客厅里聊天。

“你家婷婷可真棒，小小年纪就表现那么出色，长大了肯定会有大出息。”妈妈羡慕地对舅妈说。

“呵呵，这孩子从小性格就开朗，兴趣也比较广泛。我们也希望她以后能在自己最喜欢的方面有所发展。”舅妈笑呵呵地说。

“唉，你看我们家刘燕，比婷婷还大一岁呢，可是连婷婷的一半都不如。”妈妈指着刘燕叹了一口气。

听到妈妈这样说自己，坐在一旁的刘燕心里很难受。

“刘燕就是性格比较内向，这孩子挺好的，你们在平时要多关心引导她，我看她今天的表现就挺好的。”舅妈赶紧打圆场。

“你就别替她说话了。你看她整天都不说一句话，跟个门头葫芦似的，我和她爸爸也不是这种性格，怎么她就成这种性格了呢？这么大的姑娘了，见了人连个招呼都不知道打，没一点礼貌。给她报了兴趣班，让她多和其他孩子接触，到现在我也没看到有啥长进。”妈妈开始数落刘燕。

妈妈当着舅妈的面批评、数落自己，让刘燕觉得很没面子，自尊心受到了很大的伤害。从那以后，刘燕变得更加沉默寡言了。

从例子中可以看出，刘燕的妈妈在批评教育女儿上是失败的。对于女儿的缺点，她没有注意场合就一味地指责批评，给刘燕的心理造成了很大的阴影，让刘燕觉得自己在妈妈的眼里简直就是“一文不值”，深深伤害了她脆弱的心灵。

对于女孩的缺点和错误，批评教育是在所难免的，但是父母在批评女孩的时候必须注意场合和时机。不能随随便便当着他人就数落女孩，这样只会让女孩更加难堪。那么父母怎么做才算是正确选择场合和把握时机呢？

父母在批评女孩的时候尽量不要当着其他人的面，更不要在公共场合批评、指责女孩，最好是选在家里或者是单独和女孩在一起的时候。女孩再小也是有自尊心、要面子的，父母应该给女孩留足面子。这样一来，既达到了批评教育的目的，也让孩子明白父母虽然批评自己，但却是尊重自己，在心理上也比较容易接受。

另外，掌握好时机批评女孩也是很重要的。父母在面对孩子的缺点或者错误时，如果能够因材施教，根据女孩的不同性格或者在不同状态下采取不同的批评方法，效果可能会好很多。例如，一位母亲带着自己的女儿去看少儿歌曲大赛，女儿听着其他孩子优美动听的歌声很是陶醉，母亲就趁机说：“你看这些小朋友跟你年纪差不多，但是她们却比你唱得好，这是为什么呢？是因为你在平时不好好练习、不努力，以后你可要多加把劲儿啊！”女孩听了母亲的话，很惭愧自己当初不好好学习唱歌。

批评也是一门艺术，父母应该好好学习，争取用最有效，同时也是女孩最乐于接受的方式对其进行批评和教育。选对了时机和场合，批评的效果才能达到最好。

## 20 父母犯了错也需要进行自我反省

当孩子犯了错误时，很多父母总是不依不饶地批评孩子一番，还要让孩子进行自我反省。那么，当父母自己犯了错误的时候呢？同样需要承认错误，并进行自我反省。只有这样，才会让孩子正确地对待错误，并加以改正。

娜娜的爸爸因为公司换了新上司，被调离了多年的财务总监岗位。满腹委屈的爸爸情绪糟糕透了，下班回家后常沉着脸坐在沙发上抽烟、发愣，有时候还会因为莫名其妙的一点小事和娜娜的妈妈吵个不停。

原本最爱在爸爸面前撒娇的娜娜看到爸爸愁眉不展的样子，心里十分难过，也不敢在爸爸面前“耍小性子”了。看到爸爸因为情绪不好总是和妈妈吵架，娜娜的心里也很难受。

最近这段时间恰好是世界杯，一向热爱体育的爸爸暂时抛却了工作上的烦恼，每天晚上都熬夜看球赛。

一天早晨娜娜起床后听见妈妈在厨房里大喊：“冰箱门一晚上都这么开着，太不像话了。”

娜娜赶紧跑进厨房，原来妈妈早晨起来做饭后发现冰箱门开着，忍不住发起火来。

“肯定是你爸爸干的好事，堂堂一个大老爷们儿没一点男人的样子，不就是工作上遇到了点挫折吗？至于整天跟丢了魂儿似的啊？太没出息了！”妈妈愤愤地说。

这时，正在卫生间刷牙的爸爸听见了妈妈的指责，本来心情不好的他听见妻子的奚落忍不住要和她“理论”。

眼快的娜娜见状赶紧说：“不是爸爸，是我开的。”

“你什么时候开冰箱了？”妈妈奇怪地问女儿。

“就是我开的……我昨天晚上睡觉前突然想喝酸奶……所以……所以就……”娜娜支吾着。

妈妈没有再说话，忙着去做早餐了。

爸爸看到女儿替自己扛“罪名”心里很难受，昨天晚上自己看球赛时，因为口渴就起身到厨房拿啤酒，结果就忘了关冰箱门。他明白，女儿是为了不让父母吵架才那么说的，女儿大了，已经知道调解父母之间的矛盾了，甚至还“代人受过”。这件事情说明女儿懂事了，可以随机应变处理矛盾了，但是女儿毕竟撒了谎，这与他平时对女儿的教育是不相符的。

在送女儿去学校的路上，爸爸决定和女儿谈一谈。

“爸爸这段时间因为工作上的问题心情不好，但是下班后和妈妈吵架是不对的。爸爸已经认识到自己的错误了，爸爸保证，以后每天都带着笑容回家。昨天晚上是爸爸粗心忘了关冰箱门，你能替爸爸认错，爸爸在心里很感谢你。”爸爸诚恳地对娜娜说。

“只要你和妈妈不吵架，咱们一家还像以前一样快快乐乐地生活，我就满意了。”娜娜说。

“可是，虽然你的出发点是好的，但是你毕竟跟妈妈撒谎了……”爸爸在想怎么和女儿解释。

“好孩子是不撒谎的，对吧？”没等爸爸说完，娜娜就打断了爸爸的话。

看着女儿神情庄重的样子，爸爸相信女儿已经懂了他的意图，微笑着点了点头，娜娜也高兴地笑了。

晚上回家后，爸爸和娜娜分别就“冰箱门事件”向妈妈道了歉，并且爸爸还对自己这几天来的表现诚恳地向自己的女儿和妻子道歉：“让你们担忧了，以后再也不会了！”

妈妈见丈夫和女儿都主动承认错误，也赶紧进行自我反省：“我的脾气太急躁了，爱唠叨，并且没有体谅丈夫的心情，我也道歉，并且保证以后好好改正。”

于是一家人都高兴地笑了，饭桌上又恢复了以前的欢声笑语……

在常人的意识中，孩子犯了错误就必须无条件地接受批评，而父母犯了错误却可以一笔带过，父母这种“不公平”的态度在教育孩子的时候是必须要改正的。

古语有曰：“天子犯法，与庶民同罪。”父母作为孩子的第一任启蒙老师，必须为孩子树立良好的榜样，自己有错误了要及时进行自我反省，孩子在父母的影响下自然也会“吾日三省吾身”，好好表现。只有这样，父母在批评教育孩子的时候，才能让孩子心悦诚服。

## 21 把批评夹在“汉堡包”里

在批评孩子时，父母大吼大叫是最不可取的，尤其是批评女孩时。女孩心思细，所以批评女孩时应该要委婉些。委婉地批评女孩的方式方法很多，但有一个原则就是不要伤害女孩的自尊心。先表扬，再批评，最后再表扬，这种方法是教育专家所提倡的。

马虹的爸爸今天接到女儿班主任的一个电话，说马虹近来在学校的表现不是很好。原来上星期马虹以肚子疼要去看病为由向班主任请假，班主任看马虹一副痛苦的样子，就准了她一下午的假。下午上班的时候，有一位出去办事的任课老师向班主任反映，说看见他们班的马虹在学校附近的一家网吧上网。

马虹的爸爸听了班主任的反映的情况后气愤不已，女儿现在都上六年级了，明年就要升入初中了，现在不抓紧时间学习也就罢了，竟然还撒谎逃课。看来，对女儿的批评教育是在所难免了（马虹的爸爸一直推崇“赏识”教育，很少批评女儿）。但是究竟该用什么样的方式批评呢？批评轻了，不疼不痒，引不起女儿足够的重视；批评重了，又担心适得其反，不好收场，影响女儿的正常学习。正当马虹的爸爸为此感到烦恼的时候，一个从事教育的朋友向他提供了一种批评孩子的方式：“汉堡包”式批评。即对批评进行艺术加工，把批评夹在两个表扬之中，变成一个汉堡的样子：上边一层是信任、欣赏，先找出孩子身上的优点加以肯定；中间一层是建议、分析，把事件变得举重若轻；下边一层是帮助、鼓励，在事件中得到应有的认识和提升。另外需要注意的是，在批评孩子的时候，父母必须控制情绪，就事论事，不妄加判断。

马虹的爸爸听了朋友的建议后觉得这个方式很新奇，也很具有智慧，于是高兴地采纳了。

晚上马虹放学回家以后，爸爸叫住了女儿。马虹已经察觉到了什么，低着头站在爸爸面前没说话。

“虹虹，今天你们班主任给爸爸打电话了。”爸爸用平和的语气说。

马虹听了爸爸的话，脸上的表情立即变得很不自然，低着头抠自己的手指甲。

见女儿一言不发，爸爸继续说：“班主任表扬了你，说你是一个很懂事的孩子，做事很有原则，出去知道请假，并且及时回到课堂，组织纪律性很高。”

听了爸爸的话，马虹心里似乎松了一口气，但仍疑惑地问爸爸：“老师真的这么说我吗？”

“你已经长大了，有些事情你有自己的想法，这样很好，证明你在不断成熟。有些不好的习惯，父母和老师都会帮助你逐渐改掉，比如你今天请假就应该事先和我们联系一下，即便是肚子疼，也不能随便离开学校，你说是怕我们担心，可是照顾好你是我们应尽的义务。”爸爸没有回答女儿的话，把话题又转回到了事情上。

“爸爸，我错了，我不该……”知道尽管爸爸没有直接批评自己，但是他肯定已经知道了自己撒谎请假的事情，于是想向爸爸坦白事情的真相。

“好女儿，能看到自己的不足和差距，这就是一种进步，事情过去就不提了，爸爸妈妈和老师都相信你会成为你们班最优秀的学生，以后好好表现，爸爸相信你一定会成为我们的骄傲。”爸爸知道女儿已经认识到自己的错误了，及时打断了女儿的话。

“谢谢爸爸的教导，我以后会好好听话、好好努力学习的。”马虹郑重地对爸爸说。

听了女儿的话，马虹的爸爸脸上也露出了欣慰的笑容，他很感谢朋友教他的这个方法，让女儿在接受批评的同时，也认识到了努力学习的重要性，真可谓“一举两得”啊！

批评是日常工作生活中不得已而为之的一种行为，不当的批评很容易给被批评者的情绪、情感带来不适、不满或伤害，在心理上给其造成一定的压力和障碍，令其产生消极抵触行为，致使双方或多方的关系产生紧张或对立局面，最终使批评变成一场灾难。因此，父母在批评教育孩子的时候，需要特别注意批评的“艺术”和方式，要尽可能地将批评对孩子的负面影响降低到最小。

上述例子中的“汉堡包”式批评就很值得父母借鉴，用“表扬”和“鼓励”将“批评”包裹起来，这样孩子在“吃”的时候就不会感觉“苦涩”了。用中国的老话说就是“打一巴掌揉三揉”“打一巴掌给一个甜枣”或者叫“恩威并施”。这样一来，孩子就不会抗拒父母的批评了，并且也乐于接受这种批评方式。

总之，批评孩子也是一门艺术，也需要技巧和方法。父母在平时的生活中应该多研究一下这门“艺术”，相信通过父母的努力，孩子一定能够及时认识并改正自己的错误，做一个听话、乖巧的好孩子。

## 22 批评女孩之前先肯定女孩

古人云："数子十过，不如赞子一长。"这句话用在批评孩子上，就是告诫父母在批评孩子之前先要肯定孩子。众所周知，现在"赏识教育"已经成了一种教育的新趋势，并且也越来越受到父母和老师的推崇，这充分说明了这种教育对孩子的影响是积极的。但是，一味地肯定和赞赏对孩子的成长也是有一定弊端的，当孩子犯了错误的时候，该批评的时候还是要批评的。

批评是一种高难度的教育技巧，不当的批评不仅达不到教育的目的，严重了还会伤害到孩子幼小的心灵。所以，父母在批评孩子的时候，首先要尊重孩子，争取在不伤孩子自尊心的前提下，使孩子接受父母的批评。

"十一"黄金周期间，亚楠跟着父母到桂林旅游，一家三口恣意徜徉在青山绿水中，优美的风景让他们流连忘返。这天他们到桂林著名的七星岩游玩，亚楠跟着父母又度过了一段愉快的时光。在回宾馆的路上，亚楠非要爸爸抱着她走。而玩了一天的爸爸已经筋疲力尽了，连走路的力气都没有了，哪儿还抱得动四十多斤的女儿啊！亚楠见爸爸不抱自己，就开始大哭大闹，还躺在地上打滚示威。爸爸去拉她，她还用小手在爸爸的脸上乱抓。爸爸见女儿这么不懂事，心里很是生气，于是就吼了亚楠几句。结果，亚楠非但没有停止哭泣，反而哭得更厉害了，一边哭一边喊："爸爸是大坏蛋！我讨厌爸爸！"爸爸一气之下就把她丢在一边，不理她了。

正在这时，妈妈买矿泉水回来了，问清楚情况后就走到亚楠身边，拿出纸巾给女儿擦掉脸上的泪水说："这么漂亮的一个小姑娘，哭花了脸多难看啊！楠楠还是小班长呢，如果连这点困难都克服不了，回去之后肯定会被班里的小朋友笑话的。"

听了妈妈的话，亚楠停止了哭声，委屈地说："爸爸不疼我，我讨厌他！"

"既然你这么讨厌爸爸，那以后爸爸再也不给你讲故事、不陪你做游戏了，以后在家你就自己玩吧！"妈妈说。

"不行！我不要爸爸不和我玩！"一听说爸爸以后不陪自己做游戏了，亚楠急得大喊。

"既然你想要爸爸以后还陪着你玩耍，那你现在就得给爸爸道歉。在幼儿园里老师经常夸你是个懂礼貌的乖孩子，你也知道打人是不对的，可是你看你把爸爸的脸抓得都流血了，现在赶紧去给爸爸道歉，道完歉你就还是个好孩子。"妈妈对亚楠说。

在妈妈的鼓励下，亚楠慢慢走到爸爸面前，用小手抚摩着爸爸的"伤口"，心疼地说："爸爸对不起，我不该用手抓你，你一定很疼吧！"

看到女儿乖巧的样子，爸爸笑着说："呵呵，只要你认识到自己的错误，以后不再犯，爸爸的伤口就好了。"

孩子和成人一样，在做错事情的时候，内心都会有一种惩罚自己的需要，这是一种很正常的心理需求，也是为了让自己的心理平衡。有的父母在孩子犯错之后，都会大声地斥责孩子"真是不听话，看我回去怎么收拾你！""回去之后再跟你好好算账！"等。其实，这种批评方式并不会达到教育孩子认识到自己错误的目的，只会让更加重孩子的逆反心理。

要知道，孩子毕竟只是个孩子，她的理解能力和成人有着根本的区别，所以父母在批评孩子的时候，首先要控制自己的情绪，向孩子说明原因，给孩子讲明道理，让孩子清楚自己究竟错在哪里，然后再引导孩子承认错误，接受批评。就像例子中亚楠的妈妈那样，在批评孩子之前首先肯定孩子有值得称赞的优点，然后将自己内心的感受跟孩子解释清楚，最终让孩子认识并承认了自己的错误。

因此，父母在批评孩子之前，不妨先肯定孩子的长处，对孩子的进步给予及时的表扬和鼓励，然后在此基础上再指出孩子的错误或不足，只有这样，才能让孩子心甘情愿地接受父母的批评和教育。

## 23 要批评，更要做好批评后的善后工作

很多父母在女孩犯错之后采用批评的教育方式，认为批评完了就没事了。其实，这些父母忽略了一点，那就是批评后的善后工作。有些父母可能会感觉奇怪："怎么？批评了就是批评了，难道还要再给她安慰不成？"没错，这正是我们下面要谈的一个问题。

父母要弄清楚一个事实：即使是最温和的批评，也是对女孩否定性的评价，或多或少都会对其心灵产生一定的负面影响。因此，父母在批评女孩的时候，不能一批了事，更要关注女孩的情绪变化，防止女孩因为批评，一时产生消极情绪而导致过激行为。所以我们提倡父母批评女孩过后，能够采取适当的方式，在不影响批评成效的前提下，安抚女孩的心灵，消除彼此间的情感隔膜。

思思是一个16岁的花季少女，按说应该是快乐无忧的。但是，因为父母一句不当的批评，却导致这个花儿一样的少女再也不能快乐地在花丛中奔跑。

思思是家里的独生女，也是父母的掌上明珠，是在父母和亲友的呵护下长大的。虽然有父母的万千宠爱，但是思思并不是那种任性、娇惯的女孩。她心地善良、细腻，从小就喜欢诗词歌赋，属于那种多愁善感型的女孩。尤其是进入青春期以后，心理和生理上的变化让她更多了一

份“忧愁”。在学校,同学们都开玩笑,说她像极了《红楼梦》中的林黛玉,还笑称她为“林妹妹”。

对于同学们的评价,思思都是一笑而过,因为知道是玩笑,所以也并不生气,但是她却很好奇林黛玉究竟是何种性格的人物。她知道《红楼梦》里的林黛玉是多愁善感型的,但是她并没有认真读过这本书,加上同学们的玩笑,思思忽然对林黛玉很感兴趣,于是就从图书馆借来原著阅读。

结果,思思很快就迷上了这本书,也被书中的林黛玉深深吸引。每天下课或者放学后,思思都会迫不及待地拿出书来阅读,直到有一次实在忍不住,在数学课上偷偷看,被数学老师逮了个正着。老师当天就把这件事打电话告诉了思思的妈妈。妈妈一听说女儿在课堂上不认真听讲,还看小说,立即就来了气。晚上女儿放学回家后,她果然在女儿的书包里搜出了《红楼梦》,当场就严厉地批评了思思,还把思思期中考试成绩倒退的责任推到看闲书上。之后,妈妈让思思回自己的房间好好反思,并且让她写一份检查教给自己。

思思长这么大第一次受到妈妈的批评,本来课堂上被抓已经够让她难堪了,现在妈妈又狠狠地批评自己,眼泪忍不住吧嗒吧嗒掉下来。一连好几天,一向温柔的妈妈对自己都是一副冷冰冰的样子,思思越想越羞愧,她觉得自己再也不是妈妈心目中的好孩子了。终于有一天晚上,思思因为一时想不开悄悄溜出了家门。在穿越马路的时候因为心不在焉,被迎面而来的一辆汽车撞倒在地,永远失去了自己的双腿……

思思的妈妈后悔莫及,悔不该在批评女儿之后,不顾女儿的感受,最终导致了无可挽回的后果。

思思的悲剧应该引起所有父母的注意,那就是在批评女孩之后,一定要及时采取“善后”措施。一般来说，女孩的心理比较脆弱，自尊心也更强，很多时候，父母不经意的批评都会让其闷闷不乐很长时间。这不是小心眼，而是女孩固有的细腻和脆弱。遇到这种情况，父母在批评过后，一定要找个适当的时间再和女孩好好谈谈，最好是在双方都冷静下来之后进行。

案例中，思思的妈妈可以在冷静下来以后对女儿说：“《红楼梦》是一本名著，很值得一读，但课堂上是学习的时间，应该好好听讲，书可以放到课下看。妈妈批评你是为了让你弄清楚学习和看课外书的主次关系。”这样一来，思思就不会因为妈妈的批评而做傻事了。

由此看来，批评之后的“善后”是十分有必要的。一方面要通过批评让孩子意识到自己的错误，另一方面在批评之后适当地给女孩心理辅导，让女孩感觉到父母是真的为自己好，从而在改正错误的同时，也更加信任父母。

# 4 说服，让女孩及时纠正自身的错误意识

随着年龄增长，女孩独立意识强烈后，父母在对其进行教育的时候就需要少批评，多说服。父母在说服的时候一定要注意方式，让女孩在父母强有力的说服中，及时发现并改正自己的错误。

## 24 掌握好说服和教育的时机

说服教育是父母教育孩子中一种最常用、最基本的教育方法，是通过摆事实、讲道理、明辨是非、以理服人，进而提高思想认识、培养优良品德的有效方法，它以讲解、报告、谈话、对话、讨论、辩论、指导阅读书刊等方式为主，也配合参观、访问、调查等方法。在对女孩的教育过程中，说服教育同样扮演着重要的角色。

父母选择恰当的时机和场合对女孩进行教育，是保证教育效果的先决条件。很多女孩都不喜欢父母当着他人的面，对自己进行批评指责，并且她们往往对父母的"唠叨教育"反感至极，更不会耐下心来听父母给自己讲那些"大道理"。假若女孩正在做一件自己喜欢的事情，这时父母如果用近乎强制性的语言来教育女孩，只会和先前预想的教育效果背道而驰。因此，掌握好说服和教育的时机是父母教育女孩时必须学会的。

上个周末，小雪妈妈所在的公司里举行周年庆典，小雪随妈妈一起跟妈妈的同事吃饭。因为平时小雪的妈妈在吃饭的时候总会给女儿夹菜，小雪也习惯了妈妈对自己的"照顾"。这天在饭桌上，小雪看见有很多自己喜欢吃的菜肴，就像平时一样吵着让妈妈给自己夹这夹那。看到自己的女儿这样没礼貌，小雪的妈妈心里很不是滋味，但又觉得当着这么多人的面子批评女儿太伤她的自尊心，于是妈妈还是给小雪夹了菜，但是她给小雪使了个眼色，用暗示性的语言提醒女儿这是公共场合，要懂礼貌。

“小雪，今天你在饭桌上的表现不是很好，很没礼貌。”回家后妈妈严肃地对小雪说。

“您在饭桌上已经用眼睛告诉我了。”小雪说，“我很感谢您没有当着叔叔阿姨的面批评我。”

“饭桌上是有很多规矩的，你现在是大姑娘了，妈妈有必要给你讲讲。”妈妈对小雪说。

“嗯，我很愿意听。”小雪高兴地说。

于是小雪的妈妈就给女儿讲了很多饭桌上的礼仪及需要注意的事情，并且还指出了女儿在饭桌上的不当表现。小雪很赞成妈妈的话，并且向妈妈保证自己以后会注意的。

像小雪妈妈这种当孩子静下来的时候对其进行说服教育的方法，孩子容易接受，也会感激父母在此之前给自己留足了面子。这种情况下，父母对孩子的说服教育会进行得很顺利，效果也会很好。

说服教育的关键在于，父母要能说并且要会说。既能够给女孩讲清楚事件本身的不妥，也能在说的过程中让女孩明白正确的做法，并且要选择好适当的教育时机。说服教育必须要有启发性，即能够在说服女孩的同时让其受到一定的启发。

总之，教育是一项既简单又复杂的工作。每个家庭的父母都希望自己的孩子能够做一个懂事的乖孩子，这就需要父母在平时的生活中多教育孩子。另外还要多看一些教育和口才方面的书籍，只有这样才能及时了解女孩成长过程中各个阶段的特点，并且运用恰当的方法对其进行说服教育。这样教育出来的女孩一定是个乖巧、懂事的好女孩。

## 25 用说理的方式说服女孩

孩子小，有时候还会无理取闹，但只要父母心平气和地讲明道理，他还是会明白的。在说服女孩的时候，只要晓之以理，一般情况下，女孩会很听话的。在说理的时候，一定要摆明事实，讲清道理，这样才会收到效果。

亚亚是个7岁的小女孩，性格活泼开朗，模仿能力也很强，而且特别喜欢在吃饭的时候讲一些幽默的话，但是可能是漫画看多了的缘故吧，亚亚的幽默并不是很高雅，经常说着说着就说到邋遢方面了。次数多了，父母也就对女儿的“不雅谈吐”习惯了，所以并没有在意，也没有刻意阻止，只是每次都提醒她不要说得太过分。

这天是周末，爸爸的几个同事来家里做客。中午妈妈做了一大桌子好吃的，光是看着就已经让人垂涎三尺了。就在大家有滋有味吃的时候，亚亚的老毛病又犯了，不管饭桌上是生人还是熟人，又开始乱说起来。由于父母平时不怎么强加管束，这时候再忙着制止已经来不及了，几个客人不好意思说什么，但是气氛一下子就变得尴尬起来了。

客人走后，针对女儿的不良习惯，妈妈决定好好和亚亚谈谈。

“你刚才犯了一个很严重的错误，你知道吗？”妈妈严厉地说。

“什么错误啊？”亚亚莫名其妙地问。

“你不应该在吃饭时讲邋遢的笑话。”妈妈说。

“我以前不是也说过吗？您也没说我啥啊。”亚亚不服气。

“那是因为我们自己吃饭，我和你爸爸都不忌讳你说的那些，所以才没说你。可是这次不一样，有客人在场呢。”妈妈说。

“客人在场又怎么了？”亚亚满不在乎地说。

“你和他们不熟，你不知道他们忌讳这个话题。有些人在吃饭的时候是不愿听这类不文明的话的，那会让他们倒胃口的。你认识的王叔叔就是这样，听到那样的话他肯定连饭都吃不下去。”妈妈耐心地给女儿解释。

“他们又不是王叔叔，您怎么知道他们不能听？”女儿有些理解，但仍不认错。

“在没有弄明白他们的习惯之前，你应该尽量避免可能造成伤害他们的行为，尽管你没有恶意，但是他们会感觉很不自在。举个例子来说，你对青霉素过敏，所以不能打青霉素对吧？”妈妈说。

“那又怎样？”亚亚问。

“如果有一天你生病了，到医院去看病，医生也不管你过敏不过敏，就给你开了青霉素，然后不经皮试就给你打针，结果会怎样你应该很清楚。”妈妈继续说，“医生的本意是好的，是要给你治病。可他没有弄清你的情况，结果就害了你。为什么会这样呢？就是因为他忽视了每个人的情况是不同的，有的人对青霉素不过敏，而有的人过敏。所以在注射青霉素之前，他应该先给病人做个皮下测试，看看病人有没有反应。如果可以，才能用药。而你刚才犯的就是类似的错误，你在没弄清客人是否忌讳的情况下，就讲一些可能对他们造成伤害的话。如果他们忌讳这样的话题，肯定就吃不好饭了。你想想，这样一来客人下次还会再来咱们家做客吗？”妈妈又说道。

亚亚听了妈妈的话低下头不再说话了。

“你要知道，这个世界每个人都是不同的，每个人都有自己的喜好。你喜欢的，别人不一定喜欢，甚至是讨厌的。就像你对青霉素过敏，而很多人不过敏一样。所以，对那些你不熟悉的人，不要说那些不文明的、可能被他人误解的话。这是人与人相处的基本道理，也是对他人的尊重。当然，如果是你很熟悉的人，互相了解各自的喜好，那就无所谓了。”妈妈趁机再教育女儿。

“妈妈，我知道自己的错了，以后我会注意的。”亚亚认真地说。

妈妈用类似打针过敏的例子做比喻，向女儿揭示了所犯错误可能造成的后果，并且最终说服了女儿，让女儿承认了自己的错误。

对于女孩子来说，父母在说服教育的时候，应该用一种说理的方式。这样在说服女孩的同时，也会让她树立起尊重他人的思想观念。父母只要采用合适的方式，把道理给孩子解释清楚了，孩子自然就会接受父母的说服了。

## 26 用选择式代替是非式

说服别人是一门艺术，也是一门技巧。说服别人不应采取强硬的态度，而应让对方自觉地接受说服，或者让对方自愿地选择朝着自己倾向的意愿发展。父母在说服女孩时，用选择式代替是非式，往往会取得意想不到的效果。

周末晚上吃饭前，小青和爸爸坐在客厅的沙发上看电视。小青最近迷恋上了恐怖片，说看恐怖片很刺激。但是爸爸却希望一家人能够开开心心地看喜剧，调节一下平时紧张的情绪。他本想直接对女儿说："宝贝儿，咱们别看让人惊悚的电影了，看周星驰的搞笑电影放松一下好不好？"但是转而一想，这样说的话很容易凸显和女儿意见上的矛盾之处，女儿肯定会心生防卫，答案也当然会是"不！我就要看恐怖片！"

认真想了想之后，爸爸对小青说："宝贝儿啊，你是想吃饭前看《大话西游》呢，还是吃过饭之后再看？"

"饭后再看吧。"小青想了想回答道，然后就起身去厨房帮妈妈做饭去了。

就这样，爸爸用选择式的问题代替了是非式的问题，用自己能接受的方式做选项，无论女儿做出哪个选择，双方都能达成共识，如此一来，就很巧妙地说服了女孩放弃看恐怖片的打算。

在生活中，常去西式快餐店吃东西的人一定知道，在点餐时你若告诉服务人员：“我要一个汉堡和一杯可乐。”服务人员通常会响应你说：“是！您要一个汉堡和一杯可乐。另外，请问您要中薯（薯条）还是大薯？”

这时候你一般都会回答：“中薯吧！”

于是服务人员就会很高兴地把你“点”的快餐盛在餐盘里放到你面前。

其实这就是服务人员一种非常高明的“说服术”，对方不是直接问你“要不要薯条”，而是巧妙地让你在“要中薯还是大薯”之间做一个选择。如果你一时没有察觉，中了对方“你需要薯条”的假设，过后再考虑“大”或“中”的问题时，快餐店就已经很成功地说服你再多花一些钱了。

快餐店中服务人员说服顾客买薯条的方式和例子中小青的爸爸说服女儿放弃看恐怖片的方式有着异曲同工之妙，都是利用选择式的提问方式，成功地让对方按自己的意愿做出选择，也等于用一种滴水不漏的方式成功说服了对方。

在日常生活中，很多父母都会有说服女孩做一些事情的需要。当女孩不听话或者是双方意见不合时，父母想让孩子听从自己意见的最好说服方式就是以选择题（中薯还是大薯）代替是非题（要不要薯条）。这是一种非常高明并且有效地和女孩沟通、说服女孩的方法，因为这种说服方法会减少父母与女孩正面言语的冲突。父母把选择的决定权交给女孩，女孩则感觉父母很尊重自己，因而也会心甘情愿地做出配合。

再比如女孩看电视不愿做功课的时候，很多父母的做法都是冲着女孩大吼：“快把电视关掉，赶紧去做你的功课！”女孩听了不但不会听从父母的话，反而会更加叛逆地说：“就是不关！我偏要看电视！”针对女孩这种情况，父母完全可以换一种说服方式：“女儿乖，你是要先吃饭，还是先做作业呢？”这样一说，女孩不论做什么选择，父母都能够达到让她离开电视的目的。

说服是一门艺术，也是一门学问，更是父母应该不断学习、不断探索的一种教育技巧。当自己的孩子不听话时，父母完全可以打破传统的是非式的说服方法，而是改用全新的选择式方式，让孩子在父母精心设置的、都能达到目的答案中做出选择，就可以很容易地说服女孩，让女孩乖乖听父母的话。

## 27 顺势诱导说服女孩

父母说往东，孩子非往西；父母说往左转，孩子偏要向右转……小家伙看起来根本就是在存心跟父母作对。这时候如果父母坚持原则，孩子甚至可能哇哇大哭，闹个不休，直到父母完全妥协才肯罢休。生活中很多父母都常常会遇到这样不听话的孩子，为什么父母的话孩子就是不听？是孩子天性顽劣，还是父母管教无方呢？

妈妈做好饭菜放在桌子上都快凉了，孩子还是坐在电视机前不肯吃，非要看完她正在看的动画片，任凭妈妈一再催促。随后，妈妈的催促变成了呵斥心头的火气也一点点累积，最后终于爆发了："你到底吃不吃啊？"情急之下还"啪"的一声关掉了电视机，拽起孩子就按到了饭桌前的椅子上。孩子拳打脚踢，哭闹不已，虽然被父母强行灌进去几口饭，但是一直含在嘴里就是不肯下咽。即使咽下去了，也是一肚子对父母的怨气，一顿饭吃得全家都火冒三丈，心烦不已。

以上这个场景在生活中是非常普遍的，已经做了父母的人对这样的场景更是深有体会。

孩子为什么要针尖对麦芒似的跟父母对着干呢？很多人可能都会把原因归咎到孩子的身上，给孩子扣上"不听话"的帽子，贴上"任性"的标签。但是实际上这不是孩子的错，而是作为父母的成人的错。父母如果长期这样管教孩子，不仅不会让孩子变得听话一些，相反，孩子可能会变得更加任性，更加不听话，并且会持续地通过这种方式来跟父母对抗。

那么，在现实生活中，父母如果想让自家的孩子听话，究竟应该怎样对其进行说服呢？

梅梅是个特别喜欢吃糖的小女孩，走到哪儿兜里肯定都会装着满满一兜的各种各样的糖。每次妈妈带她逛超市，梅梅都会在五颜六色的糖柜前驻足观望，直到妈妈给她买下为止。

梅梅的父母也知道，孩子吃糖多了不但坏牙齿，对身体也不好。但是女儿就是一个见了糖就迈不开半步的孩子，在她吃糖的时候父母如果强行抢下她手中的糖果时，梅梅一定会大哭大闹甚至还会闹得不可开交。为女儿吃糖的事，父母真是伤透了脑筋。

这天，妈妈带着女儿去商店买东西，梅梅看到柜台上玻璃罐里的巧克力糖非要让妈妈买。可是在此之前女儿刚在家吃了一把奶糖，妈妈不买，梅梅就又开始闹。

“吃吧吃吧，把这些糖全都吃了吧！”妈妈干脆抓了一把全塞到女儿手里。

梅梅不哭了，剥开糖就往嘴里塞。

“吃完这些妈妈再给你买更多让你天天吃，糖多甜多好吃啊！吃了糖，牙就坏了，牙坏了，妈妈就可以带你去医院看医生。医生呢，就会拿一把各种各样的钳子，使劲儿地把你那些坏牙拔掉。”妈妈顺势说。

“那拔牙是不是很痛啊？”梅梅害怕地问妈妈。

“痛，当然痛了！你还记得那本《鳄鱼怕牙医》的书吗？鳄鱼去拔牙的时候是不是很痛呢？你好好想想。”妈妈说。

一想到书里鳄鱼拔牙时痛苦万分的样子，梅梅浑身都开始战栗了，全身的汗毛都竖起来了，赶紧把嘴里的糖吐了出来。并且从那儿以后再也不吃糖了。

梅梅的妈妈用这种顺势诱导的方法说服了女儿，从那儿以后梅梅再也不吃糖了，并且看了糖就会躲得远远。

孩子是最现实的，她只关注自己当下正感兴趣的事情。当孩子正兴致勃勃地迷恋于一件事情时，父母如果强行阻止，孩子就更难以别过劲儿来。因此，当孩子不听话，或者父母的要求跟孩子的欲望发生冲突时，父母可以采取一种相对比较柔性的方式，顺着孩子的欲望说一说。等孩子情绪平复下来以后，再帮助她转一下弯，即用顺势诱导的方式说服孩子听话。这样一来，孩子就会在听从父母劝诫的同时，改掉自己的坏习惯。父母如果掌握了这种方法，还怕说服不了女孩，教育不出一个听话、懂事的好孩子吗?

## 28 说服女孩，方式要灵活变通

做事要懂得灵活变通，在说服别人的时候，也要懂得灵活变通。在说服女孩的时候，不要一成不变地使用一种方法，而应该视具体情况，采取不同的说服方式，这样才能有效地说服女孩，让女孩听话。

晚上妈妈在厨房里做饭，6 岁的朵朵拿着姥姥刚给自己买的玩具小汽车到处跑。一会儿把小汽车“开”到厨房，在厨房里来回蹿，妈妈做饭也碍手碍脚的；一会儿又“开”到客厅里，把客厅弄得乱七八糟的。

吃饭的时候，朵朵也不好好吃饭，依旧不亦乐乎地“开”着自己的小汽车满屋子疯跑。

“先好好吃饭，吃完饭再玩。”妈妈喊朵朵。

朵朵于是坐到餐桌前开始吃饭，但是吃了没几口就又坐不住了，扔下饭碗又开始玩了。

“哈哈，汽车开过来了，赶紧让开啊！”朵朵一边喊着一边把小汽车“开”到了饭桌上。这一开不要紧，把餐桌上装了调料的小碗打翻了，结果弄得满手都是调料。

“赶紧去洗洗手。”妈妈拉着女儿就要往厨房走。

“不洗不洗，我还要玩汽车！”朵朵挣脱妈妈的手，说什么也不肯去洗手，坚持要开小汽车玩。

妈妈知道，这时候如果强制女儿去洗手的话，女儿肯定会不高兴，搞不好还会乱发脾气。与其为此闹得大家都不高兴，倒不如换一种方式说服孩子。

“朵朵，你看你满手都是黏糊糊的调料，玩小汽车也一定会把小汽车弄脏的，你看这么漂亮、干净的小汽车脏了多可惜啊！”妈妈对朵朵说。

“你还是不想让我玩小汽车是吧？我就是不洗！”朵朵“警惕”地说。

“不是不让你玩小汽车，妈妈是想让你带着你的小汽车去洗手。妈妈也想看看你的小汽车能不能在水池里浮起来。”妈妈认真地对朵朵说。

朵朵想了想，说：“那好吧！不过我洗手的时候，你不能把我的小汽车拿走。”

“我发誓我不会拿走小汽车。”妈妈说。

听了妈妈的话，朵朵高兴地拿着自己的小汽车去洗手了。

妈妈知道直接让女儿去洗手的话，女儿一定不肯，于是就提出让她拿着自己心爱的玩具去洗，并且还用“看看小汽车能不能在水池里浮起来”作为提议。这么一说，朵朵肯定会对妈妈的提议感兴趣。于是，为了满足自己的好奇心，并且在听到妈妈“誓言”后，高高兴兴地跑去洗手。妈妈无须呵斥，就轻而易举地说服了女儿，让女儿乖乖“就范”。

在日常生活中，很多父母在遇到孩子不听话时，经常采用的方法就是强制其“听话”，再不行就干脆“体罚”，以此来让孩子听话。虽然这是一种方法，但是这种方法是最不可取的，因为它对孩子来说是一种颇为极端的方式，会严重伤害到孩子幼小的心灵，并且次数多了，对孩子的身心发展和健康成长也是极为不利的。

同样一件事情，如果认真思考就能找到很不不同的方式来变通处理，不一定非要一根筋地坚持最“原始”的做法。教育孩子也是一样的道理，遇到不听话的孩子，父母不一定非要用强制的办法，而是应该思考如何变通，用一种“人性化”的、孩子乐于接受的方式说服孩子听从自己的意愿。父母换一种方式说服，孩子对父母一直抵抗的情绪可能就会消除，甚至还可能迷恋上父母的这种说服方式。

因此，父母要多看一些和女孩沟通、交流方面的书，要对不同年龄阶段女孩的心理特征有一个很好的把握。在说服女孩的时候，灵活变通一下，用女孩最乐意的方式进行说服。这样一来，无须激烈的“战争”，父母就可以达到说服女孩、让女孩听话的目的了。

## 29 先理解女孩的感受，再进行说服

从某种意义上说，说服就是心理上的交锋。在说服女孩之前，先要理解女孩的感受，知道女孩心里的想法，然后站在女孩的角度上和她说话。这样就能拉近与女孩的心理距离，从而使说服工作取得成功。

周末天气很好，郑佳的妈妈和单位里的两个同事约好一起带着各自的孩子去郊外玩耍，一方面让孩子相互认识、了解一下，另一方面也趁此机会让孩子感受一下大自然的魅力。

因为另外两位阿姨的孩子也都是女孩，并且年龄也和自己相仿，所以郑佳很快就和她们熟悉了，没一会儿三个女孩就打成了一片。三位妈妈看着三个女孩玩得很开心、很快乐，于是就放心地到一边聊天去了。

过了一会儿，郑佳哭哭啼啼地跑到妈妈身边，说另外两个小姐姐不跟她玩，还赶她走。妈妈知道这其中一定有什么误会，于是就让女儿先坐在草坪上休息一会儿，自己过去看看。郑佳的妈妈问了问，才弄清楚是怎么回事。原来另外两个小女孩都玩累了，想休息一会儿，可是郑佳非缠着她们继续玩。女孩不高兴，就说郑佳不懂事，还让她走开，于是郑佳就哭了。

妈妈替女儿向两个小朋友道了歉，然后找到女儿，女儿还一直哭个不停。本来是自己错了，却还怪人家不跟她玩，妈妈心里真想说女儿两句。

“妈妈，我想和两个小姐姐玩捉迷藏，你让她们跟我一起玩好不好？”郑佳哭着央求妈妈。

看着女儿一副伤心、难过的样子，妈妈的心软了。她理解女儿的感受，女儿从小就是个很敏感的孩子，也很在意他人对自己的看法。像现在这样，女儿一定是认为两个小姐姐不喜欢她才不跟她玩的。因此，她必须用一种温和的方式说服女儿。

“你很喜欢和两位小姐姐玩耍是吧？”妈妈轻声问女儿。

郑佳点点头，委屈地说：“可是她们好像不喜欢我了，也不愿意跟我玩了。”

“妈妈知道你心里现在很难过，但是刚才我问过小姐姐了，她们并不是因为不喜欢你才不和你玩的。”妈妈说。

“那是因为什么啊？”郑佳忽闪着大眼睛问妈妈。

“因为小姐姐累了，她们想休息一会儿再玩。可是你老缠着她们，所以她们就让你走开。”妈妈解释说，“一会儿等她们休息完了，你再和她们玩好不好？”

郑佳听了妈妈的解释后不再哭了，笑着跑开了。

面对女儿的“耍赖”，妈妈没有直接批评，而是先弄清楚事实的真相，然后在再站在女儿的角度上对女儿内心的感受表示理解，让女儿先获得一种心理上被理解和同情的安慰，然后再耐心给女儿解释小姐姐为什么不和她玩，最终说服了女儿。

当孩子对某件事情抱怨或者感到伤心时，父母的第一想法就是劝慰孩子，并试图说服孩子，想让孩子知道他的想法是错误的。其实，父母的这种做法根本起不到应有的作用，只会让孩子内心更加怨恨或者难过。遇到这种事情时，父母应该换一种说服方式，即要先同情并理解孩子的感受，承认孩子的情绪和抱怨。例如，当孩子的好朋友要转学离开时，父母不要去安慰她说，你可以去再去找别的朋友，而是应该站在孩子的角度上体会她的感受，告诉她：妈妈理解你现在的感受，你心里一定非常难过。这时候孩子就会觉得父母理解自己的情绪，她内心的伤痛或者孤独感就会慢慢减弱，情绪也会得到好转。等孩子情绪稳定下来的时候，父母再对其进行说服和引导，孩子会因为之前已经对父母有了信任而接受父母的劝说。

因此，当父母在试图说服孩子的时候，要注意不要一味地对其进行教导，因为这样只会引起孩子内心的反感和不满。父母应该先说出一些对孩子的想法和感受表示理解的话语，待取得孩子的信任之后，再提出自己的建议或者意见。只有先学会感受孩子的情绪，逐步拉近与孩子之间的距离，才能最终说服孩子。

## 30 说服女孩切忌唠唠叨叨

有些父母在教育女孩时随意性太强，不分时间和场合张嘴就来，唠唠叨叨，没完没了地讲一些大道理。心理学研究表明：当载有新信息的语言第一次讲出时，对大脑的刺激最大，产生的印象最深，但同一内容反复次数太多，就会使大脑皮层产生某种抑制，自动关闭其接受系统。所以，父母唠唠叨叨的话只能变成无关痛痒的废话，有时甚至会造成孩子的逆反心理，成为一种“精神噪声”，并且很多孩子都对父母所灌输的“大道理”心生反感和厌恶。

因此，父母在说服、教育女孩的时候一定不要唠唠叨叨，滔滔不绝地给其灌输大道理。要知道父母的唠叨，女孩根本不会听进心里去，唠叨和大道理并未起到作用。父母对女孩的说服教育必须讲究语言艺术，做到简练、深刻、点到为止。

甜甜是个性格活泼开朗的女孩，平时比较贪玩，为她的学习父母没少操心。最让甜甜反感的是父母每次都爱在吃饭的时候对她进行所谓的“教育”。

这天，甜甜晚上回家后，妈妈已经做好了晚饭，甜甜打算赶紧吃完饭就去做老师今天发下的测试卷。于是就先坐到饭桌上狼吞虎咽地吃起来了。

“你看你，这么大的女孩子了，怎么一点都不注意自己的形象啊？”妈妈忍不住责备起女儿来。

甜甜已经习惯了妈妈的唠叨，所以只顾着吃自己的，并未理会妈妈的话。

“瞧早晨刚给你洗的衣服怎么现在就又脏了啊？”妈妈又开始了，“老师今天批评你了没？上周的周考考了多少分？今天老师留作业了没……”

甜甜饭还没吃一半，已经被妈妈没完没了的唠叨给噎回去了。

“妈妈您别唠叨了，让我好好吃饭吧！吃完您再说好吗？”甜甜无奈地请求妈妈。

“你看你这孩子，我说你还不是为你好啊！你看看你的学习成绩，老是没有长进，不说你还了得啊？你现在还小，以后的路还长着呢，让你好好学习是为了将来你能有出息……”

“行了行了，我不吃了！”还未等妈妈说完，甜甜就赌气回了自己的房间。

望着女儿，甜甜的妈妈无奈地叹了一口气，她不明白为什么女儿对自己的一片好心总是不领情。

像甜甜妈妈这样的父母还有很多，他们总喜欢在女孩吃饭的时候对其进行“说教”，滔滔不绝地给女孩灌输大道理，没完没了地唠叨女孩这不好那不好，久而久之，女孩对父母饭桌上的教育就麻木了，甚至是厌恶至极。如此一来，父母的教育怎么会有效果呢？

上述例子中，甜甜之所以对妈妈的说服教育反感，就是因为妈妈没完没了的唠叨所致。妈妈的本意和出发点是好的，都是为了女儿能够做一个乖巧懂事、热爱学习的人，但是她的说服方式却不能够得到甜甜的认可。

所以说，父母在教育女孩的时候，一定不要唠叨。说服教育最忌讳唠唠叨叨、婆婆妈妈，该往长的说就往长的说，该往短的说就往短的说，有时候一句话能点到就不要再重复第二遍。

父母简练而深刻的话更能引起女孩的注意。据调查，很多女孩都对父母唠叨式的说服不予认可，反而更易接受父母清晰、简练的说服教育。

说服教育不是唠叨教育，父母在教育自己的女孩时一定要分清楚说服和唠叨的本质区别，采用最合适、最有效的方法给予最奏效的说服，相信一定可以教育出一个人见人爱的乖乖女。

## 31 说服女孩要给其具有说服力的理由

很多父母在教育孩子的时候，常常会感叹：“为什么孩子对我说的每一句话都是用一个‘不’来回答，对我的意见根本不当回事？”对此，一位从事多年孩子心理研究的专家给出了这样一个答案：因为你给了你的孩子说“不”的理由。

一些父母可能会对这位专家的解释表示不解，其实仔细想想就会明白，父母如果想要让孩子对自己的意见和建议说“是”，就必须给孩子一个具有说服力的理由。这就需要父母在平时的生活中以身作则，在要求孩子达到某个标准之前，自己首先要达到。只有这样，才能在说服孩子的时候理直气壮，从而让孩子乖乖接受自己的意见或建议。要知道，如果父母的理由非常具有说服力，并且在尊重孩子的前提下向其提出，孩子其实是很愿意听从父母的。

在说服孩子的问头上，王丹的父母最近就遇到了一件让他们感触颇深的事情。

那天王丹的妈妈在卫生间里洗衣服，因为怕女儿捣乱，就让她自己在客厅里搭积木玩。6岁的王丹虽然对妈妈的“安排”不满，但是也没有办法，于是就乖乖客厅里玩了起来。过了一会儿，王丹看到妈妈去阳台上晾衣服了，于是就好奇地溜进卫生间想看看洗衣机到底是怎么洗衣服的。

王丹进去之后，却对地上一个闻着很香的瓶子（一瓶洗涤剂）产生了好奇心，于是就试着想要打开盖子，想看看瓶子里边到底是什么。

妈妈晾完衣服进来之后，看见女儿抱着一瓶洗涤剂玩，吓得大惊失色，赶紧从女儿手里夺了过来。幸好这种洗涤剂带有特殊的安全扣，一般小孩子是打不开的。

王丹见妈妈紧张地从自己手里把瓶子夺走，就对那只瓶子更加好奇了，哭着要妈妈还给她。

“这个瓶子的盖子已经坏了，是打不开的。而且瓶子里有毒，一打开就会爆炸的。”妈妈只好哄女儿。

一听“爆炸”这个词，王丹吓得再也不要了。

过了一段时间，妈妈用洗涤剂清晰卫生间的马桶，恰好被王丹看到了。

“妈妈，你前几天不是还说这个瓶子打开了会爆炸吗？怎么现在你把它打开了，它也没有爆炸啊？”王丹看到妈妈打开瓶子以后奇怪地问。

妈妈一时语塞了，只好说：“妈妈那时候是怕伤了你的眼睛，所以才故意骗你说打开会爆炸的。”

“原来你在骗我啊！妈妈你是个骗子，以后我再也不会相信你说的话了！”王丹生气地跑开了。

晚上，王丹的爸爸回来后知道了这件事，于是就批评妻子不该撒谎骗孩子。他给女儿解释说：“妈妈骗你是不对的，因为大人也不可以撒谎的。但是妈妈只是想告诉你，洗涤剂对眼睛有很大的伤害，她不希望你去碰它。”

“那她也不应该骗我啊，如果她直接告诉我我不玩就是了。”王丹委屈地说。

“这件事是妈妈的错，妈妈向你道歉。”这时王丹的妈妈走过来对女儿说：“对不起，妈妈错了，妈妈不该骗你的。”

王丹这才“原谅”了妈妈。

这件事让王丹的妈妈懂得了父母是不能对孩子撒谎的，更不能胡乱编造一个理由搪塞孩子，即使是为了说服和教育孩子也不行。因为孩子的内心是纯真的，她会把父母的每一句话都当真，而一旦发现父母是骗她的时候，她幼小的心灵就会遭受到打击。孩子最不喜欢的就是父母用欺骗的方式来说服她放弃做某事，她希望父母能用讲道理的方式说服她。

因此，父母在平时的生活中一定要时刻注意自己的言行举止，不要以为孩子年龄小，随便搪塞一下就过去了。说服孩子一定要有充分的理由，正所谓“以理服人”。让孩子听话是有一定的技巧的，不能随便搪塞和敷衍孩子，更不能威胁孩子，要让孩子知道事实的真相，然后再给孩子讲明道理。只有这样，孩子才能信任父母，同时也心甘情愿地服从和执行父母对自己的“命令”。

# 5 沟通，感受与父母真诚交流的喜悦

很多父母与孩子沟通的时候常常摆出一副父母的“气势”，对孩子颐指气使。殊不知，这种沟通方式不仅达不到效果，反而会使双方之间的“沟壑”进一步加深。因此，父母在与女孩沟通时，一定要保持一颗平等的心。

## 32 父母要和女孩平等沟通

父母是一项伟大而又艰巨的终身制职业，每个父母都深爱着自己的孩子，都有责任和义务帮助孩子走出成长的烦恼。生活中，父母与孩子的沟通几乎每天都在发生，可令很多父母感到困惑的是：太多时候是频繁地进行“沟”，但实际效果却往往是没有“通”。有时候父母强烈的爱反而会让女孩感到厌倦，甚至产生逆反心理。如何才能与女孩有效沟通成了很多父母思考的问题。

其实，与女孩沟通的方式很多，也需要一些技巧和方法。其中有一条就是父母在和女孩沟通的时候，必须认识到双方的地位是平等的。有很多父母虽然是在和女孩“沟通”，但是往往摆出一副居高临下的父母气势，一言一行都带有强制性。还有的父母因为过度宠爱孩子，因为怕女孩不接纳就会讨好孩子，还求着女孩听话，女孩子又高高在上了，这样也是不平等的。

然然是个16岁的花季少女，因为是独生女，家人和亲戚都很宠爱，都快成人了，每年还会收很多压岁钱。今年春节期间，然然把1500元的压岁钱都花光了还觉得不够，于是又向父母要。

父母当然很恼火，女儿平时被他们娇惯坏了，总是高高在上，现在都16岁了，还是不懂事，不容商量就拒绝了然然的要求。

“我就想不通你们两个了，你说你们两个人挣钱是干吗的？不就是让我花的吗？我现在要花钱，你们凭什么不给？你们想干吗？你们想把那钱带到棺材里去呀！”然然很不高兴地说。

父母没有理会然然，到了晚上吃饭的时候，然然耍性子说什么都不吃，还自己躲在房间里生闷气。然然的爸爸一看女儿这样就心软了，先是进去给女儿讲了一番道理，临走的时候又从兜里掏出100元钱给了然然。

“省着点花啊，以后不许再这样了！还有啊，不许告诉你妈妈。”说完爸爸就出去了。

过了没一会儿，然然的妈妈又推门进来了。

“知道为什么不给你钱不？这钱都是爸爸妈妈辛苦挣来的，小孩要省着些花……”

“行了行了，别唠叨了，我知道了。”然然不耐烦地打断了妈妈的话。

“你这孩子啊，真不让父母省心！”妈妈叹了一口气，从兜里掏出100元给了然然。“先拿去花吧，但是可不能像以前那样大手大脚了，省着点花。还有啊，别告诉你爸爸。”

像然然父母这样和女儿沟通，怎么可能“通”得了呢？这样不仅是沟通不平等，连整个人都是不平等的了。

父母都有责任和义务帮助孩子健康茁壮地成长，当孩子在成长过程中遇到问题时，良好的沟通是解决问题的前提，这是很多父母都晓得的道理，但是在实际生活中真正能做到良好沟通的父母却很少。

沟通的意义在于孩子的回应。反应好就继续讲，反应不好就赶快打住。父母应该调整自己的说法，把自己的道理用孩子愿意接受的方式传达给他们。有的父母不是调整自己，而是恨铁不成钢，一味埋怨孩子听不进去自己苦口婆心的教导，这样也是无法沟通的。

父母在和女孩沟通之前一定要摆好双方的位置，自己既不能高高在上，也不能因为娇惯让女孩高高在上。父母和女孩都必须是平等的，在这个前提下，沟通才能有效地展开。并且在沟通的过程中，双方地位也是平等的。只有这样，父母才能在了解女孩的同时，也让女孩了解自己，双方都互相尊重和体谅对方，沟通自然而然也就容易多了。

## 33 女孩在家有“参政”的权利

现在的孩子大多数都是独生子女，父母的过分溺爱，让不少孩子只知道索取，不懂得付出，衣来伸手，饭来张口，很少想到自己作为家庭一员所要承担的责任和义务。在家庭管理之中，一般情况下，家里的所有决策都由父母做出，逐渐养成了孩子只知道依从的现象。

其实，在家庭之中，让女孩参与到家庭的日常家务之中是很有必要的，一方面是在锻炼女孩的生活能力，另一方面也加强了父母与女孩之间的沟通。让女孩在家行使充分的“参政议政”权利是一种很好地和女孩沟通的方式。女孩参与决策的过程就是亲子之间互动的过程，也是和父母进行沟通的过程。

晶晶是家里的独生女，平时父母也比较宠爱，从小什么都是爸爸妈妈一手帮自己打理好。直到晶晶都十多岁了，饮食起居仍需要父母料理。早晨起床后很少叠衣折被，更别说打扫自己房间的卫生了。吃早饭的时候也是妈妈把饭菜端到桌子上，晶晶坐下就吃，吃完也不收拾，抹嘴就走。

前段时间，晶晶的爸爸因为右腿跌伤住进了医院，妈妈需要在医院照顾爸爸，而这时恰巧又碰到在国外定居的姨姥姥回国探亲。姨姥姥身体不大好，需要在晶晶家小住几天。这段时间，因为父母一直在医院，家里已经多日无人打扫，又脏又乱，怎么办呢？晶晶的爸爸忽然想到，这或许是一个锻炼女儿的机会。

“晶晶，姨姥姥已经十多年没有回国了，现在好不容易回来一趟，需要在咱家小住几天。”爸爸对晶晶说。

“是吗？那天好了，正好让姨姥姥给我讲讲国外的生活。”晶晶一听说姨姥姥要在自己家住下兴奋得不行。

“可是姨姥姥身体不是太好，虽然这次爸爸住院花了不少钱，但是再怎么着也应该给姨姥姥表示表示啊。”爸爸说。

“这倒也是，姨姥姥以前挺照顾咱家的，这次来咱们也不能亏待了她。”晶晶竟然像个大人似的说。

“就是说呢，你看你现在也长大一点了，也是咱家的一个小主人了，这些事爸爸妈妈觉得你也有权利发表自己的意见。”

“这么说，我也有权参加咱们家里事情的决策了？”晶晶不敢相信自己的耳朵。因为平时家里有什么事情，父母从来不会让她插嘴，她还没开口就被爸爸妈妈堵住了。

“对啊，以后你在家里也能行使‘参政议政’的权利了。就说现在这个事情吧，你帮爸爸拿个主意看看怎么办才好呢？”爸爸严肃地对女儿说。

“爸爸，你就在医院安心养病吧，其他的事情不用烦恼。家里的事情就交给我吧！保准您和妈妈满意！”晶晶想了一会儿认真地对爸爸说。

晶晶说到做到，姨姥姥到家时，发现家里打扫得干干净净，客厅、厨房、卫生间也都收拾得整整齐齐。另外，晶晶还把自己攒下的一千元零花钱送给姨姥姥，让她买点营养品补身子。姨姥姥和晶晶的父母说起晶晶时，高兴得合不拢嘴，直夸晶晶这孩子聪明、懂事、能干……

父母必须有经常让女孩参与一些家庭事务决策的意识，这样有利于让女孩明白自己和父母的地位是平等的。女孩在建立起这种意识之后，在和父母沟通时也能做到平等沟通。每个女孩都有自己的独到之处，只要父母教育得当，从小就锻炼女孩独当一面的能力，孩子就一定能够让父母满意。

在家庭的日常运作当中，父母可以给女孩制造更多“参政议政”的好机会，鼓励和引导女孩充分行使自己的权利，这样不但有利于女孩自尊、自爱等品格的形成，也能使父母与女孩之间的亲子关系更加和谐、融洽。

## 34 放下架子，蹲下来和女孩说话

“父母蹲下来和孩子说话，不但拉近了与孩子的物理距离，更拉近了与孩子的心理距离。它体现了父母对孩子民主、平等的态度和对孩子的尊重，从而使孩子更愿意听从父母的教诲，接受父母的忠告。”这是瑞士教育家裴斯泰洛齐在谈到如何跟孩子沟通时说过的一段话。

的确，在现实生活中，很多父母在和女孩谈话的时候往往表现出一副居高临下的姿态。但是无数的事实表明，父母以居高临下的姿态来关心女孩，反而会使孩子产生逆反心理。只有父母转变姿态，像对待朋友那样去关爱女孩，才有可能让女孩感受到平等和父母的关爱。

雯雯是个性格有些内向的小女孩，平时话不是很多，与其他孩子相比，她比较乖巧。雯雯虽然很少让父母操心，但是父母总觉得女儿的性格过于内向，他们也曾试图和女儿进行沟通，想通过沟通的方式让女儿变得活泼一点，但是每次雯雯总是找个理由就跑开了，似乎很不愿意和爸爸妈妈说话。

这天吃过晚饭以后，妈妈正在厨房里收拾碗筷，雯雯踱到妈妈身边说想去隔壁王阿姨家玩。王阿姨一家人都很好，平时两家来往也比较多，女儿去她家玩，妈妈也很放心。于是就让雯雯先去，并说过会儿自己也过去。

收拾完家里的事情后，雯雯的妈妈就到王阿姨家里去了。让雯雯的妈妈大吃一惊的是，平时在家沉默寡言的女儿，在王阿姨家却很活泼。她进去的时候，雯雯正在和王阿姨一起看动画片，而且还有说有笑的。

虽然王阿姨人很好，平时也很喜欢雯雯，但是看到自己的女儿和别人表现得很亲近，和自己却和疏远，雯雯的妈妈心里还是有些不自在。在王阿姨家小坐一会儿后，妈妈就带着雯雯回家了。

“雯雯，妈妈问问你，为什么你在咱家不肯说话，在王阿姨家却有说有笑的。是不是爸爸妈妈有什么不好的地方啊？”妈妈回到家里后问女儿。

雯雯看着她没有说话，而是“噔噔”地跑回了自己的房间，留下妈妈一个人愣在那儿发呆。

第二天下楼的时候，雯雯的妈妈恰好碰到王阿姨，于是就向王阿姨说了自己的烦恼和疑惑。

“雯雯怎么会不爱说话呢？我觉得她是一个很开朗的女孩啊！她还经常给我表演在学校里老师教的舞蹈呢。”听了雯雯妈妈的诉说，王阿姨很不相信地说。

听到这些，雯雯的妈妈真的有“吃醋”的感觉了，心里酸酸的。

“这样吧，你也别着急，等回头我给你问问孩子，听听孩子是怎么说的。”王阿姨看到雯雯的妈妈很难过的样子，赶紧劝慰她。

后来通过王阿姨的帮助，雯雯的妈妈才了解到原来女儿是觉得自己和爸爸太高大了。

“雯雯说你和她爸爸跟她说话的时候总是站着，让她有一种被压迫的感觉，因为她的个子还小，看到你们又高大又威严，心里就有点害怕了。”王阿姨说。

听王阿姨这么一说，雯雯的妈妈才恍然大悟。这才想起平时王阿姨和雯雯说话的时候总是蹲着。看来，自己的确忽视了这一点，以后在和孩子说话沟通的时候也应该学学王阿姨，让孩子感觉到和父母一般高，是平起平坐的，只有这样才能和女儿好好沟通。

有些父母在和孩子沟通说话的时候，总是摆出一副十足的架子，语气也比较强烈。殊不知，这种沟通方式是最让女孩反感的。其实，父母如果能够放下自己的架子，蹲下来和女孩讲话，首先会赢得孩子的信赖，有了信赖，女孩才会对父母敞开自己的心扉。

尤其是在和一些年龄比较小的女孩说话时，父母更要蹲下来与孩子平视对话。只要做到这一点了，任何时候都能与女孩平等地交流、沟通。

父母蹲下来讲话，满足了女孩自尊的心理需求，在感激父母的同时，也会更容易接受父母的教育，女孩的个体生命才能绽放出属于自己的光芒。

## 35 父母要站在女孩的角度考虑问题

每一位父母都希望自己能够与孩子相处融洽，能够跟孩子进行有效的沟通，与孩子建立和谐的亲子关系。遗憾的是，如今越来越多的父母觉得，跟孩子说话是一件非常困难的事情。不管自己采取怎样的表达方式，孩子总是左耳朵进，右耳朵出。有时候，父母心急火燎地跟孩子讲一件重要的事情时，孩子却无动于衷；甚至父母还没有开口，孩子就已经嫌父母烦了。

乐乐是个 14 岁的女孩，喜欢穿磨得破破烂烂的牛仔裤和花花绿绿的 T 恤。乐乐的妈妈怎么都想不明白，好好的新衣服不穿，干吗非要穿得跟个乞丐似的。这天早晨，妈妈又看见女儿用砂轮打磨昨天刚买的一条新牛仔裤的裤脚。

“我小时候哪有这么好的衣服穿，有一件新衣服就爱惜得不得了，没想到你现在却这么不知珍惜……真是个让人心烦的孩子！”妈妈忍不住数落乐乐。

乐乐对妈妈的话充耳不闻，更不予理会，继续低头打磨她的新牛仔裤。

“跟你说话呢？为什么要把好好的牛仔裤弄成这个样子？”妈妈有些怒了。

“现在就流行穿旧的牛仔裤，新的穿着不时尚。”乐乐理直气壮地说。

妈妈听到乐乐的解释惊讶得张大嘴巴半天没反应过来，百思不得其解，她最终也没有说服女儿。看着乐乐上身穿着爸爸的旧T恤，上面染着不知是什么颜色的花纹。新买的牛仔裤更是惨不忍睹，膝盖上是两个破洞，裤脚经过她的加工，多了一圈毛边。

妈妈实在不理解女儿的这种怪异打扮，但是又不甘心女儿就这样下去。经过一番思考后，她没有直接对女儿采取强制措施，而是决定到女儿的学校看看和女儿同龄的女孩都穿什么样的衣服。如果只有女儿穿成这样，不管怎样，都要好好管管她，让她学会规规矩矩地着装。

到了学校，乐乐的妈妈才明白女儿为什么会穿成那样。因为学校里穿什么样的都有，比女儿更不忍睹的大有人在。回家的路上，乐乐的妈妈一直在思索回去之后怎么和女儿说说这个问题。

乐乐放学回来后，妈妈没有像以前那样又数落女儿，而是和气地对她说："今天我到你们学校去了，看了看其他同学的穿衣打扮，或许妈妈对你的牛仔裤反应过度了些。但是从现在开始，无论你是去上学还是出去玩，喜欢穿什么就穿什么，妈妈再也不干涉你了。"

"什么？您……您不再说我了？也不再反对我这样穿了？"乐乐还真不敢相信自己的耳朵。

"妈妈说到做到，不过我不干涉你了，你也得答应我一个条件，那就是陪我逛街或者是拜访亲戚长辈时要穿得像样些。"妈妈说。

乐乐没有立即答应妈妈，显然她是在考虑该不该答应妈妈的要求。

"你看，这样做你只需让步1%，而我却得做99%的让步，你想一想到底是谁划算？"妈妈继续说。

乐乐听了以后，眼睛一亮，高兴地抱着妈妈说："我答应您，那咱们一言为定！"

从那以后，每天早上妈妈都高高兴兴地看着女儿去上学，对乐乐的穿着也不再唠叨。和妈妈出门时，乐乐也会主动打扮得大方得体，母女关系也从原来的“仇人”式转变为无话不谈的“朋友”式。后来，乐乐知道妈妈不喜欢自己怪异的打扮，也不好意思再让妈妈心里生气，就把那些奇装异服全都淘汰了，而是穿起了规规矩矩的得体衣服。

在和女孩沟通时，父母往往要求女孩站在自己的角度来想问题，希望孩子能够听自己的话，却很少站在孩子的角度想问题。如果父母和孩子都能够互相站在对方的角度想问题，那么双方的沟通就会容易多了。就像乐乐的妈妈那样，用尊重的方式和女儿沟通，最终也赢得了女儿的信任与改变。

女孩的眼光和成人的眼光是不同的，同样一件事情或者一个东西，观点很可能是大大相反的。这时候，父母应该主动地站到孩子的角度考虑问题，然后再一步步采取温和的方法和女孩进行沟通。父母理解孩子了，孩子也就会慢慢地理解父母，这样一来，亲子关系自然就会有所改善。

## 36 避免用命令的语气和女孩说话

从某种意义上说，孩子和父母在人格上是平等的，所以父母在要求孩子尊重自己的同时，父母也应该尊重孩子。孩子都不喜欢被父母命令着做事，所以在和孩子沟通、交流时，父母不要用命令的语气和孩子说话，而应该心平气和地、平等地和孩子说话。

陈女士下班后拖着疲惫的身体回到家里，一进家门就被女儿的遥控汽车绊了一脚，差点摔倒在地上。

“哈哈，妈妈你真笨！连小汽车都躲不过！”女儿元元拿着遥控器在一边大笑一边说。

陈女士本来心情就不太好，看看客厅里到处扔的都是女儿的玩具，心里的火气“噌”地就上来了。

“你看你一个女孩子家像什么样子啊？整天疯疯癫癫的，一点都没有淑女的样子！”

“女孩子怎么了？女孩子就一定要淑女吗？”元元反驳妈妈。

“我现在命令你，赶紧把客厅里的玩具收拾好拿到你的屋里去，看你到处乱扔像什么样子？真烦人！”妈妈火气冲冲地教训女儿。

“我就喜欢把玩具放在客厅里，我就喜欢乱扔玩具，不用你管，你根本就不爱我，我讨厌死你了！”元元也来劲了，愤愤地对妈妈说。

陈女士听到女儿这样跟自己说话，忍不住想要扬起巴掌打女儿。这时，元元又来了一句："你就是重男轻女，你就是性别歧视，我不稀罕做你的女儿！"说完就飞快地冲进了自己的房间，还"砰"的一声用力甩上了房门。

陈女士被女儿突如其来的举动弄呆了，但很快她就清醒了过来，立刻冲到女儿的房前，想把她揪出来狠狠地揍一顿，但理智最终阻止了她这么做。过了十几分钟后，陈女士心中的怒气渐渐地平息了，情绪也平静了很多。静下心来想了想之后，陈女士心中开始不安起来：女儿说我不爱她，说我重男轻女，难道她真的不知道我心里有多么爱她吗？她难道真的感觉不到我对她的关爱吗？

对于这个问题，陈女士打电话给自己的一位从事少儿心理工作的朋友，请她帮忙分析一下。朋友认真听完陈女士的诉说后，让陈女士好好想想自己对女儿的态度及说话的语气是不是很不恰当。陈女士在朋友的提醒之下才意识到自己先前对女儿态度过于粗暴生硬，尤其是还带命令式的。换位思考一下，如果他人用这种口气跟自己说话时，自己不仅难以接受，恐怕会比女儿更加气愤。

"难怪元元会说我不爱她！"陈女士自言自语道。

陈女士重新整理了一下自己的情绪后，敲了敲女儿房间的门，轻声地说："元元，刚才是妈妈的不对，妈妈不该用那么粗暴的态度对你。你把门打开，妈妈想和你谈谈好吗？"

陈女士这么说，元元还真给她开了门。

"妈妈，我最不喜欢的就是您用命令的语气对我说话。老师经常教育我们说人与人都是平等的，可是您为什么总喜欢摆出一副家长的架子，用生硬的语气命令我呢？难道我就是您的小奴才吗？"元元说着说着眼泪就掉下来了。

听了女儿的真情诉说之后，陈女士对自己以前的"过分行为"非常懊恼。今天女儿把自己的心声说出来了，她才知道为什么自己平时和女儿沟通起来会那么困难，原来都是自己说话的方式不当引起的啊!

“你给我听着！”“快点！”“别乱动！”这类带有警告、责备、拒绝或者讽刺的味道的话，或许是很多父母经常习惯对孩子使用的。殊不知，父母这种居高临下的命令语气，最容易激起孩子的反感。

在年幼女孩的意识中，她不能完全领会到父母心中深深埋藏的对自己爱的全部信息，这主要是因为父母没有用实际行动更明确地向孩子传递自己的情感。因此，当父母试图和女孩沟通时就会感觉很难。其实，在日常生活中，父母应该采取更多简单明了的方法，让孩子感受到父母对她们的爱，这样和孩子沟通起来也就比较容易了。

所以，父母在和孩子沟通时，应该尽量采用情感诉求的语言，让孩子深切感知到父母的要求是出于对她关心和考虑。比如父母可以说：“宝贝，咱们得走快点，不然你上学会迟到的。”“这件事我觉得这样做不太好，你是不是要再认真考虑一下呢？”“妈妈上了一天班很累，麻烦你先自己把客厅的玩具实收起来好吗？”像这些带有建议性口气的话，既能避免孩子因为逆反情绪而故意跟父母对着干，又会让孩子愉快地接受父母的建议。

和女孩沟通其实并不是父母想的那么困难，只要父母能够把握好自己的情绪和语言，用一颗淡定、关爱的心和孩子说话，孩子自然也就会向父母敞开心扉，双方沟通起来也就容易多了。

## 37 切忌指责式的沟通

在现代的教育当中，亲子沟通是一个非常重要的方面。家庭对孩子的成长有着很大的影响，尤其是作为父母，对孩子的成长教育更是肩负着不可推卸的责任。父母与孩子关系的好坏直接影响着孩子的健康成长，尤其对女孩来说更为重要。而亲子关系的好坏最主要的还是取决于双方的沟通，沟通得好了，亲子关系就十分融洽，对孩子的成长也非常有益；沟通不好，亲子关系也会随之糟糕，对孩子的成长也会产生极大的负面作用。因此，沟通是亲子教育中父母的一门必修课。

苗苗期末考试没有考好，拿着一张十分糟糕的成绩单回家了。以下是她把成绩单拿到妈妈面前后的场景。

妈妈接过女儿的成绩单看了一眼，然后摔在茶几上。

“怎么考得这么糟糕？是不是没有好好学习？”妈妈严厉地问。

“我认真做了，但是有些题目我是真的不会做。”苗苗小声地说。

“真是笨死了你，简直就是一个小猪猡！你知道小猪猡是什么吗？”妈妈责骂女儿。

苗苗看妈妈生气，就低着头没有说话。

“我也真是糊涂了！你这么笨，怎么可能知道什么是小猪猡呢！”见女儿不说话，妈妈更加气愤地讥笑苗苗。

“我当然知道了，小猪猡就是猪的女儿呗！”苗苗抬起头大声说了一句，还用轻蔑、气愤的眼神瞪着妈妈。

听女儿这么一说，妈妈一下子傻眼了，半天没有说上一句话来。

从中我们可以看出，苗苗其实是非常聪明的，她懂得“以其人之道还治其人之身”。真不明白，这么聪明的孩子在妈妈眼里怎么会笨呢！

类似苗苗妈妈这样的沟通方式在生活中还有很多：

“为什么你总是让我操心啊，难道你不会变得自立一些吗？”

“看看你的屋子，脏得跟猪窝一样，难道你就不会收拾一下吗？”

“你看你，整天就知道玩，不知道学习，我怎么就生了你这样一个不听话的孩子啊？”

“如果你昨天晚上不熬夜看电视，早晨怎么会起不了床呢？整天就知道贪玩，一点也不知道主动学习！”

……

这些在现实生活中听起来非常耳熟的话，是很多父母在指责、埋怨孩子的时候用到的。完了之后还埋怨和孩子没法沟通、孩子不听话等。其实，父母像这样责骂孩子的时候根本没有想到，这不仅伤害了孩子的自尊心，也使父母在孩子心目中的形象大打折扣。如此和孩子沟通只能是越沟通越糟糕。

其实，不单是苗苗的妈妈，许多父母都没有意识到自己与孩子之间的沟通实际上是消极的、不良的，对孩子的负面影响很大。并且这种不良的沟通方式会严重伤害孩子的心理，不仅使亲子之间的关系非常紧张，对孩子的身心发展也是极为不利的。

因此，父母在抱怨与孩子难以沟通的时候，不妨先自我反省一下，认真审视自己有没有犯过类似的错误，即使有过也不必过于恐慌。要知道，孩子的心灵是非常善良的，并不会记父母的仇。只要父母意识到自己的教育方式错了，及时改正，运用适当的、有效的沟通方式与孩子交流，孩子依然会愿意与父母沟通的。所以，如果想和孩子真诚、敞开心扉的沟通、交流，就先摒弃那些不好的、带有指责性的语言吧，只有这样，孩子才会在完全接纳父母的同时，把自己内心最真实的想法表达出来。

## 38 沟通是每天的重头戏

作为一个细心、负责的家长，每天和孩子的话语沟通是必不可少的。在和孩子的沟通交流中，能够通过聆听及时了解孩子的心理活动和变化。孩子心理上的每一个细微的变化，都需要父母细致地体会，并适时地引导，教育孩子，告诉孩子要正确地看待成长中的快乐和烦恼，以乐观平和的态度去面对生活中的酸甜苦辣。

卉卉是一个漂亮可爱的小女孩，更是父母的掌上明珠。看着女儿一天天地长大，懂的事情也越来越多，父母心里非常高兴。有时候，女儿不经意的一句话都会使父母心头为之一振，并且会深深印在父母的脑海里。

卉卉每天放学回家都会先主动地完成老师布置的作业，这时候如果父母在旁边，他们就会在旁边看着女儿，女儿也会边做边跟爸爸妈妈讲当天学校里发生的事情。当然，女儿如果有烦心事，也会在第一时间告诉父母，他们也会尽可能地帮助女儿排忧解难。在父母的眼里，女儿就是他们的未来和希望。

这天放学后，卉卉一脸忧愁地回到家里。

“妈妈，别的同学都入选少先队了，只有我没有。不过，我才不稀罕呢，我才不羡慕呢。”卉卉放下书包气呼呼地坐在书桌前。

妈妈知道，女儿是用这样的反话来维护自己幼小的自尊心，其实女儿是很看重这些小小的荣誉的，于是就对女儿说：“你没有入选队，是因为你现在的学习不够好，进步不够大。如果你努力学习，让老师看到你的进步，她一定会让你加入少先队的。”

卉卉听了妈妈的话没有再说话，但是在以后的日子里，她用自己的行动——努力、认真地学习让妈妈和老师看到了自己的进步，不久就光荣地加入了少先队。

还有一次晚上睡觉的时候，卉卉难过地对妈妈说：“妈妈你知道吗?下课后我都没有朋友，没有一个人来找我玩，我感到特别孤单。”

“那你就主动找别人玩啊，你要学会主动和别人做朋友。”妈妈说。

“如果别人说不和我玩怎么办啊？”卉卉担心地问。

“如果真是你说的那样，你就要问问那个同学为什么不和你玩，你自然就知道原因了。再说了，这个同学不和你玩，你可以找别人啊，那么多的同学，总是可以找到朋友的。”

妈妈接着又说：“你要知道，即使是大人的世界，也同样存在着孤独和寂寞。但是正是因为有了孤独和寂寞，才能促使人们去更好地思考，从而把事情做得更好。”

这件事情过去没多久，卉卉就兴奋地告诉妈妈说她现在已经有一大堆朋友了，每次下课她们就一起做游戏，玩得可开心了。

就这样，卉卉的父母每天都会和女儿认真沟通、交流，并且在沟通的过程中从不打断女儿的话，而是鼓励女儿把心中的所想按照自己的思维有条理地完全表达出来。在卉卉的父母看来，与女儿沟通是他们每天的“重头戏”。正是因为有了沟通，他们才能够了解女儿的心理活动，弄清楚出现问题的症结之所在，从而能够及时地帮助女儿。

在教育孩子的“课程”中，沟通是一项必不可少的“教学内容”。父母除了用正常的语言和孩子沟通之外，还可以通过文字如写信、留言等方式让孩子表达一些不想用言语表达的内容，从而使父母和孩子的沟通更为深入、有效。

在孩子成长的道路上，沟通就像一盏指明灯，能够清晰地照亮孩子前进的方向。因此，父母在平时的生活中应该把与孩子的沟通当作每天的一出重头戏。只有这样，亲子关系才能融洽、和谐，孩子也才能够在人生的道路上踏踏实实地走向成功。

## 39 语言——父母与孩子沟通的桥梁

著名翻译家傅雷曾说过：“再没有什么比我们的语言更能影响我们的思维方式了。”这句话如果放在教育孩子上，则可以理解为：父母要从语言入手，培养聪明、听话的孩子。这是因为语言是思维的物质外壳，更是人与人之间沟通、交流的重要桥梁。

当孩子还在牙牙学语的时候，父母都会注意到孩子在语言方面的起步：孩子的第一个发音，第一次叫喊，第一次说话等，都会让父母兴奋、激动。当孩子第一次奶声奶气地喊出“妈妈”“爸爸”这个有意识或无意识的词语时，这种孩子与父母的第一次语言交流带给家庭的快乐是让很多父母都永生难忘的。从现实生活来看，孩子在语言方面的发展的确会影响孩子的一生。

人们的生活环境在改变，教育观念同样是需要改变的。面对语言环境的改变，父母也需要适当调整自己的思维方式和说话方式，努力用孩子最乐意接受的方式和孩子进行沟通。这就需要父母在平时的生活中要有意识地锻炼孩子的语言表达能力，因为语言才是孩子与父母进行有效沟通的桥梁。

那么，在生活中，父母究竟应该怎样搭起这座与孩子有效沟通的“桥梁”呢？

**1．抓住孩子的兴趣，及时给予引导**

现在的孩子都特别喜欢听故事，很多孩子每次睡觉前都会央求父母讲一个故事给他听，听完了才会去睡觉。这就需要父母有足够的耐心去面对自己的孩子，可以买一些童话故事书，每天给孩子讲一个故事，从小蝌蚪找妈妈的故事、大灰狼的故事、到小猴聪聪的故事等。在给孩子讲的过程中，父母不仅要让孩子认真听，更要鼓励孩子参与进来，积极思考。特别是当讲到关键情节的时候，可以稍微停顿一下，让孩子发表一下自己的想法。当孩子说出一个想法的时候，父母不妨顺着他的思路往下编，这样就能够让孩子尽情地发挥自己的想象力。由此一来，孩子就会觉得参与进来很有意思。另外，父母每次讲完故事以后，也可让孩子提一些和故事内容相关的问题，由父母来回答，这样不仅显得双方平等，也能让孩子从小学就学会置疑。每次在讲完故事后，父母还可以根据自己孩子的情况，鼓励孩子复述一下所讲故事的梗概，从而锻炼孩子的语言表达能力。在培养孩子兴趣的同时，父母也能够适时地给予一些引导和教育，从而使孩子在以后的生活中更愿意和父母沟通、交流。

**2．采用多种形式，发展孩子的语言**

除了用讲故事这种形式和孩子沟通以外，父母可以尝试运用一些现代化的工具，如摄像机、手机、录音机等，对以前讲过的故事进行录音，然后播放给孩子听。等孩子听完录音的故事以后，就让孩子来复述这个故事，同时也给孩子进行录音。由于现代化工具对于孩子来说都是新玩意，而且孩子在听到爸爸妈妈的声音时候觉得特别亲切，听到自己的声音的时也会更加兴奋。特别是运用摄像机，孩子从电视中看到自己，就会异常惊讶和惊喜。在这种有趣、新鲜的氛围中，孩子会更加信赖、喜欢自己的父母，从而使亲子关系也更加和谐。

**3．给孩子提供舞台，让孩子充分展现自我**

孩子大一点的时候，父母除了用以上方式和孩子沟通之外，还可以给孩子提供一个舞台，让孩子来充分展现自己，以此来提高孩子的自信心和表现能力。如，父母可以和孩子分角色表演一些有趣的故事情境，鼓励孩子走出家门给他人讲故事等，一方面锻炼了孩子的语言表达能力，另一方面也锻炼了孩子的心理素质，使孩子在以后的生活和学习中能够充满自信和希望。

总之，孩子的世界是美好的，但是他们的成长也离不开父母的细心呵护。“孩子是祖国的花朵，是家庭的小树苗”，作为父母要努力让家庭成为孩子健康成长的沃土，用良好的语言教育浇灌这棵小树苗茁壮成长。孩子是父母的精神财富，因此父母要用语言和文字沟通建立起与孩子心灵相通的桥梁，让孩子能够健康、快乐地成长。

# 6 引导，让女孩逐步长成一个成熟懂事的人

父母是孩子的第一任老师，因此，孩子的健康成长离不开父母的正确引导。对于女孩来说，父母的引导就更为重要。父母需要在各个方面都给予其帮助，让女孩在父母正确的引导下茁壮成长。

## 40 用智慧去劝导女孩

孩子还小，心智还不成熟，有时还很任性，很多事就需要父母对其进行劝导。在劝导孩子的时候，不要使用粗暴的方式，而应该多动动脑筋，用智慧去劝导。做有智慧的父母，才会培养出有智慧的孩子。

温丽今年4岁了，已经到了上幼儿园的年龄，但是每当父母跟她说起上学的事情，温丽都会把头摇得像拨浪鼓似的，大声嚷着："我不去！我不去！"面对女儿的哭喊，父母很是无奈。

这天温丽的爸爸下班回家后，发现自己的女儿正躺在客厅的地板上又哭又闹，妻子则在厨房做饭，对女儿的哭闹不闻不问。爸爸问过之后才明白，原来妻子已经决定明天送女儿去幼儿园了，无论孩子再闹也要坚持决定。想想也是，现在女儿已经到了上幼儿园的年龄，如果一直由着她的性子来，只会耽误女儿的学习。

"爸爸，我不要去幼儿园，我不想去！"温丽向爸爸"求救"。

如果换作平时，温丽的爸爸第一反应肯定是把女儿赶到房里去，告诉她她没有别的选择，只能去幼儿园。但是今天晚上看到女儿满是泪痕的小脸，他觉得如果那样做只会让女儿的情绪更加糟糕，明天也不会怀着愉快的心情去上幼儿园。

"如果我是你，我明天一定会高高兴兴地去上幼儿园的。"爸爸蹲下来为女儿擦去脸上的泪水说。

温丽不解地看看爸爸。

“在幼儿园里你可以做很多你喜欢的事情，如画画、唱歌、跳舞、和小朋友做游戏等。”爸爸说完就从书房拿过画纸和画笔，兴高采烈地画起来。

温丽看见爸爸画了很多可爱的小动物，还有蓝天、白云、小房子，于是也要求和爸爸一起画。

“不行，比必须先到幼儿园学习真正的画画，然后才可以在画纸上画。”爸爸说完又给女儿一一列出了很多她如果上幼儿园会学到的东西和乐趣。

温丽听了爸爸对幼儿园的详细描述之后，态度不像刚开始那么强烈了，她小声地问爸爸：“幼儿园里真的会有很多好玩的东西吗？”

“当然了，不仅有各式各样好玩的玩具，还有很多可爱的小朋友。你去了可以和他们一起唱歌、做游戏。”爸爸肯定地说。

温丽的眼睛里有了亮光，她兴奋地说：“那真是太好了！我最喜欢和很多小朋友一起做游戏了！”

第二天早晨，温丽的父母比往常早起了二十分钟，因为他们今天要送女儿去幼儿园。当他们起来以后才发现，女儿早已经穿好衣服坐在客厅的沙发上等着了。

“怎么今天起这么早啊？”妈妈问女儿。

“因为今天要去上幼儿园，我不想迟到。”温丽认真地回答。

父母看着女儿说话时充满期待的眼神，脸上也露出了幸福的笑容。

温丽的爸爸对于女儿抗拒上幼儿园这件事情，没有采取强制性措施，因为他知道女儿如果怀着糟糕的情绪去上学，一定不会快乐，说不定父母的强硬态度还会伤害到孩子幼小的心灵，于是他给女儿详细地描述了在里的一切有趣的活动，用智慧去劝导女儿，让女儿由对幼儿园的抗拒变为对幼儿园的期待，从而能够心甘情愿地去做这件事情。

很多孩子在刚上幼儿园的时候，一般都会有一些抵触情绪，这是因为他们习惯了在父母坚实的羽翼下无忧地成长，突然让他们去面对一个陌生的环境，他们的内心会有一种恐惧感。面对孩子的这种情况，父母一定不可以强制性地将其送进去之后离开，因为这样只会让孩子内心的恐惧感更加强烈。正确的做法应该是耐心地劝导孩子，做好心理辅导，消除孩子心中的疑虑。如，父母可以给孩子描绘许多幼儿园里美好的画面和场景，让孩子的心中充满憧憬。只有这样，孩子才能够怀着愉快的心情去上幼儿园。

想要让孩子做他自己不想做的事情，父母就要学会用智慧和耐心去劝导孩子，这就需要父母在平时的生活中多学习一些亲子教育方面的知识，用自己的智慧去化解孩子心中的焦虑，让孩子从不愿意做到主动要求去做。

# 41 父母引导女孩要以身作则

引导孩子说话做事，是家庭教育的重要内容。在引导孩子的时候，父母要讲究方式方法，但更重要的是要以身作则。例如，父母平时告诉孩子不要打骂别人，自己就不能打骂别人，更不能打骂孩子。

卓卓是一个6岁的小女孩，因为爸爸平时工作比较忙，大多时候家里就只有她和妈妈两个人。人们常说“女儿是妈妈的贴心小棉袄”，但是卓卓的妈妈却感觉女儿跟自己一点也不“贴心”。

周末晚上，卓卓跟着妈妈和单位的同事聚餐。吃完饭以后，妈妈开着车带着卓卓回家。卓卓脱掉自己的小皮鞋，舒服地躺在汽车后座上听音乐。

进了小区以后，妈妈把车停到自家的车库中，然后让卓卓穿鞋下车。谁知女儿磨磨唧唧地半天也没有穿好鞋。妈妈上了一天班已经很疲惫了，加之又是个急性子，看到女儿这样拖拖拉拉的，十分生气。

“你快点行不行啊？穿个鞋这么拖拉！”妈妈忍不住催起卓卓来。

卓卓平时最讨厌妈妈大声讲话了，现在被妈妈这么一催，干脆停下来不穿了，还把刚穿好的一只鞋脱下来，继续按刚才的姿势躺在后座上。

妈妈看到女儿这样，只好放下手中拎着的东西，迅速地帮女儿穿好鞋，然后火速地把她拉下车。完了之后，又忍不住在女儿的屁股上打了两下。

卓卓就放声大哭，妈妈也不理她，拎着东西上楼了，卓卓只好一边哭一边跟着妈妈回家。

进屋之后，卓卓停止了哭泣，不高兴地坐在门口的换鞋凳上。妈妈换好鞋后才看到女儿坐在凳子上一动不动，于是就提醒她赶紧换鞋。卓卓满脸委屈地换好鞋，然后就回自己的小房间了。

看着女儿孤单的背影，妈妈心里很难受，或许刚才自己对女儿的态度太不好了。尽管已经很累了，妈妈还是拖着疲惫的身体敲开了女儿房间的门，进去之后才发现女儿并没有睡觉，而是呆呆地坐在书桌前一言不发。

“卓卓，到妈妈这边来。”妈妈坐在女儿的小床上对女儿说。

卓卓低着头，晃晃悠悠地走到妈妈面前。妈妈顺势把女儿抱到自己的腿上，然后和她开始谈心。

“你知道妈妈刚才为什么打你吗？”妈妈问卓卓。

“因为我不乖。”卓卓小声说。

“因为你没有快速穿好鞋子，做事磨磨蹭蹭的，这是一种很不好的习惯。”妈妈纠正女儿。

卓卓没有说话，默默地点了点头。

“你还故意跟妈妈对着干，这样做对吗？”妈妈想方设法地想引导女儿认识自己的错误，并自己说出自己的错误。

但是卓卓依旧一声不吭。

“知不知道自己哪里错了？”妈妈改变方式问。

卓卓仍旧对妈妈的问话不予回应。

“谁错了？”妈妈只好这样问。

“妈妈错了。”卓卓小声地说。

听了女儿的话，妈妈一脸的惊讶，冷静片刻后问女儿：“妈妈怎么错了？”

“妈妈打人，打人是不对的。”卓卓终于抬起头“理直气壮”地说。

这下子妈妈彻底无语了，孩子说得没错，打人是不对的。自己经常教育女儿要尊重他人，在学校要听话，不能打人，可是现在自己却打了女儿，难怪女儿会说是妈妈错了。

妈妈不禁感叹，看来，自己在教育和引导女儿的问题上还是不够成熟和理性的。

的确是这样，很多时候父母都以为自己对孩子的教育方式和引导方式都是正确的，但是自己却往往违背这种方式。人们也经常说“父母是孩子最好的老师”，父母的一举一动对孩子多多少少都会产生一定的影响，这其实也是在潜移默化中“引导”孩子。因此，父母在平时必须要注意自己的一举一动，时时刻刻都要为孩子树立一个好的榜样。

在平时的生活中，父母不要过多地指责孩子不对、不好，因为很多时候孩子身上的一切都是父母教出来的，即使不是刻意“教”出来的，也是自己平时不注意自己作为父母应该有的言行，让孩子在无意中学去了。所以，父母在教育、引导孩子的同时，必须注意自己的言行，在孩子面前要以身作则。只有这样，父母才能真正做到“言传身教”，才能真正引导孩子向正确的方向发展。

## 42 引导女孩做一个有爱心的人

一个人无论学识有多么的高，能力有多么的强，假使缺乏一颗善良的心，那么这个人也就不会因个人的优秀而对社会有所贡献。著名的教育学家苏霍姆林斯基说："爱心是一个人最宝贵的东西，但它必须从小就开始培养。"爱心是孩子心理健康的重要内容，对孩子爱心的培养也是孩子成才的关键。因此，父母在孩子的成长过程中，培养孩子的爱心对塑造优秀孩子有着十分重要的意义。

很多父母在教育孩子的过程中，不懂得怎么去引导孩子做一个有爱心的人，于是他们关注最多的是对孩子智力上的开发而忽视对孩子爱心的培。其实，父母要使孩子优秀，就要让孩子充满爱心，这也是教育孩子成才的第一步。从小培养孩子做一个有爱心的人，需要父母在平时的生活中多加以引导。对于女孩来说，爱心的培养更是必不可少的。要想培养一个具有爱心的善良的女孩，父母的引导是关键。

端午的早晨，佳佳正在客厅兴致勃勃地玩爸爸刚给她买的新玩具。这时，在厨房里忙活的妈妈把佳佳叫到自己的面前。

"佳佳，你帮妈妈把这几个粽子送到隔壁的丽丽家去。"妈妈把几个刚出锅的热粽子装进一个塑料袋里递给佳佳。

"为什么呀？"佳佳不解地问妈妈。

“因为丽丽的妈妈前几天不小心被车撞了，现在还在医院里住着呢，哪儿有时间包粽子啊？”妈妈说，“端午节都吃粽子，丽丽自己在家也没有粽子吃，妈妈又住院，她现在一定感到很难过。我们是邻居，邻里之间要互相帮忙，应该照顾她一下的。你是一个聪明的孩子，我想你会把这几个粽子送到他家去的，对不对？”

听完妈妈耐心的解释，佳佳心里也很同情丽丽，她高兴地接过妈妈的粽子就去丽丽家了。

“什么事啊？”开门的正是丽丽。

佳佳看见丽丽的眼睛红红的，像是哭过一样。

“我妈妈说你妈妈住院了，家里没人包粽子，就让我给你送过几个来。”佳佳把手里的袋子递给丽丽。

丽丽接过粽子，感动得眼泪都出来了。她热情地把佳佳请到屋里，拿出一对玩具让佳佳玩。佳佳走的时候，丽丽还特意送了她一个最喜欢的洋娃娃，佳佳高兴得合不拢嘴。

下楼时，佳佳经过邻居张爷爷的家时，透过防盗门看见张爷爷一个人在屋里吃馒头。原来张爷爷的儿女都在外地，他自己也不会包粽子，端午节也只能吃馒头。

“妈妈，刚才下楼时我看见张爷爷也没有粽子吃，咱们也给他送去几个吧！”佳佳一进家门就喊。

“当然可以了，我这就去取，一会儿你给张爷爷送去吧！”看到女儿这样有爱心，妈妈高兴地说。

因为送粽子，佳佳得到了丽丽的热情款待，同时也让她感受到了自己爱心得到回报的那种快乐和满足，这种体验使佳佳的爱心得到了强化。孩子一旦有了爱心，就会把爱心运用到生活中去，因此，在看到张爷爷也没有粽子吃时，佳佳主动提出要送给张爷爷几个。由此看来，父母用实际行动来培养孩子的爱心，效果是非常明显的。上述例子中，佳佳的妈妈并没有直接告诉女儿该“如何让如何”去做，而是让孩子用实际行动去感知做这件事的意义所在，这就是所谓的引导教育。

父母在培养女孩爱心的时候，应该设计一些帮助人的小事让孩子自己去完成。父母要学会利用身边的一些小事，让孩子去做，这样，孩子的心里就会慢慢地滋生出爱心来。比如，在公交车上可以对孩子说：“你看那位老奶奶年纪大了，咱们把座位让给她吧！”在马路边上看到乞讨的孤寡老人，可以对孩子说：“看那位老爷爷多可怜啊，你去把这一元钱给他吧。”等等。

父母在给予女孩无限关爱的同时，也要引导女孩拥有一颗关爱他人的心。在爱与被爱的环境中成长，孩子才会形成良好的人格，日后也才能成为一个孝敬父母、尊重他人、充满爱心的善良之人。

## 43 父母要引导女孩坦然面对挫折

“世界上的爱大多都是以聚合为目的的，只有一种爱以分离为目的，那就是父母对孩子的爱。”一句话点出了父母的爱才是世界上最伟大的爱。的确，对于父母来说，孩子的一举一动、一颦一笑时时刻刻都牵动着父母的心。孩子高兴，父母也会跟着乐呵；孩子悲伤了，父母也就快乐不起来。父母都在尽力呵护孩子，努力给孩子创造健康快乐的成长环境，但是，孩子不可能永远生活在父母的翅膀底下，总有一天他们要自己展翅飞翔搏击长空面对风雨。但是现在有很多的孩子，尤其是独生子女，因为平时在家里被父母宠惯了，只爱听表扬，不爱听批评，对挫折更是没有一点的承受能力。如此下去，将来踏入社会也定将无法走好自己的人生之路。

《战国策》中的《触龙说赵太后》一文有云：“父母之爱子，则为之计深远。”只有让孩子从小就经历一些挫折，养成良好的抗挫心态，孩子才能更好地成长。那么，父母应该如何引导孩子面对风雨毫不畏惧，面对挫折也决不退缩呢？

优优是一个很聪明、很懂事的小女孩，是在家人的夸奖下长大的。优优在上一年级时，不仅写得一手漂亮的字，成绩在班里更是名列前茅，各科老师非常喜欢她。优优因为学习好、懂礼貌，又团结同学，所以经常得到小红花、红五星，各种各样的奖状也拿了很多。有这样一个乖巧、可爱的女儿，优优的父母自然也很高兴、很骄傲。

因为乐感好，领悟能力也很强，为了让女儿多学习一些才艺，提高孩子的整体素养，优优读二年级的时候，父母开始让女儿学习钢琴。

优优也很争气，每次上课前都会把老师前一天布置的曲子弹奏一遍，并且没有一次弹错过。

这天是周末，吃过早饭以后，妈妈照例带女儿去学习钢琴。

“弹得不错，只是今天错了一个音符。”听优优弹完之后老师这样说。

本来是很平常的一件事，但是因为以前没有出现过这种情况，面对老师的“批评”，优优显得很紧张，甚至还有点不知所措，小脸憋得通红，眼泪还不停地在眼眶里打转。结果那节课下来，优优的表现一直很糟糕，完全不在状态。

“妈妈，我是不是很笨啊？”回家的路上优优提心吊胆地问妈妈。

妈妈知道女儿还没有从刚才的“挫折”中走出来，于是就安慰女儿：“不是啊，只是因为你刚才太紧张了。”

“可是我弹错了一个音符啊！”优优哽咽着说。

因为一个小小的音符，女儿的心态就完全变了，看来平时她经历的挫折太少了，现在遇到一丁点的挫折就承受不住了，妈妈觉得自己非常有必要锻炼一下孩子抗挫折的能力了。

经过一番认真思考之后，优优的妈妈制订了一个长远的计划，并且决定在不经意中对女儿加以引导。

妈妈先是给优优讲了一些在逆境和挫折中奋进成功的名人故事，让孩子明白“失败是成功之母”，有很多成功人士都是在失败和挫折中摸爬滚打中成长起来的。然后在平时的生活中有意识地陪女儿看一些有关的电影和书籍，让女儿在看的过程中发表自己的意见，让女儿明白在生活中遇到挫折是很正常的事情，关键是看自己用怎样的心态去面对。另外，在女儿遇到挫折的时候，优优的妈妈还会安慰孩子要冷静面对挫折，把学习中的失败当作考验自己的机会，找出失败的原因，制订出计划以迎接新的挑战。

就这样，在妈妈的正确引导和积极鼓励之下，优优已经从一个面对挫折弱不禁风的小丫头长成为一个能够笑对各种困难的“女强人”了。看到女儿健康成长，优优的妈妈心里很安慰：孩子有了这样良好的心态，以后的人生之路不管是平坦还是崎岖，都会坦然面对。

对孩子的挫折教育并不是一朝一夕的，也不是单靠父母几句鼓励的话语和几件事情就能够见效的。因此，父母在平时的生活中，应该有意识地对孩子进行引导，坚持不懈地培养孩子的抗挫折能力，让孩子将来在人生浩瀚的大海里能够力挽狂澜，勇往直前。

## 44 女孩嫉妒心强，父母要正确引导

相对男孩而言，女孩的嫉妒心要强一些。有的女孩嫉妒心很强，如果父母不加以正确引导，任由发展下去，将会对女孩的成长造成严重的负面影响。消除女孩的嫉妒心，父母要明白女孩嫉妒什么，然后对症下药才会有效。

婵婵是一个6岁的小女孩，聪明伶俐，活泼可爱，很受周围人的喜爱，但有一点不好，那就是小孩的嫉妒心很强。

今天是周末，婵婵妈妈单位里的同事王阿姨带着自己尚在襁褓中的女儿菲菲到家里来玩耍。妈妈很热情地接待了王阿姨，婵婵看到朵朵也很开心，她也很喜欢这个比自己还小的小娃娃。

“呀，菲菲长得真可爱啊！”妈妈抱起菲菲，并在菲菲的小脸上亲了一口。

刚开始婵婵很新鲜，也吵着要抱抱小妹妹，并且还拿出自己的小玩具逗菲菲。

可是没过一会儿婵婵就不高兴了，因为她看到妈妈一直抱着菲菲，并且还又亲又笑的，没有一点要放下的意思。她觉得妈妈只顾着菲菲，冷落了自己。

“菲菲一来，妈妈就不喜欢我了。”婵婵自言自语地嘟囔。

看着妈妈和王阿姨都围着菲菲转，逗菲菲开心，婵婵心里来气了，她在想用什么办法能让她们注意到自己呢?

“两只老虎,两只老虎,跑得快,跑得快,一直没有耳朵,一直没有尾巴,真奇怪真奇怪……”婵婵开始大声唱歌,这是她在幼儿园刚学的一首新歌,想用这种方式引起妈妈的注意。

但是妈妈好像已经习惯了女儿在家里唱歌，并没有予以理会，而是继续和菲菲逗乐。

婵婵看妈妈不吃自己唱歌这一套，于是就在妈妈和王阿姨面前跳起了自己最擅长的舞蹈。跳了一会儿还是没有人理她，婵婵终于忍不住了，拿起茶几上的杯子狠狠摔在了地上。

“婵婵！干什么啊你？怎么这么淘气啊！”妈妈看到女儿摔杯子，大声呵斥她。

婵婵见妈妈不但不安慰自己，反而大声斥责她，于是一屁股坐在地板上哭了起来。一边哭一边冲着菲菲大喊：“我讨厌你！我讨厌你！你走！”

看到婵婵这样不懂礼貌，妈妈非常生气，而王阿姨也颇感尴尬，匆匆告辞了。

事后，听了婵婵的解释，妈妈才明白，原来女儿是在嫉妒菲菲。看到女儿小小年纪嫉妒心就这么强，妈妈十分伤脑筋。

嫉妒之心，人皆有之。一般来说，爱嫉妒的孩子情绪变化快，一会儿幸灾乐祸、得意忘形，一会儿又咬牙切齿地打人、骂人或搞恶作剧，一会儿又自怨自艾，意气消沉。孩子的嫉妒心理，虽然不像成人那样表露得充分，但是时间长了，必然会引发行为障碍。尤其是嫉妒心强的孩子，更容易使父母担心，所以如何正确地疏导孩子的这种负面情绪，是父母们亟须关注也是必须面对的问题。

孩子产生嫉妒心理的原因有很多，归纳起来主要是孩子内部的消极因素和外部环境的消极因素相互影响、相互作用而产生的。如，在竞争中受挫会导致他对成功者的嫉妒；因老师表扬他人而产生嫉妒；因自己家境贫寒而对家庭经济地位高的同学产生嫉妒等。父母只有了解了孩子嫉妒心理产生的原因，才能有针对性地对其进行引导和教育。

因此，父母在平时的生活中，要多给孩子一些情感上的关心和帮助。如帮助孩子形成正确的自我认识，让孩子明白“金无足赤，人无完人”的道理；帮助孩子改正自身的性格弱点，培养他们宽容的品质。另外，父母还应该引导孩子树立正确的竞争意识，让孩子明白对手不是仇人，嫉妒也不是要强，进而使孩子学会欣赏他人的成功，分享他人的快乐。引导和教育孩子用自己的努力和实际能力去同别人相比，以求更快地进步和取长补短；告诉孩子要用自己的努力和实际能力去同别人相比，以求更快地进步和取长补短，从而把孩子的好胜心引向积极的方向。

除此之外，父母还要让孩子充实自己的生活，如果孩子的学习、生活节奏很紧张，生活过得很充实很有意义，他就不会把注意力局限在嫉妒他人身上了。总之，父母要鼓励和引导孩子多参加一些有意义的活动，转移孩子的注意力，使孩子把精力放在学习和其他有意义的事情上。这样一来，孩子的嫉妒心理也就能慢慢消除，从而健康、快乐地成长。

## 45 正确引导女孩不再抱怨

有的孩子喜欢抱怨这抱怨那的，对于不合自己心意的人或事更是抱怨不断，这是孩子的一种消极心理。作为父母，要对孩子的这种抱怨情绪进行正确的引导，以免影响孩子的心理健康。

杨菲参加了学校组织的夏令营活动，去了一个星期，今天终于回来了。妈妈为了迎接女儿回家，特意做了一桌子杨菲爱吃的饭菜。

“怎么样？这一个星期过得开心不？”妈妈边给女儿夹菜边问。

“别提了，以后我再也不参加什么夏令营了。”杨菲很不高兴地说。

“怎么了？夏令营不是挺好的吗？既锻炼人，又能增长见识。”妈妈说。

“妈妈你不知道，我分在的那个小组带队老师有多讨厌，想起她来我就烦。”杨菲撇了撇嘴。

“带队老师怎么惹你了？”妈妈很疑惑。

“晚上睡觉的时候，我们那个帐篷里住了8个小女生，除了我和晓媛说话了外，还有另外两个小女生也说了。但是，老师进来就批评我，弄得我很没面子。”杨菲委屈地说。

“就为这事啊？”

“还有呢，第二天吃饭时我就和旁边的同学换了一下子位子，她又说我不遵守纪律。”杨菲说。

“你就因为这些排斥整个夏令营活动啊？”妈妈问杨菲。

“反正我就是不喜欢那个老师，同样的事情，别的同学做没事，我做了她就说我。这不是明显地针对我吗？”杨菲抱怨地说。

妈妈没有回答杨菲的话，而是隐隐约约有些担心。老是抱怨别人可不是一个好现象，养成习惯了，将来很难与人相处的。

“怎么样妈妈？您是不是也觉得您的女儿很委屈啊？”杨菲见妈妈不说话，以为妈妈认同了自己的话。

“孩子，妈妈没有觉得你受什么委屈了。相反，我觉得你应该好好反思一下自己。”妈妈放下筷子严肃地对女儿说。

杨菲不解地望着妈妈。

“你抱怨老师针对你，但是你仔细想没有，老师为什么只‘针对’你而不针对别人呢？”

“她就是偏心，看我不顺眼呗。”杨菲没好气地说。

“不是老师偏心、看你不顺眼，你好好想想自己有没有做错？”妈妈引导女儿。

“又不是我一个人说话、换位置了。”杨菲说道。

“你不要看别人，就好好想想自己的行为，别人如果去跳楼你也要去吗？”妈妈继续耐心引导杨菲。

杨菲不说话了。

“以后无论发生什么不愉快的事，当你要抱怨别人的时候，就应该先想想自己有没有做错。如果自己确实做错了，那就怨不得别人。”妈妈教育杨菲。

杨菲没有说话，想了一会儿，对妈妈说：“我以后会注意的。”

孩子爱抱怨是要求过多的一种表现，无论他人还是事情本身，他都觉得不满意。抱怨会使孩子缺乏客观、实事求是的精神，对生活和学习都会产生不利的影响。严重了，还会使孩子形成自私、狭隘的偏激性格。面对杨菲的抱怨，妈妈没有直接批评女儿做得不对，而是耐心地给杨菲解释，并用“别人跳楼你也跳”的比喻引导女儿遇到问题要多从自身找原因。

因此，父母在平时的生活中要注意培养孩子积极乐观的性格，因为良好的性格对孩子的以后的成长有着非常重要的作用。另外父母在孩子遇到问题的时候，要尽可能地引导孩子向事情积极的一面看待。告诉孩子，世界上没有绝对的十全十美，遇到坏事要往好的方面想，抱怨的情绪只会徒增内心的烦恼。相信在父母的积极引导和鼓励下，孩子一定能够保持阳光般的健康心态，健康、快乐地成长。

## 46 引导女孩将自己的梦想坚持到底

每一个女孩都是一朵含苞待放的花儿，这朵花儿离不开父母的辛勤浇灌和精心呵护。从这朵花儿发芽到开放，父母需要倾注很多的心血。女孩能开成一朵美丽、馨香的花是所有父母的希望，也是父母的梦想。其实除了父母以外，孩子也需要梦想，父母正是孩子梦想之花的守护者。因此，父母要引导孩子正确认识自己、认识自己的梦想，支持孩子寻找并坚持自己的梦想，并与孩子分享实现梦想的过程，分享孩子自我成长的过程。

有的父母可能会问："孩子那么小，他知道什么是梦想呀？再说了，孩子处于不断的成长变化之中，今天说要当老师，明天又想要当医生，她懂什么是坚持呀？"如果父母这样想，那他的孩子拥有并实现梦想的概率就很小了。不要总觉得孩子的梦想是"虚幻"的，是遥不可及的。要知道，在这个世界上，正是因为有坚持，桑叶才能变成丝绸。把梦想坚持到底，就没有什么不可能实现的愿望。

玛丽是一个从小就对地理感兴趣的女孩，在她刚开始学习认字的时候，就经常对书中各国风格迥异的自然、人文风景着迷不已。后来看电视的时候，她也总是看一些旅游、地理频道。

9岁那年，玛丽在班里考试得了第一名。她得到的奖品是一本厚厚的世界地图册，里面详尽地介绍了世界上各个国家和地区的地理概貌以及旅游风光。得到这份奖品让玛丽激动万分，只有一有时间她就抱着这本地图册看。

这天，家里就剩下妈妈和玛丽在家。妈妈在浴室里洗澡，吩咐小玛丽帮忙看着厨房炉子上烧的热水。玛丽搬了一只小板凳坐在厨房门口，然后就又拿出地图册开始看。这次刚好看到是埃及地图的那一章，玛丽完全沉浸在了书中，古老而又神秘的埃及金字塔、风光旖旎的尼罗河……看着看着她仿佛身临其境，心想长大后一定要去埃及看看。

想着想着，炉子上的水就烧开了，沸腾的热水把炉子都浇灭了，妈妈在里面听到了响声，从浴室里冲了出来。

"玛丽！你在干什么？"妈妈生气地问。

"我在看埃及地图。"玛丽回答道。

"噢，你怎么想起看这个来了？"妈妈控制住自己的怒气问。

"妈妈，我将来一定要去埃及看看，听说那里的风景真的很美。"小玛丽认真地说。

妈妈本想说"别做梦了，你一辈子也不可能去那么远的地方"，但是看到女儿一副认真、执着的样子，她还真不忍心浇灭孩子的梦想。

"好吧孩子，虽然这个梦想很遥远，但是妈妈相信只要你努力学习，将来还是会有机会去的。"妈妈抚摩着玛丽的头说。

"是吗？这么说您也支持我？"玛丽高兴地问。

"是的，但是前提是你必须坚持你的梦想，不能因为遇到挫折就放弃。"妈妈引导玛丽。

"嗯，我一定会坚持的！"玛丽信心十足地说。

从那以后，玛丽对自己的梦想更加坚定了。二十年后，玛丽第一次出国就去了埃及。到埃及的第一天，玛丽坐在金字塔前的台阶上，买了张明信片寄给妈妈。她在明信片上写道：“亲爱的妈妈，我现在正在埃及的金字塔前给您写信。记得小时候您鼓励我坚持自己的梦想，现在我终于实现了自己的梦想，谢谢您的鼓励和引导！”

看着明信片上雄伟的金字塔和女儿娟秀的笔迹，玛丽的妈妈眼角湿润了，孩子的梦想是需要父母的鼓励和引导的。每一位父母都应该给自己的孩子插上梦想的翅膀，并且鼓励和引导她坚持下去。

孩子拥有自己的梦想本是一件值得父母欣慰的事情，至少说明孩子是有思想的。但是很多父母因为缺乏正确的教育观念，觉得孩子的梦想是“妄想”，是不可能实现的，于是轻而易举地久将孩子的梦想打碎了。孩子有梦想，父母应该给予支持，要知道很多孩子的梦想都是在父母的打击下消逝的。孩子有了想法，作为父母应该认真和孩子探讨，并且鼓励她将自己的梦想坚持到底。

7

# 惩罚，让女孩体验错误带来的后果

惩罚是父母教育孩子不可避免的一种手段。用适时、适当、科学的惩罚警戒女孩，让其体验错误带来的严重后果，从而收到以罚助教、以罚代教的效果。

## 47 惩罚教育女孩要从小做起

随着社会及父母对教育越来越重视，很多父母在孩子的教育上都投入了大量的时间和精力。但是有的父母在谈到自己的孩子时却常常抱怨说："孩子越大越不听话了，有时候犯了错误，别说惩罚了，批评两句就闹情绪。男孩子还好些，要是女孩了更是批评惩罚不得。"由此看来，惩罚女孩还真是一件需要慎重对待的事情。

现在大多数的父母在孩子很小的时候，就开始关注孩子个性、心理、创造性、独立性等方面的发展。父母都希望自己的孩子长成为一个懂事、有所作为的人，因此让孩子从小就明白犯错与惩罚之间的关系也就十分有必要。作为父母，更要考虑如何惩罚孩子以及掌握惩罚的"度"的问题。这就需要父母在孩子小的时候，就要对其进行惩罚教育，并且在惩罚孩子的过程中尽量让其体会到父母深深的爱意。

笑笑是个 9 岁的女孩，在很多人看来这个年纪的孩子正是调皮捣蛋、让父母头疼的年龄，但是笑笑却十分的乖巧懂事，这让很多和笑笑同龄的孩子的父母羡慕不已，纷纷向笑笑的父母讨教"秘诀"。

说起教育女儿的秘诀，笑笑的妈妈直言是从小就对女儿进行惩罚教育的结果。

笑笑 1 岁的时候，有一次发脾气不肯吃饭，并且还咬了妈妈的手。

“笑笑，你把妈妈咬痛了。”妈妈对刚开始牙牙学语的女儿说，与此同时将她放进自己的婴儿床，并离开她一会儿以示惩罚。

小孩最害怕的就是独自一人，虽然那时笑笑吐字还不清晰，但是却能听懂妈妈的话。当她知道妈妈真的生气的时候，默默地坐在自己的婴儿床上不再吵闹。在以后的日子里，妈妈都会用各种“惩罚”方式教育笑笑，笑笑也逐渐变得听话了。

等到笑笑大一点的时候，妈妈对笑笑的惩罚教育就更加严格了。比如笑笑有过分的举动时，妈妈都会以严厉的眼神看着她。大多时候，女儿都会明白妈妈的意思，也会有所收敛，过后还会对自己的行为进行检点。

有一次，笑笑跟着妈妈去超市买东西，她非得让妈妈给她买一个毛绒熊，类似的玩具家里已经有很多了，妈妈就建议买一个其他的玩具，哪知笑笑竟躺在地上大哭大闹起来，还一手把妈妈拿给她的一个会唱歌的娃娃摔在了地上。

妈妈立即将女儿带回家，并且给予其严厉的批评。

“在公共场合大哭大闹是非常不好的行为，更不可以因为生气就摔坏超市里的东西。你今天的行为让妈妈很气愤！”

笑笑也意识到了这次错误的严重性，低着头不再说话。

“你知道自己的错误了吗？”妈妈严厉地问。

“知道了，我不该在超市里乱发脾气，还摔坏超市里的商品。”笑笑小声地向妈妈认错。

“知错就改还是好孩子，但是犯了错就要接受惩罚，这个周末的郊游计划取消，改在下周末进行。如果下周你还犯错的话，那受到的惩罚就会更严重！”妈妈严肃地说。

笑笑最喜欢的就是周末跟着父母去郊外玩耍，今天却因为自己的不懂事，计划被取消，这对笑笑来说无疑是个巨大的“惩罚”。从那以后，笑笑很少再犯错了，并且也越来越乖巧懂事了。

俗话说："玉不琢，不成器"，孩子就像是一块儿天然的新玉，需要父母的精心雕琢才能成为一件精美的玉器。惩罚对于孩子来说就是一种"雕玉"的方式，看似"狠心"的行为，其实包含的正是父母对孩子"恨铁不成钢"的殷切希望。

从小就对孩子进行惩罚教育，是为了让孩子在成长的过程中能够明辨是非，严格要求自己，这也是给女孩将来的成长与发展做铺垫。因此，父母要将这种教育方式贯穿到孩子成长的点点滴滴中，相信通过父母的爱心和努力，一定能够教育出人见人爱的懂事女孩。

# 48 冷处理也是一种有效纠正女孩的方式

现代社会中独生子女越来越多，这也导致了一些父母过分溺爱、娇惯孩子，对孩子的不好行为找“他累了”、“他没有午睡”、“他情绪不好”之类的借口，这些其实都是父母对孩子不负责任的表现。

一个负责任的父母绝对不会对孩子所犯的错误置之不理，要知道，一味的溺爱和纵容对孩子的成长有百害而无一利。因此，在孩子犯错误之后，父母一定要采取一定的惩罚方式对孩子进行教育。有的父母可能会提出疑问：“我家的孩子是个女孩，平时批评重了就会闹情绪，要是进行惩罚，估计闹起来就没完了。再说了女孩不同于男孩，男孩打两下骂几句一般都没事，但要是女孩，事情估计就没那么好办了。”

的确，女孩一般心思比较细腻，自尊心相对于男孩来说更要强一些。在女孩犯错之后，父母如果直接给予批评和惩罚，都会让脸皮薄的女孩难以接受。对于这种情况，父母可以采取一些相对比较温和方式惩罚女孩，比如冷处理。

兰兰的妈妈在教育女儿的问题上一直不断探索、尝试，最近她发现当女儿犯了错误之后，冷处理也是一种有效的惩罚方式。

这天是周末，兰兰的父母决定给家里来一次大扫除。因为平时工作比较忙，很少有时间收拾，虽然住的是带花园的别墅，但是看上却并不漂亮：花园里杂草丛生，一些专门种植的花花草草也因为长期无人修剪，显得很不美观。

吃过早饭后，兰兰的妈妈就开始忙活起来了，先是把屋里彻底地打扫一遍，清理一下卫生，完了之后就开始修剪院子里的花草。看到妈妈忙活，一直闲着的兰兰也待不住了，她也决定加入其中。

兰兰找来自己的小铲子等工具，也跟着妈妈忙活起来，看到妈妈给花坛松土，她也赶紧去挖几下；妈妈给小树浇水，她也用自己的小桶洒一些水……没一会儿兰兰就对此失去了兴趣。后来看到花园里的鱼池，她突发奇想开始用小石头砸里边的鱼儿。

妈妈一直忙着其他的没有注意到，等看到时兰兰已经往鱼池里扔了很多大小不一的鹅卵石，把原本漂亮的鱼池弄得很糟糕。

"兰兰，你看你把鱼池弄得成什么样子了？小鱼被砸痛了，鱼池也弄乱了，不漂亮了吧？"妈妈生气地说。

兰兰冲妈妈扮个鬼脸，还哈哈大笑。

"妈妈要求你现在把鱼池里的小石头一块儿一块儿地拣出来。"妈妈严肃地对女儿说。

"就不就不，要拣您自己拣好了，反正我不拣。"兰兰耍赖。

妈妈没有强迫兰兰，也没有再说她，而是自己下去拣石头了。

过了一会儿兰兰又想玩秋千，但是因为她自己没有力气，秋千根本荡不起来，于是就喊妈妈："妈妈，您来陪我玩秋千吧！"

"你看看，你往鱼池扔了这么多小石头，现在我正一块块儿地往外拣，哪儿有时间陪你玩啊！"妈妈趁机教育兰兰，并且拒绝陪她一起玩。

兰兰这才体会到自己所犯错误给自己带来的"相应惩罚"，非常后悔自己刚才的行为。兰兰走到鱼池前对妈妈说："我以后再也不往里边扔小石头了，现在我和您一起拣，等拣完了您再和我一起玩好吗？"

“好吧！但是你要记住，以后再犯类似的错误我就不会再这么轻易就原谅你了。”妈妈严肃地说。

“嗯，以后再也不了。”兰兰说完就和妈妈一起拣起来了。

像兰兰妈妈这种冷处理的惩罚方式是一种很值得父母学习的方法，孩子们并非像大人想象的那样不懂事，他们只是自控能力比较差而已。当女孩犯了错的时候，父母不必急于批评惩罚，可以先“冷冻”其一段时间，待一个合适的机会用一种特别的方式让孩子自己认识到自己的错误。

女孩和男孩一样也会有淘气的时候，有时候调皮只是为了引起他人的注意而已。父母如果掌握了孩子淘气的心理及目的，就可以采用任其吵闹闹的方式，不予理会，等到他自觉没趣或者厌烦的时候自然就会放弃。

总之，冷处理的方法也是多种多样的，父母可以在平时的生活里多对自己的孩子加以观察，掌握其犯错的心理活动，然后用冷处理的方式给予其最有效的“惩罚”。

## 49 惩罚女孩要有度

当孩子犯了错误的时候，父母在对其进行批评教育的同时，辅助一些惩罚也是一种必需的手段。惩罚孩子的目的是为了加深印象，教育孩子以后不再犯类似的错误，最终的落脚点还是为了孩子的良性转化和健康成长。

但是需要注意的是，惩罚孩子一定要有度，即惩罚的“量刑”要有度，必须符合孩子的年龄特点和行为方式。惩罚过重容易引起孩子的对抗情绪，轻了又不足以使孩子引以为戒。因此惩罚孩子要以达到目的为原则，既不能轻描淡写，又不能小题大做滥用“刑罚”。著名的教育学家洛克曾说：“儿童第一次应该受到惩罚的痛苦的时候，非等完全达到目的之后，不可中止；而且还要逐渐加重。”这其中蕴含的道理值得每一个父母细细品味。

对于惩罚孩子的“度”的问题，很多父母都倍感困惑，他们常常抱怨不知道怎么惩罚才算是“张弛有度”。在这个问题上，晓旭妈妈的例子或许会给为此头疼的父母一些启示。

晓旭的妈妈是一名教育工作者，平时在工作中经常和各种各样的孩子接触，因此在教育自己女儿的问题上，她也有一套自己的“教育秘籍”。

晓旭的妈妈坚持认为惩罚孩子，尤其是女孩，应该制订一个长远的目标，并且要围绕这个长远目标来进行。她先是和女儿商量制定了一些必须遵守的规矩，并且会告知女儿自己的底线，一旦晓旭犯错误越过妈妈设定的底线了，就要无条件地接受惩罚。前不久，就发生了一件让晓旭的妈妈感触颇深的事情。

那是一个周末，恰巧也是晓旭姥姥的生日。姥姥为了孩子的成长操劳了一辈子，因此很受家里人的敬重，这次是姥姥七十大寿，全家人提前一周就开始准备为姥姥庆祝生日了。

那天中午，全家人都在姥姥家吃饭，晓旭平时在家里受宠惯了，这会儿看到所有人的注意力全都转移到姥姥身上了，不免有些吃醋。从一坐下来开始，晓旭就不安分地摆弄她的碗筷，还故意用勺子将小碗敲得叮叮作响。坐在晓旭旁边的妈妈小声地告知女儿不许再敲了，但是晓旭像没听到一样仍旧敲个不停，后来干脆把勺子故意扔到地上了。

面对女儿的不懂事行为，晓旭的妈妈并没有当众斥责，而是不动声色地将勺子拾起来放到原来的位置上。但是晓旭仍旧拿起勺子往地上扔，并且大声地喊了起来。

晓旭的妈妈平静地将女儿手中的勺子拿走，从椅子上站起来把女儿抱到了外面。

“旭旭，你把勺子扔在地上，严重地影响了其他人。我记得我以前告诉过你，在人多的场合必须服从妈妈的话。”晓旭的妈妈严厉地对女儿说。

“那又怎么了？谁让你们都不搭理我的，只顾着和姥姥说话。”晓旭不满地嘟囔。

“今天是姥姥的生日，姥姥一辈子多不容易啊，现在她老了，我们大家都应该多关心和照顾她的。再说了，今天又是她的生日，当然要把姥姥作为中心了。”妈妈说。

“哦。”晓旭支吾了一声。

“虽然你现在认识到了自己的错误，但是妈妈还是要惩罚一下你。”

说完就在晨晨的屁股上以适当的力度拍了五六下。

受到惩罚的晓旭安静了下来，并且意识到妈妈并没有跟她闹着玩的意思，而是很严肃地在处理这件事情。回到屋里以后，晓旭乖乖地坐在自己的座位上再也没有捣乱。

像晓旭的妈妈这样依照规则对孩子进行惩罚，就是一种很好的惩罚方式，因为是提前约定好的，所以孩子也能心甘情愿地接受。

因此，父母和孩子可在平日里协商制定一个奖惩规则，让孩子清楚地知道犯错后会受到什么样的惩罚。这样孩子在平时就会有所注意，从而减少犯错误的概率。需要指出的是，当孩子犯错后，父母要注意调整自己的情绪，不要因一时冲动而随意惩罚孩子。如果孩子以后犯了同样的错误，也应该按规则进行和以前相同的惩罚，这样父母才能在孩子心中树立威信，孩子也才能更加听父母的话。

# 50 切忌用暴力惩罚女孩

“孩子实在太皮了，不打不行”“做错事情又不认错，我火起来就打”……当孩子做错事情时，不少父母就忍不住要发脾气，“打”就成了最常用的惩罚方法。只是令很多父母心烦的是，罚也罚了，打也打了，孩子却依然我行我素，对父母的惩罚教育根本不予理会。

聪聪的妈妈提起自己的女儿，总是一副恨铁不成钢的样子。她说自己的女儿太皮了，一个女孩子家，不好好读书，老是想着怎么玩。

“有时候脾气上来，忍都忍不住。”聪聪的妈妈说，“女儿太让人操心了，急的时候把孩子抓过来就打，孩子又哭又叫说要好好学。可是一放下棍子，她就又跑去玩了。”

聪聪今年上小学三年级，性格还男孩一样调皮，自从上学起就没让父母省心过。上课不是搞小动作、开小差就是睡觉，作业也从来没有按时完成过。回到家里第一件事就是打开电视看动画片，从来不会主动做作业。

这天放学回家后，聪聪放下书包就往外跑。妈妈早做好准备了，一把抓住聪聪的胳膊。

“今天老师留什么作业了？”妈妈问。

“今天老师生病了，没来学校上课，我们上自习了所以也没有作业。”

聪聪一本正经地说。

“真的假的？你不会是在骗妈妈吧？”妈妈不相信地问女儿。

“这种事我骗您干吗呀？不信您可以去调查嘛！”聪聪一副肯定的样子。

妈妈相信了云云的话，于是就让她出去玩了。可没多大一会儿，邻居家和聪聪同班的阳阳就来找聪聪，说老师今天布置的作业没有记下来，想问问聪聪记下了没有。妈妈这才知道女儿对自己撒谎了。

知道吃晚饭了聪聪才回来，妈妈不由分说就把女儿打了一顿。

“小小年纪你还学会撒谎了啊！不听话就罢了，居然开始撒谎，以后还了得啊！”妈妈一边打一边训斥。

“妈妈我再也不撒谎了，我再也不敢了！”聪聪哭喊着求饶。

妈妈这才放过了聪聪，但是自此以后女儿非但没有改正，反而撒谎的次数越来越多了。气急败坏的妈妈每次都是对女儿一顿“暴打”。次数多了，聪聪对妈妈的“暴力惩罚”也就有了“免疫力”，每次都是一副“要头一颗，要命一条”的不怕死模样，让妈妈又气又无奈。

小孩子的天性活泼，对自己的约束力很差，由此导致出错、犯规等行为是不可能避免的。像聪聪那样爱玩、不爱做作业，甚至撒谎骗父母的情况在孩子当中很常见。父母对于孩子的这些行为进行适当惩罚，让孩子认识、改正自己的错误是非常有必要的。

但是惩罚绝不等于体罚，惩罚孩子并不是要伤害孩子或者让孩子觉得难堪，打击孩子的自信心。父母对孩子的惩罚应该是不带恶意的，而要建立在尊重孩子、说服孩子的基础上。随意打骂或者动不动就用棍棒对孩子进行惩罚，不但到不到教育孩子的目的，反而会给孩子幼小的心灵造成一定的伤害。

像例子中聪聪的妈妈那样对女儿采取“暴力惩罚”的方式，只会加重孩子的逆反心理，引起孩子的反感。聪聪因为怕挨打，对妈妈的话阳奉阴违，当面规矩，背后捣乱，最后形成了“越怕挨打越说谎、越说谎就越挨打”的恶性循环。

其实父母惩罚孩子的一个基本出发点和目的，是让孩子明白，该为自己的过失负责。孩子犯错的时候，往往是父母教育孩子的良机，因为孩子在这时候会有很强的内疚和不安，父母如果能把握住孩子犯错误的“机会”，采取适当的方法对孩子进行惩罚教育，就会收到很好的效果。

惩罚教育孩子的方式很多，但是“暴力惩罚”却是使不得的。父母在平时的生活中可以根据自己孩子的年龄特点，选取一些适合的方式对孩子进行惩罚。比如“规则法”、“奖惩法”等。孩子并非教育不好，关键是看父母采取什么样的教育方法，方法对了，孩子自然也就听话了。

## 51 女孩更乐于接受合作式的惩罚

在很多时候，父母如果想有效地纠正孩子的过错，就必须发挥自身的聪明才智。在纠正孩子错误的过程中，父母如果能采取一些办法让孩子和自己合作，那么孩子一定会热心于改正自己的错误。这时候，父母再适时地采取一些惩罚手段，让孩子在一种愉悦的气氛下接受惩罚，效果也是非常理想的。

小悦今年7岁了，和很多小孩一样，小悦早晨起床穿衣服永远都是磨磨蹭蹭的。每次闹钟都响过两遍了，小悦还下不了床。为了女儿能够养成良好的起床习惯，妈妈决定采取一些惩罚措施帮助女儿改掉这些不好的习惯。

“小悦，这个月月末我和你爸爸要外出旅游，所以你只能暂时先在奶奶家住一段时间了。”上学的路上，妈妈对小悦说。

“外出旅游？那我也要去，干吗不带上我啊？”小悦问妈妈。

“因为你有赖床的习惯，并且做起其他事情来也是磨磨蹭蹭的，我们可不想带着这么个懒虫去旅行。”妈妈说。

小悦想了一会儿说：“那我改还不行吗？”

妈妈想了一会儿，装作为难的样子说：“可是距离我们出去的时间就剩下两周的时间了，在这两周的时间你能改掉吗？”

小悦想了想说："在学校里，如果老师想让一个学生改掉自己的错误，就会采用惩罚的手段。这样吧，在这两周的时间里你来监督我每天按时起床、吃饭，如果我有一次做不到，你也采取措施惩罚我。"

妈妈想了想说："这倒是个值得考虑的建议，只是妈妈要真正执行的话，你能心甘情愿吗？"

"当然了！"小悦胸有成竹地说。

"那好吧，咱们就这样定了。"妈妈高兴地说，"不如这样好了，如果你不能在规定的时间内起床穿好衣服，洗漱完毕，那么在吃早饭的时候你就只能吃一块软糖。"

小悦有个习惯，就是早晨吃饭的时候，每次都会吃四块儿软糖，她最喜欢吃软糖了。现在妈妈说自己如果"犯规"就只能吃一块儿，这对于小悦来说还真是个不小的"打击"呢！但是为了月末能跟爸爸妈妈一起出去旅行，小悦还是点头答应了。

"并且这是有条件的，如果你在两周的时间里，有五次犯规，那么这个约定就视为无效。"妈妈补充说。

"好吧！这个惩罚虽然很折磨人，但是我尽力做好。"小悦装作大人的口气说。

就这样，妈妈和女儿合作制订了一个"惩罚计划"来帮助女儿改正自己的坏习惯。刚开始小悦很不习惯，三天之内犯规了两次，自然也就受到了妈妈的惩罚。

"这样下去可不行，不但吃不到自己喜欢的软糖，更不能和爸爸妈妈一起出去旅行，这个惩罚实在是太可怕了。所以，我必须好好表现，坚持下去！"小悦想。

就这样，在"惩罚"的阴影下，小悦严格要求自己，每天早晨都在规定的时间内穿衣洗漱。两周的期限到期后，小悦也顺利"过关"。

“看来惩罚还是真有效果的啊！”小悦对妈妈说：“其实这些事情并不是自己想象的那么难以做到，只要有决心就行了。”

看着女儿现在每天都能准时做这些事情，并且时间观念越来越强，妈妈脸上露出了欣慰的笑容。

从小悦妈妈教育女儿的方式中，不难看出，父母与孩子合作制定和执行惩罚方式，对孩子来说是非常有趣的方法。这实际上是让孩子自己犯了错误，自己惩罚自己，也就是让自己去按规则约束自己。

总之，父母与孩子合作式的惩罚，能够在父母的监督下，让孩子坚定并严格地执行下去，最终达到纠正错误的目的。因此，父母在平时的生活中，不妨也采取一些类似的做法，一方面能够和孩子沟通、交流，使亲子关系更加和谐；另一方面也能帮助孩子改掉不好的习惯，使孩子能够在一个较为轻松、民主的家庭环境下快快乐乐地健康成长。

## 52 惩罚女孩不要“上纲上线”

当女孩犯了严重的错误时，对女孩进行适当的惩罚是有必要的，否则她以后还可能会再犯同样的错误。关键的问题是怎样惩罚，以及惩罚的力度。惩罚女孩，切记不可“上纲上线”，把问题严重扩大化，否则后果很严重。

8岁的佩萱拿着一个精致、漂亮的芭比娃娃在小区的花园里玩耍，这个芭比娃娃是爸爸花了好几百元托朋友从国外给宝贝女儿带回来的。佩萱抱着娃娃看其他的小朋友玩老鹰捉小鸡的游戏，这时，邻居家的女孩丹丹拿着一盒围棋走过来，让佩萱和她一起玩。于是佩萱就把芭比娃娃放到一边，兴致勃勃地和丹丹玩起五子棋游戏来。玩了一会儿，丹丹提议一起去看小区门口正在举行的老年人交谊舞比赛。直到和丹丹看完比赛回到家里，佩萱才发现自己把芭比娃娃忘在小区花园的石桌上了，于是赶紧下楼去找，结果芭比娃娃早不翼而飞了。

晚上吃饭的时候，妈妈见佩萱低头不语，一副闷闷不乐的样子，就问女儿怎么了。佩萱只好对妈妈说出了事实的真相。

“你怎么老是丢三落四的啊？我都提醒过你多少回了，要细心点细心点，你就是不往耳朵里去！现在好了，把那么贵的玩具丢了！”妈妈生气地说。

“我也不是故意要弄丢的啊！”佩萱委屈地说。

“你要是故意的我现在早打断你的腿了！这次不好好惩罚你，你还是不长记性！”妈妈愤愤地说。

佩萱“哇”的一声大哭起来。

“你还有脸哭啊？因为粗心你都弄丢过多少东西了啊！得了，别吃饭了，回自己的房间好好反省一下，没有我的批准不许出来！”妈妈罚女儿不许吃饭不算，还让她闭门思过。

看到妈妈如此“不近情理”，佩萱也愤愤地丢下一句“我恨您！”就冲出了家门。

看到女儿这样，妈妈既气愤又纳闷：明明是女儿不对，我说她几句让她好好反省错了吗？她恨我干什么？又不是我弄丢了她的芭比娃娃！这孩子真是越来越不像话了！

孩子自己犯了错却恨起妈妈来，表面看上去的确不应该。但是如果仔细想想，就会觉得一个8岁的孩子，在她失去一件心爱的东西的第一时间里，她是会为自己的粗心感到深深地自责，还是会为东西丢了感到无名地难过？遇到这样的事情，每个孩子肯定都会选择后者。别说只是一个8岁的小女孩了，即便是一个非常理智的成年人，在遇到相同的情况时，肯定首先也是会难过多于自责。

在弄丢芭比娃娃这个事件中，佩萱因为痛上加痛，所以“错上加错”：先犯了粗心的错误，接着因为妈妈让自己的心情雪上加霜，所以又犯了“不思悔改”的错误，脾气还暴躁起来，这是一个典型的由于批评和惩罚不当造成的不良后果的例子，佩萱的妈妈对此也负有不可推卸的责任。

对于女儿弄丢芭比娃娃这个事情，佩萱的妈妈完全可以换一种批评惩罚孩子的方式。例如可以先控制一下自己的情绪，然后说一些理解女儿情绪情感的话："我知道你现在很不好受，毕竟这个芭比娃娃是你梦想了很久才得到的。"然后就此打住，不要再继续妄下结论，给孩子贴上"粗心"、"丢三落四"等具有消极心理暗示作用的标签。因为这些消极的暗示会在无形中让孩子朝着一个坏的方向发展，正如有人所说："孩子就是如此，你认为他是什么样的人，他就会成为什么样的人。"

因此，父母在孩子犯了错误之后，千万不能粗暴地指责、批评孩子，甚至还给孩子"上纲上线"。孩子毕竟还小，心理、智力等发展都还不成熟，这时候他们需要的是父母耐心的指导和帮助，而不是一味地指责和批评。另外，对于具体的惩罚办法，要因错误的性质而定。对于例子中佩萱弄丢芭比娃娃的事情，妈妈可以罚女儿以此为例，写一篇《芭比丢了》的作文，让女儿在加深记忆的同时也练了手笔。

对于不涉及品行的错误，父母要抱着一颗宽容的心去帮助孩子认识并改正自己的错误，惩罚也是点到为止，切忌胡乱给孩子的错误"上纲上线"，惩罚起来也"不择手段"。父母应该明白，很多时候孩子所犯的错误，其实都与自己的教育方式有很大的关系，所以，父母在平时的生活中，也应该经常反省自己，看看是不是自己的教育方式出了问题。只要父母的教育方式选对了，那么一定能够教育出一个懂事、听话的好孩子。

## 53 用“惩罚”强化女孩的责任感

人必须要有担当，有责任感，这样才会让人尊重，才能立足于社会。为了孩子的将来着想，父母必须培养孩子的责任感。当孩子犯了错误时，是培养孩子责任感的好时机。父母可以用“惩罚”的方式，来强化孩子的责任感。

妍妍今年上小学三年级了，最近她们老师开始让她们练习钢笔字。因为是初学，所以写得没有像铅笔字那么漂亮，并且有时候还会因为钢笔水把手上、身上弄得一团糟糕。

这天晚上吃过饭以后，妍妍照例开始就学校的动态进行“新闻发布”。

“妈妈你不知道，我们班里有一个‘碰哭精’，可烦人了。”之后妍妍给妈妈讲起了班级里的事。

“这是怎么回事啊？”妈妈疑惑地问。

“今天上语文课，老师让我们练习写钢笔字，因为钢笔流水不畅，我就使劲儿甩了几下，没想到钢笔水飞溅到了邻座小芳的白衬衣上。”妍妍停顿了一下继续说，“我真的不是故意的，再说了钢笔水又没有长眼睛，谁晓得它会乱溅啊！”

“然后呢？”妈妈知道女儿说的“碰哭精”一定就是这位叫小芳的女孩子了。

“她一直呜呜地哭个不停，我都已经跟她说过‘对不起’了嘛，再说我又不是故意的，她还一直哭。”妍妍有些愤愤不平，“妈妈，你说小芳是不是‘碰哭精’啊？”

看着女儿那振振有词的神态和一脸无辜的样子，妈妈陷入了深思：是啊，平时父母对孩子的教育往往偏重于理性，即让孩子承认错误，保证下次不再犯，而对于孩子的行为教育却往往疏忽，即让孩子通过自己的行为来承担过失。长此以往，即使孩子认错，犯错的责任感也依旧得不到加强。

“对不起”这句简单的礼貌用语很多孩子说起来都很顺口，看起来是在道歉，但是这毕竟只是表面现象，孩子的内心真的认识到自己的错误了吗？就像现在自己的女儿这样，弄脏了小芳的白衬衣，小芳可能是因为害怕回家后被批评才哭，女儿反倒说人家是“碰哭精”。这明显表明女儿并没有真正认识到自己的错误，以为只是一句简单的“对不起”就是向小芳道歉了。

想到这里，妈妈反问妍妍：“小芳平时在学校也经常哭吗？”

被妈妈这么一问，妍妍顿时哑口无言了。她是个聪明的女孩，立即明白了妈妈是在批评她没有真心向小芳道歉。

“虽然你不是故意的，但是毕竟小芳的白衬衫被你弄脏了，而且洗也洗不掉，你说该怎么办呢？”妈妈继续问女儿。

妍妍想了想，小声说：“那我跟小芳的妈妈解释一下这件事情，告诉她小芳的白衬衣是我不小心弄脏的，让她不要责怪小芳。”

后来，妍妍又从自己的储蓄罐中拿出十五元钱买了一支新钢笔送给小芳，算是赔礼道歉和她们友谊的“润滑剂”，两个小女孩这下又高高兴兴地在一起玩耍了。

自从这件事情以后，妍妍每次犯了错误再也没有理直气壮地说“我不是故意的”、“我已经说过对不起了”——她已经品尝过了用行动承担错误的滋味，即犯错后受到的惩罚，这也说明她的责任心已经初步被唤醒了。

孩子因为年龄、心智发育还不是很成熟，犯错误也是在所难免的。孩子犯了错，父母应该抓住这个能促使孩子成熟懂事的有利时机，及时启发和引导，让孩子主动承担责任，改正错误。改正自己的错误，无论是有意的还是无意的，都是一个培养孩子责任心的好契机。适当的时候，父母要采取一些赔偿性的惩罚措施，让孩子为自己的行为过失负责。这样不但会让孩子记住自己曾犯过的错误，还会在一定程度上强化她们的责任感，最终培养出一个懂事、有爱心和责任心的好孩子。

8

# 倾听，让女孩懂得尊重他人的重要意义

倾听花开的声音，我们能读懂花儿的心思；倾听溪水的歌声，我们能读懂山林的呼吸；倾听孩子的心声，我们能走进孩子的心灵……对于心思细腻、“小秘密”多的女孩来说，更需要父母耐心地倾听。

## 54 鼓励女孩大胆说出自己的想法

孩子和大人一样也有自己的思想和见解，但是很多时候孩子却不能像大人一样很好地表达出自己的想法，父母也无法了解孩子的内心，只能凭自己的主观臆断去猜想。孩子说不出自己心里的所思所想，父母也就不能够很好地了解孩子的困惑，更不能给予孩子及时的引导和帮助。

因此，父母需要静下心来耐心倾听孩子的心声。有的孩子性格比较内向，这时候父母更需要多给予鼓励，鼓励孩子大胆说出自己心中的想法，以便及时和孩子做好沟通。

另外，鼓励孩子说出心里的话，是保证孩子心理健康的方法。有时候孩子经常会在父母面前闹情绪，很多父母往往觉得孩子不听话、任性，其实闹情绪是因为孩子的内心情感没有得到合理宣泄。因此，父母应该鼓励孩子说出心里的想法，只要孩子的情绪得到恰当的宣泄，排除心里积压的不好情绪，自然就会乖巧、听话了。

黄美是个性格比较内向的女孩，从小就不爱说话。最近爸爸妈妈正在商量买套新房子，为的是女儿上学方便。现在住的地方离黄美的学校很远，父母每天都要花费不少时间接送她上下学，再加上工作又很忙，黄美的父母就想换个离女儿学校近的地方住。

爸爸妈妈最近听说黄美学校附近刚开发了一个新楼盘，于是就开始打探。每天下班回来就在网上查阅新楼盘的资料，忙得不亦乐乎，还决定这个周末就去看房。父母满以为女儿会和他们一样为搬新家而兴奋，但是却发现黄美好像对此事并没有什么兴趣。

“黄美，明天我和你爸爸去那边看房，如果觉得不错就打算定下来，这样离你的学校近了，你上学放学也就比较方便了。”晚上吃饭的时候，妈妈试探性地对黄美说。

“哦，你们决定就好了，你们觉得怎么样好就怎么样来吧。”黄美淡淡地说。

父母听得出来女儿对买新房并没有什么热情，以他们对黄美的了解，女儿心中肯定有其他的想法，只是因为平时沉默寡言惯了，这会儿即使有想法也不会说出来。

晚上爸爸妈妈商量了一番，他们虽然很想搬家，但是看到女儿闷闷不乐，买房的热情也就减少了一半。毕竟女儿是家里的成员，买房是一件大事，有必要让家里的每一个成员参与抉择。

“黄美，妈妈看你好像对买房并没有什么兴趣，是不是你心里有什么想法啊？”睡觉前妈妈到女儿的房间决定和她好好谈谈。

“没有，我能有什么想法啊！你们觉得好就行了，我一个小孩子家无所谓。”黄美小声地说。

“话不能这样说，你再小也是咱家的一员。买房是件大事，家里的每个人都有权发表自己的意见。我和爸爸之所以想买主要是考虑你上学方便。如果你不愿意或者有什么其他的想法应该说出来，咱们可以再商量。”妈妈鼓励女儿。

黄美抬头看了看妈妈，嘴张了张又说：“算了，你们决定吧！”

“那怎么行呢！即使我们很想买也必须听一下你的看法，你应该相信我们会尊重你的意见。”妈妈再次鼓励黄美。

黄美想了想说："我现在不愿意搬家，我在这边有不少玩得来的小伙伴，搬家之后就不能和他们一起玩了。再说那是个新环境我也不能确定自己会不会很快适应，我想等自己再大一点了搬，那时候大家就都忙着学习了，就没有这么多时间玩了。"

原来是这样啊！女儿说得并不是没有道理，孩子还小，适应新环境的能力也还不强，或许等她再大一点了再搬对她的成长会更好。

"你不说我们还真是忽视了这一点，那好吧，我们就先住在这儿，等你上五年级的时候咱们再搬。"妈妈答应了黄美。

"嗯，谢谢妈妈。"黄美高兴地说。

"呵呵，以后不管心里有什么事，比如对爸爸妈妈有意见，或者对家里什么事情又看法了，一定要说出来。说出来我们才能知道你的想法，咱们才可以继续商量。"妈妈说。

"知道了，以后我会的。"黄美兴奋地说。

孩子因为年龄的原因，表达能力和水平不高，这时候父母如果不注意观察，孩子可能就会压在心里无法表达，时间长了对孩子性格的培养也是不好的。所以父母在平时要重视对孩子说话能力的培养，特别是对于一些不爱表达的孩子，更要给予鼓励和引导。必要的时候要鼓励孩子大胆提出不同的意见，允许他们有自己的不同见解，努力为孩子创造一个宽松的成长环境，以此培养孩子的求异思维和发散思维，鼓励孩子创新。这样，才能使孩子释放自己，快乐成长。

# 55 父母要给女孩倾诉的机会

孩子和成人一样，也会有不良情绪，也需要发泄，也需要找人倾诉。有这样一种普遍现象：孩子有心事不愿意和父母说。孩子不愿意向父母敞开心扉，主要责任在于父母。作为父母，要给孩子倾诉的机会，否则沟通就会出问题。

敏敏中午放学回来，书包还没来得及放下，就跑去厨房找正在做午饭的妈妈。

“妈妈，妈妈，我有一个好消息要告诉你，我……”敏敏高兴地对妈妈说。

“你没看见我正忙着吗？今天老师布置作业没有？先去自己的房间写作业，等写完作业我有时间了再告诉我。”正忙着切菜的妈妈不耐烦地打断了敏敏的话。

原本兴高采烈的敏敏听到妈妈这样说，一下子像泄了气的皮球，而后就一声不吭地回自己的房间了。

中午吃过饭以后，敏敏没有去上学而是独自坐在客厅看起了电视。

“敏敏你怎么还不去上学呢？你看看都几点了，再不去该迟到了。”妈妈一边收拾碗筷一边冲女儿喊。

“今天下午不上课。”敏敏回了妈妈一句。

“啊？为什么不上课啊？”妈妈奇怪地问。

敏敏这才从自己的衣服兜里拿出两张票，递给妈妈：“这是今天上午老师发给每位同学的，今天下午在市少年宫有少儿才艺演出，老师让每位父母带着自己的孩子两点去看演出。”

妈妈这才明白是怎么一回事，然后急忙解下腰里的围裙，说：“那你还磨蹭什么啊？赶紧走吧！”

“不用去了，您看看现在都几点了？等到了少年宫也就迟到了，根本就进不了场。”敏敏说完就再也憋不住满肚子的委屈了，大声哭起来。

“哭什么哭啊？谁让你不早点说的，你要是早说能迟到吗？”妈妈看见女儿哭没好气地说。

“我中午放学回来就想告诉您的，是您不听我说就打断了我。”敏敏哭得更委屈了。

妈妈这才想起孩子中午放学回来就吵着说要告诉自己一个好消息的，原来就是这件事情，想到这儿，妈妈也非常懊恼。

在很多父母看来，孩子年龄小，所以也就不存在什么想法。其实，孩子和成人一样，也有自己的想法，也有自己的喜怒哀乐。当他们有了什么想法，或者受到了什么委屈时，父母就是他们倾诉的第一对象，他们渴望父母能够分享自己的喜悦或烦恼。但是，很多父母却对孩子的“苦心”不理解，经常以忙为借口拒绝去倾听孩子的心声，更不给孩子倾诉的机会。

殊不知，当孩子有委屈无处诉说，有情绪不能宣泄的时候，负面情绪就会长时间地积压在他们心中，久而久之孩子的心理就会产生问题，严重影响孩子的健康成长。

因此，父母在平时的生活中应该意识到倾听对孩子的重要性，并且应该积极给孩子制造倾诉的机会，让孩子在宣泄自己烦恼的同时，也得到父母的帮助和指导。只有倾听孩子说话，父母才能够了解孩子的思想状态和认知水平，进而及时帮助孩子走出误区，向正确的方向迈进。另外，在倾听孩子的过程中，父母弄清楚孩子所表述的事情的真实情况，避免武断地下结论，同时也能够减少对孩子无端的指责和批评。

对于案例中敏敏的例子，妈妈完全可以换一种说话方式，如："你有好消息要告诉妈妈啊？可是妈妈现在正忙着呢，要不等待会儿吃饭的时候你再和妈妈说好吗？"如果敏敏的妈妈这样说，敏敏也就不至于为此生闷气，而且还会在吃饭的时候高高兴兴地把这个消息告诉妈妈，这样也就不会因为时间准备不充分而耽误看演出了。

父母都想与自己的孩子建立良好的亲子关系，也都希望自己的孩子能够健康、快乐成长，那么父母从现在起就必须改变原来的想法，放下所有的理由和借口，多给孩子一些倾诉的机会，用心聆听孩子的心声。只有这样，孩子对父母才会更加信任和爱戴，也才能够在融洽的亲子关系中接受父母的教育，听从父母的安排。

## 56 安排专门时间，倾听女孩的心声

对孩子的爱往往是父母一生中所体验到的最深的一种情感，虽然不能经常把这种情感表达出来，但是这种爱却在日常的生活中起着巨大的作用。父母与孩子宝贵关系的核心是他们在一起休息、娱乐和交流的时光，但是由于工作等原因，父母与孩子共享天伦之乐的时间并不多。

没有充足的时间和孩子在一起并不是父母的错，巨大的生活压力让很多父母不得不牺牲更多和孩子在一起的时间，转而投入工作和养家糊口中。但是需要注意的是，即使工作再忙，父母也要安排专门的时间和孩子交流、沟通，这对孩子的身心发展有百利而无一害。安排专门时间和孩子一起活动既可以很好地解决父母难得与孩子在一起的问题，也是一种行之有效的密切父母与孩子之间关系的方法。

柴珊的父母都是新闻工作者，每天都出去跑新闻，还经常要出差。在柴珊的记忆中，和父母在一起的时间很少，有时候好不容易有时间陪陪柴珊，一个突发事件或者紧急情况父母又得赶紧赶往现场。渐渐地，柴珊和父母的关系疏远了很多。

上周五学校开家长会，柴珊提前一周就告诉了妈妈，让她或者爸爸一定要抽时间参加。等到家长会开始了，柴珊还没有见到父母的身影，结果那次家长会，柴珊是班里唯一一个没有父母陪同参加的同学。这件

事给柴珊的心理造成了很大的伤害，她在心里有点怨恨父母了。

“女儿，明天妈妈请假了，一定陪你参加家长会。”晚上回家后妈妈兴奋地对柴珊说。

“不用了，家长会今天已经开过了。”柴珊不高兴地嘟囔了一句，晚饭也没吃就回自己的房间了。

妈妈在那儿愣住了，繁忙的工作竟然让她忘记了今天才是开家长会的日子，看着女儿日渐沉默的性格，柴珊的妈妈心里一阵阵难受，自己给女儿的时间和关爱太少了，她都忘了上次和女儿聊天是什么时候了。

经过慎重的考虑之后，妈妈决定无论日后工作多忙，也要抽出时间和女儿待在一起聊聊天，倾听一下女儿的心声。

“柴珊，这次是妈妈错了，妈妈没有记清楚家长会的日期。”妈妈走进女儿的房间在她身边坐下来。

“没办法，谁让您工作忙呢。”柴珊没好气地说。

“工作忙只是一个方面，最重要的可能还是咱们之间的沟通和交流太少了，妈妈没有认真听过你心中的想法，忽视了你的想法。”

听妈妈这么说柴珊开始后悔刚才的话了，想想父母为了自己和这个家辛辛苦苦地工作，自己还埋怨他们，真是太不懂事了。

“以后妈妈答应你，无论工作多忙都要专门安排出时间陪你。你心里有什么话，或者是学习、生活上的烦恼，都可以跟我说，妈妈一定会尽最大努力帮助你的。”妈妈说。

“您工作那么忙，哪儿会有专门的时间啊？”柴珊沮丧地说。

“这就你就不要担心了，妈妈自然会处理好的。”妈妈肯定地对女儿说。

“那太好了！”柴珊高兴地说，“其实我特别想和您说说心里话，只是每天那看您工作那么忙，根本没有时间听我说。偶尔有一点时间还没说完，您就又该上班了！”

“以后不会了，你心里有什么话或者想法了可以先准备个本子记下来，等到约定的时间了一并说给妈妈听。”妈妈安慰女儿。

柴珊听了妈妈的话，开心地笑了。

当父母安排专门时间致力于倾听孩子的心声时，孩子内心深处对于父母的爱和亲密关系的需求也会得到一定的满足，父母也能从中充分体验到自豪感。安排专门的时间和孩子在一起是以一种活泼的形式倾听孩子的心声，会让孩子充分体验到父母对自己浓浓的爱意和无限的关怀，同时也会让孩子更容易敞开心扉，有利于父母进一步了解孩子的内心世界。

## 57 放低姿态倾听女孩的心声

很多父母遇到孩子不听话时，都会摇头大吐苦水：孩子到底在想些什么？为什么我问他都不肯告诉我？有些父母虽然与孩子朝夕相处，却对自家的孩子并不是十分了解。不了解孩子，就很难有效地应对孩子不听话的行为。因此，父母要想在纠正孩子的不听话行为上取得有效的成果，必须得主动亲近孩子，赢得孩子的信任，只有这样才能打开他的心门，走进他的内心世界。

耐心地倾听孩子的诉说，让孩子体会到父母的关爱和家庭的温馨，就是一种很好了解孩子的方法。父母在倾听孩子心声的过程中，能够让孩子对父母更加亲近和尊重，有利于孩子把自己的想法告诉父母，父母也能够对他们的不听话行为进行明确的教育和指导。想要做到这一点，父母必须做到放低自己的姿态，耐心地倾听孩子。

一个闷热的傍晚，童童的妈妈骑自行车去学校接放学的女儿。由于正是下班高峰，路上的车辆和行人特别多，妈妈吃力地蹬着自行车，浑身全是汗，加上人多车辆杂，一直都是走走停停的，心里忍不住开始窝火了。

童童坐在车后体会不到妈妈的辛苦，更不知道妈妈已经心烦意乱了，于是还像往常一样兴致勃勃地讲班里发生的趣事。

劳累疲惫、心里正烦恼的妈妈毫无反应地听着童童“喋喋不休”地说话。

“妈妈，你在认真听我说话吗？”童童发现妈妈没反应，大声地问道。

“你能不能安静点啊？好好坐着就是了，别哇哇说个不停了！”妈妈忍不住发起脾气来。

童童被妈妈突如其来的呵斥吓了一跳，赶紧闭上了嘴巴。

快到家时，童童突然想起老师让买水彩笔，明天上美术课要用的。于是赶紧对妈妈说：“妈妈，我差点忘了，老师让买水彩笔呢，说明天上美术课要用的。”

“你早干吗去了？刚才经过文具店的时候一声不吭的，现在快到家了才说！”妈妈不耐烦地说。于是气呼呼地调转车头，准备返回文具店给女儿买水彩笔。

谁知道这时候，童童竟然自己从车上跳下来了，恨恨地说：“不买了！”说完，头也不回地径直往家去了。

妈妈看见女儿耍小性子，心里更加火了。一进家门就气呼呼地质问童童为什么不听话，还说女儿不体谅做父母的辛苦。

“妈妈，您知道吗？我们小孩也很可怜的。你们父母心烦的时候，可以对我们小孩儿发火；我们小孩儿心烦的时候，找谁发火呢？您知不知道，我们有时也很难受。你们却从来不肯听听我们的心声，我本来是记着要买的，结果您呵斥我让我安静，我就给忘了……”童童呜呜哭了起来。

女儿的一句“我们小孩也很可怜”惊醒了妈妈，她忽然意识到自己粗暴的态度已经伤害到了女儿幼小的心灵。望着女儿含泪的双眸，妈妈的心忽然软了。

“童童，妈妈错了，刚才不该因为自己心里烦就呵斥你，妈妈向你道歉，希望你能原谅。”妈妈蹲下温柔地对童童说。

童童没有想到一向高高在上的妈妈这时候竟然会放下父母的姿态向自己道歉，她疑惑地问："您真的是在向我道歉吗？可是您是妈妈啊！妈妈怎么会给自己的小孩道歉呢？"

"无论大人还是小孩，做错事情伤害他人了就要向对方道歉，这跟年龄和辈分没有关系。"妈妈拍拍童童地小脑袋解释说。

从那以后，妈妈就开始有意识地给自己的心灵留出一片空间，去盛纳女儿的喜怒哀乐，并且会放低自己的姿态，耐心聆听女儿的每一句话。从那以后，妈妈与童童之间的代沟慢慢消除了，沟通起来也很顺畅，母女成了无话不谈的好朋友。

教育专家指出，消除孩子的不听话行为的过程，就是不断消除和孩子之间误解的过程。父母多和孩子交流，倾听孩子的弦外之音，可以增进亲子之间的沟通，促进彼此的相互理解。一个孩子就是一个世界，父母应学会倾听孩子的话语，倾听孩子的心声，倾听他们对世界的理解和对未来的梦想。只有这样，父母才能更好地走进孩子的心灵深处，帮助他们走好成长的每一步。

## 58 让女孩感觉到你在认真听她说话

倾听是一种有效的亲子沟通手段，通过倾听，父母可以帮助孩子把自己的快乐、烦恼转化为他们获得自信的机会。遗憾的是，很多父母虽然看似在倾听，但是却往往没有用心或者认真听。他们觉得孩子还小，孩子的话不足以放在心上。倾听成了父母的一场“作秀”，孩子感觉不到父母的认真，时间长了，他们也就没有倾诉的欲望了。

因此，父母要用一颗包容、关怀的心去认真聆听孩子的心声，并且在倾听的过程中随声附和或者采用一些肢体语言，让孩子感觉到你是在认真听他说话。用心去倾听孩子的心声，用心去理解孩子的语言，用心去接纳孩子，才是真正地尊重孩子，才能达到和孩子有效沟通的目的。

孩子在诉说的时候，父母不要随意打断孩子的话，但是一定要简单地附和一下，或者适当地增加一些体态语言。例如；

父母可以紧挨着孩子坐下，侧身搂着孩子的肩膀，真诚地注视着孩子的眼睛说：“原来是这样啊！我明白你的意思了。”

当孩子讲的事情出乎父母的意料之外时，父母可以用“大惊小怪”的神情来表达自己的兴趣：瞪大眼睛，张大嘴巴，做个夸张的表情，说：“真的吗？这简直太不可思议了！”孩子在父母的反应中会有一种被尊重的自豪感和成就感。

父母这些附和性的语言往往会增加孩子诉说的兴趣，而且这些语言是父母站在孩子的立场上去说出的，会大大增加孩子对父母的信赖感，进而能够更加敞开心扉地与父母沟通。

另外，在倾听孩子诉说的过程中，父母可以适当地向孩子提一些简单的问题，引导孩子来表达她内心的更多想法，锻炼孩子表达能力的同时，也能让孩子把问题“阐述”得更加清楚。例如：孩子和其他的小孩闹矛盾了，很不高兴地向父母“告状”，但孩子也是有错的，这时父母可以对她说：“我知道这件事情让你感到很伤心，但是你也仔细想一想，自己在这件事情上真的一点错误也没有吗？”“告诉我事实的真相，或者我可以帮助你。”……

这种互动性往往能够很轻易地拉近父母与孩子之间的关系，让孩子更加乐意地表达自己的真实想法和感受。需要注意的是，父母在和孩子说话的时候语调一定要温柔、和蔼，同时不断地给孩子一些鼓励。

如果孩子在表述的时候说得不完整，父母可以适当地给予补充。假如孩子说得和事实有偏差，父母也不要立即呵斥孩子，而是应该友善地纠正孩子的说法。比如可以对孩子说：“妈妈的意见和你不一样，我觉得这件事并不是你理解的那样，我们可以再认真分析一下。”“妈妈建议你再仔细地考虑一下事情的来龙去脉，认真思考过后再下结论。”不管孩子说的是否有失偏颇，父母千万不要对孩子的不成熟的想法或者错误的表达讽刺和嘲笑，而是要站在孩子的角度去理解和接纳她们，只有这样孩子才愿意和父母交流。

总之，父母一定要在聆听的过程中全身心地投入孩子的话语中，帮助孩子一起分析，让孩子感受到父母是在认真听他说话，真心实意地帮助他。慢慢地，孩子在以后的生活中遇到什么问题，就能够主动地向父母倾诉，父母也能够及时了解和掌握孩子的心理活动，给予其正确的引导和帮助。

## 59 倾听过程中要考虑孩子的感受

当孩子在外面受了委屈，或者是做错了事情，幼小的心灵会受到一定程度的创伤，这时候他们最渴望向父母倾诉，希望从父母那里寻求安慰和帮助。但是很多时候，父母并不理解孩子内心的真实感受，更无心倾听孩子的诉说，有的甚至会斥责孩子不让自己省心。这样一来，孩子内心的希望就会破灭，对父母也就失去了信赖和依赖感，时间久了性格上会出现很多问题。

或者孩子向父母哭诉时，父母只是一味地告诉孩子："没关系"、"坚强一点，这没什么大不了的"、"别再哭了，下次注意点就是了"……父母这样说的结果就是让孩子觉得父母根本不能体会自己内心的感受，只是在敷衍自己而已。

其实，父母如果能换一种说话方式，多站在孩子的立场去感受他此时此刻的心情，以同情和理解的态度去对待孩子，让孩子感受到亲情的温暖和慰藉，在父母和孩子沟通时效果就会好很多，亲子关系也会更加融洽。

瑶瑶是个十分淘气的小女孩，无论在家还是在学校经常搞一些让老师和父母都头疼的小破坏，为此，妈妈经常严厉地批评她。但是无论妈妈怎么说，瑶瑶都是一副无所谓的样子，对妈妈的话更是置若罔闻，依旧我行我素。

相反，在妈妈面前淘气、叛逆的瑶瑶在爸爸面前却十分乖巧、懂事。只要爸爸在家，瑶瑶都会和爸爸坐在一起谈论各种发生在自己身边的趣事。但是爸爸因为工作的缘故经常出差，大多时候瑶瑶还是和妈妈在一起。

“爸爸，您要是经常在家就好了，我就不用面对妈妈整日的训斥了。”瑶瑶无奈地说。

看着女儿和爸爸很亲，妈妈心里十分“吃醋”，愤愤地对丈夫说：“父女俩一个鼻孔里出气，都是你把她惯坏的。她现在一点也不听我的话，既然听你的话以后就交给你管她吧，我再也不管了！”

“哈哈，吃醋了吧？想知道让女儿听话的秘诀吗？”爸爸故作神秘地说，“女儿不听你的话，主要是因为你说话时根本不去考虑孩子的真实想法和感受。”

“这话怎么讲啊？”妈妈没好气地问。

“女儿都跟我说了，说只要她一有什么问题，你肯定会生气地指责她，更不会静下心来听她的解释，完了之后更不会去考虑她内心的感受。要知道孩子虽然小，但是再小的孩子也是有想法的，你都不给她表达的机会，时间长了她自然就会和你有敌对情绪了。”爸爸认真地说。

“哦，原来是这样啊！”妈妈若有所思地点点头。

这天是星期天，一大早瑶瑶就和邻居家的孩子出去玩了，出去时刚换上的新衣服回到家里已经满是污渍了。瑶瑶心想，这下又该挨妈妈的数落了。

“瑶瑶，告诉妈妈你今天都和小伙伴去哪儿玩了？”妈妈一改常态温柔地问瑶瑶。

瑶瑶本来已经做好了挨骂的思想准备，被妈妈这么一问竟然傻了，过了好一会儿才反应过来：“妈妈，您这是……”

“妈妈没别的意思，就是想听听你今天有什么快乐和收获，给妈妈讲讲好吗？”

“可是……可是我的衣服又弄脏了，您怎么不骂我啊？”瑶瑶疑惑地问。

“衣服脏了还可以洗，只要你玩得开心就行了，妈妈很想和你分享一下你的快乐。”妈妈认真地对女儿说。

听妈妈这么一说，瑶瑶悬着的心终于落地了。她开始眉飞色舞地给妈妈讲述自己一天的“活动”和发生的让人快乐的事情。妈妈认真地听着女儿的诉说，在听的过程中她也感受到了和女儿未有过的交流的快乐，并且被女儿愉快的情绪深深地感染了。

从上述例子中不难发现，如果父母能够静下心来倾听孩子的诉说，并且在倾听的过程中多多考虑孩子的感受，用一颗纯真的童心去分享孩子的喜怒哀乐，那么孩子也会在此过程中和父母建立起相互理解、信任的关系。

因此，父母在孩子面前都要保持一种孩子般的童真，多给孩子创造一些表达自己的机会，在倾听孩子的过程中，慢慢感受与孩子交流、沟通的乐趣。

## 60 倾听过程中要有所回应

有的父母也懂得倾听的重要性，但在倾听孩子说话时，只是一味地任由孩子说而不做回应，这会让倾听的效果大打折扣。在倾听孩子说话的过程中，父母应该时不时地给予适当的回应，这样才会让孩子觉得父母重视自己所说的话，也有利于解决问题。

13 岁的小璐怒气冲冲地回到家里，“砰”地把门关上，然后一屁股坐在客厅的沙发上就开始发起牢骚来：“那个女人简直就是个巫婆！我这周都在为元旦晚会表演的事情准备道具，怎么可能做完所有她留的作业和试卷呢？再说她也没有提前告诉我要让我代表班里去参加区里举行的数学竞赛啊！她今天在课上竟然当着全班同学的面，把我批评得体无完肤，真是太伤自尊了！”

如果你是小璐的父母，听到女儿这番话会做出怎样的反应呢？

主管型的父母可能说：“你应该把老师布置的作业和试卷都拿回来，今晚加个班把它们全都赶出来，明天一早交给老师。”

擅长心理分析的医生型父母可能说：“你的问题在于你没有合理安排时间，虽然你需要做的事情很多，但是你却没有提前弄清楚哪些是主要的哪些是次要的，所以你不能怪老师只能怪你自己。”

好脾气和稀泥的父母可能说："你先别着急，老师生气冲你发火可能因为那天她太累了，你应该放轻松一点，别太在意老师说的话。"

凡事过于操心的父母可能会说："我真希望这不会影响你的期末成绩。你应该知道各门科目平均分会很影响你最后的总成绩的。"

……

虽然这些父母都是在倾听了小璐生气的原因后，帮助小璐出主意，但是对于他们的这些话，小璐可能并不会感到父母是在安慰自己。因为他们当中没有一个父母能够真正了解小璐此时此刻内心感受——沮丧和愤怒，只是把注意力都集中在了事件本身上，并等于是认同了小璐的"牢骚"。

其实他们并没有认真倾听小璐的话，因为真正的倾听者应该在情感上与倾诉者建立起纽带，并要鼓励其自由自在、无所顾忌地敞开心扉。另外倾听者还必须透过事件本身的现象去看本质。因此，父母想要有效地倾听孩子的倾诉，就必须有能力发掘孩子所表达的情绪，并且要在倾听的过程中对孩子的话语做出正确的回应。父母边听边回应孩子的情绪，等于是在认同孩子的感受。如果这时候父母能够对孩子内心深处的感受表现出敏感和关切，孩子就会感到父母是在真正地关心他，也会更愿意向父母敞开心扉。

就像小璐被老师当众批评了一样，此刻她心里的第一感受应该是非常难堪，所以父母在倾听她诉说的过程中不妨做出这样的回应："听上去的确挺让人不舒服的，我想你当时心里一定非常难过。"听到父母这样的回应，小璐可能就会觉得有人理解她，她可能就会慢慢向父母讲述接下来自己打算如何做。这时，父母可以再说一句："我猜想你当时一定尴尬至极，甚至想找个地洞钻进去对吧？"那么小璐可能就会说："我也不是尴尬，我就是感觉气愤！"这就说出了孩子内心最真实的感受，父母就可以据此说一些安慰她的话了。

有回应的倾听能够在认可孩子感受的同时，让孩子提供更多的信息和感受，孩子提供的信息和感受越多，问题也就越容易解决，孩子也会在心里更加信任、热爱自己的父母。

父母在倾听孩子的过程中，能做到正确地回应孩子并不是一件容易的事情，它需要父母有意愿、有能力，能从自己的情感中走出来，去接受孩子的想法和感受，而不是立即提出自己的想法和感受。因此，父母在平时的生活中，应该多学习一些和孩子沟通、交流的技巧，在孩子遇到困惑的时候帮他们指点迷津。

BRINGING UP GIRLS

| 养 | 育 | 女 | 孩 |

# 富养女孩的50个细节

杨光 —— 编著

民主与建设出版社

·北京·

图书在版编目（CIP）数据

养育女孩．2, 富养女孩的 50 个细节 / 杨光编著．--
北京：民主与建设出版社，2021.4

ISBN 978-7-5139-3445-9

Ⅰ．①养… Ⅱ．①杨… Ⅲ．①女性－家庭教育 Ⅳ．
① G78

中国版本图书馆 CIP 数据核字 (2021) 第 053784 号

富养女孩的 50 个细节

FU YANG NV HAI DE 50 GE XI JIE

编　　著　杨光
责任编辑　刘树民
封面设计　旭日传媒
出版发行　民主与建设出版社有限责任公司
电　　话　（010）59417747　59419778
社　　址　北京市海淀区西三环中路 10 号望海楼 E 座 7 层
邮　　编　100142
印　　刷　三河市德利印刷有限公司
版　　次　2021 年 4 月第 1 版
印　　次　2021 年 4 月第 1 次印刷
开　　本　880 毫米 ×1230 毫米　1/32
印　　张　6
字　　数　134 千字
书　　号　ISBN 978-7-5139-3445-9
定　　价　168.00 元（全 5 册）

# PREFACE
# 前言

对于家有女孩的父母来说，他们都希望养育一个优秀的女孩，拥有一个出色的女儿。面对这个天赐的娇柔公主，父母们也会有一个困惑：要怎样养育才能让她幸福、优秀？答案就是：富养女孩。

俗话说，穷养儿富养女。和男孩相比，女孩天生就具有娇弱的特质，她们就像含苞待放的鲜花，娇嫩欲滴，需要护花人精心的培育和呵护，才能绽放出最夺目、最绚丽的花朵。因此，“富养”是最适合的教养方式。古语云：从来富贵多淑女。但对于富养女孩，很多父母认为：只有从小就让女孩子过富裕的生活，弹钢琴、看艺术展、吃山珍海味、穿名牌衣服，把她像小公主一样“富养”长大，让她见过更多世面，才能经得住诱惑，才不至于在诱惑面前迷失自我。

其实，女孩富养的真正内涵是丰富女孩的精神世界，从小要培养她的气质，开阔她的视野，增强她的阅世能力，提高她的见识。而且通过富养教育，女孩能够充分展现自己的气质和魅力、发挥自己的优势和能力，使自己更适应这个复杂多变的现代社会。

“富养”不仅仅指生活的富足，更是教育的富足。富养女孩不是娇生惯养，而是给她精致的生活，让她自信自立，眼界开阔，尊重他人，做一个有品位、有气质的女孩。可以说，富养的着眼点，是给女孩一个幸福的人生。

对女孩来说，最大的幸运，不是有个富裕的家庭，而是有懂教育的父母。有多少女孩在娇惯之下变成了刁蛮公主？有多少女孩在溺爱之下成为霸道女王？溺爱让很多女孩不懂珍惜，她们花钱如流水，却丝毫不懂得心疼父母的艰辛；娇惯又让许多女孩刁蛮任性，她们将自己当成世界的中心，从来不知道要顾及他人。

父母教育女孩的最终目的是什么？对此，美国著名的作家、幽默大师马克·吐温给出了这样的回答：“女人就该具有女人的一切天性——温良、耐心、长期忍受、可信、无私、宽宏大量。她的神圣义务就是安慰不幸者，鼓励丧失目标者，帮助忧伤者，拯救堕落者，亲近孤独者——一句话，对于叩击她那扇友好大门的所有遭受创伤和折磨的不幸儿童，她都用同情来治愈他们的不幸，用自己的心胸为他们提供一个安乐窝。”

女孩天性柔弱，需要更多的爱和关注。所以，父母在养育女儿的过程中，需要一定的耐心、坚持和正确的方向及有效的教育方法，还有对女儿合理的关爱与保护。本书详述了富养女孩的 50 个细节，并给出了父母在教育女孩过程中的方法和建议。希望我们的女孩子，都能成长为优雅惹人爱的婷婷淑女。

CONTENTS

# 目 录

## 1 内外兼修，成就女孩的天使之美



## 2 仁者无忧，培养女孩高贵的品格

## 3 情商培养，浇灌出一枝铿锵玫瑰



## 4 养成好习惯，女孩一生用不尽的财富

## 5 智者无惑，培养女孩完美的性格



## 6 人无才不立，学习好的女孩有前途

## 7 能力培养，让你的女儿出类拔萃



## 8 教育解惑，我家有女初长成

# 1 内外兼修，成就女孩的天使之美

## 1 不管穷养富养，女孩都要有好教养

当今社会，在教育领域流行这样一种说法："穷养儿富养女。"意思是说：教育男孩，就应该将他置身于艰苦的环境，从小磨炼他的意志，以备将来他能承担应尽的责任，从而成长为一个真正的男子汉；教育女孩，就要尽可能地为她营造一个富足舒适的成长环境，从小让她对高品质的生活耳濡目染，这样培养出来的女孩子长大后会很有品味，不易被蝇头小利所诱惑。在这里，穷养主要含义是节俭；富养是舍得文化修养投资的意思。

所以，不管是穷养还是富养，其实含义相同，都是培养人的自信、自立和智慧。开阔的眼界，丰富的知识，宽广的心胸，得体的举止，文明的习惯以及家庭和社会的责任感，这些不管是穷养还是富养都不应有别，归根结底，都是为了孩子有一个好的教养。

北京有一家外资企业高薪招聘应届毕业大学生，对学历、外语的要求都很高。

应聘的大学生们过五关斩六将，到了最后一关：总经理面试。

一见面，总经理说："很抱歉，年轻人，我有点急事，要出去 10 分钟，你们能不能等我？"

这仅剩的几位大学生都说："没问题，您去吧，我们等您。"

经理走了，大学生们闲着没事，围着经理的大写字台看，只见上面码放着一沓文件，一沓信，一沓资料。都是些什么呢？他们你看这一沓，我看这一沓，看完了还交换意见：哎哟，这个好看，哎哟，那个好看。

10 分钟后，总经理回来了，他说："面试已经结束，你们中有一位同学留下，其余都没有被录用。"

大学生们个个瞪大了眼睛，"这是怎么回事，面试还没开始呢？"

总经理说："我不在的这一段时间，你们的表现就是面试结果。很遗憾，本公司从来不录用那些乱翻别人东西的人。"

这家公司为什么不录用他们呢？因为这几位大学生不懂得尊重他人，未经允许就乱翻他人东西，这是没有教养的表现。其实，无论穷养富养，归根结底还是教养的问题。孩子长大走向社会，走向世界，那些在一举手一投足间就会体现一个人的修养的东西，是需要孩子在早期教育时就打下根基的。整个社会的发展、文化的传承，其实都和每个人从小的教养有关。

教养是一个人一生中必不可少的东西，一个有教养的人是讨人喜欢的。正如一位思想家所说："一个人只要自身有良好的教养，不管别人举止多么不恰当，都不能伤他一根毫发。他自然就给人一种凛然不可侵犯的感觉，会随时随地受到他人的尊重，甚至财富和机遇会自动上门。"教养是文明规范，是文明社会的道德基石。得体的教养，有利于人们获得社会认可和幸福的生活，有利于人们建立积极和谐的社会关系，也有利于展现良好的公共形象。教养的基础是理解和尊重他人，并且不妨碍他人。有教养是良好的社会规范的表现，不是随心所欲，更不是唯我独尊。教养使人在善待他人的同时也善待了自己。真正的教养源自一颗热爱自己和热爱他人的心灵，不是做给别人看的，而是发自内心的。

## 智|慧|果

父母如何培养出一个有教养的女孩，或者说女孩的好教养究竟表现在哪些方面呢？表现在有理想，有目标；表现在肯用心，勤学习；表现在守规则，知礼仪，爱卫生。

做一个有教养的人，应该自立自强，不甘落后；做一个有教养的人，应该有强烈的责任心；做一个有教养的人，就要心胸开阔、善于合作共事；做一个有教养的人，表现在对他人、对环境的态度上是积极向上的；做一个有教养的人，表现在服饰打扮要整洁、大方、得体；做一个有教养的人，表现在要具备良好的站、坐、行以及神态等肢体语言上；做一个有教养的人，还应该知道害怕和羞耻，张扬个性要有度……总之，父母应该在现实生活中注意从一点一滴的小事情着手，将女孩培养成为一个有教养的人。

## 2 女孩可以不美丽，但不可以没有气质

气质是一个人内在涵养或修养的外在体现，而不仅是表面功夫。如果胸无点墨，任凭用再华丽的衣服装扮，这人也是毫无气质可言的，反而给别人肤浅的感觉。

女孩可以不美丽，但不可以没有气质。气质可以取代外表的美丽，成为吸引别人关注的魅力之本。气质是女孩独具的自我品牌，是自内而外散发出的吸引人的魅力芳香。修炼好自己的气质品牌，女孩的魅力不请自来。

1981年7月29日，容貌高贵、体态优雅的戴安娜披着7米多长的婚纱，在圣保罗大教堂与查尔斯王子立下永生相爱的誓言。无数的民众从四面八方赶来，他们中有人甚至前一晚就已守候在此，只为亲眼见证这场王子与公主的童话。

在近百万民众的狂热欢呼声与全球7.5亿电视观众的瞩目下，戴安娜穿着那件象牙色婚纱，成了童话故事中幸运的“灰姑娘”。当查尔斯王子送上深情的一吻，戴安娜彻底沉浸在了幸福的喜悦和爱情的甜蜜之中。

戴安娜，一个永恒的名字。她是人们心中永远的“威尔士王妃”。

从平民到王妃，戴安娜的前半生走上了一段童话般的旅程。当她出现在人们面前的时候，人们惊叹于她的美丽、动人、高雅、端庄。尽管她并非显赫的家庭出身，但她的优雅气质已经征服了挑剔的英国人。良

好的成长环境，给戴安娜的王妃之路铺上了鲜花。

16年之后，“英格兰玫瑰”戴安娜王妃不幸在车祸中逝世，当死讯传来，在威斯敏斯特教堂外，成千上万的人手捧鲜花为她祈祷。令举世同悲的，不仅是她美丽容貌的消逝，更重要的是她生前热衷于慈善事业，她在萨拉热窝访问战争致残的儿童，毫无间隙地与艾滋病人和麻风病人握手，在津巴布韦积极地为难民们分发食品，为抗艾滋病和抗癌协会筹款在纽约拍卖自己的服装……就在去世前的三个月，她还访问了波斯尼亚和黑塞哥维那。到戴安娜去世为止，她与世界150个慈善机构有着密切的联系，并且是许多慈善机构的直接赞助者或经理人。对慈善的关注让戴安娜王妃深深地铭刻在了人民的心中。尽管婚姻不如童话般完满，但没有人责怪戴安娜，她依然是正统的王妃代表，哪怕时隔多年之后，查尔斯王子再娶，人们也不禁回忆起当年戴安娜的美丽和优雅。

戴安娜的人生，既有甜蜜的结合和对美好生活的向往，也有婚姻的失意和专注于慈善的崇高。这些跌宕起伏的人生经历，已经足够让人们记住她，怀念她，也足够让一个女孩展现自己的美丽和气质。

美貌是天生的，气质是后天培养的。美貌是会被岁月蚕食的，而气质却是永恒的。只有美丽外表的女孩被称作“花瓶”，而外表不美，却有非凡气质的女孩就会被认为是“脱俗”的。气质比美貌更重要，它只会随着你年龄的增长而增长，不会有美人迟暮的遗憾。所以，父母要从小培养女孩良好的气质。

## 智|慧|果

女孩的气质如何，并非天生而成，大部分来自于后天的雕琢与打造。

父母为女孩所营造的成长环境，是关系女孩气质好坏最重要的因素。所以女孩的气质要从小培养，在这个过程中父母起着举足轻重的作用。要让气质成为女儿一生的魅力砝码，父母就要多纠正女儿的不良习惯，从方方面面加强女儿气质的培养，让孩子成长为一名有气质、有智慧的女子。

**1．让女孩多读书**

梁实秋先生说：三日不读书，便觉面目可憎。读书能改变一个人的命运，也能改变一个人的气质。培根说：阅读使人充实，会谈使人敏捷，写作与笔记使人精确……史鉴使人明智，诗歌使人巧慧，数学使人精细，博物使人深沉，伦理之学使人庄重，逻辑与修辞使人善辩。如果你想让自己的女儿变得更有气质，那么就要让女儿多读书，读好书。关于哲理寓言，名言警句，各种百科知识，名家小说、散文、著作等有分量的文学书籍，父母要尽量多给孩子买一些，让孩子在读书的过程中，学习经典，开阔眼界，提高修养，丰盈心灵，从而培养她的知性气质。

**2．为女孩创造一个更好的人际环境**

所谓“近朱者赤，近墨者黑”，与气质好的人在一起，耳濡目染，你的气质自然也会有所提升。好环境造就人才，父母为女孩创造一个良好的人际环境，女孩定会受益匪浅。年轻女孩的可塑性很强，所以在这个阶段，父母一定要让女儿多和对她有帮助的人交朋友，时间长了，好气质自然而然地就流露出来了。

**3．培养女孩高尚的品德情操**

一个人的情操高尚、心地善良，表现在生活中会谦和恭敬、宽宏大量；社交上会礼貌周全、乐于助人；工作上会吃苦耐劳、兢兢业业。这样就会给周围的人留下美好的印象。如果遇事斤斤计较、嫉妒别人、损人利己、语言尖刻，表现出低下卑劣的品德，便会令周围的人生厌而避之。即使外表再美，也难得到欣赏。

## 3 关注个人形象，仪表美是女孩的必备要素

生活中，一个人的仪表很重要，从仪表可以看出一个人的精神状态，是人们交往中的“第一形象”。所谓仪表，即人的外表，它包括服饰和容貌等方面，是一个人精神面貌的外在体现。注重仪表是讲究礼节礼貌的外在表现，是对他人的一种尊重。

对于女孩来说，注重仪表之美，也是一件十分重要的事情。在人际交往中，女孩拥有得体的仪表，才能够给人留下好的印象，她们内在的美才更容易被别人发觉和欣赏。当然，我们提倡女孩注重仪表美，并非是说要给女孩穿华丽的服饰，更不是把女孩打扮得花枝招展，而是让女孩从小能够养成注重卫生的习惯，学会正确着装。也就是说，作为父母，我们需要做的是培养女孩正确的审美观，帮助女孩拥有整洁得体的好仪表。

丽丽的妈妈是个漂亮的女人，她不仅自己爱美，也经常把丽丽打扮得像个大人。这不，春节到了，妈妈让丽丽烫了头发，化了妆，还给她买了一对大耳环。在妈妈的影响下，丽丽也十分注意自己的衣着打扮，经常闹着要买新潮衣服，甚至还要名牌的。在学校里她也总跟同学们比谁穿得漂亮。但是对老师讲的知识，她却并不认真学习。记得有一次，大冷天，为了要穿一件裙子上学，她磨了妈妈半天，结果闹得上课迟到了，

挨了老师的批评。现在，妈妈也拿她没有办法了。人的外表、服饰的确是一种美，但是像丽丽这样一味地追求外表美，并不完全是一件好事。

爱美之心人皆有之。追求美，衣着讲究甚至打扮得漂亮些，都是可以理解的，但是不能由此引发一些攀比、赶时髦之类的不正之风，否则就会给女孩带来消极的影响。

家长必须让女孩深刻认识到，她们不应该为了一些徒有其表的东西浪费父母的血汗钱，这样既影响自己的学习，还会给经济不充裕的家庭带来困难。真正的美应该以保持大方、得体的仪表为前提，这是个人内在修养的一种体现，同时也是对他人的一种尊重。

## 智 | 慧 | 果

生活中，父母可以通过保持女孩的仪表整洁干净，使女孩看上去更可爱，更讨人喜欢；也可以教给女孩基本的仪态规范，使女孩看起来更优雅。没有人喜欢跟邋遢的人交朋友，保持孩子整洁的仪表，会使孩子更受欢迎。因此，从小注意女孩的仪表，把女孩打扮得整洁、美一些，这对培养女孩向上的品格和自尊心都有良好影响。

**1. 保持整洁干净**

无论是父母还是孩子，形象始终是一个人的无字招牌。有一个干净整洁的外在形象，无疑会增强女孩的自信心，与人交往时也能带来极大的便利。所以，父母应教会女孩保持良好的外在形象。

整洁、卫生是树立良好的个人形象的首要条件。要使一个人仪表大方，首先必须保持整洁。女孩的头、面、手指、衣服、鞋袜都要干净、利落，不拖拖拉拉，早晨和午睡起来要梳头、洗脸，洗脸不忘擦洗耳朵和脖子。

勤剪指甲勤理发，定时更换衣服。同时，要注重帮女孩养成爱整洁的好习惯。

**2. 告诉女孩，什么是真正的仪表美**

美是什么？美是给人愉悦的体验和感受。仪表美首先要给人以美好的感受，只有仪表符合自己的年龄阶段、身份和职业要求以及特定场合时，才可以说是美的。所以，女孩的仪表应该符合自己的身份、年龄，以面容整洁、衣着得体、发型自然、仪态大方为主。具体来说，不染发、不烫发，不要佩戴手链、项链、耳环等饰物，不要涂脂抹粉等。

**3. 为女孩做出榜样**

生活中，父母要注重自己的身教作用，以自己得体的装束、文明的举止、模范的行为去告诉孩子，怎样做才是美的。这就是所谓的“言教不如身教”。

## 4 礼貌待人，教女孩学会文明用语

礼貌是通过语言或行动表现出来的对他人的尊敬，反映了一个人的道德品质和文化教养，是内在美的表现，有的人相貌并不美，但很讨人喜欢，重要原因之一就是他对人态度友善热情，说话文明和气，举止端庄大方，使人愿意亲近他。

歌德说："一个人的礼貌是一面照出他肖像的镜子。"一个人是否有礼貌，绝不只是无足轻重的小事，它表明一个人是否具有良好的道德修养。对女孩来说，有了礼貌，就有了与人交往的亲和力。有时候，一些礼仪形式看似简单，只不过是一个微笑，一声道谢，一种举手之劳，但这些不起眼的表现，却可能成为女孩立身处世的法宝。

遗憾的是，礼貌常常被一些人忽视。在现实生活中，有些父母认为，现代社会是个自由的社会，懂不懂文明礼仪没关系，只要学习好，有真本事就行了；也有些父母认为，小孩子天真无邪，长大了就会懂得文明礼仪的。其实，这些都是误解。

在游乐场里，许多孩子在玩旋转木马，忽听几声叫喊："李国华，你给我回来，我还没玩够呢，我还要玩。"大家寻声望去，原来是个八九岁的小女孩在叫她爸爸。有好事者说："怎么这样与长辈说话，真没礼貌。"女孩回了一句："你管得着吗？我叫惯了。"女孩的爸爸赶紧和稀泥："对不起，她是叫惯了。我们家父女平等。"

无疑，这个女孩的言语有点失礼，但她丝毫没有感觉到。因为她的父母从未有意识地培养她懂礼节、守规矩的习惯，培养她礼让、谦和的品质。

## 智｜慧｜果

有礼貌是人们的道德准则，是人与人相处的规矩。大作家塞万提斯说过："礼貌不花钱，却比什么都值钱。"礼貌归根结底是习惯的问题。一个不懂礼貌的女孩很可能会成长为一个泼妇，而不懂礼貌会使女孩在社会竞争中处于劣势，在工作中很难获得同事的尊重和帮助，在生活中也不易获得友谊和自信。所以，如果父母想要使自己的女儿成为优雅大方、人见人爱的女孩，就应从小教育女孩懂礼貌、讲文明。

**1. 教女孩学会礼貌用语**

教女孩学会礼貌用语，是培养女孩优良道德品质的重要内容。语言美能反映一个人的心灵美与高尚的情操。女孩年龄小，缺乏社会生活和交往的经验，不懂得什么是礼貌用语，也不会使用，父母要认真地教会她们。

具体内容有：对父母、老师和其他年长者要称呼"您"；请求别人帮助时，要用商量的口吻说"请""劳驾"；当得到别人的帮助时，要说"谢谢"；当别人道谢时，要说"别客气"；当妨碍了别人或给别人带来麻烦时，要说"对不起""麻烦您了""请原谅"；当别人赔礼道歉时，要回答"没关系"或"不要紧"；在街头巷尾碰到同伴、长者，要说"您好"，而不能低头侧身装没看见；与别人分别时要说"再见"。

### 2. 父母要以身作则

父母是孩子的第一任老师，我们经常会听到孩子们说："这是爸爸说的""妈妈就是这样做的"。可见孩子把父母当作自己最直接的学习榜样，父母的一言一行都会对孩子产生深刻影响。因此，父母要时时处处严格要求自己，用自己良好的行为习惯，为女孩树立正确榜样。

娜娜是个有礼貌的小女孩，"您好""谢谢""请""对不起"等礼貌用语，总是挂在嘴边。邻居都夸她是个好孩子，在学校她还获得了"文明礼貌小标兵"的荣誉称号。娜娜之所以如此懂文明礼貌，跟妈妈的教育是分不开的。妈妈是商场的售货员，自身的文明素质比较高，所以从小对娜娜文明礼貌方面的要求也十分严格。在妈妈的影响下，娜娜才成了一个人见人夸的讲文明的小姑娘。

孩子讲礼貌不是天生的，是后天培养出来的，而且孩子天生就喜欢模仿别人，所以爸爸妈妈在家里的时候要注意自己的言行举止，注意讲礼貌，给女孩树立一个好的榜样。

## 5 言谈举止得当，尽显风度和优雅

言谈举止是一个人气质的外在表现，往往给人很重要的第一印象。如果一个人的言谈举止得当，语言美、仪态大方，无论交友还是工作，都会赢得良好的人际关系。

常言道："小节之处见精神，言谈举止见文化。"一个人优雅的谈吐、自然的举止，不应是为了某种场合硬装出来的，而应是日常生活中形成的习惯，是一种长久熏陶、后天培养的结果。如果你想让自己的女儿成为一个举止优雅的人，就要在日常生活中有意识地调整、训练她的言谈举止，不断提高女孩的个人素养。

战国时期的服子，在言谈举止方面特别讲究礼数。有一天，他去拜访一位朋友。那家人非常好客，邀请了许多朋友陪他一起游玩。有一位客人想趁机向服子请教问题。服子直率地说："你有几个不足之处。"客人一愣，说："请讲。"服子说："第一，你有一种轻浮的表现；第二，交谈中你不称我为老师，是不够尊敬我；第三，我们初次见面，交情很浅，而你谈得很深，太随便了。"几句话说得那位客人佩服得五体投地。

言谈举止看起来好像是琐碎小事，但是小事往往更能直接地反映出一个人的文化修养和素质。在日常生活中，我们经常碰到这样的人：他们或是仪表堂堂，或是光鲜靓丽，然而一举手、一投足，便表现出粗俗。这种人虽金玉其外，却是败絮其中，只能招致别人的厌恶。所以，想要给对方留下美好而深刻的印象，外在的美固然重要，而高雅的谈吐、优雅的举止等内在涵养的表现，则更为人们所喜爱。

## 智｜慧｜果

拥有得体的言谈举止是作为一个女孩的基本素养，要从小培养，形成良好习惯。还是那句老话："少成若天性，习惯如自然。"所以父母有责任规范女孩的言谈举止，这会使其在今后的成长之路上受益良多。

**1. 净化女孩的语言环境**

教育学家苏霍姆林斯基说："每个瞬间，你看到孩子，也就看到了自己；你教育孩子，也就是教育自己，并检查自己的人格。"孩子的言谈举止，反映出来的正是父母在孩子眼中的形象，孩子的言谈举止就是父母自我审视的一面镜子。

王女士开车带着4岁的小女儿去超市买东西。在超市的地下停车场里，王女士开着车转来转去，急着找寻一个停车位。王女士是一位律师，有着很高的个人修养。但当她看到有人抢先开车占了一个她一直等待在旁边的停车位时，忍不住小声骂了一句，"这个混蛋真不要脸。"

几分钟后，王女士听到女儿鹦鹉学舌般地重复着这句脏话。刚听到女儿学脏话的时候，她还忍不住笑出声来。然后，她突然意识到了什么，马上停止了笑声，严肃地告诉女儿说，"我们不说这个词！"

孩子的语言表达方式，在很大程度上是模仿父母而形成的。如果父母说话粗俗，满口脏字，这就很容易使孩子去模仿。因此，父母应该提高自身的修养，为女孩做出良好的榜样。此外，父母还应该有目的地筛选影视作品，尽可能减少女孩学脏话的渠道。

**2. 让女孩保持举止的优雅**

在生活中，父母应对女孩的站、坐、行以及神态、动作等方面提出一些明确的要求。例如，优美的站立姿势要求身体直立、挺胸收腹、脚尖稍向外呈 V 字形，要避免无精打采、耸肩、塌腰；走路要昂首挺胸，肩膀自然摆动，步速适中等。同时，父母也要教导女孩不能做各种不雅举止。例如，不要当着别人的面，擤鼻涕、掏耳朵、剔牙齿、修指甲、打哈欠，咳嗽、打喷嚏，实在忍不住，要用手帕捂住口鼻，面朝一旁，尽量不要发出声音，不要乱丢果皮纸屑等。这虽然是一些细节，但它们组合起来构成了别人对你的总印象。

## 6 教女孩礼仪，就是教女孩优雅地过一生

礼仪是为维系社会正常秩序而要求人类共同遵守的最起码的道德规范，它在人类的长期共同生活和相互交往中逐渐形成，并且以风俗、习惯和传统等方式固定下来。

自古以来，中国被世人称为“礼仪之邦”，东亚诸国也深受中国传统礼仪的熏陶，例如朱熹的《朱子家礼》影响了保留至今的韩国礼仪，并且韩国人的生活中也在很大程度上保留着中国古代礼仪的痕迹。然而，传统礼仪在中国本土却因种种原因而逐渐消失。2005 年，北京一次调查结果表明：人们对礼仪基本知识的知晓率不足 40%。

有两个女孩，是同一所师范学校的毕业生，模样姣好，穿着时尚，可就是不太讲究礼仪。

一次，这两个女孩去一家公司找同学。这家公司的办公室是开放式的，一间大屋里有七八名员工，平日里大家交流、打电话都轻声细语的，以免相互影响。不想这两个女孩一进屋却如入旷野，大声呼喝同学的名字，而且旁若无人地高谈阔论、乱摸乱动，一副比主人还主人的样子。

两个女孩的言谈举止在人们的心中留下不好的印象，而且这种印象有意无意间波及她们的同学，让那位同学也因此觉得自己低人一等。

生活中有很多这样的例子：仅仅因为一个礼节的细节疏忽，便使自己在别人的心目中的形象大打折扣。一般人认为：这不过是一些小细节，无伤大雅。然而,举不胜举的事实证明,就是这些小细节,往往决定了事情、事业的成败，分辨出了人的文明教养程度。

法国作家大仲马说过："有些人学了一生，而且学会了一切，但却没有学会怎样才有礼貌。"懂礼仪是个人美好形象的标志，是一个人内在素质和外在形象的具体体现。内强素质外塑形象，如果我们时时处处都能以礼待人，就会显得更有修养。

## 智 | 慧 | 果

"做人先学礼"，礼仪教育是人生的重要一课。古代人就有"不学礼，无以立"的说法，就是说从小不学好礼仪，长大之后立身处世就会比较困难。由此可见，女孩子的礼仪教育就需要从小学习，才能为未来成长奠定一个良好的基础，不论待人接物也好，或者为人处事也好，都将是至关重要的。但是随着社会的发展，生活节奏的加快，很多父母却都忽视了这一点，导致现在的孩子在礼仪方面的学习存在很严重的缺失。所以，如何教育女孩懂礼貌也就成了教育中不可忽视的问题。礼仪是一种习惯的养成，而习惯的养成是一个长期的过程，并不是一蹴而就的。它必须通过父母严格的礼仪教导，对孩子不断熏陶、渗透、强化。作为父母，一定要从小注重女孩的礼仪培养，为女孩良好品格的形成奠定坚实的基础。

**1. 用餐礼仪**

很多欧美家庭素有"把餐桌当成课堂"的传统。从孩子第一次上餐桌起，父母就开始对他们进行有形或无形的"进餐教育"，帮助孩子学会良好的进餐礼仪。

餐桌上的礼仪最能体现出一个人的素质与品位，女孩的礼仪教育始于餐桌。但这种礼仪绝对不是到了一定时候，自然而然地就会出现在身上的东西，只能通过别人的传授。而且，只有父母才会耐心、尽责地教导女孩。那么我们如何来教会女孩好的餐桌礼仪和规矩呢？

教女孩礼仪的时候，很重要的一点就是要怀着一颗爱心，温柔地去教。最好不要在饭前饥饿的时候去教导女孩用餐礼仪，吃完饭后父母和女孩都比较放松的时候再去说比较好。

（1）在等待上菜的时候，不能因为无聊而敲桌子、敲餐具，这是很不礼貌的行为。

（2）不要提前开始用餐，要等所有人都坐好了，再开始用餐。

（3）进餐时，要先请客人或长者动筷子。

（4）夹菜时每次少夹一些，离自己远的菜就少吃一些，吃饭时不要出声音，比如吧唧嘴。喝汤时也不要出声响，用汤匙小口喝，不宜把碗端到嘴边喝；汤太热时凉了以后再喝，不要一边吹一边喝。

（5）在夹菜的时候，不能用筷子在盘子里面翻来挑去，或者夹到一半，发现是自己不爱吃的，又重新放回到盘子里。

（6）遇到自己喜欢吃的菜品也应该有度。不可连续不断地夹同一道菜。应该想到你喜欢吃的菜可能别人也喜欢吃。

**2．待客礼仪**

生活中，有些父母为了不让女儿打扰来访的客人，一般都会把孩子打发到一边，让她们自己去玩。这样做也许能够暂时不被打扰，但是却可能会影响到女孩的社交能力。而这一不经意的举动，也伤害了女孩幼小的自尊心。久而久之，家里一来客人，女孩就会自动躲到旁边去。

每个家庭都会有客人来访。父母要试着让女孩学会以主人的身份招待客人，注意礼貌待客。

（1）家里有客人来，应该把房间收拾整洁，还要注意个人的仪容与仪表。

（2）听到客人敲门或按门铃，要尽快应答、开门。客人进门之后要亲切微笑，并主动问好。如果客人提着东西或者拿着雨伞，要主动帮助提接。

（3）落座后应拿出点心、水果等热情地请客人吃，不应显出不高兴的样子或独自去吃。

（4）当大人谈话时，小孩不应随便插话。

（5）有小朋友来，应主动拿出玩具与小朋友玩。

（6）客人起身告辞时，要起立，随同父母一起送客，客人走远之后再关门。

**3. 公共场所礼仪**

在公共场所，要遵守道德规范，遵守礼仪，这是基本的公共道德。父母带女儿到公共场所时，应教给孩子一些公共场所应注意的礼仪：

（1）公共场所不大声喧哗，不乱跑乱闹，不随地吐痰，不乱扔垃圾，不当众撒泼。

（2）乘车时，遇到老弱病残人士以及孕妇和抱小孩的乘客，要学会主动让座。注意保持车厢内的整洁，如果制造了垃圾，要自觉用袋子装好扔到垃圾桶里面，不要扔到窗外。在车厢内，不要乱踩、乱踏。

（3）买东西或者玩娱乐设施要排队，不插队，不乱挤。

（4）无意中做了冒犯别人的动作，要主动道歉。

## 7 一笑倾城，爱笑的女孩运气不会差

古龙说过，爱笑的女孩子运气不会太差。时常微笑的女孩是最有魅力的，同时，微笑又是最好的保养品。俗话说，笑一笑，十年少。生活中，多一点笑容，会让女孩显得魅力非凡。

在世界艺术的殿堂里，流芳千古的艺术家成百上千，传之后世的作品数不胜数，但是堪称大师级的作品却屈指可数，具有划时代意义的名作更是凤毛麟角。而在法国罗浮宫博物馆里，却陈列着一幅具有永恒魅力的作品，这就是达·芬奇的油画代表作《蒙娜丽莎》。

蒙娜丽莎是谁，这是一个永远探讨不完的问题。自问世至今，将近500年，后人对画中的人物原型做过太多的揣测。有人说，蒙娜丽莎是一位贵族夫人；也有人说，蒙娜丽莎是一位修女，还有人说蒙娜丽莎是一个男人……虽然众说纷纭，但唯一相同的却是人们对她那难以琢磨的、转瞬即逝然而却亘古不变的微笑的喜爱。蒙娜丽莎以其含蓄迷人的微笑，把人类的美升华到了一种光照寰宇的境界。

的确，微笑是世界上最美丽的表情。没有什么能比一个微笑更能打动人的了。凡是经常面带微笑的人，往往能将别人吸引住，使人感到愉快。

微笑是指不露牙齿，嘴角的两端略向上翘起，眼神中要有笑意。微笑是对人的尊重和理解，微笑是一种礼节，见面时点头微笑，人们会意识到这是尊重和喜爱的表示。微笑是一种礼貌的、文明的举止，一张甜

蜜的带着微笑的脸总是受人喜爱的。

在美国，曾经发生过这样一个真实的故事。

美国加州一位6岁的小女孩，在一次偶然的机会中，遇到一个陌生的路人，陌生人一下子给了她4万美元的现金。

一个女孩突然得到这么大金额的馈赠，消息一传出，整个加州都为之沸腾起来。

记者纷纷找上门，访问这个小女孩："小妹妹，你在路上遇到的那位陌生人，你真不认识他吗？他是你的一位远房亲戚吗？他为什么给你那么多钱？4万美元，那是一笔很大的数目啊！那位赠钱给你的先生，他是不是脑子有问题……"

小女孩露出甜美的微笑，回答说："不，我不认识他，他也不是我的什么远房亲戚，我想他脑子应该也没有问题！为什么给我这么多钱，我也不知道啊……"尽管记者用尽一切方法追问，仍然无法得到想要的答案。

这位小女孩努力地想了又想，约莫过了10分钟，她若有所悟地告诉父亲："就在那一天，我刚好在外面玩，在路上碰到那个人，当时我对他笑了笑，就只是这样啊！"

父亲接着问："那么，对方有没有说什么话呢？"

小女孩想了想，答道："他好像说了句'你天使般的微笑，化解了我多年的苦闷！'爸爸，什么是苦闷啊？"

原来那个陌生人是一个富豪，一个不是很快乐的有钱人。他脸上的表情一直是非常冷酷而严肃的，整个小镇根本没有人敢对他笑。他偶然遇到的这个小女孩，对他露出了真诚的微笑，使他心中不自觉地温暖了起来，让他尘封了不知多少年的心扉打开了。

于是，富豪决定赠予小女孩 4 万美元，这是他对当时所拥有的美好感觉定出的价格。

## 智 | 慧 | 果

生活是一面镜子，你对着它笑，它也对着你笑。一个微笑面对生活的孩子，总是乐观自信，积极进取的。国外教育学家多萝茜·洛·诺尔特曾说："如果一个孩子生活在批评之中，他就学会了谴责；如果一个孩子生活在敌意之中，他就学会了争斗……如果一个孩子生活在鼓励之中，他就学会了自信……"由此可知，如果一个孩子生活在微笑之中，他自然也就学会了微笑。当孩子学会了微笑，也就懂得了生活的意义。

**1. 教孩子用微笑面对生活**

微笑是对生活的一种态度，跟贫富，地位，处境没有必然的联系。

雨果说过："生活，就是理解。生活，就是面对现实微笑，就是越过障碍注视将来。"不要让孩子吝啬他们的微笑，让他们用微笑来面对生活，用微笑来面对每个人每件事，他们就会看到阳光灿烂，迎接他们的也是一路的欢声笑语。

**2. 教会女孩如何微笑**

"真诚的微笑"是有教养的沟通和交往的标志。也许你的孩子缺乏沟通技巧，拙于人际交往，但"真诚的微笑"一定能够弥补他的某些不足。

当女孩认识了新的小伙伴时，向新伙伴微笑一下，让伙伴感受到你的友好。

当女孩获得同伴的赞同时，请回报他一个微笑，以表示你的接纳和感谢。

当与伙伴发生误会时，请向他微笑一下，表示你的歉意和友善地请求原谅的态度。

当女孩想加入到同伴的活动中时，也请微笑一下，表示希望获得伙伴们的接纳和欢迎。

当女孩向别人表示问候时，先给对方一个微笑，这样效果比说上很多好听的话更有效。

当女孩获得老师的赞扬时，要对老师微笑，以表示自己的感谢之情。

**3. 学会对女孩微笑**

女孩们需要微笑。她们的心地单纯，就像晶莹剔透的美玉。她们喜欢笑，也希望周围的人们给予她们微笑。在她们的世界里，微笑对于她们就像阳光和雨露对于植物，是不可或缺的营养。

给女孩一个微笑，她会还给你一个明媚的春天。父母在教育孩子的过程中，不要把自己的不满写在脸上，而应该用微笑的方式与孩子沟通。早晨起床时给她一个微笑表示问候，上幼儿园或上学时给她一个微笑表示鼓励，女儿生病时给她一个微笑表示安慰，在她不高兴时给她一个微笑表示劝解。孩子会从这些微笑中感觉到家的温馨，生活的幸福。

父母的微笑能够带给女孩力量与信心。微笑传达着一份信任与理解，蕴含着一种真诚与关爱，代表了一份支持与赞许。在耳濡目染中，女孩也会带着微笑面对现实多彩的生活，无论感到愉悦或失意，无论人生之路平坦或坎坷，无论学业（事业）成功或失败，相信女孩们只要能够微笑面对，便能平和地直面生活所带来的一切。所以，作为父母，请不要吝啬你的微笑，多用微笑来面对自己的孩子。

# 2

# 仁者无忧，培养女孩高贵的品格

## 8 孝顺长辈，培养女孩必不可少的品德

古训有“百善孝为先”之说。子女对待父母的“孝”，无论以什么方式，无论这种“孝”的表达方式是丰厚还是微薄，只要是向父母献上一份孝心，这种感情都是无比珍贵和美好的。

孝是人的本分，是义不容辞的责任，是人类最真最善的行为。孝心体现在能够主动尊重、关怀自己的父母及其他长辈；能够想他们所想，急他们所急，努力给他们安心舒适的生活；时刻把父母、长辈放在心上，而不是把自己放在第一位。

然而在现实生活中，总有些孩子全然不懂得如何孝敬父母、孝敬长辈，全然不懂得孝道的意义。在有些独生子女家庭里，甚至出现了颠倒的现象，难怪有人半认真半开玩笑地说：“孝子，孝子，孝敬儿子。”

一名小学四年级的女孩，衣来伸手，饭来张口，连自己的床铺都要由母亲来整理。某日，母亲生病卧床，要她独自去楼下的快餐店解决吃饭问题，并且要她独自整理好床铺。一听说家务得由自己动手，女孩竟大发雷霆，对着病床上的母亲大发脾气。

一名小学五年级的女生曾在日记中写到，自从年迈的奶奶住进她家之后，她从未主动拿出过自己的零食给奶奶吃，而疼爱她的奶奶几次为她买了零食，反被她嫌弃“太次”“老土”，她还把零食扔进了垃圾桶……

一名初中一年级的女孩，明知下岗的父亲仅仅依靠修理自行车获得微薄的收入，花钱仍然大手大脚，经常向父亲索要零花钱，每天放学后都要在校门口买上各种零食，吃得不亦乐乎。而当疲惫的父亲要她打一盆洗脸水、取一条毛巾时，她要么以“正在做作业”为由拒绝，要么嘟嘟囔囔，没有好脸色。

每一位为人父母者都希望自己的孩子将来长大成人能够有孝心。有的父母无微不至地教养子女，以为能够浇灌出一颗孝心，却始终不见发芽，孩子不领情，更别提回报了，这让父母心寒不已。忽略“孝心”教育，孩子会形成自私冷漠的性格，对其健康成长危害极大，这是家教的一大缺失，也是孩子产生“不孝之举”的根本原因。所以，父母要培养女孩孝敬父母的良好习惯。

孝，是一种报恩方式，是关爱父母的体现。其实，我们说孝，不是说让孩子为了父母牺牲自己，或者必须奉养父母，普通百姓心中的孝就是平日里尊重父母、关心父母、体谅父母、对父母有感恩之心、懂得回报父母。这其实就是一种态度，一种精神，说到底是教孩子如何做人。

## 智｜慧｜果

“孝”是一种人伦道德，是做人的基础。它不是单一的习惯问题，它能体现出一个孩子能否关心他人，设身处地地为他人着想。作为父母应该清楚地认识到，如果一个孩子连最基本的孝敬父母都做不到，以后更不可能做好其他事情的。因此，我们一定要重视培养孩子孝敬父母的好习惯。

**1. 让孩子获得表达孝心的机会**

在生活中，有一些父母把孩子的所有事都安排好，使孩子没有尽孝心的机会。其实，真正的孝心要通过实践去培养，父母不要剥夺孩子表达孝心的机会。平时，应让孩子分担家里的一些家务，让孩子负起责任来；遇到为难的事情，讲给孩子听，让孩子一起出主意想办法；长辈身体不舒服或生了病，告诉孩子应该分担哪些事情，并付诸行动。久而久之，孝心会在孩子身上生根发芽。

**2. 父母要做孩子的榜样**

父母的榜样示范作用，是女孩学会孝顺最好的教材。一个孩子，生活在一个重孝道、重礼仪的家庭中，也会潜移默化地学会孝顺。

一位刚下班的年轻妈妈，忙完了家务，又端水给老人洗脚，老人对她说："孩子，歇会儿吧！别累坏了身子。"她笑笑说："妈，我不累。"年轻妈妈的言行举止被只有5岁的女儿看到了，女儿一声不响地端来一盆水。年幼的女儿吃力地端着那盆水，摇摇晃晃地向妈妈走来。盆里的水溅了出来，溅了孩子一身，可孩子仍是一脸的灿烂笑容。把水放在母亲的脚下，为母亲洗起了脚。

孩子的模仿力与观察力都很强，父母对待自己的长辈是什么态度，孩子对父母就是什么态度，这就是对孩子最直接的影响，父母就是孩子或好或坏的榜样。

**3. 鼓励孩子孝心的行为**

生活中，孩子一旦表达了孝心，父母应该及时表现出欣慰和满足，必要时还应给予适当的鼓励，让孩子觉得自己因为表达了孝心而非常快乐，非常幸福。毋庸赘言，孩子若能怀着满满的幸福感一次次地表达孝心，那么，离这一传统美德的最终养成，已经为期不远了。

## 9 诚实守信，彰显女孩的优秀品格

做人处事，以诚为本。从古至今，诚信作为为人处世之根本历来被人们所推崇，可以这样说，无论在什么地方，只要是营造了诚信的道德氛围，人际关系就会和谐纯美。

中华民族历来有诚信的优良传统，“人言为信”“童叟无欺”等都是广为流传的成语和人们行为的指南。

在当今的市场经济时代里，诚实守信是每个人必备的素质。父母应该从小培养女孩有一颗诚信之心，让女孩拥有诚实守信的品德，从而更容易得到别人的尊重和信任，获得朋友的帮助和友谊，将来在事业上也更容易得到合作伙伴和他人的支持。从点滴做起，从小事做起，塑造女孩的诚信之心。

宋庆龄从小就是个诚实的孩子。有一次，爸爸妈妈要带全家去朋友家做客，其他孩子都穿戴整齐准备出发了，只有宋庆龄仍然坐在钢琴前不停地弹奏。

母亲喊道：“孩子们，我们出发吧！”

宋庆龄不由自主地站了起来，但很快又坐下去了。父亲问道：“孩子，你怎么了？”

宋庆龄有些着急地说：“今天我不能去伯伯家了。”

“为什么不能去，孩子？”妈妈问道。

“爸爸，妈妈，我昨天答应了小珍，她今天来我们家，我要教她叠花。”宋庆龄说。

“我还以为什么重要的事呢！下次再教她吧！”父亲说。

“不行，小珍来我们家会找不到人的。”宋庆龄叫了起来。

“要不，你回来后到小珍家去解释一下，向小珍道个歉，明天再教她也没关系。”妈妈给宋庆龄出了个主意。

“不行，妈妈！您不是经常教育我要信守诺言吗？我答应了别人的事情，怎么可以随意改变呢？”宋庆龄坚定地摇着头。

“哦，我明白了，我们的庆龄是一个守信用的孩子，”妈妈会心地笑了，“那就让庆龄留下吧！”

于是，爸爸妈妈带着其他孩子去做客了，回家后，却见宋庆龄一个人在家里。“庆龄，你的朋友小珍呢？”父亲问道。

“小珍没有来，可能她临时有什么事吧。”小庆龄平静地回答。

妈妈心疼地问：“小珍没有来啊？那我们的庆龄不是很失落吗？”

宋庆龄却回答：“不，妈妈，虽然小珍没有来，但是我仍然很高兴，因为我信守了诺言。”

诚信是立身之本，是一个人最宝贵的财产，它能让女孩保持正直，挺直脊梁、光明磊落地做人，还能给女孩以力量和耐心。只有守诚信的人才值得信赖。诚信这种品质比其他任何品质更能赢得他人的尊敬，更能取信于人。

## 智 | 慧 | 果

诚信是一种道德品质和道德规范，无诚则无德，无信则事难成。聪明而睿智的父母们，你们一定能领悟到诚信教育的作用和真谛，那么就从现在开始，为女孩播下诚信的种子，给女孩以力量和耐心，帮助她们赢得诚信这张人生的通行证！

**1. 培养孩子诚信从点滴做起**

培养孩子守诚信的品质，它既要求家长有长期坚持的决心，与时俱进的细心，又深深扎根渗透于日常生活的琐碎点滴中，贯穿家庭生活和亲子互动的全过程。

父母应从小就要求孩子说真话，不说假话；做错事时勇于承认自己的错误并能及时改正；不拿别人的东西，借别人的东西要还；做到言必信，行必果。

针对社会上那些坑蒙拐骗的行为，父母要态度坚决地进行批判，要让孩子坚信，这种弄虚作假的行为是必将受到惩罚的。这样，孩子长大以后才能成为一个光明磊落的人。

与孩子共同阅读一些有关诚信的书籍，讨论有关诚信的话题；鼓励孩子多与诚实守信的人交往，在交往中感受诚信，思考诚信。

总之，父母要从点滴抓起，从小事做起，塑造孩子的诚信之心。

**2. 父母要做出诚信的榜样**

常言道："身教重于言教"，父母的行为对孩子来说是无声的语言，有形的榜样。美国著名心理学家戴维·艾尔金德认为：要想让孩子有教养、守道德，父母首先必须是一个品格高尚的人。因此要让孩子养成有诚信的好习惯，父母首先要从自身做起，自己以身作则给孩子树立一个诚信的好榜样。

**3. 纠正孩子说谎的行为**

孩子的不诚信都是从撒谎开始的，因此要培养孩子的诚信，必先从纠正孩子的撒谎行为开始。孩子撒谎无非是想通过说谎的方式来满足自己的欲望，或是隐瞒某些事以逃避责罚。孩子说谎，归根到底是父母的不良家庭教育方式导致的。

孩子说谎的习惯是有个形成过程的，假如孩子初次说谎成功，就是为养成撒谎的坏习惯打开一扇门，而坏习惯一旦养成，就会难于纠正。对初次说谎的孩子，父母不能生硬训斥，而是要做到不是为了惩罚而惩罚，重要的是让孩子改正错误。当孩子第一次说谎时，父母应当让孩子明白说谎是不对的，好孩子是不说谎的，下次不会再说谎，要做一个诚实的好孩子。最后，要和孩子探讨如何改掉说谎的毛病。孩子由于年龄小，缺少经验，说谎话时一定破绽很多，例如叙事牛头不对马嘴，不合乎情理，容易被察觉。因此，只要父母留心，仔细观察分析，抓住初犯，进行细致耐心的教育，女孩说谎的缺点是容易被改正的。

## 10 拥有责任心，让女孩更优秀

责任心是一个人应具备的基本素养，它会影响孩子的学习能力和智力的开发程度，同时，它也是决定一个人以后能否立足于社会，获得事业成功、家庭幸福的至关重要的人格品质。

责任心是促使孩子向上奋进的内部动力，是孩子赢得成功的助力器，培养责任心是孩子成长的必修课。

美国品德教育联合会主席小强唐纳曾说："能力不足，责任可补；责任不够，能力无法补；能力有限，责任无限。"对孩子进行责任意识和责任感的教育就是让孩子学会对自己负责，对他人负责，从而对社会负责。

一位外国妈妈带着8岁的女儿到中国朋友家里做客。女主人对外国友人的到来非常重视，特别学习了西餐的做法。她对外国母女说："今天我做西餐给你们吃，你们尝尝中国人做的西餐味道好不好。"

8岁的女孩听女主人说要给她们做西餐，心想：中国人做西餐肯定不好吃。于是，当女主人问她吃不吃的时候，小女孩坚定地回答："我不吃。"

等女主人把西餐端上来的时候，小女孩一眼就看到了漂亮的冰淇淋。这么好看的冰淇淋味道肯定很好！小女孩有点迫不及待地对妈妈说："妈妈，我要吃冰淇淋。"

女主人很开心小女孩能够喜欢自己做的冰淇淋，就高兴地把冰淇淋端到小女孩面前，说："来，吃吧！"

谁知，女孩的妈妈严肃地对女主人说："不行，我女儿说过她不吃你做的西餐，她得为自己所说过的话负责，今天她不能吃冰淇淋！"

女儿着急地哭起来："妈妈，我就想吃冰淇淋！"但是，女孩的妈妈根本不为所动，只是淡淡地对女儿说："你得为自己说过的话负责。"

女主人看着这个场面，觉得女孩的妈妈也太较真了，就说："给她吃吧，孩子总是这样的。"

女孩的妈妈正色对女主人说："亲爱的，我们要培养孩子的责任心。"结果，无论女孩怎么哭闹，妈妈就是不同意让她吃冰淇淋。

孩子处于成长之中，对一些事情往往没有责任感，因为许多时候他们不知道责任是什么，所以为了培养孩子的责任心，父母可以适当地让孩子品尝一下不负责任的后果，教孩子如何去面对并接受这次失败并从中吸取教训，从而获得成长。

## 智｜慧｜果

培养孩子的责任心不是一朝一夕的事，是一个漫长而反复的过程。父母必须高度重视，从小培养，从小事做起，让孩子在有责任感的氛围中快乐成长，在潜移默化中树立责任心，激发孩子良好的责任意识，使孩子获得健康的人格。

**1．让孩子对自己的行为负责**

自己的行为就要自己负责。这个观念的树立，对成长中的孩子有重要影响。所谓吃一堑、长一智，只有尝到了自己不负责任的苦头，孩子以后才会多长点记性。留下的印象越深刻，孩子就会越提高警惕。久而久之，孩子就会逐渐拥有很强的责任感。

**2. 做具有强烈责任心的父母**

父母对家庭、对社会是否有责任心，对孩子的责任心的塑造非常重要。可以说，父母的责任心可以影响到孩子的责任心。有专家曾经对中小学生做过“你喜欢什么样的父母”的问卷调查，学生们把“对工作负责任”“关心孩子”“对家庭有责任感”等作为好父母的标准。

责任心只能用责任心来培养，孩子责任心的建立要通过对成人的学习和模仿。一个对家庭、对社会缺乏责任感的父母，很难培养出有责任心的孩子。

**3. 让孩子勇于承担责任**

所谓责任，也意味着担当。在美国素有“领导人教父”之称的丹尼尔·韦特利博士，曾告诫天下父母，应早让孩子承担责任。

孩子并不是天生就具有责任心的，责任心是在适宜的条件和精心培育下，随年龄和心灵的成长而生长起来的。家庭是孩子责任心赖以生存的土壤，父母对待孩子的态度、教育孩子的方法是孩子能否健康成长的重要条件。只有在良好的家庭环境中培育出的有责任心的“幼苗”，才能在复杂的社会环境中经受住考验，得到修正和磨炼，最终成为一个自强、自立的人。

## 11 心地善良，给女孩一颗天使的心

善良，即纯真温厚，没有恶意，为人和善，善良是人的一种好品性。《道德经》中说："天道无亲，常与善人。"这是告诉我们，在个人的修行上，主张独善其身、善心常在；与人交往时，讲究与人为善、乐善好施；在待人处事方面，强调心存善意、善待他人。心怀善念，不仅是一种善良，更是一种智慧，任何时候"与人为善"都是最明智的选择。

善是心灵美最直接的展现。一个女孩最重要的是要有一颗善心，以善良之心对待人生，这应该是一个女孩一生追求的道德规范。善良的女孩一般性格温和，乐于助人，由于能够理解体谅别人的痛苦，很少计较自己的得失，反而显得坚强、开朗，容易保持心理平衡。

古人有说过："心净生智能，行善生福气。"心存善意是哲人所推崇的境界和纯净超然的内心情感，是从容而流畅、朴实而宽厚的处世风格。有一颗充满善意的心，女孩的行为和语言就会大不一样。心怀善意的女孩，人生的路必将越走越宽。

天已经黑了，张莉还没有回家，爸爸妈妈急得像热锅上的蚂蚁。

7点多时，张莉终于回来了。

"你到哪里去了，怎么这么晚才回来，不知道爸爸妈妈担心吗？"妈妈生气地说。

“是这样的，我在放学的路上碰到一位双目失明的老婆婆在路口蹲着，看起来很可怜，于是我就带她过马路。”

“过马路要这么长时间吗？一看就是在撒谎！”妈妈还是很生气。

“我还没有说完呢！我扶老婆婆过马路的时候，她说她和女儿走散了，回不了家。然后我就问她家住在哪里，她说住在铁路小区。我又问她知道家里的电话吗，她说记不清楚了。没办法，我只好送她回家了，所以才回来这么晚。”

“是吗？可是她为什么不找别人呢，偏偏找你这个小孩子？”妈妈还是有点怀疑。

“她说她之前已经问了好几个人了，但是没有人愿意帮她，一看到她是盲人就转身走了。后来我就带着老婆婆坐公交车，把她送到家了。她女儿都急坏了，正打算报警呢。”

张莉正说着，家里的电话响了，爸爸接完电话，高兴地对张莉和妈妈说：“刚才老婆婆的女儿来电话了，说谢谢张莉把她妈妈送回家，还说改天要上门来当面感谢呢。”

善良作为一种美德，对女孩的成长发展具有不可忽视的积极影响。女孩只有心地善良，才能得到别人的喜爱，才能更好地与人相处，生活得开心快乐。

## 智｜慧｜果

人之初，性本善。善良是做人最基本的品质，我们要将其发扬，代代相传。善良是人道主义精神的核心，它必须在童年时细心培养，否则难有效果。所以，教女孩拥有善良的心灵，是每位家长必须承担的责任。

**1. 教女孩同情和帮助弱者**

当身边有人需要帮助，很多孩子第一时间会想到自己的利益会不会受到侵犯。这其实是和父母的教育有直接关系的。因此，家长需要有意识地培养女孩的同情心和爱心，让她养成乐于助人的习惯，成为一个善良而富有爱心的人。

**2. 表扬女孩的善行**

孩子的心灵很单纯，她们乐于去帮助别人，只要你给予鼓励，她们就会更加积极主动。

对于孩子的善良举动，父母要适时地进行鼓励。如果得到了父母的鼓励和表扬，孩子的心中就会产生一种成就感，这会促使孩子做更多的善事。只要抱着欣赏的眼光看待孩子的善良举动，孩子的心中就会萌生善意，久而久之，善良就会成为孩子的一种品质。

**3. 为孩子提供一个互助、有爱的家庭氛围**

家庭是孩子成长的第一个环境，父母是孩子的第一任老师，这两个因素对培养孩子善良的心地起了重要作用。

父母是什么样的人，有什么样的行为，孩子往往也会成为同样的人，具备相同的行为。父母要想教给孩子善良，需要给孩子提供一个互助、友好的家庭环境。

## 12 谦让不是容易的事，让女孩学会谦让

谦让是中华民族的传统美德，是个人修养的升华。古语有云：虚己者进德之基，意思是说懂得谦虚和律己是提高自身品德的前提。如果你可以主动把利益、好处、便利让给别人，就能够以此成就自己的高尚的品格，构建良好的人际关系。

谦让是做人的基本素质，具有谦让品质的人在群体中是受欢迎的，是他人愿意与之合作的人。一个人骄横、唯我独尊、处处以个人利益为先，不会谦让，他将被社会群体所抛弃。因此，懂得并学会谦让是学会做事、建立良好人际关系的重要因素之一。

谦让是孩子优良品质的重要组成部分，也是对孩子进行德育教育的重要内容。现在的很多女孩多为独生女，她们是父母心中的“心肝宝贝”。她们习惯了在家里被独宠，不与他人分享，或者样样东西都占为己有。她们在生活中过多地接受别人的谦让，却很少去谦让别人，更不懂得如何谦让别人，因此很少体验过谦让别人的快乐。为此，父母应从小对女孩进行谦让教育。

每次有客人来，6岁的玲玲就会跑前跑后地招呼客人。俨然比妈妈还忙碌，跟个“大人”似的。只见她一会儿劝这个客人喝茶，一会儿给那个客人递水果，忙得不亦乐乎。许多客人都夸她懂事，有礼貌。但是，

玲玲以前可不是这样。

玲玲自从10个月大时就很“懂事”，手里不管拿着什么好吃的，都愿意与他人分享。大家都会夸奖她懂事，但并不吃她的东西。看见自己的好吃的一律完好无损地被挡回来，还能听着大人的夸赞，她高兴极了。时间长了，她似乎摸出了门道：我给大人好东西，他们其实是不吃的。

妈妈意识到了问题的严重性，她首先抓住玲玲爱听故事的特点，反复给她讲“孔融让梨”“猴子摘桃子”等礼让的故事，使她渐渐明白：好东西应该与他人分享的。

理论过后便是实践。一天，妈妈故意做了玲玲最爱吃的红烧茄子，只见她拿起小勺子轻轻地舀了一小口，正想往自己嘴里放，妈妈说：“小猴子摘到一个美味的桃子，先给谁吃呀？”她一听，马上送到爸爸嘴里。她接着舀第二勺，想了想，又送到妈妈嘴里。接着第三勺，就直接要往自己嘴里送. 还高兴地附上一句：“终于该我吃了！”

这时妈妈笑着说：“宝贝，妈妈还想吃！”一听这话，玲玲委屈得眼睛里噙满了泪水。见此情景，爸爸忙心疼地打圆场：“乖女儿自己吃，自己吃，你妈妈逗你呢，妈妈想吃让她自己夹。”这时妈妈马上对爸爸使眼色，又对玲玲说：“宝贝，妈妈就爱吃你夹给妈妈的，你夹的茄子妈妈吃起来特别香。”一听这话，玲玲马上高兴起来了，她忙把舀好的第三勺茄子送到妈妈口里。“妈妈，好吃吗？”玲玲高兴地问。“好吃，真香！妈妈还想吃。”玲玲二话没说，又给妈妈舀了一勺。就这样，直到第六勺，玲玲才吃上了茄子。事后，玲玲恍然大悟：“原来，大人也爱吃好东西。”

有时，妈妈从集市上买回一些好吃的孝敬老人，特意让玲玲给爷爷、奶奶送过去。玲玲看着爷爷、奶奶吃着她送去的好东西，总是开心地问：“爷爷、奶奶，好吃吗？”每次爷爷、奶奶都会说：“好吃，好吃，我孙女送的东西都好吃！”

一次，玲玲给爷爷、奶奶送葡萄回来，一直情不自禁地笑个不停。妈妈问："宝贝，笑什么呢？”“爷爷说给我一串葡萄，我不要，我还说让他们留着吃。爷爷夸我懂事，还说我长大了，像个大姑娘似的。我真高兴！”玲玲尝到了礼让带来的乐趣，妈妈感到很高兴。

现在，每次有小朋友来家里玩时，玲玲都会把她的玩具全部搬出来与小朋友们分享，如有分歧，还会让着别的小朋友，她还颇有根据地说："因为他们都是小客人。”

## 智｜慧｜果

谦让，是一种美德，是一种修养，更是一种做人的境界。对于女孩来讲，谦让可以让她们更好地与别人进行交流和相处，从而使自己获得更好的人缘。总之，谦让教育是女孩成长过程中必不可少的一课，是女孩获得完美人格的关键环节。

**1. 培养孩子的谦让意识**

让孩子了解集体与个人的关系，把自己从“我”的概念中摆脱出来。应该让孩子从小懂得，大家生活在一起，他需要的别人同样也需要，同样有享受的权力，不能一人独占，要学会与人分享。例如：吃东西时，让孩子学会愉快地把大的、好的给长辈，把小的、不好的留给自己，使他懂得把好的分享给家中长辈，而不是只想到自己。再如，看电视时，孩子往往独占电视，父母可和孩子轮流看自己想看的节目，不要一味地迁就孩子。使孩子在满足自身需要的同时，也意识到其他人的存在，这是培养孩子谦让品质的关键环节。

**2. 鼓励孩子学会谦让**

培养孩子的谦让行为，应时刻贯彻于日常生活中。在日常生活中，父母可以多鼓励孩子做出谦让的行为。例如，父母带女儿去公园玩的时候，公园里面只有一个秋千，女儿已经玩了一阵子，这时另外一个小朋友想玩，父母可以鼓励女儿让给其他小朋友玩，一人玩 10 分钟，这样大家都开心。

**3. 鼓励女孩多与人交往**

父母应多为女孩提供与人交往的机会，请小朋友到家里玩，让她学会和同伴分享玩具，分享好吃的东西，在玩中了解自己与他人的关系，消除自我中心意识。鼓励女孩去朋友家玩，孩子玩时父母不要介入，如遇打架哭闹，让孩子自己解决，小孩子是不记仇的，要让她们单独相处，让她们知道如何与人相处，学会谦让、分享和适应。

## 13 心怀感恩，引导女孩学会回馈爱

在中国，自古就有知恩不报非君子、滴水之恩当涌泉相报的古训。感恩是每个人都应该具备的基本品德，也是一个人的基本修养。

感恩是一种对恩惠心存感激的行为，是每一位不忘他人恩情的人萦绕心间的情感。在生活中，如果我们每个人都不忘感恩，人与人之间的关系会变得更加和谐，更加亲密。我们自身也会因为这种感恩情感的存在变得更加愉快和健康。感恩一切，内心才会时刻充满温暖，活在感恩中，人才会幸福快乐。

生活中，我们每一个人都应该用自己真诚的一颗心，去对待曾经帮助过你的另一颗心，这就是感恩。感恩是一个温暖的字眼，每一个感恩过和被感恩过的人，都曾在这个过程中感受到快乐。

人们生活在这个世界上，时刻接受着各种“恩赐”：父母的养育，师长的教诲，爱人的关爱，朋友的友情，大自然的慷慨赐予……然而，对于这些恩惠，有很多人似乎觉得这一切都是理所当然的，没有丝毫的感恩意识，这种现象在孩子身上尤为突出。所以，教育孩子“学会感恩”是一件重要的事情。让孩子学会感恩，其实就是让孩子学会尊重他人，对他人的帮助时时怀有感激之心。

有一位年轻的妈妈，每逢孩子生日那天，她既不给孩子买生日蛋糕，

也不为孩子大摆宴席，而是带孩子去产科医院，去看望那位曾经给自己接生的白衣天使，告诉孩子是那位医生阿姨把他接到了这个世界上……让孩子给那位医生阿姨送上一束美丽的鲜花，送上全家人的感恩之心。妈妈在孩子生日那天，虽然没有给孩子买生日礼物，却给了孩子无价之宝——一颗感恩的心。

## 智 | 慧 | 果

感恩教育是家庭教育的重中之重。让孩子从小怀有一颗感恩的心，是每一个父母的重要责任——让孩子感激给予生命并养育他们的父母，感激给予他们各种知识的老师，感激给予他们帮助的同学和朋友，感激生活中一切美好的事物。让孩子真正体会到懂得感恩的生活多么快乐幸福！让孩子学会关心，学会感恩，这将有利于孩子的好品格的形成，使孩子一生受益无穷。一个懂得感恩的孩子会更珍惜自己的生活，善于发现事物的美好，感谢他人给予的一切。

**1. 感恩从感谢父母开始**

让孩子学会感恩，首先就是要感念父母的养育之恩。因为父母是孩子的至亲，如果对父母的关心、疼爱不会表达感恩的话，那么孩子对别人就更加不会懂得感恩。教孩子学会感恩，首先让孩子从感谢父母开始。要让孩子知道，即使是来自父母那最简单的衣食，最质朴的关怀，也无不倾注了父母对他们的辛劳和关爱，这种爱是独一无二的。这样孩子才能珍惜自己拥有的一切，理解并感恩父母。

在日常生活中，父母应该时刻创造条件启发孩子学会用感激、感恩的心态去面对父母的付出，让孩子先从感恩父母开始学习。比如让孩子知道父母为自己做事后要说谢谢等，通过这种小的事情，让孩子熟悉这种感恩的状态，并最终知道如何表达自己的感谢。

**2. 帮孩子树立感恩意识**

父母爱自己的孩子是本能，他们倾其所有，不求回报地爱着孩子，但是许多孩子却认为这是理所当然的。父母的付出没有换来孩子的感激，这就需要父母自我反省一下了，是不是忽视了孩子感恩意识的建立？

把感恩的意识渗透于日常生活中，让孩子从小就浸润在感恩的环境里，用心感受。父母要从自身做起，做好示范，利用一切可以利用的契机对孩子进行教育，如妈妈帮爸爸做事时，爸爸要大声地对妈妈说："谢谢！"妈妈接受爸爸的帮助，也要说一声："谢谢！"爸爸送给孩子礼物时，要告诉他这件礼物是爸爸给你的，你要感谢爸爸。在这种氛围中，孩子耳濡目染，渐渐接受这种最基本的礼仪，也学会向父母道谢，将感恩内化于人格之中。

**3. 让孩子学会表达感谢**

用语言表达感恩最常见和最普通的方式就是真诚地说一声："谢谢！"但生活中，许多人对这一句"谢谢"不以为然，认为只不过是一句话而已。事实上，这句简单的"谢谢"，表达了一个人的人生态度和感恩之心。

感谢他人，对人家说声"谢谢"，是感恩的简单表达形式。想让孩子拥有感恩之心，要从培养孩子学会对帮助自己的人说声"谢谢"开始。当孩子获得帮助时，父母要提醒孩子及时表达感谢。比如：带着孩子出入公共场合，对于周围人给予的便利，父母不仅要真心说"谢谢"，而且还要提醒孩子表示感谢。

当孩子善于表达感谢，说明他已经渐渐懂得感激他人的付出，特别是别人的付出给自己带来方便的时候，更不会熟视无睹或者觉得理所应当。这样，孩子会生活在感恩的世界，而世界回馈给孩子的，当然也是最大的恩惠。

## 14 俭以养德，让女孩告别大手大脚

节俭是中华民族千百年来的传统美德。纵观古今，凡是通过艰苦奋斗取得突出成就的人，都拥有节俭这种美德。勤俭的人能够更好地致富，节约的人能够更好地守财，一个人只有具备了致富与守财的能力，才能让自己永远不为钱财发愁。因此，父母要从小就培养孩子勤俭节约的好习惯。

有这样一个故事：

从前，有一个农民，他一生勤俭持家，日子过得无忧无虑，十分美满。在临终前，他把一块写有“勤俭”两字的横匾交给两个儿子，告诫他们说：“你们要想一辈子不忍饥挨饿，就一定要照这两个字去做。”

后来，兄弟俩分家时，将匾一锯两半，老大分得了一个“勤”字，老二分得一个“俭”字。老大把“勤”字恭恭敬敬高悬家中，每天“日出而作，日落而息”，年年五谷丰登。然而他的妻子却过日子大手大脚，孩子们常常将白馍吃了两口就扔掉。久而久之，家里不剩一点儿余粮。老二自从分得半块匾后，也把“俭”字当作“圣谕”供放中堂，却把“勤”字忘到九霄云外。他疏于农事，又不肯精耕细作，每年所收获的粮食就不多。尽管一家几口节衣缩食、省吃俭用，却也是难以持久。

这一年遇上大旱，老大、老二家中都早已是空空如也。他俩情急之

下扯下字匾，将“勤”“俭”二字踩碎在地。这时候，突然有纸条从窗外飞进屋内，兄弟俩连忙拾起一看，上面写道：“只勤不俭，好比端个没底的碗，总也盛不满！只俭不勤，坐吃山空，一定会受穷挨饿！”兄弟俩恍然大悟，“勤”“俭”二字原来不能分家，相辅相成，缺一不可。吸取教训以后，他俩将“勤俭持家”四个字贴在自家门上，提醒自己，告诫妻室儿女，身体力行，此后日子过得一天比一天好。

可见，勤俭是一种立身、立家、立业的美德。所谓勤俭，包括勤劳和节俭两个重要部分，缺一不可。勤俭持家、节俭做事，需要有分毫不差的节俭意识，需要有积少成多的节俭行为，需要有一以贯之的节俭传统。

节俭作为一种生活方式，体现了一个人的生活态度、理想信念、价值观念和作风形象。节俭不是吝啬，而是美德，有助于一个人修身养性、陶冶情操，也是一个人能够有所成就的重要因素。

## 智｜慧｜果

节约既是一种良好的习惯，也是一种美德。法国思想家卢梭说得好：“奢侈的必然后果是道德风尚的解体，反过来又引起了趣味的腐化。”制止孩子的奢侈浪费行为，加强对孩子节俭意识和习惯的培养，是当务之急，切不可等闲视之。所以，父母要从小培养女孩的节约意识，帮女孩养成勤俭节约的好习惯，让女孩终身受益。

### 1. 帮女孩树立节俭的意识

在教育中，父母要赞赏女孩节俭的行为，批评奢侈浪费的行为。让女孩树立“节约光荣、浪费可耻”的观念，让节俭的思想观念在女孩身上生根发芽，使节俭成为女孩的自觉行动。

培养女孩勤俭节约的意识，是塑造她们的良好品德的开端。俗话说的“有钱难买幼时贫”并不是让女孩去过“苦行僧”的生活，而是为女孩创造俭朴的家庭环境，让女孩继承中华民族的俭朴美德。家长应该从小就教女孩学会节俭，让女孩从小树立起勤俭节约的意识，这对她们的成长和今后的发展大有裨益。

**2. 为女孩树立节俭的榜样**

于森过12岁生日时，妈妈给了她200元钱作为生日礼物。当天，于森就拿着钱出去了，转了一天回到家后，她告诉妈妈说把钱花完了。

妈妈听后大吃一惊，问她钱都花在哪里了。于森得意地从脖子上取下一串项链，告诉妈妈这是她用200元钱买的珍珠项链。

妈妈拿到手里仔细一看，珍珠竟然是用塑料做成的。她很生气，大声斥责孩子不应如此大手大脚花钱，更不该用200元钱买了条假项链。

没想到于森听后反驳妈妈说：“我过生日花200元钱买了条假项链，您上次过生日还花1000元钱买了块假玉呢！还说我花钱大手大脚，您比我更厉害，您没有资格指责我。”妈妈顿时哑口无言。

节俭教育最关键的核心是家长，家长首先要在孩子面前起到表率作用，如果自己花钱都大手大脚、铺张浪费，不能以身作则，再好的说教也是徒然。所以，父母应该在生活中做勤俭的典范，在日常生活中，从一粥一饭、点点滴滴中培养女孩的勤俭意识，注意言传身教。

3

# 情商培养，浇灌出一枝铿锵玫瑰

## 15 尊重无价，让女孩学会尊重他人

尊重他人是一种美德，也是一种高尚的情操。只有尊重他人，才能获得他人对你的尊重。所以，尊重他人也就是尊重自己。

尊重他人不仅仅是一种态度，也是一种能力和美德，它需要设身处地为他人着想，给别人面子，维护他人的尊严。

这是发生在美国纽约曼哈顿的真实故事。

一天，一位40多岁的中年女人领着一个小男孩走进美国著名企业“巨象集团”总部大厦楼下的花园，在一张长椅上坐下来。她不停地在跟男孩说着什么，似乎很生气的样子。不远处有一位头发花白的老人正在修剪灌木。

忽然，中年女人从随身提包里拉出一团白花花的卫生纸，一甩手将它抛到老人刚修剪过的灌木上面。老人诧异地转过头朝中年女人看了一眼，中年女人满不在乎地看着他。老人什么话也没有说，走过去拿起那团卫生纸，把它扔进了一旁装垃圾的筐子里。

过了一会儿，中年女人又拉出一团卫生纸扔了过来。老人再次走过去把卫生纸拾起来扔到筐子里，然后回到原处继续工作。可是，老人刚拿起剪刀，第三团卫生纸又落在了他眼前的灌木上……就这样，老人一连捡了那中年女人扔过来的六七团纸，但他始终没有因此露出不满和厌

烦的神色。

“你看见了吧！”中年女人指了指修剪灌木的老人对男孩大声说道，“我希望你明白，你如果现在不好好上学，将来就跟他一样没出息，只能做这些卑微低贱的工作！”

老人听见后放下剪刀走过来，和颜悦色地对中年女人说：“夫人，这里是集团的私家花园，按规定只有集团员工才能进来。”

“那当然，我是‘巨象集团’所属公司的部门经理，就在这座大厦里工作！”中年女人高傲地说道，同时掏出一张证件朝老人晃了晃。

“我能借你的手机用一下吗？”老人沉默了一会儿说。

中年女人极不情愿地把手机递给老人，同时又不失时机地教育儿子：“你看这些穷人，这么大年纪了连手机也买不起。你今后一定要努力啊！”

老人打完电话后把手机还给了中年女人。很快一名男子匆匆走过来，恭恭敬敬地站在老人面前。老人对来人说：“我现在提议免去这位女士在‘巨象集团’的职务！”

“是，我立刻按您的指示去办！”那人连声应道。

老人吩咐完后径直朝小男孩走去，他伸手抚摸了一下男孩的头，意味深长地说：“我希望你明白，在这世界上最重要的是要学会尊重每一个人。”说完，老人撇下三人缓缓而去。

中年女人被眼前发生的事情惊呆了。她认识那个男子，他是“巨象集团”主管任免各级员工的一个高级职员。“你，你怎么会对这个老园工那么尊敬呢？”中年女人大惑不解地问。

“你说什么？老园工？他是集团总裁詹姆斯先生！”

中年女人一下子瘫坐在长椅上。

人际交往艺术的核心在于对别人表示尊重。古人云：“尊人者，人尊之。”只有尊重自己的交往对象，别人才会尊重你。在互相尊重的氛围下，交往才能顺利进行。所以，人与人之间的交往，都应建立在真诚与尊重的基础上。

哲学家威廉·詹姆斯说过：“潜藏在人们内心深处的最深层次的动力，是想被人承认，想受人尊重的欲望。”任何人都有自尊和被人尊重的需要。如果你不能满足他人的这种最基本、最简单的需要，那么他人肯定不愿意与你相处。

如今的孩子，大多聪明伶俐，也富有创造力，但有一个问题却令很多父母头疼，那就是孩子在教养方面严重缺失，不少孩子不懂得尊重别人。自己想说什么话就说什么话，想做什么事就做什么事。因此，教育孩子尊重他人，就显得尤为重要。

## 智 | 慧 | 果

尊重别人这种品德，并不是天生获得的，它是后天的良好教育的结果。生活中，不少孩子不懂得尊重别人，可能是没有学会尊重，也可能没有体验过被尊重的感觉，这是家庭教育的缺失。所以，父母要从小培养孩子尊重他人的良好品德，只要认真培养，孩子也一定能学会尊重别人。

**1. 教孩子尊重不同阶层的人**

尊重强调的是每个人的生命体验，既然是每个人的，就说明每个生命都可以有不同的体验。因此，在面对弱势群体的时候，要教导孩子平等地看待他们，以心和他们交流，而不仅仅是怜悯和施舍。

**2. 尊重从家庭开始**

家庭环境对一个孩子的成长尤为重要。在没有互相尊重的家庭环境里长大的孩子，也很难学会尊重别人。当夫妻之间经常出现不尊重的言语和行为，孩子就会耳濡目染，自身行为受到很大的影响。培养孩子的尊重意识，首先就得从父母尊重孩子以及夫妻互相尊重做起。

曾经有一个男孩，满口脏话，经常欺负女生，甚至对女老师也不尊敬，他的母亲也多次来校向老师哭诉，这孩子如何对她无礼。虽经过老师教育，但收效甚微。看他的样子，瘦瘦弱弱，并不是那种天生一副野蛮相的孩子，问题究竟在哪里？直到有一天老师去家访才恍然大悟。那天开门迎接老师的是孩子的父亲，老师便随口问了声孩子的母亲在哪里，父亲就轻蔑地说："还瘫在床上呢，死猪婆！"父亲当着孩子的面且不顾有外人在场如此侮辱自己的妻子，怎么可能在孩子心中树起母亲崇高神圣的形象呢？孩子又怎么能学会去尊重他周围的女性呢？老师愤怒至极，当着孩子，批评了他的父亲，这位父亲也意识到自己的行为对孩子的不利影响，感到惭愧和后悔，向妻子道歉。后来父亲学会了尊重妻子，这个孩子的毛病也慢慢改掉了。

生活中，父母与他人交往时的行为、态度和方法，或多或少会渗透到孩子的言行中去。父母身体力行地尊重别人，替别人设想，孩子看在眼里，自然会学习。例如在家庭中，父母对自己的长辈是否尊重，是否孝敬，对长辈是否使用尊称；与人谈话时，是否放下手中的事情，微笑地注视着对方，认真聆听对方说话而不随意打断别人的发言；是否背后议论别人的短处或给人起绰号，等等，这些行为都会影响孩子。如果父母时时注意，处处做表率，这种无声的教育就会促使孩子养成尊重他人的好习惯。

**3. 尊重他人的劳动成果**

对于别人的劳动成果，应该有基本的尊重态度，在一个文明社会里，这是一个人的基本文明素养。尊重他人的劳动，也是对他人人格的尊重。

“乖女儿，你撕的纸片，在咱们家又成了仙女散花了，地上、沙发上到处都是，那可是老妈刚刚收拾过的呀！你想想怎么解决吧！”妈妈看到自己的成果被破坏，很无奈，也很委屈。

“对不起，妈妈，我以后注意啊！”女儿赶紧道歉。

“你和我一起来捡吧！以后可得尊重别人的劳动成果呀！”

“好，妈妈我错了，我和你一起收拾吧，以后一定注意。”说着女儿细心地捡起碎纸片来。

尊重他人劳动成果是一种美德。日常生活中的每一样物品，都是劳动者通过辛苦地劳动才创造出来的，它们来之不易。所以父母们要教育女孩爱惜物品，珍惜每一件物品，来报答劳动者的辛勤付出。尊重可以从很小的事做起，擦掉一处污渍，捡起一张废纸，从点滴中就能反映出一个人的人格修养。父母还可以让女孩适当地参与劳动，当她体会到劳动的辛苦时，才更会尊重他人的劳动成果。

# 16 以诚待人，真诚比黄金还贵重

真诚，是健康人格的一个重要衡量标准，它是一个人外在行为和内在道德的有机统一体，是评价一个人的教养的标尺。

何谓真诚？真诚就是真实，诚恳，实事求是，没有一点儿虚假。如果一个人拥有了真诚，他就能拥有很多的知心朋友，他的路也会越走越宽。

英国诗人乔叟曾说过："真诚才是人生最高的美德。"真诚是做人的基本品质，是人们相互信赖和友好交往的基石。每个人都喜欢同真诚的人打交道，因为这样可使双方有安全感，不必心存戒备。

曾经有一个年轻的小伙子，他与年迈的父亲一同住在海边。性格孤僻的他，很少与同龄人一同玩耍。因此，他天天坐在海边与海鸥一同嬉戏。

久而久之，他与海鸥之间形成了一种默契，只要他站在海边，吹一声口哨，就会出现成百上千的海鸥降落在他的周围。他跑，海鸥盘旋在他的上空；他坐，海鸥落在他的肩上；他躺，海鸥就在他的身上憩息。远远望去形成了一道美丽的风景，人们见了无不称奇。

后来，有人对他父亲说："你儿子与海鸥的关系如此亲密，就拜托他捉几只回来玩玩。"父亲也觉得新鲜，就对他说："乡亲们听说你经常与海鸥一起嬉戏，关系甚是融洽，给我也捉一只来吧，我也想体验一下那滋味。"小伙子点头答应了父亲的请求。

第二天，他与往日一样，刚到海边，就吹起了长长的一声口哨，一群海鸥马上盘旋在他的上空。可是，奇怪的事情发生了，无论他多么努力吹口哨，海鸥仍然盘旋在他的上空，就是不肯接近他。小伙子难过地埋下了头。

可见，做人要真诚。离开了真诚，则无友谊可言。一颗真诚的心灵，才能唤起一群真诚人的共鸣。只要真诚对待对方，才能赢得对方的信任。

真诚是做人的根本。那些取得巨大成功的人都有许多共同的特点，其中之一就是为人真诚。如果你是一个真诚的人，人们就会了解你，相信你，不论在什么情况下，人们都相信你不会掩饰，不会推脱，都相信你说的是实话，都乐于同你接近，因此你也就容易获得好人缘。

每个人都希望得到别人的真诚相待，要想别人真诚待你，你就应当主动真诚地去对待别人。你怎样待人，别人也会怎样待你。你与人为善、真诚待人，别人通常也会如此待你。为人处世贵在真诚。《韩非子·说林》说："巧诈不如拙诚。"它是指姑息而表面掩饰的做法，使人乍一看好像很好，但时间一长就不如诚心诚意的方法了。这是经过事实验证的真理。所以，待人之道，当以真诚为先。

## 智|慧|果

真诚是人与人之间沟通的桥梁，只有以诚相待，才能使交往双方建立信任感，并结下深厚的友谊。我国著名的翻译家、教育家傅雷先生曾说过："一个人只要真诚，总能打动人的，即使人家一时不了解，日后也会了解的……我一生做事，总是第一坦白，第二坦白，第三还是坦白。绕圈子，躲躲闪闪，反而叫人疑心；你耍手段，倒不如光明正大，实话实说，只要态度诚恳、谦卑、恭敬，无论如何人家不会对你怎么样的。"

著名教育家陶行知指出："千教万教，教人求真；千学万学，学做真人。"所以，我们应该教育孩子为人真诚，真诚地与别人交往。

1. 建立真诚相待的家庭环境

对孩子成长影响最大的是家庭环境，孩子的社会生活起步于家庭，家庭是孩子生活、学习的第一个场所。家庭的结构和气氛，家庭成员的整体素质，家庭成员的道德水准及言行，决定着孩子今后生活中所表现出的品德和行为习惯，孩子最初表现出的具有真诚的言行举止或带有"欺诈"的言行举止，大多是因为生活环境所致，一般都可以找到影响根源。因此建立真诚的家庭环境至关重要。

2. 教孩子真诚助人

曾经有一个小女孩，长期居住在奶奶家，缺少父母的爱，导致她性格较冷漠，只知道保护自己，不关心别人。当她回到妈妈身边时，妈妈发现了这些缺点，并想要她学会关心他人，而小女孩认为"只要我不做坏事就好了"。有一次，邻家的小朋友掉了心爱的玩具没有发现，小女孩看见了却默不作声，聪明的妈妈想利用这个机会教育一下孩子，于是要求孩子拾起玩具还回了小朋友家。结果可想而知，小女孩得到了对方的感激和表扬，为此孩子突然明白了一个道理：只是一个举手之劳，却能给别人带来很大的方便，人人都应该学会帮助别人，于自己也是快乐的。

生活中，父母要让孩子明白，"助人为乐"这四个字蕴涵着人世间最真最美的意义。"助人"为什么会快乐呢？因为可以从帮助别人的过程中发现自己的人生价值。由于你的帮助和付出，使别人的困难得到解决，把别人的不方便变成了方便，这是一种成功的体验。当孩子懂得这些道理之后，就会主动帮助别人。

## 17 谁说女子不如男，赋予女孩更强的进取心

进取心是指不满足于现状，坚持不懈地向新的目标前进的蓬勃向上的心理状态。进取心是一个人创造伟大成就的动力，它激励着人们不断向自己新的奋斗目标前进。

进取心是一个人前进的动力。一个女孩成年之后，能否在人生的道路上取得成功，起决定性作用的除了她头脑中的知识和技能之外，更主要的是她的性格中有没有主动进取、渴望成功的精神，有没有永不言败、不屈不挠的精神。有的时候正是这种心灵深处的力量给予了女孩不断克服困难，力争上游的动力。有了进取心，女孩才会奋发向上，百折不挠；有了进取心，女孩才会披荆斩棘；有了进取心，女孩才会求新求好。

20 世纪 30 年代，英国一个不出名的小镇里，有一个叫玛格丽特的自小就受到严格的家庭教育的小姑娘。父亲经常对她说："孩子，永远都要坐在前排。"父亲极力向她灌输这样的观点：无论做什么事情都要力争一流，永远走在别人前头，而不能落后于人，即使是坐公共汽车，你也要永远坐在前排。父亲从来不允许她说"我不能"或者"太难了"之类的话。

对年幼的孩子来说，他的要求可能太高了，但他的教育理念在孩子以后的成长中被证明是非常宝贵的。正是因为从小就受到父亲的"残酷"

教育，才培养了玛格丽特积极向上的心态。在以后的学习、生活和工作中，她时时牢记父亲的教导，总是抱着一往无前的精神和必胜的信念，尽自己最大的努力克服一切困难，做好每一件事情，事事必争一流，以自己的行动实践着“永远坐在前排”的理念。

玛格丽特在学校里永远是最勤奋的学生，是学生中的佼佼者。她以优异的成绩顺利地升入当时许多学生不敢奢望进入的文法中学。

在玛格丽特满17岁的时候，她明确了自己的人生追求——从政。那个时候，进入英国政坛要有一定的党派背景。她出生于保守党派氛围的家庭，要想从政，必须要有正式的保守党关系，而当时的牛津大学就是保守党最大的俱乐部所在地，所以玛格丽特非常想进入牛津大学。由于她从小受化学老师影响很大，同时又考虑到大学学习化学专业的女孩子比其他任何学科都少得多，如果选择化学专业，竞争就会不那么激烈。

于是，一天，她终于勇敢地走进校长吉利斯女士的办公室说：“校长，我想现在就去考牛津大学的萨默维尔学院。”

女校长难以置信，说：“什么？你是不是欠缺考虑？你现在连一节课的拉丁语都没学过，怎么去考牛津？”

“拉丁语我可以在大学的学习生活中掌握！”

“你才17岁，而且你还差1年才能毕业，你必须毕业后再考虑这件事。”

“我可以申请跳级！”

“绝对不可能，而且，我也不会同意。”

“你在阻挠我实现理想！”玛格丽特头也不回地冲出校长办公室。

回家后她取得了父亲的支持，就开始了忙碌的学习、复习、备考工作。在她提前得到了高年级学校的合格证书后，就参加了大学考试，并如愿以偿地收到了牛津大学萨默维尔学院的入学通知书。于是，玛格丽特离开家乡到牛津大学去了。

上大学时，学校要求5年完成的拉丁文课程，她凭着自己顽强的毅力和拼搏精神，在1年内全部学完了，并取得了相当优异的考试成绩。其实，玛格丽特不光是学业上出类拔萃，在体育、音乐、演讲及学校活动方面也颇具才能。所以，牛津大学的校长这样评价她说："她无疑是我们建校以来最优秀的学生，她总是雄心勃勃，每件事情都做得很出色。"

四十多年以后，这个当年为实现人生理想孜孜以求的姑娘终于得偿所愿，成为英国乃至整个欧洲政坛上一颗耀眼的新星。她就是连续4年当选保守党党魁，并于1979年成为英国第一位女首相，雄踞政坛长达11年之久，被世界政坛誉为"铁娘子"的玛格丽特·希尔达·撒切尔。

"永远都要坐前排"是一种积极进取的表现，它能激发女孩勇往直前的勇气和力争一流的精神。有了这种精神，女孩就能在生活和事业上不断给自己提出新的目标，并为实现目标而不断努力。撒切尔夫人的故事就是一个很好的证明。

## 智|慧|果

积极进取既是一个人对生活的态度，体现了人乐观向上，不断追求的精神，也是时代的要求。新时代的女孩，应该朝气蓬勃、积极向上，在前进的道路上不断给自己提出新的奋斗目标，并为实现目标顽强拼搏，克服一切困难，做一个有所作为的人。所以，父母要着重培养女孩的进取心。

**1. 帮助孩子树立奋斗目标**

目标是人生的方向，有了目标，人生就会有奋斗的方向、有进取的动力，并为之努力。所以，父母要鼓励孩子树立自己的奋斗目标，并引导孩子向着自己的目标去努力。

设定目标对孩子的一生都起着至关重要的激励作用，在很大程度上能够决定孩子未来发展的道路。在制定目标时，父母应从孩子的实际情况出发，不可过大过高，最好先制定一些容易达到的目标，然后再逐渐增加目标的难度。

**2. 肯定孩子的成绩**

于晓燕是一个聪明乖巧的女孩，不仅学习成绩优秀，在学校组织的各种竞赛中，也有非常突出的表现。于晓燕深深感受到：来自最亲的人的鼓励，比什么支持都重要。

于晓燕的爸爸妈妈都非常支持女儿，例如有一次于晓燕做思考题时，发现自己的方法比标准答案的方法更简单，爸爸特意奖励了女儿一个大红苹果，并鼓励她继续思考，看看是不是还有更好的法子。于晓燕看新闻、报刊时，倘若对某个报道有疑惑，或者有异议，爸爸妈妈也会鼓励女儿自己去做调研。如此一来，跟父母感情非常融洽的于晓燕不仅自信心得到提升，见多识广，思维也更加开阔，在各种竞赛中，她总能给大家带来惊喜。

鼓励和肯定会使孩子产生成就感，增强自信心，愿意更积极努力地去取得更大的成绩。父母不要忽视孩子小小的进步和成绩，孩子生活在被肯定的状态中，才能形成积极的心态，才能具有自信心和不断前进的勇气。

## 18 抵抗挫折，不做脆弱的“玻璃女孩”

在现实生活中，人难免会碰到失败和挫折，尤其是女孩子，她们心理承受能力普遍较弱，即使在成人看来很微小的一次失败，对于她们来讲，也可能是一次不小的打击，会使她们不知所措，失望退缩，丧失热情和信心，甚至出现逃学、离家出走、自杀或患精神疾病等现象。

有个小女孩，很小的时候就开始学习钢琴，她学得很认真，也很刻苦，因为，自始至终她都相信爸爸的那句话：勤劳的付出总会有回报。

可是，她第一次参加省里的少儿钢琴比赛时，却连入围的资格都没能取得。她感到很悲伤，觉得自己是世界上最不幸的孩子，吃不下饭，躲在自己的小房间里悄悄地哭。妈妈急坏了，一次次地安慰她，对她说，以后还会有机会，只要努力，就肯定能取得好成绩。

不！孩子把被子盖到头上想：以后，我再也不学钢琴了。

爸爸走过来，把她从床上拉起来要带她出门。她垂头丧气地跟着爸爸走到沙滩上。爸爸递给她一根树枝，和她比赛在沙滩上写自己的名字，比谁写得又快又好。

她在沙滩上写下了名字。字歪歪扭扭地，一点也不好看。

爸爸把她刚写的全部抹掉了，让她再重写一遍。这次，她认真了些，字也写得漂亮、工整了许多。

就像在这沙滩上写字，爸爸似乎在对大海说话，失误、失败都没关系，别记在心里，一切都可以重新再来。

听了爸爸的话，她心里一下子变得敞亮起来。

经过刻苦练习，第二年，她终于取得少儿钢琴比赛的冠军。

从那以后，她迷上了在沙滩上写字。

失败了，她在沙滩上写字，一切可以重新再来；成功了，她在沙滩上写字，过去的荣誉不会永远存在。

儿童教育家陈鹤琴曾说过："不要担心孩子的失败，应该担心的是，孩子为了怕失败而不敢做任何事。"在人生历程中遭遇失败，出现挫折是正常的，如果连一点儿小小的失败都承受不了，是无法适应这个社会的。因此，从小培养孩子的心理承受能力，对孩子进行适当的挫折教育是十分必要的。让孩子了解失败，可以让孩子学会平和地处理失败时的心情，加强承受挫折的心理能力，将来长大后，心态就会比较成熟，在面对失败时，会用更从容的心态，准备下一次的挑战，敢于做，才有可能成功。

## 智 | 慧 | 果

所谓"授人以鱼，不如授人以渔"。既然遭遇挫折是人生必经的坎坷，那么我们就必须教孩子学会接受挫折。与其一辈子替孩子遮风挡雨，不如让孩子自己去面对人生中的风雨。著名的心理学家马斯洛说："挫折对于孩子来说未必是件坏事，关键在于他对待挫折的态度。"因此，明智的父母应该从小就对孩子进行挫折教育。

### 1. 引导女孩正确认识失败

悦悦是小学三年级的学生，有一次考试，许多同学的语文和数学都考了双百，而她数学却只考了 80 多分。自尊心严重受挫的悦悦回到家里委屈地哭道："许多同学都笑话我，说我是大笨蛋。"

妈妈学过教育心理学，她连忙把女儿搂在怀里，一边给女儿抹眼泪，一边安慰女儿："我女儿根本就不笨啊，不用哭，哭有什么用？只要有志气就能赶上去。妈妈刚上学时也不如别人，好多孩子都比妈妈学得快。妈妈暗中咬牙努力，老师上课我注意听，早上我比别人早起……后来，我终于成了优等生。你不要灰心，要有信心。只要努力，就一定能赶上去！"

悦悦听了妈妈的话，心中的阴影一扫而光。此后，悦悦开始发奋努力学习，到三年级下学期，成绩终于上去了。

正所谓"失败是成功之母"，当孩子面对失败时，父母可以通过给孩子讲著名人物成功前的挫折或父母小时候遇挫折的故事，让孩子懂得生活中随时可能会遇到挫折，只有勇敢地去克服困难，本领才会越来越大。也可以找一些适合的电影推荐给孩子看。例如，剧中主角曾经遭受伤害（背叛、排挤、误解），但是最后总能闯过难关。这些影片可以帮助孩子在以后碰到同样困难时，有信心去面对以及学会寻找解决困难的方法。

### 2. 给女孩创设受挫机会

每一个女孩都能具备独立抗击生活暴风雨的能力，关键在于父母是否给她创造了合适的机会。德国著名教育专家舒马赫曾说："给孩子多多提供尝试机会也是实施挫折教育的有机组成部分。孩子一旦被剥夺了尝试的机会，也就等于被剥夺了犯错误和改正错误的机会，因此也不可能迈向成功之路。”为了增强女孩的耐挫力，父母们不妨有意识地给女孩创造一些适度的挫折情境，挫折教育对增强孩子心理承受能力大有好处。

许多人认为，对孩子进行挫折教育，事实就是给孩子吃点苦头，其实不然。真正的挫折教育，是在正确的教育思想指导下，根据孩子身心发展和教育的需要，创造或利用某种情境，提出某种难题，让孩子通过动脑动手来解决问题，从而使他们逐步提升对困难的承受能力和对环境的适应能力，培养出一种迎难而上的坚强意志。所以，家长有意识地给孩子创造受挫的机会，是好事不是坏事，是有远见地爱孩子，也是真正的爱孩子。

## 19 团结就是力量，教女孩学会合作

现代社会是一个讲究“双赢”的社会，人与人之间的合作是必不可少的。孩子进入社会后，在与人相处的过程中，最需要的其实就是合作能力。

有专家曾做过一项研究。研究者要求，儿童在不同的状况下自由选组，共同完成一些任务。一些平时根本不擅长与人合作的儿童并不能做出正确的选择，他们甚至拒绝与人合作。但一些有丰富合作经验的儿童却能很快就做出较为明智的选择。比如，在学业竞赛的活动中，他们会选择与成绩优异的人一组；而在有些关于生活技巧的活动中，他们又会选择与生活技巧较好的人一组。会与人合作的孩子，任务的完成率很高，他们也从任务中获得了快乐。有研究者说:“从孩子发展的角度而言，‘合作’的重要性在于：它不仅是孩子学习人际关系最好的机会，更是绝佳的心智训练。”善于合作的孩子，能对自己的综合水平有一个大致估计，在这个过程中他也学会了认识自我。

一位老师在讲授《竞争与合作》一课时，让孩子们做了一个游戏。

老师在讲台上放了三个啤酒瓶，每个酒瓶里面放入两个比瓶口略小的玻璃球，这两个玻璃球都是用绳子拴住的。然后，老师请了六位同学进行游戏。六位同学分成三组，每两人为一组。他们每人抓住一条绳子，

当老师喊开始的时候，每个人必须在三秒钟内以最快的速度将玻璃球拉出来。老师刚喊“开始”，三组同学都行动起来。但是，三组的结果却是不一样的。

第一组的两个同学都想自己先拉出玻璃球，两人都拼命拉绳子，结果，绳子被拉断了，两个玻璃球还是留在酒瓶中。

第二组的两个同学也想自己先拉出玻璃球，但是，他们不如第一组的同学那样使劲，结果，两人没有把玻璃球拉出来，却把酒瓶子拉起来了。

而第三组同学在规定的三秒钟内，一前一后地把两个玻璃球拉出了酒瓶。

老师问他们为什么会成功，其中一位同学是这样说的：“我考虑到玻璃球的直径比瓶口只小一点点，如果两人同时拉起，必然会卡在瓶口而无法出来。所以我想让他先把玻璃球拉出来，然后我也就可以顺利地把玻璃球拉出来了。”这位同学深深懂得合作的重要性。

“一个篱笆三个桩，一个好汉三个帮”，人与人之间是讲求合作的，如果合作良好且到位，那么在解决问题时就会事半功倍。

学会合作是孩子进入社会，成为社会主人应具备的基本技能，也是促进孩子社会化的一个基本方法，从小加强孩子群体性与社会性的教育，培养他们主动交往，协同合作的团体意识和与人沟通、和睦相处、共同生活的社会能力是时代发展的必然要求。欧洲著名的心理分析家阿尔弗雷德·阿德勒认为：假使一个儿童未曾学会合作之道，他必定会走向孤僻之途，并产生牢固的自卑情绪，严重影响他一生的发展。所以父母要多引导孩子，帮助孩子树立合作意识。

## 智|慧|果

合作是人类能够在社会赖以生存和发展的重要组成部分，在未来社会，只有能与人合作的人，才能获得生存的空间，也只有善于合作的人才能赢得发展。一个懂得合作的孩子，成年后会很快适应社会并发挥积极作用，而不懂合作的孩子在生活中将会遇到很多麻烦和挫折。懂得合作、善于合作、愿意合作的孩子一般都拥有良好的人际关系，在各种场合都能与他人和睦相处。因此，父母要教会孩子如何与人合作共处。

**1. 让孩子知道合作的重要性**

让孩子认识到合作的重要性，有利于孩子养成一种协商合作的习惯。父母必须在潜移默化中帮助孩子确立正确的合作意识，使他们懂得，每个人都是群体中的一员，是平等的，遇到矛盾或困难，只要大家齐心协力就一定能解决它、战胜它。

成功的合作可以让孩子获得良好的体验，这种体验能够带给孩子无穷的快乐，进而培养孩子的合作意识，并使孩子有意识地主动去与他人建立合作关系。在生活中，父母可以让孩子多参与一些合作性较强的体育活动和游戏，如足球、篮球、跳皮筋、跳绳等，既有团体之间的对抗与竞争，更有团队内部的合作，这些都非常有利于孩子合作能力和团队精神的培养。

**2. 教给孩子合作的技能**

孩子年龄小，缺乏社会交往经验，往往不知如何去合作，这就需要家长教给孩子合作的技能，指导孩子怎样去合作。比如两个孩子都在玩过家家，而小锅子只有一个，谁都想要，就很容易发生纠纷。此时，如果父母能进行正确引导，教孩子掌握一些协商的技能。比如两人可以轮着玩，或者两人分配角色，一个烧饭另一个出去买菜；如孩子在下棋时，往往都想赢，所以争吵、耍赖的情况时有发生，父母就可以让孩子知道如何谦让，如何遵守规则，碰到问题怎样去商量等；如几个孩子在一起搭积木，就应该让孩子学会一起商量，分配工作；如孩子们遇到矛盾时，就应尊重孩子让他们各自发表自己的看法，引导孩子去比较“看法”，最后共同确定一个大家都比较满意的方法……通过这些具体的合作情景，通过一次次的交流，孩子就会从中体验到合作成功后的快乐和满足，从而激发孩子进一步合作的兴趣和欲望。

**3. 让孩子多参加集体活动**

孩子将来要走向社会，成为一个社会人。现代社会需要合作精神，合作是一个团体成功的根本。因此要让孩子多参加一些集体活动，使孩子在集体活动中自觉地意识到与他人真诚合作的必要性。

孩子老是一个人“独处”，当然不会感受到人与人之间的合作究竟会有怎样的力量和神奇之处。让孩子到集体中去，在集体生活中才能增强团体合作意识，掌握处世本领，形成乐观、大方、宽容、团结等优秀品质。让孩子到集体中去，带着合作意识，去主动帮助别人，也得到别人的热心帮助。

对不合群的孩子更应该创造各种集体生活的机会，让他们加入到伙伴中去。当孩子的伙伴来家玩时，父母要热情接待，并给予一定的尊重和必要的招待。

## 20 学会交往，让女孩拥有好人缘

与人交往是孩子应学会的重要能力之一。社会的发展，越来越需要人们具有善于与人交往合作的能力。良好的社交能力，不仅是孩子智力发展、健康成长的需要，更是他们日后在社会中生存和发展所必备的品质。但现在有不少孩子不善与人交往，不会与人交往，甚至害怕与人交往，有的到了成年，还视交际如险滩，迟迟不敢把脚步迈出去。在竞争日益激烈的今天，如何让孩子走出孤独，学会交往，应是父母需要解读的课题。

5 岁的田田是个聪明的小女孩，可是她在幼儿园很不合群，她很少参与小朋友的活动，总是自己一个人玩。大多数小朋友都在结伴做游戏，田田却总是一个人躲在墙边，看着别的孩子玩。

其实，在日常生活中我们经常见到像田田这样的孩子，她们在自己家里可能活泼好动，但在集体中，就明显表现出交往能力差，不习惯或不愿与人交往。

交往能力是一种驾驭生活、完善自我的能力，它对孩子的成长、个性的形成和发展具有重要意义。一个人的个性是在特定的社会环境下，通过与他人的交往逐步形成的。孩子兴趣的培养，情绪和能力的发展都离不开交往。正是交往，才使孩子有了更多学习各种知识并获得社会经验的机会。在与他人交往的过程中，逐渐理解和掌握道德行为规范，社会价值观念，学会认识别人和评价自己，渐渐形成自己不同于他人的意识倾向、心理特点和个性品质。

让孩子学会与人交往，将有利于孩子更好地适应环境，豁达、大度地面对人生的各种挑战，将对其一生产生积极、深远的影响。一位美国心理学家指出：很多成年人的拘谨，不会合作可以追溯到他们的儿童时代。是否会协作是决定孩子将来能否成才的关键。协作必须通过交往来完成，孩子的交往能力关系到孩子长大以后能否与社会、集体、他人之间建立良好、协调的关系。很显然，让孩子从小学会与人交往是非常必要和重要的，父母应鼓励和教会孩子与人交往。

## 智 | 慧 | 果

交往是人们实现合作与沟通的手段。随着社会的发展，人际交往的能力越发显得重要，一位成功学专家说：所有成功的人之所以成功，是因为他的人际关系非常好。不会与人交往的人，在社会上很难受到别人的欢迎的，而一个不受欢迎或不被他人接纳的人，也是很难取得成功的。因此，父母应当充分认识到孩子学会交往的重要性，从小鼓励孩子积极与人交流，从而为孩子的健康成长和将来走上成功之路打下一个坚实的基础。

**1. 传授女孩交往技能**

乔治·华盛顿大学的心理学家莱金·菲利普斯认为，许多孩子不能与他人正常交往的原因，是因为他们没有学会基本的人际交往技能，从而不能以正常的方式和别人交往。

一户新邻居搬了过来，李先生注意到邻居家有一对儿活泼可爱的双胞胎，于是，他对自己的女儿丽丽说："宝贝，你要有新朋友了，你为什么不出去和她们打个招呼并带她们到周围转转，帮她们熟悉一下环境呢？"

丽丽歪着头想了一会儿，出去了。但她站在篱笆旁看着那两个女孩忙忙碌碌地整理东西，试了几次都没有开口和她们打招呼。最后，丽丽回到了房间，很遗憾地对爸爸说："我很想成为她们的朋友，但我不知道该怎样跟她们打招呼。"

爸爸立刻意识到，自己应该为孩子的沟通能力提供一些必要的帮助。爸爸没有说话，而是以实际行动来说话——他做了女儿没有做到的事，帮助两个女孩搬东西。事后，丽丽说："以后我知道该怎么做了。"

为了避免这样的情况发生，父母有必要指导女孩学习一些交往的技巧，有目标地教孩子一些交往方式，丰富孩子交往策略。如：教她们怎样感谢别人，怎样向别人道歉，怎样邀请同伴与自己交往，怎样参与同伴正在进行的游戏，怎样表达自己的要求和想法等。父母向女孩传授的应是积极、健康、正面的交往方法。引导女孩用平等、认同、分享、合作、宽容、提供、要求等方式去与同伴交往。与此同时父母自己与家人、邻里、同事、朋友的交往，可起榜样和示范作用。

**2. 为孩子提供交往的机会**

交往能力是在与他人的接触中形成和发展的，如果没有这样的机会，孩子的交往意识就很难形成，交往能力也就很难提高。父母应该为孩子创造条件，提供各种机会，让他们在实践中学会交往，感受交往的快乐。

美国总统肯尼迪的父亲约瑟夫，很注重创造条件让孩子得到多方面的交往机会，他让男孩子们全部到非教会学校读书，使他们能与各种背景的人接触，扩大眼界，后来，他的4个儿子全部进了哈佛大学，成为社会杰出人士。

孩子自己的圈子毕竟是有限的，父母要为孩子多提供交往的机会，以增长孩子的见识，增强孩子的社交能力，为孩子将来步入复杂多变的社会奠定必要的基础。生活中，父母可以多带孩子参加一些社会活动，让他们结识更多的人；请邻居的孩子到家中玩儿或请好友的孩子来自己家住几天，让自己的孩子与别的孩子住在一起等。给孩子创造一些与人交往共处的机会，时间长了，孩子就能增强与人交往的能力。

**3. 教女孩解决人际冲突的方法**

有一位妈妈曾在日记中这样写道：

我的女儿是一名小学四年级的学生，现在是班里的班长。她学习等各方面都很好，偏偏在和同学相处方面遇到了问题，这令她最近一段时间非常苦恼，甚至到了茶饭不思的地步。

一天，女儿终于把心事对我讲了："妈妈，如果和同学闹了矛盾，自己是不是也该担责任啊？我真不知道怎样才能和大家相处得更好。"看着一脸愁容的女儿，我对她说："同学们天天在一起，就像我们舌头碰到牙，闹矛盾是很正常的。当然，责任是双方都有的，但也要分清谁责任更大，你要尊重别人，别人才能尊重你。同学之间还要互相体谅，多站在对方的立场去想问题。"女儿听完我说的话，终于明白自己应该怎样和同学相处了。

当女孩遇到一些难以解决的人际交往问题时，首先，父母应引导女孩正确认识交往中的各种矛盾，让女孩去学会如何独自面对交往上的小问题，教给女孩一些正确的交往方法，如分享、交换、轮流、协商、合作等，让女孩学着自己解决问题。其次应该适时公正地加以引导，培养女孩勇于改错的精神，在矛盾中，能原谅他人；在交往中，能互相帮助，具有同情心。

# 4

# 养成好习惯，女孩一生用不尽的财富

## 21 习惯决定命运，好女孩要有好习惯

习惯是什么？按照《现代汉语词典》的权威解释，习惯是在长时期里逐渐养成的、一时不容易改变的行为、倾向或社会风尚。

常言道：习惯成自然。习惯一旦形成，就会成为一种定型性的行为，就会变成人的一种不自觉的需要。它不需要别人的提醒，不需要别人的督促，也不需要自己意志力的支持，已经变成了一种自动化的动作和行为。

人是一种习惯性的动物，无论我们愿意与否，习惯总是无孔不入，渗透在我们生活的方方面面。有调查表明，人们日常行为的90%源自习惯。然而，习惯并不仅仅是日常惯例那么简单，它的影响十分深远。

20世纪60年代，苏联发射了第一艘载人宇宙飞船，宇航员是我们大家都知道的加加林。当时挑选第一个上太空的人选时，有这么一个插曲，几十个宇航员去参观他们要乘坐的飞船。进舱门的时候，只有加加林一个人把鞋脱下来了，他觉得“这么贵重的一个船舱，怎么能穿着鞋进去呢？”就加加林的这一个动作，让主设计师非常感动。他想，只有把这飞船交给一个如此爱惜它的人，我才放心。在他的推荐下，加加林就成了人类第一个飞上太空的地球人。

由此可见，习惯的力量多大，人一旦养成了习惯，就会不自觉地沿

着这个轨道运行。可以毫不夸张地说：习惯决定一个人的命运。俄国教育家乌申斯基对习惯做了一个形象的比喻，他认为："好习惯是人在神经系统中存放的资本，这个资本会不断地增长，一个人毕生都可以享用它的利息。而坏习惯是道德上无法还清的债务，这种债务能以不断增长的利息折磨人，使他最好的创举失败，并把他引到道德破产的地步。"概括地说：一个人如果养成了好的习惯，就会一辈子享受不尽它所带来的好处，成为一个有教养的人；反之，如果养成了坏习惯，就会一辈子都受到坏习惯带来的负面影响。这就是习惯！

很多家长不重视女孩子童年时期的教育和引导，等到女儿长大了，才发现很多事情都是由于当初的疏忽和不注意，而使女孩养成了不好的习惯，这时再想改变女孩的习惯就很困难了。孩子的好习惯是在一点一滴的小事中慢慢养成的。我国著名教育家叶圣陶先生认为："教育是什么，往简单方面说，只需一句话，就是要养成良好的习惯。德育就是要养成良好的行为习惯，智育就是要养成良好的学习习惯，体育就是要养成良好的锻炼身体的习惯。"一切的行为和活动都是为了要养成孩子的良好习惯。

## 智 | 慧 | 果

习惯的力量是巨大的。培养良好的习惯，是家长赠予女孩一生最好的礼物。好的习惯会陪伴女孩一生，对于女孩的生活、学习、事业的成败影响重大，也是女孩全面发展的重要基础。

**1. 习惯的培养要坚持不懈**

习惯是在不断重复中逐渐养成的一种比较稳定的行为倾向。因此，培养良好习惯绝不是一朝一夕的事。作为家长不能想起来就培养一下，想不起来就听之任之，要始终如一，持之以恒，日复一日地进行训练，使女孩养成良好习惯。

**2. 营造良好的家庭环境**

家庭环境对孩子的习惯养成有着决定性的作用。孩子是洁白无瑕、天真纯朴的，生活在什么环境中就会被培养成什么样的人。父母处事的态度和作风，会父传子，兄传弟，夫妻相互影响，相互助长，形成一种家风。受什么样的家风熏陶，久而久之，孩子就会形成什么样的思想意识和行为方式，是好学上进，还是懒惰拖拉；是待人热情诚恳，还是虚伪冷漠；是做事认真负责，还是敷衍了事，等等。

布莱克夫妇有三个可爱的孩子，都乖巧伶俐，学习很是自觉，布莱克夫妇因此深得邻居羡慕。

其实，孩子们良好的学习习惯是在布莱克夫妇的用心教导下逐渐养成的。布莱克夫妇很注重培养孩子的良好习惯。大女儿还很小的时候，布莱克夫妇就经常和女儿围坐在一张桌子上，教女儿画画和识字，养成一起愉快游戏并学习的习惯。

在他们有了第二个孩子以后，一起学习的好习惯仍然保持着，姐姐读书时，妹妹就在旁边学画画儿，爸爸妈妈一有空就围在桌边跟她们一起学习。

之后，又一个小弟弟出生了，弟弟渐渐长大，也跟着姐姐们开始自觉地学习。当弟弟开始在桌上学画画时，大姐姐就到另一张桌子上去独自学习。

看到姐姐每天独自一人学习，弟弟妹妹们也效仿起来。没过多久，老二也自己找了一张专用的桌子，每天主动地学习。之后，最小的弟弟也在两个姐姐的榜样作用下，找了一张属于自己的桌子，开始独自学习起来。

日本教育家福泽谕吉说:“家庭是习惯的学校，父母是习惯的老师。”事实正是如此,孩子的习惯的养成主要在家里。父母是孩子的第一任老师，家庭环境的好坏对孩子的成长起着至关重要的作用。作为家长，我们要切实负担起教育孩子的责任来，为孩子营造良好的家庭环境，培养孩子良好的习惯。

## 22 有坚持才能成功，做事情绝不半途而废

坚持是很重要的意志品质，是指一个人克服困难，坚持达到目的的心理特征。儿时能坚持认真完成一件事，长大后就会多一分坚韧。所以坚持到底是一种重要品质。

古语有云："古之立大事者，不唯有超世之才，亦必有坚忍不拔之志。"很多人能取得成功是与他们的忍耐、坚持密不可分的。

其实每一个人的一生中，无论工作或生活，都会或多或少地出现各种极限环境，或者说极限困境。有的时候只需要那么一点点毅力，一点点努力的坚持，成功就能触手可及，而不是充满遗憾地擦肩而过。

但现实生活中，很多女孩缺乏意志力。她们生活在父母的溺爱与保护下，缺乏自我解决问题的能力、坚持不懈的毅力及抵抗挫折的耐力，这样的孩子在以后的生活中会遇到各种各样的麻烦，明智的父母应该从小就培养女孩的意志力，给女孩的成长上一份保险。

李珊珊是初中一年级的学生，她乐观开朗，爱好广泛。但是她却有一个很不好的习惯，那就是当她做事情遇到困难时轻易地就放弃。在她的观念里，坚持就是浪费时间。珊珊读小学五年级的时候喜欢上了舞蹈，她身材纤细苗条，很有跳舞的天分。刚到舞蹈班时老师非常看好她，她也很认真地学习。

但是当她在学习舞蹈时遇到了一些练习了很久也没能准确掌握的动作时，她就不耐烦了，要求退学。她跟老师说："我没有跳舞的天分，不应该在这里浪费时间。"

老师告诉她："那些成功的舞蹈家也不是一蹴而就的，她们也是通过自己辛苦的努力才成为舞蹈名家的。"但珊珊不听，坚持退了舞蹈班的课。过了几天，珊珊又迷上了绘画，没练几天，她又打了退堂鼓……在这两年里，珊珊前后学习过舞蹈、绘画、钢琴，但是一直到今天她依旧没有一门特长。

从心理学角度来讲，意志薄弱是当前孩子普遍存在的一个问题，表现在做事不能自始至终，缺乏毅力，面对困难依赖成人帮助，独立性差。客观来讲，孩子缺乏毅力与其生理、心理发育有关，也与父母的教育思想和方法有关。如果父母教育得当，孩子养成做事持之以恒的好习惯并非难事。

## 智 | 慧 | 果

常言道：贵在坚持。父母应经常教导孩子，天下无难事只怕有心人，坚持就是胜利，坚持就能成功。对孩子坚持不懈的行为，父母应及时给予鼓励，要求并督促孩子将每一件事情做完。

**1. 及时鼓励孩子**

如果孩子做事中途退缩，不想完成，父母切忌唠叨个没完，或者张口就骂，动手就打，更不要讽刺、挖苦，这样做很容易使孩子产生逆反心理，以致伤害其自尊心。相反，父母的鼓励可以让他们重新树立起信心，把事情坚持到底，直到出色地完成。

当孩子做事情有放弃的想法时，父母要对他们遇到的困难及时予以帮助，对他们的点滴进步要及时予以鼓励、表扬，使他们产生愉悦感和自信心，从而使孩子树立坚持完成任务的决心。

**2. 培养女孩坚强的意志**

指导孩子经受意志锻炼必须从点滴小事做起，通过日常生活小事指导孩子经受意志锻炼是一种行之有效的方法。

刘雅丽是小学三年级的学生，她也像同龄的孩子一样做事情遇到困难容易放弃。有一次，妈妈利用周末和她一起收拾屋子。刘雅丽按照妈妈说的方法却怎么也擦不干净玻璃，她有些气馁了，尤其是当她发现一块玻璃自己居然花了五分钟还没擦干净，而家里又有这么多扇窗户时，她彻底失去耐心了。于是，她把抹布扔在一边，一屁股坐在地上叹起气来。妈妈看到孩子的表现便告诉她："你刚学擦玻璃，擦不干净很正常。你只需要把你正在擦的这块擦干净就是成功了呀。不要急于求成，等你熟练以后速度也就上去了。你如果就这样放弃，可是连一块也擦不干净了啊。"

在妈妈的鼓励和教导下，刘雅丽拿起抹布，重新开始擦玻璃。

家长要善于利用身边的小事有计划地培养、锻炼孩子的意志品质。父母要让孩子明白，坚强的意志是在千百件小事的磨炼中逐步培养出来的。经常在小事上注意锻炼，才能在大事上经得起困难的考验。

## 23 立即行动，让女孩将梦想变为现实

拖拉是指不能按照自己或他人的意愿、计划等按时完成任务的一种消极状态。拖拉的人总是会找很多借口与理由来掩饰自己没有达到目标的原因，别人往往也会因此原谅他们的拖拉。于是，拖拉就很容易变成习惯。而拖拉一旦成为一种恶习，会侵蚀人的意志和心灵，会使人丧失进取心，将应该做的事情一拖再拖，最后以失败或者不了了之告终。

拖延的恶习，并不是一个人天生就有，而是在后天的环境中逐渐形成的。生活中，许多父母都有着这样的苦恼：孩子动作太慢，做起事情磨磨蹭蹭，慢条斯理，消耗不必要的时间，降低做事的效率，尤其是在穿衣服和吃饭等生活自理方面，显得极为磨蹭，让大人非常的头疼。这些行为一旦形成习惯，不单会导致孩子学习不积极，还会成为孩子以后成功的绊脚石。

早上六点钟，妈妈叫佳佳起床，到了六点二十，佳佳才只穿好一件上衣，而妈妈已经准备好了早餐。为了避免孩子上学迟到，妈妈赶快走到孩子的床前，帮孩子快速地穿好衣服，然后给孩子挤好牙膏，倒上洗脸水，让孩子刷牙洗脸。

六点四十分，开始吃饭了，佳佳拿着一块面包，咬一口后看见了旁边的玩具，就离开饭桌拿着玩具玩了起来，妈妈急忙把她拉到桌边吃饭，

但一块面包佳佳整整吃了十五分钟。妈妈眼看着孩子要迟到了，就只好把早餐奶放进孩子的书包里，急忙去送孩子上学，而到达学校时，刚好敲响了上课的铃声。

佳佳的妈妈松了一口气，但孩子处处磨蹭的生活习惯实在让她感到很担忧，担心孩子长大后做事情还快不起来，以后跟不上时代的步伐。

的确，磨蹭、拖延对孩子的危害很大，它会消磨孩子的意志和进取心，让孩子变得懒惰、颓废、得过且过，这样就容易导致失败，而这个失败的结果又会使孩子情绪消极，容易出现心身疾病，从而更加不想改掉磨蹭、拖延的坏习惯。在这样的恶性循环中，成功也会离孩子越来越远。

## 智｜慧｜果

孩子做事拖拉，多源于家庭教育环境的影响和良好教育方式的缺失。对于做事拖拉的孩子，不少家长总是心急如焚，一味地批评甚至打骂绝对不是好方法，孩子的慢性子并不是天生的，所以我们一定要对症下药，用耐心和爱心帮助孩子逐步改正，不要操之过急，要注意总结方式方法，不断提高孩子的速度，进而帮孩子改掉拖延的坏习惯。

**1. 培养孩子良好的时间意识**

培养时间意识对磨蹭的孩子来说是至关重要的。父母要想办法使孩子认识到时间是世界上最宝贵的财富，要想办法让孩子明白珍惜时间就是珍惜生命的道理，可以给孩子讲一些从古至今的成功人士珍惜时间的故事，还可以在孩子的卧室里张贴一些名言警句来提醒孩子。

**2. 让孩子为磨蹭付出代价**

生活中，我们常常会遇到这样的情况：孩子早晨起床磨蹭，家长急得不得了，又是催促，又是亲自给孩子系纽扣，可孩子却一点儿也不急。其实，家长的做法正是促成孩子磨蹭的原因之一。正确的做法是，当孩子磨蹭的时候，家长不要急，让孩子急。如果孩子迟到，老师肯定会问他原因。孩子得到教训后，就会认识到磨蹭带来的害处，第二天就会加快速度。

**3. 教孩子开展速度的比赛**

孩子做事情速度慢，比如走路磨蹭，父母可以利用孩子的好胜心理，经常与孩子比赛谁走路快。孩子们一般都喜欢这样的游戏，就会提高速度与父母比赛。父母再使用一些策略，偶尔输给孩子几次，就能提高孩子的积极性，使孩子比赛的劲头更足，孩子走路速度也会随之提高。

在教子论坛上，一位母亲曾这样写道：

从女儿上幼儿园起，我就有意识诱导她的竞争心理，让她经常和小伙伴展开竞赛：比速度、比勇敢、比仔细，等等，让孩子在竞争中逐步认识到自己的能力，养成捕捉信息并做出反应的敏锐思考力和行动力。在家更是如此——

“女儿，看看咱俩谁穿衣服穿得快”；

“女儿，咱们全家来个大比赛，今天谁吃饭吃得最慢谁就洗碗，好不好？”；

……

现在，女儿适应了这种学校和家庭的生活节奏，慢慢也就养成了做事讲效率的好习惯。

孩子都喜欢比赛游戏，喜欢争第一。父母经常与孩子搞一些小比赛，如比赛吃饭、穿衣、收拾玩具，使他们在比赛中提高做事的速度，这时孩子会很高兴地快速把事情做完。

## 24 独立思考，让女孩学会独自处理问题

独立思考是指一个人积极主动地思考，具有新颖性、创新性的特点。它是创作、发明、发现的源泉，想要有一番作为的人都离不开独立思考。爱因斯坦说过，独立思考能力是人的内在自由。如果头脑是自由的，你就不会盲从别人。教育的目标就在于培养这种内在的自由，而不在于灌输特殊的知识，不在于培养专家。所以，培养孩子独立思考的习惯是每一位父母必须牢牢把握的家教关键，是诸多教子课题的“重中之重”。

看到过这样一个笑话：

在一所国际学校里，老师给各国的学生出了一道题：“有谁思考过世界上其他国家是否有粮食紧缺的问题吗？”学生都说“不知道”。非洲学生不知道什么叫“粮食”，欧洲学生不知道什么叫“紧缺”，美国学生不知道什么叫“其他国家”，中国学生不知道什么叫“思考”。

这则让人笑不起来的“笑话”的确发人深省。现实生活中，有的父母把一切事物都安排得十分妥帖周到，从来就没有想到什么是需要孩子自己去考虑、去想办法、去解决、去处理的。当孩子遇上困难时，父母常常不加思索就帮孩子把困难解决了。慢慢地，当孩子再遇上困难时，自己也不愿意再思考，就指望父母的帮助。长此以往，便会扼杀了孩子

的独立思考能力，更谈不上解决问题的能力了。

世界著名的英国伊顿公学积极倡导学生独立思考，帮助学生养成独立学习、研究的优良习惯，把课堂教学的重点放在研究和独立思考上，十分恰当地处理讨论、研究和独立思考的关系，突出独立思考在课堂教学中的地位。英国伊顿公学课堂教学运用这一教学理念，培养了不计其数的优秀人才，被誉为“世界级精英人才的摇篮”。曾有 20 位英国首相、36 位维多利亚十字勋章获得者在这里就读。许多文人、政治家、皇室贵族和商界名流都出自这所显赫的学府。

养成独立思考的习惯对孩子的一生有着重大影响。如果孩子拥有独立思考的能力，就会善于发现问题，能够通过思考、分析找到答案，才会取得好的学习成绩。而孩子长大后，因为有独立思考的习惯和能力，他的视野会比别人宽广，思维也会更加缜密。因此，具有独立思考能力的人，将比其他人有更多的机遇，更容易拥有成功的生活和事业。

## 智 | 慧 | 果

独立思考是自我研究、自我解决问题的一个重要途径，让女孩在自我研究中去体验，去感悟，久而久之，女孩独立思考解决问题的能力就能得到提高，这将为她们的终身发展，乃至将来干出一番大事业打下基础。作为家长，应该利用各种机会，培养女孩独立思考、分析问题、解决问题的习惯。

**1．引导女孩自己寻求答案**

生活中，有些女孩在遇到疑难问题时，总希望父母给她答案。如果父母对女儿有问必答，虽然解决了女儿当时的问题，但从长远来说，女孩会养成依赖父母的习惯，遇到问题时不会独立思考，不会自己去寻找答案，这对女孩智力发展没有好处。因此，当女孩学习中遇到问题时，父母不要直接告诉女孩答案，而是要引导女孩自己去寻找答案，多在“点拨”上下功夫，或教给她思考的方法，或在关键处适当地提醒一下，让女孩去观察和动手验证，给女孩留有独自思考的余地，这样女孩便会逐渐养成良好的习惯，有利于提高孩子独立思考能力。

**2. 鼓励女孩发表自己的意见**

调查显示，在民主、平等的家庭氛围中成长的女孩，敢于发表自己的意见，思维比较活跃，分析问题也比较透彻。而在专制的家庭气氛中成长的女孩，则不敢畅所欲言，容易受父母的暗示而改变主意，或动摇于各种见解之间，或盲从、附和、随大流，这就影响了其思维独立性的发展。

很多女孩不敢大胆说出自己的想法，怕说得不恰当，会受到父母的责备。而小敏敢于说出自己的想法，这和爸爸平时经常鼓励女儿勇于发表意见是分不开的。

一般的女孩往往不敢发表自己的意见，因此父母要鼓励女孩敢于发表自己的看法，在她发表自己的意见时，哪怕是错误的，父母也应让她说完，然后再给予恰当的指导。对于正确意见，我们要先肯定、表扬，让女孩增强发表意见的信心。当女孩受到了鼓励，以后就会积极主动地去进行思考了，这样也就达到了父母培养孩子独立思维能力的目的。

**3. 鼓励女孩敢于质疑**

西方教育传统提倡的是敢于质疑，而中国人从小就被教育要听话，不敢挑战权威、不敢质疑。一成不变地生活则会造就一个个“小绵羊”，在这样的体制下，想要培养孩子的想象力、创造力等能力，可以说无从谈起。所以，父母平时应当鼓励女孩大胆质疑，并及时回答她提出的问题，培养她多问多思的习惯。

有一天，一个小女孩在生物课堂上听老师讲到蚯蚓有很强的再生能力，即使断成两截也可以活下去，并可能分别再长出完整的身体。小女孩决定要弄个明白。于是，她挖来蚯蚓断开两段，放在窗台上养起来。她母亲发现后非常生气，狠狠打了她一巴掌，并把蚯蚓扔出窗外。

对于这件事，教育部一位领导沉重地说："这位母亲完全没有想到，她这一巴掌将会造成什么样的后果。我觉得这一巴掌，很可能就打掉了一个女科学家。"之所以这么说，是因为小女孩的质疑精神应该得到父母的肯定。因为喜欢质疑的人总是能够取得巨大的成就。

明朝学者陈献章说："前辈谓学贵知疑，小疑则小进，大疑则大进。疑者，觉悟之机也。"敢于质疑意味着敢于独立思考，挑战权威。父母要鼓励孩子敢于对一些习惯的传统怀疑，不迷信专家权威；不盲目相信书本，对事物存有怀疑精神；敢于提出各种问题，甚至包括一些当前看来近乎"荒唐"的问题。另外，父母还应该重视孩子的质疑，耐心倾听孩子的提问，并启发和诱导孩子自己去解开疑问。

## 25 守时，教育女孩一定要有时间观念

守时，对一个人来说是一种好习惯，是在与他人的交往中的一种礼貌和信用的体现。守时与否体现了一个人的教养和基本素质，不可小视。

然而对很多女孩子来说，似乎没有“守时”这个概念，约会迟到是天经地义的事情，早已经习以为常了。生活中，不守时的现象更比比皆是，如上学迟到，考试迟到，开会迟到，和朋友约会迟到等。孩子小的时候学不会守时，养成习惯了长大后依旧会如此，这种不守时的行为不但会给他人留下不好的印象，还可能影响到孩子的生活以及今后的发展道路，给孩子的人生留下不可估量的损失。所以，守时的习惯应该从小养成，父母要及时帮孩子纠正不守时的坏习惯。

德国民间就流传着这么一句话：“准时是帝王的礼貌。”守时就是遵守承诺，按时到达要去的地方，没有例外，没有借口，没有理由，任何时候都得做到。即便因为特殊原因不得不失约，也应该提前打电话通知对方，向对方表示你的歉意。守时不是一件小事，它代表了一个人的素质和做人的态度。一个人如果对别人的时间不表示尊重，就不能期望别人会尊重自己的时间。一个人一旦不守时，就会失去影响力或者道德的规范。

有一次，香港著名的畅销书作家梁凤仪应邀到北京大学做报告，时

间是下午三点。当天上午她应邀参观了中央电视台的一个拍摄基地后，她觉得时间还很充足，就和基地的领导一起共进了午餐。谁知乘车去北京大学的路上塞车了，结果迟到了一小时。

会议开始后，主持人一再强调："梁老师迟到是因为塞车。"但是，走上讲台的梁凤仪觉得自己是不可原谅的，她说："各位同学，我在此向大家诚恳道歉！北京塞车是常事，但我不应该为自己的迟到找借口，我应该把塞车的时间计算在内，做好充分的准备。如果在座的有一千位同学，我迟到的这一小时，对大家来说，就是浪费了一千个小时的生产力量，影响一千个人的心情啊！我只能盼望你们的原谅！"她的话，不仅赢得了同学们热烈的掌声，更赢得了大家发自内心的尊敬。

守时是尊重别人的开始，也是尊重自己的表现。守时的习惯代表一个人对自己的控制能力。如果一个人在日常生活中没有办法做到守时的话，那他遇到大事应该也很难如期完成。

守时是一种美德、一种素质、一种涵养，是待人有礼貌的表现。对于不守时的人来说，浪费的不仅仅是自己的时间和生命，同时也在消耗别人的时间和生命。守时是尊重别人的时间的同时也尊重自己的时间。尊重别人的时间相当于尊重别人的人格、权利，尊重自己的时间则无疑是珍惜自己的生命。因此，守时的孩子更容易获得他人的尊重。每次的守时，都会给对方留下良好的印象，从而为自己赢得更多的朋友。不遵守时间的人，在浪费自己和别人宝贵时间的同时，也会失去朋友，有谁愿意和一个不懂得珍惜时间，不懂得尊重他人的人做朋友呢？不守时只是一个表象，根本的原因源于对时间的轻视和对别人的漠视，所以说，守时不单单是礼貌问题，更是人格问题。

## 智 | 慧 | 果

一个守时的人定是一个懂得珍惜时间的人，不仅仅要注意不浪费自己的时间，也要时时注意不能够浪费别人的时间。管理好自己的时间，就是让自己无论在做什么事的时候都能够轻松应对、游刃有余。一个守时的人，必将获得别人的尊重，也必将赢得自己的成功。父母一定要帮孩子养成守时的好习惯。

**1. 培养孩子的时间观念**

现代生活节奏的加快，更呼唤着人们的时间意识，所以父母要从小培养孩子良好的时间观念。

有位爸爸在事先约定好的地方等待孩子一起去看电影，但是过了约定时间，孩子还没有出现。爸爸开始担心孩子是不是出了交通事故，虽然觉得孩子应该不在家里，但还是往家里打了电话。

接着，本来应该在赴约路上的孩子的声音出现在电话里："玩电脑忘记了。"爸爸默然无语，也不听孩子的哭泣道歉，取消了看电影的计划，回到家就严厉地批评了不遵守约定的孩子。

守时就是要求孩子有良好的时间观念，从而培养孩子良好的守时观念，养成不拖拉的好习惯，父母应该从孩子小时候抓起，让孩子在很小的时候就感知时间，懂得及时做到答应别人的事。如果孩子不守时，而我们又一次次地原谅他，他就没有机会认识到守时的重要性。人们常说"一寸光阴一寸金"，时间和机会一样从来不等人。所以，我们要让孩子懂得珍惜自己的时间，同时也要懂得珍惜他人的时间，不要总是迟到，让别人等待自己。

**2. 对孩子进行指导和督促**

守时也是守约的一种表现。小孩虽然重视与朋友间的约会，但自我控制能力不足，有时因贪玩或留恋某一件事，不能准时赴约，或因时间观念不强，而错过约定时间，父母有责任提醒孩子约定时间。比如孩子和同学约好了出去玩，家长可以提前问一问孩子“准备好了吗”“你们几点钟出发”，提醒孩子按时赴约，守时守信。父母平时要注意做个有心人，抓住孩子生活中的点点滴滴，有针对性地对孩子进行具体的指导，对的给予肯定和支持，错的帮助其分析和思考。

**3. 为孩子做出守时的榜样**

和其他好习惯的养成一样，培养孩子守时的好习惯，家长同样要以身作则。答应孩子的事要做到，说好 6 点起床绝不赖床到 7 点；说好 5 点去接孩子回家，就不要让他等到 5 点 30 分。同时，还要办事麻利，不要拖拖拉拉。不仅如此，还要在工作、生活、言行等方面都尽量给孩子做遵守时间的榜样。平时，若答应孩子干什么或到什么地方，都要准时做到，决不拖延或改换时间。即使有特殊情况导致不能遵守时间的现象，一定要向孩子道歉，并说明原因，使孩子知道父母不是有意的。通过长期的教育和榜样行为的影响，孩子不仅能养成和巩固遵守时间的行为习惯，而且也会初步懂得遵守时间的重要性。

## 26 早睡早起，让女孩保证充足的睡眠

睡眠对人来说是除了吃饭以外的一件大事。每个人都是通过睡觉休养生息、补充能量，好的睡眠可以促进人体的新陈代谢，使人精力充沛、身体健康。美国斯坦福大学睡眠研究专家狄曼说，每晚比正常睡眠时间少睡一个小时，可能令一个人的智商暂时性降低一个商数，一周累计下来危害很大。睡眠质量关系到一个人的身心健康。特别对正在长身体的孩子而言，高质量的睡眠就显得尤为重要了。

如今，青少年中的“特困生”越来越多。“特困生”本来是指那些家庭条件特别差的学生。如今，这种特定称谓又被借用为指那些睡眠严重不足的，上课迷迷糊糊、老打瞌睡的中小学生。

对于我国青少年来说，睡眠不足是一个亟待解决的问题。中国少年先锋队全国工作委员会与中国青少年研究中心曾联合开展了名为“当代中国少年儿童发展状况”的大型调查，对 6 ～ 14 岁的城乡少年儿童进行对比研究。结果表明：中小学生每天在学校学习时间已超过国家规定标准，由此造成有 14.9%的中小学生没有达到国家规定的睡眠标准(9 小时)。因为做作业，小学高年级的学生 22 点以后上床是家常便饭。再有，有些学校要求到校时间太早，一些择校生因上学路远起床过早，父母晚上看电视、接待客人，这些都影响了孩子的睡眠时间。

欣欣的睡觉问题是爸爸妈妈的一大心病。因为和爷爷奶奶在一起，

奶奶每天晚上看电视到很晚，所以，爸爸妈妈一哄欣欣睡觉的时候，欣欣就会哭着去找奶奶，奶奶一边看电视一边哄欣欣睡觉。但欣欣一般都不会睡，几乎每天都要熬到12点，看完电视才和奶奶一起去睡。如果不让欣欣看电视，她就又哭又闹，怎么也不肯罢休。每次熬夜看电视，欣欣早上都会赖床，迷迷糊糊地去幼儿园上学，老师告诉欣欣妈妈，欣欣经常上课打瞌睡。这下可愁坏了欣欣的爸爸妈妈。

后来欣欣妈妈想出了一个办法，那就是晚上到了睡觉时间就和婆婆说："妈，照顾了欣欣一天，您一定累坏了吧，早点睡吧！书上说，太晚睡觉不利于气力恢复，早点睡觉有助于延年益寿呢！"或者说："妈，欣欣晚上挺磨人的，她明天还要上幼儿园，白天打瞌睡老师会批评，以后就让我带她早点睡觉吧！别把您累坏了！"奶奶看媳妇这么关心自己，也心疼孩子，想想小欣欣确实该睡了，就早早地关掉电视去休息了。结果欣欣晚睡的习惯很顺利地改掉了，一家人皆大欢喜。

## 智慧果

生理学的知识告诉我们：睡眠有促进儿童生长发育的作用。人的脑垂体前叶分泌的生长激素，与人体的生长发育关系极为密切。生长激素白天分泌很少，主要在夜间睡眠中分泌，并且多是在深度睡眠时分泌的。另外，人体合成身体中所需的各种营养素的工作，也只有在睡眠和休息的时候才能够很好地完成。可见，没有好的睡眠，就没有良好的健康状态。为了孩子有一个好的身体，父母要注重孩子的睡眠质量，帮助孩子养成早睡早起、作息规律的好习惯。

**1. 给孩子独立的房间**

很多孩子都愿意跟妈妈一起睡，很晚了还不愿意休息。针对这种情况，父母可以装修一个漂亮的小房间，墙上贴一些孩子的照片和卡通图片，小床设计成孩子喜欢的样式，孩子平时喜欢的玩具也摆在床边，让整个小屋温馨别致、充满童趣，从而让孩子喜欢上自己这个独立的空间。让孩子突然自己睡小床，甚至独自睡在一个小房间，的确会令孩子难以适应。家长要循序渐进，如孩子入睡前把他平放在床上，父母陪伴一会儿。同时还要注意睡眠环境的安静和舒适，让孩子自然入睡。过渡期内可以陪他说话、讲故事，等他睡着后再走。等孩子起床后夸奖他勇敢和独立，这样会让孩子更有自信，从而改掉和父母睡的习惯。

**2. 勿以剥夺睡眠的方式处罚孩子**

有些家长，喜欢用剥夺孩子睡眠的办法惩罚孩子。“你今天不认真做作业，12 点以前不许睡觉！”这种惩罚是很残酷的，它虽然不像打骂、斥责一样直接伤害孩子的自尊心，但它的“杀伤力”极大，在这种惩罚下，孩子的正常睡眠时间被剥夺了，他的生物钟紊乱了，他的发育成长的节奏被人为破坏了。我国古代刑罚就有不让犯人睡觉，对他们进行折磨的方式。以不让睡觉来惩罚孩子，其实是把孩子当“犯人”一样摧残。

**3. 睡前不做剧烈运动**

孩子晚上做剧烈的运动容易过于兴奋而不能入睡。父母不要纵容孩子在晚上的时候任意玩耍，可以让孩子做一些安静的事情，比如看看书，听听音乐，或者写毛笔字、画画儿等。等孩子疲倦了自然就能睡着。

**4. 不威胁和打骂孩子**

用威胁和打骂的方式逼孩子入睡会使他做噩梦，产生恐惧感，严重影响睡眠质量，所以家长在哄孩子入睡时最好不要威胁打骂孩子，要晓之以理动之以情或者用提前制定出来的规则要求孩子，这样才能顺利地让孩子躺到床上去休息。

# 5

# 智者无惑，培养女孩完美的性格

## 27 “快乐至上”——女孩的乐观是这样培养的

乐观是一种心理状态，也是一种性格品质，它对女孩未来的人生发展具有重要作用。调查显示，积极乐观的人不仅较为健康，而且婚姻生活较为幸福，事业上也较易获得成功。

有一位智者说过：“生性乐观的人，懂得在逆境中找到光明；生性悲观的人，却常因愚蠢地叹气，而把光明给吹熄了。当你懂得生活的乐趣，就能享受生活带来的喜悦。”乐观的人，凡事都往好处想，以欢喜的心想欢喜的事，自然成就欢喜的人生；悲观的人，凡事都朝坏处想，越想越苦，终成烦恼的人生。

美国有一对兄弟，一个出奇的乐观，一个却非常悲观。

有一天，他们的父母希望兄弟俩的性格都能改变一些。于是，他们把那个乐观的孩子锁进了一间堆满马粪的屋子里，把悲观的孩子锁进了一间放满漂亮玩具的屋子里。

一个小时后，他们的父母走进悲观孩子的屋子时，发现他坐在一个角落里哭泣。原来，他不小心弄坏了玩具，怕父母会责骂自己。

当父母走进乐观孩子的屋子时，却发现孩子正在兴奋地用一把小铲子铲着马粪，把散乱的马粪铲得干干净净。看到父母来了，乐观的孩子高兴地叫道：“爸爸，这里有这么多马粪，附近肯定会有一匹漂亮的小马，我要给它清理出一块干净的地方来！”

这个乐观的孩子就是后来的美国总统里根。他从报童到好莱坞明星，再到州长，直至当上了美国总统。这期间，积极乐观的性格起到了很大的作用。

乐观是一种性格倾向，使人能看到事情比较有利的一面，期待更有利的结果。孩子对那些能够满足自己需要的事物或对象，会产生一种积极的情绪，而对无法满足自己需要的事物则会产生消极的情绪。乐观的性格是孩子应对人生中悲伤、不幸、失败、痛苦等负面事件的有力武器。如果孩子无法乐观地面对生活，就会意志消沉，对前途丧失信心，而且长此以往，还会损害身体健康。

乐观是女孩对未来充满信心和有希望而又不断进取的个性特征。也许有些女孩天生就比较乐观，有些女孩则相反。但心理学家发现乐观思想是可以培养的，即使女孩天生不具备乐观品质，也可以通过后天的努力来实现。

## 智 | 慧 | 果

积极乐观的态度的形成并非一日之功，需要从生活中的细微处点滴的积累和培养，当女孩能把困难和痛苦看作是一种成长的快乐时，那也将是父母最大的快乐。

**1. 用乐观的态度感染女孩**

调查显示，约有85%的悲观者，其父母至少有一方的生活态度是悲观消极的。因此，父母想帮助女孩树立积极乐观的人生态度，就要用自身的乐观态度去感染女孩。

有一个活泼可爱的小女孩，她尽管长着满脸雀斑，却没有丝毫的忧愁，她开朗而乐观，无论什么时候看到她，都能见到她满脸的笑意。她的父母也是同样一副乐观面孔，那种微笑似乎是他们永远不变的表情。

这一天，小女孩特别兴奋，因为她要去参加好朋友的生日宴会了。她早早就穿上漂亮的牛仔靴、黑色的牛仔裤，这是妈妈给她新买的衣服，她又带上爸爸送给她的牛仔帽，简直帅极了，最让她激动的是，她要骑一匹真正的小马去参加宴会。

然而，天公不作美，11点半，天气突然变了，狂风大作，大雨如注。她只好静候在窗前，等待暴雨结束。这时，妈妈走了过来，告诉她由于天气的缘故，宴会取消了。她一下子没有了笑容，眼泪在眼眶里转了半天。妈妈也很难过，不过她微笑着说："宝贝，不过，我们今天可以在屋里子做'寻找公主'的游戏了。"

小女孩随即高兴起来，她说道："我敢打赌，下个星期六一定是个骑马的好日子，到那时，我要骑马去玩。"

她就是今天美国著名的女企业家拉塞尔·合姆。

乐观地对待女孩，等于给了她一生快乐的源泉。孩子是父母的一面"镜子"，父母的个性、言行等，往往会在孩子身上得以重现，一个整日唉声叹气的父母，通常会培养出悲观消极的孩子；而一个乐观的父母，往往会培养出同样乐观积极的孩子。所以说，孩子的乐观心态首先源自父母、源自家庭，培养孩子乐观的心态，首先从父母自身做起。

**2. 引导女孩宣泄不良情绪**

女孩在生活中碰上不满的事情之后，父母千万不要让她们将由此产生的负面情绪憋在心里，这很不利于她们心理的健康发育。当女孩感到悲伤失望时父母要给女孩以安慰，让她把自己的不满和委屈都宣泄出来，学会正确地运用心理疏导方式及时地走出不良情绪的困扰。如果不良情绪长期得不到发泄，就会发生壅塞，只会渐渐地使女孩走向消极。平时，父母要多向女孩灌输一些乐观主义的思想，让女孩明白，困难是短暂的，人生的道路是可以平坦的。

小燕是小学三年级的学生，学习成绩一直都是中等，无论老师怎么补课，成绩就是上不去。小燕很努力，可是不知道为什么成绩还是老样子。所以，小燕总是一副闷闷不乐的样子，回到家里也总是无精打采的。

小燕妈妈察觉到女儿的这种状态后，就问女儿在学校是不是遇到了什么不开心的事。小燕妈妈了解情况之后，告诉小燕说，只要小燕好好学习、健健康康、开开心心的就是小燕妈妈最希望看到的。从那以后，小燕每天放学回家学习完，小燕妈妈都会和女儿一起聊天，看动画片，看书，讲故事……小燕觉得很快乐，而且还明白了很多道理，上学的时候也不像以前那样愁眉苦脸的了，而是继续努力学习，不管成绩怎样，不落后也是一种进步，而且小燕的作文写得越来越好了。

小燕妈妈的做法很好，让孩子在生活中尽可能多地感受到轻松和快乐，用正确的方法不断提高孩子的心理素质，让孩子更勇敢地应对生活中、学习上遇到的各种问题。

每个女孩都会碰到不顺心的事情，即使天性乐观的女孩也不例外。当女孩遇到困境时，父母要多多留意女孩的情绪变化，如果女孩闷闷不乐，父母就要抽时间和女孩交谈，指导女孩排除心理障碍，使悲观情绪、不良情感及时得到化解。

## 28 控制情绪，脾气好的女孩更加可爱

女孩是感性的，其情绪特别容易被外界的事物影响。面对生活中那些层出不穷的麻烦事，女孩更容易发怒。

日常生活中，我们经常看到有些女孩在家长没有满足她们的欲望时大声哭闹，在地上打滚，或撕扯自己的头发、衣服，或抱着父母的腿赖着不走。这些行为被称为暴怒发作。暴怒发作中的孩子往往不听劝阻、除非父母满足她们的要求，否则会僵持下去。

王先生夫妇最近被女儿的坏脾气折磨得头疼死了。

女儿莉莉仅6岁，脾气却暴躁得厉害，稍不如意就大发雷霆，大喊大叫。即使是跟她讲道理，她也听不进去，如果父母不按照她说的去做的话，她就一直吵闹、哭喊、在地上打滚，手里有什么东西都会顺手扔出去。

为此，王先生夫妇想尽了办法，他们批评她，苦口婆心地教诲，罚她站墙角，赶她早点上床，责骂她，呵斥她……简直拿出教育男孩子的方法来，仍然不奏效！一有事情，莉莉还是会大发雷霆，暴躁脾气依然如故。

相信有不少父母和上例中王先生夫妇一样都在为自己的孩子脾气暴躁，爱生气发愁，其实孩子脾气的好坏和家庭教育的关系非常密切。

很多时候，孩子的欲望得不到满足时就会发脾气，这其实是一种情感宣泄。如果父母为了让孩子不发脾气一味迁就显然不行。儿童心理学家认为，对于孩子的情绪发泄，家长应采取适度引导的方法，帮助孩子学会以言语来抒发。所以，当孩子在情感宣泄时，家长应冷静对待，不妨采取冷处理，使孩子更快地自我平静下来。之后，再进行谈心，对孩子进行必要的引导，教会他们用恰当的方法来宣泄情绪和解决问题。

面对乱发脾气的孩子，父母不要过分溺爱，也不要“以牙还牙”，而应该等孩子发泄后冷静下来了，心平气和地和孩子谈心，告诉他这样的行为是难以被接纳的，有话好好说，慢慢引导孩子转变过来。

## 智 | 慧 | 果

在成长过程中，孩子总有些过失行为，这些过失行为往往带有很大的盲目性、偶然性、试探性和好奇性。事实证明，无论孩子的脾气如何暴躁，只要通过教育引导、行为矫正等，都可予以改正。

为了培养孩子的良好性格，避免他乱发脾气，父母们一定要以身作则，坚定立场，为孩子创设一个健康的环境氛围，让孩子保持积极的心态，控制不良情绪的爆发。

### 1. 冷处理法对待发脾气的孩子

一天晚上，一家人正在看电视，甜甜突然想吃冰激凌。已经很晚了，商店都关门了，爸爸妈妈试图跟她解释，劝她明天再吃。

然而，甜甜的脾气却上来了，她倒在地上大声叫喊，用头撞地，用手到处乱抓，用脚踹所有够得着的东西……

爸爸妈妈被气得不知道该说什么，他们努力克制自己的火气，暂时没有任何语言和动作。甜甜已经叫喊半天了，她奇怪地发现，居然没有人理她。于是，她又重新按她刚才的“表演”闹了一番。这次爸爸妈妈坐了下来，静静地看着女儿，依然没有任何语言和动作。

甜甜不死心地又开始了第三次“表演”，然而爸爸妈妈还是没有任何表示。最后，甜甜大概也觉得自己趴在地上哭叫实在太傻了，于是她自己爬起来，回房间睡觉去了。

从此，甜甜再也没朝别人乱发过脾气，甜甜乱发脾气的行为因为没有得到强化而自然消失了。

孩子由于年龄小,对自己情绪的控制能力比较差,他们时不时地发“小脾气”是常见的事情，有时不见得是什么异常现象，也不需要特别地加以“控制”，大人采取视而不见的冷处理办法，孩子的脾气可能很快就烟消云散，正所谓来得快，去得也快。这时若加以“控制”反而不一定对孩子有什么好处，只要孩子的脾气不是太过火，对别人不造成伤害，可以随便由他去，这样，孩子就会发现，发脾气并没有什么好玩之处，其发脾气的次数可能就会越来越少，最后也许就很少发脾气了。

**2. 认同女孩的情绪**

敏感的小女生都希望自己的感情能够得到父母的重视和肯定，即便她真的受到了坏脾气的干扰，父母对她的情感认同也能够使她很快地从这种坏情绪中摆脱出来。但是如果女孩觉得自己的情绪没有得到父母的肯定，就会认为父母对她不够重视，她会因此继续伤心，并且情绪会变得更糟糕，甚至会苦恼、摔门、大发脾气。

事实证明，一直得不到父母对她情感肯定的女孩总会有一颗悲观的心。当女孩向你表达自己的情感时，尤其是负面情感，父母与其给孩子提供解决的办法，不如接受她的情绪，并对她的遭遇表示同情。

## 29 让女孩远离嫉妒，培养她健全的人格

羡慕嫉妒恨是一种有害无益的心理情绪，也是近年来的网络流行语，它刻画了嫉妒的生长轨迹：始于羡慕终于恨。从表面上看，嫉妒是对别人的不满，可是细细剖析一下，不难看出，它多半是因为自己的欲望得不到满足而发泄出来的一种不良情绪，是一种由于自卑而引起心理失衡的反映。嫉妒别人漂亮，就是自己的漂亮未得到别人的认可；嫉妒别人成绩好，就是自己的成绩不如别人。看到自己与别人的差距，又不太愿意承认这种差距，于是嫉妒心理就滋生出来了。

相对于男孩来说，女孩的嫉妒心比较强，因为女孩子大都比较感性，把得失看得很重要。从学习到生活，从服饰到交朋友，甚至于在各种公共场合，由于差距的出现，自然会产生嫉妒心理。

王蕊是一个来自农村的女孩。三年前，她以优异的成绩考上了某著名学府的英语专业，这让她从此有了出人头地的机会。她是一个热情大方、乐于助人的女孩子，因此，同学和老师都十分喜欢她。

可她并没有就这样积极地与人相处下去，在与同学的不断交往中她产生了严重的不平衡心理。只要别的同学哪方面比她强，她就眼红；只要老师在王蕊面前表扬别的同学，她心里就酸溜溜的。她总是抱怨自己生在一个并不富裕的家庭，看到别的同学锦衣玉食就极不平衡；别的同

学得了奖学金或评为“三好学生”，她就嫉妒的夜里辗转反侧无法安睡，还时常抱怨上天的不公。

最让她看不惯的是与她来自同一所高中的老乡。原来两个人在高中时各方面都不相上下，上大学后，老乡的成绩越来越好，而且被选上了学生会干部，她就更加嫉妒了。为此，散布流言蜚语，造谣中伤那位老乡，成了她取代认真读书的头等大事。在一次选举学生会干部时，她为了把老乡比下去，竟然不知羞耻地在下面做小动作——拉选票，结果她的阴谋被同学们识破，唱票时只有她自己投了自己一票，搞得十分狼狈，同学们也越来越讨厌她。

但她并没有就此收手，已经被嫉妒冲昏了头脑的她，一计不成又生一计。在期末考试中，她知道凭自己的水平是拿不了高分的，于是，她就采取夹带纸条的方法作弊。在最先的两门考试中，她的计谋得逞了。正当她自鸣得意，觉得胜利在望的时候，却在第三门考试中被监考老师抓个正着。老师说：“我早就注意到你了，以为你会有所收敛，没想到你一而再再而三地作弊。我再也不能容忍你的所作所为了。”王蕊当下痛哭流涕地求监考老师手下留情，可是学校的制度是无情的。当天，学校教务处就做出了开除其学籍的处分决定。

王蕊的悲惨结局是令人痛心的。大学是多少青年人梦寐以求的地方啊！可是，王蕊的大学梦就这样被自己毁灭了。造成这个悲惨结局的罪魁祸首是谁呢？不言而喻，那便是嫉妒。

嫉妒对于女孩的身心发展是十分有害的，不仅阻碍人的前进，甚至还会诱发犯罪。如果女孩屡生嫉妒，日久天长，会成为一个心胸狭窄的人，不利于其健康成长。嫉妒心理强的人，别人的成功和他自己的失败，都会给他带来痛苦，平添不少烦恼。

## 智 | 慧 | 果

嫉妒是女孩成长过程中一个不容回避的问题，它并不可怕，关键在于如何战胜它。生活中，父母要对女孩的嫉妒心理给予关注，平时要细心观察了解，关心她们的心结所在，一旦发现嫉妒心态的萌芽，就应该及时地加以正确引导、制止和纠正，使女孩能够朝着健康的方向发展，在以后的人生道路上成为真正的强者！

**1. 让女孩认识到嫉妒的危害**

作为父母，要同时扮演老师的角色，用合理而又权威的语言让女孩明白嫉妒是一种负面情绪。嫉妒有两方面最大的危害：(1) 破坏人际关系的和谐。当一个人嫉妒另一个人的时候，就不会对对方友善、热情，两个人的关系必然冷淡。嫉妒的对象越多，关系冷淡的对象越多，这就给人际交往带来极大的伤害。(2) 造成个人的内心痛苦。一个嫉妒心强的人，常常陷入苦恼之中不能自拔。时间长了会产生自卑心理，甚至可能采取不正当的手段去伤害别人，使自己陷入更恶劣的处境。

**2. 不要拿孩子与他人比较**

有一次，琪琪的妈妈跟一位阿姨说，邻家女孩的卷发很可爱，可惜自己女儿的头发却是直的。没想到，第二天，琪琪就要求妈妈带自己去美发厅把头发烫成卷发。琪琪妈妈一下子就意识到是自己的评价引发了女儿的嫉妒心理，从此之后，她再也没有评价过女儿的头发，同时非常注意不拿女儿和别的孩子做无意义的比较。

可见，当父母拿孩子与他人比较时，孩子就会将怨恨的情绪转移到对方的身上，这时，就会产生嫉妒的心理。所以，父母要理解孩子这一心理特点，不要轻易拿孩子和别人比较，更不要用挖苦的口气，拿别人的长处来贬低自己的孩子。

**3. 引导女孩树立正确的竞争意识**

有嫉妒心的女孩往往有某方面的才干，争强好胜，却又自私狭隘。父母可以充分利用其争强好胜的特点，激发孩子把嫉妒心理转化为竞争意识，使孩子在赶、超先进中调整自己的状态，增强适应社会环境的能力，从而使压力转变为动力，超越嫉妒。为此，我们可以告诉女孩，别人领先获胜后，自己要做的事情不是生气，而是应该激发起自己的斗志，敢于和对方展开竞赛。这次你获胜了，下次我要通过努力超过你，和你比一比。同时父母还要告诉孩子，别的孩子获得成功了，肯定有许多优点值得你去向他学习，你要把对方的长处学到手，这样你也能不断进步，取得成功。

## 30 幽默感，女孩开朗性格的基础

在人际交往中，幽默是心灵与心灵之间快乐的天使，拥有幽默就拥有爱和友谊，凡具有幽默感的人，所到之处，皆是一片欢乐和融洽的气氛。

美国学者特鲁指出："幽默是一种能力，一种了解并表达幽默的能力；幽默是一种艺术，一种运用幽默和幽默感来增进你与他人的关系，并改善你对自己做真诚评价的一种艺术。"在现实生活中，幽默感可以化解人的消极情绪，消除沮丧与痛苦，舒缓紧张的气氛，甚至能给别人带来快乐和希望，给自己增加修养与魅力。幽默感甚至是一种生活的态度和生活的艺术。具有幽默感的人，生活充满情趣，许多看来令人痛苦烦恼之事，他们却应付得轻松自如。

有一个刚毕业的女大学生，求职经历很是不顺。一次，她应聘一家公司的文秘职位，在网上把简历发出去以后，对方很快将未能录用她的通知用电子邮件发给了她。可能是系统出现了什么错误，对方接连发了两封电子邮件给她。她于是就幽默了一回，根本没有想到这次幽默还能够给她带来什么好运，她这样回信说："既然您对没有录用我表示如此的遗憾和内疚，那么为什么就不能给我一次面试的机会呢？"然而，她万万没有想到，可能就是由于那封信的原因，对方给了她一个更好职位的面试机会，并且她顺利通过了。

在后来与外国经理的相处过程中，她也总能够抓住机会幽默一下，使得本来尴尬的气氛变得缓和，而且，结局永远是快乐的。

例如，有一次，外国经理不小心把一杯可乐打翻在了办公室里的地毯上，他很不好意思地对这个女孩说："一会儿蟑螂部队肯定会大规模地袭击我的办公室。"这个女孩想了想，微笑着看着经理说："绝对不会，因为中国的蟑螂只喜欢吃中餐。"经理很愉快地看着她，放声大笑，以后的日子里，她很是被这位经理器重，工作也非常顺利。

幽默是一种智慧、一种艺术，它可以体现出一个人的知识与修养。善用幽默的人不仅受人喜爱，更能获得别人的支持和帮助。

幽默是一个人生活态度的反映，是对自身力量充满自信的表现。只有对自己的前景充满希望，才能发出由衷的笑声。一个具有幽默感的人，能时时发掘事情有趣的一面，并欣赏生活中轻松的一面，建立起自己独特的风格和幽默的生活态度。这样的人，容易令人想去接近；这样的人，使接近他的人也分享到轻松愉快的气氛；这样的人，更能增添人的光彩，更能丰富我们生活的这个社会，使生活更具魅力，更富艺术。

孩子的幽默性格一旦形成，对其一生都将产生重要的影响。具有幽默感的孩子大多开朗活泼，往往更讨老师的喜欢，人际关系也比不具幽默感的孩子好得多。幽默感还能帮助孩子更好地应对生活和学习中的压力和痛苦，因而幽默的孩子往往比较快活、聪明，能较轻松地完成学业，甚至拥有一个乐天、愉悦的人生。

## 智 | 慧 | 果

列宁说："幽默，是人的一种优美的品质。"孩子是最富有幽默天赋的，他们的幽默是最自然、最纯真、最坦率、最美好的人类语言。只是这种天赋需要细心的父母们用心去发现、体会、并激发孩子幽默的潜质。因此，父母要在点滴的生活中给予孩子幽默感的熏陶，注重培养孩子的幽默感。教会孩子幽默，也就教会了他快乐的本领和与人相处的能力。

**1. 让家庭中弥漫幽默的气氛**

父母都希望自己的孩子能洒脱地面对生活、学习及将来工作中遇到的问题，帮助孩子开发幽默感，营造家庭中的幽默气氛很重要。所以父母应当从小开发孩子的幽默感。

**2. 做有幽默感的父母**

孩子是父母生命的延续，是父母最真实的写照，潜移默化中，父母的许多特点在孩子身上都得到再现。所以，要培养女孩的幽默感，为人父母者，首先要有幽默感。

幽默感有先天的成分，不过后天的培养更加重要，家庭环境会潜移默化地影响女孩。父母平时跟女孩的相处，不仅影响女孩的性格养成，也包括幽默感。如果父母本身没有一点幽默感，却老埋怨自己的孩子不幽默，也是错误的。例如女孩哭闹时，父母除了常用的一些安慰手段外，也可以安抚她："宝宝，你瞧你哭得像小花猫，鼻涕流得像瀑布，多难看啊！"这种诙谐的语言，比起单调的哄逗，不仅可以很快转移女孩的注意力，使女孩破涕为笑，而且还可以使女孩学会幽默的语言技巧，培养良好的心态。

## 31 不要任性，“大小姐”也能懂事

所谓任性，就是由着自己主观的性情和喜好去做事，或对个人的需求和愿望毫不克制，全然不理会他人的感受。

任性似乎是女孩子的天性，也是女孩不听话的一种表现形式，例如，有的女孩从幼儿园或学校回来，一刻不停地在屋里又蹦又跳，一会儿窜到沙发上，一会儿又爬到床上，屋里被弄得凌乱不堪，她自己也浑身大汗，满脸通红；有的女孩看电视时，总爱把音量放得大大的，家里人简直无法谈话、学习和休息，谁要说她几句，她就大吵大闹，不管地上是水是泥，躺在地上又哭又叫；有的女孩常发“人来疯”，客人来了，喜欢拿着东西乱扔，一会儿投个布娃娃，一会儿又抛个小枕头，甚至能把一只拖鞋踢进一盆香喷喷的鸡汤里……孩子的任性，的确很常见，但并非天生，主要是由于教育不当引起的。

霜霜正上幼儿园大班，她今年5岁。霜霜活泼好动、聪明又机灵。在家里，爷爷奶奶、爸爸妈妈都宠着她，从不拒绝她的任何要求，她也很会讨人喜欢。不过，霜霜有一个坏习惯，就是总爱无理取闹，非常任性。有时候无缘无故的，她就会大闹不止；她还特别挑食，老师一不注意，她就把不爱吃的东西偷偷倒掉；她明知道应该同小朋友们友好相处，可还是去抢小朋友的玩具……在家里，霜霜经常把爷爷当马骑，如果爷

爷说腰疼不答应，霜霜便放声大哭，爷爷只好趴在地上让她骑。

有一次，霜霜和幼儿园里的小朋友们一起玩游戏。过了一会儿，她忽然大叫肚子疼，老师急忙跑过去，要抱她去看医生。可她却说："我要让妈妈带我去，老师，你打电话把我妈妈叫来，快点，我快要疼死了。"老师只好打电话叫来霜霜的妈妈。妈妈接到电话，当下就着急地跑来了。小霜霜却呵呵地笑着说："我根本没事，我是骗你们玩的，我就是有点想妈妈了。"见状，妈妈和老师都感到十分无奈。

当前，中国的大多数家庭只有一个孩子，因为过度的关爱，大多数孩子都非常任性。我们经常听见一些父母这样抱怨："我家女儿只要有一点点不合她的心意，她就哭吵个没完，脾气比谁都大。她认准要做的事，谁劝说都没有用。这样发展下去怎么得了？"

## 智｜慧｜果

作为父母，一味地顺从孩子，纵容孩子，孩子会以为父母会满足他所有的要求，孩子会变得为所欲为，十分任性。而且，在过分溺爱中长大的孩子，会以自我为中心，自私、无理，不懂得如何与别人合作。因此，作为父母，一定要注意不要纵容孩子。

**1. 冷漠处理，不予理睬**

当孩子由于要求没有得到满足而发脾气或打滚撒泼时，父母不要去理睬他，不要在孩子面前表露出心疼、怜悯或迁就，更不能和他讨价还价。要采取冷处理的方法，暂时离开他。当无人理睬时，孩子自然会感到无趣而做出让步。这种"冷处理"的方法往往比较有效。

**2. 用其他东西转移注意**

孩子任性时，父母可以利用孩子注意力易分散，易被新鲜的东西吸引的心理特点，把孩子的注意力从他坚持的事情转移到其他新奇、有趣的物品或事情上。例如，孩子进入超市，吵着要买糖果，看见气球，又闹着要气球，此时，父母可设法让孩子去观察某一事物，使他忘掉刚才哭喊着要的糖果、气球。

**3. 拒绝娇惯行为**

孩子是父母的“命根子”，在社会家庭生活中，父母的保护关怀使孩子不断成长,但过分的娇惯也会导致孩子不能健康地成长。如孩子任性时，在必要的惩罚中，父亲打孩子一下，母亲不干，护着孩子；母亲打了一下孩子，父亲反过来又向着孩子一边。一来二往，不仅助长了孩子任性心理，而且父母的行为在孩子眼中，乃至心中失去权威性。这种方式无助于孩子的成长，也不可能改变孩子任性的毛病。

**4. 耐心劝导**

当孩子提出一些非分的要求时，如果父母置之不理仍然不能让孩子善罢甘休，适当的时候父母可以进行耐心的说服教育。简洁地对孩子讲道理，让孩子明白为什么爸爸妈妈不能答应孩子提出的要求。但是，千万不能向孩子妥协。因为有了第一次的妥协,就必定会有第二次的妥协。久而久之，孩子就会越发任性。

**5. 适当惩罚**

对于年龄小的孩子，只靠言语教育是不够的，适当惩罚也是一种极为有效的教育手段。如孩子任性不好好吃饭，父母不用多费唇舌，过了吃饭时间就把食物全部收走，一会儿他饿了要东西吃的时候可以适时教育告诉他这就是不好好吃饭的后果。你不用担心饿坏孩子，一顿两顿不吃对孩子的生长发育不会有影响。

## 32 不要盲目攀比，淡化女孩的虚荣心

虚荣心是人类一种普遍的心理状态。它深藏在人的心灵深处，是一种肮脏的污垢，是一个需要摘除的毒瘤。心理学上认为，虚荣心是自尊心的过分表现，是为了取得荣誉和引起普遍注意而表现出来的一种不正常的社会情感。

虚荣心男女都有，但总的说来，女孩的虚荣心比男孩强。因此，虚荣心带给女孩的痛苦比男孩大得多。虚荣心是一种递增的发展事物，好像一只被吹起来的气球一样，总是希望越吹越大。生命的虚荣心是无限的，俗话说“做了皇帝还想成仙”，满足了一个愿望，随之又产生了两三个愿望。满足了这个细小的愿望，很快又新生了那些庞大的愿望。由此可见，虚荣心具有一种强烈的渴求力量。求而得之，则满足快乐；求而不得，便苦恼愁闷，便寻求新的获得途径。

男孩和女孩是一对青梅竹马的恋人。

有一天，男孩女孩牵着手去逛街。当经过一家首饰店门口时，女孩一眼看见了摆在玻璃柜中的那条心形的金项链。女孩心想：我的脖子这么白，配上这条项链一定好看。男孩看见了女孩眼中那依依不舍的目光，他摸摸自己的钱包，脸红了，拉着女孩走开了。

几个月后，女孩的20岁生日到了。在女孩的生日宴会上，男孩喝

了很多酒，才敢把给女孩的生日礼物拿出来，那正是女孩心仪的那条心形的金项链。女孩高兴地当众吻了一下男孩的脸。过了半晌，男孩才憋红着脸，搓着手，嗫嚅地说："不过，这、这项链是铜的。"男孩的声音很小，但客厅里所有的客人都听见了。女孩的脸蓦地涨得通红，把正准备戴到自己那白皙漂亮的脖子上的项链揉成一团随便放在了牛仔裤的口袋里。"来，喝酒！"女孩大声说，直到宴会结束，女孩再也没看男孩一眼。

不久后，一个男人闯进了女孩的生活。男人说，他什么也没有，只有钱。当他把闪闪发光的金首饰戴到女孩身上时，同时也俘虏了女孩那颗爱慕虚荣的心。他们很快便在外面租了一间房子同居了。男人对女孩百依百顺，女孩暗暗庆幸自己在男孩和男人之间的正确选择。对于女孩来说，那真是一段幸福的日子。

但是好景不长，在女孩发现自己怀孕了的同时，也发现男人失踪了。当房东再一次来催她缴房租时，她只得走进了当铺，把自己所有的金首饰摆在了柜台上。老板眯着眼睛看了一眼说："你拿这么多镀金首饰来干什么？"女孩一下子愣住了。接着老板的眼睛一亮，扒开一堆首饰，拿出最下面的那条项链说："嗯，这倒是一条真金项链，值一点儿钱。"女孩一看，这不正是男孩送她的那条铜项链吗？当铺老板把玩着那条心形的项链问："喂，你打算当多少钱？"女孩忽然一把夺过那条项链就走了。

可见，虚荣，是人生的一记暗伤。轻者，累及一时；重者，痛苦一生。太爱慕虚荣，不是自己为自己增光，而是自己给自己添累。

虚荣心人皆有之，孩子也不例外。孩子有虚荣心，是心理发育过程中的正常现象，如果不加以重视，任其发展，虚荣心将成为孩子成长中的绊脚石，孩子长大后很可能喜欢弄虚作假，沽名钓誉。

## 智｜慧｜果

对女孩来说，虚荣心是一种可怕的不良心理。虚荣心会使她们骄傲自满，破坏与他人的关系，使她们处于孤立的境地。虚荣心强的孩子在成长过程中，经常会出现各种问题，使孩子产生嫉妒心理，导致情绪不稳定等，还会造成孩子行为上的迷失。所以，父母对虚荣心较重的孩子不能掉以轻心，而应当采取必要的方法加以纠正。

**1. 让孩子认识虚荣的危害**

一天，一个读小学三年级的孩子回到家中，掏出成绩单："爸爸，妈妈，我语文、数学考了99分和98分！"父母吃了一惊，这孩子平时只考70分左右，在班级里处于中下等水平，现在怎么成绩提高了这么多？和老师一问，原来孩子涂改了成绩单，把79和78改成了99和98。父母问孩子为什么，孩子说，我穿的是名牌服装，吃的是电视广告里推荐的进口食品，成绩也要数一数二的！可怕的虚荣心，让孩子学会了弄虚作假。

生活中，上述现象具有一定的普遍性。不少孩子通过一些欺骗和虚假的方式，来维护自己的自尊心，这样容易造成孩子撒谎成性的坏习惯。这会让孩子无法客观真实地认识到自己，也会造成对他人的欺骗。所以，父母要让孩子认识到虚荣的危害，并且通过恰当的机会让他感受到虚荣心过强所带来的烦恼和痛苦，从而自觉地意识到虚荣心过强是不利于自己成长的。

### 2. 不要助长孩子的攀比心理

刘先生的女儿今年上小学二年级，对于孩子的要求，刘先生向来是有求必应。女儿也对金钱没什么概念，只要一出去就要买东西回家。慢慢地，女儿还养成了攀比的习惯，同学们有什么她就要什么，衣服、玩具经常买。如今放暑假了，女儿不满足于整天在家看电视，邻居同学父母给买了一台 iPad（苹果的平板电脑），女儿就要求李先生买给她，起初李先生不答应买，女儿就以不吃饭来威胁，最终李先生妥协了，也给女儿买了一台 iPad。

孩子的年龄尚小，认知能力比较差，并没有建立起自己评价事物的标准，加上受到社会上一些不良风气的影响，容易导致其产生攀比心理。孩子一旦有了攀比心理，就会导致贪婪的欲望和极强的虚荣心，产生畸形的消费观、人生观和价值观，还会给他们将来的就业、生活带来种种负面的影响，甚至会使他们走上邪路。攀比心理，对孩子的健康成长是有百害而无一利的。

因此，对孩子提出的各种要求，父母要做的不是尽量去满足孩子的愿望，而是要对孩子的攀比心理给予正确的疏导。在拒绝孩子的无理要求时，父母不能简单地说“不”，而是要让孩子明白为什么不能满足他的要求。

# 6

# 人无才不立，学习好的女孩有前途

## 33 畅游书海，读书使女孩明智

阅读是一种改变精神品质的方式。我们提倡富养女孩，就是要重视女孩的精神层面的培养，而阅读恰恰是最好的方式。

正如莎士比亚所说："书是知识的源泉，书是孩子的良师益友"。读书对女孩一生的发展非常重要，它不仅使人知识广博，更重要的是它能陶冶人的情操，使人的精神内涵更加丰富。

邰丽华是"全国劳动模范"和"先进工作者"，其在春晚上参与表演的舞蹈《千手观音》使世界认识了她，她的美丽气质与自强不息的精神深深打动了人们，其实这和她儿时的读书生活密不可分。

作为一个失聪者，为了丰富自己的内涵，邰丽华通过看书来获取更多的信息，她一直保持着阅读的习惯。有一次，班主任给了邰丽华一本《雷锋传》，这本书给了她很大的启发和教育，那个时候她能够很熟练地背诵书里的格言，雷锋的"螺丝钉"精神时时激励和鼓舞着她战胜困难。对邰丽华来说，读书是享受的过程，读书给她带来了无穷无尽的快乐，读书使她的心灵得到净化。《红楼梦》《西游记》等一些经典著作邰丽华都读过，小时候读的这些书不仅使她的心智越来越成熟，同时也培养了她高贵的气质。

阅读是获得知识的主要渠道，80%的知识是通过阅读获取的，所以，培养女孩从小爱阅读的习惯很重要。阅读是一种终身教育的好方法。

引导孩子爱读书是每个父母的责任，孩子一旦对读书产生了浓厚的兴趣，就会燃起求知的智慧之火，这样，你就为孩子的成功铺设了一条道路。

美国第54届总统布什很喜欢读书，他小的时候，母亲便常在睡前读书给他听。

为了鼓励布什读书，母亲还在家里摆放了许多书籍，目的就是让书籍可以触手可及，当孩子想看书的时候随时都能拿到手。这些书籍的种类很多，大都是母亲为小布什买来的，也有跟别的家庭交换得到的。每逢节日或小布什生日的时候，母亲都不忘送给他最好的礼物——书。

不仅如此，母亲还动员全家都来参与读书活动，组织“家庭朗读”活动。不同的人讲故事会使孩子有新鲜感,所以母亲动员小布什的父亲、爷爷、奶奶等人来读故事给他听，这样互动的交流让小布什受益匪浅。

阅读，是一种使孩子终身受益的好习惯。“授之以鱼不如授之以渔”，为人父母者，要从小重视培养孩子阅读的兴趣。

阅读是人类进步的最好途径。在当今信息时代，知识的更新频率越来越快，阅读是人了解社会的重要方式，也是孩子认识社会和自然界的重要途径！

## 智|慧|果

阅读能力是一种综合能力，它不是一朝一夕可以形成，而是循序渐进的一个过程。女孩由于受年龄、知识和生活环境所限，在阅读习惯，方法和材料等方面都会遇上很多困难。而父母作为孩子的第一任教师，就成为孩子阅读的启蒙者。因此，父母要担负起阅读教育的职能，培养女孩广泛的阅读兴趣。

**1. 引导女孩阅读经典文学名著**

经典文学名著都是世界历代文人和学者的绝世之作，经过几千年的大浪淘沙留下来了脍炙人口的作品。如果我们的孩子经常阅读这些经典文学，让孩子们的心灵与大师们交流、碰撞，让他们深切地感受到文字里所蕴藏着的瑰宝，他们从小就是高起点、高标准的迈开了人生的第一步。所以，父母要引导女孩读一点儿经典名著。

**2. 激发女孩的阅读兴趣**

兴趣是最好的老师，有了兴趣，做任何事情都会主动去做。没有兴趣，想做好一件事情是很难的。培养女孩读书也是这样，只有培养了女孩的读书兴趣，女孩才能主动去读书，从丰富的书籍中去吸取营养，丰富自己，充实自己，不断提升自己的素质。

从小激发女孩的读书兴趣，对其一生的成长都有着重要的影响。孩子对阅读的兴趣在很大程度上是从家长栩栩如生、生动形象地讲故事开始的。因此家长应耐心细致的多陪女孩看看书，讲讲小故事。同时，还可经常与女孩在一起交流读书的方法和心得，鼓励女孩把书中的故事情节或具体内容复述出来，把自己的看法和观点讲出来，然后大家一起分析、讨论。如果经常这样做，女孩的阅读兴趣就可能变得更加浓厚，女孩的阅读水平也将逐步提高。

**3. 为女孩创设和谐的阅读环境**

一个家庭有没有书，女孩是不是经常能接触到书，这与女孩是不是喜欢阅读有着很大的关系。所以说，环境对女孩的影响很大，要想让女孩喜欢阅读，在家里就要用心布置方便阅读、刺激阅读的环境。

丽丽是个聪明的女孩子，但是就是不爱读书，写作文更是无话可说，错字连篇。父母看在眼里，急在心上。为了提高她的语文能力，父母决定陪孩子一起读书。每天晚上放学后，丽丽完成作业，父母就一起陪她阅读，《格林童话》《丁丁上学记》《一片叶子落下来》《木偶奇遇记》《与达尔文一同航行》等等都是他们的“好朋友”。三个人先是一起读一本书，然后讨论里面的情节，听的人互相补充，再后来，每人看一本，看完交换，然后召开家庭故事会，讲书里精彩的片段。遇到不懂的问题互相请教，或者在故事会上提问讲故事的人，三个人的读书活动影响了丽丽的爷爷奶奶，两位老人也申请加入了他们，丽丽读书的兴趣更浓了。为了培养孩子的阅读习惯，丽丽的父母还把读过的书制成卡片，写出书中的主要人物、事件，过一段时间再回过头来进行大串联，孩子乐在其中，丽丽的父母也收获到亲子的喜悦。

经过一段时间的亲子阅读，丽丽现在已经很喜欢读书了，星期天别的孩子经常到游乐场玩，丽丽则经常泡书店，书店的阿姨戏称她是“小书虫”，她也乐在其中。

读书需要有一个良好的氛围，如此才能保证女孩心情愉悦、注意力集中地读书。所以父母要尽可能为女孩创造有趣、轻松、自在的阅读环境。正所谓书香门第多才子，一个最重要的原因就是他们家庭读书的氛围好。如果父母本身就有阅读习惯，言传身教，自然能给孩子良好的影响。

## 34 兴趣是最好的老师，激发女孩的学习兴趣

人生中需要导师，学习上也需要导师。但是，最好的导师，则是自己的兴趣。美国心理学家布鲁纳说：“学习的最好动机，乃是对所学教材本身的兴趣。”这就是说，浓厚的学习兴趣可激发强大的学习动力，使孩子自强不息，奋发向上。兴趣是人对客观事物的一种带有情绪色彩的认识倾向。一旦孩子对某一事物产生兴趣，强烈的求知欲就会进一步促使孩子主动学习，从而取得事半功倍的效果。

学习兴趣是孩子对某种未知事物的求知欲，是一种积极对待学习的情绪状态。学习兴趣是可以帮助孩子获得某种知识的一种精神力量，如果他在学习的过程中，对某个学科产生了兴趣，那么他就会专心致志地去学习，从而提高自己的学习成绩。

有一个旅美华人，对孩子的作业大加感慨。

他的女儿刚上小学六年级，但是有一次，当这位父亲查看孩子的作业时，却发现老师给女儿留了这样一份作业：

“你认为谁应该对二次大战负有责任？”

“你认为纳粹德国失败的原因是什么？”

“如果你是杜鲁门总统的高级顾问，你对美国投放原子弹持什么意见？”

“你是否认为当时只有投放原子弹一个办法结束战争？”

“你认为今天避免战争的最好办法是什么？”

这位父亲感到惊讶：“这哪是给小学六年级学生的作业，分明是竞选参议员的前期训练！”但是，这位父亲并没有对孩子说出自己的想法，而是静下心来思考美国老师布置这项作业的意义。最后，他发现，美国老师正是在这一连串提问之中，引导孩子把视野拓宽，让孩子学习从高处思考和把握重大问题的能力，同时，在这些提问中，向孩子们传输一种人道主义的价值观。实际上，这些问题在课堂上没有标准答案，答案需要让孩子们自己去寻找。

当这位父亲看着12岁的女儿为了完成这项伟大的作业而兴致勃勃地看书查资料时，感到非常欣慰，因为他根本不用担心孩子做作业时会磨蹭，注意力会不集中，也不用为孩子的学习操心受累。因此，这位父亲不由得发出这样的感慨：“在孩子追求知识的过程中，激发孩子的兴趣，让孩子主动、快乐地学习，孩子才能有自己的思考，才会不用父母提醒也能专心于自己的学习。”

兴趣是孩子认真学习的持久动力。对学习有兴趣，孩子便能产生强烈的参与意识，把学习当作一件乐事，乐此不疲，学习效果自然就好。反之，如果对学习不感兴趣，学习效果就差。由此可见，激发孩子的学习兴趣对学习是多么的重要。

## 智 | 慧 | 果

著名行为学家伯特·杜邦博士说：“兴趣是打开潜能的钥匙。”父母教育孩子的目的，就是要把孩子培养成为一个有能力的人和一个有能力创造成就的人。兴趣能为孩子打开能力之门，父母所要做的就是去发掘孩子的兴趣，让兴趣引领孩子无限的潜能。

### 1. 尊重孩子的个人兴趣

英国数学家麦克斯韦童年时，父亲有心将他培养成画家。一次，父亲让他画静物写生，对象是插满金菊的花瓶。麦克斯韦画完，父亲一看笑了，原来满纸画的都是几何图形：花瓶是梯形，菊花是大大小小的圆圈，那些大大小小的三角形大概是表示叶子了。

从此父亲发现了麦克斯韦的数学天赋，于是因势利导，培养他学习数学，使他一步步走入神圣的数学殿堂，最终成为一个伟大的数学家。

如果麦克斯韦的父亲一味培养孩子没兴趣的美术之路，美术界也许会多一个三流画家，而数学领域却少了一位卓越的数学家。因此，父母要尊重孩子的兴趣爱好。即使孩子的这种兴趣爱好可能与父母的期望有差距，但只要是正当的嗜好，就应该尊重孩子。因为孩子在做自己喜欢的事情时，他的创造力和潜力才有可能得到充分的发挥，孩子的专注、认真、持之以恒的习惯和意志品质也可以得到锻炼，有利于孩子的成长。

### 2. 给孩子的兴趣以引导和鼓励

有一位教育家曾经说："天才之所以是天才，并不是由于他们生来具有很高的天赋，更重要的是他们在幼年时期的兴趣和热情的幼芽没有被踩掉，并且得到了保护和顺利发展。"所以，父母在发现孩子的兴趣后，最重要的是给孩子以引导、帮助和鼓励。

鼓励孩子的兴趣，意味着父母要花费时间、金钱，但最重要的是要善于听取孩子的想法，了解孩子的困惑，多给孩子创造尝试和实践的机会。

# 35 自主学习，打造女孩的核心竞争力

在所有的习惯中，学习习惯是最重要的，因为人的一生中，无论工作还是生活都离不开学习。只有热爱学习、善于学习的人，生命才能放出异彩，才能在事业上不断获得成功，才能在生活中脱离低级趣味。古今中外的无数事例说明，人的生命价值的体现，往往开始于学习。谁学习得好，较多地领悟一些前人的智慧成果，谁就有可能使理想如愿以偿，因为好的学习习惯对学习成绩的提高起着决定性的作用。

说到底，自觉主动地学习是一种习惯，而其他良好的习惯是对其有力的支持。拥有了各种良好的习惯，会使女孩终身受益。

学习是一个漫长的过程。只有女孩自己想学，愿意主动付出努力，才有可能得到想要的结果。苏联的一个教育家说："家长和教师通常都犯的错误是，他们不了解学习是脑力劳动，脑力劳动所特有的规律是劳动者必须处于主动的状态。"要想让你的女儿学习达到理想的状态，父母必须激发到女孩自己想去学习，而不是逼迫女孩去学习。

著名教育家叶圣陶曾经给老师们上过这样一堂课：他抱来一只大公鸡放到讲台上，然后撒了几粒米，按着公鸡的头让公鸡吃米。结果，公鸡躲躲闪闪，说什么也不吃。后来，他把公鸡放开了，在地上撒了几粒米，自己走到一旁，公鸡一会儿就跑过来自己啄米了。叶圣陶对老师们说："我

们的教育就像喂这只公鸡。按着孩子，让孩子被动学习不会有好的效果。我们要调动孩子的学习积极性，让孩子主动学习才行。”

“主动学习”是相对于“被动学习”而言的，这是一种高品质的学习状态，最大的特点是发挥女孩的主观能动性。女孩在引导下，能主动积极地参与到学习中来，根据自己的学习能力、学习任务的要求，积极主动地调整自己的学习策略和努力程度，从而完成学习任务。理论和实践都证明，发挥女孩学习的主体作用有非常重要的意义。

主动学习的习惯是在学习过程中经过反复练习才形成并发展，成为一种个体需要的自动化学习行为方式。良好的学习习惯，不仅能促使女孩自觉主动地学习，不断提高学习成绩，促进女孩的学习，而且会使她们终身受益。

## 智|慧|果

学习习惯一旦养成，便会日积月累地对女孩的学习产生影响。良好的学习习惯会使女孩向好的方向发展和变化，而不良的学习习惯则会使女孩丧失学习的热情，延误个人的发展。值得注意的是，主动学习的习惯是需要不断培养的，尤其需要得到父母的帮助和引导。

**1. 激发女孩的学习兴趣**

托尔斯泰说过：“成功的教学所需要的不是强制，而是激发学生的兴趣。”兴趣是最好的老师，只有女孩对学习的内容感兴趣，才会产生强烈的求知欲望，自动地调动全部感官，积极主动地投入学习的全过程。

思佳今年读三年级，学习成绩很不理想，尤其是数学。尽管妈妈经常对她讲数学的重要性，思佳也知道数学的重要性，但是学习成绩总是没有起色。

这天，妈妈拿了一个有趣的关于计算的脑筋急转弯题目，思佳觉得很有意思，就很认真地思考。妈妈顺势引导她读了很多锻炼大脑思维的书籍，在妈妈的帮助下，思佳对数学产生了强烈的兴趣，她觉得在思考的过程中可以得到很多快乐，还总结了很多学习方法。不知不觉，思佳的数学成绩也有了很大进步，学习能力也不断增强。

父母要紧密联系女孩的生活实际情况，从女孩的生活经验和已有知识出发，创设生动有趣的情境，引导女孩观察、操作、交流等，使女孩通过活动，掌握基本的知识、技能，学会观察事物，思考问题，激发其对学习的兴趣以及学习的愿望。

**2. 提高女孩的自学能力**

自学是最有效的学习方式，而现在的很多女孩，大多数都不具备自学意识，懒于自学，这对女孩将来的发展是很不利的。

自学能力是每个女孩都必须掌握的一种能力。培养女孩的自学能力，不仅能促使女孩主动地学习，独立思考钻研问题，提高学习效率，而且未来从事工作时也能受益。为此父母要培养女孩的自学兴趣，帮助女孩掌握自学方法，养成自学习惯，使孩子愿意学，并且会学，这是至关重要的。孩子具备自学能力之后，就可以将被动变为主动，真正成为学习的主人。

## 36 掌握学习方法，帮女孩轻松面对学习

女孩天生喜欢学习，但不是天生都会学习。很多女孩之所以觉得学习难，不爱学习，缺乏学习的自觉性和主动性，又或者学习很努力，但学习效果不好，其根源就在于她学习能力弱，不会学习，不懂得如何学才能学好。因此，培养女孩的学习能力才是解决问题的关键所在。正如法国著名生理学家贝尔纳说的那样："良好的方法能使我们发挥天赋和才能，而拙劣的方法则可能阻碍才能的发挥。"

孩子只有掌握了良好的学习方法，懂学习、会学习，才能学得更轻松、更愉快、更有信心，也才能找到学习的快乐与动力，取得更好的学习成果。而学习方法的掌握就需要父母的正确引导了。

有个孩子叫吕清，正上初二时，老师看他善于自学，大有潜力，就问他："吕清，你考虑过没有，能不能初中期间就学完高中课程，后年参加高考？"吕清愣住了，这是压根儿也没想过的事，但经过思考他还是愿意试一试。

老师为吕清制定了一套特别的学习方法：自学为主，个别辅导，重点听课，及时检测，不拘形式，讲究实效。吕清读过的课本页边，密密麻麻写满了小字，这是他总结教材的精华部分写的内容重点和自我提示；为了节省时间，他锻炼自己思维的敏捷性，常用心算代替笔算；他能合

理安排学习，用整块时间攻克主科，利用零散时间阅读其他教材，并像看故事书一般，注重随时记忆（而不是等考试时再强记）……看，他的自学本身就包含了自觉的创造意识。其实学习也是一门学问，叫“学习学”。

由于是主动地自学，吕清并没有觉得有太大的压力。在临考前紧张的日子里，他还参加了一次四市联合数学竞赛，并获得了第一名。平时课余时间，常踢足球、下象棋、看电影。他用几个月时间就学完了初三课程，又花了一年自学了高中内容，最后以高考总分556.5分、数学单科97分的成绩脱颖而出，考上了中国科技大学少年班。

在学习过程中，掌握科学的学习方法，是提高学习成绩的重要条件。正确的学习方法可以极大地提高孩子的学习效率，让他们体会到成功的喜悦，从而激励他们更加热爱学习。

## 智 | 慧 | 果

正确的学习方法是孩子学习时最有力的武器。如果将孩子学到知识比作“捕到鱼”，那么，对父母而言，最重要的是要指点和启发孩子掌握最有效的捕鱼技术，而不是父母捕到鱼后送给孩子，让他坐享其成。正所谓：授人以鱼，不如授人以渔。陪着孩子学习，不如教会孩子学习方法。良好的学习习惯和自觉学习的能力是孩子一生受用不尽的财富。

### 1. 帮孩子掌握学习方法

小丽是个初中生，她的自学能力非常强。她的爸爸一直很注重培养她基础的学习技巧，因为他认为孩子只有掌握了一定的学习技巧，才能真正学会自学。

小丽刚上小学的时候，爸爸就指导她运用多感官学习法来集中自己的注意力，提高学习效率。小丽利用这种学习技巧学习起来特别轻松、愉快，于是她慢慢喜欢上了学习，自学能力也得到了很大的提高。

学习方法与学习过程、阶段、心理素质等有着密切的联系，它不但蕴涵了对学习规律的认识，而且也反映了对学习内容理解的程度，同时，它还是一种带有个性特征的学习风格。因此，父母结合孩子的年龄及学习特征，逐步培养孩子掌握适合自己特点的，富有成效的学习方法。

**2. 指导孩子使用工具书**

小芳10岁的时候，妈妈给她买了一本《新华字典》，并认真地对她说："以后，遇到没学过的字或者词，先在这本字典里找。如果找不到，再来问爸爸妈妈，知道吗？"

小芳点了点头。随后，妈妈又开始告诉她如何使用字典。

妈妈翻开字典，说："你可以通过两种途径来查找你需要的字，第一种是通过拼音，第二种就是通过部首检字表。如果你想知道一个字怎么读，那么就可以用第二种方法；如果你想知道一个字的含义而你已经知道它的拼音，那么两种方法都可以用。"

从那以后，小芳再也没有拿着书本跑到厨房去问妈妈这样的问题："这个字怎么组词啊？这个字怎么读啊？"显然，她已经拥有了一定的自学能力。

工具书是孩子学习的好帮手。字典和词典等工具书，能帮助孩子扫除阅读障碍，提高阅读能力。孩子学会查字典和词典的方法，并能独立运用，就等于掌握了一种自学的方法，有利于他们提高学习成绩，开阔视野，使他们变得更加聪明。

## 37 莫以分数论英雄，让女孩爱上学习

俗话说："考考考，老师的法宝；分分分，学生的命根。"当前，我国99%的家长最高兴的事是孩子成绩好，最不高兴的事是孩子成绩差。孩子成绩好，父母喜笑颜开，全家开心；孩子成绩不好，父母眉头紧皱，全家笼罩着一层阴云。因此，从某种程度上说，孩子的成绩已牵动着全家的心弦，成为家庭和谐的晴雨表。

一般来说，考试成绩能反映孩子的一些情况，父母关心孩子的分数也是应该的。但是，有的父母望女成才心切，把对女孩基本生活需要的满足，把对女孩的亲疏宠责都与考试分数挂钩，逼着女孩去为分数而学习，结果影响了孩子的身心健康发展。

一位初中二年级的学生萌萌说："很小的时候，我第一次考了第一名，爸爸妈妈都很高兴，带我去了我很想去的儿童乐园。后来我懂得了只有好成绩才能换来父母的奖赏。再大一些，我做了班干部，成绩一直不错，我逐渐发现成绩能给父母带来最大的满足。"

"后来有一次，我考砸了，拿着考得很差的试卷回到家里，父母看着试卷上的红叉叉没有了笑脸。"

"又有一次，我拿着让父母失望的试卷问妈妈：'你还喜欢我吗？'妈妈一脸怒气地给了我一记重重的耳光。"

“我终于发现，原来‘分数才是妈妈的最爱’，原来父母对自己的爱和笑都是依据自己的分数来的。从此，在父母面前，我失去了往日的欢笑。我变得越来越消沉，最后只得退学回家。”

父母对孩子不能简单地只是以一个冷冰冰的分数作为评价的标准，否则就会让孩子受到伤害。英国哲学家斯宾塞曾经说过：“身为父母，千万不能太看重孩子的考试分数，而应该注重孩子思维能力、学习方法的培养，尽量留住孩子最宝贵的兴趣与好奇心。绝对不能用考试分数去判断一个孩子的优劣，更不能让孩子有以此为荣辱的意识。”的确，分数不能决定孩子的一切，也不能决定孩子的一生。孩子生而不同，各有所长，有的思维敏捷，有的擅长动手，有的有运动天赋，并不能以分数这一个标准而划分谁优谁劣。在人生这条漫长的跑道上，绝不是谁分数高谁就能赢到最后。

## 智|慧|果

分数本是对孩子学习情况的一个检验，是老师、父母和孩子自己反馈信息的一个渠道、一种手段，它只是测评孩子学业的一个参考，分数的高低并不能用来评判孩子的一切。我们不能用一把尺子衡量人，不能用分数、名次要求所有的孩子。只有用多把尺子衡量人，你的孩子才有成功的希望，才会树立起他的信心。考试分数不能代表孩子学习质量的好坏，考卷也不能决定一个人的价值。父母要努力帮助孩子消除成绩所造成的压力，使孩子的目光转向自己的长处，增强他的自信心。无论何时，父母都要相信孩子的能力。孩子的成人比成功重要，成长比成绩重要，经历比名次重要！

1. 给孩子鼓励和宽容

考试成绩是对孩子某一个阶段学习成果的检测，当孩子分数差时，父母不妨以学习成绩为依据，了解孩子的学习状况，帮助孩子找到进步的方法，切不可整天埋怨和唠叨，更不可打骂孩子。如果孩子考得非常好，也要及时对孩子表扬和适当奖励，让孩子体会到学习好的愉悦，更努力地学习。

2. 用平常心对待孩子的分数

家长要从教育目的出发，重视孩子的整体素质水平，淡化分数意识，全面地看待孩子的成绩单。如果父母把分数当成衡量孩子好坏的唯一标准，分数高就一好百好，分数低就一差百差，这样做，会把孩子的目光也引向分数，使孩子过度关注自己的分数，而忽略了学习过程、学习方法和学习态度，也容易忽略生活中其他的乐趣。

苏霍姆林斯基曾说过："不要让上课、评分成为人的精神生活的唯一，吞没一切的活动领域。如果一个人只是在分数上表现自己，那么就可以毫不夸张地说，他等于根本没有表现自己，而我们的教育者，在人的这种片面表现的情况下，就根本算不得是教育者——我们只看到一片花瓣，而没有看到整个花朵。"教育应该是对孩子成长和发展的一种帮助，一种服务。做父母的应该懂得，孩子的成长是本，分数是末，成长永远比分数重要，再也不要舍本逐末了！

## 38 科学有效，让女孩掌握正确的记忆方法

记忆是人脑对过去经验中发生过的事物的反映，是过去感知过的事物在人脑中留下的痕迹。

记忆的过程包括识记、保持、再认和重现四个部分。其中识记和保持属于“记”的方面，再认和重现属于“忆”的方面。识记是反复感知事物，获得印象，留下痕迹的过程，就是我们平时说的“记住”。保持则是把识记的材料进行加工，概括，掌握它，储存它，不至于遗忘，就是我们平时所说的“记牢”。

对于孩子来说，在学习过程中遇到的最大障碍莫过于记忆力差，其实人的记忆潜能从理论上讲是无限的。但为什么有些人记忆力好得出奇呢？那是因为他们掌握了好的学习方法，可以起到事半功倍的效果。

美国哥伦比亚大学心理学教授伍德华司曾进行过一项实验，他将记忆力相仿的人分成两组，第一组依靠简单的背诵方式完成一项记忆任务，而第二组先接受记忆方法的训练，再完成与第一组同样的记忆任务。结果，掌握正确记忆方法的一组，记忆效果远比另一组好得多。这个实验说明，人的记忆能力的差距，在很大程度上取决于人的记忆方法，好的记忆方法，可以提高人的能力。

明朝时期，有个著名的文学家张溥。他小时候的学习是很不理想的，

因为他的记忆力连一般的小孩子都不如，常常是过目即忘。

有一天上课，先生叫张涛起来背诵文章，可张涛没有背下来，结果先生很气愤，就让他回去把文章抄十遍！

张涛回到家后，就在书房里抄了起来。第二天先生又让他接着背昨天的文章。结果他一字不错地背了下来。后来，他想我昨天并没有背书，可为什么就能脱口而出呢？难道是因为我抄了十遍书的缘故？于是和昨天一样，他先把文章诵读一遍，然后再开始抄。当他抄到第七遍的时候，他不仅已经领略了文章的意思，而且还能够熟练地背诵了。这样，他终于找到了适合自己的提高记忆的办法。

## 智｜慧｜果

学习是一个记忆的过程，而好的记忆方法能让学习变得简单而快乐。父母如果有意识地教给孩子一些科学的记忆方法，会使孩子达到事半功倍的记忆效果。所以，父母应结合孩子的具体情况加以总结和归纳，从中找到最有效的记忆方法。这样，才能最大限度地运用记忆辅助孩子的学习，提高学习效率。

**1. 联想记忆法**

联想记忆法即在记忆时，发挥想象，根据材料的特点，形成记忆的组织。如一个孩子要记 widow（寡妇）这个陌生的英语单词，若联想词形相似的 window（窗户）这一熟词，少了一个字母 n，假想为少了一个男人，不就成了寡妇了吗？这种方法就是根据单词的音和形等方面的特征，产生奇特的联想，以帮助记忆。

**2. 重复记忆法**

重复记忆法，就是把所记忆的内容连续重复或间隔一定时间后再重复学习一次，经过多次重复，实现永久记忆的方法。

### 3. 谐音记忆法

谐音记忆法是利用谐音来帮助记忆的一种记忆方法。有意义的东西容易记忆，没有意义的东西不好记。从某种意义讲，谐音记忆法就是给没有意义的内容硬加上某些意义，越有趣的内容越容易记忆。

有一位先生，喜爱喝酒，常常给学生安排好学业，然后上山中寺庙饮酒，一日，先生又要上山饮酒，临走时布置学生背圆周率要背到小数点后 22 位即 3.1415926535897932384626。学生们淘气惯了，哪里能静下心来，但知道若是背不下来，先生回来必借着酒醉严罚他们，于是灵机一动，联想到先生每天在山上喝酒的事，顺着圆周率的谐音，编写了一套顺口溜，大家觉得有趣，都背熟了。先生喝酒回来，学生们异口同声地念道："山巅一寺一壶酒（3.14159），尔乐苦煞吾（26535），把酒吃（897），酒杀尔（932），杀不死（384），乐尔乐（626）。"先生听了，无可奈何，羞愧不已！

这就是利用谐音记忆法的典型事例。把需要记忆的知识通过谐音组合到一块，然后联想创造出一种意境的，对于难记忆的知识利用谐音联想记忆，便于想象，能极大地调动自己的学习积极性和兴趣，收到"记中乐，乐中记"的艺术效果。

# 7

# 能力培养，让你的女儿出类拔萃

## 39 自理能力，让女孩学会自己照顾自己

自理能力是指人们在日常生活中照料自己生活的自我服务性劳动的能力。简单地说就是自我服务，自我照顾，它是女孩应该具备的最基本的生活技能。

现如今很多女孩子，在过分地呵护和娇惯之下长大，父母“包办代替”了大部分甚至全部本应当她们自己完成的事，这些举动表面上看是关爱孩子，实际上是大大地阻碍了孩子的正常发展。有些女孩子，除了上学读书之外，生活中的事她们一概不知，这样的孩子将来走上社会，怎么会成功呢？

一位母亲为孩子操心，最后不得不去找心理专家咨询。专家问，孩子第一次系鞋带的时候打了个死结，你是不是不再给他买有鞋带的鞋子？母亲点了点头。专家又问，孩子第一次整理自己的床铺，整整用了一个小时，你最后就亲自替他整理了，对吗？

母亲说没错。专家又说道，孩子大学毕业了去找工作，你动用了自己的关系和权力帮他。这位母亲很惊愕，问专家说：你怎么知道的？专家说，从那根鞋带知道的。母亲问，以后我该怎么办？专家说，当他生病的时候，你亲自带他去医院；他要结婚的时候，你给他准备好房子车子和足够的钱送去。别的，我也没办法。

上面这个事例不能不引起我们的反思：在教育孩子的过程中，我们是否有意无意地包办了孩子许多力所能及的事情？在重视孩子学习成绩的同时是否忽略了培养孩子的生活能力？作为父母，我们是否在无意中剥夺了孩子成长的权利，限制了孩子的自我发展？

有一句话是这样说的："做母亲的最好只有一只手"。说的就是要对孩子放一只手，有些问题让孩子自己去尝试着解决。让女孩学会自理，自己的事情自己做，为的是促进女孩的独立性发展，这对女孩将来的学习、工作、事业乃至一生成长都是有好处的。

## 智｜慧｜果

任何一位父母，都不可能包办孩子的一生。女孩的将来，包括学习、工作以及事业的成功，都要靠她们自己去闯，去努力，去奋斗。而这一切，没有自立自强的意识和精神，是很难取得满意结果的。父母应该明白，自立既是生存的需要，也是女孩成长中的必然一课。

**1. 给女孩独立的机会**

生活自理是培养女孩自立能力的开始。因为女孩在今后的独立生活中，不可没有自理能力。所以父母首要的教育责任在于训练女孩的独立性，让女孩从小就学会自己的事情自己来做，不依赖他人。

**2. 让女孩学会做家务**

从小让女孩进行一些家务劳动锻炼，使女孩学会做点事，减少对父母依赖的心理，将会促进孩子"自己能做的事自己做，不依赖别人帮助"的独立意识形成，这对培养女孩的生活自理能力将起着巨大的作用。

## 40 理财能力，让富养的女孩是“才女”也是“财女”

什么是理财？理财就是正确地认识金钱，灵活地运用金钱，科学地管理金钱。在短缺经济时代中，我们收入微薄，除了吃穿用外，所剩无几，根本谈不上理财。但如今时代不同了，随着商业、金融、贸易等经济活动的日益活跃和投资领域的大力拓宽，人们对理财能力的要求愈来愈高，理财教育便成为使孩子顺应社会发展需要的必修课之一。

理财是人生的重要一环，它不仅是成人必备的能力，也是孩子不可或缺的课程。正确的金钱观和理财方法，会成为孩子未来事业、生活的好帮手。

理财是一个过程，包括挣钱、消费、储蓄。父母指导孩子理财，是指让孩子了解、参与、实践、消费、储蓄的全过程。让孩子知道花钱容易挣钱难，挣了钱也不能全部花掉，还要储蓄，保证“财务安全”。

很多父母不愿意和孩子去讨论理财，一方面是觉得孩子还小，不应该让他整天绕着钱转；另一方面是觉得孩子不懂理财，跟孩子讲也没什么用。其实这些观念是不对的。从小让孩子接触理财，对孩子形成一个成熟的理财观念有非常大的帮助，在父母与孩子讨论如何理财的过程中，不仅仅是亲子互动的过程，同时也是教会孩子理财知识的过程。

今年，倪琼的压岁钱“喜获丰收”，她笑得合不拢嘴。往年的压岁钱都是全部“上交”给妈妈，现在自己已经是初中生了，是不是可以自己保管并支配自己的压岁钱了呢？倪琼决定和妈妈好好“协商”这件事。

倪琼问妈妈：“我现在已经14岁了，我可以自己保管压岁钱吗？”

妈妈笑道：“嗯，可以的。不过，你打算怎么支配这笔钱呢？”

倪琼从未想过这件事，便摇摇头。

妈妈见她摇头，便拉她坐到自己身边，然后对她说：“有钱固然是一件好事，但更重要的是知道怎样花钱。钱一定要花在有用的地方才会产生价值，否则就是挥霍浪费。”

倪琼想了想回答：“我把四分之三的钱存起来，剩下的钱买些书，这样可以吗？”妈妈欣慰地回答：“听起来真不错，就按照你的计划实行吧。以后你的压岁钱也由你自行支配了。”倪琼兴奋得高呼“万岁”……

国内外教育专家认为：孩子越早接触钱，学会了理财，长大后也就越会赚钱。关键是父母如何教会孩子花钱、理财。

理财是一种生存技能，让孩子学会理财是非常现实的决定。理财教育是家教的有机组成部分，是与伴随孩子健康成长的方方面面问题息息相关的。从小就有意识地培养孩子的理财能力，指导孩子熟悉、掌握基本的金融知识与工具，从短期看是养成孩子不乱花钱的习惯；从长远来看，将有利于孩子及早形成独立的生活能力，使其在高度发达、快速发展的时代中，具有可靠的立身之本。

## 智 | 慧 | 果

“理财教育”要从孩子开始，这不但可以让孩子在接受“理财教育”的过程中，正确对待金钱，运用金钱，学到一些判断价值和培育道德的尺度，树立自尊、自立和责任感，促进其个性能力的发展，还能为其长大后独立理财和成就一番事业，打下一个较好的基础。

**1. 向孩子公开家里的经济状况**

父母要让孩子了解家庭的实际消费承受能力。让孩子了解家庭的财政收支情况，清楚家庭的经济账，明白家庭的经济承受能力，理解父母在开销上的节省和限制，让孩子合理消费。在父母的经济承受能力内来消费，才能够让孩子做到合理消费，从而培养出孩子正确的消费观念和理财观念，帮孩子克服攀比心理和乱花钱的毛病。

让孩子了解家中的经济状况，这也是让孩子参与家庭理财的一种方法，不仅可以使孩子能够体谅父母的难处，避免孩子整天嚷着买这买那，而且还可以使孩子在家庭经济走入困境时，为父母分忧解难。

**2. 培养孩子储蓄的习惯**

从小对孩子进行理财教育，教给孩子一些理财方法是每位父母义不容辞的责任。父母不仅要培养孩子对金钱的认识，还要训练孩子的理财能力，并在生活中培养孩子储蓄的习惯。

储蓄是理财的基础，父母可以陪孩子到银行办理账户的申请，也可趁机教导孩子一些存取款的手续和知识。当孩子拥有自己的一本存款簿，知道其中的数字意义，他会愉快地看着日渐增加的存款，进而养成良好的储蓄习惯。如果存款簿的数字很少，而又有想买的东西时，孩子自然得加紧储蓄了。

## 41 竞争能力，让女孩不再害怕竞争

当今社会，竞争无时无处不在。让女孩从小学会合理竞争，适应竞争环境，是为她将来更好地适应社会竞争打下基础，同时提高其独立生存的能力。

培养女孩的竞争意识其实就是培养女孩敢于面对现实，积极进取，正当竞争的心态。它可以增强女孩的自信心，女孩在竞争中表现出来的精神和才能，会使女孩对自己做出肯定的评价，会激发女孩进一步奋发向上；它可以帮助女孩克服胆怯、保守和自卑的心理，可以激发女孩强烈的求知欲望，因为竞争会使女孩认识到自己只有具备足够的知识和能力才能领先；此外，它还可以提高女孩的耐挫能力，有竞争，就免不了要遭受挫折，女孩品尝过竞争失利的滋味，可提高对未来可能遇到的挫折的承受能力。

李静初中毕业后，从农村来到市里的重点高中上学，由于以前学校的教学质量不是很好，所以，她进入重点高中之后，就显得不能适应了。尤其在英语课上，她觉得自己总是听得云里雾里，不知所措。

第一学期期末考试，李静竟然没有一门功课及格，最惨的一科是英语，只得了 36 分。这一打击对李静来说太大了，她觉得农村孩子始终比不上城市孩子，开始自卑和苦恼起来。于是，她就到小说里面寻找自

己的“心灵寄托”，寻找一些虚无缥缈的感觉，并沉溺其中不能自拔。结果成绩更是一团糟，还差点儿被学校开除。她觉得自己与其在这里丢人现眼，还不如放弃学业。

爸爸知道她的这个想法之后，就对她说道：“什么？放弃学业？这同战场上的逃兵有什么两样，即使你暂时能够逃避学习的竞争，步入社会后，你还能逃避社会竞争吗？难道你真想一辈子当一个逃兵？”爸爸的这句话，一下子伤到了李静的自尊心。“逃兵？我怎么会是逃兵呢？逃兵会被人说三道四的，我绝对不做逃兵！”就这样，李静为了不让自己成为逃兵而树立了坚定的信念，开始刻苦学习。

其实，李静并不是个笨孩子，刚开始成绩不好，只是因为她还没有适应新的环境。现在她树立了竞争意识，不甘心落后于人，决心超过别人，她的成绩自然也提高了。高考的时候，李静以 780 分的成绩创造了学校有史以来的最高纪录，进入了自己向往已久的大学。

从这个事例我们可以看出，如果李静在暂时落后的情况下，不想和别人竞争，一味地逃避，那么她就不会得到现在这样好的成绩，只能是个“逃兵”。所以，父母必须教育孩子面对现实，让他们知道有竞争就会有成功者和失败者，任何试图回避或逃避竞争的做法都是错误的。培养孩子的竞争意识，鼓励孩子参与竞争，对于孩子的健康发展具有重大意义。

## 智 | 慧 | 果

培养孩子的竞争意识和竞争能力是家庭教育的重要内容。现在的孩子很多都是家庭中的独生子女，养成了任性、唯我独尊的个性。而现代社会中，处处充满着竞争，如果孩子不具备竞争的意识和竞争的能力，很难在社会上立足。因此，要让孩子能适应未来的竞争，成为生活的强者，就必须从小注重对孩子竞争意识的培养。孩子竞争意识的培养，必须通过正面的教育来实现，在日常生活学习中坚持训练，逐步养成良好的习惯，形成较好的竞争能力。

**1. 培养女孩健康的竞争心态**

当今社会，竞争越来越激烈，培养女孩的竞争意识和竞争能力已经成为当前家庭教育的重要内容。但父母不可盲目鼓励女孩参与竞争，更不要让女孩以为竞争就是不择手段地战胜对方，而应正确教育和引导，培养女孩健康的竞争意识。

雯雯的父母深知现在社会上的竞争日益激烈，于是为了不让自己的女儿在竞争中被淘汰，从小就运用各种方法鼓励雯雯竞争。而雯雯也很争气，没有辜负父母的期望。从小学到初中，每次考试成绩均在班上名列榜首。正当雯雯的父母自以为实施的鼓励措施发挥功效时，没想到在女儿中考前夕却传来了不幸的消息。

原来，当天下午，雯雯的班主任宣读期中考试成绩，意想不到的是，雯雯这次考了个第二名，一向位居榜首的她怎么也不能接受这个事实，一气之下，她拔出随身携带的小水果刀，刺伤了超过她的那位同学的胳膊，扬长而去。

为了女孩的健康成长，父母要培养孩子健康的竞争心态。对于一些竞争欲望过于强烈的孩子，父母要帮孩子端正心态，让孩子明白竞争是展示自身实力的机会，是件美好的事，要用从容的心态看待超越和被超越，不应充满妒忌和愤懑。还要启发孩子在竞争中要表现出高尚的情操，不要用打击对方的方式来达到自己的心理平衡，让孩子认识到竞争不应是阴险和狡诈，暗中算计人，应是齐头并进，以实力取胜。

**2. 引导女孩正确面对失败**

竞争，总会伴随着成功与失败，怎样正确对待输赢将直接影响一个人的竞争行为，竞争最终将是双方意志力的较量。当女孩面对竞争失败时，父母应该帮助女孩重拾信心，让她感受到失败并不可怕，只要克服困难，就能进一步获得成功。

在竞争中，没有常胜将军，没有哪个人能在各方面都次次取胜。因此，父母应该引导女孩正确地对待失败和挫折，知道强中还有强中手。多让女孩接受一些挫折教育，能培养女孩的意志，让女孩感到失败并不可怕，只有在失败之后及时地调整自己的心态，消除不必要的紧张、忧虑和自卑等消极情绪，才能争取到下一次的成功。

## 42 想象力，为女孩的思维插上飞翔的翅膀

想象力是人类独有的能力，是人类智慧的生命线。在创造发明和探索新知识的过程中，想象力是一切希望和灵感的源泉。

在具有创造力的精神贵族身上，我们可以看到非凡的想象力。安徒生用他极强的想象力，为我们创造了栩栩如生的童话世界；爱因斯坦提出的相对论起初也是他自己臆想出来的，他曾说过：“想象力比知识更重要，因为知识是有限的，而想象力概括着世界的一切，推动着进步，并且是知识进化的源泉。严格地说，想象力是科学研究中的实在因素。”

想象在人类社会发展进程中起了至关重要的作用，它直接推动了人类的进步。想象是创造活动的基础和先导，是激励创造活动，产生科学的假说的源泉。没有想象，就没有科学的假说，没有科学的假说，也就没有科学的发现和发展。

在人的智力活动中，想象占有十分重要的地位。智力要素中的观察力、记忆力、思维力在学习中的作用主要是获取知识。想象力的作用主要是创造新知识。

想象是创造力的萌芽，孩子创新意识和创造能力的培养，也是从想象开始的。没有想象，就没有我们这个美丽的世界。

妈妈正在做包子，5 岁的小女儿坐在小凳子上看着。

女儿忽然提了一个问题："星星是从哪儿来的？"

妈妈没有急于回答她，而是说："你想想看。"

女儿出神地注视着母亲揉面的动作。母亲揉面，揪面团，擀面饼，包包子……

看了好一阵子，女儿突然说："我知道星星是怎么做出来的了，是用做月亮剩下的东西做的。"

妈妈听了先是愣了一下，然后特别激动地亲吻了自己的女儿："宝贝，你的想象真奇特。"

爸爸听了这件事以后也非常高兴，拉过女儿给她讲女娲抟泥造人的传说。后来这位小姑娘成了一位小有名气的作家。

想象力是一种创造性的能力，是孩子应该具备的强大的智慧力量。俄国教育家乌申斯基说："强烈的活跃的想象是伟大智慧不可缺少的属性。"孩子正处于想象力最丰富的时候，虽然缺乏一些专业知识的基础，但有可能正是因为孩子没有固定的思维方式，才可以天马行空地想象，激发孩子丰富的创新能力。

## 智 | 慧 | 果

孩子的想象力是无处不在的，父母其实不需要做太多的事情，只要开放自己的思维，放开孩子的手脚就可以取得事半功倍的效果。在平时的生活中，父母要给孩子自由想象的空间，鼓励孩子异想天开，保护孩子珍贵的想象力。

1. 允许孩子异想天开

瑶瑶的妈妈平时工作很忙，甚至周末也很难抽出时间带孩子玩。这个周末，妈妈好不容易有时间带瑶瑶去看儿童剧，还惹得她心里很不痛快。她觉得孩子的很多话很幼稚，甚至是无稽之谈。

妈妈带她走在路上，瑶瑶就指着天上的白云问："妈妈，棉花糖怎么跑到天上去了？"妈妈抬头看，明明是白云。孩子继续说道："妈妈，棉花糖后面肯定藏着一个小仙女吧，她怎么不肯出来让我们看见呢？我要是长两只翅膀就好了，可以飞上去看看。"

当时距离儿童剧开演时间不多了，妈妈也没耐心听她说话，就打断孩子的话，说道："小傻瓜，天上哪有仙女，你也不会长出翅膀的。"

瑶瑶听了妈妈的话，委屈地掉下了眼泪。

在培养孩子想象力的同时，父母也要注意保护孩子的想象力。儿童教育专家认为，孩童时期是培养想象力的最佳时期，孩子奇异丰富的想象往往孕育着奇妙的创新。因为世界上的任何创新都萌芽于看似幼稚的异想天开之中。所以，当父母发现孩子有与众不同的思维方式时，千万不要轻易地否决他，而要设法鼓励他展开丰富的想象翅膀。

2. 扩大孩子的知识面

有关研究表明，丰富的想象力以丰富的知识和经验为基础。而一切科学的创造，技术上的革新以及艺术上的创作，都是在丰富的知识和经验的基础上，通过创造性想象而取得成功的。可见，一个人知识和经验的多少，信息储备的多少，对于想象的广度和深度有着重要的影响。

上海思南路幼儿园的李老师非常重视通过图画培养幼儿的想象力和

思维力，同时也非常注意向幼儿传授各种知识。1980年，联合国教科文组织、儿童基金会等组织联合举办了国际儿童画比赛，主题是“我在2000年的生活”。我国参加比赛的10幅画中，就有两幅是出自这个班的，其中7岁的胡晓舟画的《荡秋千》，获得了一等奖。这幅画富于幻想，十分新颖，但其构思的材料，都完全来源于现实生活。是他把曾看到过的月亮、星星、秋千，经过头脑加工改造，重新组合起来的结果。

任何想象都要以一定的知识经验为基础，只有不断扩大孩子的知识面，孩子的想象才能丰富。父母要让孩子扩大知识面，头脑中储存更多的信息，除了多读一些课外书籍外，最好的办法就是让孩子参加社会实践活动，不断接触各种新鲜事物，使其在孩子的头脑中留下深刻的印象，这些印象就会成为孩子丰富想象的材料。在日常生活中，父母也要注意启发孩子多观察，记忆形象、具体的东西。

## 43 创造力，让女孩“巾帼不让须眉”

创新是人类特有的能力。在现代社会中，创新教育已经成为教育的主旋律。创新能力是孩子智力的重要体现，有创新意识的孩子，可以更好地适应周围的环境，将自己所学到的知识运用到现实生活中。

每个孩子都有创造能力。教育先驱陶行知先生曾指出：“处处是创造之地，天天是创造之时，人人是创造之人。”从小培养孩子的创造力，对孩子未来的发展极为重要。孩子的思维由于还没有受到条条框框的约束，不受时间、空间的限制，所以，往往比成人的思维更丰富更大胆，这种思维发展下去，就会成为一种创造的力量。因而，父母应该对孩子具有创造力的思维加以保护、鼓励和推动，使孩子摆脱千篇一律的平庸，成为一个富有创造精神的人。

5 岁的苗苗刚学会拿画笔，很喜欢涂鸦。有一次，王叔叔去她家里玩，看到孩子正在画画。孩子画的是一个蓝色的圆圆的东西，王叔叔没有看出来那是画的什么，于是，他问孩子在画什么，孩子回答说：“香蕉”。

王叔叔正纳闷的时候，苗苗的爸爸走过来看了一眼，说：“嗯，你画得不错。”说着还摸了摸孩子的头。这让王叔叔更疑惑了，这不是在误导孩子吗？

事后，王叔叔问孩子的爸爸：“孩子用蓝颜色画香蕉，你怎么不去纠正孩子的错误呢？”苗苗的爸爸诧异地说：“我为什么要纠正？孩子有这样的想法，说明她有创造性思维啊，或许她以后真的可以培育出蓝色的香蕉。现实生活中的香蕉，她自己吃的时候就会明白是什么颜色的。”

创造力是孩子成长的起点，善待它就是善待孩子的生命，保护并且发展孩子的创造力，是培养造就创造型人才的第一步。父母应注意发现孩子的创造力萌芽，保护孩子最原始的创造意识和创新精神，才能使他们的创造性得以持续和发展。就如儿童教育家陈鹤琴先生所说：“儿童本性中潜藏着强烈的创造欲望，只要我们在教育中注意诱导，并放手让儿童实践探索，就会培养出创造能力，使儿童最终成为出类拔萃的符合时代要求的人才。”否则，这种可贵的创新精神萌芽，就会被扼杀在摇篮中，孩子只能在模仿顺从中长大，失去创造的机会、条件和信心，而最终很可能成为平庸的，缺乏独立见解的人，被时代所抛弃。

## 智|慧|果

人的创新能力是在长期的学习和训练中逐步形成的，创新教育应从幼儿时期开始。父母作为孩子的第一任老师，对孩子创造力的培养肩负着重要的使命。在生活中，只要父母做有心人，创造力一定能让孩子的生活变得更加绚丽多彩。

**1. 保护孩子的好奇心**

好奇是孩子的天性，是孩子们求知欲望的反映，也是孩子智慧火花的迸发。并且，孩子的学习兴趣往往是和好奇心联系在一起的。父母应该尊重孩子的好奇心，千万不要因为孩子提的问题过于幼稚而加以嘲笑，以免伤害孩子的自尊心。

小珍的爸爸很喜欢养花，家里的花很多。一天，小珍突发奇想地剪下了几枝月季花和太阳花，悄悄地埋到了泥土中，还煞有介事地为它们浇水。过了两天，她看到月季花都蔫了，但是太阳花却开花了，还冒出了几个新芽。

小珍很纳闷，因为两种花是按照同样的方法种的，却是不同的结果。她带着自己的疑问去找爸爸。爸爸看见自己的花被孩子破坏了，心里很生气，但他转念一想，这正是孩子好奇心的体现啊。

于是，爸爸控制住自己的情绪，给小珍解释了为什么会出现那样的情况。他相信，鼓励孩子的每一点新想法，对孩子会是莫大的帮助。

好奇心是促使孩子去探索和思考的动力。作为父母，不仅要尊重、保护和正确引导孩子的好奇心，而且应努力激发他们的好奇心，使孩子幼小的好奇心发展为强烈的求知欲。对孩子提出的问题，要确切、通俗易懂、有条理地给以答复。这对培养孩子的想象力、思维能力有很大的帮助，使孩子强烈的求知欲和好奇心不至于泯灭，从小就能养成勤于思考，勇于探索的好习惯。

**2. 鼓励孩子的探索性行为**

1941 年，休伯尔家的院子里传来一声巨大的爆炸声。爆炸惊动了邻居，警车呼啸而至。

经过调查，原来 15 岁的休伯尔想用砂糖等原料制造一颗“炸弹”。他担心会把实验室炸坏，特意在院子里进行试验，果然产生了巨大爆炸力，还把他击倒在地，幸好没有人受伤。

休伯尔从小就喜欢做化学实验，并把家中的地下室变成了小实验室。

爆炸发生后，休伯尔非常担心受到父母的责骂。出乎意料的是，父母并没有处罚和责骂他，更没有禁止他做实验，而是对他说："既然是做科学实验，就必须要讲科学，要严谨，容不得半点侥幸和想当然。"父母的话极大地激发了休伯尔的创造信心。后来，休伯尔专心于科学研究，并以严谨的科学态度取得了巨大的研究成果，荣获了诺贝尔奖。

冰心曾说过："淘气的男孩是好的，淘气的女孩是巧的。"孩子爱玩，喜欢探索未知的事物，并不意味着是坏孩子，相反，这正是孩子创新能力的开始和萌芽，父母不仅不应该制止，还应该有意识地保护和珍惜，给孩子充足的时间和空间，让他们有机会去发现和研究感兴趣的事物。只要孩子是安全的，父母就应积极鼓励他的各种探索。

## 44 适应能力，让女孩尽快地适应周围环境

一个人从出生开始，就要面对各种各样的适应：刚来到世上是生存的适应，稍大一点是家庭生活的适应，往后是学习上的适应、人际关系的适应、工作的适应、社会的适应，等等。每一个人都经历了无数次的适应过程，然而，每一个人的适应能力却是不同的。于是有人因长时间无法适应某一环境而情绪低落，有人因无法适应工作而不能发挥才能，有人因无法适应社会而选择逃避。

每个人一生中所处的环境是不可能一成不变的，孩子需要对新环境的水土、气候、语言、饮食、人际关系、学校等适应。然而现在的孩子，特别是一些女孩，缺乏适应能力，缺乏处理人际关系的能力，不会生存，依赖性很强。

小静最近转学了，现在的学习环境和她之前的学习环境有很大差距。一时间，她很难适应老师的教学方法和同学们的学习方法。这里的老师更重视学生实践能力培养，同学们都很重视课堂效率，该玩就玩，该学就学，放学后继续埋头苦读的人很少。

但是，小静的学习习惯就是死学，对老师的依赖性很强，学习内容都要靠老师指点。如果这个时候，小静的父母给她点帮助就好了。可是父母都很忙，忽略了小静的学习情况，小静也不懂得适应新环境，还是

按照自己的老方法学习，因此在最近的考试中，竟然考了倒数。

这里的学生一般很活跃，喜欢结交朋友，而小静习惯了形单影只的学习生活。有同学想和她交朋友，都被她拒绝了，她怕交朋友会影响她的学习。几次下来，同学都很知趣地不搭理她了。在新环境中，她感到了从未有过的孤独，却不知道问题出在哪里。

适应能力是我们每个人生存和发展的基础，对女孩来说，也是将来能够立足于现代竞争社会的必备能力。适应能力强的女孩能够快速适应新环境，接受新事物，并能保持愉快的心情，更快学习到有用的生活经验和知识。

适应能力是一个人走向成功的重要因素之一。女孩总要长大走出家门，迈进校门，走向社会，其适应能力的好坏将直接影响她的一生。

对女孩的教育，不仅要求她们掌握一定的科学文化知识，而且要有目的、有意识地培养她们的社会适应能力，以便她们长大成人后能更好地融入社会，更快地适应社会。因此，让女孩学会适应，是现代父母必修的家教课题。

## 智|慧|果

培养女孩的适应能力，说起来似乎只是培养女孩某一方面的能力，其实，并非如此。培养女孩的适应能力，培养的是女孩的综合素质，培养的是女孩各方面的能力，当女孩具备了相应的能力，自然也就不会再有不适应。所以，女孩要从小形成良好的适应能力，学会适应他人，适应不同的环境。

1. 带女孩多接触新环境

晓珊的爸爸妈妈换了工作，并且搬了家。晓珊虽然很舍不得离开以前的小伙伴，可是没办法。在搬家之前，妈妈特意带孩子去新幼儿园了解情况，晓珊心理上已经对新环境有了初步认识和了解。

尽管这样，刚进入新幼儿园时，晓珊还是有些抵触情绪。她现在所在的这个幼儿园的规模和设施，远远没有之前所在的那个幼儿园好，并且她发现这里的小伙伴和她也玩不到一块去，所以，在幼儿园里，晓珊像被遗弃的孩子，总是一个人躲在角落里。

她将自己的困惑说给妈妈听，妈妈告诉晓珊，环境是无法改变的，要适当改变自己，让自己去适应环境。妈妈还特意邀请晓珊的朋友来家里做客，拉近了她们的关系，之后，晓珊慢慢适应了新环境。

生活中，很多父母为了保证女孩的安全，把女孩保护在自己的身边，不允许女孩出门，这就减少了女孩学习适应新环境的机会，女孩适应新环境的能力培养也就无从谈起了。所以，父母应多带女孩接触外界，比如去陌生的公园或游乐场，去陌生的场合多见见陌生的人。有机会接触陌生的环境和陌生的人对女孩适应能力的提高大有益处。

2. 培养孩子的心理适应能力

在当今竞争激烈的社会中，心理素质的优劣往往决定着孩子将来生活、学习、事业的成败，而心理素质的核心内容之一，便是心理适应能力，它对于提高女孩的综合素质，有着举足轻重的作用。只有女孩具备了良好的心理适应能力，才能更好地适应社会环境，对自己所处的环境做出积极的反映。

小媛的老家在农村。两年前，小媛父母到北京打工，小媛留在乡下和爷爷奶奶在一起。父母不在身边，老人对孙女格外小心，除了上幼儿园，他们从来不敢放小媛出去。每天都是幼儿园、家两点一线。小媛也习惯了和爷爷奶奶在一起。最近，小媛父母把小媛接到北京读书，可是转学没过几天，小媛就开始“闹病”了。一到学校小媛就胃口不好，胸口发闷，常给妈妈打电话，说心里难受，想家。小媛的老师说，小媛在班上从不和其他同学说话，下了课总是自己一个人躲在角落看大家玩。

许多女孩在熟悉了原有环境后，面对一个陌生的环境，内心会本能地抵制，不愿意接受新环境。从心理学角度说，小媛的“闹病”是因为她遇到了适应困难，心理压力跑到身体上来了。所以，父母要培养女孩的心理适应能力，让女孩更好地适应社会环境，对自己所处的环境做出积极的反映。

培养女孩的心理适应能力，可以先从培养和锻炼女孩的人际交往能力开始，让女孩养成遵守规范、乐于合作的意识和习惯，多与同伴交流，并告诉女孩一些与人交往的技巧，增加女孩与他人交往的机会，让女孩自己去克服心理问题，学会理解大多数人的想法和做法。

# 8 教育解惑，我家有女初长成

## 45 多抽出一点时间，陪伴女孩一起成长

随着人们的生活水平的提高，父母都希望把最好的给孩子。许多父母有这么一种观念和想法：多赚些钱，给孩子提供更丰富的物质条件，让孩子上更好的学校接受教育。于是他们几乎把所有的时间放在工作上，无暇照顾自己的孩子，致使许多家庭将孩子托付给保姆或者长辈来照看。保姆和长辈虽然可以代替父母照顾孩子的饮食起居，给予孩子关爱，但却无法满足孩子所有的感情需求，更无法代替父母在孩子心中的位置，显然大多数父母并没有意识到这一点。

有一位父亲，他的事业很有成就，但在为人父母方面却有些失败，为此他非常苦闷。有一次，他酒后向一位朋友倾诉："我与女儿住在同一套房子里，但是一周都见不到几次面，更别说陪女儿玩了。"

朋友诧异地问："你晚上回家后总可以与孩子说说话呀？"

"唉！我晚上不是加班，就是应酬，很晚才回家。回到家，女儿早睡了。第二天一早，我醒来时，女儿已经上学去了。中午女儿在学校吃午餐，我在公司吃，也见不上面。"

"你这样不觉得亏欠女儿什么吗？"

"你知道，现在竞争这么激烈，我感觉自己像是脚踏在水车上，不停地踩，从一项业务到另一项业务，马不停蹄地去做自己不得不做的那

些工作。”

停了一下，父亲又继续说：“我这样辛苦，还不是为了女儿？将来她长大了一定会明白的……”

“不对，”朋友打断了他，“你这不是为了女儿。也许，你自己都不十分清楚这样的辛苦忙碌是为了什么。你需要好好想一想自己究竟想要什么。”

很多父亲都有这样的想法：如果事业无成，在社会上将无法立足，等事业成功了，再抽出时间来陪女儿。这是一种错误的想法，孩子的成长是不能等待的，小时候没有建立起来的感情，长大了就很难弥补。

作为父母，除了给孩子提供丰富的物质生活外，更要用足够的时间来陪伴他。孩子的成长只有一次，一旦错过就不再有，父母的陪伴才是最好的爱。

孩子需要父母的陪伴，渴望和父母在一起的时光。爱孩子，尊重孩子，在他们需要的时候陪伴他们一起成长，就是很好的修行。

父母们，如果你们还没有想好能够给孩子什么，那么就多给孩子一些陪伴。这也许是我们父母唯一能做的，也是最应该做的事情。

## 智 | 慧 | 果

现代父母没有很多的时间陪伴孩子，这是现代社会竞争不得已的结果，也是我们必须要面对的事实。在这种情况下，我们更要每天留出一段固定陪伴孩子的时间。哪怕只是坐下来跟孩子随便聊聊天，问问学习情况，交流下感情。这不仅仅是享受天伦之乐，重要的是让孩子知道，父母是多么在意并且关注他。

## 46 和女孩一起直面早恋，帮她树立正确的爱情观

家有女儿的父母最担心的莫过于女儿的早恋。因为处于青春期的女孩一旦陷入早恋，她们在感情的旋涡中常常不能自已，突然迸发的情感往往自己都把握不住。

早恋是个十分敏感的问题，是孩子成长中不可避免的一个经历。著名诗人歌德曾说："哪个少男不钟情，哪个少女不怀春。"处于青春期的少男少女，由于性生理的发育趋向成熟，性心理的发展也加快了步伐。产生了对异性的探求和接近的强烈愿望，这是一种正常的现象，是青少年身心发展趋向成熟的表现。对于多数女孩子来说，她们只是模糊地感受到一种爱与被爱的渴望，一种躁动不安的心情。她们此时的情感，很纯洁，很美好，更多的是一种比友谊略多一点儿的男女间的好感。只有少数女孩子或因受到某种刺激，或因受到某种影响，或因自身意志薄弱，缺乏自我控制能力，把渴望付诸行动，从而出现了"早恋"现象。

处于早恋的女孩子往往表现出一些反常现象。比如上课分心走神，精神恍惚，学习成绩突然下降；情绪起伏大，心神不宁；开始注意打扮，突然大手大脚花钱，善于在某个异性面前表现自己；突然经常发信息、打电话，与某一异性交往频繁，甚至发生各种越轨行为。

半年前，刘女士发现处在青春期的女儿欣欣有些不对劲。放学后，

常常钻进自己的小书房里，还把门锁上。而且和父母的交流越来越少，仅限于饭桌上的只言片语。有一天，刘女士帮女儿洗衣服时，无意间发现一封女儿和男孩子来往的情书。

原来，刚上高一，欣欣就对高大帅气的班长王猛一见倾心。欣欣担任学习委员，有很多和王猛单独相处的机会：一起办黑板报，组织班级活动等。跟王猛在一起的日子总是那么快乐，欣欣还发现，王猛不仅外表帅气，学习成绩优秀，而且会写诗，唱歌也非常好听。王猛也表现出对欣欣的好感。欣欣越来越在意自己在王猛面前的表现。在听课时，她好像都能感觉到坐在身后的王猛在看着自己。

在得知女儿的变化后，刘女士和丈夫都非常吃惊，后来，有心理学家分析了欣欣的变化，认为刘女士夫妇也有一定的责任。

刘女士更多地把时间花在购物和打麻将上，而丈夫则忙于工作应酬，夫妻二人对女儿学习状况和学校生活很少过问，只是每天给女儿一些钱，其他一概不管不问。反省后，刘女士不再和“麻友”在牌桌相会，丈夫每天尽量早点回家和女儿谈心，每个星期还和女儿定期地出去郊游或者购物。随着家庭气氛的和睦，欣欣和父母的交流也越来越多。一个月后，欣欣发现，王猛在她心里不再那么重要，她可以坦然地以同学的身份和王猛自然地相处了，学习时也不再开小差了。后来，王猛和欣欣分别考上了全国的两所重点院校。

## 智 | 慧 | 果

早恋是每个女孩子都可能面临的问题，父母不要把它当作洪水猛兽，而应该以理性的态度去面对，以平常心处之，耐心倾听孩子的心声，真诚地交流所思所想，悉心指导孩子的行为，切忌态度简单粗暴。父母要尊重孩子的人格和自尊，寻找早恋发生的原因，对症下药，耐心疏导，让孩子在早恋的经历中慢慢成熟起来。多给女孩子一份关心，鼓励她们将眼光放远，从而走出早恋的迷雾。

**1. 促使女孩进行情感转移**

青春期的女孩早恋是一个让父母头痛的问题。对于处在早恋中的女儿，做父母的应该怎样对待并且采取什么样的心理疏导和对策呢？最好的方法是引导她们进行情感转移。

有位妈妈的做法很值得借鉴：

偶然的一次，这位妈妈发现女儿早恋，对此，她不仅没有斥责女儿，反而比过去更加关心女儿，知道女儿喜欢语文，便鼓励她去参加年级朗诵组，还建议女儿写日记，让女儿的写作水平得到了迅速的提升。

于是，女儿的习作频频出现在班级的墙报上。女儿开始由一对一的交往转向了集体交流，常为班级做好事，而且在一次班干部选拔中被同学们推选为生活委员。

期末考试时，女儿的成绩比以往有了很大的进步，进入了年级前五名，还被评为了三好学生。

现在，学习和集体活动几乎成了女儿的全部活动，当初对异性的爱慕心理也渐渐平息、淡化了。

其实，细心的父母不难发现，女孩的早恋往往与生活单调、没有目标有关，因此，当女儿陷入情感旋涡的时候，最需要的是父母帮她们进行情感转移。父母要鼓励女儿积极参加集体活动，鼓励女儿与异性的正常交往，满足青春期的求异心理，使她们渐渐走出朦胧的情感世界。

### 2. 对女孩进行正确的引导

当女孩早恋时，父母有责任指导女孩处理情感问题。但指导孩子时，父母不要把自己置于教育者的地位，而是以经历、体验过类似困难的长者身份去帮助她们排除困扰。父母态度要真诚，与女孩真心交流，才能帮助女孩重新摆正自己的心态，培养她们追求理想的信心。

处在青春期的孩子，在与同龄人形成亲密朋友关系的同时，由于生理发育导致性的萌动，同时也会产生对异性的关注和爱恋的感情，而且，这种关注会不断增强，以致对特定的异性萌发出爱慕之情，这是很自然的。父母应该信赖孩子，以朋友的身份、平等的地位与孩子谈心，帮助孩子处理情感波动的问题，以培养孩子自觉地去约束自己的行为和生活的能力。

### 3. 生活和情感上给予女孩关心

通常，父母往往把女孩发生早恋视作洪水猛兽，批评训斥是家常便饭，辱骂痛打也大有人在。但这会对女孩的幼小心灵造成巨大伤害，所以对于女孩发生的早恋行为，父母首先要做的不是对她们训斥和打骂，而是应该反省自己在日常的生活中是否经常和女孩沟通，是否给予了女孩足够的尊重和温暖。

16岁的优优正在一所重点中学读高二，学习成绩在班里也是数一数二的。可不久前，爸爸妈妈发现她居然逃学了。从老师那里才知道优优和班上的一个男生相约去北京玩了。

三天后，优优才回家。回家后，爸爸第一次动手打了她，希望她能吸取教训。没想到，优优虽然意识到自己错了，也和那个男生提出了分手，可她已经没有心思学习，最后竟选择了休学。为了让优优重返校园，爸爸妈妈向心理专家求助。在专家的耐心讲解下，爸爸妈妈才明白，优优找男朋友的原因是因为“他能为自己带来快乐”，还表示自己“和爸爸妈妈很少沟通，甚至也不想和他们沟通”。这个时候，爸爸妈妈才发现这么长时间以来，他们一直只看重优优的学习问题，反而忽略了亲子关系与情感的培养。

一个女孩早恋了，往往不是缺少恋爱，而是缺少爱，因为她得不到足够的重视，所以早恋的女孩也多出现在问题家庭。

被爱是人的本能需要，在爱的荒原上的女孩最容易步入早恋的道路。预防早恋的前提是父母要放一放身边的工作，多陪陪自己的女儿，陪女孩一起成长。当女孩把父母当作自己的朋友，什么心里话都愿意和你交流时；当父母成为女孩亲密的朋友，成为她们信赖的人，能理智地帮助她们分析利弊时，早恋的害处就不会很严重了。

## 47 给女孩留有一定的私人空间

女孩子进入青春期后，会变得不爱跟父母交流，不论是欢喜还是忧愁，她们都会把它写在漂亮的带锁的日记本里，然后小心谨慎地藏到衣柜里，或者床底下，要么锁在抽屉里，就像稀世珍宝一样，反正就是不能让父母看到。她们觉得，小小的日记本记录了自己内心的秘密，是一个真正属于自己的隐秘世界，这个世界就是她们的自由王国，是神圣不可侵犯的领地。但是，许多父母不能正确对待孩子的这种心理需求，总是千方百计地窥视、猜测孩子的隐私。父母的这种“关心”往往会使孩子的自尊心受到严重的伤害。

一名初中女生走在上学的路上，忽然想起昨天晚上的作业忘记放进书包里了，于是急忙往家跑。当她掏出钥匙打开家门，看到妈妈正从自己房间里走出来，脸上带着不自然的表情。她走进房间去拿作业，一推门，愣住了，她看到自己书桌的三个抽屉全部敞开着，自己的日记本，同学们送的生日礼物、贺卡乱七八糟地堆在桌子上。

她非常生气地质问妈妈：“你为什么翻我的抽屉？”

没想到妈妈却比她还生气：“怎么了？我当妈妈的看看女儿的东西还有错吗？”

“可是你应该经过我的允许再看！”她也毫不示弱。

“小孩子有什么允许不允许，别忘了我是你妈妈，好了，快去上学吧！”妈妈毫不在乎地对她说。后来，她把书桌的抽屉都上了锁，就连日记本都换成了带锁的。

女孩到了一定年龄后会强烈感觉到自己的独立性，想拥有自己的隐私，也渴望被尊重。这是她们独立意识和自尊意识的一种体现。父母对此应该予以尊重，千万不能因为女儿不再像以往那样和自己说心里话，有事瞒着自己而心急、焦虑，更不要采取“偷看”之类的方法。殊不知这种做法会伤害孩子的自尊心，造成孩子沉重的精神压力，甚至产生敌意和反抗，导致父母与孩子关系的恶化。

## 智｜慧｜果

每个人都会有隐私，孩子有隐私是一种很正常的现象。孩子是一个完整的人，应该有属于自己的隐私。让孩子拥有隐私，尊重孩子的“隐私世界”，是对孩子人格的保护，父母也会因此而赢得孩子的敬重和爱戴，所以父母对孩子的隐私应有正确的态度。

**1. 引导孩子健康成长**

对于如何对待女儿的小秘密，有位父亲这样说：

我的女儿在小学五年级时就十分明确地有了自己的小秘密，发现了她的变化，我和妻子都很高兴，因为这是她开始走向成熟的标志。一个毫无保留地在父母和他人面前诉说自己内心感受的傻丫头是不会成为成熟的人的。

当时，她用的是我替换下来的写字台，我主动将写字台抽屉的钥匙交给她，让她学会保守自己的秘密。

后来，上了初中、高中，她收到一些同学的来信，包括男生的信。

我们在教育她如何与同学搞好关系，与异性交往中应注意的问题时，还嘱咐她一定要妥善收好这些信件，不要遗失在外面，免得给自己和同学带来不必要的麻烦。我们认为尊重孩子的隐私，是父母教育孩子的重要内容。

这位父亲的做法是理智的，允许女儿有自己的小秘密，尊重女儿的隐私权，给女儿一个自由的空间，为女儿能深藏一份隐私创造条件和环境。

尽管孩子的自主意识增强，但正确的人生观尚未形成，是非观念不强，缺乏自我克制的能力，孩子正值成长的心理危险期，所以在处理诸如学业、情感、人际关系、生活等许多方面，还不可能把握好尺寸。因而父母不能苛求一个处在叛逆期，并不成熟的孩子站在自己的立场去考虑问题。所以，当父母获取有关孩子隐私的信息，即使有些越轨和不良因素，也不必大惊失色，甚至对孩子辱骂殴打，可以与孩子一起讨论理想、事业、道德、人生观、价值观等问题，可以通过讲故事、做游戏等途径对孩子加以引导，引导孩子自己悟出为人处世的道理，提高孩子按规范要求调整自己行为的能力。有了这种自我教育能力，一些隐私中的危险倾向，都有可能自我解决。

**2. 争取孩子对家长的信任**

王雅丽是一名初中生，平日里养成了写日记的好习惯。一天，她正在房间里写日记，听到有人敲门，“是谁？”

“是妈妈，我可以进来吗？”“请进！”王雅丽一边答应，一边把日记本合起来。

原来妈妈是给她送牛奶来了。“又在写日记啊？”妈妈问道。

“是啊，你可不能偷看哦！”王雅丽撒娇地“警告”妈妈。

“好，妈妈不看。其实妈妈小时候也像你一样，不光要写日记，还要拿个小锁把日记本锁住，生怕别人偷看了我的日记。”妈妈一边抚摸着王雅丽的头发，一边说道。

“那有人偷看过你的日记吗？”王雅丽好奇地问妈妈。

“没有，他们看我日记本上有锁，就知道我不希望别人看我的日记，也就不看了。想想那时候挺好玩的，一把小锁，仿佛锁住了自己的快乐，呵呵。”妈妈笑着对王雅丽说。

“我的日记里也有好多快乐。”王雅丽对妈妈说。

“我知道，其实妈妈很希望能分享你的快乐，也包括忧愁。不过妈妈会尊重你的意愿，不会偷看你的日记的！”妈妈真诚地说。

“既然妈妈这么说，我倒愿意和你一起分享我的日记了。”

就这样，妈妈既尊重了王雅丽的意愿和隐私，又得到了王雅丽的信任和爱。

隐私是可以转化的，前提条件是信任。对于孩子的一些事情，当孩子不信任父母时是隐私，信任父母了可以不是隐私。父母只有通过关怀、尊重等方式赢得女孩的信任，女孩才会自觉自愿地和你谈她的隐私，分享她的成长，所以，父母要争取女孩的信任。

## 48 将正确的性观念灌输给女孩

提起性教育，很多父母都持避而不谈的态度。但是，随着孩子生理和心理两方面发育逐渐成熟，性教育已经成为摆在桌面上的必修课了。许多处于青春期的女孩常常被“性”困扰而产生疑惑、紧张、焦虑等心理，有的则出现早恋、不正当的性行为等问题。这些问题不但影响女孩的学习进步，还会阻碍她们心理品质的健康发展。因此，加强性教育已经成了一个不容回避的问题。

2000年，某学校曾发生一起少女杀婴案。一名17岁的高二女生，学习很优秀，掌握了艰深的知识，却不懂身体的奥秘。她与一名男生走得很近，糊里糊涂地怀孕了，却不知情。因为冬衣的遮掩，父母和老师也没发现，只以为这个孩子发育太快了。她怀孕7个月时，一次上体育课，肚子剧痛，被同学送回家。那时父母还没下班。她独自一人生出孩子后，拧断脐带，把已经成活的早产儿扔出窗外，邻居发现死婴报了警。在人生的花季，她被判两年劳教。

为什么会出现这样的结局？关键是缺乏应有的性知识教育，更缺乏性心理、性道德方面的教育。这不能不说是父母在性教育方面上的失责。

英国哲学家罗素说过：“一切无知都是令人遗憾的，但是对性这样的事无知，则是严重的危险。”调查显示，大多数少女承认她们怀孕是因为未采取任何避孕措施。其中的主要原因在于，她们没有接受到来自父母或老师的信息和忠告，对性行为的后果不了解，好奇心战胜了理智，结果等怀孕之后又悔不当初。

在我国，性教育长期以来都处于缺失状态，不管是在学校还是在家庭里，经常出现谈性色变的局面。但随着社会的高速发展，丰富的物质生活，加上报纸、杂志、电影、电视、电子游戏，特别是网络等各种媒体的出现，形形色色的信息无不刺激着孩子们的感官，让孩子主动或被动地接受着来自于外界各方面的影响，其中不乏性方面的影响。此时，父母如果不用正确的性知识对孩子进行引导和教育，不让孩子性知识的丰富与身体的性成熟同步发展，将是一件很危险的事情。

## 智 | 慧 | 果

处在青春期的女孩子，她们在身体、生理、心理、意识、人生观、价值观等方面发生了巨大变化，这段时间是各方面成熟转变的关键时期，也是性与生殖健康教育的关键时期，很容易产生性困惑，如果问题不能及时得到解决，她们很有可能误入歧途。因此，及时对女孩进行性知识教育，能使她们的生理、心理、意识、观念、人生观、价值观等获得健康发展，从而抵御社会消极文化的影响，顺利度过青春期，走向健康人生。

**1. 父母要树立正确的性观念**

生活中，很多中国父母趋于保守，本身就羞于谈“性”，更别说对孩子侃侃而谈。即使觉得有教育的必要，也把责任推给了学校和老师，自己能避就避。但从心理学的角度，专家主张“性方面，父母是老师，家庭是课堂”，对孩子进行正面性教育是启蒙的必要，也是孩子心理健康的保证。所以，父母首先自己应该树立正确的性教育观念，要知道，性教育对孩子来讲是必需的、有益的，对孩子关于性方面的提问绝不应回避，而应该尽可能地给孩子以正确的解答。父母应该把性当作每个人成长过程中必须要了解的科学理念和知识来介绍给孩子，要把性看作是美好的，一定要确立正确的性观念。

**2. 及时传授孩子性知识**

调查统计表明：青少年对性感到神秘的约占40%，对性感到恐惧的占35%，对性感到羞愧的占25%。据此，父母不得不对孩子的性教育引起高度重视，因为心理学研究表明不能正确地认识性和对待性冲动的孩子，通常会自我否定，进而会出现压抑、早恋、焦虑、自闭、自卑和变态等情况，影响学习和心智完善，严重者可能导致犯罪。所以，父母应该早点给女孩传授关于性方面的知识。

成绩一向优异的小迪在初三上学期突然间成绩下滑，她甚至都不想上学了。起初，她妈妈还以为是学习压力大，她不适应初三生活。但三个月过去了，小迪的成绩仍然没有提升，班主任给小迪的妈妈打来电话，说小迪上课总是走神，有点精神恍惚。小迪的妈妈这才着急了，周末下午，妈妈想和小迪好好谈谈。没想到她还没张口，小迪就先哭了，一边哭一边说："妈妈对不起，我是个道德败坏的坏女孩。"

听女儿这么说，妈妈愣住了。她急忙把小迪抱在怀里，对她说："宝贝，快告诉妈妈发生了什么事，不管如何，妈妈都会原谅你的。"

小迪说："自从初二下学期，我就经常陷入性幻想之中。一开始，还能控制自己的理智，但逐渐就控制不了了，每时每刻都在想那些事，像强奸啊什么的。其实我也不想这样，可就是不知道怎么控制自己的思想。"

小迪说，这件事让她非常痛苦，她觉得自己年龄这么小，就想这些肮脏的事真的是道德败坏。她不敢对任何人说，她怕所有的人都瞧不起她。

妈妈听完，也不知所措。她疑惑：小迪的小脑袋里面怎么会有性这种下流的东西呢。

其实小迪现在的状况是典型的强迫症倾向。但是如果她能够很早就知道一些关于性的知识，也就不会因为性心理的被压抑而产生这种状况。

对于性知识，父母要尽早地跟孩子打开窗户说亮话，消除性的神秘感，使孩子用一颗平常心来看待有关性的问题。通常来说，女孩往往在两三岁的时候就会向大人提出“我是怎么来的”“我怎么和男孩子长得不一样”等问题，这是父母对女孩进行性教育的开始，此时，父母可以把生命从受精卵到胚胎和生产的过程用语言结合图片，用类比的方法讲给女儿听。对孩子迟早要知道的事情，不要敷衍了事，瞎编乱造一通，也不要对女儿有关性的提问避而不答。最好的办法就是用科学的方法坦诚地告诉她们。随着女儿年龄的增长，相关的一些生理卫生知识，如何防止性侵害的知识和一些避孕知识，都要给女儿讲。父母给女儿坦诚地讲一些科学的性知识和性观念，可以让女儿从小就学习到一些正确的性知识和性观念，从而避免被一些错误及扭曲的性知识和性观念所误导。

# 49 偶像来了——引导女孩进行正确的偶像崇拜

在当今社会，追星是一种很普遍的现象，“追星族”这个名词越来越普遍，尤其是青少年，他们似乎是“追星”的易感人群。

追星行为本质上是青少年自我意识、自我理想发展的高级阶段。在孩童时代，一般把父母作为认同的楷模，时时处处以父母为榜样。随着生活领域的扩大，青少年逐渐将学校的师长、同伴中的强者当作榜样去认同去学习，最后综合多方面的经验，进一步为自己勾画出一个理想的轮廓，希望做一个怎样的人。

其实，追星并不可怕，许多成年人在青春期时都追过星。与现在孩子主要追影星、歌星不同，以前人们追体育明星、戏曲明星、劳模、科学家、作家等，只是喜爱的对象有别而已。然而，由于青少年还没有完全形成个人的主见，很容易人云亦云，随波逐流，而且情感不稳定，容易冲动。因此，不少青少年的偶像崇拜容易陷入盲从与狂热，从而带来不利的影响。有些人把自己大量的时间、精力和情感，投入到追星活动中，荒废了学习，迷失了自我。

兰州女子杨丽娟十几岁时，开始迷上刘德华，毅然辍学，不读书、不工作，终日只想与刘德华见面，其父母为协助她圆梦，不惜花尽家中积蓄，变卖寓所，甚至老父亲杨勤冀要卖肾为女儿筹集见偶像的费用，但始终无法如愿。她的疯狂行径受到内地报刊及电视台大肆报道，刘德华通过经理人回应称，如歌迷用不正常、不健康的方法要与他见面，他决不理会，并称最憎恶不孝的歌迷，父母也不应纵容孩子过火行为。

后来，杨丽娟不甘于被刘德华误会她不忠不孝。为要亲自向刘德华说清楚，其父亲杨勤冀借了一万一千三百元高利贷，一家三口由兰州第三次踏足香港。但由于明星刘德华未能满足其作为超级粉丝的女儿私下见面合影的要求，一气之下投海自尽，并留下遗书希望刘德华能见女儿一面。

上述案例的悲剧就是盲目的崇拜偶像所致的。“偶像崇拜”是青少年成长中的普遍现象，本无可厚非。但这种现象演变为疯狂而热烈地“追星”，则可能毁掉人的一生。

杨丽娟的故事告诉我们这样一个道理：有过之而无不及。一切事物都要有个度，狂热的“追星”对于明星本身，对于追星族本人都是弊大于利的，人总要回到现实中来，正常的生活还是要过下去的，不要滥花时间和金钱在“追星”上，更不应该将“追星”变成生活的全部。

## 智 | 慧 | 果

事实证明，盲目和疯狂的追星会影响孩子的学习和正常的生活，但如果父母对于孩子追星一味地反对，甚至态度粗暴，这是不可取的，因为青春期的孩子内心存有叛逆心理，一味压制他们的行为有可能会起反作用。作为父母，要学会尊重孩子，理解并坦然接受孩子对明星的崇拜，对孩子的崇拜心理和行为科学地干预和适当地介入。若能恰当地因势利导，则可变阻力为动力。

**1. 试着和孩子一道“追星”**

孩子一旦迷上某个歌星，会认为全世界的人都应该和他一样去喜欢这个歌星，而且“光环效应”会使他们认为自己崇拜的歌星是最完美的。

所以，父母不要以自己的价值观去加以评判。发现孩子崇拜某个明星，有些父母喜欢用自己的价值观去加以判断，往往认为孩子“幼稚、可笑”，对孩子的追星举动报以“不屑”的态度，要知道，这是很伤孩子的心的。他们会在心里嘲笑你们的“落伍、不合时宜”，会在心理上更加与父母拉开距离，在行动上更加隐蔽。

其实父母不妨积极参与孩子的“追星行动”，努力去理解他们。父母可以和孩子一起去“追星”，在这个过程中才能深入地认识和理解孩子心目中的“星”。当父母能去理解孩子的时候，孩子反过来也愿意理解父母的观点。要知道孩子们最反感父母的主观臆断，最讨厌父母在没有了解情况之前就已对他们抱有“成见”。所以，要在孩子们的事上取得发言权，首先要了解他们，对他们行为的合理性该肯定的就要充分肯定。在这个前提下，再提出你的观点。

**2. 促使孩子在“追星”中理性升华**

对孩子偶像崇拜心理的有效激发和正确运用，有利于把思想和道德品质教育具体化、形象化、人格化，有利于增强教育效果。苏联著名教育家苏霍姆林斯基认为：学生的心灵是敏感的，它是为着接受一切美好的东西敞开着。如果父母诱导孩子崇敬好榜样，鼓励孩子模仿一切好的行为和品质，并内化为自身的良好人格，那么，孩子身上的缺点就会没有痛苦和创伤地、不觉得难受地逐渐消失，心灵和品质在潜移默化中得以提升。

刘畅是个初二的学生，她的父母都是文艺工作者，长年累月忙忙碌碌，所以她只好寄宿于学校。今年，刘畅的妈妈辞职在家照顾女儿时，才发现女儿除了全方位地追星，没有任何长进。刘畅最喜欢谢霆锋，常常眉飞色舞地讲谢霆锋的行踪和帅气。为了让女儿有所改变，有一天，妈妈和刘畅谈话时，机智地插进了几段谢霆锋从阔少爷到成为艰苦独立的大男孩的生活故事——谢霆锋出生在富有的名人家庭，从小只身到国外读书。家中虽有钱，但父母只给他读书的钱，他只能自己打工挣钱学音乐。谢霆锋很早出道，但并不顺利。有一次拍戏时，他不慎伤了脚，骨头都露出来了，他怕失去角色坚持拍完才去医院，已过了3小时，打破伤风针已不见效了，一旦感染非常危险，他自己签了字，做了缝合。他的坚强和勇敢感动了许多人。

通过这次谈话，刘畅被谢霆锋的故事深深打动了，她明白了一个人不经过艰苦的磨砺，就很难以坚强的意志使自己进步、成才的道理。现在刘畅改变了很多，虽然还在寄宿学校，但从不多要钱了，很长时间都没有要求妈妈带她去买名牌服装了，她的精力明显地集中在学习上了。

**父母应与孩子一起讨论研究他们所崇拜的明星成功的经验，了解明星奋斗的历程，教育孩子不仅要羡慕明星今日的光彩，更要学习明星昨日的努力与拼搏，从而使孩子的“追星”行为达到一种理性的升华。当然，还应指导孩子不要由于崇拜而匍匐在偶像脚下顶礼膜拜，要引导他们既要有敬仰之心，又要有学习赶超之意，克服可望而不可即的怯懦心理，在崇拜中激励自己，以实际行动向名人、明星学习，勉励自己学习偶像，赶超偶像。**

## 50 不要拿自己的女儿与他人的孩子做比较

网络上，曾有一个爆红的帖子：

“从小我就有个宿敌叫别人家孩子，这个别人家孩子从来不玩游戏，从来不聊QQ，天天就知道学习，长得好看，又听话，回回年级第一，在外地上学一个月只要1000元生活费还嫌多，有个有钱的男友，研究生和公务员都考上了，一个月7000元工资，会做饭，会家务，会八门外语……”

此帖子一出，引起很多人的热议，并纷纷表示感同身受，痛恨这个无处不在的参照物。

的确，生活中类似的事件时有发生。很多父母总喜欢在孩子面前，拿自己的孩子和别人的孩子作比较。或许父母这样做的目的，只是单纯地想让自己的孩子向别人学习，以取长补短，但是不知不觉中，已经伤了孩子的自尊心。

菲菲是一名勤奋好学的孩子，在班级里属于中上等，这次期末考试有五门是90分以上，两门是80多分，比期中考试有了明显进步。可当她高兴地向父母报告成绩时，本想能得到父母的表扬，结果被爸爸训了一顿："我像你这么大的时候，哪有你这么好的条件？我们辛辛苦苦工作，省吃俭用，都是为了谁？还不是指望你学习好，将来有个出息。你看看人家邻居小静，比你还小一岁，门门功课都95分以上，你怎么就不像她学习学习争口气？你真让我们失望！"这下惹怒了菲菲："又来了！我就没有让你们满意的时候。你们什么时候说过我好？反倒经常把小静挂在嘴边！你们认为她好，就认她当女儿好了。"

我国有句老话："人比人，得死；货比货，得扔。"这话虽然说得直白，却有很深的道理，可惜常常不被人们重视。过多的比较只会给孩子的心灵蒙上阴影，带给孩子沉重的心理负担，从而失去兴趣和自信这原始的潜动力。

世界上没有相同的两片树叶。同样，世界上也没有任何两个孩子是完全一样的，每一个孩子都有自己相应的优点和缺点，能力和特长也各不相同。用一把尺子衡量所有的孩子是不正确的，永远也不会公平。父母望女成凤，希望自己的女儿同优秀的孩子一样优秀，这种心情是无可厚非的。但是一定要了解自己的孩子，要根据自己孩子的实际情况确定教育的目标，而盲目地与别的孩子比较是不切实际的。

## 智|慧|果

印度的一位思想大师说过："玫瑰就是玫瑰，莲花就是莲花，只用去看，不要比较。"作为父母，切记不要将自己的女儿和别人的孩子去比较。每一个女孩都有她自己的个性，每一个女孩也都应该从她自己实际的基础上发展，而不是做别的孩子的复制品。

1. 用欣赏的眼光看自己的女儿

在日常生活中，很多父母总是一眼就能洞察别家女孩的优点，却对自家女孩的长处置若罔闻；总是不遗余力地去夸赞别家女孩的优秀，却对自家女孩吝惜一句真心的赞美。这样难免会伤害女孩的自尊心、影响女孩的健康发展。我们不妨换一种方式，用欣赏的目光注视女孩，用鼓励的语言激励女孩；发现每个女孩的独特之处，发现她过去和现在的行为变化，培养增强女孩的自信心。

一位专家曾经谈到这样一个奇怪的现象。他说一次对几十个中国与外国的孩子一起进行某项测验，让孩子分别拿测验后的分数回家给各自的父母看，结果中国的父母看了孩子的成绩后，有80%表示不满意，而外国的父母则有80%表示满意。而实际成绩又是怎样的呢？实际上，外国孩子的成绩还不如中国孩子。这件事情说明中国的父母习惯用挑剔的眼光来看待孩子，看待别人和世界。而外国父母则习惯用欣赏的眼光看待自己、孩子和世界。

作为父母，我们一定要记住：每个女孩都是为得到赏识而来到人间。父母要学会给自己的女儿正面的肯定，这样才有利于女孩自信心的培养。父母要对女孩满怀信心，对女孩说“你很棒”。因为父母对女孩的态度很重要，父母肯定的眼神会让女孩感到信心十足。

2. 承认孩子间有差异

人与人是不一样，哪怕是亲兄弟姐妹，也会存在性格、能力、天赋等许多方面的差异。许多父母喜欢把自己的女儿跟别的孩子进行比较，而且总拿自家孩子的短处跟别的孩子的长处相比。这样做实际上是忽视了孩子之间的差异，父母应当接受并承认孩子之间的差异，帮助孩子学会取长补短。你的女儿可能在一个方面比不上人家的孩子，但是在另一个方面却远远强于别人的孩子。而你，发现了女儿比别人强的这个方面了吗？比如，你的孩子虽然贪玩一点儿，但是天性善良，富有爱心，懂礼貌；也许脑子没那么灵活，但是很上进，很努力，很正直；也许不善于交际，但是很细心，很独立。既然如此，为什么要抓住孩子的缺点不放，而不对她的优点加以赞扬和鼓励呢？

**3．尊重孩子的天性**

父母要尊重自己孩子的天性，不要盲目跟风，人家孩子学这个我就让自己的孩子学这个，人家孩子上北大我就也让自己孩子上北大，这样的做法是不可取的。其实，做父母的只有找到适合自己孩子的发展道路，按照孩子的天性去培养他，孩子只有按照他自己的规律去成长，才可能获得幸福和成功。